经时济世
继往开来
贺教育部
重大攻关项目
成果出版

季羡林
时年九十有八

教育部哲学社會科学研究重大課題攻關項目

中国特大都市圈与世界制造业中心研究

STUDY ON CHINA'S SUPER METROPOLIS ZONES AND THE WORLD'S CENTER OF MANUFACTURING INDUSTRY

李廉水 等著

经济科学出版社
Economic Science Press

图书在版编目（CIP）数据

中国特大都市圈与世界制造业中心研究/李廉水等著.
—北京：经济科学出版社，2009.9
（教育部哲学社会科学研究重大课题攻关项目）
ISBN 978-7-5058-7606-4

Ⅰ.中… Ⅱ.李… Ⅲ.①大城市-研究-中国②制造工业-经济发展-研究-世界 Ⅳ.F299.21 F416.4

中国版本图书馆 CIP 数据核字（2009）第 011376 号

责任编辑：安 远
责任校对：徐领弟 杨晓莹
版式设计：代小卫
技术编辑：潘泽新 邱 天

中国特大都市圈与世界制造业中心研究
李廉水 等著
经济科学出版社出版、发行 新华书店经销
社址：北京市海淀区阜成路甲 28 号 邮编：100142
总编部电话：88191217 发行部电话：88191540
网址：www.esp.com.cn
电子邮件：esp@esp.com.cn
北京中科印刷有限公司印装
787×1092 16 开 30 印张 570000 字
2009 年 9 月第 1 版 2009 年 9 月第 1 次印刷
印数：0001—8000 册
ISBN 978-7-5058-7606-4 定价：68.00 元
（图书出现印装问题，本社负责调换）

课题组主要成员

（按姓氏笔画为序）

Roger R. Stough［美］	杜占元	吴利华	
吴贵生	张　昕	郁明华	周彩红
施卫东	袁健红		

编审委员会成员

总　序

哲学社会科学是人们认识世界、改造世界的重要工具，是推动历史发展和社会进步的重要力量。哲学社会科学的研究能力和成果，是综合国力的重要组成部分，哲学社会科学的发展水平，体现着一个国家和民族的思维能力、精神状态和文明素质。一个民族要屹立于世界民族之林，不能没有哲学社会科学的熏陶和滋养；一个国家要在国际综合国力竞争中赢得优势，不能没有包括哲学社会科学在内的“软实力”的强大和支撑。

近年来，党和国家高度重视哲学社会科学的繁荣发展。江泽民同志多次强调哲学社会科学在建设中国特色社会主义事业中的重要作用，提出哲学社会科学与自然科学“四个同样重要”、“五个高度重视”、“两个不可替代”等重要思想论断。党的十六大以来，以胡锦涛同志为总书记的党中央始终坚持把哲学社会科学放在十分重要的战略位置，就繁荣发展哲学社会科学做出了一系列重大部署，采取了一系列重大举措。2004 年，中共中央下发《关于进一步繁荣发展哲学社会科学的意见》，明确了新世纪繁荣发展哲学社会科学的指导方针、总体目标和主要任务。党的十七大报告明确指出：“繁荣发展哲学社会科学，推进学科体系、学术观点、科研方法创新，鼓励哲学社会科学界为党和人民事业发挥思想库作用，推动我国哲学社会科学优秀成果和优秀人才走向世界。”这是党中央在新的历史时期、新的历史阶段为全面建设小康社会，加快推进社会主义现代化建设，实现中华民族伟大复兴提出的重大战略目标和任务，为进一步繁荣发展哲学社会科学指明了方向，提供了根本保证和强大动力。

高校是我国哲学社会科学事业的主力军。改革开放以来，在党中央的坚强领导下，高校哲学社会科学抓住前所未有的发展机遇，紧紧围绕党和国家工作大局，坚持正确的政治方向，贯彻“双百”方针，以发展为主题，以改革为动力，以理论创新为主导，以方法创新为突破口，发扬理论联系实际学风，弘扬求真务实精神，立足创新、提高质量，高校哲学社会科学事业实现了跨越式发展，呈现空前繁荣的发展局面。广大高校哲学社会科学工作者以饱满的热情积极参与马克思主义理论研究和建设工程，大力推进具有中国特色、中国风格、中国气派的哲学社会科学学科体系和教材体系建设，为推进马克思主义中国化，推动理论创新，服务党和国家的政策决策，为弘扬优秀传统文化，培育民族精神，为培养社会主义合格建设者和可靠接班人，做出了不可磨灭的重要贡献。

自2003年始，教育部正式启动了哲学社会科学研究重大课题攻关项目计划。这是教育部促进高校哲学社会科学繁荣发展的一项重大举措，也是教育部实施“高校哲学社会科学繁荣计划”的一项重要内容。重大攻关项目采取招投标的组织方式，按照“公平竞争，择优立项，严格管理，铸造精品”的要求进行，每年评审立项约40个项目，每个项目资助30万～80万元。项目研究实行首席专家负责制，鼓励跨学科、跨学校、跨地区的联合研究，鼓励吸收国内外专家共同参加课题组研究工作。几年来，重大攻关项目以解决国家经济建设和社会发展过程中具有前瞻性、战略性、全局性的重大理论和实际问题为主攻方向，以提升为党和政府咨询决策服务能力和推动哲学社会科学发展为战略目标，集合高校优秀研究团队和顶尖人才，团结协作，联合攻关，产出了一批标志性研究成果，壮大了科研人才队伍，有效提升了高校哲学社会科学整体实力。国务委员刘延东同志为此做出重要批示，指出重大攻关项目有效调动各方面的积极性，产生了一批重要成果，影响广泛，成效显著；要总结经验，再接再厉，紧密服务国家需求，更好地优化资源，突出重点，多出精品，多出人才，为经济社会发展做出新的贡献。这个重要批示，既充分肯定了重大攻关项目取得的优异成绩，又对重大攻关项目提出了明确的指导意见和殷切希望。

作为教育部社科研究项目的重中之重，我们始终秉持以管理创新服务学术创新的理念，坚持科学管理、民主管理、依法管理，切实增强服务意识，不断创新管理模式，健全管理制度，加强对重大攻关项目的选题遴选、评审立项、组织开题、中期检查到最终成果鉴定的全过程管理，逐渐探索并形成一套成熟的、符合学术研究规律的管理办法，努力将重大攻关项目打造成学术精品工程。我们将项目最终成果汇编成“教育部哲学社会科学研究重大课题攻关项目成果文库”统一组织出版。经济科学出版社倾全社之力，精心组织编辑力量，努力铸造出版精品。国学大师季羡林先生欣然题词：“经时济世　继往开来——贺教育部重大攻关项目成果出版”；欧阳中石先生题写了“教育部哲学社会科学研究重大课题攻关项目”的书名，充分体现了他们对繁荣发展高校哲学社会科学的深切勉励和由衷期望。

创新是哲学社会科学研究的灵魂，是推动高校哲学社会科学研究不断深化的不竭动力。我们正处在一个伟大的时代，建设有中国特色的哲学社会科学是历史的呼唤，时代的强音，是推进中国特色社会主义事业的迫切要求。我们要不断增强使命感和责任感，立足新实践，适应新要求，始终坚持以马克思主义为指导，深入贯彻落实科学发展观，以构建具有中国特色社会主义哲学社会科学为己任，振奋精神，开拓进取，以改革创新精神，大力推进高校哲学社会科学繁荣发展，为全面建设小康社会，构建社会主义和谐社会，促进社会主义文化大发展大繁荣贡献更大的力量。

教育部社会科学司

前　言

2003年，教育部为了进一步发展繁荣高校哲学社会科学，支持高等学校适应国家经济社会发展的需要，把握学科前沿，开展深入、系统的创新性研究，推出了涉及多个学科的40个“教育部哲学社会科学研究重大课题攻关项目”，进行公开招标，并且在招标条例中明确提倡学科交叉与渗透，鼓励跨学科、跨学校、跨部门和跨地区的联合攻关，要求积极开展实质性的国际学术合作与交流，力争取得具有重大学术价值和社会影响的标志性成果。我们的研究团队对此作出了积极响应，主动与美国乔治·梅森大学 Roger R. Stough 教授研究团队、清华大学吴贵生教授研究团队等科研合作伙伴联系，取得了他们的合作承诺。并在他们的协助下，推动了教育部哲学社会科学研究重大课题攻关项目“东部特大都市圈和世界制造业中心研究”（项目批准号：03JZD0014）的顺利进行。

自2003年12月以来，我们的研究团队围绕投标标书和合同要求，以东南大学和南京信息工程大学的科研团队为主，联合美国乔治·梅森大学、清华大学等相关单位的科研团队，发挥各自所长，合作进行了一系列创造性科研活动，发表了50余篇学术论文，出版五部著作，培养了10余名博士研究生和硕士研究生，推进了国内外的科研合作与交流。

在推进这一重大课题攻关项目的过程中，我们的研究团队已经出版了两部中期成果：（1）出版了《都市圈发展——理论演化、国际经验、中国特色》，该著作是我们和美国乔治·梅森大学的合作成果。经过中美学者反复研讨，进行了合作科研的顶层设计，形成了写作大纲，进行了分工写作、然后集中修改。在第一次汇稿时，Roger R. Stough团队提供了349 363个英文字符的书稿，我们的研究团队提供了513 236个中文字的书稿，在此基础上，经过大幅度删减和部分章节的深入细化，九次修改，终于成稿出版。这部著作是典型的中西合璧，从美国学者和中国学者的文稿中，可以明显感受到分析问题的框架不同、学术研究的风格不同、观点阐述的方式不同，甚至美国学者关注的热点和中国学者也有所不同。这部著作既充分吸收当前国内外研究的优秀成果，又反映了研究团队潜心研究的成果，形成了一些区域发展、都市圈发展的新理念、新模式和新思路。(2) 出版《中国制造业发展研究报告2004》(2005、2006、2007、2008)系列成果，已经产生了较大社会影响，引起了各方的高度关注。全国人大副委员长周光召院士为《中国制造业发展研究报告2004》写了序言，中国人民大学校长纪宝成教授为《中国制造业发展研究报告2005》写了序言，全国政协副主席宋健院士为《中国制造业发展研究报告2006》写了序言，清华大学校长顾秉林院士为《中国制造业发展研究报告2007》写了序言。在四篇序言中，可以看到国家领导人和著名学者对中国制造业发展的极为关心、寄予厚望。《中国制造业发展研究报告》已经成为"系统研究中国制造业发展状况的年度报告"、"汇集中国制造业发展数据的权威工具书"、"追踪国内外研究制造业研究动态的学术导读书"。

课题研究的最终成果——《中国特大都市圈与世界制造业中心研究》，是科研团队三年来精心研究基础上形成的学术成果，其核心内容和特色主要在下述几个方面：(1) 提出了"新型制造业"概念，评价了中国制造业发展"新型化"程度，系统研究了中国制造业发展状况。针对中国制造业比较优势明显，总体规模大但外向依存度高，缺乏自主知识产权的核心技术，装备制造业落后，制造业发展所需的创新型高级人才奇缺，制造带来的污染问题突出，不仅严重影响了我国制造业的升级换代和优化，而且也影响了我国制造业企业在世界制造业产业链和价值链中的位置，最终影响了我国分享世界制造业发展带来的巨额利润的状况，提出中国制造业必须走"新型制造业"道路，阐述了"新型制造业"的内涵就是科技创新支撑和引领经济创造、资源节约和环境友好。(2) 研究了全球特大都市圈的发展轨迹、发展经验，并进行了中外比较，发现国外特大都市圈的形成是个自然的经济发展伴随过程，是由中心城市的功能外溢而逐步形成的，政府在其中发挥的作用很小，而国内特大都市圈的形成与发展，与经济发展程度有直接关联，但与政府的强干预紧密相关，最终成果中比较了两种发展模式的利弊，提出了我国推进特大都市圈建设的具体建议。(3) 从经济、科技、环境三维集成的角度，客观评价了中国制造业发展的总体状况，预测了中国制造业发展的规模走势、环境污染控制前景、制造业可能容纳的就业人数，分析了中国制造业的区域发展不均衡状况及其协调发展的路径，探讨了制造业主要行业的经济创造能力、科技创新能力和环境保护能力，基于上市公司的数据分析了中国制造业企业的发展水平和能力，探讨了最受欢迎制造业企业的评价标准并进行了实证分析。(4) 研究了东部特大都市圈和世界制造业中心的关系，着重探讨了制造业、新型制造业和都市圈之间的相互作用机理和互动发展的关系，提出特大都市圈的发展必须以制造业发展为载体，通过制造业发展带动生产者服务业发展，进而带动都市圈延伸扩展，都市圈的发展进一步聚集制造业基地、促进制造业创新能力提升和附加值提高等论点和论据，进而研究了两者互动发展的理论基础、现实背景、约束条件和推进机制。

东部特大都市圈和世界制造业中心，本是两个不同系列的概念，然而，在中国以加工制造方式融入全球化，推动城市化的进程中，成为了一个实实在在的研究课题。现在，中国东部沿海地区已经涌现出具有一定自主创新能力的长三角制造业都市圈、具有较强国际接轨能力的珠三角制造业都市圈、具有知识集成引导发展能力的京津冀制造业都市圈。中国东部特大都市圈能否成为世界制造业中心，取决于中国能否成为世界制造业中心，取决于中国制造业自主创新能力和都市圈健康持续发展能力的融合，取决于都市圈与制造业的良性互动发展。

《中国特大都市圈与世界制造业中心研究》的出版，经济科学出版社倾注了大量的心血，付出了辛勤的劳动，令人敬佩。在即将付梓之际，谨向所有给予关心和支持我们研究团队的领导、专家和朋友们表示衷心的感谢！向经济科学出版社的总编辑和责任编辑表示衷心的感谢！

李廉水

摘要

本书研究了都市圈和制造业的发展演化进程，提出了“新型制造业”的概念。所谓“新型制造业”，就是依靠科技创新、降低能源消耗、减少环境污染、增加就业、提高经济效益、提升竞争能力，能够实现可持续发展的制造业。中国特大都市圈，是指长三角都市圈、京津冀都市圈和珠三角都市圈。从国际城市群发展经验来看，中国特大都市圈的人口密度、经济密度、产业结构梯度等重要指标以及人口、经济、科技和服务业的发展程度表明，中国特大都市圈正处于由成长期向成熟期转变的发展时期。

本书构建了经济创新能力、科技创新能力和环境资源保护能力的三维集成的评价指标体系，并运用该指标体系评价了中国制造业发展的总体特征、区域特征、产业特征和企业特征；研究了世界制造业中心演进的规律，借鉴发达国家的成功经验，阐述了特大都市圈与制造业互动的内涵与机理。

都市圈的发展必须以制造业发展为载体，通过制造业发展带动生产者服务业发展，进而带动都市圈延伸扩展；都市圈的发展则会进一步促进制造业聚集、促进制造业创新能力提升和附加值提高。长三角都市圈和制造业的互动发展，已经成为长三角实现国际分工地位攀升、产业结构优化、经济效益改善和竞争力提高的主要路径，必将推动长三角都市圈成为拥有技术优势和创新优势的世界制造业中心。

Abstract

In this book, the course of development and evolvement of metropolitan zones and the manufacturing industry are investigated. The concept of the "New Type" manufacturing industry is put forward. The "New Type" manufacturing industry refers to the manufacturing industry which can improve economic benefits, enhance competitiveness and achieve sustained development through scientific innovation, reducing energy consumption and environment pollution, and increasing employment. The super metropolitan zones in China refer to the Yangtze River Delta Metropolitan Zone, the Beijing-Tianjin-Hebei Metropolitan Zone and the Pearl River Delta Metropolitan Zone. According to the international experience of development of metropolitan zones, China's super metropolitan zones are currently in a stage of development which is marked by a transition from fast growth to maturity. This conclusion is made based on such important indexes as the population density, economic density and the gradient of industrial structure as well as the degree of development of population, economy, science & technology and the service sector.

In this book, a three-dimensional evaluation index system integrating economic creativity, scientific creativity and the ability of protecting environment and resources is constructed. And, this index system is used to evaluate the overall characteristics, regional characteristics, industrial characteristics and enterprise characteristics of the development of China's manufacturing industry. The book also probes into the pattern of evolution of the world manufacturing center. By drawing on the successful experience of developed countries, the book expatiates on the connotation and mechanism of the interaction between super metropolitan zones and manufacturing industry.

The development of metropolitan zones must be based on the development of manufacturing industry since the development of the manufacturing sector can drive the development of the producer service sector and consequently contribute to the expansion of metropolitan zones. On the other hand, the development of metropolitan zones will, in turn, promote the concentration of manufacturing industry, help to enhance creativity and increase added value of the manufacturing industry. The interactive development of the Yangtze River Delta Metropolitan Zone and the manufacturing industry in the region has become the major contributing factor to the enhanced role in the international division of labor of the Yangtze River Delta, its optimized industrial structure and improved economic efficiency and competitiveness. This will surely help the Yangtze River Delta Metropolitan Zone become the world manufacturing center which boasts of both technological advantage and innovative advantage.

目录

Contents

Contents

第 1 章

都市圈、制造业与新型制造业

回顾发达国家的近现代发展进程可以看到，都市圈是伴随着制造业的发展、兴盛和衰退而深化变迁的，制造业发展轨迹左右着都市圈的发展路径。改革开放以来，随着经济全球化和中国制造业规模的不断扩大，制造业和都市圈互动发展的实践日益丰富。然而，资源和能源消耗急剧增加、环境压力持续升高，传统制造业发展伴随的环境污染和能源浪费问题日益严重，走新型工业化道路，依靠科技创新引领发展已经成为中国制造业的必然选择，“新型制造业”与“都市圈”必须和谐发展已经成为共识。

1.1 文献资料综述

国内外关于城市化和都市圈的探讨由来已久，关于制造业发展的讨论持续不断。然而，将城市化与都市圈联系起来进行探讨的成果相对较少，从“新型制造业”角度展开讨论是近几年才出现并逐步引起关注的，这方面的研究成果相对缺乏。

1.1.1 关于都市圈的文献资料综述

都市圈的概念界定源于人们定义规划城市功能的需求。为了界定城市功能地域，欧美各国在 20 世纪初就陆续制定了各种划分方法。美国在 1910 年人口普查时就定义了大都市区（Metropolitan District），在1950年采用了“城市化地区（UA）”的地域统计概念，1970年采用改造后的标准都市统计区（SMSA），针对大都市区发展日渐毗连的现象，1977年进一步采用标准一体化区域（SCA）来描述连成一体的SMSA。法国城市学家戈特曼（Jean Gottmann）[①] 在1957年首先研究并提出了由都市区发展形成的大都市带的现象，他在其著名论文《大城市连绵区：美国东北海岸的城市化》(《Megalopolis，or the Urbanization of the Northeasten Seaboard》) 中指出，统计和实证研究表明，美国东北沿海地区从新罕布什尔州的希尔斯伯勒（Hillsborough）直到弗吉尼亚州的费尔法克斯（Fairfax），沿主要交通干线已经形成了一条主轴线约600英里长，居住人口3 000万的连绵逶迤的大城市经济地区，它的形成是由于一连串的大都市区逐步聚合的结果。戈特曼指出，这个巨大的都市连绵区（Megalopolis）是美国空间经济的发展进入成熟阶段的标志。1961年他在著作《Megalopolis》中，对世界上的大都市带做了进一步研究，提出一个都市连绵区内至少应居住2 500万城市人口，过着现代化城市生活方式。他预言，都市连绵区是城市化高级阶段的产物，在20世纪和21世纪初将成为人类高级文明的主要标志之一。1950年代，日本行政管理厅对“都市圈”的定义是：以一日为周期，可以接受城市某一方面功能服务的地域范围，中心城市人口规模须在10万人以上。1960年代提出“大都市圈”概念，规定：中心城市为中央指定市，或人口规模在100万人以上的城市，外围地区到中心城市的通勤人口不低于本身人口的15%，大都市圈之间的货物运输量不得超过总运输量的25%。成熟的都市圈一般都有完整的城市结构。[②] 梯度转移理论认为一个城市所处都市圈城市系统的等级通常是其经济梯度的反映，一个城市的等级越高，则其经济梯度常常也比较高。如果一个都市圈城市等级不健全，城市体系出现断档现象，那么就会出现经济梯度的断层；城市之间的经济梯度差异就比较大，下级城市接受上级城市产业转移的能力不足，客观上加剧了产业转移的难度。这常常造成两方面后果，一是上级城市对下级城市的辐射力和影响力不足，下级城市难于发展；二是上级城市由于产业难于及时转移，延缓了城市升级转换的步子，不能及时发展新的产业，城市经济水平提升的速度就放慢。

现代意义上的都市圈研究，国内起步于20世纪90年代。周一星（1998，1995）[③] 将中国沿海地区出现的与西方大都市带和城镇化（Desakota）区域类似

---

① 戈特曼：《大城市连绵区：美国东北海岸的城市化》，载于《经济地理学》，1957年3期，第189～200页（Gottmann J. Megalopolis，or the Urbanization of the Northeastern Seaboard. Economic Geography，1957，33（3）. 189－200）。

② ［日］高桥伸夫：《日本三大都市圈：变化中的空间结构及未来展望》，载于《古今书院》，1994年，田口芳明、成田孝三：《都市圈多核化の展开》，东京大学出版社1986年版。

③ 周一星：《城市地理学》，商务印书馆1995年版。

的新型城市群空间组织形式称为都市连绵区，认为其是“以若干城市为核心，大城市与周围地区保持强烈交互作用和密切社会经济联系，沿一条或多条交通走廊分布的巨型城乡一体化区域”。邹军等（2001）[①] 对都市圈概念进行了较系统的阐述，认为“都市圈”是指一个或多个核心城市，以及与核心城市具有紧密社会、经济联系的，具有一体化倾向的临接城镇与地区构成的圈层式结构。并指出“都市圈”是客观形成与主观规划推动双向作用的产物。徐琴（2003）[②] 认为都市圈是由一个或多个核心城市与若干个相关的周边城市组成的、在空间上密切联系、在功能上有机分工相互依存并且具有一体化倾向的城市复合体。因此在空间上，都市圈主要有三个组成部分：核心城市、周边城市以及镶嵌其间的生态隔离带或都市农业带。李廉水、罗杰·斯塔夫（2006）[③] 等认为都市圈（Metropolitan Coordinating Region）的概念应是：由一个或多个中心城市和与其有紧密社会、经济联系的临接城镇依托交通网络组成的一个相互制约、相互依存，具有一体化倾向的协调发展区域；是以中心城市为核心、以发达的联系通道为依托，吸引辐射周边城市与区域，并促进城市之间的相互联系与协作，带动周边地区经济社会发展的、可以实施有效管理的区域。构建都市圈的本质在于弱化行政区划，从区域角度强化城市间的经济联系，形成经济、市场高度一体化的发展态势；协调城镇之间发展的关系，推进跨区域基础设施共建共享；有利于保护并合理利用各类资源，改善人居环境和投资环境，促进区域经济、社会与环境的整体可持续发展。

20 世纪 80 年代以来，随着经济全球化和区域经济一体化步伐加快，国内外的学者开始将研究的视角转向都市圈的管理与持续发展方面，所研究的领域主要集中于都市圈的公共服务与政治体制、管治模式、空间规划以及战略发展等方面。关于大都市区公共服务与政治体制研究，以伍德为主要代表的学者提出了单中心体制论（Monocentric System），认为大都市区的权威分散是形成种种问题的根源，因此，一个主导决策中心的政治体制是大城市圈解决行政分割的理想模式（Wood[④]，1958）。以文森特·奥斯特罗姆、查尔斯·M·蒂伯特和罗伯特·瓦伦为主的研究群体，提出了与单中心体制相反的观点，即大都市区需要多中心体制（Polycentric System）的政治结构。

① 邹军、陈小卉：《城镇体系空间规划再认识》，载于《城市规划》，2001 年第 1 期。

② 徐琴：《从世界都市圈的发展经验谈全国的都市圈建设》，载于《南京工业大学学报（社会科学版）》，2003 年第 1 期。

③ 李廉水、Roger R. Stough：《都市圈发展—理论演化·国际经验·中国特色》，科学出版社 2006 年版。

④ 罗伯特·伍德：《新都市：绿化带，草牧区或巨人》，载于《美国政治科学评论》，1958 年第 52 期，第 108～122 页。

1.1.2 关于制造业的文献资料综述

制造业（Manufacturing Industry）是国民经济、社会发展和国防建设的物质基础，是国家综合实力的重要标志。制造业的发展水平决定了一个国家在经济全球化趋势中的国际分工地位。近年来，国内外关于制造业的研究讨论非常热烈，研究主要集中在制造业生产过程、区域制造业、制造业发展战略、制造业企业组织行为、资源要素问题以及企业学习与创新等六个方面。在制造业生产过程方面，哈姆斯（C. Harmse），阿布卡（C. A. Abuka）（2005）证明了制造业生产效率、贸易倾向、行业特色和一些宏观经济变量之间存在着重要的联系。安德列阿斯（Andreas Savvides），马里奥斯（Marios Zachariadis）（2005）评估了国外技术扩散到发展中国家制造业部门的各种渠道。孙志红和卡列巴·卡里拉加（Kaliappa P. Kalirajan）（2005）以韩国制造业为例，分析了高科技和低科技产业的增长源。在区域制造业方面，沃恩·迪克森（Vaughan Dickson）（2005）通过对基于美国253个制造业行业的研究小组在1963年到1992年之间的情况进行了分析。范特尼（Fotini Voulgaris）（2005）等调查了在希腊加入欧洲货币联盟（EMU）前的1995～1999年期间，希腊制造业的就业机会的创造和消失模式。在制造业发展战略方面，曾元杰、林玉华（2004）认为随着市场变化的加快，一个公司要想在最短的时间获得最大市场占有率，就必须加快推出他的新产品的步伐。德加亚（Dangayach）和德希穆克（Deshmukh）（2006）阐述了对印度机械制造公司采用制造战略实践的调查研究结果。关于制造业企业组织行为，朗尼·詹姆斯·赫兹佩斯（Lonnie James Hudspeth）（2004）对美国制造企业竞争所需具备的战略能力进行了探讨。保罗·奥斯特曼（Paul Osterman）（2005）认为对于制造业中的核心蓝领员工而言，高工资与高绩效工作组织系统相联系。对于制造业资源要素，罗伯特·布朗（Robert Brown）（2006）预测了能源对美国制造业的影响。艾蒂安（Etienne Musonera）（2005）研究了如何最优化海外直接投资流入的理论模型。在制造业企业学习与创新方面，约翰·弗里斯哈马尔（Johan Frishammar）（2005）对206家中等规模的制造业企业进行了研究，对加拿大制造业的更新进行了区域性的比较。

国内学者卢进勇（2004）[①] 认为，在三次产业分类中制造业属于第二产业，

---

① 卢进勇：《中国成为世界制造业中心研究理论、趋势与实证分析》，对外经济贸易大学硕士学位论文，2004年。

一般是指加工工业，它在国民经济各产业中占有举足轻重的地位。李慧巍（2005）[①] 认为，制造业是国民经济的基础，所有将原材料转化为物质产品的行业都可以称为制造业，它涵盖了除去采掘业和建筑业等以外的整个第二产业。陈小义（2006）[②] 按劳动力、资本和技术三大生产因素在制造业中的结合方式和密集程度为特征，将制造业产业分为劳动密集型、资金密集型和技术密集型三种类型。国内有学者提出先进制造业的概念，指出先进制造业的内涵是相对于传统制造业而言，指制造业不断地吸收电子信息、计算机、机械、材料以及现代管理技术等方面的高新技术成果，并将这些先进制造技术综合应用于制造业产品的研发设计、生产制造、在线检测、营销、服务和管理的全过程，实现优质、高效、低耗、清洁、灵活生产，即实现信息化、自动化、智能化、柔性化、生态化生产，取得很好经济社会和市场效果的制造业的总称。

1.1.3 关于“新型制造业”的讨论

李廉水、杜占元（2004）[③] 提出“新型制造业”概念，阐述新型制造业与传统制造业的主要区别在于：（1）在生产方式上，由单一产品的大规模、标准化生产，转变为可根据社会需求小批量、多品种生产，具有更强的灵活性和适应性；（2）在增长方式上，更注重依靠科技进步，减少能源消耗和环境污染、提高经济效益、使产业和产品的科技含量更高，人力资源优势得到充分发挥；（3）在发展观上，着眼于未来，更注重信息化程度、无形资产的比重、技术创新的能力，更重视节约型、集约化和可持续发展。

“新型制造业”概念的提出具有重要意义，其核心是改变了仅从经济发展程度评价制造业发展状况的传统做法，转变为从经济、科技和环境三个方面综合评价中国制造业发展状况，设置了经济、科技和环境三类指标集，从而顺利构建独特的评价指标体系；根据“新型制造业”概念，可以对中国制造业发展总体程度、区域制造业、制造业产业的发展程度和制造业企业发展程度进行客观评价。“新型制造业”概念的提出，为研究制造业提供了新的基点，为研究中国制造业提供了主线，为系统研究中国制造业提供了新框架，为创新性研究全球制造业拓展了空间。

---

① 李慧巍：《产业集聚对环杭州湾区域制造业竞争优势的影响分析》，浙江大学硕士学位论文，2005年。

② 陈小义：《浙江省制造业产业结构升级的政府就业对策》，浙江大学硕士学位论文，2006年。

③ 李廉水、杜占元主编：《中国制造业发展研究报告2004》，科学出版社2004年版。

1.2 城市化与都市圈

马克思和恩格斯曾指出：某一民族内部的分工，首先引起工商业劳动和农业劳动的分离，从而也引起城乡的分离。城市化是社会、经济发展到一定程度的必然产物，是一个综合了经济形态、社会文化、地理景观以及生活方式等全方位演变的自然历史过程。法国城市学家戈特曼（Jean Gottmann）1961 年提出都市圈（Megalopolis）是城市化高级阶段的产物，在 20 世纪和 21 世纪初将成为人类高级文明的主要标志之一。

1.2.1 城市化的概念

城市化（Urbanization），或称为城镇化、都市化，其词头 urban 意为都市的、市镇的；其词尾 ization 由 iz（e）+anon 组成，表示行为的过程。“城市化”一词，最早出现在 1867 年西班牙工程师塞特（A. Serda）的著作《城市化基本原理》中。从广义上讲，城市化是指居住在市、镇地区的人口占总人口比例的增长过程，是由于社会生产力的发展而引起的市、镇数量增加及其规模扩大，人口向市、镇集中，市、镇物质文明和精神文明不断扩散，区域产业结构不断转换的过程。广义的城市化还包括城镇用地的扩展，城市建设水平的提高，城市居民的生活方式和思想观念的演变和传播等。20 世纪 70 年代末，“城市化”概念开始被引入中国。在中国，由于把镇（Town）和市（City）都称为城市，所以把原来与 Rural（乡村）相对的 Urban（城镇）一词的动词译为城市化，可见，在国内有的学者把城市化称之为城镇化，两者在意思上并无差异。

经济学家认为，城市化是各种非农产业发展的经济要素向城市集聚的过程，它不仅包括农村劳动力向城市第二、三产业转移，还包括非农产业投资及其技术、生产能力在城市的集聚。[①] 社会学家指出，城市化是社会生活方式的主体从乡村向城市的转化，是指典型的城市生活方式生成、深化、扩大的过程。[②] 它意味着人们不断被吸引到城市中，并被吸纳到城市的生活组织中去，而且还意味着随着城市的发展而出现的城市生活方式的不断强化（周一星，1995）。美国学者

① 约瑟夫·熊彼特：《经济发展理论》，商务印书馆 1991 年版，第 70～73 页。
② 王胜今：《人口社会学》，吉林大学出版社 1998 年版，第 202～206 页。

勃罗金（P-Sorokin）认为，城市化就是变农村意识、行动方式和生活方式为城市意识、行动方式和生活方式的全部过程（崔功豪、王本炎、查彦育，1992）①。艾尔德里奇（Hope Tisdale Eldridge，1956）② 系统地研究了社会学文献中的有关"Urbanization"的定义后发现，可以将众多的定义分三种（或众多的定义实际上是将城市化定义为三种过程）：一是扩散过程（a process of Diffusion），城市化是指城市的某些品质特征向非城市地区逐渐扩散的过程；二是强化过程（a process of Intensification），城市化是指各种城市行为和素质因不同人群的频繁的接触交往而日益增强的过程；三是人口集中过程（a process of Population Concentration），即人口学的城市化定义。英国学者弗里德曼将城市化过程区分为城市化Ⅰ和城市化Ⅱ，前者包括人口和非农业活动在规模不同的城市环境中的地域集中过程、非城市型景观转化为城市型景观的地域推进过程，是可见的、物化了的或实体性的过程；后者包括城市文化、城市生活方式和价值观在农村地域的传播过程，是抽象的、精神上的过程（许学强等，1997）③。

随着信息革命的产生和发展，城市化在新的经济时代又被赋予了新的内涵，有的学者将知识经济（信息经济）时代城市化的概念表述为："城市化是在特定地域空间系统中的一种复杂的社会过程，它既有包含人口和非农业活动在规模不同的城市环境中的集中过程以及乡村景观转化为城市景观的地域推进过程，即'显性城市化'，而且还蕴涵着城市文化、城市生活方式和价值、观念等在农村的地域中扩散过程，以及城市内部地域结构的分化和组合，即隐性城市化"。

人口学所说的城市化是指人口城市化，即农村人口逐渐转变为城市人口的现象和过程。威尔逊（Christopher Wilson，1986）④ 在其主编的《人口学辞典》中的解释是，"人口城市化即指居住在城市地区的人口比重上升的现象。"

地理学中对城市化的定义是：由于社会生产力的发展，而引起的农业人口向城镇人口，农村居民点形式向城镇居民点形式转化的全过程。包括城镇人口比重和城镇数量的增加，城镇用地的扩展，以及城镇居民生活状况的实质性改变等。现归纳列举如下：（1）城市化是指农业人口转化为城镇人口的过程，这个过程表现为城市人口的增加，城市数量的增多和城市地理界限调整过程的综合。⑤（2）城市化是社会生产力的变革所引起的人类生产方式、生活方式和居住方式

① 崔功豪、王本炎、查彦育：《城市地理学》，江苏教育出版社 1992 年版。

② 霍普·蒂斯代尔、艾尔德里奇：《城市化过程·人口分析》，载于《斯宾格勒和邓背［1］》，自由出版社 1956 年版。

③ 许学强、周一星、宁越敏：《城市地理学》，高等教育出版社 1997 年版。

④ Chrislopher Wilson，The Dictionary of Demography，Oxford：BasilBlackwell Lid，1986.

⑤ 朱林兴主编：《中国社会主义城市经济学》，上海社会科学院出版社 1996 年版。

改变的过程。[①]（3）城市化过程就是现代社会商品生产不断发展，人口不断集中，城市经济与区域经济联系越来越密切，城市的社会动力作用越来越加强的历史发展过程。[②]（4）城市化过程是社会生产力变革所引起的生产方式，生产力布局，人口分布及生活居住方式客观演变的过程。[③]（5）城市化进程，就是一个经济发展，经济结构和产业结构演变的过程，又是一个社会进步，社会制度变迁以及观念形态变革的持续发展过程。[④]（6）城市化是城市中心对农村腹地影响的传播过程；是全社会人口逐步接受城市文化的过程；是人口集中的过程，包括集中点的增加和集中点的扩大，是城市人口占全社会人口比例的提高过程。[⑤]（7）城市化是随着社会经济科技的发展，农村从事第一产业的人口向城市第二、第三产业聚集和转移，从而使城市人口比重加大、城市数量增加、规模扩大、质量提高并最终达到“城乡一体化”目标的城市文明不断向农村扩散的社会发展过程。[⑥]（8）城市化是一个经济发展的过程，不仅是城市人口的增加，更表现为许多城市要素的集聚，特别是城市规模的形式，它有赖于城市产业的支撑，并落实为城市居民生活质量的提高和科教文事业的发展。[⑦]（9）城市化最本质的含义是第二、第三产业向城市集中，农村人口向城市转移，从而使城镇数量增加，城市规模扩大，城镇产业结构逐步升级的过程，同时还伴随着城市物质文明、生产方式、生活方式向农村扩散的过程。[⑧]（10）城市化的含义可以归纳为如下四个层次：其一：城市化是城乡人口分布结构的转换；其二，城市化是产业结构及其布局地域结构的转换；其三，城市化是传统价值观念与生活方式向现代价值观念和生活方式的转换；其四，城市化是人们聚居形式和集聚方式及其相关制度安排的变迁或创新。[⑨]

综上所述，城市化是一个具有丰富内涵的概念，仅从任何一个侧面都不能准确地反映城市化的本质，正如弗里德曼（J. Friedmann）所说，就像盲人摸象，不同的城市学家都会抓住城市化的某一个特征并且宣称是正确的且是唯一的。[⑩]在这种情况下，出现将城市化的各个方面加以综合而重新定义就是自然的。弗里德曼认为城市是一个社会的小宇宙，因此必然是一个展示着物质的、社会的、体

① 谢文慈、邓卫：《城市经济学》，清华大学出版社1996年版。
② 饶会林：《城市经济学》，东北财经大学出版社1999年版。
③ 邹彦林：《中国城市发展宏观思考》，载于《江淮论坛》，1999年第2期。
④ 侯蕊玲：《城市化的历史回顾与未来发展》，载于《云南社会科学》，1999年第2期。
⑤ 王放：《中国城市化与可持续发展》，科学出版社2000年版。
⑥ 张文和、李明：《城市化定义研究》，载于《城市发展研究》，2001年第5期。
⑦ 沈立人：《全面理解和整体推进城市化》，载于《财经问题研究》，2001年第3期。
⑧ 范春永：《中国城市化进程和对策》，载于《城乡建设》，1997年第9期。
⑨ 刘传江：《中国城市化的制度安排与创新》，武汉大学出版社1999年版。
⑩ 红扬：《对新时代背景下中国城市化研究的方法论思考》，载于《城市规划》，2000年第6期。

制的、人口的以及社会的诸多特征的多维现象。因此，必须从多维角度来分析和反映城市化的本质。尽管不同学科对城市化的解释不尽相同，但城市化作为一个社会经济的转化过程，无疑包括人口流动、地域景观、经济领域、社会文化、生活方式、文明程度等诸方面的内涵。而且随着经济、社会的发展，城市化内涵也在发生着变化。它是经济、社会发展的一种体现，是社会生产力发展到一定阶段的客观过程。城市化是一定地域在社会产业结构、人口、文化上和人们的生产生活等各方面，向具有城市特点的表现形态变迁的系统的、动态的过程，是由传统的农业社会向现代城市社会发展的自然历史过程。因此，可以将城市化诠释为：社会生产力的变革所引起的人类生产、交换、生活方式改变的过程，是人类社会由传统的农业社会向现代城市社会发展的自然历史过程。它可包括以下四个方面内容：(1) 人口城市化，即一个国家或地区内的大批乡村人口向城市集中，城市人口在总人口中的比重不断增加。与此同时，广大农村受城市文明的渗透和影响，文明程度逐步提升，从而国民素质全面提高。(2) 地域城市化，即直观表象上地域景观发生变化，人口和产业在空间上集中所导致的城市数量、质量地域分异的过程。(3) 产业结构高级化，即社会经济结构发生根本变革，产业结构逐步升级，传统低效的第一产业向现代高效的第二、三产业转换。(4) 生活质量优化，即大批低消费农民群体转变为高消费市民群体，基于职业和行业利益的社会经济组织取代了农村中基于家庭纽带、地方情感的社会经济组织，人际交往与生活方式也随之变化。人民生活、居住水平发生质的改变，生活质量全面提高。

1.2.2 城市化的类型

现有的研究从不同的视角将城市化划分为不同的类型，较有代表性的有以下几类：

(1) 集中型城市化和分散型城市化①。这是从城市化空间分布格局和人口集中方式变动的两个阶段来划分的。集中型城市化主要发生在当代的发展中国家和发达国家早期，其特点具体表现在：①人口不断从农村向城市流动，而且日益向大城市集中，一般不会出现大规模的倒流现象；②中心城市将进一步增强，作用和地位日益突出。分散型城市化主要发生在发达国家，它的特点是大城市市郊及其非城市地域的迅速发展，都市带和都市圈不断扩大，其实质是城市功能的向外扩散。

① 周文赛、许庆明：《发展经济学》，浙江大学出版社1995年版。

（2）同步城市化、过度城市化和滞后城市化。这是从城市化和工业化发展水平的对比来划分的。同步城市化指城市化进程与工业化和经济发展水平成适度的正相关关系，两者趋于一致，这是一种比较合理的城市化类型。过度城市化是城市化水平超过工业化水平，城市化主要依靠第三产业来推动。滞后城市化是指城市化水平落后于工业化水平，主要是政府为避免城市病，人为限制城市的发展和城市聚集效益及规模效益的发挥。

（3）农村城市化（城镇化）、都市化、大都市区、大都市连绵带和郊区化（逆城市化）。这是从城市化的发展层次划分的。农村城市化是指农村地区在向城镇转变过程中的“有序退缩、稳步提高”的过程（郑弘毅，1998）①。都市化指现有城市和城市人口的继续城市化，是城市的功能重组、规模扩大，包括建立现代化的工业、商业、科技教育体系、高层楼群、生态环境等。大都市区是以某一大城市或特大城市为核心，使中心城市和城市边缘区共同构成相互关联并具有一定空间层次、地域分工和景观特征的巨型地域综合体。大都市连绵带是由在地域上集中分布的若干大城市和特大城市集聚而成的庞大的、多核心、多层次城市群体，是大都市区的空间联合体。郊区化（逆城市化）是指由于城市中心区地租昂贵、人口稠密、交通拥挤、环境恶劣等因素形成的巨大推动力使城市中心区人口、产业外迁，形成相对中心区而言的城市离心化现象，这也叫逆城市化。②

（4）自上而下的城市化和自下而上的城市化。这是从城市化推动力的角度划分的。③前者指城市化的推动力来自于城市经济的发展，来自于城市对乡村的巨大吸引力和辐射力，包括农业人口向城市的涌动以及城市经济和人口向周围地区扩散导致的乡村城市化。后者指发展农业多种经营、发展乡镇企业，实行就近的空间转移和小规模的适当集聚，促进众多小城镇的形成和发展，这种城市化主要来源于乡村经济发展的推动力，所以称为自下而上的城市化。

1.2.3 城市化的测度

城市化水平是指一个国家或地区的城市化发展的高低程度，不同的国家和地区，城市化发展的速度不同，其城市化水平也有高有低，一般来讲，经济发达的国家城市化水平较高，发展中国家城市化水平较低。通常，量测城市化水平的指标有以下几种：城市化率、城市化速度、城市化质量、人口数中居民点规模指标

①③ 郑弘毅等：《农村城市化研究》，南京大学出版社 1998 年版。

② 《关于都市化、大都市区、大都市连绵带和郊区化的概念》，详见顾朝林等著：《经济全球化与中国城市发展》，商务印书馆 2000 年版。

等，其中最主要的指标是城市化率。

城市化率（也称城市化水平、城市化指标、城市化度）是衡量一个国家和地区城市化程度的主要指标，它的计算公式为：$U = Pu/P$①

其中，U 表示城市化率，Pu 表示城市人口，P 表示城乡人口总数。

法国学者菲利普·潘什梅尔对此作了一些改进，提出：

$$城市化指数=\frac{地区城市人口密度}{农村人口密度}\times\frac{城市人口}{全国总人口}\times 100\%$$

很多学者指出，城市人口占比（城市化率）的提高只是城市化内容的一个方面，甚至只是城市化的表面现象，并不能反映城市化的全部含义。所以，学者们提出了更多的指标体系用于衡量城市化水平。有的学者指出，城市化率应包括总人口、地方财政年度支出额、批发销售额、住宅建筑面积、储蓄额、电话普及率等指标。当然也有人用两性比率、平均家庭成员、生卒年龄人口率、未婚率、本市出生人口率、电话普及率等来表示城市化率。

众所周知，城市化过程是一个经济、社会、生态、文化诸方面全面转变的动态的时空过程，是人类生产方式、生活方式和居住方式全面转变的过程。因此，不能仅以城市人口比重或土地利用指标作为衡量城市化水平的唯一标准，而应将人口、经济、社会、文化发展与生态改善等方面结合起来考察，即应将城市化水平度量由人口数量型指标转变到功能质量型指标体系。

1.2.4 都市圈的内涵

为了界定城市功能地域，欧美各国在20世纪初就陆续制定了各种划分方法，美国在1910年人口普查时定义了大都市区（Metropolitan District），在1950年采用了“城市化地区（UA）”的地域统计概念，1970年采用改造后的标准都市统计区（SMSA），针对大都市区发展日渐毗连的现象，1977年进一步采用标准一体化区域（SCA）来描述连成一体的SMSA。

法国城市学家戈特曼（Jean Gottmann）在1957年首先研究并提出了由都市区发展形成的大都市带的现象，并预言是城市化高级阶段的产物，在20世纪和21世纪初将成为人类高级文明的主要标志之一。之后的二十多年中，欧美学者对大都市带的研究逐步深化，并从理论上和实践上证实了戈特曼的预言。

美国对标准大都市统计区（SMSA）的界定是这样的：（1）中心城市人口规模在50 000人以上，或相邻的两座城市总人口在50 000人以上，其中较小者须

① 周文骞、许庆明：《发展经济学》，浙江大学出版社1995年版。

在 15 000 人以上；（2）中心城市所在县的其他部分属于 SMSA；（3）邻近的县须满足以下条件方能划入 SMSA：A. 非农业劳动力比例在 75% 以上；B. 15% 以上的职工在中心县工作，或 25% 以上的职工居住在中心县；C. 50% 以上的居民所在次级统计单元人口密度约为 58 人/平方公里（150 人/平方英里）以上，或非农业职工人数不低于中心县非农业职工的 10%，或非农业职工人口数在 10 000 人以上。

20 世纪 50 年代，日本行政管理厅对“都市圈”的界定是：以一日为周期，可以接受城市某一方面功能服务的地域范围，中心城市人口规模须在 10 万人以上。60 年代提出“大都市圈”概念，规定：中心城市为中央指定市，或人口规模在 100 万人以上的城市，外围地区到中心城市的通勤人口不低于本身人口的 15%，大都市圈之间的货物运输量不得超过总运输量的 25%。日本《地理学词典》：城市通过对其周边地域辐射中心职能而发展，以城市为中心形成的职能地域、结节地域称为都市圈。与美国 SMSA 不同的是，日本行政管理厅规定若有两个中心都市近距离并存时，距离在 20 公里以上则各自成为各都市圈的中心城市，若距离在 20 公里以内时，以流入就业者居多之中心城市为中心都市，另一城市则为次中心都市。日本学者采用的“大都市圈”概念规定中心城市人口规模须在 100 万人以上，若有两个以上中心城市相接时，将其区域并入一个大都市圈。这个类似都市区而规模远大于都市区的概念是日本学者根据本国大城市多而密的特点提出的。

希腊学者帕佩约阿鲁（J. G. Pa-paioannou）则认为大都市带的人口规模应在 3 500 万至 2.5 亿之间，人口规模低于 3 500 万的地区对大都市带特征的反映是不够典型的。

中国学者周一星（1998，1995）认为都市圈是由中心市（城市实体地域内非农人口在 20 万人以上）和外围非农化水平较高，与中心市存在着密切社会经济联系的邻接地区两部分组成。他将中国沿海地区出现的与西方大都市带和城镇化（Desakota）区域类似的新型城市群空间组织形式称为都市连绵区（Metropolitan Inter-locking Region，简称 MIR）。他认为 MIR 是“以若干城市为核心，大城市与周围地区保持强烈交互作用和密切社会经济联系，沿一条或多条交通走廊分布的巨型城乡一体化区域”。中心城市与其具有密切经济社会联系的乡村地域日益走向一体化，导致大都市区在中国一些发达地区如沿海出现，大都市区在空间上的整合形成 MIR。MIR 是某一城市群在更高水平上的发展，或者数个城市群在高水平发展的基础上，通过向边缘区域扩张而联结成都市“连绵区”，是城市群发展的更高级阶段。

邹军等（2001）认为，“都市圈”是指一个或多个核心城市，以及与核心城市具有紧密社会、经济联系的，具有一体化倾向的临接城镇与地区构成的圈层式结构，并指出“都市圈”是客观形成与规划主观推动双向作用的产物。他参照日本都市圈界定标准，并考虑江苏省内实际情况，确定都市圈的界定标准为：中心城市人口规模在100万以上，且邻近有50万人口以上的城市；中心城市GDP中心度>45%；中心城市具有跨省际的城市功能；外围地区到中心城市的通勤率不小于其本身人口的15%。

王德（2001）借鉴日本经验，根据中国实际情况定义2.5小时为一日都市圈的界定尺度。但是目前国内对都市圈空间范围的界定还没有统一的标准，往往在方便行政管理的情况下以大城市的行政范围划分出一个大概的、模糊的都市圈界限。

徐琴（2003）认为都市圈是由一个或多个核心城市与若干个相关的周边城市组成的、在空间上密切联系、在功能上有机分工相互依存并且具有一体化倾向的城市复合体。因此在空间上，都市圈主要有三个组成部分：核心城市、周边城市以及镶嵌其间的生态隔离带或都市农业带。

综合国内外的研究，可以认为都市圈（Metropolitan Coordinating Region）是由一个或多个中心城市和与其有紧密社会、经济联系的临接城镇依托交通网络组成的一个相互制约、相互依存，具有一体化倾向的协调发展区域；是以中心城市为核心、以发达的联系通道为依托，吸引辐射周边城市与区域，并促进城市之间的相互联系与协作，带动周边地区经济社会发展的、可以实施有效管理的区域。构建都市圈的本质在于弱化行政区划，从区域角度强化城市间的经济联系，形成经济、市场高度一体化的发展态势；协调城镇之间发展的关系，推进跨区域基础设施共建共享；有利于保护并合理利用各类资源，改善人居环境和投资环境，促进区域经济、社会与环境的整体可持续发展。①

1.2.5 城市化与都市圈的关系

都市圈是区域经济社会发展到一定阶段的产物，是城市化发展到一定阶段的必然结果，当一个区域因城市化的深入而出现一定的城市个数而且城市颇具规模时，都市圈的形成也具备了坚实的基础。

（1）城市数量与都市圈

都市圈的形成首先需要在区域内有一定数量的城市作为基础，当一个区域内城市数量不多时，难以形成共同发展的效应，单个城市不能成为都市圈，只能形

① 李廉水、Roger R. Stough：《都市圈发展—理论演化·国际经验·中国特色》，科学出版社2006年版。

成都市区。都市圈的核心城市一般为大城市，通常是特大城市，而且要求完整的城市体系，不同等级的城市之间有一定的比例关系。如果都市圈的核心城市为特大城市，那么从城市体系的完整性这一条件出发，则组成都市圈的城市个数至少是4个。考虑到中国城市布局和经济发展实际，多数学者认为，都市圈的城市数至少要在5个以上。通常都市圈上下级城市之间有一个比例关系，一般比值在2左右比较合适，如果一个都市圈保持标准的金字塔城市结构，从这一点出发，则都市圈的城市数比较多，至少要达到10个以上。

（2）城市规模与都市圈

组成都市圈的城市，其规模大小对都市圈的发展程度和发展质量以及都市圈在国家或区域中的影响力有很大不同，城市规模大，都市圈的发展程度和发展质量也比较高。城市规模主要表现在两个方面，一是中心城市规模，二是所有城市平均规模。城市规模与都市圈的关系如下：

首先，都市圈的核心城市要达到一定的规模，一般要求在大城市以上，并且核心城市规模越大，都市圈在国家或区域中的影响力也越大。例如，长江三角洲都市圈对国家经济的影响力要比其他都市圈大得多，原因在于中心城市上海的城市规模非常大（城市规模通常与经济发展水平正相关，城市规模是经济发展水平提高吸引大量人口的结果），非农人口达到1 000万以上。核心城市的规模也是实现都市圈一体化的关键，没有城市经济带动，城市难以形成一个区域经济融合的共同体。

其次，平均城市规模也是影响都市圈发展水平、发展速度和发展质量的重要因素。当组成一个都市圈的所有城市平均规模比较大时，这个都市圈的发展水平相对也比较高。例如，武汉都市圈和珠江三角洲都市圈，中心城市武汉和广州的城市规模相差不大，城市非农人口都在500万左右，而在平均城市规模上，武汉都市圈为87万人、珠江三角洲都市圈为145.83万人，武汉都市圈达到大城市标准，而珠江三角洲都市圈在特大城市以上。

一般情况下，在组成都市圈城市个数相差不大时，若平均城市规模较大，说明都市圈内大城市的数量比较多，或者都市圈城市体系比较健全。由于城市同企业一样存在规模经济效应，城市越大，其经济效益越高，一个都市圈内的大城市越多，则整个都市圈的经济发展水平也越高。例如，平均规模差异反映在实际经济发展水平上，2002年武汉都市圈人均GDP为12 877元，珠江三角洲都市圈为41 224元，珠江三角洲都市圈明显高于武汉都市圈。

(3) 城市体系与都市圈

城市体系的完整性通常能从某一方面反映都市圈的成熟程度。都市圈强调城市之间紧密的经济联系、完整的城市结构有利于加强都市圈各个城市之间的经济联系。在市场经济条件下，资源和要素总是流向经济效益较高的部门和地区，而对于城市而言，由于不同规模的城市客观上存在经济效益的差异，使得资源和要素流向经济效益较好的城市和产业，大城市的经济效益和社会效益最高，是资源和要素的首选地区，通常也处于经济发展的最高梯度上。这样，在都市圈各个城市之间客观上存在经济发展的梯度，即经济发达城市和经济不发达城市并存。

区域经济学者把生命周期理论运用于区域经济发展中，认为各种工业部门、各种工业产品同生物一样，都处于不同的生命环节过程中，必然要经历创新、发展、成熟和衰老四个阶段。当城市发展到一定阶段后，某些产业就会处于衰退阶段，而此时又有新的产业被创造出来，城市就发展新的产业，而把处于衰退期的产业向周边城市或地区转移，实现产业结构的升级和调整，转移的根源在于更大经济利益的驱动。

梯度推移理论认为，产业转移的方式是进行有效转移，总是沿着梯度差较小的方向进行。即第一梯度城市产业向第二梯度城市转移，第二梯度城市产业向第三梯度城市转移，等等，有序推移多、越级转移少。产业的这种有序转移是受城市接受能力决定的，当二者的经济梯度较大时，低梯度地区通常由于不具备接受产业转移的技术、资金、人才等条件难于接受高梯度地区需要转移的产业。表现在经济交流上，则是两城市间的经济相互作用不足。

梯度推移理论同时认为，城市是各种工业活动的载体，产业的梯度转移主要是通过多层次城市系统逐一展开。大城市通常处于经济发展的高梯度上，而中小城市处于经济发展水平的低梯度上，大城市的创新活动通常沿着城市系统逐层转移，由第一梯度的城市转移到第二梯度的城市，然后通过第二梯度的城市转移到第三梯度的城市，创新活动的这种有序梯度转移主要是由于城市接受能力的差异造成的，通常城市级别差距越大，越不具备接受创新转移的条件。城市在经济发展的阶段上总是伴随着产业结构升级和转换，在产业结构升级和转换的过程中，低层次的产业总是向周边的小城市转移，产业能否顺利转移在某一方面取决于周边城市是否有接受大城市转移产业的能力，这在一定程度上取决于两个城市之间的产业势能差，产业通常首先向势能差最小的城市进行转移（也是两个城市之间的经济梯度差）。

城市产业转移的有序特性以及沿着多层次系统有序展开决定了都市圈需要培育完整的城市体系结构，城市体系不完整，一方面强化了下级城市接受产业转移的难度，另一方面减缓了核心城市产业升级的速度，不利于整个都市圈经济的发展。完整的城市体系结构为产业的有序转移创造了条件，从而为整个都市圈产业的升级和调整提供了良性循环的基础。

1.3 制造业与新型制造业

制造业是国民经济发展的支柱产业，是国家繁荣富强的坚实基础。制造业的发展水平在很大程度上决定了国家的综合国力和国际竞争力。随着电子信息等高技术的发展，制造业的内涵和表现形式逐渐发生着变化，而知识经济的到来更是让制造业同时具备了工业经济和知识经济的双重时代特征。在中国大力建设和谐社会的今天，制造业的发展必须坚持科技创新、资源集约、环境友好的持续发展道路。

1.3.1 制造业的概念与分类

制造业是一个庞大的产业体系，是资本、技术、劳动力充分整合的具有高度专业化和深度分工的广泛产业组群。中国的《国民经济行业分类》将制造业共分为 30 个大类、169 个小类，《中国统计年鉴》和《浙江统计年鉴》将制造业分为 29 个中类，一些学者也提出了对制造业分类的不同看法。

制造业（Manufacturing Industry）这个用语是舶来品，是指对原材料（采掘业的产品和农产品）进行加工或再加工，以及零部件装配工业的总称，包括除采掘业、公用事业外的全部 29 个行业，是国民经济、社会发展和国防建设的物质基础，是国家综合实力的重要标志。制造业是最为庞大的产业体系，是国民经济中发展最完善、分工最严密、专业化程度最高的产业群，是二次产业（工业）乃至国民生产总值中的最主要的组成部分。可以说，制造业是国民经济发展的支柱，是国民经济收入的重要来源，世界各国的经济竞争主要是制造技术的竞争。李慧巍（2005）[①] 指出，制造业是国民经济的基础，所有将原材料转化为物质产品的行业都可以称为制造业，它涵盖了除去采掘业和建筑业等以外的整个第二产业。信息化和全球化的发展趋势使制造业的先进性主要表现为：（1）产业的先进性，即在全球生产体系中处于高端，具有较高的附加值和技术含量，通常指高

① 李慧巍：《产业集聚对环杭州湾区域制造业竞争优势的影响分析》，浙江大学硕士学位论文，2005 年。

技术产业或新兴产业；（2）技术的先进性，传统产业只要通过运用高新技术或先进适用技术改造，在制造技术和研发方面保持先进水平，同样可以成为先进制造业基地；（3）管理的先进性，无论哪种类型的制造业，都需要先进的管理水平来支撑。

标准的产业分类法是为统一国民经济统计口径对产业进行的划分。联合国曾颁布过《全部经济活动的国际标准产业分类索引》，把全部经济活动共分为大、中、小、细四级。中国现行工业部门分类标准是在国家1984年首次颁布的《国民经济行业分类与代码》（GB/T4754）基础之上，经过两次修订，于2002年颁布执行的《国民经济行业分类》（GB/T4754－2002）。该标准根据中国的一些特殊情况对国际标准产业分类法作了必要的调整和更改，适应中国现阶段行业发展状况，按照国际通行的经济活动同质性原则划分行业，并积极采用国际标准，与ISIC/Rev. 3相衔接。ISIC/Rev. 3是《全部经济活动的国际标准产业分类》第三版的英文简称。它是由联合国于1989年制定并审议通过，推荐各国政府进行国际间统计数据比较时使用的统计分类标准。ISIC/Rev. 3为各国提供了用于各种经济活动分类比较的基本框架，使之成为国际间统计数据对比和交流的工具。ISIC/Rev. 3在分类层次上包括门类（section）、大类（division）、中类（group）和小类（class）。中国《国民经济行业分类》的分类体系与之基本相同。

《国民经济行业分类》（GB/T4754－2002）将国民经济行业分为20个门类，95个大类，396个中类和913个小类，与1994年版的标准相比较，门类增加了4个，大类增加了3个，中类增加了28个，小类增加67个。其中制造业共分为30个大类，169个小类。制造业30个大类分别是：农副食品加工业；食品制造业；饮料制造业；烟草制品业；纺织业；纺织服装、鞋、帽制造业；皮革、毛皮、羽毛（绒）及其制品业；木材加工及木、竹、藤、棕、草制品业；家具制造业；造纸及纸制品业；印刷业和记录媒介的复制；文教体育用品制造业；石油加工、炼焦及核燃料加工业；化学原料及化学制品制造业；医药制造业；化学纤维制造业；橡胶制品业；塑料制品业；非金属矿物制品业；黑色金属冶炼及压延加工业；有色金属冶炼及压延加工业；金属制品业；通用设备制造业；专用设备制造业；交通运输设备制造业；电气机械及器材制造业；通信设备、计算机及其他电子设备制造业；仪器仪表及文化、办公用机械制造业；工艺品及其他制造业；废弃资源和废旧材料回收加工业。

《中国统计年鉴》将制造业分为29个中类，《浙江统计年鉴》从2001卷开始也将制造业分为29个中类，即食品加工业，食品制造业，饮料制造业，烟草加工业，纺织业，服装及其他纤维制品制造业，皮革、毛皮、羽绒及其制品业，木材加工及竹、藤、棕、草制品业，家具制造业，造纸及纸制品业，印刷业、记录媒介的复制，文教体育用品制造业，石油加工及炼焦业，化学原料及化学制品制造业，医药制造业，化学纤维制造业，橡胶制品业，塑料制品业，非金属矿物制品业，黑色金属冶炼及压延加工业，有色金属冶炼及压延加工业，金属制品业，普通机械制造业，专用设备制造业，交通运输设备制造业，电气机械及器材制造业，电子及通信设备制造业，仪器仪表及文化办公用机械制造业，其他制造业等29类。卢进勇（2004）① 认为，在三次产业分类中制造业属于第二产业，一般是指加工工业，它在国民经济各产业中占有举足轻重的地位。制造业一般可分为制造各工业部门所需的装备制造业，如机械制造业，它为各个部门提供生产工具与手段；生产消费资料制造业，如家电制造业、纺织服装制造业等。制造业分布广泛对国民经济及人们生活很重要，可以说没有制造业就没有了生产的工具与设施，也就谈不上农业、建筑业、服务业。此外，陈小义（2006）② 按劳动力、资本和技术三大生产因素在制造业中的结合方式和密集程度为特征，将制造业产业分为劳动密集型、资金密集型和技术密集型三种类型。（1）劳动密集型产业。指在生产要素的配合比例中，劳动力投入比重较高的产业，是相对资金密集、技术密集型产业而言的。其主要特征是单位劳动占用资金少，技术装备程度低，容纳劳动力较多，投资效果快，发展劳动密集型，需以大量和低廉的劳动力为基础；（2）资本密集型产业。指在生产要素的配合比例中，资本（资金）投入比重较高的产业。其主要特征是单位劳动占用资金较多，投资大，容纳劳动力相对较少，资金相辅相成周转慢，取得投资效果慢，发展资金密集型产业以充足的资金为条件；（3）技术密集型产业。又称知识密集型产业，指在生产要素的投入中需要使用复杂先进而又尖端的科学技术才能进行生产的产业，或者在作为生产要素的劳动中知识密集程度高的产业。其主要特征是在投入的劳动与资本两要素中凝结了高度的技术，工艺过程复杂，此外，在其产品中体现了大量的研究与开发（R&D）活动。技术密集型一般也是资金密集型，它不仅需要资金，更需要知识和科学技术，表现为掌握科学技术的人才。

1.3.2 制造业发展的层次特征

在制造业全球化发展进程中，也表现出了鲜明的层次特征，这种层次性主要体现在区域、产业和企业三个层面。区域的发展不平衡性、区域动态联盟，产业

① 卢进勇：《中国成为世界制造业中心研究理论、趋势与实证分析》，对外经济贸易大学硕士学位论文，2004年。

② 陈小义：《浙江省制造业产业结构升级的政府就业对策》，浙江大学硕士学位论文，2006年。

规模结构、创新和可持续发展能力，企业的规模总量、经济贡献能力、自我成长能力以及战略选择、竞争力、技术创新等方面都受到了学者们不同程度的关注。

（1）区域特征

李廉水、杜占元（2005）[①] 的研究发现，21 世纪世界制造业区域发展呈现出明显的全球化趋势，世界各区域制造业的发展都必须积极融入区域制造的全球化产业链，中国尤其要抓住这次世界制造业中心转移的时机，紧跟制造业全球化发展浪潮，才能跻身世界制造业强国之列。制造业的全球化，使制造业的资源配置由一国范围扩大到全球范围，生产、营销、资本运作、服务以及研究开发均推向全球化，导致世界制造业在全球范围的重新分布和组合，即国际产业分工格局的重组。制造业全球化产业链主要有两种形式：一是制造业公司掌握产品设计、关键技术，授权国外生产厂商按其要求生产产品，自己则在全球建立营销网络，进行产品的广告宣传与销售及提供售后服务。如耐克公司的耐克牌运动鞋制造方式；二是制造业公司在全球区域范围内建立零部件的加工制造网络，自己负责产品的总装与营销。此外，从发达国家各大都市圈发展历程来看，制造业自始至终是这些国家都市圈重点发展的主导产业或战略产业。世界各发达国家，无一不有一个或数个都市圈作为其制造业发展的核心区域。随着世界范围内工业化与城市化的快速推进，以大城市为中心的都市圈制造业已经成为各国经济发展中的主流。都市圈为制造业发展提供了广阔的发展空间，都市圈的发展有利于提高制造业综合发展能力，为制造业发展提供良好的社会环境。因此，中国在今后的区域制造业发展中，应大力推进都市圈制造业的发展，依托都市圈的整体优势来提升制造业发展水平，发展区域制造业，着力引导发展较好的都市圈发展为具有自主创新能力的世界一流的制造业基地。再者，经济全球化条件下的国际竞争，不仅是工业产品的竞争，同时也是现代服务业之间的竞争。发展制造业，必须同时大力发展区域现代服务业。应当大力发展金融保险、商用房地产、教育培训、研究开发、物流、信息服务、工程和程序设计、会展等各种形式的现代服务业，提高科技创新能力和信息化水平，构建功能完善的服务支撑体系，支撑制造业持续健康发展。从国际比较上看，中国制造业与世界发达国家水平仍然存在一定差距；从国内看，中国制造业在产业和空间布局上存在着严重的不平衡，其最大特征便是区域发展的不平衡性，呈现“东强中西弱”的态势，制造业向东部地区聚集，东部地区又向三大经济区聚集。因此建设制造业强国之路，成为世界制造业中心，不能一味地追求整体快速提高、行业齐头并进。我们更需要从区域着眼，由

---

① 李廉水、杜占元主编：《中国制造业发展研究报告 2005》，科学出版社 2005 年版。

区域内的“部分强”带动并向“全部强”过渡。因此，把握中国区域制造业的发展特征并从中总结有益的发展经验，是促进中国制造业整体发展的有效途径。

许登峰（2001）① 等学者，从区域制造业动态联盟的角度，对提升区域制造业集群竞争力进行了研究。面向区域设计制造资源综合优化利用的企业动态联盟，是指以一定地理区域所有设计制造资源或某一行业的更大地理范围内的制造企业的设计制造资源的共享集成为基础，将区域内的制造企业集成起来，在信息基础结构和组织基础结构以及其他相关设施及方法的支持下，使区域内各成员企业的联系能力就像一个大公司内的各下属公司一样能够协同工作形成备战联盟，在有必要时组成针对产品机遇的动态联盟。区域制造业动态联盟的特点如下：（1）面向区域以一定区域内的与制造业相关的单位为联盟成员对象，将他们以一定方式连接在一起，成为虚拟的一体，像一个大公司内的成员一样。在一定地理区域内，由于物流短，易于联盟；由于地域文化、地域政策统一，易于交流、易于协商。并不排除区域外成员的加盟，区域外成员的加盟是对区域联盟的有益补充，是必要的。（2）面向资源联盟的最重要的目的是提高产品的制造能力，制造依靠的是资源，所以直接以成员的可共享资源为纽带、为依托，会给联盟成员带来切实的利益。资源是与制造相关的资源，包括人才资源、制造资源、设计资源、测试资源等。（3）面向实用，针对中国制造业实际及中国国情，联盟着重于实用，兼容各种企业情况，从实际出发，以提高成员企业能力为原则，构筑联盟。动态联盟的引进与实施应建立在中国现实技术水平的基础上，重要的是引进动态联盟的理念和企业之间优势互补的思想，打破许多企业“小而全”的生产组织格局，推动企业之间基于市场机遇的高效有序柔性化的合作。在起步阶段，并不一定要有先进的计算机通讯网络。巴西的几家企业用电话和传真等常规通讯手段成功地建立动态联盟的经验，对第三世界国家的企业有很大的借鉴意义。不能认为实施动态联盟所需的一些条件，如企业内部结构的扁平化，外部经济环境和经济活动的规范化、标准化，以及先进的通讯网络建设应在实施前一一具备，恰恰相反，这些条件，应在动态联盟的实施过程中逐步创造，二者相辅相成，逐步完善。

王翔（2006）② 计算了长三角 1994 ~ 2003 年两位数水平的制造业分 28 个行业的区位基尼系数，观察跨行业和分行业的区位基尼系数在时间上的变化趋势，判断长三角在这 10 年改革深化期的区域经济一体化水平与趋势。他根据区位基

---

① 许登峰：《区域制造业动态联盟信息基础结构及其支撑环境的研究》，大连理工大学硕士学位论文，2001 年。

② 王翔：《长江三角洲制造业产业集聚与区域经济一体化的实证研究》，上海师范大学硕士学位论文，2006 年。

尼系数的变化情况，初步得出以下三点结论：第一，长三角制造业跨行业的区位基尼系数十年间总的趋势在不断上升。第二，长三角区域经济一体化水平正在加强，但还处于由初级水平向中级水平过渡的阶段。第三，不断提高的区域经济一体化水平意味着地区间贸易成本的不断降低。

李慧巍（2005）运用现代产业经济学的分支—产业集群理论研究环杭州湾这一典型区域的制造业。首先从环杭州湾区域制造业的发展现状入手，分别描述了该区域制造业总体概况、制造业按地区分布情况、制造业按行业领域分布情况以及该区域内制造业园区和企业集群发展的现状，并在此基础上总结了环杭州湾地区制造业发展呈现的特点和存在的问题。接着，文章根据环杭州湾区域制造业发展的现状及制造业竞争力相互关联的各个方面，提出了制造业产业竞争力分析的 13 个指标，结合统计数据对该区域 29 个制造行业的竞争力进行了分析和排序，并对分析结果进行了讨论，该结果表明环杭州湾区域制造业的产业竞争力主要体现在产业的空间集聚能力和因素上。最后，文章从企业角度深入分析产业集聚对制造业竞争优势的影响与作用，在对该区域 66 家制造企业的问卷调查的基础上，就问卷数据进行了因子分析、相关分析和回归分析等实证统计分析，结果显示企业竞争优势的获取受制造业集群发展程度即制造业产业集聚因素的影响很大。

尹华川（2004）[①] 针对区域特色，对区域制造业信息化工程的实施战略进行了研究。首先，论述了区域制造业信息化的内涵、目标及技术内容框架，提出了区域制造业信息化的实施模式，包括指导思想、工作模式、组织模式、实施方案、过程模式、技术支持模式等；其次，针对区域中小企业在制造业信息化的实施过程中存在的资金、技术、人才等问题，提出了一种基于六层结构的区域制造业信息化动态服务器页面（Active Server Page，ASP）平台，论述了其内涵、结构体系、功能体系、运行模式和商务模式；最后，以重庆制造业信息化工程的实施作为应用案例，介绍了重庆制造业信息化工程的实施状况、重庆制造业信息化 ASP 平台的建设及应用情况，以及重庆市制造业信息化工程的实施效果。

综上可见，区域制造业的发展，必须加强制造业的聚集发展、重视城市化与制造业的相互协调、发展现代服务业提升制造业效益、大面积推广循环经济的发展模式。

（2）产业特征

李廉水、杜占元（2005）[②] 从制造业的发展规模、结构、创新能力和可持续

---

① 尹华川：《区域制造业信息化工程的实施战略研究及实践》，重庆大学硕士学位论文，2004 年。

② 李廉水、杜占元主编：《中国制造业发展研究报告 2005》，科学出版社 2005 年版。

发展能力四个方面，分析了制造业的产业发展特征。研究发现，中国制造业的总量规模、进出口状况和就业规模均占据了国民经济发展的重要地位；制造业产业的结构在不断的升级和优化，高新技术产业的表现尤为突出；科技创新能力不断提高，但在不同的制造业行业之间存在较大差异，并且对国外设备和技术的依赖性很强，中国制造业的科技创新能力相对制造业强国来说还是比较薄弱；制造业重化工业的特征依旧十分明显。在各行业占制造业增加值的比重上，交通设备运输制造业、黑色金属冶炼及压延加工业、化学原料及化学制品制造业和电器机械制造业均在制造业的前五位，它们占据了制造业工业增加值的 30%；四个行业创造了制造业利润总额的 36.23%，吸纳了制造业总就业人数的 23.43%。总之，不论在增加值、利润总额还是就业人数上，都可以看出中国制造业的重化工业化的特征。同时，由于中国制造业对国外设备和技术的依赖性很强，中国制造业的科技创新能力还是比较薄弱。中国全社会固定资产中设备投资的 2/3 依赖进口，光纤制造设备、集成电路芯片制造设备、石油化工装备、轿车工业设备、数控机床、纺织机械、胶印设备等，绝大部分被进口产品挤占。从各个产业的产出结构来看，新产品的开发主要集中在交通运输设备制造业、通信设备、计算机及其他电子设备制造业、通用设备制造业及电器机械及器材制造业四个行业，它们集中了中国 55% 的新产品开发数目。而新产品开发较少的 19 个行业仅占制造业总量的 16%。由于投入结构的差异，各行业之间的新产品开发数目的差距很大，因而具有较大差异的产出结构。

陈小义（2006）指出，可以依据工业产业结构升级演进趋势来描述制造业产业结构升级演进趋势。产业结构升级演进是指产业结构从低级到高级的变化趋势。推动产业结构升级演进的因素主要包括消费结构、消费和投资的比例、生产技术水平、资本与劳动力相对价格、自然资源的拥有情况等。陈小义还指出纵观世界各国现代经济发展历史，制造业产业结构升级演进一般有以下几种趋势：（1）重工业制造业比重不断上升，轻工业制造业比重不断下降，这主要是因为重工业包括电力、石油、煤炭、冶金、化学、机械等工业发展的基础性和支柱性产业，当经济发展到一定程度后，经济发展规模和水平的进一步扩大对重工业部门的依赖性增强；（2）高新技术产业的比重不断上升，传统产业的比重不断下降，这主要是因为科技的进步催生一大批以各种高新技术企业为代表的高新技术产业部门，新兴部门对传统产业产生冲击，导致传统产业部门减少，比如核能发电业的发展给传统电力工业带来了巨大的冲击，导致传统电力工业部门的减少；又比如新材料技术的飞速发展，使得对“大、厚、重”为特征的传统材料的需求大大降低，因而相比之下传统材料工业有所缩小；（3）劳动密集型产业比重逐步下降，资本密集型、技术密集型产业的比例不断上升。文章最后提出制造业产业结构升级演进过程是通过生产技术的革新、资源配置的优化、产业的分工与协作等手段来实现的。

吴倩（2005）① 指出中国制造业市场的巨大潜力，为先进制造技术的发展提供了广阔的市场空间。但是，与制造业发达国家、区域相比，国内的先进制造技术的研发与市场拓展还不均衡。纵观国际制造业的竞争与发展，面对国际、国内两个制造业市场的日渐融合，如何立足国内制造业的市场需求，整合分散的科研与企业资源，尽快形成自己在先进制造产业竞争中的技术优势，已经是摆在中国制造业面前的迫在眉睫的课题。制造业的产业链条长、配套环节多、迂回生产方式复杂，需要适宜的生产组织方式才能得到较快发展，才能获得较强竞争力。产业集群作为一种有效的生产组织方式，最初是从制造业中产生的，并且也是最有利于提高制造业竞争优势的一种生产组织方式。通过大力发展产业集群、建设制造业基地，是国际、国内已经证明了的一种成功做法。

王立斌（2006）② 通过对沈阳市制造业竞争力的分析，找出沈阳市制造业在累积竞争优势中存在的问题，并针对存在的问题提出相应的对策建议，提出了提升沈阳市制造业竞争力的有效途径。他认为，影响产业竞争力有五大因素，包括：投入要素的数量和质量、产业规模经济、研发投入与技术创新、产业内资源配置效率、产品市场效益。

朱颖（2006）③ 指出山东半岛应该以产业集群作为区域经济发展的战略，建立以产业竞争力为核心的现代产业集群，全面提升半岛制造业基地的国际竞争力。通过对产业集群的特征、产业集群的竞争与合作、产业集群的创新与促进经济增长等方面的论述，分析产业集群的优势和竞争力及发展产业集群的必要性。并以意大利的产业集群作为发达国家产业集群发展的代表，以印度班加罗尔软件业集群作为发展中国家产业集群发展的成功典范，列举了国内产业集群较为发达地区的集群发展实践，分析了国内外产业集群发展模式及经验。

刘丰（2005）④ 根据产业结构优化过程中应有的效率特征，从产业的知识和技术含量、增长水平和效益水平三个角度构建了效率指标体系。通过实证研究，发现外商直接投资在资源性制造业、低技术制造业、中技术制造业和高技术制造业中的份额都有所提高，特别是高技术制造业外资份额增长的速度最快。然而外商直接投资对直接优化江苏省制造业产业结构的作用不大，提高劳动生产率和资产贡献率的作用不明显，所创造的增加值和其产业规模相比偏低，外商直接投资

① 吴倩：《环杭州湾区域制造业集群的竞争力研究》，浙江大学硕士学位论文，2005 年。

② 王立斌：《沈阳市制造业产业竞争力研究》，东北大学硕士学位论文，2006 年。

③ 朱颖：《山东半岛制造业产业集群发展研究》，山东大学硕士学位论文，2006 年。

④ 刘丰：《FDI 对江苏省制造业产业结构及效率的影响》，东南大学硕士学位论文，2005 年。

的技术转让和扩散效应，以及前向关联和后向关联等间接作用在江苏省也很小。但是江苏省外商直接投资的示范和竞争效应较好。

王玉晶（2004）① 指出中国与发达国家之间的分工主要以垂直分工为主，尤其是制造业，产业内贸易所占比重相对较小。但产业内贸易对于中国制造业以及其他产业的技术水平提高、产业结构升级换代、资源配置效率和企业经营效率提高等有着至关重要的影响，因此有很大的研究价值。

综上可见，按照新型制造业的发展思路，制造业的发展必须坚持以节约能源为先、环境友好为上，彻底改变粗放式的规模扩张方式，走集约化发展道路，不断提升自主创新能力。

（3）企业特征

李廉水、杜占元（2006）② 从规模总量水平、经济贡献能力和自我成长能力三个方面，分析了中国制造业企业的总体发展特征。分析结果表明，从规模总量水平来看，2005 年中国制造业企业的规模继续扩大，832 家上市公司主营业务收入总计约为 20 598.16 亿元，比 2004 年增长了近 27.46%，其中排名前 50 位的企业销售额合计约为 10 336.02 亿元，集中了全部上市公司销售总额的 50.18%，超过了二分之一，这说明制造业上市公司集中度比较高。从平均规模水平来看，832 家制造业上市公司平均规模为 24.76 亿元，与上年 19.38 亿元的平均规模相比，增长了 27.76%；2004 年制造业上市公司平均规模指标的标准差是 8.06，2005 年为 10.50，说明上市公司的规模差距呈增大的趋势。从整体经济贡献能力来看，2005 年制造业上市公司净利润总额为 81.82 亿元，相对于 2004 年有大幅降低，减少了 51.82%；效益前 50 强企业的净利润总和为 72.29 亿元，比 2004 年的 106.01 亿元降低了 31.79%，这说明制造业企业的经济贡献能力有较大幅度的降低。从制造业上市公司成长速度来看，大多数企业都是以比较平稳的速度成长的，有超过五分之四的企业成长率在 0 ~ 100% 之间，只有极少数的企业（4 家）以超过 100% 的速度成长，这说明中国制造业企业已经处于一个平稳发展的时期。

郑仁峰（2006）③ 强调开展制造业企业产品创新和工艺创新协同发展，指出由于每个企业本身的情况各不相同，有的企业的技术创新会以产品创新为主，而另一些企业的技术创新会以工艺创新为主。结合企业自身的条件，在企业的不同

---

① 王玉晶：《中国制造业产业内贸易现状分析》，吉林大学硕士学位论文，2004 年。

② 李廉水、杜占元主编：《中国制造业发展研究报告 2006》，科学出版社 2006 年版。

③ 郑仁峰：《制造业企业产品创新与工艺创新协同发展研究》，哈尔滨理工大学硕士学位论文，2006 年。

阶段采取不同的创新形式，协调好各阶段产品创新和工艺创新的关系，会使企业在现有的人力、物力、财力下发挥出最好的效果，取得最好的市场占有率，从而使企业立于不败之地。

王晋（2006）① 指出第三方物流对提升汽车制造业企业核心竞争力有很大促进作用，主要表现在：第一，使汽车制造业企业得到更加专业化的服务并降低经营成本。第二，使汽车制造业企业专注于核心业务的发展。第三，提高了汽车制造业企业自身的运作柔性。第四，减少了汽车制造业企业监督成本，并提高效率。第五，降低了汽车制造业企业营运风险。第六，提高汽车制造业企业顾客服务水平。第七，提升了汽车制造业企业形象。

刘攀（2006）② 指出随着市场竞争的不断升级、国际分工的不断发展，使中国制造业企业融入国际竞争的大潮。在广泛的国际分工中，跨国公司扮演了重要的角色，因而中国企业要参与国际竞争不可避免地要面对各国跨国公司的挑战。但竞争的方式是多样的，其中也包括合作，在合作中寻找增强企业竞争力的途径。更多的情况下，企业是在竞争一个市场，而不是与某一个跨国公司进行抗衡。他从三个角度（合作关系、产品流程、价值链）构建制造业企业与跨国公司的合作模式，并对合作模式的18种类型进行分析和归类，并对制造业企业与跨国公司合作中的风险进行分析，并提出规避策略，最后总结对制造业企业进入国际竞争产生的启示。

赵仕海（2006）③ 对制造业企业竞争力进行了研究，提出培育制造业企业竞争力的对策主要有：培育企业核心竞争力；搞好技术创新；企业管理方式的创新；变革企业文化；通过产业集群提高企业竞争力；政府职能的转变。

王博（2006）④ 结合世界制造业的时代特征和发展趋势，分析了中国制造业企业面临的现状、产生的原因，以及未来的发展方向。在理论与实际的结合中，针对中国制造业企业的具体情况，探讨了企业技术发展路径的决定因素，并结合中国制造业企业技术能力的现状，对技术获取路径、非核心技术改进路径、核心技术改进路径和技术超越路径四种企业在不同阶段可选择的技术发展路径进行了深入的研究。同时考虑了提高企业技术能力其他的一些途径。最后得出结论：（1）企业技术发展路径的选择不是唯一的；（2）企业在实施技术发展路径的过程中，技术的消化、吸收过程起着非常重要的作用；（3）中国制造业在提高自

① 王晋：《第三方物流对提升中国汽车制造业企业核心竞争力的有效性研究》，哈尔滨理工大学硕士学位论文，2006年。

② 刘攀：《中国制造业企业与跨国公司合作模式研究》，山东大学硕士学位论文，2006年。

③ 赵仕海：《吉林省制造业企业竞争力培育研究》，吉林大学硕士学位论文，2006年。

④ 王博：《中国制造业企业技术发展路径研究》，对外经济贸易大学硕士学位论文，2006年。

身技术能力的技术追赶过程中，对于技术获取型路径和非核心技术改进路径的技术追赶，应着重强化能力积累。

黄杰（2006）[①] 指出制造业企业信息化模式主要有：企业自行开发模式；企业外购模式；外包模式；效用计算模式；自我主导的综合模式。并指出，在选择这些模式时需要考虑企业的生产方式、企业规模与组织结构、外部信息化环境和企业自身条件以及总体拥有成本（TOC）分析。

唐莹莹（2006）[②] 通过建立技术创新和市场结构的计量模型，对中国制造业技术创新的环境进行分析，最终提出要推进中国制造业技术创新必须优化产业内技术创新的竞争机制和市场结构以及拓宽产业间的结构网络信息与交流。

孔桂香（2005）[③] 认为，战略成本管理的提出是为了适应企业经营环境的变化及信息技术快速发展的需要，既是为了适应企业战略管理的需要，也是企业传统成本管理系统为了弥补自身缺陷，自身变革的需要。

李晋等（2005）[④] 指出，对于制造业企业，由于其业务复杂、繁多，行业竞争又非常激烈，使得制造业企业不得不将一些业务外包出去，从而利用外部的优势资源来加强自身的竞争优势。外包的最初目的是为了降低成本、缩短产品研发与生产周期、专注于企业的核心业务等。

王俊（2005）[⑤] 认为，针对中国制造业企业的特点，制造业企业在培育核心竞争力时应注意以下几点：（1）消除误区，正确认识核心竞争力。（2）因地制宜选择核心竞争力。（3）要用全局的眼光，审视企业的每一个战略环节。（4）制造业企业的核心竞争力要与制造行业的行业关键能力相匹配。（5）制造业企业多元化发展应坚持同心多元的原则。（6）集中主业优势，发展核心专长。

综上可见，中国制造业企业的发展在整合优势资源，选择合适的发展战略，加强自主创新，提升自身的核心竞争能力方面，还有很大的提升空间。

1.3.3 制造业在国民经济中的地位

制造业是一个国家生产能力和国民经济的基础和支柱。经济的增长，国家综合实力的增强在很大程度上有赖于制造业的发展。发达国家的实践已经证明了这一点，中国作为后起国家在赶超崛起的过程中，也必须大力发展和做大做强制造

① 黄杰：《制造业企业信息化模式研究》，武汉大学硕士学位论文，2006 年。
② 唐莹莹：《中国制造业企业技术创新与市场结构实证研究》，大连理工大学硕士学位论文，2006 年。
③ 孔桂香：《战略成本管理在制造业企业中的应用探讨》，载于《企业管理》，2005 年。
④ 李晋等：《制造业企业战略外包的决策模型》，载于《创新创业与企业科技进步》，2005 年。
⑤ 王俊：《制造业企业核心竞争力培育研究》，载于《商业现代化·商业研究》，2005 年。

业。1980年，中国制造业增加值仅占世界的1.5%。1990年，中国制造业增加值超过巴西，位居发展中国家和地区之首，占全球比重的2.7%，进入了世界制造业10强，位居第八。2000年，中国制造业增加值占全球的比重达7.0%，仅次于美国、日本和德国，在世界10强中居第四位。2004年，中国在全球制造业中的份额提高至10%，排名超过德国，上升至世界第三位。

（1）制造业是中国经济发展的“引擎”。在未来相当长的一段时间里，中国经济快速增长很大程度上依赖于制造业的发展。由于受到土地资源和农业比较效益的约束，农业要有很大增长已不太可能，自20世纪80年代中后期以来，中国每年农业增长比经济整体增长率低5～6个百分点，2000年GDP增长率在8%以上，而农业只有2%多一些。第三产业虽然增长较快，但20世纪90年代以来，由于中国城市化进程滞后以及经济发展阶段等因素制约，仅靠第三产业拉动国民经济发展较为困难。国民经济增长还必须靠第二产业拉动。2001～2007年中国工业增加值年均增长11.5%，其中，规模以上工业增加值近5年来平均增速为17%，处于世界上增长最快的国家之列，而制造业占工业增加值比重超过91%，显然，制造业是改革开放30年来中国经济发展的主动力。在今后相当长的时间里，制造业作为国民经济高速增长的“引擎”，仍将是中国经济的主要增长点。

（2）制造业是都市圈竞争力的基础。世界大都市圈发展趋势表明，制造业是都市圈经济发展的基石，也是增强都市圈竞争力的基础，同时也是国家经济发展的基石、国家竞争力的基础。在过去的20世纪，是制造业给美国、日本和欧洲带来了巨大的经济发展和市场繁荣。分析目前美国的产业结构，尽管服务业对国民经济贡献的比例很高，但制造业对国民生产总值的直接贡献始终超过20%，拉动经济增长率40%。日本政府也认为，“日本的高速经济增长是以制造业为核心进行的，而它的成功又建立在它强大的国际竞争力基础上。”在中国，制造业增加值在国内生产总值中所占的比重一直维持在40%以上，中国财政收入的一半来自于制造业；制造业吸收了接近一半的城市就业人口，农村剩余劳动力转移也有将近一半流入了制造业；20世纪90年代以来，制造业的出口一直维持在80%以上，创造了接近3/4的外汇收入。对中国三大都市圈来说，制造业对都市圈的生产总值的直接贡献始终超过20%，拉动了经济快速增长。

（3）制造业是吸纳就业的主渠道。世界经济发展的历史表明，第三产业将会吸纳越来越多的劳动力，但是制造业仍然是解决就业矛盾的一个重要渠道，而且制造业的发展水平直接关系到第三产业的发展。国家劳动和社会保障部对59个城市职业供求状况所做的一项调查显示：商业、制造业和社会服务业三大行业的用人需求约占总需求的64%，已成为目前国内劳动力市场吸纳劳动者就业的主体行业，从行业看，商业、制造业和社会服务业分别占到总需求的30%、

19%、15%。制造业对就业的贡献有两个方面：一是制造业自身创造的就业机会；二是制造业的发展促进服务业的增长，从而增加第三产业的就业机会。改革开放以来，中国制造业的快速发展创造了大量就业机会，从1978年到1995年，制造业从业人员增加了4 400多万人。从中国的现实看，凡是城市化程度高、制造业发达的地区，也是吸引和吸纳劳动力最多的地区。如珠江三角洲的东莞市，本地户籍人口仅150多万，而吸纳的外地劳动力达500多万。长三角的苏南地区，许多市镇的外来人口也超过了本地人口。据国家有关部门的统计，中国经济最发达的长三角、珠三角和京津冀地区也是中国最大的人口流入地。目前中国最大的问题是人口众多，就业压力大，最突出的问题是如何通过减少农村人口，使农民收入水平稳步提高。现实的解决途径是在工业化的过程中推进城市化，通过城市化转移和吸纳农村剩余劳动力。在这一进程中，制造业将始终扮演着重要角色。中国在工业化促进城市化，城市化带动工业化的进程中，必将伴随大量劳动力向城市集聚。目前，国际产业向中国转移趋势为中国经济发展，同时也是为城市化发展提供了千载难逢的机遇，因为制造业发展可以带动服务业，以及与之相关的多种产业发展，吸纳大量劳动力，可以为解决中国的就业提供大量机会。从现在起到21世纪中叶，中国将持续不断地推进工业化和城市化的进程。在这个进程中，农业的比重将逐年下降，农村就业人口会逐年降低，服务业的比重会逐步提高，但制造业将始终占据相当稳定的份额和重要地位，将仍是吸纳劳动力的主要渠道之一。因此，我们要根据中国经济发展中生产力的多层次性、区域经济发展水平的多样性以及人们需求的多元性，发展多样化的制造业，为扩大就业，提高人民生活水平作出贡献。

（4）制造业是促进地区协调发展的产业支撑。中国幅员辽阔，各地区资源禀赋差别很大，经济基础与发展条件不尽相同，区域间长期存在着较大的经济差距。改革开放以来，由于实施向沿海地区倾斜的经济发展战略，区域间经济发展的差距呈加剧态势。目前，东部沿海地区人均GDP是中部地区的2倍多，是西部地区的近3倍。区域经济差距过大将给经济社会发展带来许多负面影响，缩小东西部差距已成为一项不容回避的艰巨任务。分析制造业企业在各地的发展及分布状况，考察各地制造业企业分布不平衡的原因，有利于相对落后省份制定适合自己的制造业发展战略，有利于缩小地区差距，促进各地区的统筹协调发展。

（5）制造业是国家经济安全的坚实保障。制造业是国民经济的重要支柱，是出口增长的主要力量，是技术创新成果的物质载体，同时，制造业水平高低也是决定国防设备先进程度的关键。因此，从国家经济安全的角度看，制造业是维护“国家利益”的坚强堡垒。

1.3.4 中国制造业发展面临的约束

从社会经济发展实践来看，中国工业化进程，比欧洲晚了200年。但自改革开放以来，中国坚持融入全球制造业体系，大力发展中国制造，取得巨大成就。改革开放30年来，中国对外贸易连上新台阶，1979～2007年中国进出口贸易年均增长17.4%，目前的贸易伙伴已达220多个。2007年，初级产品和工业制成品所占比重进一步转变为5.1%和94.9%，工业制成品占据了中国出口商品的绝对主导地位。但是，我们应清醒地看到，中国制造业目前发展中存在着一些问题与瓶颈，主要是科技创新能力不足，中国制造大多集中在低附加值、劳动密集型产业，处于国际制造业价值链的低端。

（1）制造业核心技术主要依靠进口。中国制造业属于“枣核式”结构，呈现出研究开发能力和市场竞争能力弱、加工制造环节强的态势。“中国制造”的优势主要在低成本大规模生产制造方面，如钢、煤、彩电、洗衣机、冰箱、空调、微波炉、摩托车、水泥等。中国制造的172个产品产量位居世界第一，但即使在这些领域，中国厂商也更多地处于组装和制造环节，普遍未掌握核心技术，关键零部件和关键技术主要依赖进口。中国制造业出口产品的结构层次较低，中国制造业出口的产品大多属劳动密集型产品，高加工度、高附加值的技术和资本密集型产品比重不高，高新技术产品尤为缺乏，很多高技术产品仍依靠进口。中国在资本密集和技术密集的制造业领域，与欧美和日本等技术先进国家差距巨大。这种制造业核心技术来源于国外的状况如不能有所改变，将对中国制造业发展产生极为严重的不利影响。

（2）缺乏适应制造业发展所需要的实用性人才。发展高等职业技术教育，培养大量高级应用型、工艺型、操作型的人才，是一些发达国家经济腾飞的“秘密武器”，也是这些国家发展制造业的重要手段。高素质的技术工人是发展高水平制造业的基础，也是实现制造业创新的基础条件。中国目前制造业水平低，许多产品质量和工艺水平不高，与高素质技术工人短缺有密切关系。发达国家制造业中，高级技工的比重高达30%以上，而中国只有5%左右，特别是掌握科学技术知识、适应时代要求的高级技工更是十分紧缺，而且现有高级技工年龄偏大，多在50岁以上，已难以适应新型制造业发展的要求。职业技术教育落后，高级技工短缺，已成为制约中国制造业进一步发展的“瓶颈”之一。

（3）装备制造工业整体创新水平低。装备制造业是为国民经济各部门进行生产和扩大再生产提供装备的各制造业的总称，是制造业的核心部分。装备制造能力（包括研发设计能力、生产能力和集成能力）构成了制造业的综合竞争能力。改革开放30年来，中国在技术、设备引进方面取得了巨大的成功，但也存在不少问题，其中最突出的是对国际技术转移的承接多数停留在第一层次，即主要依靠进口装备来生产产品，而重要装备产品的技术来源主要依靠国外，使中国在制造业国际竞争中始终难以摆脱亦步亦趋的处境。目前中国的装备制造业工业增加值占制造业工业增加值的比重还不到30%，远低于美国的41.9%、日本的43.6%、德国的46.4%。由于中国装备制造业技术水平低，设备陈旧落后，难以满足国内制造业产业升级和企业技术改造的需要，致使装备制造业许多重要产品长期依赖进口，例如，光纤制造装备的100%，集成电路芯片制造装备的85%，石油化工装备的80%，轿车工业装备、数控机床、纺织机械、胶印设备的70%等依赖进口。高新技术产业的许多先进技术和关键设备也依赖进口。装备制造业已成为中国产业结构升级的主要制约因素之一。

（4）制造业技术创新体系尚未成形。经过十多年的科技体制改革，制造业各部门的科研院所除极少数进入企业外，绝大部分转制成为科技型企业，这是中国科技体制的一次重大变革。改制后的科研院所在面向经济主战场方面发挥了作用，但制造业技术创新体系存在明显的缺陷。中国目前缺少直接主管制造业发展的部委，相关部委往往从各自业务范围涉及到制造业的方面安排一些工作，但各相关部委之间缺少交流与协调，尚未形成联动协调的指导和调控发展机制，支撑制造业发展的有限资源未能得到较好的整合与配置。缺乏制造业企业科技创新能够依靠的共性技术平台和大型研究实验基地，缺乏行业层面上的共性技术创新基地和高水平的科技创新队伍，企业的科技创新能力整体较弱，除石化、钢铁、航空航天、电子等行业有为数不多的大型企业具有较强的科技创新能力和较多科技投入外，大多数制造业企业没有技术开发机构、缺乏科技创新经费，企业尚未成为技术创新的主体。制造业企业科技创新的中介服务体系不健全，支撑科技创新的服务能力不强，难以满足制造业企业科技创新的需要。

（5）巨大的资源约束压力。中国制造业技术含量较低，资源和能源利用率低、消耗高。其一，土地利用率低，全国可利用土地仅占中国土地总面积的三分之一，因此土地资源极为稀缺。根据国家发展与改革委员会国民经济司的统计，中国人地矛盾日益尖锐，土地资源保证程度降低。中国以约占世界9%的耕地养活占世界21%的人口。同时，可开发利用的后备资源不足，虽尚有未利用的土地约11亿亩，但依中国当前经济条件和科学技术水平仅1/4可开发利用。其二，中国发展重工业所需要的主要能源，矿产资源如石油，天然气，铁矿，铝土矿等的蕴藏量都在世界的5%以下，人均排在世界80位以后。所以相对于需求来说极为不足。其三，由于中国大部分地区年降水量的70%~80%集中在6~9月，并多以暴雨形式出现，容易出现洪涝，干旱等自然灾害，草地面积虽然广阔，但限于气候条件，夏秋草场和冬春草场不平衡，限制了草地的载畜量。其四，由于技术水平相对落后，因此中国自然资源的利用效率，产出效率都相对较低。例如，目前，中国单位产值能耗是世界平均水平2倍多，比美国、欧盟、日本、印度分别高2.5倍、4.9倍、8.7倍和43%。中国7个行业：石化、电力、钢铁、有色、建材、化工、纺织主要产品单位能耗平均比国际先进水平高40%；燃煤工业锅炉平均运行效率比国际先进水平低15%～20%；机动车百公里油耗比欧洲高25%，比日本高20%。随着经济发展和国家财力的增强，资源约束将替代资本约束逐步上升为经济发展中的主要矛盾，甚至成为伴随工业化、现代化全过程的一个重大问题（张艳芳等，2005）。中国确立了到2020年GDP要比2000年翻两番的发展目标。2003年，中国能源消费总量为16.8亿吨标准煤，比照GDP的增幅，如果能源消费也随之翻两番，2020年将达60亿吨标准煤，而中国常规能源（煤、石油和天然气）探明总资源量约8 200亿吨标准煤，探明剩余可采煤炭总储量1 390亿吨标准煤，按照2020年能源消费总量计算，中国常规能源仅够用25年。

(6) 严峻的环境恶化形势。2005年初，国家环保总局向媒体披露了一组中国环境数据[①]：中国的化学耗氧量（主要是水污染物）、二氧化硫、消耗臭氧层物质排放量居世界第一，二氧化碳（温室气体）排放量居世界第二。中国单位产值的排污量是世界平均水平的十几倍，中国每万美元产值消耗矿产资源是日本的7.1倍、美国的5.7倍、印度的2.8倍。中国1/3的国土被酸雨侵蚀，7大江河水系中劣五类水质（即丧失水功能，不可农业用，不可工业用，不可景观用，更不可作饮用水源。专业术语称为“劣五类”）占41%，沿海赤潮的年发生次数比20年前增加了3倍，1/4的人口饮用不合格的水，1/3的城市人口呼吸着严重污染的空气，城市垃圾无害化处理不足20%，工业危险废物处置率仅为32%，全球污染最严重的10个城市中，中国占5个。环境污染和生态破坏造成了巨大经济损失：据世界银行测算，中国空气和水污染造成的损失占当年GDP的8%；据中科院测算，环境污染使中国发展成本比世界平均水平高7%，环境污染和生态破坏造成的损失占GDP的15%；国家环保总局的生态状况调查表明，仅西部9省区生态破坏造成的直接经济损失就占当地GDP的13%。环境对人民的身体健康也造成了明显的危害，2004年，中国患病的人数已增至50亿人次，因健康不安全造成的经济损失高达8 000亿元，相当于当年GDP的7%。据联合国开发计划署2002年报告称，中国每年空气污染导致1 500万人患支气管病。2005年1

① 中国环境数据，新华网，2005-03-18　11：23：08 来源：时事资料手册第2期，网址：http：//news. xinhuanet. com/banyt/2005-03/18/content_2713384. htm。

月 27 日，评估世界各国（地区）环境质量的“环境可持续指数”（ESI），在瑞士达沃斯正式对外发布。在全球接受调查的 144 个国家和地区中，中国环境可持续指数列倒数第 12 位。在 2002 年第一次发布该指数时，在全球接受调查的 142 个国家和地区中，中国位居第 129 位，列全球倒数第 14 位。①

（7）严重失调的产业结构。作为先进生产力代表、核心竞争力关键的装备制造业发展严重滞后。目前中国装备制造业工业增加值占制造业的比重仅为 26.46%，比发达国家约低 10 个百分点。一方面，市场急需的高技术含量、高附加值的技术装备和产品严重短缺，国民经济和高技术产业发展所需要的装备已形成依赖进口的局面。2001 年，全国进口装备制造业产品约 1 100 亿美元左右，占全国外贸进口总额的 48% 左右。据统计，集成电路芯片制造装备的 95%、轿车制造业装备、数控机床、纺织机械及胶印设备的 70% 依赖进口。另一方面低水平、低技术含量的制造产品严重积压，生产能力严重过剩。据第三次全国工业普查显示，全国主要工业产品有 80% 以上的生产能力利用不足，其中机械、电子、化工、建材、轻工、冶金等行业的生产能力利用率分别为 51.86%、51.45%、54.90%、64.03%、35.55%。中国制造业的产业结构明显表现出轻型化的特征，轻工纺织制造业、资源加工工业和机械电子制造业的工业增加值占制造业工业增加值的比重分别为 30.52%、34.29% 和 33.63%，其中，机械电子制造业所占比重明显低于工业发达国家。制造业产业结构的不合理直接影响了制造业的整体实力和竞争力。企业生产规模小，组织结构“散乱”状况突出，至今尚未形成一批代表行业先进水平、占有较大市场份额、具有国际竞争优势的大型企业和企业集团，也未能形成一大批有技术特色的专业化协作配套的中小企业格局。尽管中国企业的制造能力已有很大的进步，但核心技术并不在中国企业手中。许多产品上注明的是“中国制造（Made in China）”，但实际上仅仅只是在中国加工，而不是真正的由掌握了核心技术和知识产权的中国企业制造（Made by China）。

（8）日益减弱的比较优势。至今为止，中国制造业在国际市场上的比较优势，主要在劳动密集型产业以及产品价格方面，但这一优势有快速减退之忧，中国制造业的发展遇到了国内外两个方面的严峻挑战：①中国东部制造业聚集的沿海地区，劳动力价格、地价、房价急剧攀高，使制造业的综合商务成本迅速上升，同时，产业在向内地转移过程中，受到劳动力素质、政府管理水平和商业环境等因素制约，中国制造业的劳动力质高价廉的优势正逐步减弱。②制造业中技术含量低的劳动密集型产品需求已趋饱和，许多国家为保护本国相关制造业产

① 中国环境数据，新华网，2005-03-18 11:23:08 来源：时事资料手册第 2 期，网址：http://news.xinhuanet.com/banyt/2005-03/18/content_2713384.htm。

业，纷纷制订贸易保护政策，仅靠低价格竞争很容易遭遇反倾销报复。中国制造业的多数产品属于缺少自主知识产权、技术含量低、对外部市场依赖大的低端产品，更容易遭遇所谓反倾销打击，2005 年以来国际范围内，尤其是美国和欧盟对中国纺织品的发难是典型例证。③全方位对外开放使中国与全球经济的联系日益紧密，同时也意味着随着中国的发展，与其他国家发生利益冲突与对抗的可能性也不断增大。这些冲突和对抗目前主要表现在贸易领域，但我们不能不看到，随着中国融入世界的步伐加快，贸易摩擦、经济摩擦和政治争端的出现频率将会越来越高。

1.3.5 “新型制造业”的内涵及拓展

《中国制造业发展研究报告 2004》[①] 首次提出：所谓“新型制造业”，就是依靠科技创新、降低能源消耗、减少环境污染、增加就业、提高经济效益、提升竞争能力，能够实现可持续发展的制造业。可见，新型制造业强调的是“和谐发展”，不单纯在经济角度强调发展，更强调在发展过程中依托科技创新、重视生态建设和环境保护，强调正确处理好产业发展、创新驱动、资源节约和环境保护的和谐。因此，发展新型制造业，必须确立制造业发展的四个新理念：一是以人为本、二是科技创新、三是环境友好、四是面向未来。以人为本，就是要使制造业发展过程中的参与者都能享受到发展带来的利益，就是要实现经济与社会的同步发展，实现人的全面发展；科技创新，就是要把制造业的发展逐步转移到以知识创新和技术创新为基础的轨道上来，改变以往主要依靠资本、劳动力和物质资源投入带动的制造业增长方式，持续提高制造业的创新能力和竞争能力；环境友好，就是要重视节约资源和环境保护，强调制造业发展与环境的友好关系，倡导资源节约且可持续发展的制造业发展道路；面向未来，就是要正确处理好当前与长远的关系，从全球性、前瞻性、战略性和系统性的角度放眼未来，稳步推进中国制造业的持续发展。

《中国制造业发展研究报告 2005》[②]，拓展了“新型制造业”三个方面的内涵：（1）从知识经济、科技创新、和谐社会这三个方面进一步分析了新型制造业的主要特征，指出在以知识资源化、资源知识化为特征的知识经济时代，新型制造业不但具有工业经济时代的特征，也必然具有知识经济时代的特征，新型制造业更加强调知识创造和知识应用，以及知识传播和知识管理；（2）

---

① 李廉水、杜占元主编：《中国制造业发展研究报告 2004》，科学出版社 2004 年版。
② 李廉水、杜占元主编：《中国制造业发展研究报告 2005》，科学出版社 2005 年版。

新型制造业是大量运用科技创新的产业，必须依靠科技创新驱动发展，以高新技术产业为先导；新型制造业具有协调发展、环境友好和持续发展的特征；（3）中国制造业发展必须顺应三大发展要求：一是以信息技术为基础的知识经济时代已经来临，建立在知识和信息基础的生产、流通和使用方式正在改变着世界经济结构；二是科技创新成为主导国际竞争的主导因素，各国政府纷纷提出推进科技创新的政策和措施，期望通过创新赢得国际竞争中的主动权；三是以建设和谐社会为核心，按照科学发展观的要求，经济发展必须与资源、环境的承载能力协调。

《中国制造业发展研究报告 2006》①，强调新型制造业是建设创新型国家的产业基础，新型制造业发展必须依靠科技创新支撑和引领。新型制造业必须坚持科学发展、创新支撑与和谐发展：（1）坚持科学发展就要求：以人为本，关注制造业发展过程中的参与者的利益，重视经济与社会的同步发展，重视人的全面发展；强调环境友好，重视减少能源消耗和环境污染，注重提高产业和产品的科技含量，注重发挥人力资源优势，倡导资源节约型的可持续的制造业发展道路；强调评价制造业发展水平和程度，必须充分考虑经济创新能力、科技创新能力和能源消耗及环境影响程度；强调面向未来，要求正确处理好制造业发展的当前与长远关系，按照科学发展观的要求，从前瞻性、战略性和全局性的角度放眼未来，稳步推进中国制造业的持续发展；强调自主创新，强调通过科技创新支撑和引领中国制造业的发展。（2）新型制造业必须依靠科技创新支撑和引领发展：制造业的发展逐步转移到以知识创新和技术创新为基础的轨道上来，改变以往主要依靠资本、劳动力和物质资源投入带动的制造业增长方式；强调通过科技创新提高装备制造业水平和促进产品更新换代，通过科技创新提高资源和能源利用效率和效益，进而提高经济效益；倡导由要素驱动向创新驱动发展转变，强调发挥知识和技术创新的优势促进产业发展，如通信设备、计算机及其他电子设备制造业、医药制造业等就是知识密集、技术密集、人才密集的产业，只能主要依靠科技创新驱动发展；重视资源节约和环境友好，钢铁产业、汽车产业、石化产业和纺织业等传统制造业，面对日益激烈的竞争态势必须运用科技创新成果改造传统工艺、设备、技术和方法，不断提升经济效益，走新型制造业发展道路。（3）新型制造业强调和谐发展：新型制造业不单纯强调制造业的经济创造能力发展，更强调在发展过程中依托科技创新、重视生态建设和环境保护，强调正确处理好产业发展、创新驱动、资源节约和环境保护的和谐关系；新型制造业发展强调产业链的完整，强调特定产业的集聚发展和区域特色的产业集群

① 李廉水、杜占元主编：《中国制造业发展研究报告 2006》，科学出版社 2006 年版。

之间的协调发展；新型制造业关注区域制造业的均衡发展和相互支撑，强调区域制造业的协调和谐发展；新型制造业重视制造业企业的经济创造、科技创新、环境保护能力，同时关注企业的诚信和社会责任，重视受尊敬的制造业企业形象；新型制造业倡导知识创新和技术创新，主要依靠知识的生产和应用推动发展，必须突出以最新知识和技术来组合劳动资源、劳动对象和劳动者，充分体现新的发展理念；新型制造业要求借助于信息化手段，通过知识学习和知识管理提升制造业创新能力，新型制造业是建设创新型国家的产业基础，是建设和谐社会的载体和平台。

《中国制造业发展研究报告2007》[①] 深化了"新型制造业"的内涵，结合经济创造、科技创新、环境友好和社会主义新农村建设的基本要求，深入探讨"新型制造业"理念的体系框架，突出了和平崛起、新农村建设、都市圈发展的要求：(1)"新型制造业"支撑和平崛起。中国和平发展崛起面临着三大机遇，即地缘政治环境机遇、新科技革命机遇、经济全球化机遇；同时存在着各国对于中国快速发展的担心、粗放型发展占据主导地位、制度建设与财富分配问题等一系列问题。中国作为一个发展中大国，无论从政治、经济的角度看，还是从国家安全的角度看，都必须拥有与大国地位相称的高水平制造业，需要大力发展新型制造业，中国的和平崛起需要制造业的创新发展，中国的和平崛起需要节能环保的制造业。(2)"新型制造业"支持新农村建设。建设社会主义新农村，发展现代新型农业可以为发展"新型制造业"提供清洁优质的原材料、高素质的劳动力资源、生态优美的生产基地、广阔的工业品销售市场；发展"新型制造业"，积极应用"新型制造业"的发展技术、发展组织、发展手段来发展现代农业，有利于工业反哺农业、以工促农，有利于为发展现代农业提供技术先进、信息化含量高、附加价值高的现代物质条件，有利于增强农业科技水平和管理水平提升、发展高附加价值的现代农业，最终提高农业的整体素质、效益、管理水平和竞争能力，推进社会主义新农村建设。(3)"新型制造业"推动都市圈发展。制造业是都市圈发展的动力，也是增强都市圈竞争力的基础。发展新型制造业，可以带动现代服务业发展，提升都市圈的综合竞争能力，提供大量就业机会，促进了都市圈的健康持续发展。

综上可见，新型制造业是"以人为本、环境友好、科技创新、面向未来的制造业"，是"资源、环境、经济与科技和谐的制造业"，是"科学发展、创新支撑、和谐发展的制造业"，新型制造业是建设创新型国家的产业基础。

---

① 李廉水、杜占元主编：《中国制造业发展研究报告2007》，科学出版社2007年版。

1.4 “新型制造业”的特征与价值

世界制造业正面临着一场深刻的战略性重组，美国、欧洲和日本等制造业发达国家在努力保持本国高新技术垄断地位的同时，正以降低生产成本和提高市场竞争力为最终目标，在全球范围内进行着新一轮制造业资源的优化配置。

经过改革开放30年的技术引进和消化创新，中国制造业技术水平有了很大提高，竞争力在逐步上升。从1980年到2007年，工业制成品在中国出口总额中的比例稳步上升，从1980年的50%上升到2007年的90%，使中国成为以工业制成品出口为主的国家。制造业已经成为中国出口的主要力量。而且，工业制成品出口占制造业工业总产值的比例稳步上升，工业制成品出口额迅速增长，使中国出口额占世界出口额的比例增长很快，在全球的出口位次也迅速上升。从1980年到2007年，中国出口额占世界出口额的比例从不到1%增长到8.1%，位次从26位上升至第2位。中国的制造业正处于黄金发展时期，在全面建设小康社会和工业化进程中我们必须对制造业的发展有正确的定位。

1.4.1 “新型制造业”的基本特征

21世纪，中国面临推进工业化、城市化、现代化、信息化的紧迫任务，承受着资源、能源紧缺和环境污染的重重压力。因此，中国的工业化必须走“科技含量高、经济效益好、资源消耗低、环境污染少、人力资源优势得到充分发挥”的新型工业化道路。中国制造业还处于发展的初级阶段，存在着许多制约制造业发展的“瓶颈”。因此，作为工业化主体的制造业必须走新型的发展道路，必须充分运用信息化时代带来的发展机遇和全球化经济条件，大力发展“新型制造业”。走“新型制造业”道路是21世纪中国制造业的唯一选择，也是中国制造业崛起于世界的重要机遇。《中国制造业发展研究报告2004》首次提出了“新型制造业”的概念内涵，形成较为完整的“新型制造业”的理论框架。在其后的《中国制造业发展研究报告2005》、《中国制造业发展研究报告2006》中，“新型制造业”的概念又得到了进一步的丰富和完善。新型制造业理念的核心是依靠科技创新支撑和引领，坚持科学发展、创新支撑与和谐发展。

（1）新型制造业是科学发展的制造业

"新型制造业"强调科学发展："新型制造业"强调以人为本，关注制造业发展过程中的参与者的利益，重视经济与社会的同步发展，重视人的全面发展；"新型制造业"强调环境友好，重视减少能源消耗和环境污染，注重提高产业和产品的科技含量，注重发挥人力资源优势，倡导资源节约型的可持续的制造业发展道路；"新型制造业"强调评价制造业发展水平和程度，必须充分考虑经济创新能力、科技创新能力和能源消耗及环境影响程度（即注重可持续发展），《中国制造业发展研究报告2004》和《中国制造业发展研究报告2005》就是从新型制造业发展的理念出发研究和阐述中国制造业发展程度的；"新型制造业"强调面向未来，要求正确处理好制造业发展的当前与长远关系，按照科学发展观的要求，从前瞻性、战略性和全局性的角度放眼未来，稳步推进中国制造业的持续发展。"新型制造业"强调自主创新，强调通过科技创新支撑和引领中国制造业的发展。

众所周知，中国的制造业正处于从以轻纺加工为主向以重化工和机械电子制造业为主的转型时期，发展模式偏重经济效益而忽视资源的节约和环境的保护，带来能源消耗过大，环境污染严重等突出问题。据统计，中国制造业产品能耗和产值能耗约占全国一次能耗的63%，单位产品能耗平均高出国际先进水平20%～30%，而单位产值产生的污染却远远高出发达国家，中国制造业发展面临着严重的能源和环境的约束。目前，中国煤、钢、水泥和10种常用有色金属产量居世界第一位，发电量居世界第二位，中国一次能源消费量居世界第二位，一次能源生产量居世界第三位。中国已成为世界能源、矿产资源生产和消费大国。制造业不仅是消耗资源的大户，而且是污染环境的大户。目前，中国大气污染的排放总量仅次于美国，居世界第二位；垃圾及各种废弃物迅速增加；中国主要河流大多污染严重。2020年国内生产总值将实现翻两番，如果再延续以往粗放型的发展道路，无论是能源供应，还是环境压力都将无法承受。

因此，中国制造业发展必须走减少能源消耗和控制环境污染的可持续发展之路，走"新型制造业"的发展道路。"新型制造业"强调在生产过程中提高废物综合利用率，强调将废弃物作为资源进行二次开发利用，从而减少环境污染、节约能源和资源。"新型制造业"强调减少或降低生产消费过程中不可回收或危险废弃物的数量，尽可能降低危险废弃物对环境和人类的危害，重视对生产过程中无法回收的废弃物的处理，控制废物排出量，实现环境友好。

（2）新型制造业是创新支撑的制造业

"新型制造业"依靠科技创新支撑和引领发展：制造业的发展逐步转移到以

知识创新和技术创新为基础的轨道上来，改变以往主要依靠资本、劳动力和物质资源投入带动的制造业增长方式；“新型制造业”强调通过科技创新提高装备制造业水平和促进产品更新换代，通过科技创新提高资源和能源利用效率和效益，进而提高经济效益；“新型制造业”倡导由要素驱动向创新驱动发展转变，强调发挥知识和技术创新的优势促进产业发展，如通信设备、计算机及其他电子设备制造业、医药制造业等就是知识密集、技术密集、人才密集的产业，只能主要依靠科技创新驱动发展；“新型制造业”重视资源节约和环境友好，钢铁产业、汽车产业、石化产业和纺织业等传统制造业，面对日益激烈的竞争态势必须运用科技创新成果改造传统工艺、设备、技术和方法，不断提升经济效益，走新型制造业发展道路。

迄今为止，中国制造业在国际市场上的比较优势，主要在劳动密集型产业以及产品价格方面，但这一优势有快速减退之忧。中国制造业的发展遇到了国内外的严峻挑战：一是中国东部制造业聚集的沿海地区，劳动力价格、地价、房价急剧拔高，使制造业的综合商务成本迅速上升，同时，产业在向内地转移过程中，受到劳动力素质、政府管理水平和商业环境等因素制约，中国制造业的劳动力质高价廉的优势正逐步减弱。二是制造业中技术含量低的劳动密集型产品需求已趋饱和，许多国家为保护本国相关制造业产业，纷纷制定贸易保护政策，仅靠低价格竞争很容易遭遇反倾销报复。中国制造业的多数产品属于缺少自主知识产权、技术含量低、对外部市场依赖大的低端产品，很容易遭遇所谓反倾销打击。2005年以来国际范围内，尤其是美国和欧盟对中国纺织品的发难就是典型例证。三是全方位对外开放使中国与全球经济的联系日益紧密，同时也意味着随着中国的发展，与其他国家发生利益冲突与对抗的可能性也不断增大。这些冲突和对抗目前主要表现在贸易领域，但我们不能不看到，随着中国融入世界的步伐加快，贸易摩擦、经济摩擦和政治争端的出现频率将会越来越高。

总体上看，中国制造业技术创新能力薄弱，大部分设计和制造技术依靠从国外引进，原创性产品和技术极少。制造业多数领域的产品和技术水平与国外先进国家相比有10～20年的差距。究其原因，主要是国家技术创新体系尚未成形。一是企业尚未成为真正的技术创新主体，绝大多数企业科技投入不足。目前发达国家的技术创新活动主体是企业，研发投入一般占到企业销售收入的3%～5%，一些高新技术企业研发人员占到职工总数的30%～40%，如韩国的三星集团，2002年研发投入达38亿美元，研发人员达到一万多人，而中国绝大多数企业远未达到这一水平。二是经过多年的科技体制改革，与制造业相关的科研院所除极少数进入企业外，绝大部分转制成为科技型企业。改制后的科研院所在面向经济主战场方面发挥了作用，但对行业技术水平的提升作用并不显著，资源未得到充分利用。三是缺乏一支精干、相对稳定的从事产业共性技术的研究开发队伍。中国制造业企业规模普遍偏小，尚未形成能与国外大型跨国企业相抗衡的企业群，企业没有能力从事产业基础性、共性等竞争前技术的研究开发。四是科技中介服务体系尚不健全，服务能力不强，有的中介组织名不符实，难以满足市场经济发展的需要。因此，促进“中国制造”向“中国创造”发展，关键是大力加强科技创新，把中国制造业真正转换到依靠科技创新支撑和引领发展的轨道上来。

（3）新型制造业是和谐发展的制造业

新型制造业强调和谐发展：新型制造业不单纯强调制造业的经济创造能力发展，更强调在发展过程中依托科技创新、重视生态建设和环境保护，强调正确处理好产业发展、创新驱动、资源节约和环境保护的和谐关系；新型制造业发展强调产业链的完整，强调特定产业的集聚发展和区域特色的产业集群之间的协调发展；新型制造业关注区域制造业的均衡发展和相互支撑，强调区域制造业的协调和谐发展；新型制造业重视制造业企业的经济创造、科技创新、环境保护能力，同时关注企业的诚信和社会责任，重视受尊敬的制造业企业形象；新型制造业倡导知识创新和技术创新，主要依靠知识的生产和应用推动发展，必须突出以最新知识和技术来组合劳动资源、劳动对象和劳动者，充分体现新的发展理念；新型制造业要求借助于信息化手段，通过知识学习和知识管理提升制造业创新能力，新型制造业是建设创新型国家的产业基础，是建设和谐社会的载体平台。

发达国家实现工业化特别是在制造业快速发展时期，大多数是以消耗能源、以牺牲环境为代价，走的是“先发展、后治理”的道路，代价很大。目前，主要工业化国家的总人口约是 7 亿多，占世界人口的 11%，已经实现工业化的国家有 60 多个，占世界人口的不足 20%，这些国家实现工业化花了 200 多年时间。中国有 13 亿人口，占世界人口的 22%，中国的工业化意味着全世界工业化人口增加一倍多，如果中国也走发达国家的发展道路，必然会使整个世界的资源、环境、生态体系无法支撑。中国已经成为世界第一大煤炭消耗国，第一大铁矿石消耗国，世界第一大橡胶进口国，世界第二大石油消耗国，全世界有 50% 以上的水泥消耗在中国，以资源高消耗为特征的经济增长方式快速膨胀。中国制造业发展的区域不平衡、制造业发展与资源利用的不协调、制造业发展与环境保护的尖锐矛盾，已经成为国民经济协调发展的障碍、成为制造业持续发展的障碍，走和谐发展之路已经成为必然选择。

1.4.2 “新型制造业”的评价指标

关于制造业发展程度的评价，通常局限于制造业的经济指标方面，主要是规模和效益两个板块，重点是描述单项和总量指标。虽然这些评价可以反映当前制造业发展的程度，尤其是对国民经济发展和地区经济发展方面的贡献。然而，越来越多的资源、能源超限耗费，越来越严重的环境污染，已经引起了全球对制造业功过是非的重新讨论。李廉水、杜占元（2004）提出了“新型制造业”的概念，认为对于制造业发展程度，应当从“新型制造业”角度，即从经济创造能力、科技创新能力和环境资源保护能力三个角度进行系统性评价，综合反映制造业对国民经济当前的贡献，制造业未来的竞争能力以及制造业的持续发展能力。在紧扣“新型制造业”内涵的基础上，从2004～2007年，连续四年的《中国制造业发展研究报告》中，不断完善制造业发展程度评价的指标体系和方法，对中国制造业的区域发展程度和产业发展程度做了深入详尽的评价和分析（见表1－1，表1－2）。

表1－1　　中国区域制造业发展程度评价指标体系

总指标	序号	主指标	序号	子指标
区域制造业“新型化”程度	A	经济创造能力	A1	制造业工业增加值
			A2	制造业就业人数占地方就业人口比重
			A3	制造业工业增加值占地方GDP的比重
			A4	对外贸易依附度
			A5	全员劳动生产率
			A6	制造业效益指数
	B	科技创新能力	B1	制造业研发经费支出
			B2	制造业研发经费投入指数
			B3	制造业人均专利申请数
			B4	研发人员占制造业就业人数比重
			B5	固定资产软化率
			B6	新产品产值率
			B7	引进技术消化吸收指数
	C	环境资源保护能力	C1	制造业废水排放指数
			C2	单位产值废水排放指数
			C3	制造业废气排放指数
			C4	单位产值废气排放指数
			C5	制造业固体废弃物排放指数
			C6	单位产值固体废弃物排放指数
			C7	单位产值能源消耗指数

表 1 - 2　　中国制造业产业发展程度评价指标体系

总指标	序号	主指标	序号	子指标
产业“新型化”程度	A	经济创造能力	A1	增加值增长率
			A2	增加值占制造业增加值的比重
			A3	总资产贡献率
			A4	全员劳动生产率
			A5	就业人数占制造业总人数比重
			A6	外向型指数
	B	科技创新能力	B1	人均研发经费
			B2	研发经费占行业总投资的比重
			B3	消化吸收指数
			B4	固定资产软化率
			B5	人均专利申请量
			B6	人均发明专利拥有量
			B7	研发人数占行业就业人口的比重
	C	环境资源保护能力	C1	工业废水排放达标率
			C2	工业废气去除率
			C3	工业固体废物处理率
			C4	单位产值废气排放量
			C5	单位产值固体废弃物产生量
			C6	单位产值废水排放量
			C7	三废综合利用产品产值占产业增加值的比重
			C8	单位产值能源消耗量

通过表 1 - 1 和表 1 - 2，可以从区域和产业两个方面，评价中国制造业的经济创造能力、科技创新能力及环境资源保护能力，客观反映各区域和产业的“新型化”发展程度。

(1) 经济创造能力

★ 区域制造业经济创造能力评价

新型制造业具有经济效益才会有持续发展的动力，才能为发展科技、提高效率、保护环境提供支持。表 1 - 3 列出了评价区域制造业经济创造能力的 6 个主要指标。

其中，A1、A2、A3 为总量指标，反映：（1）制造业的规模水平；（2）制造业生产活动创造的财富增加量及对国民经济的贡献；（3）制造业增长的速度；（4）吸纳就业的能力。A4 指标揭示了制造业的外向化程度，反映：（1）制造业生产活动利用国际资源的程度；（2）制造业产品的国际竞争能力；A5、A6 指标反映了制造业的经济效率和经营效益。

表1-3　　区域制造业经济创造能力指标集

序号	经济创造能力	单位
A1	制造业工业增加值	亿元
A2	制造业就业人数占地方就业人口比重	%
A3	制造业工业增加值占地方 GDP 的比重	%
A4	对外贸易依附度	%
A5	全员劳动生产率	元/人年
A6	制造业效益指数	%

各项指标计算方法如下：

$$制造业工业增加值 = \sum_{i=1}^{n} AVP_i$$

其中，AVP_i——第 i 个制造业行业的工业增加值，$n \in 1 \sim 29$

$$制造业就业人数占地方就业人口比例 = \frac{L}{L_q} \times 100\%$$

其中，L——地方年底制造业就业人数

L_q——地方年底就业总人数

$$制造业工业增加值占地方 GDP 比重 = \frac{\sum_{i=1}^{n} AVP_i}{GDP} \times 100\%$$

$$对外贸易依附度 = \frac{EXPV + IMPV}{\sum_{j=1}^{m} TVP_j}$$

其中，$EXPV$——制造业出口额

$IMPV$——制造业进口额

$\sum_{j=1}^{m} TVP_j$——制造业总产值

$$全员劳动生产率 = \frac{\sum_{i=1}^{n} AVP_i}{L}$$

其中，L——年底制造业就业人数

$$制造业效益指数 = \frac{MTAX}{MSR} \times 100\%$$

其中，$MTAX$——制造业利税总额

MSR——制造业企业销售收入

借用该指标体系，《中国制造业发展研究报告 2007》对中国区域制造业的发展程度做了评价分析。总体来看，经济创造能力“东部强、中西部弱”的总体格局依然没有改变，制造业发展梯度差异明显，处于前十名中均为东部沿海地区。

★ **制造业各产业经济创造能力评价**

六个指标分别从速度、规模、效益、效率、吸纳就业和国际竞争能力六个方面体现产业的经济创造能力（见表 1－4）。

表 1－4　　制造业各产业经济创造能力指标集

序号	经济创造能力	单位
A1	增加值增长率	%
A2	增加值占制造业增加值的比重	%
A3	总资产贡献率	%
A4	全员劳动生产率	元/人·年
A5	就业人数占制造业总人数比重	%
A6	外向型指数	%

$$增加值增长率=\frac{AVP_i^t-AVP_i^{t-1}}{AVP_i^{t-1}}\times 100\%$$

其中，AVP_i^t——第 i 个制造业产业 t 年的工业增加值

$$增加值占制造业增加值的比重=\frac{AVP_i^t}{\sum_{i=1}^{n}AVP_i^t}\times 100\%$$

其中，$\sum_{i=1}^{n}AVP_i^t$——制造业各产业 t 年的工业增加值总和

总资产贡献率＝[（利润总额＋税金总额＋利息支出）/平均资产总额]×100%

$$全员劳动生产率=\frac{AVP_i}{L_i}$$

其中，AVP_i——第 i 个制造业产业的工业增加值

L_i——第 i 个制造业产业平均从业人数

$$就业人数占制造业总人数比重=\frac{L_i}{L}\times 100\%$$

其中，L——年底制造业就业人数

外向型指数＝（三资企业工业增加值/工业增加值）×100%

运用该指标体系，《中国制造业发展研究报告 2007》评价了中国制造业产业

的发展程度。研究发现，在制造业行业中，资源加工类和机械电子类产业的经济创造能力较强。与2006年、2005年、2004年相比，制造业行业经济创造能力排位前十名的行业布局变化较大，这主要是在经济发展过程中产生了对资源强烈的需求，资源加工类产业的经济创造能力也得以提升。

（2）科技创新能力

★ 区域制造业科技创新能力评价

在建设创新型国家过程中，新型制造业转变的核心是提升内在的创新能力，其中科学技术的作用至关重要。只有充分利用现代科学技术，才能提高效率、增加效益、降低污染。表1-5列出了反映制造业科技水平的7个主要指标。

表1-5　区域制造业科技创新能力指标集

序号	科技创新能力	单位
B1	制造业研发经费支出	万元
B2	制造业研发经费投入指数	%
B3	制造业人均专利申请数	件/万·人
B4	研发人员占制造业就业人数比重	%
B5	固定资产软化率	%
B6	新产品产值率	%
B7	引进技术消化吸收指数	%

其中，B1、B2为研发经费投入的总量指标和强度指标；B3反映了制造业科技创新活动的活跃性程度；B4体现了研发人才方面的投入力度强度；B5在一定程度上揭示了制造业企业的知识含量和技术发展潜力；B6通过产品的创新程度反映技术的创新程度；B7是制造业企业技术应用能力的体现。这7项指标分别从科研经费投入、科研人员投入、科技产出和科技进步等几个侧面反映了制造业科技力量、科技投入和科技产出的状况，是制造业“新型化”程度的重要指标。

其计算方法为：

制造业研发经费用国有大中型及规模以上制造业企业的研发支出来代替：

$$\text{制造业研发经费投入指数}=\frac{R\&D}{MSR}\times 100\%$$

其中，MSR——制造业企业销售收入

$$\text{制造业人均专利申请数}=\frac{PG}{L'}\times 10\ 000$$

其中，PG——国有大中型及规模以上制造业企业专利申请数

L'——国有大中型及规模以上制造业企业研发人员数

研发人员占制造业就业人数比重 $=\frac{L'}{L}\times 100\%$

其中，L——国有大中型及规模以上制造业企业就业人数

固定资产软化率 $=\frac{TI}{FI}\times 100\%$

其中，TI——制造业与技术有关的投入

FI——制造业总固定资产投入

新产品产值率 $=\frac{NPV}{\sum_{j=1}^{m} TVP_j}\times 100\%$

其中，NPV——制造业新产品产值

引进技术消化吸收指数 $=\frac{AE}{IFE}\times 100\%$

其中，IFE——引进国外技术经费

AE——制造业消化吸收经费

研究表明，与经济创造能力略有不同的是，科技创新能力在东、中、西部的梯度特征更为明显。中国制造业科技创新能力强与较强的地区都在东部，中部其次，西部地区最弱。

★ **制造业各产业科技创新能力评价**

产业科技竞争能力的指标分别从研发经费投入（B1）及强度（B2）、研发人员投入（B7）、研发活动活跃程度（B5）、研发产出（B6）、科技潜力（B3、B4）等方面设置（见表1－6）。

表1－6　　制造业各产业科技创新能力指标集

序号	科技创新能力	单位
B1	人均研发经费	元/人
B2	研发经费占行业总投资的比重	%
B3	消化吸收指数	%
B4	固定资产软化率	%
B5	人均专利申请量	项/人
B6	人均发明专利拥有量	项/人
B7	研发人数占行业就业人口的比重	%

人均研发经费＝行业研发支出/研发人员数

其中，研发人员数用科研人员全时当量

研发经费占行业总投资的比重＝(研发支出/行业总投资)×100%

$$引进技术消化吸收指数=\frac{AE}{IFE}\times 100\%$$

其中，*IFE*——引进国外技术经费

AE——制造业消化吸收经费

$$固定资产软化率=\frac{TI}{FI}\times 100\%$$

其中，*TI*——制造业与技术有关的投入

FI——制造业固定资产投入

$$人均专利申请数=\frac{PG}{L'}\times 10\ 000$$

其中，*PG*——国有大中型及规模以上制造业企业专利申请数

L′——国有大中型及规模以上制造业企业研发人员数

$$人均发明专利拥有量=\frac{IP}{L'}\times 10\ 000$$

其中，*IP*——国有大中型及规模以上制造业企业发明专利拥有数

L′——国有大中型及规模以上制造业企业研发人员数

研发人数占行业就业总人数＝（研发人员全时当量/行业就业人口）×100%

研究发现，制造业行业中机械电子类制造业的科技创新能力较强，而轻纺类制造业较弱，表明传统产业的科技创新能力明显弱于新兴产业，用现代科学技术提升传统产业刻不容缓。

（3）环境资源保护能力

伴随着制造业的快速发展，制造业对于各种基本资源的需求日益增加，对环境的影响也日益加剧。这里的“资源”，主要指与制造业发展相关的自然资源以及其他作为工业原料的生物资源。自然资源是工业生产所需能源、原材料和场地等条件的主要源泉。自然资源是制造业生产活动的物质基础，具有有限可利用的特性，即资源具有不可再生性；同时，随着人类认识能力的提高、科学技术的进步，可利用资源的范围将不断扩大，资源利用的效率将不断提高。不合理的资源利用会造成资源短缺和环境恶化。环境和生态保护是实现经济社会可持续发展的前提。传统制造业高消耗、高污染的粗放型生产造成了中国资源严重匮乏、生态急剧恶化。因此，环境资源效率指标是衡量制造业“新型化”程度的重要标准。

★ 区域制造业环境资源保护能力评价

表1-7列出了反映区域制造业环境资源状况的7个主要指标。

表1-7　　区域制造业影响环境资源状况指标集

序号	新型制造业环境指标	单位
C1	制造业废水排放指数	万吨
C2	单位产值废水排放指数	万吨/亿元
C3	制造业废气排放指数	亿标立方米
C4	单位产值废气排放指数	亿标立方米/亿元
C5	制造业固体废弃物排放指数	万吨
C6	单位产值固体废弃物排放指数	万吨/亿元
C7	资源消耗指数	%

环境资源指标从环境污染总量、单位产值环境污染量和资源消耗率三个方面研究，这7项指标分别体现了制造业生产活动过程中产生三废（废水、废气和固体废物）的强度以及资源消耗的强度。

$$\text{单位制造业产值废水排放} = \frac{WWD}{\sum_{j=1}^{m} TVP_j} \times 100\%$$

其中，WWD——报告期制造业废水排放达标量

$$\text{单位制造业产值废气排放} = \frac{WGD}{\sum_{j=1}^{m} TVP_j} \times 100\%$$

其中，WGD——报告期制造业废气排放达标量

$$\text{单位制造业产值固体废弃物排放} = \frac{WSD}{\sum_{j=1}^{m} TVP_j} \times 100\%$$

其中，WSD——报告期制造业固体废弃物排放达标量

$$\text{资源消耗率} = \frac{\sum_{j=1}^{m} TVP_j - \sum_{i=1}^{n} AVP_i}{\sum_{j=1}^{m} TVP_j} \times 100\%$$

研究中用到的主成分分析法要求样本数据具有同向性，即越大越好或越小越好，经济指标和科技指标均有向上性，即越大越好，而环境指标是向下性，即越小越好，故对环境资源指标进行处理，转为向上性，方法为：

$$y_i = \max x_i - x_i$$

其中，$i=1\sim7$，x_i 为原数据，$\max x_i$ 为数据列的最大值，y_i 为转向后数据，即 C1～C7。

通过该指标体系研究发现，从总体变化趋势来看，东部沿海地区的制造业环境资源保护状况得到了显著改善，这主要是基于该地区在大力发展制造业的基础

上，通过调整产业结构、强化科技应用来提升环境资源保护能力；同时，中西部地区伴随制造业发展规模的迅速扩大，对于环境资源的负面效应逐渐显现。

★ **制造业各产业环境资源保护能力评价**

表1－8列出了反映产业环境资源状况的8个主要指标。

表1－8　　制造业各产业环境资源保护能力指标集

序号	环境资源保护能力	单位
C1	工业废水排放达标率	%
C2	工业废气去除率	%
C3	工业固体废物处理率	%
C4	单位产值废气排放指数	亿标立方米/亿元
C5	单位产值固体废弃物产生指数	吨/亿元
C6	单位产值废水排放指数	万吨/亿元
C7	三废综合利用产品产值占产业增加值的比重	%
C8	单位产值能源消耗指数	万吨标准煤/亿元

C1、C2、C3三项指标反映污物处理水平；C4、C5、C6三项指标体现产业的产污强度；C7表明产业资源重复利用的效率和效益；C8揭示产业能源利用的效率。

工业废水排放达标率＝(排放达标量/产生总量)×100%

工业废气去除率＝[(工业烟尘去除量＋工业粉尘去除量＋工业二氧化硫去除量)/(工业烟尘排放量＋工业烟尘去除量＋工业粉尘排放量＋工业粉尘去除量＋工业二氧化硫排放量＋工业二氧化硫去除量)]×100%

工业固体废物处理率＝(处理量/产生总量)×100%

$$单位产值废气排放量=\frac{WGD}{\sum_{j=1}^{m}TVP_j}\times 100\%$$

其中，*WGD*——报告期产业废气排放量

$$单位产值固体废弃物产生量=\frac{WSD}{\sum_{j=1}^{m}TVP_j}\times 100\%$$

其中，*WSD*——报告期产业固体废弃物排放量

$$单位产值废水排放量=\frac{WWD}{\sum_{j=1}^{m}TVP_j}\times 100\%$$

其中，*WWD*——报告期产业废水排放量

三废综合利用产品产值占产业增加值的比重＝(三废综合利用产品产值/增

加值）×100%

单位产值能源消耗量=（能源消费总量/工业产值）×100%

主成分分析法要求样本数据具有同向性（越大越好或越小越好），经济指标和科技指标均有向上性，即越大越好。而环境指标中4、5、6、8是向下性，即越小越好，故对环境资源指标进行处理，转为向上性，方法为 $y_i = \max x_i - x_i$，其中 x_i 为原数据，$\max x_i$ 为数据列最大值，y_i 为转向后数据，即C4、C5、C6、C8。

研究表明，制造业各产业的环境资源保护均呈现出污染排放总量上升、单位产值污染排放下降的趋势；这与中国制造业迅速发展的同时加大环保投入的现状一致。环境资源保护能力排名前十位中，机械电子类制造业占了七位，轻纺类制造业占三位，无资源加工工业。按类划分，机械电子制造业环境资源保护能力最强，轻纺制造业次之，以资源加工工业的环境资源保护能力最弱。

综上可见，经过30年的改革开放和工业化的迅猛发展，中国的制造业迅速发展，综合能力有所提高，中国制造的产品正越来越多地走向全球各地。但从发展程度以及历届世界制造业中心发展状况看，中国还算不上真正意义上的世界制造业中心，中国成为世界制造业中心还有一段路要走。据此，许多学者也提出了很多相关观点。

陈玉（2004）① 认为，中国制造业微观主题的特征反映了中国还不是世界制造业中心，他指出：对于中国制造业企业而言，跨国公司的进入给它们带来了巨大的竞争压力。尽管跨国公司将自己的工厂乃至研发中心迁到了中国大陆，但事实上跨国公司已有新的战略规划，那就是通过掌握核心技术而掌握“游戏规则”的制定权，再通过所制定的规则牢牢地掌握市场竞争的主动权。在融资方面，国内企业与跨国公司相比有着明显的劣势。由于中国的金融市场发展还不够完善，开放程度还不够，大量非国有经济和私人资本很难进入制造业企业。对于企业而言，除了通过国内银行借贷和在证券市场发行股票之外很少有其他融资渠道，而这两大市场的发展还存在着诸多的问题。跨国公司却可以通过自由、开放、金融产品丰富的国际金融市场获得资金融通，所以在资金实力上明显优于中国国内企业。在技术方面，中国制造企业与跨国公司相比还存在着很大的差距，以彩电生产为例，纯平玻璃、电子枪等关键零部件还受制于跨国公司。目前中国的家电企业虽然已经有了长足的进步，涌现了许多优秀的企业，但是与跨国家电制造商相比较还是有着相当大的差距。加入世贸组织以后，中国旨在保护本国企业的政策将逐渐减少。跨国公司的高技术、高知识含量，高品牌价值的产品将更加容易进入中国市场，而这些产品的生产对于企业的科技研发能力、经营组织管理能力有

① 陈玉：《中国成为21世纪世界制造业中心的策略研究》，南京理工大学硕士学位论文，2004年。

着极高的要求，这就无形中为国内企业设置了一条难以跨越的门槛，所以国内企业特别是高新技术企业很难在市场上与跨国公司在同一水平上竞争。在投资方面，世界经济始终处在波动和变化之中，随着中国与世界经济联系的日趋紧密，这些波动对于中国制造业的发展也产生了一定的影响，投资的风险性加大。在国内，由于市场经济体制还不是十分完善，企业的经营管理还或多或少的受到市场以外的因素影响。同时，中国的宏观调控还处在完善的过程中，企业所面对的政策环境不确定性很大。在研发和管理上，中国企业的自主研发投入包括人力、设备和资金都远远无法与跨国公司相比，而这一情况必然影响企业的竞争力，并且随着时间的推移这种影响力会逐渐加大。管理一直以来都是中国国内企业的最为薄弱的环节，虽然经过了若干年的国有企业改组、改制和改造，但是国内企业的管理制度中仍然或多或少保留有计划经济时期的影子，这对于国内企业的长远发展非常不利，对于企业的竞争力乃至生存能力也是一个极大的威胁。

韩立金（2004）[①] 不赞成“中心说”的观点，他认为作为一个世界制造业中心，首先，其生产出的制成品要在世界市场上占有相当的份额，其供应量的变动会对国际市场价格产生重大影响。作为世界制造业的中心，更重要的是表现为若干产业的竞争优势。然而从中国的现状来看，无论从哪个方面讲，离世界制造中心都还相差甚远。从产值上看：19 世纪中叶，英国制造业产值占世界的 20%。20 世纪，美国制造业产值也占世界的二成以上。而中国第二产业产值（含建筑业）目前只占世界份额的 5%，仅相当于美国的五分之一，日本的四分之一。从产业现状看：中国的人均生产率远远落后于发达国家，仅为美国和日本的 4%，德国的 5%，设备、技术、市场基本上都掌握在外资手中（近年来，中国设备投资的三分之二依赖进口）。从所处的“产业链生态位”来看：大多处于价值链的低端，技术含量高的“中国制造”产品在全球市场上远未形成主流。中国在所谓的“世界制造业中心”美誉中扮演的不过是提供廉价的土地、劳动力和巨大市场的角色。并且，中国在其经济发展中，有很多难以克服的“后发劣势”（主要是技术、制度两方面），这些不利因素都阻碍着中国成为“世界制造业中心”。

智晓伟（2005）[②] 指出，要成为世界工厂需要具备四个基本条件：第一，世界工厂应该有规模庞大、实力雄厚的制造业；第二，世界工厂应该是世界市场的主要供应商；第三，世界工厂应该始终保持技术创新的优势；第四，世界工厂应该有良好的制度建设与制度创新。作者认为目前中国还不是“世界工厂”，原因如下：一是中国工业产值在全球比重还不够大；二是技术优势不明显；三是制度

① 韩立金：《对中国成为世界制造业中心的一点思考》，载于《市场周刊：财经论坛》，2004 年 7 月。

② 智晓伟：《中国“世界工厂”地位刍议》，载于《太原大学学报》，2005 年 12 月第 4 期，总第 24 期。

建设不健全。中国经济的崛起，必须依靠制度建设，没有制度建设和制度保障，很难想象中国仅仅依靠自己的资源就可以取得“世界工厂”的头衔，因为资本只会往安全、可靠的地方流动，大量投资者都需要“公平的交易”。

陈文君、余家容（2004）[①] 认为，中国离世界制造业中心还有很长一段距离：一是，从产量标准来看，传统工业制造强国在产量上的地位还未发生根本变化，美国、日本、德国仍占重要位置，而中国制造业的现状并非想象中那么乐观。二是，按技术标准，美、日、德依然是全球制造业技术扩散的主要发源地，中国仍处于全球制造业的低层。三是，按产业标准，中国制造业以劳动密集型的加工、组装为主，在全球的比重与地位、产业结构与市场集中度、核心技术与国际竞争力等方面，不仅比不上当年的英国，更比不上现在的美国、日本和德国，与先进的工业国相比，差距甚大。虽然中国在计算机硬件软件、生物工程、材料工程、航天工业等高科技领域有了很大发展，但在规模和技术上还无法与美国、日本相比。因此，中国不是严格意义上的世界制造中心。中国目前是一个制造业大国，但还不是一个制造业强国。四是，中国制造业与发达国家相比较还存在相当大的差距，主要表现在：劳动生产率低；产品附加价值低；市场结构方面，绝大多数产业的集中度都很低；企业生产经营规模小，即使是少数的大企业，也无法在技术、管理、生产效率上与跨国公司相提并论；低水平生产能力严重过剩，高水平生产能力不足；国际经营经验欠缺；企业技术创新能力差，资金投入少；中国大量的出口产品是中国为跨国公司贴牌（OEM）生产的品牌产品，而自己的品牌很少。

于祖尧（2005）认为，中国还处在“世界打工仔”的阶段。中国的国民生产总值突破了万亿美元的大关，但在世界经济总量中所占的比重仅有3%略多一点；中国的进出口总额突破了5 000 亿美元的大关，但在世界贸易总额中所占的比重仅有3.2%；中国已成为世界服装出口大国，但中国服装业至今还没有国际市场上公认的名牌产品；世界上许多名牌服装都由中国企业生产，外销用的却是外国商标、外国品牌，我们所得到的仅是有限的加工费；中国的汽车行业基本上依然在“引进—合资—组装”的圈子里打转，充当外国厂家的“打工仔”。

田萍（2006）指出中国还不是真正意义上的全球制造中心[②]，首先，是量上的差距，从中国制造业占全球比重来看，2004 年中国制造业产值为 2.68 万亿美元，居世界第 5 位，占全球 GDP 的 4.8%，而美国为 10.3%，日本为 18.5%。相比历史上的三大全球制造中心，中国制造业份额相对于全球制造中心的要求还

---

① 陈文君、余家容：《中国离世界制造中心还有多远》，载于《商业研究》，2004（06）总第 290 期。

② 田萍：《全球制造中心的对比分析及其对中国 FDI 政策选择的启示》，对外经济贸易大学硕士学位论文，2006 年。

显薄弱。从出口产品的数量来看，据世界贸易组织统计，2001 年中国制造品出口总值为 2 358 亿美元，只占全球制造品出口总额的 5.3%，相当于德国的一半。相比起来，这个水平还达不到世界工厂的要求。其次，是质上的差距，主要体现在：第一，中国制造业技术水平不高。迅速成为跨国公司的世界性生产基地，虽然大大提高了中国工业的技术水平和国际竞争力，但这种技术水平和国际竞争力主要体现于“三资”企业。国内其他企业大多数仍然还处于技术落后、设备陈旧、产品老化、缺乏竞争力和生命力的状态。中国传统工业，如钢铁、有色金属、电力、机械、石油化工、煤炭、建材等的技术水平与国际先进水平存在差距。第二，行业自主创新能力差。从行业创新来看，以自主创新为主的如航天航空产品技术水平仍与国外有相当差距；在引进技术消化吸收的基础上，虽然技术创新能力有明显提高，比如通信设备和家用电器类，但对引进技术的消化吸收不够，没有掌握核心技术，如轿车和系统软件类；还有如集成电路专用设备等行业主要依靠购买国外产品，国内目前无法开发。第三，以企业为主体的创新体系还没有形成。由于企业是技术的需求者和消费者，因此它应该是自主创新的主体，但从目前来看，除了石化、钢铁等行业的一些大型企业外，绝大多数企业的技术开发能力薄弱，资金不足；从事产业共性技术和集成技术研发的专家队伍也比较缺乏；科技中介服务体系还不健全，难以满足市场经济发展的需要。第四，中国制造业在引进技术方面还存在许多问题。一方面，目前中国技术引进政策不完善，调控力度不够，造成重复引进现象严重。引进技术的总体水平偏低，引进的核心技术偏少。这主要是发达国家和跨国公司对包括中国在内的发展中国家实行技术封锁的结果。另一方面，对于引进技术的自主创新也存在较为严重的问题，比如资金投入不够，没有形成开展引进技术消化吸收的联动体系。第五，中国国际性知名品牌匮乏。在时间和空间上都离我们最近的世界工厂日本，其国内拥有一大批国际知名的品牌，这些产品具有国际竞争力，从质量和价格上战胜了美国产品，从而使日本获得了继美国之后的世界工厂的桂冠。而中国企业存在的问题恰恰是缺乏与跨国公司相抗衡的知名品牌。在 2006 年 4 月 18 日世界品牌实验室独家编制发布的 2005 年度《世界品牌 500 强》中，美国有 249 个，法国有 46 个，日本有 45 个，中国只有 4 个本土品牌入选。国际性知名品牌的不足给国内许多产业的升级带来很大的负面作用，制约了行业和企业的发展。中国大量的出口品是贴牌加工，主要是在加工制造环节参与国际分工，以品牌为标志的研发和营销等高增值环节基本上还不掌握，既影响了贸易收益，也不利于国际竞争力的提高和对外贸易可持续发展。

尽管中国制造业取得了眩目的成绩，但是缺乏核心技术和创新能力制约了中国成为全球制造中心。技术上的差距比规模上的差距更可怕，没有独占性技术和技术创新能力的企业是很难在市场上生存壮大的，如果技术无法赶上世界水平，全球制造中心对于中国只能是一个遥远的梦。

1.4.3 “新型制造业”的发展趋势

新型制造业发展顺应了知识经济的要求，突出了科技创新支撑和引领发展的巨大作用，倡导了和谐发展的理念。新型制造业代表着中国制造业发展的方向，呈现出三大发展趋势：信息化、模块化和绿色化。

（1）新型制造业的信息化趋势

20 世纪 90 年代以来，中国信息产业得到了迅速发展和壮大，这不仅表现为软件及网络技术得到了越来越广泛的应用，电子及信息通信产品的制造得到了迅猛发展，成为支撑经济增长极为重要的力量，更重要的是信息产业与制造业的渗透和结合越来越紧密，制造业信息化的趋势越来越明显。信息化是当今世界制造业发展的趋势，是中国新型制造业实现跨越发展的重要机遇。

多年以来，中国制造业一直是纺织、冶金、化工、建材、煤炭及食品等传统行业所主导，特别是经过 20 世纪 80 年代和 90 年代的发展，上述行业都不同程度地出现了生产能力和产品过剩，导致企业间过度竞争、产品价格下降，经济效益不断下滑的局面，国家不得不采取措施，大力压缩和淘汰不良生产能力。20 世纪 90 年代以来信息产业的迅速崛起，不仅打破了传统的制造业产业的生产格局，同时也为其他行业和领域提供了先进的技术装备，促进了制造业整体结构的优化升级。信息化对制造业的渗透趋势，表现在制造业越来越多地采用先进生产模式、先进制造系统、先进制造技术和先进组织管理方式。

新型制造业的信息化趋势，表现在制造业能够集成电子信息、自动控制、现代管理与生产制造等多项先进技术，能够同时调控物流、资金流、信息流，能够促进产品设计创新、企业管理模式创新和企业间协作关系创新等，从而减少资源消耗和环境污染，提高产品质量和劳动生产率，大幅度地增强制造业的竞争力。

以信息化带动工业化，是新型制造业发展的主导方向，以信息技术再造传统制造业，是新型制造业发展的重要环节。现实已经表明，计算机辅助设计与制造、计算机集成制造系统、工业机器人、柔性制造系统、数控技术、网络企业资源计划系统等，已成为变革生产工具、革新生产要素和大幅度提高劳动生产率的强大手段。

（2）新型制造业的模块化趋势

模块化是一个将系统进行分解和整合的动态过程。新型制造业的模块化趋势，表现为将制造流程按照价值高低分解为不同的价值模块，核心企业保留核心价值模块，外围企业承接其他价值模块，形成一体化的制造组织体系，共同完成制造过程。新型制造业通过模块化有助于提高产业绩效。通过模块化的分工协作，制造企业可以围绕核心能力进行开放式专业化生产经营，有利于彼此在模块化优势环节上展开合作，从而取得产业整体收益的最大化。

新型制造业模块化趋势要求高度重视标准化工作。制造企业从标新立异、生产互不兼容的产品转变为生产具有广泛适用性的零部件或通用性的标准产品，关键在于大家遵循共同的制造标准，分工协作，从而实现批量化生产，降低制造成本。在新型制造业中，产业的主导者将是那些控制标准的厂商。新型制造业的模块化趋势要求建立标准化组织，促进模块研发环境的健全，推动模块的重用与整合，尽量削减模块交易的各种成本，建立各种类型的相互合作模式。

（3）新型制造业的绿色化趋势

新型制造业是可持续发展的制造业，绿色制造是可持续发展战略在新型制造业的重要体现方式。所谓绿色制造，是指综合考虑环境影响和资源效率的制造方式，要求在整个产品生命周期中，包括设计、制造、包装、运输、使用到报废处理的全过程中，制造业发展对环境的负面影响最小、使用资源的效率不断提高，从而实现经济与自然的和谐发展。绿色制造，通常包括充分考虑环境要素的绿色设计、绿色工艺规划、清洁生产、绿色包装等组成部分，绿色设计通常又包括面向环境的产品方案设计、可拆卸设计、可回收性设计等内容。

发达国家在实现工业化进程中，造成了对全球环境的巨大影响，甚至出现了一些影响生态环境和人类健康的重大灾难。20 世纪 90 年代以来，各国政府纷纷提出可持续发展战略，法律手段和经济手段积极倡导绿色制造，将环境保护管理从“事后”转移为“事前”。显然，新型制造业就是集成考虑经济、科技和环境要求的制造业，发展新型制造业必然要求大力发展“绿色制造”。新型制造业要求改变传统制造模式，发展绿色制造技术，开发绿色材料和绿色能源，生产绿色产品，并用法律、法规规范企业行为，引导产业的新型化发展方向。新型制造业的未来产品绝大部分将进入绿色家族，可回收、易拆卸，部件或整机可翻新和循环利用，绿色产品有可能成为世界制造业商品市场的主导产品。

1.4.4 “新型制造业”理念的价值

“新型制造业”是顺应世界制造业发展趋势、符合中国制造业发展要求的制造业，是依靠科技创新、降低能源消耗、减少环境污染、增加就业、提高经济效益、提升竞争能力，能够实现可持续发展的制造业；是依靠科技创新支撑和引领，坚持科学发展、创新支撑与和谐发展的制造业。“新型制造业”对于中国制造业的研究和发展，均具有重要的理论和现实意义。

（1）“新型制造业”学术价值

“新型制造业”理念是研究中国制造业发展的新视角。研究制造业发展通常关注三个方面：制造业的宏观经济功能，主要研究制造业在国民经济中的地位，研究制造业对区域经济增长的带动作用，研究制造业的国际分工体系，研究制造业对扩大就业的作用；制造业企业的发展，主要研究信息技术、网络技术对制造业企业发展的影响，如研究网络制造、异地设计与制造，研究制造业企业的竞争能力，研究制造业企业的自主创新能力，研究制造业企业的战略联盟等；制造业的负面影响，主要研究制造业对环境的污染，提出“绿色制造”；研究制造业的高耗能风险，提出“节能制造”，研究制造业对国民经济长远发展的制约，强调可持续发展。然而，尚未见到融合制造业经济、科技和社会功能的系统性研究成果。“新型制造业”概念的提出，为研究制造业提供了新的基点，研究新型制造业不仅应当关注经济效益，还要关注科技创新能力、资源消耗和环境影响程度，强调通过科技创新支撑和引领制造业发展，强调提高经济效益和市场竞争力，走可持续发展之路。为了更好地体现“新型制造业”理念，《中国制造业发展研究报告 2005》对中国制造业发展进行总体评价、区域评价、产业评价和企业评价时，尤其是在评价“制造业十大强省”、“制造业十大强市”和“最受尊敬的 30 家制造业企业”时，充分考虑了科技创新、资源消耗和环境影响的因素，力求更客观地评价中国制造业的发展状况和可持续发展能力，为中国制造业发展提出明确的“新型化”发展导向。《中国制造业发展研究报告 2006》延续了这一新视角，而且，在对国内外制造业研究动态进行归纳和述评时，也是遵循新型制造业的理念，从经济、科技和环境三维角度进行叙述和评价。

“新型制造业”理念为研究中国制造业提供了研究和阐述主线。“新型制造业”概念的提出，为《中国制造业发展研究报告》（系列年度报告）提供了研究起点和阐述主线，为研究报告整体框架的立体展开拓展了空间。《中国制造业发展研究报告 2004》正是因为提出了“新型制造业”的理念，才能够从经济、科技和环境三个方面设置指标集，从而顺利构建独特的评价指标体系；根据“新型制造业”概念，运用评价指标体系，对中国制造业发展总体程度、区域制造业、制造业产业的发展程度和制造业企业发展程度进行了客观评价；从“新型制造业”概念出发，对中国各省市自治区制造业发展程度进行排序，对制造业企业发展程度进行了排名；从“新型制造业”角度，探讨了制造业发展与中国和平崛起、中国制造业发展与科技创新、中国制造业发展与循环经济、中国制造业发展与世界制造业发展等专题。“新型制造业”概念是纲，纲举目张，正是因为提出新型制造业概念，才使得《中国制造业发展研究报告2004》有了定量指标设置的依据，有了客观评价制造业的区域和产业程度的基础，有了评选最受尊敬的制造业企业的可能。正是因为“新型制造业”概念，才使得《中国制造业发展研究报告2004》有了独特的研究角度而不同于一般的制造业研究报告，使研究报告的每一部分都充满新意。

“新型制造业”理念为系统研究中国制造业提供了新框架。“新型制造业”理念的提出，为系统研究中国制造业提供了新的研究框架，拓展了研究空间。“新型制造业”概念涵盖了经济、科技和环境三个大的方面，突破了研究制造业仅局限于经济总量和经济效益的现象，提出研究中国制造业应当从经济、科技和环境三个角度进行综合分析，为系统地研究中国制造业提供了整体分析框架，从而能够客观评价中国制造业发展状况，科学地研究和分析中国制造业发展程度、发展优势和发展过程中存在的主要问题。“新型制造业”概念的提出，为持续研究中国制造业发展提供了科学的视角和分析框架，为研究框架的立体展开拓展了空间。从“新型制造业”概念出发，顺理成章地设置了经济、科技和环境三类指标集，进而顺利构建独特的评价指标体系，对中国制造业发展总体程度、区域制造业、制造业产业的发展程度和制造业企业发展程度进行了客观评价。显然，没有“新型制造业”概念的提出，就不可能构建《中国制造业发展研究报告2004》、《中国制造业发展研究报告2005》、《中国制造业发展研究报告2006》和《中国制造业发展研究报告2007》的框架结构。正是因为提出“新型制造业”概念，才使得对中国制造业发展的研究有了系统客观的可能性，评价中国制造业发展有了设置定量指标的依据，有了客观评价制造业的区域和产业程度的基础，有了评价和评选制造业“十大强省”、“十大强市”和最受尊敬的制造业企业的可能。正是因为确立了“新型制造业”概念，才使得研究中国制造业有了全新的视角，使研究制造业发展有了不断拓展研究的内容。

“新型制造业”理念为创新性研究全球制造业拓展了空间。《中国制造业发展系列研究报告》的许多创新性研究，都是基于“新型制造业”概念展开的。《中国制造业发展研究报告2004》的创新性研究，主要表现在：（1）提出“新型制造业”概念，探讨了“新型制造业”与“新型工业化”、“新型制造业”与“知识经济”、“新型制造业”与“劳动就业”、“新型制造业”与“环境保护”等相互关系；（2）确立“新型制造业”评价的三类指标集，描绘了中国制造业发展程度的二维象限图和三维雷达图，预测了中国制造业发展的三大趋势；（3）综合述评了各省市自治区制造业发展的经济效益、科技创新能力和环境保护状况；（4）分析了29个门类的制造业的经济、科技和环境效益，深入探讨了几大典型制造业行业对国民经济、科技创新和可持续发展的贡献；（5）综合经济、科技和环境指标，排出了中国最受尊敬的30家制造业企业，阐述了入选的理由。《中国制造业发展研究报告2005》的许多创新性研究，同样是基于“新型制造业”概念展开的。概括起来，《中国制造业发展研究报告2005》拓展了一系列创新性研究，主要表现在：（1）拓展了“新型制造业”概念，重点从国内制造业比较优势的不断减弱、国际贸易保护主义抬头、贸易摩擦、经济摩擦等方面进一步强调了发展“新型制造业”的重要性，并探讨了新型制造业发展的信息化、模块化和绿色化趋势；（2）续用了新型制造业评价的三类指标集，对中国制造业发展的总体状况进行了新的评价分析；（3）在《中国制造业发展研究报告2004》预测制造业容纳的就业人数最高为8 500万人并在2006～2007年达到高峰的基础上，运用产业关联分析和投入产出方法，深入分析了新型制造业发展对物流、信息服务、研究开发、教育培训、金融、保险、咨询等现代服务业发展的带动和引领作用，作出了新型制造业发展在2010年将直接和间接带动3亿多人就业、2020年将带动4亿多人就业的预测，表明中国只有在相当长的时间内坚定不移地发展新型制造业，才能解决经济发展过程中已经出现和可能出现一系列问题；（4）从“新型制造业”理念出发，全面系统地研究了对医药制造业、钢铁工业、汽车产业、石化产业、纺织业等经济发展水平、科技创新能力以及环境的影响程度，提出了遵循新型制造业思路发展这些产业的对策措施；（5）综合经济、科技和环境指标，评选出了2004年中国最受尊敬的30家制造业企业，并阐述了评选的方法和入选理由。《中国制造业发展研究报告2006》的一系列新的研究内容都是基于“新型制造业”理念展开的：（1）首次分析了区域制造业发展的差距，提出了中国区域制造业发展的“基尼数据”，明确提出中国制造业的发展必须考虑区域均衡；（2）根据国内外研究发展指数的经验教训，提出了中国制造业的指数发展，为连续研究中国制造业的发展态势提供了新的工具和方法；（3）深入研究了东部四大都市圈制造业发展的特点、优势和不足，提出了发展区域制造业的具体发展思路；（4）从经济、科技、环境三维角度，系统归纳和阐述了全球研究制造业的学术动态，推荐了最值得阅读的国内外研究制造业发展的各10篇学术论文，为动态跟踪国内外学术界研究制造业的进展提供了前瞻性和导向性角度，为全球制造业的科学发展提供了全新视角和路径。

（2）“新型制造业”理念的实践价值

“新型制造业”的相关概念和理论，并不是纯粹的学术性研究，而是可以指导中国制造业摆脱困境走上可持续发展道路的研究成果。

“新型制造业”是建设创新型国家的产业基础。党的十六届五中全会明确提出了建设创新型国家的重大战略思想，并确立了在2020年左右把中国建设成为创新型国家的目标。中国地大物博、人口众多，但很多资源储备有限，尤其是人均资源占有量更是远落后于发达国家水平，多数低于世界平均水平。显然，中国不可能选择资源型发展道路，也不可能走依附型发展道路，我们只能走建设创新型国家的发展道路。我们必须推动经济增长方式尽快从要素驱动型向创新驱动型转变，依靠自主创新来支撑和引领经济社会的持续协调发展。建设创新型国家，必须把科技创新作为经济与社会发展的战略基点，推动科学技术跨越式发展，把增强科技创新能力作为调整产业结构、转变增长方式的中心环节，通过科技创新降低能源消耗和控制环境污染，走出中国特色的发展道路。然而，与发达国家相比，我们的科技创新能力还较薄弱，自主创新能力不强。因此，面对全面建设小康社会和社会主义现代化建设的重任，我们必须坚定不移地把科技创新作为发展的首要推动力量，努力推进创新型国家建设。从国际经验来看，制造业高度发展的国家通常是发达国家，制造业不发达的国家通常是欠发达国家，创新型国家通常具有科技创新能力强和装备制造业发达的特征，新型制造业是创新型国家的产业基础。在经济全球化的过程中，发达国家把一些产品的中间生产过程转移到发展中国家，充分利用其廉价劳动力，但仍强有力地控制着产品的研发、设计、工艺和市场。发达国家从未放弃制造业，始终把其作为立国强国之本，如美国、日本、德国等国家的制造业是世界上最发达和最先进的，科技创新能力也是最强的。在制造业发展过程中，美、日、德等国家均以装备制造业作为主要支柱，大力鼓励科技创新，重点发展具有自主知识产权的制造业，通常在2~3个主导制造领域形成了明显的比较优势和竞争优势。发达国家普遍重视原创性技术，注重不断进行产业和产品的更新换代，采取品牌与技术双控制的发展模式。简言之，制造业始终是一个国家生产能力和国民经济的基础和支柱，经济增长和综合国力的增强在很大程度上有赖于制造业的发展。建设创新型国家，必须具有强大科技创新能力的制造业，即必须以新型制造业为根本的产业支撑。

“新型制造业”理念要求提升产业的自主创新能力。中国制造业的自主创新能力很弱，研发投入严重不足，整体装备水平比发达国家落后20~30年。新型制造业以科技创新为支撑，能够大大提升制造业自主创新能力。新型制造业高度重视运用高新技术支撑和引领制造业发展，在通信设备、计算机及其他电子设备制造业、生物医药制造业等高技术密集的产业是新型制造业要重点发展的产业。同时，新型制造业还重视运用高新技术提升传统制造业技术层次和水平，如纺织制造业、钢铁制造业、石油化工制造业、通用机械制造业等产业，运用科技创新成果改造传统工艺、设备、技术和方法，实现效益提升、资源节约和环境友好的科学发展，把传统制造业发展转化为新型制造业。

“新型制造业”理念强调重视提升产业的知识管理能力。知识管理能力是创新型国家建设的必备能力，世界上的创新型国家，无一不具备超强的知识管理能力。在以资本和资源作为生产财富主要手段的工业经济向以知识和信息作为生产财富主要手段的知识经济过渡时期，新型制造业不但具有工业经济时代的特征，也必然具有知识经济时代的特征。新型制造业不但强调资本和资源的作用，更强调知识创造和知识应用。新型制造业不但重视经济发展程度，更重视科技创新和持续发展。新型制造业以减少资源消耗和保护环境为着眼点，客观上必须遵循知识经济的规则，主要依靠知识的生产和应用推动发展，突出以最新知识和技术创新来组合劳动资料、劳动对象和劳动者，充分体现新的发展理念。新型制造业强调知识传播和知识管理，注重借助于信息化手段，通过知识传播、知识学习和知识管理，使得外部知识内部化、内部知识个体化、个体知识组织化、组织知识外部化，从而通过知识创新、知识传播、知识学习和知识应用不断推动制造业知识更新和科技创新能力提高及竞争能力提升。新型制造业以知识和信息的生产、分配和使用为基础，以科技创新为发展动力，运用科技的力量来支撑和引领制造业发展，必将大大促进创新型国家的建设。

“新型制造业”是“新型工业化”的前提和基础。所谓工业化，是指以大机器生产方式的确立为基本标志，由落后的农业国向现代工业国转变的过程。传统工业化的核心是发展大规模、高效率的制造业，并以此带动农业和服务业的发展，向社会提供丰富的物质产品。其生产过程更多倚重的是资本、劳力和能耗的大量消耗，由此带来的环境污染、资源匮乏和社会贫富分化等问题比较严重。新型工业化是信息化带动的工业化，它强调知识和技术在生产中的作用，改变了传统生产要素的构成和各种生产要素的相对重要性。科学技术进步使生产不断朝着节能、低耗的方向发展，物质生产单位产品所需的资源量在产品价值中所占比重不断下降，知识和技能在产品价值中的比重不断提升，高素质的人力资本在新型工业化进程中具有更重要的作用。新型制造业是实现新型工业化的前提和基础。新型制造业带动新型工业化是中国工业化出路所在，主要体现在：新型制造业是加快经济结构调整，推动产业结构转换和升级的必然要求。新型制造业发展是保证传统制造产业提高国际竞争力的前提。发展新型制造业，可以通过现代技术特别是信息技术改造传统产业，全面提升制造业的国际竞争能力。新型制造业发展有利于改变粗放型增长方式，实现经济可持续发展。新型制造业遵循高附加值、高增长、高效率、低能耗、低污染的发展思路，是走新型工业化道路和实现可持续发展的必然选择。

“新型制造业”是都市圈快速健康发展的关键。制造业是都市圈竞争力的基础，在相当长时期内是都市圈经济增长的主要支柱。制造业的发展，可以为人民提供各种生活用品，提供工业、农业所需要的生产资料、服务业的各种手段、基础设施所需要的各种装备、国防所需的各种武器、科技发展的各种仪器设备以及保证人民健康所需的各种医疗仪器和药品，精神文明建设所需的物质条件等。新型制造业的发展将使得制造业对都市圈的促进作用更加明显。人们的消费需求是呈阶梯式的，社会需求受社会生产力发展水平和人们支付能力的制约。在都市圈发展的过程中，传统农产品的需求已经趋于饱和；服务等方面的需求规模在较大程度上还受到人们收入水平的限制；工业制成品的需求则有较大的增长空间。新型制造业利用其强大的科技支撑和引领能力，迅速不断地推出人们所愿意购买的新兴产品，不断创造和满足着人们的消费需求。而且，在新型制造业的推动下，都市圈的各个产业都将迅速发展，交通、电力、供水、供气等其他工业部门的需求也将大大增长，新型制造业为都市圈创造了巨大的社会生产和生活需求。都市圈社会需求不断发展的同时，也使得新型制造业发生着变化：企业的生产规模越来越大；企业内部的劳动分工越来越复杂；企业间的再生产联系也越来越发达。于是都市圈的生产更加社会化。生产社会化的增长必然要求技术、设备、管理等相关方面的配套，传统制造业是不足以满足这种需求的。新型制造业凭借其先进的科学技术、机器设备、管理思想等很好地满足了都市圈生产社会化发展的要求。

新型制造业可以优化都市圈城市化的进程与模式。制造业的发展改变着都市圈的城市化。中国的经济发展处在农业经济、工业经济和知识经济的三元结构下，中国的城市化具有了新的特点：第一，信息化带来制造业的郊区化。由于信息高速公路和交通条件的改善，空间可通达性的提高，加上城市地租的上涨，生产成本提高的压力促使制造业逐渐迁移到郊区发展。第二，传统产业与高科技产业共同发展。中国面临着高科技产业与劳动密集型的传统优势产业共同发展的问题，一方面要大力发展高新技术产业，迎头赶上世界先进发展水平；另一方面又要兼顾沉淀在农村的大量富余人口的转移问题。第三，科学发展和持续发展的要求。制造业发展与城市化的迅速发展，对资源的开发强度加大，污染物排放量增加，导致了一系列城市生态环境问题，如人口膨胀、交通拥挤、贫民窟、环境污染、资源与能源短缺等严重问题，城市如何科学发展和可持续发展，是中国城市化进程中必须解决的重大问题。第四，经济全球化的挑战。制造业迅猛发展条件下，中国经济深置于世界经济分工与贸易联系的网络中，城市作为现代化的空间载体和组织形式，是中国制造业的持续发展并由之达到现代化的战略阵地，加快发展世界级城市迎接全球化挑战，已经成为中国制造业发展的客观需要。新型制造业发展促进都市圈城市化的改善，主要表现在：第一，带动加工制造业就业人数增加。发展制造业，社会就业结构最显著的变化是制造业就业人数大幅度增加，中国制造业发展已经提供了七千多万个就业机会。第二，新型制造业发展带来了新的就业机会，尤其是信息制造业的发展带动了国民经济信息化进程，使得服务业、经营管理阶层、技术型、脑力劳动型产业和使用计算机及信息系统的工作岗位大大增加。第三，制造业郊区化带动了都市圈城市功能优化。随着制造业向城市郊区的聚集，城市空间向周边地域蔓延，制造业、住宅区向城外迁移，大量生活服务设施进行配套建设，城市的涵盖范围越来越广，城市功能得到了调整和优化，随着城市的信息网络和交通网络的扩展，城市正更多地承担着信息、金融、文化、服务中心的功能，而迅速改变着原有的制造业基地的功能。第四，新型制造业发展促进了都市圈城市的可持续发展。以科技创新为基础的新型制造业的发展，促使知识及技术在制造业中的作用越来越大，使得以知识为基础的技术密集、清洁型制造业逐渐取代传统的劳动密集型、高污染制造业，减少了城市的环境污染和能源消耗，促进了都市圈的可持续发展。

"新型制造业"理念有利于促进和谐社会的构建。所谓和谐社会，一方面是人和自然的和谐发展，另一方面是社会不同利益群体之间和谐发展[①]。社会是一个由多种要素构成的统一体，各要素之间形成了相互依赖和相互转化的有机联系。当这些社会要素能够在统一体内相互包容、协调运作，处于良性转化的条件下，该社会则处在健康的、富有生机和活力的状态中。一个和谐的社会能够为社会发展提供内动力，不但能增强社会组织之间以及人与人之间的吸引力和满足感，而且能增强社会组织之间和人与人之间的整合性，焕发出人们的集体荣誉感，产生强大的使命感、力量感和团结协作精神，增强社会群体的积极性和主动创造性。和谐社会需要具备和谐的物质基础。和谐的物质基础需要有和谐的生产方式。而国际国内的生产实践已经证明，传统的生产方式已经不能适应社会和谐发展的要求，必须改变传统的生产方式。新型制造业正是改变传统生产方式，创造社会和谐的物质基础的新型生产方式。所谓"新型制造业"，就是依靠科技创新、降低能源消耗、减少环境污染、增加就业、提高经济效益、提升竞争能力，实现可持续发展的制造业。与传统的制造业相比，新型制造业的不同点主要体现

---

① 陈正良：《略论社会主义和谐社会的构建》，载于《理论探讨》，2005 年第 1 期，第 17 ~ 19 页。

在：在增长方式上，更注重依靠科技进步，减少能源消耗和环境污染、提高经济效益、使产业和产品的科技含量更高，人力资源优势得到充分发挥；在发展观上，着眼于未来，更注重信息化程度、无形资产的比重、技术创新的能力，更重视节约型、集约化和可持续发展。新型制造业的新理念有四点：一是以人为本、二是科技创新、三是环境友好、四是面向未来。新型制造业以人的发展作为出发点和落脚点，以科技进步和创新为动力，注重劳动者素质和能力的提高；强调生产与生态平衡，发展与环境的和谐，坚持高效益、高技术、低消耗、广就业的发展价值取向，是一种资源节约型的、面向未来的、可持续发展的制造业发展道路。可见，构建社会和谐，是全面建设小康社会的内在要求，也是新型制造业发展的客观取向。换言之，发展新型制造业是和谐社会建设的重要内容，构建和谐社会必然要求中国制造业发展走“新型化”道路。

新型制造业有利于人与人的和谐。新型制造业中“以人为本”的思想体现了和谐社会中“人与人之间关系的和谐”以及“人的内在精神上的和谐”。新型制造业中，强调“以人为本”，注重企业文化。企业信息和独特知识的获得与应用以及在获取信息和综合知识的基础上的创新能力，都是依靠人来完成的。因此，人的能力的提高就成为提升制造业企业核心竞争能力的关键所在。优秀的企业文化是企业精神风貌的充分体现，对企业的持续、稳定、健康发展起着重大的推动作用。新型制造业不仅重视物质管理，而且更重视对人的管理，它着眼于建立一个企业成员遵从的企业价值标准、道德规范和行为准则，尊重人、关心人，以凝聚企业职工的力量来推动企业的发展，从而有利于形成和谐的企业文化，促进人与人的和谐友好。

新型制造业有利于人与自然的和谐。传统制造模式是一个开环系统，物料流以产品设计为起点，以产品报废为终点，是一种依赖大量消耗资源和破坏环境为代价的工业发展模式。据统计，制造业每年约产生 55 亿吨无害废物和 7 亿吨的有害废物，其污染物排放量占总量的 70% 以上。而传统的环境治理方法是末端治理，并没有从根本上解决环境污染问题。随着科技的发展，产品更新换代加快，产品的有效使用寿命越来越短，这些都将导致资源消耗和废弃物的处置问题变得日益严重。新型制造业强调环境友好，倡导绿色制造，力求使产品从设计、制造、包装、运输、使用到报废处理的整个生命周期中，对环境的影响最小，资源利用最优。这充分体现了“人与自然的和谐”的理念。

新型制造业促进社会内部环境的和谐。新型制造业的“科技创新、面向未来”的思想体现了和谐社会中“社会内部环境的和谐”。“社会内部环境的和谐”包括社会政治、经济、思想文化发展之间的平衡与内部子系统的协调。其中，经济和谐是整个社会和谐的基础，没有经济和谐就没有经济效率，整个社会的运转也就失去了必要的物质支撑。所以，构建和谐社会的一个主要目的就是提高整个社会的经济水平。新型制造业的“科技创新、面向未来”要求推进制造业信息化来提升企业的经济效益，以达到利益最大化。

构建和谐社会和发展新型制造业是有机统一的。发展新型制造业可以促进生产力的发展，而发展生产力能够不断增强和谐社会建设的物质基础。而和谐社会的建设又可以为新型制造业的发展创造有利的社会条件。构建和谐社会，必须通过发展生产力来不断增强物质基础，而新型制造业的发展主要依赖于信息化的程度，只有加快新型制造业企业的信息化脚步，才能促进和谐社会的发展。新型制造业的发展和全球化，对改革有更高的要求，也给以其更大的动力。新型制造业要求现代企业制度率先到位，所有制结构应当进一步调整。当然，企业内部也应当不断改革管理方式和经营机制，迎接市场竞争，同时应当转换政府职能，优化对制造业发展的支持、调控和服务。新型制造业企业应当把思想文化建设作为企业发展的先导，应当在广大员工中树立“自强开放、务实创新、诚信敬业”的企业精神，树立与时俱进的思想文化，敢于创新的思想文化，开放合作的思想文化，求真务实的思想文化，人才为本的思想文化。对于和谐社会下新型制造业的企业来说，坚持“以人为本”的理念，就是要提高企业管理者、企业员工的文化素质和管理水平，搞好企业文化创新建设。新型制造业企业注重企业文化创新，不仅可以使经营业绩优异的企业在企业文化创新中得到进一步发展和地位的提升；更能使经营业绩不佳的企业通过企业文化创新重振雄风，尤其是身处困境和亏损的企业，更应通过企业文化创新改善软环境，形成“艰苦创业”和“与企业共存亡”的企业文化，从而团结企业全体员工共同奋斗，从危机中得到复苏并开创企业发展的新局面。因此，新型制造业企业的企业文化创新，不仅可以直接促进和谐社会的精神文明建设，而且还可以为和谐社会的精神文明建设提供物质基础。

新型制造业是发展循环经济的实现方式。1962 年，美国经济学家卡尔逊的《寂静的春天》一书出版，作者在对工业革命以来所发生的重大公害事件进行分析后，首次提出了保护环境这一严肃的话题。1966 年，美国经济学家波尔丁提出了“循环经济说”。“循环经济”一词并不是国际通用的术语，这个概念在学术界尚有争议。关于循环经济的概念，有学者认为[①]：循环经济就是按照清洁生产的方式对资源及其废弃物实行综合利用的生产活动过程，是保护资源、保护地球生态环境的一种现代文明行为；另有学者认为：循环经济是指以资源节约和循

① 王青云、李金华对不同的学者看法作了归纳阐述参见《关于循环经济的理论辨析》，载于《中国软科学》，2004 年第 7 期。

环利用为特征的经济形态，故也可称为资源循环型经济，它是以资源－产品－再生资源－产品为特征的经济发展模式，表现为低消耗、低污染、高利用率和高循环率；还有学者认为：循环经济的核心是废旧物资回收和资源综合利用，它在出发点、范围、途径上都有别于传统经济，它强调的是提高资源的利用效率，降低经济发展的社会成本，强调的是减量化、资源化和无害化回收废弃物。此外，还有一些有影响的学术观点。如：循环经济是“资源－产品－资源”非线性的周而复始的流动经济；循环经济本质上是一种生态经济，它要求运用生态学规律而不是机械论规律来指导人类社会的经济活动。国内一些著名学者和专家也提出了关于循环经济概念的几种看法：有的认为：循环经济以可持续发展为原则，既是一种关于社会经济与资源环境协调发展的新理念，又是一种新型的、具体的发展形态和实践模式。它要求按照生态规律组织整个生产、消费和废物处理过程，将传统的经济增长方式由“资源－产品－废物排放”的开环模式，转化为“资源－产品－再生资源”的闭环模式，其本质是生态经济。有的认为：从循环经济的基本特征来看，它是人们模仿自然生态系统，按照自然生态系统物质循环和能量流动规律建构的经济系统，并使得经济系统和谐地纳入自然生态系统的物质循环过程。还有的认为：循环经济就是在人、自然资源和科学技术的大系统内，在资源投入、企业生产、产品消费及其废弃的全过程中，不断提高资源利用效率，把传统的、依赖资源净消耗线性增加的发展，转变为依靠生态型资源循环来发展的经济。《中国制造业发展研究报告2005》认为，循环经济若要成为一个具有普遍理论指导意义和实践运用原则的经济学概念，应着眼于整个社会、经济和生态系统，并将循环经济的概念描述为：把生态环境从经济的外部制约性因素纳入经济活动的内部生产要素作为新经济形态的设计目标，把在生产及消费过程中实现资源节约与反复利用作为企业生产的技术创新与效益增长目标，以及人们消费的核心理念，它既是对主流经济学理论的系统创新，也是对线性经济发展模式的革命性转型。循环经济本质上是一种生态经济，是以“资源－产品－再生资源”为闭环反馈式循环过程的一种新经济模式。以“减量、再用、循环”（3R）作为社会经济活动的行为准则，通过运用生态学规律和系统思想，构建“资源－产品－再生资源”的闭环反馈式经济活动循环过程，遵循“减量化”原则（Reduce），以资源投入最小化为目标，遵循“资源化”原则（Reuse）；以废物利用最大化为目标；遵循“无害化”原则（Recycle），以污染排放最小化为目标。从立体和系统的角度来看，循环经济是在经济活动的企业微观层面、区域中观层面和社会宏观层面三个不同层次中体现和实施的。

新型制造业要求制造业企业选择循环经济模式。企业层面的微观循环是实施循环经济、促使传统制造业向新型制造业转型的基础。新型制造业是依靠科技创新、降低能源消耗、减少环境污染、能够实现可持续发展的制造业。循环经济体系的微观层次就是在企业内部实行清洁生产，通过落实清洁生产审核制度和公开监督制度，推动环境管理由末端治理向全过程控制，将生产过程中产生的废弃物进行回收利用和无害处理，从而降低物耗、能耗和污染物排放量，提高经济效益。就实际运作而言，在推行企业微观循环经济的过程中，需要解决一系列技术问题。实现企业的微观循环，本质上要求提高产品的科技含量和知识含量，使企业的设计、生产和加工等环节依靠技术的不断进步，达到经济效益、生态环境效益和社会效益兼顾的目标。而这正是新型制造业的内涵要求。例如，推行循环经济的技术前提之一是产品的生态设计，没有产品的生态设计，循环经济只能是一个口号，而无法变成现实。另外，在企业层次实施清洁生产是循环经济主要的微观实现途径。一个产品、一台装置、一条生产线都可采用清洁生产的方案。企业要从清洁生产、绿色管理和零消耗、零污染抓起，实施物料闭路循环和能量多级利用，使一种产品产生的废物成为另一种产品形成的原料；根据不同的对象建立水循环、原材料多层利用和循环使用、节能和能源的重复利用、“三废”的控制与综合利用等良性循环系统，将单位产品的消耗和污染物的排放量限定在先进标准许可的范围之内。新型制造业强调生产与生态平衡，发展与环境的和谐，坚持高效益、高技术、低消耗的发展价值取向，是一种资源节约型的、可持续发展的制造业。这样就必然要求企业建立健全资源节约管理制度，加强资源消耗定额管理、生产成本管理和全面质量管理，建立车间、班组岗位责任制，完善计量、统计核算制度，加强物料平衡，建立有效的激励和约束机制，完善各项考核制度，坚持节奖超罚，调动职工节约降耗、综合利用和实施清洁生产的积极性，加强环境管理体系建设，从而实现微观企业层面的循环发展。循环经济的设计，不只是考虑单一产品的生命全过程（从资源到产品到废弃物），更考虑整个经济系统生产与消费的全过程。并且，它不只是形式上的物质循环，更重要的是高效益、多效益的。在企业层面，循环型企业对生产过程，要求最大限度节约原材料和能源，淘汰有毒原材料，削减所产生废物的数量和毒性；对产品，要求减少从原材料提炼到产品最终处置的全生命周期的不利影响。这些都需要通过新型制造业来实现。而新型制造业的新理念有四点：一是以人为本、二是科技创新、三是环境友好、四是面向未来。这四个新理念将引导企业真正实现微观经济的循环。

新型制造业有利于推动区域层次循环发展。传统制造业向新型制造业转型，其间的连结点就是区域层面的中观循环。与传统的制造业相比，新型制造业的不同点主要体现在：在生产方式上，由单一产品的大规模、标准化生产，转变为可根据社会需求小批量、多品种生产，具有更强的灵活性和适应性；在增长方式上，更注重依靠科技进步，减少能源消耗和环境污染、提高经济效益、使产业和产品的科技含量更高，人力资源优势得到充分发挥；在发展观上，着眼于未来，更注重信息化程度、无形资产的比重、技术创新的能力，更重视节约型、集约化和可持续发展。循环经济的实现要遵循3R原则（减量化、再使用、再循环），需要统筹规划区域制造业的发展，在源头上节约资源，提高资源利用和经济效益，使区域经济和谐快速发展。而新型制造业的一个新理念就是“面向未来”，其含义就是要以长远的可持续发展的思路来组织现在的生产实践，因而就需要从源头上考虑如何节约资源、保护环境，如何实现区域资源的协调配置从而使资源得以最有效率的利用，在这个过程中，循环经济的减量化、再使用和再循环的原则将得到很好的实践。在区域循环经济的实施过程中，要求首先在区域内建立制造业企业的物质循环体系，在资源利用过程中尽可能做到“闭路循环，吃干榨尽”，如钢铁企业可以回收生产过程中的煤气，加大煤气燃用力度，利用煤气发电、加热，使厂内的废气资源逐步开发成为生产资源。其次是建立区域内制造业企业及其相关企业间的物质与价值循环体系。这主要通过大力发展生态工业园来实现。生态工业园是根据循环经济理论和工业生态学原理来建立的一种与生态环境和谐共存的新兴工业园区。它用工业生态学的理论与方法来研究工业生产，把工业体系当作一个封闭的自然生态系统。对想进入园区的生产企业根据原料、产品、排放物等方面进行考察，把能够构成循环的企业放在同一园区内。使园区内某一企业生产的“废物”或副产品成为另一个企业的原料，实现变废为宝、价值增值、减少最终废料排放，保护环境的目的。最后，还要构建区域内生产和消费循环利用体系。产品在设计阶段就要以循环经济为指导，体现新型制造业以人为本、环境友好的理念，考虑采用、使用便于循环利用的原材料，利用过程中产生污染较少的原材料，从源头堵住对环境的污染，并确保产品在消费者使用时的健康、便利以及在废弃时的环保处理。在产业园区层面，生态工业园是一种新型工业组织形态，园区内采用废物交换、清洁生产等手段把一个企业产生的副产品或废物作为另一个企业的投入或原材料，形成类似自然生态系统食物链的工业生态系统，达到物质能量利用最大化和废物排放最小化的目的。新型制造业的理念和内涵必然要求制造行业和企业的生产设备、管理方式、技术水平都要满足生态工业园区的要求，而且要求区域层面的规划与发展不能局限于制造业这个单一产业甚或某个单一企业，而是既要考虑区域内制造业企业间的物质与价值循环链，又要考虑区域内制造业与其他产业、行业的循环网络体系，从而有助于实现区域层面的循环发展。

新型制造业有利于社会层面循环发展。中国在发展制造业过程中已经开始重视生态建设和环境保护，强调处理好经济与环境的和谐。发展新型制造业要求极大地改变传统的生产方式、增长方式以及发展观，而这必然是以转变人们传统的行为方式和思想观念为前提的。新型制造业是循环经济核心理念的主要载体。在政策层面上，政府可以建立消费拉动、政府采购、政策激励的循环经济政策体系。建立和完善循环经济产品的标示制度，鼓励公众购买循环经济产品；在政府采购中，确定购买循环经济产品的法定比例，推动政府绿色采购；通过政策调整，使得循环利用资源和保护环境有利可图，使企业和个人对环境保护的外部效益内部化。按照污染者付费、利用者补偿、开发者保护、破坏者恢复的原则，大力推进生态环境的有偿使用制度。例如，对于一些亏损或微利的废旧物品回收利用产业，对于废弃物无害化处理产业，可以通过税收优惠和政府补贴政策，使其能够获得社会平均利润率。在增加环境（污染排放）税、资源使用税的同时可以对企业用于环境保护的投资实行税收抵扣。作为循环经济的主要载体，新型制造业在一系列宏观政策的指导、自身理念的指引和新型制造技术的支持下，将极大地推动社会层面的循环发展。

新型制造业可以引导现代服务业的发展。现代服务业是在工业化比较发达的阶段产生的，主要依托信息技术和现代化管理理念发展起来的、信息和知识相对密集的服务业，与传统服务业相比，更突出了高科技知识与技术密集的特点，主要是为现代生产活动提供生产性服务的部门。第一，新型制造业发展是现代服务业发展的基础。按照产业更替的理论，区域经济发展的早期主要依靠工业部门的建立和扩张，而工业经济发展到一定程度之后，推动区域经济成长的动力逐渐减弱，市场竞争日益激烈，新型制造业面临的升级压力加大，经济的结构调整阶段来临，服务业特别是现代服务业的重要性开始显现出来。服务业产品越来越多地成为新型制造业的支撑要素。新型制造业的服务部门是现代服务业的摇篮，传统制造业随着专业化分工的发展，其内部的诸多服务功能渐渐地独立分离出来，慢慢形成了独立的服务业。中国新型制造业的技术升级与结构调整有赖于投入更多、更有效率的现代服务业的发展，如研发、电子商务、商业、物流、电信、金融、教育培训等。同时，服务业本身的大发展也为促进经济持续增长、创造就业机会等提供了有利的条件。[①] 第二，新型制造业发展对现代服务业产生巨大需求。中国制造业发展迅速，已经为现代服务业的发展提供了最基本的市场条件，对现代服务业的发展产生了巨大的需求。这种需求体现在三个方面，一是新型制造业活动本身需要投融资、管理咨询、物流、教育科研等现代服务业的支撑，以降低成本，增强企业竞争能力。二是新型制造业的发展一般都符合边际产出递减

---

① 严德成、宋滟滟：《服务业：打造浙江先进制造业基地的推进剂》，载于《经济论坛》，2004 年第 21 期。

的规律，即在同一个产业持续不断地增加投资，最终会导致资金利用效率的逐步下降，所以，新型制造业资本也需要寻找新的出路，现代服务部门因为其较高的收益、垄断竞争型的市场格局，是剩余资本的良好投资渠道，特别是现代服务业中的金融、房地产等部门具有很强的吸纳资金的能力。从中长期发展来看，新型制造业的高度化需要大规模的投资，而且这些生产部门的新产品开发和高新技术产业的发展所依托的风险投资对金融服务业也有很高的要求。三是新型制造业企业与高校和科研机构之间的科技成果转移需要一个中间的衔接环节。服务业可在这个中间环节中有所作为，许多专业技术咨询公司在一定程度上填补了这一角色空缺。这类服务机构本身既可先从事技术研发，然后对企业提供技术咨询，又可以成为生产企业和其他研发机构进行技术交流的专业平台，形成颇具竞争性的专业技术交流市场。[①] 第三，新型制造业为现代服务业的发展提供了日益广阔的空间。新型制造业的“制造”，应当是指为用户创造和提供产品的全过程，包括产品的开发、设计、生产、流通和和售后服务等各方面。随着新型制造业结构形式的不断创新，新型制造业与服务业的界限将变得更加模糊，未来新型制造业将拥有更加广泛的内涵。新型制造业与服务业融合发展是现代产业演进的客观规律，已成为全球经济发展的趋势。现代服务业正加速向新型制造业生产前期研发、中期设计、融资和后期信息反馈等全过程渗透，同时，新型制造业内部逐渐由以制造为中心转向以服务为中心。这一趋势使得从生产领域内独立出来的服务业具有了越来越广阔的发展前景和发展空间。当代经济中的许多生产部门已成为服务业的附属部分，它们的发展围绕着“服务”工作而展开，比如新兴的会计咨询、法律咨询、R&D 咨询等中介服务部门。从实际状况看，制造业公司的营业额越来越多地来自销售服务，IBM 和西门子 50% 的营业额来自于销售服务，另外，计算机产业中的一些著名的服务公司已经完全从制造业中脱离出来，例如英国的 ICL。具体地说，制造业的服务化进程，表现为制造业公司通过不断地为用户提供更多与实体产品相关联的服务，使制造活动和服务活动相辅相成，这一点在汽车制造业中尤其明显，汽车厂商通过提供金融服务，方便消费者购买它们的小汽车和卡车，通过提供与售后服务相联系的保养维修，降低顾客的后顾之忧，通过销售途径买回那些二手车，降低顾客的退出风险。福特公司很长时期以来已经将金融、维修和汽车组装活动融合在一起，最近又进入了汽车保险和普通的维修期后的服务活动中，这些活动使服务与产品销售紧密联系在一起，而且，公司越来越关注消费者在购买和驾驶汽车过程中所希望获得的其他各种后续支持内容。最

① 郑吉昌：《基于服务经济的服务业与制造业的关系》，载于《数量经济技术经济研究》，2003 年第 12 期。

近由于环境保护立法的加强，汽车制造商正在开发能使汽车循环利用的装备，既为顾客，也为社会提供更好的服务。表 1－9 对新型制造业与服务业间正在发生着的融合倾向做了一些总结，从服务业的变化可以看出在新型制造业的引导下，服务业的生产性特征越来越明显，服务业的规模已经明显增加，服务业的发展具有非常广阔的空间。[1]

表 1－9　　服务业和新型制造业的特征变化

特征		服务业的变化	新型制造业的变化
生产特征	技术、厂房和设备	对信息技术方面固定资产投入增多；新出现的服务业类型较多是技术密集型	对 IT 的应用与服务业的情况相类似；IT 不再是特色技术
	劳动力	像其他行业一样需要更加有技能的劳动力；白领职员的规模减少，采取专家外聘	知识密集型生产：需要更高水平的技能，白领员工数量长期增长；生产规模缩小，采取外购战略
	劳动过程组织	新技术应用和组织技能专业化，技能性工作实施标准化	采用新的组织方式（如移动工作）；赋予销售和其他接近顾客的员工更多的职责
	生产特征	规模经济化，许多服务业也寻求“产业化”生产	适应性增强，用准时制生产方法（JIT）减少库存
	产业组织	大型服务公司（包括全球性服务公司）显著增加	虚拟性公司集中于核心专业领域，把其他活动分包出去；业务全球化

资料来源：魏江，Mark Boden：《知识密集型服务业与创新》，科学出版社 2004 年版。

1.5　本章小结

本章主要在总结评价前人研究的基础上，对都市圈、制造业与新型制造业三个概念的内涵、关系、意义等方面进行了探讨和阐述。

城市化是都市圈形成和发展的基础。对于都市圈的研究，首先需要明确城市化的内涵。关于城市化，国内外学者进行了大量探索，然而始终莫衷一是。原因在于城市化是一个具有丰富内涵的概念，仅从任何一个侧面都不能准确地反映城市化的本质，而且随着经济、社会的发展，城市化内涵也在发生着变化。概括来

① 魏江、Mark Boden：《知识密集型服务业与创新》，科学出版社 2004 年版。

讲，城市化是社会生产力的变革所引起的人类生产、交换、生活方式改变的过程，是人类社会由传统的农业社会向现代城市社会发展的自然历史过程；具体来看，需要从四个主要方面来认识：其一，人口城市化，即一个国家或地区内的大批乡村人口向城市集中，城市人口在总人口中的比重不断增加；其二，地域城市化，即直观表象上地域景观发生变化，人口和产业在空间上集中所导致的城市数量、质量地域分异的过程；其三，产业结构高级化，即社会经济结构发生根本变革，产业结构逐步升级，传统低效的第一产业向现代高效的第二、三产业转换；其四，生活质量优化，即大批低消费农民群体转变为高消费市民群体，基于职业和行业利益的社会经济组织取代了农村中基于家庭纽带、地方情感的社会经济组织，人际交往与生活方式也随之变化，人民生活、居住水平发生质的改变，生活质量全面提高。

都市圈概念起源于人们定义规划城市功能的需求。法国城市学家戈特曼（Jean Gottmann）在1957年首先研究并提出了由都市区发展形成的大都市带的现象，开启了真正学术意义上的都市圈研究。综合国内外的研究，可以认为都市圈（Metropolitan Coordinating Region）是由一个或多个中心城市和与其有紧密社会、经济联系的临接城镇依托交通网络组成的一个相互制约、相互依存，具有一体化倾向的协调发展区域；是以中心城市为核心、以发达的联系通道为依托，吸引辐射周边城市与区域，并促进城市之间的相互联系与协作，带动周边地区经济社会发展的、可以实施有效管理的区域。构建都市圈的本质在于弱化行政区划，从区域角度强化城市间的经济联系，形成经济、市场高度一体化的发展态势；协调城镇之间发展的关系，推进跨区域基础设施共建共享；有利于保护并合理利用各类资源，改善人居环境和投资环境，促进区域经济、社会与环境的整体可持续发展。都市圈的形成首先需要在区域内有一定数量的城市作为基础，当一个区域内城市数量不多时，难以形成共同发展的效应，单个城市不能成为都市圈，只能形成都市区。组成都市圈的城市，其规模大小对都市圈的发展程度和发展质量以及都市圈在国家或区域中的影响力有很大不同，城市规模大，都市圈的发展程度和发展质量也比较高。城市体系的完整性通常能从某一方面反映都市圈的成熟程度，成熟的都市圈一般都有完整的城市结构。都市圈强调城市之间紧密的经济联系、完整的城市结构有利于加强都市圈各个城市之间的经济联系。

都市圈的发展壮大离不开制造业的繁荣兴旺，制造业是都市圈坚实的产业支撑。制造业是最为庞大的产业体系，是国民经济中发展最完善、分工最严密、专业化程度最高的产业群，是二次产业（工业）乃至国民生产总值中的最主要组成部分。从国家层面来说，制造业是国民经济、社会发展和国防建设的物质基础，是国家综合实力的重要标志。制造业的发展水平决定了一个国家在经济全球化趋势中的国际分工地位。

中国制造业正处于重要的发展战略机遇期，制造业在中国经济发展中已经占据了举足轻重的地位。然而，中国制造业的发展也面临着巨大的压力和考验：中国制造业技术创新能力薄弱，制造业核心技术主要依靠进口，缺乏适应制造业发展所需要的实用性人才，装备制造工业整体创新水平低，制造业技术创新体系尚未成形；中国制造业面临巨大的资源约束压力，发展重工业所需要的主要能源的蕴藏量都在世界的5%以下，人均排在世界80位以后，自然资源的利用效率、产出效率都相对较低；中国制造业还面临着严峻的环境恶化形势，中国单位产值的排污量是世界平均水平的十几倍，中国环境可持续指数列倒数第12位；中国还面临着严重失调的产业结构和日益减弱的比较优势。因此，中国的工业化必须走“科技含量高、经济效益好、资源消耗低、环境污染少、人力资源优势得到充分发挥”的新型工业化道路，而作为工业化主体的制造业必须走新型的发展道路，必须充分运用信息化时代带来的发展机遇和全球化经济条件，大力发展“新型制造业”。走新型制造业道路是21世纪中国制造业的唯一选择，也是中国制造业崛起于世界的重要机遇。

所谓“新型制造业”，是指依靠科技创新、降低能源消耗、减少环境污染、增加就业、提高经济效益、提升竞争能力，能够实现可持续发展的制造业。“新型制造业”是中国制造业发展的新理念和新思路，是顺应世界制造业发展趋势、符合中国制造业发展要求的全新的制造业发展模式，是依靠科技创新支撑和引领，坚持科学发展、创新支撑与和谐发展的制造业。“新型制造业”对于中国制造业的研究和发展具有重大的理论价值和现实意义。在理论上，“新型制造业”理念是研究中国制造业发展的新视角，为研究中国制造业提供了主线，为系统研究中国制造业提供了新框架，为创新性研究全球制造业拓展了空间；在实践上，“新型制造业”是建设创新型国家的产业基础，是实现新型工业化的前提和基础，能够促进都市圈快速稳定发展，有利于促进和谐社会的构建，是发展循环经济的实现方式，引导和推动现代服务业的发展。

1.6 参考文献

［1］常剑峤、朱友文、商幸丰等：《河南省地理》，河南教育出版社1985年版。

［2］陈玉：《中国成为21世纪世界制造业中心的策略研究》，南京理工大学硕士学位论文，2004年。

［3］陈忠暖、孟鸣：《云南城市职能分类探讨》，载于《云南地理环境研究》，1999年第

2 期，第 55 ~ 58 页。

［4］仇保兴：《中国城镇化的特征·动力与规划调控》，载于《城市发展研究》，2003 年第 1 期，第 4 ~ 12 页。

［5］崔功豪、马润潮：《中国自上而下城市化的发展及其机制》，载于《地理学报》，1999 年第 2 期，第 106 ~ 115 页。

［6］邓拓芬：《中国城市化水平的定量分析及预测》，载于《上海统计》，2001 年第 6 期，第 14 ~ 16 页。

［7］丁健著：《现代城市经济》，同济大学出版社 2001 年版。

［8］杜辉：《略论中国工业化升级转换中的战略选择》，载于《经济研究》，1992 年第 4 期，第 45 ~ 50 页。

［9］范阳东：《工业化与城市化互动关系的理论与实证研究》，湖南大学硕士学位论文，2003 年。

［10］冯利华：《人口城市化水平的统计预测分析》，载于《城市问题》，2002 年第 5 期，第 11 ~ 13 页。

［11］冯昭奎：《“世界工厂”变迁》，载于《世界经济与政治》，2002 年第 7 期，第 22 ~ 27 页。

［12］付晨：《农村城市化滞后的症结与对策》，载于《经济体制改革》，1995 年第 3 期，第 108 ~ 111 页。

［13］高珮义：《中外城市化比较研究》，南开大学出版社 1991 年版。

［14］高云虹：《中国城市化动力机制分析》，载于《广东商学院学报》，2003 年第 3 期，第 4 ~ 8 页。

［15］辜胜阻：《非农化与城镇化研究》，浙江人民出版社 1991 年版。

［16］辜胜阻：《衡量中国城市化水平的研究》，载于《西北人口》，1993 年第 2 期，第 21 ~ 26 页。

［17］郭克莎、周叔莲：《工业化与城市化关系的经济学分析》，载于《中国社会科学》，2002 年第 2 期，第 44 ~ 45 页。

［18］郭涛：《试论中国工业化与城市化的协调发展》，载于《理论探索》，2003 年第 2 期（增刊），第 42 ~ 44 页。

［19］国家计委经济研究所课题组：《中国区域经济发展战略研究》，载于《管理世界》，1996 年第 4 期。

［20］洪银兴：《城市功能意义上的城市化及其产业支撑》，载于《经济学家》，2003 年第 2 期，第 29 ~ 36 页。

［21］黄杰：《制造业企业信息化模式研究》，武汉大学硕士学位论文，2006 年。

［22］霍利斯、钱纳里等著，李新华等译：《发展的型式 1950 ~ 1970》，经济科学出版社 1988 年版。

［23］姜忠辉、边伟军：《制度变迁对山东省经济增长的影响分析》，载于《生产力研究》，2004 年第 9 期，第 95 ~ 97 页。

［24］经济日报：《大城市圈：中国城市化的必然趋势》，载于《经济日报》，2001 年 8 月

23 日。

[25] 柯映红:《新型工业化条件下的中国城市化发展问题》,华侨大学硕士学位论文,2004 年。

[26] 孔桂香:《战略成本管理在制造业企业中的应用探讨》,载于《企业管理》,2005 年。

[27] 李晋等:《制造业企业战略外包的决策模型》,载于《创新创业与企业科技进步》,2005 年。

[28] 李善同:《对城市化若干问题的再认识》,载于《中国软科学》,2001 年第 5 期,第 4 ~ 8 页。

[29] 李铁林:《中国农村城市化的成长机制及政策选择》,河北农业大学硕士学位论文,2004 年。

[30] 凌怡莹、徐建华:《长江三角洲地区城市职能分类研究》,载于《规划师》,2003 年第 2 期,第 77 ~ 83 页。

[31] 刘传江:《论城市化的生成机制》,载于《经济评论》,1998 年第 5 期,第 56 ~ 61 页。

[32] 刘传江:《世界城市化发展进程及其机制》,载于《世界经济》,1999 年第 12 期,第 36 ~ 42 页。

[33] 刘丰:《FDI 对江苏省制造业产业结构及效率的影响》,东南大学硕士学位论文,2004 年。

[34] 刘满仓、郭元军:《关于加速河南省城市化进程问题的研究》,载于《河南大学学报(社会科学版)》,1997 年第 6 期,第 96 ~ 98 页。

[35] 刘攀:《中国制造业企业与跨国公司合作模式研究》,山东大学硕士学位论文,2006 年。

[36] 刘思峰、郭天榜:《灰色系统理论及其应用》,河南大学出版社 1991 年版。

[37] 罗明义:《推进中国城市圈域经济发展的战略构想》,载于《财经科学》,1999 年第 4 期,第 41 ~ 44 页。

[38] 梅松:《世界制造业中心转移与中国成为世界工厂问题研究》,载于《华中科技大学学报》,2005 年 3 月 30 日。

[39] 苗长虹:《全球化背景下中国河南城镇化推进的战略思考》,载于《河南大学学报(自然科学版)》,2004 年第 1 期,第 71 ~ 75 页。

[40] 莫世祥:《珠三角发展战略与都市圈整合》,载于《深圳大学学报(人文社科版)》,2004 年第 3 期,第 5 ~ 10 页。

[41] 宁登:《21 世纪中国城市化机制研究》,载于《城市规划汇刊》,2000 年第 3 期,第 41 ~ 46 页。

[42] 宁越敏:《新城市化进程——90 年代中国城市化动力机制和特点探讨》,载于《地理学报》,1998 年第 5 期,第 470 ~ 477 页。

[43] 齐晓申:《中国具备成为世界制造业中心的潜力——中国制造业现状及发展对策》,载于《全球科技经济瞭望》,2003 年。

[44] 钱纳里、塞尔奎:《发展的格局》,中国财政经济出版社 1989 年版。

[45] 石忆邵、章仁彪:《从多中心城市到都市经济圈——长江三角洲地区协调发展的空

间组织模式》，载于《城市规划汇刊》，2001 年第 4 期，第 51 ~ 55 页。

［46］孙久文：《建立以十大都市圈为中心的西部发展新格局》，载于《中国人口资源环境》，2001 年第 2 期，第 130 ~ 131 页。

［47］孙新雷、郭鸿雁：《河南省工业化与城市化协调发展研究》，载于《经济经纬》，2003 年第 5 期，第 28 ~ 32 页。

［48］孙永正：《城市化滞后的八大弊端》，载于《城市问题》，1999 年第 6 期，第 2 ~ 8 页。

［49］孙中和：《中国城市化基本内涵与动力机制研究》，载于《财经问题研究》，2001 年第 11 期，第 38 ~ 43 页。

［50］唐莹莹：《中国制造业企业技术创新与市场结构实证研究》，大连理工大学硕士学位论文，2006 年。

［51］田光进、贾淑英：《中国城市职能结构的特征研究》，载于《人文地理》，2004 年第 4 期，第 59 ~ 63 页。

［52］田萍：《全球制造中心的对比分析及其对中国 FDI 政策选择的启示》，对外经济贸易大学硕士学位论文，2006 年。

［53］王博：《中国制造业企业技术发展路径研究》，对外经济贸易大学硕士学位论文，2006 年。

［54］王发曾：《河南城市的整体发展与布局》，河南教育出版社 1994 年版。

［55］王建：《美日区域经济模式的启示与中国“都市圈”发展战略的构想》，载于《战略与管理》，1997 年第 2 期，第 1 ~ 15 页。

［56］王晋：《第三方物流对提升中国汽车制造业企业核心竞争力的有效性研究》，重庆大学硕士学位论文，2006 年。

［57］王俊：《制造业企业核心竞争力培育研究》，载于《商业现代化·商业研究》，2005 年。

［58］王立斌：《沈阳市制造业产业竞争力研究》，东北大学硕士学位论文，2006 年。

［59］王翔：《长江三角洲制造业产业集聚与区域经济一体化的实证研究》，上海师范大学硕士学位论文，2006 年。

［60］王学萌、罗建军：《灰色系统预测决策建模程序集》，科学普及出版社 1986 年版。

［61］王玉晶：《中国制造业产业内贸易现状分析》，吉林大学硕士学位论文，2004 年。

［62］王章辉、孙娴：《工业社会的勃兴》，人民出版社 1995 年版。

［63］温铁军：《中国的城镇化道路与相关制度问题》，载于《开放导报》，2000 年第 5 期，第 21 ~ 23 页。

［64］吴传钧：《中国经济地理》，科学出版社 1998 年版。

［65］吴倩：《环杭州湾区域制造业集群的竞争力研究》，浙江大学硕士学位论文，2004 年。

［66］吴宇：《浅论中国城市化、人口流迁与户籍制度改革》，四川大学硕士学位论文，2003 年。

［67］夏保林、李润田：《产业带动，双向推进：中原地区城镇化的根本道路》，载于《经济地理》，2000 年第 3 期，第 62 ~ 65 页。

[68] 肖志平：《珠江三角洲城市化问题研究》，暨南大学硕士学位论文，2000 年。

[69] 谢清达：《论广西工业化和城市化的协调发展》，广西大学硕士学位论文，2002 年。

[70] 谢文蕙、邓卫：《城市经济学》，清华大学出版社 1996 年版。

[71] 邢利民、孟杰、李继峰：《浅谈加入 WTO 后流域管理体制改革构想》，载于《水利发展研究》，2002 年第 11 期，第 52 ~ 54 页。

[72] 熊宁、曾尊固：《农村城镇化与农业产业化——两种诱致性制度创新和变迁及其协同效应》，载于《城市规划》，1999 年第 3 期，第 16 ~ 20 页。

[73] 徐清照：《论农业产业化与农村城镇化的同步推进》，载于《东岳论丛》，2003 年第 2 期，第 33 ~ 38 页。

[74] 徐晓霞：《河南省城市职能结构的有序推进》，载于《地域研究与开发》，2003 年第 3 期，第 31 ~ 35 页。

[75] 许登峰：《区域制造业动态联盟信息基础结构及其支撑环境的研究》，大连理工大学硕士学位论文，2001 年。

[76] 许学强、薛凤旋、阎小培：《中国乡村——城市转型与协调发展》，科学出版社 1998 年版。

[77] 杨建荣：《论中国崛起世界级大城市的条件与构想》，载于《财经研究》，1995 年第 6 期。

[78] 杨治、杜朝晖：《经济结构的进化与城市化》，载于《中国人民大学学报》，2000 年第 6 期，第 84 ~ 85 页。

[79] 姚士谋、朱英明等：《中国城市群》，中国科技大学出版社 2001 年版。

[80] 叶裕民：《中国城市化滞后的经济根源及对策思路》，载于《中国人民大学学报》，1999 年第 5 期，第 1 ~ 6 页。

[81] 尹鸿汉、韩建军、叶耀方：《对郑州成为大区域中心城市定量分析研究》，载于《郑州航空工业管理学院学报》，2001 年第 1 期，第 27 ~ 35 页。

[82] 尹华川：《区域制造业信息化工程的实施战略研究及实践》，重庆大学硕士学位论文，2004 年。

[83] 于霞：《城市职能结构类型及优化研究——以山东省为例》，山东师范大学硕士学位论文，2002 年。

[84] 袁海：《包含制度因素的中国城市化动力机制的实证分析》，载于《首都经济贸易大学学报》，2004 年第 2 期，第 52 ~ 56 页。

[85] 袁中金：《河南省城镇化的目标、道路和对策》，载于《地域研究与开发》，2001 年第 1 期，第 38 ~ 40 页。

[86] 张京祥等：《论都市圈地域空间的组织》，载于《城市规划》，2001 年第 5 期，第 19 ~ 23 页。

[87] 张静：《走新型的可持续发展的城市化道路》，载于《经济问题探索》，2004 年第 2 期，第 8 ~ 10 页。

[88] 张丽：《论中国城市化的制度创新》，安徽大学硕士学位论文，2004 年。

[89] 张培刚：《新发展经济学》，河南人民出版社 1999 年版。

［90］赵仕海：《吉林省制造业企业竞争力培育研究》，吉林大学硕士学位论文，2006 年。

［91］赵筱青、易琦、谈树成：《昆明城市化进程动力机制及对策研究》，载于《云南大学学报（自然科学版）》，2001 年第 4 期，第 316～320 页。

［92］郑仁峰：《制造业企业产品创新与工艺创新协同发展研究》，哈尔滨理工大学硕士学位论文，2006 年。

［93］钟水映、李晶：《经济结构、城市结构与中国城市化发展》，载于《人口研究》，2002 年第 5 期，第 63～70 页。

［94］钟秀明：《推进城市化的动力机制研究》，载于《山西财经大学学报》，2004 年第 4 期，第 60～62 页。

［95］周克瑜：《“都市圈”建设模式与中国空间经济组织创新》，载于《战略与管理》，2000 年第 2 期，第 11～15 页。

［96］周牧之：《城市圈：中国 21 世纪城市化战略的引擎》，载于《现代城市研究》，2001 年第 2 期，第 3～6 页。

［97］周牧之：《中国需要大城市圈发展战略》，载于《中国城市化：实证分析与对策研究》，厦门大学出版社 2002 年版。

［98］周起业、刘再兴：《区域经济学》，中国人民大学出版社 1989 年版。

［99］周维富：《中国工业化与城市化协调发展论》，中国社会科学院研究生院博士学位论文，2002 年。

［100］周衍鲁：《基于信息化的中国制造业发展对策研究》，山东大学硕士学位论文，2006 年。

［101］周一星：《改革开放 20 年来中国城市化进程》，载于《城市规划》，1999 年第 12 期，第 8～13 页。

［102］周毅：《城市化释义》，载于《理论与现代化》，2004 年第 1 期，第 24～31 页。

［103］朱华友：《转型时期的区域经济发展—中国区域经济与社会发展研讨会综述》，载于《人民日报》，1995 年 9 月 27 日。

［104］朱林兴：《中国社会主义城市经济学》，上海社会科学院出版社 1996 年版。

［105］朱铁臻：《城市化是新世纪中国经济高增长的强大动力》，载于《经济界》，2000 年第 1 期，第 32～36 页。

［106］朱颖：《山东半岛制造业产业集群发展研究》，山东大学硕士学位论文，2006 年。

［107］宗传宏：《大都市带：中国城市化的方向》，载于《城市问题》，2001 年第 3 期，第 8～11 页。

［108］邹农俭：《中国农村城市化研究》，广西人民出版社 1998 年版。

［109］Amara, Nabil and Landry, Réjean. Sources of information as determinants of novelty of innovation in manufacturing firms: evidence from the 1999 statistics Canada innovation survey [J], Technovation, 2005, 25 (3): 245–259.

［110］Andreas Savvides, Marios Zachariadis. International Technology Diffusion and the Growth of TFP in the Manufacturing Sector of Developing Economies [J], Review of Development Economics, 2005, 9 (4): 482–501.

[111] Beaumont, Nicholas, Best Practice in Australian manufacturing sites [J], Technovation, 2005, 25 (11): 1291 - 1297.

[112] Boersma, Kees and Kingma, Sytze, From means to ends: The transformation of ERP in a manufacturing company [J], Journal of Strategic Information Systems, 2005, 14 (2): 197 - 219.

[113] C. Harmse, C. A. Abuka, The Links Between Trade Policy And Total Factor Productivity in South Africa's Manufacturing Secto [J], The South African Journal of Economics, 2005, 73 (3): 389 - 405.

[114] Cao, Qing and Dowlatshahi, Shad, The impact of alignment between virtual enterprise and information technology on business performance in an agile manufacturing environment [J]. Journal of Operations Management, 2005, 23 (5): 531 - 550.

[115] Chandra, Charu, Everson, Mark and Grabis, Janis Evaluation of enterprise-level benefits of manufacturing flexibility [J], Omega, 2005, 33 (1): 17 - 31.

[116] Chia-Hung Sun and Kaliappa P. Kalirajan, Gauging The Sources of Growth of High-Tech and Low-Tech Industries: The Case of Korean Manufacturing, Australian Economic Papers, 2005, 44 (2): 170 - 185.

[117] Claycomb, Cindy, Dröge, Cornelia and Germain, Richard, Applied customer knowledge in a manufacturing environment: Flexibility for industrial firms [J]. Industrial Marketing Management, 2005, 34 (6): 629 - 640.

[118] Cordero, Rene, Walsh, Steven T. and Kirchhoff, Bruce A Motivating performance in innovative manufacturing plants [J]. Journal of High Technology Management Research, 2005, 16 (1): 89 - 99.

[119] D. T. Pham and A. A. Afify, Machine-learning techniques and their applications in manufacturing [J]., Manufacturing Engineering Centre, Cardiff University, Cardiff, UK DOI: 10.1243/095440505X32274, February 2005.

[120] Dangayach, G. S. and Deshmukh, S. G., An exploratory study of manufacturing strategy practices of machinery manufacturing companies in India [J]. Omega, 2006, 34 (3): 254 - 273.

[121] Déirdre Crowe, Louis Brennan, Environmental considerations within manufacturing strategy: an international study, School of Business Studies, Trinity College Dublin, Ireland, 12 May 2005.

[122] Erica L. Plambeck, Terry A. Taylor, Sell the Plant? The Impact of Contract Manufacturing on Innovation, Capacity and Profitability [J]. Management Science, 2005, 51 (1): 133 - 150.

[123] Etienne Musonera, A theoretical model to optimize FDI Inflows: world class manufacturing best practices and spillover effects in value added activities, Wayne State University Date: 2005.

[124] Fotini Voulgaris, Theodore Papadogonas, George Agiomirgianakis, Job Creation and Job Destruction in Greek Manufacturing [J]. Review of Development Economics, 2005, 9 (2): 289 - 301.

[125] Gebauer, Heiko, Fleisch, Elgar and Friedli, Thomas, Overcoming the Service Paradox in Manufacturing Companies [J]. European Management Journal, 2005, 23 (1): 14 – 26.

[126] Gokhan H. Akay, Trade, Wages And The Specific Model With an Empirical Application To African Manufacturing Industry [J]. The Faculty of the Department of Economics, University of Houston, April 2005.

[127] Hofmann, Christian and Orr, Stuart, Advanced manufacturing technology adoption—the German experience [J]. Technovation, 2005, 25 (7): 711 – 724.

[128] Johan Frishammar, Sven Åke Hörte, Managing External Information in Manufacturing Firms: The Impact on Innovation Performance [J]. Journal of Product Innovation Management, 2005, 22 (3): 251 – 266.

[129] Johansen, Kerstin, Comstock, Mica and Winroth, Mats, Coordination in collaborative manufacturing mega-networks: A case study [J]. Journal of Engineering and Technology Management, 2005, 22 (3): 226 – 244.

[130] Jui-Hsiang Chiang, Ming-Lang Tseng, The Impact of Environmental characteristic on Manufacturing Strategy under Cleaner Production Principles Guidance, The Journal of American Academy of Business, Cambridge, 2005, 7 (1).

[131] Karaoz, Murat and Albeni, Mesut, Dynamic technological learning trends in Turkish manufacturing industries [J]. Technological Forecasting & Social Change, 2005, 72 (7): 866 – 885.

[132] Kumar, Nagesh and Aggarwal, Aradhna, Liberalization, outward orientation and in-house R&D activity of multinational and local firms: A quantitative exploration for Indian manufacturing [J]. Research Policy, 2005, 34 (4): 441 – 460.

[133] Labuschagne, Carin and Brent, Alan C., Sustainable Project Life Cycle Management: the need to integrate life cycles in the manufacturing sector [J]. International Journal of Project Management, 2005, 23 (2): 159 – 168.

[134] Lefebvre, Louis-A., Lefebvre, Élisabeth, Elia, Elie and Boeck, Harold, Exploring B-to-B e-commerce adoption trajectories in manufacturing SMEs [J]. Technovation, 2005, 25 (12): 1443 – 1456.

[135] Lonnie James Hudspeth, A Study of Organizational Learning Culture, Strategic Responsiveness and Mass Customization Capabilities of US Manufacturing Enterprises [J]. The University of Toledo UMI Number: 3126107, 2004 (5).

[136] Louis Wirth. Urbanism As a Way of Life. American Journal of Sociology, 44 (1938): 1 – 24.

[137] Mark Wermus, Investment of Resources to Become Competitive: A Survey of Polish Manufacturing Companies [J]. Problems and Perspectives in Management, 2005 (1).

[138] Mellor, Robert and Hyland, Paul W., Manufacturing management programs: are developing economies bridging the strategic gap? [J]. Technovation, 2005, 25 (8): 857 – 863.

[139] Nicholas Crafts, Terence C. Mills, The Growth In British And German Manufacturing [J]. 1950 – 1996, The Economic Journal, 2005, 115 (505): 649 – 670.

[140] O'Regan, Nicholas and Ghobadian, Abby, Strategic planning—a comparison of high and low technology manufacturing small firms [J]. Technovation, 2005, 25 (10): 1107 - 1117.

[141] Paul Osterman, The Wage Effects of High Performance Work Organization in Manufacturing, 2005 (5).

[142] Perunovic, Zoran and Christiansen, Thomas B., Exploring Danish Innovative Manufacturing Performance [J]. Technovation, 2005, 25 (9): 1051 - 1058.

[143] Ray M. Northam. Urban Geography. New York: John Wiley & Sons, 1975.

[144] Raymond Fisman, Suman Ghosh, Dynamics of Firm-Supplier Relationships in a Less Developed Economy: Evidence from African Manufacturing Firms, Department of Economics, College of Business, Florida Atlantic University in its series Working Papers with number 04024.

[145] Robert Brown, Gas Price Chill for US Manufacturing, www.icis.com/publications, 2006 - 1.

[146] Rose-Anderssen, C. Allen, P. M., Tsinopoulos, C. and McCarthy, I., Innovation in Manufacturing as An Evolutionary Complex System [J]. Technovation 2005, 25 (10): 1093 - 1105.

[147] S. M. Lee, R. Harrison, and A. A. West J. A Component-based Control System for Agile Manufacturing [J]., Engineering Manufacture, 2004, 219 (5): 255 - 270.

[148] Shang, Kuo-chung and Marlow, Peter B. Logistics capability and performance in Taiwan's major manufacturing firms [J]. Transportation Research Part E: Logistics and Transportation Review, 2005, 41 (3): 217 - 234.

[149] Somlev, Ilian P. and Hoshino, Yasuo, Influence of location factors on establishment and ownership of foreign investments: The case of the Japanese manufacturing firms in Europe, International Business Review, 2005, 14 (5): 577 - 598.

[150] Su, Yea-Huey, Guo, Ruey-Shan and Chang, Shi-Chung, Virtual fab: An Enabling Framework and Dynamic Manufacturing Service Provision Mechanism [J]. Information & Management, 2005, 42 (2): 329 - 348.

[151] Sun, Hongyi and Wing, Wong Chung Critical success factors for new product development in the Hong Kong toy industry, Technovation [J]. 2005, 25 (3): 293 - 303.

[152] Timothy Dunne, Kenneth Troske, Technology Adoption and the Skill Mix of US Manufacturing Plants, Scottish Journal of Political Economy, 2005, 52 (3): 387.

[153] Vaughan Dickson, Price-cost Margins, Prices and Concentration in US Manufacturing: A Panel Study [J]. Applied Economics Letters, 2005, 12 (2): 79 - 83.

[154] W. Mark Brown, Renewing Canada's Manufacturing Economy: A Regional Comparison, 1973 - 1996, Growth and Change, 2005, 36 (220).

[155] Yang Jie, Knowledge integration and innovation: Securing new product advantage in high technology industry [J]. Journal of High Technology Management Research, 2005, 16 (1): 121 - 135.

[156] Yeung, Godfrey and Mok, Vincent, What are the impacts of implementing ISOs on the competitiveness of manufacturing industry in China? [J]. Journal of World Business, 2005, 40

(2): 139 - 157.

[157] Yuan-Jye Tseng, Yu-Hua Lin, The Grey Relational Evaluation of the Manufacturing Value Chain, Consumer Marketing, 2004, 21 (7): 486 - 496.

[158] Zhang, S. X. B. Zhao. Re-examining China's urban: Concept and the level of urbanization. The China Quarterly, 1984, (154): 330 - 381.

第 2 章

中国特大都市圈与国外著名都市圈

从西方国家的发展经验来看，都市圈的发展初期通常是政府为改善原单一中心大城市人口过于集中、交通拥挤、生态环境恶化、失业人口增加的状况推动产业和人口向大城市周围地区扩散而实现的。这种都市圈的发展，会逐步在地域上形成一个相互关联、相互依赖的城市群落，并随经济发展拓展为庞大的城市化地带，形成独有的集聚优势，从而对国家和地区的经济发展发挥作用。①

无论是从空间地理角度还是经济学角度看，中国的地域集合体认可度最高的特大都市圈是东部地区的长三角、珠三角、京津冀。其他的地域研究在一定范围或者某一时段可能得到一定程度的关注，但只有这三大都市圈已经被政府部门、企业部门和研究部门共同认可。

2.1 中国特大都市圈发展程度分析

长三角都市圈、京津冀都市圈和珠三角都市圈，在制造业迅速发展的同时，都市圈的功能得到了完善和优化，从国际城市群（都市圈）发展经验来看，中国东部已经形成了三个特大都市圈，并正处于由成长期向成熟期转变的发展时

① 李廉水、[美] Roger R. Stough：《都市圈发展—理论演化·国际经验·中国特色》，科学出版社 2006 年版。

期。中国东部三大都市圈的发展实践，对于中国其他都市圈的发展和全球都市圈的建设具有一定的参考价值。

2.1.1 长三角都市圈发展程度分析

长三角都市圈是世界六大都市圈之一，由上海、镇江、扬州、泰州、南通、常州、湖州、苏州、无锡、杭州、南京、温州、嘉兴、绍兴、宁波、台州等16个城市构成，土地面积占全国的1%，人口占全国的5.8%。2007年，长三角都市圈以占全国1%的面积，创造了全国19%的GDP总量、22%的财政收入以及28%的出口总额，并成为中国加入WTO后跨国公司跨国投资新的、重要的热点区域；中国经济实力最强的35个城市，有10个位于长三角都市圈；中国综合实力百强县，该地区也占了一半；中科院发布的《2003年中国可持续发展战略报告》综合排名评价显示，位于长三角的上海、浙江、江苏分别名列第一位、第五位和第六位；这里还聚集着近百个工业产值超过100亿元的产业园区和数千家巨型企业，世界500强有400多家在此落户。所有这些都表明，长三角都市圈已经成为中国经济发展速度最快、经济总量规模最大的区域之一（见表2-1）。[①]

表2-1　　长三角都市圈基本情况

地区	土地面积（平方公里）	人口（万人）	非农业人口比重（%）	专业技术人员（万人）	境内公路里程（公里）
上海市	6 340.5	1 334.23	76	67.73	6 286
南京市	6 597.6	563.28	60	28.15	7 329
苏州市	8 488.4	583.86	39	32.92	5 520
无锡市	4 787.6	438.58	44	26.24	3 682
常州市	4 375.0	343.24	46	22.34	2 359
镇江市	3 847.5	267.13	47	11.59	1 810
南通市	8 001.0	780.26	34	20.80	6 845
扬州市	6 634.0	452.22	29	15.24	3 239
泰州市	5 790.0	504.00	26	14.48	5 209
杭州市	16 596.0	636.81	40	17.37	6 560
宁波市	9 365.0	546.19	30	36.79	5 506
嘉兴市	3 915.0	332.38	26	5.71	1 966
湖州市	5 817.0	257.05	28	3.32	2 801

① 考虑到采集数据的便利性，我们用江苏、浙江、上海两省一市的统计数据代表长三角都市圈的相关数据。

续表

地区	土地面积（平方公里）	人口（万人）	非农业人口比重（%）	专业技术人员（万人）	境内公路里程（公里）
绍兴市	8 256.0	433.59	21	6.92	4 087
舟山市	1 440.1	97.76	33	1.88	949
台州市	9 411.0	550.46	17	7.24	4 019
合计	109 661.7	8 121.04	44	318.72	68 167

* 专业技术人员：指从事专业技术工作和专业技术管理工作的人员，即企事业单位中已经聘任专业技术职务从事专业技术工作和专业技术管理工作的人员，以及未聘任专业技术职务，现在专业技术岗位上工作的人员，主要用来反映科技人力资源情况。

资料来源：《珠三角与长三角及港澳特别行政区统计年鉴（2003）》。

（1）长三角都市圈经济状况分析

为了客观地研究长三角都市圈的发展现状，我们运用人均 GDP、三次产业产出比重、三次产业就业比重、霍夫曼系数及工业内部结构等指标进行分析。

★ 人均 GDP 水平

著名经济学家 H. 钱纳里，把经济增长理解为经济结构的全面转变，认为工业化是经济重心由初级产品生产阶段（即农业经济阶段）向制造业阶段转移的过程。伴随着经济的发展，人均 GDP 水平将不断提高，经济发展阶段相应地由初级产品生产阶段向工业化阶段和发达经济阶段推进。钱纳里按照人均 GDP 水平把工业化分为三个阶段、六个时期（见表 2 – 2）。

表 2 – 2　　钱纳里人均经济总量与经济发展阶段的关系

经济发展阶段		人均 GDP（1970 年美元）	人均 GDP（1980 年美元）	人均 GDP（1990 年美元）
初级产品生产阶段（时期）		140 ~ 280	300 ~ 600	530 ~ 1 200
工业化的实现和经济高速增长阶段	工业化初级时期	280 ~ 560	600 ~ 1 200	1 200 ~ 2 400
	工业化中级时期	560 ~ 1 120	1 200 ~ 2 400	2 400 ~ 4 800
	工业化高级时期	1 120 ~ 2 100	2 400 ~ 4 500	4 800 ~ 9 000
工业化后的稳定增长阶段	发达经济初级时期	2 100 ~ 3 360	4 500 ~ 7 200	9 000 ~ 16 600
	发达经济高级时期	3 360 ~ 5 040	7 200 ~ 10 800	16 600 ~ 25 000

2007 年，长三角都市圈的人均 GDP 超过 4 000 美元（其中苏南地区超过 7 000 美元，杭州等地甚至超过 8 000 美元），按照钱纳里的标准，长三角总体上处于工业化中期阶段，若用世界银行的标准（表 2 – 3）来衡量，长三角人均 GDP 已接近于 20 世纪 90 年代中后期的中等收入国家的平均水平。

表 2-3　世界银行不同收入水平（人均 GDP）国家划分标准（当年价，美元）

国家类型 \ 年份	1980	1990	1995	1996	1997	1998	1999
低收入国家	290	370	450	500	540	520	—
下中等收入国家	—	1 870	1 710	1 790	1 870	1 740	1 200
中等收入国家	1 910	2 260	2 820	3 030	3 180	2 990	1 980
上中等收入国家	2 590	3 020	4 520	4 920	5 170	4 870	4 870
高收入国家	10 540	20 190	25 720	26 910	26 850	25 480	26 440

★ **产业结构构成**

在赛尔奎因、钱纳里模式下 GDP、劳动力的三次产业构成如表 2-4 所示：

表 2-4　赛尔奎因、钱纳里模式下 GDP、劳动力的三次产业构成

人均 GDP	GDP 产业构成（%）			劳动力产业构成（%）		
（1980 年美元）	第一产业	第二产业	第三产业	第一产业	第二产业	第三产业
<300	48	21	31	81	7	12
300	39.4	28.2	32.4	74.9	9.2	15.9
500	31.7	33.4	34.9	65.1	13.2	21.7
1 000	22.8	39.2	37.8	51.7	19.2	29.1
2 000	15.4	43.4	41.2	38.1	25.6	36.3
4 000	9.7	45.6	44.7	24.2	32.6	43.2

从产业结构看，2007 年，长三角都市圈国内生产总值中一、二、三次产业产值的比重分别为 3.4%、54.4% 和 42.2%，长三角都市圈已经处于工业化的第五至第六阶段，也即处于工业化高级阶段。

从三次产业的就业构成看，2007 年长三角地区劳动力的一、二、三产业的比重分别为 29.8%、36.1% 和 34.1%。农业的就业比重低于第五阶段但高于第六阶段，服务业的就业比重低于第五阶段，但高于第四阶段，工业的就业比重高于第六阶段。因此，在就业结构方面，长三角总体上处于第五阶段，即工业化中高级阶段。

★ **霍夫曼系数**

德国著名学者霍夫曼认为，如果某国（或地区）重工业的比重达到全部工业产出的一半，则该国（或地区）进入工业化中期阶段，而达到三分之二以上，则该国（或地区）的工业化就算基本完成了。若用重工业与轻工业的比值来看，如果等于“1”则表示工业化中期阶段，等于“2”表示完成工业化，这就是著

名的霍夫曼系数。

2006 年长三角地区重工业和轻工业的工业总产值分别为：25 071 亿元和16 173 亿元，霍夫曼系数为 1.6，说明长三角地区处于工业化中后期阶段。

★ **工业内部结构**

根据工业内部结构，也可把工业化分为四个阶段：（1）以工业消费品为主的轻工业发展阶段。（2）以原材料工业为主的重工业发展阶段。（3）以高加工度为主的发展阶段。（4）技术集约化发展阶段。长三角目前大约处在由第二阶段向第三阶段转变过程中。

根据以上四个标准，并结合长三角内部的发展实际和地区差距来看，我们认为目前长三角总体上正在由工业化中期向后期过渡的阶段，其中某些地区，如苏北、浙西等仍处于工业化中期阶段，而苏南、上海、浙北等地区则已进入工业化后期阶段。

（2）长三角都市圈发展功能定位

合理、准确定位是一个地区始终保持正确发展方向、建立和增强地区竞争优势的前提。通过分析地区竞争优势，可以准确把握该地区的未来发展方向和发展潜力，从而对该地区进行合理、准确定位。

★ **发展优势分析**

长三角都市圈在中国乃至世界经济中占有非常重要的地位，它的发展具有多方面的发展优势。

区位条件得天独厚。长江三角洲地区位于中国东海岸线的中点，扼长江入东海的海口，临江濒海，并处于世界环球航线的附近。长三角大陆海岸线长近千公里，长江优良岸线 600 公里，由上海港、宁波港、舟山港、乍浦港、南京港、镇江港、张家港、江阴港、南通港等组成了中国最大的沿海沿江港口群，港口吞吐量占中国的 70%，其中上海港就占 35%，同世界 160 多个国家和地区以及 300 多个港口有着经济贸易的联系，是中国对外联系的重要门户。同时，通过长江水运大动脉，可以沟通面积 180 万公里，人口 3.5 亿，粮、棉、工业产量占中国 1/2 的长江流域，具有极为广阔发达的腹地和市场。集“黄金海岸”和“黄金水道”于一身的区位优势，使长江三角洲地区同沿海其他地区相比，具有面向国内外两大市场的有利区位，蕴藏着极大的发展潜力。

经济基础雄厚。1978 年改革开放以来，长三角已经逐步发展成为中国经济、文化、科技最发达的地区之一，在国民经济中具有举足轻重的地位，素有“金三角”之称。各城市依托上海已形成了经济实力强、社会发展水平高的城市群体，区内城市工业技术基础雄厚，产业门类配套齐全，资源加工能力强，人口密度、技术水平、管理水平和综合经济效率均处于中国领先地位，且大多数城市具有一定的主导产业和优势产品。其中汽车、钢铁、石化、信息等一系列产品以及提供的金融、保险、商贸、航运、电信等服务在中国都占有重要地位。

高新技术产业具有一定规模。长三角都市圈高新技术产业依托高新技术产业开发区、经济技术开发区已经形成了一定的产业规模。现有8个国家级高新技术产业开发区，分别分布在上海、南京、杭州、苏州、无锡和常州，包括信息技术、新材料、生物医药等高新技术领域。同时，高新技术产业的国际化程度也不断提高，苏州、上海和无锡高新区成为全国首批高新技术产品的出口基地。空间分布形成以上海为中心，南京和杭州为区域性中心，二级城市为节点，以沪宁杭和沪杭甬沿线高新技术产业带为主轴，向长江岸线和杭州湾扩展的高新技术产业集聚区（见表2-5）。

表2-5　　　　长三角国家级高新区主要产业和产品

高新区	主要高新技术产业	主要产品
清河泾新兴技术开发区	信息产业、新材料、现代生物医药	通信产品、光纤、医药
张江高科技园区	生物医药、微电子、信息产业	医药、软件、电子元器件
金桥现代科技园	轿车、微电子、通信设备、精细化工	轿车、电子与通信产品等
南京高新区	电子信息、生物工程与医药、新材料	电子与微电子产品、医药
杭州高新区	通信、计算机软件、机电一体化、新材料、生物医药	通信产品、电子信息
苏州高新区	电子信息、精密机械、精细化工	电子信息、生物医药
无锡高新区	电子信息、精密机械、机电一体化、精细化工	电子信息、机电产品
常州高新区	电子、工程机械、生物医药、精细化工	电子产品、机械、医药

资料来源：转引自崔大树：《长江三角洲地区高新技术产业一体化发展研究》，载于《中国工业经济》，2003年第3期。

交通通讯设施发达。长三角都市圈拥有水路、铁路、公路、航空、管道等现代化运输方式，已经形成了以上海为枢纽，南京、杭州为次级枢纽，以铁路运输和江河运输为主干道的区域综合交通运输网络。目前已建成的宁汉光纤电缆、宁沪杭微波干线，为地区之间开展横向联合、实施经济一体化提供了有力保障。发达的交通网络，使长三角成为国内外资金流、人才流、商品流、信息流、技术流的交汇之地，成为跨国公司和国内著名企业理想的投资场所，成为推进长三角都市圈崛起的巨大动力。

制度创新领先全国。制度决定着一种经济的激励结构、决策结构、信息结构及其运行方式，有效的制度安排，可以起到鼓励和促进资源开发、资本积累和技术创新的功效。长三角都市圈突飞猛进的发展得益于强大的制度创新能力。沪、苏、浙在体制创新方面各具特色和优势，三者的互补式互动推动着长江三角洲、长江流域乃至整个中国体制创新的进程。无论是经济体制、金融体制、粮食流通体制、投融资体制，还是财政税收制度、住房制度、医疗制度等改革，长三角一直走在中国前列，通过追求先发效应使区域经济发展的活力大大增强。

区域互动发展能力强。长三角都市圈各城市间相互联系非常紧密，互动发展能力很强。长三角区域内经济关系已经形成互补和相互依赖性需求；上海对周边城市的吸引力和拉动力增大；体制创新有摆脱行政区划和自然条件限制而相互交融的倾向；城市与城市郊区，包括远郊区县正在出现新型的整合关系；区域内交通的改善和新型交通体系的出现，对能源供给配置、生产生活设施配套、环境治理等产生了一体化要求，产生了广泛的区域协调需求。

对外开放程度高。长三角都市圈对外开放由来已久。该地区是中国近代民族工业的发源地，对外经济联系历史悠久，客商、华侨遍布世界各地，同世界上160多个国家和地区保持着密切的经济贸易联系，同时还承担着国内市场大部分工业品和日用消费品的供应任务，是中国最大的商业贸易区和重要的出口创汇基地。改革开放以来，尤其是上海浦东新区开发开放以来，市场经济更加活跃，在吸引外资、引进技术、扩大出口及对外经济联系和合作方面取得了巨大成就。港口众多，海陆空交通运输方便，全方位对外开放，长三角具有其他地区无可比拟的对外开放优势。

特色产业集群共生。专业市场的不断发展，扩大了产业的经营规模，带动了相关产业的发展，围绕市场发展了一大批专业村、工业村等产业群落和企业群落。这种以一个产业或产品在某个县或乡镇地域单元大规模集中的现象被称为“群落型经济”，群落型经济不仅为面广量大的中小企业找到了一种有效的地域组织形式，形成了区域性规模经济优势，而且通过相互合作和分工，获取了一系列如生产、信息集散、市场营销及各种辅助性服务等方面的规模经济效益。市场群落与企业群落之间的相依相伴、相辅相成的内在共生关系，为长三角都市圈的发展提供了坚实的经济基础。

★ **发展功能定位**

通过上述对长三角都市圈发展优势的分析，我们认为该地区的发展应该定位为自主创新能力突出的世界制造业基地。长三角都市圈要在今后保持和提高其在中国和世界经济发展中的地位，就必须建成具有自主创新能力的世界制造业基地。之所以这样定位，有如下原因：（1）发达的制造业基础为制造业基地的形成做好了准备。长三角都市圈是中国最大的加工制造业基地，纺织、服装、机械、电子、钢铁、汽车、石化等多类制造业在中国都占有重要地位，其中许多行业还处于领先地位。雄厚的制造业基础为世界制造业基地的形成提供了保障。（2）高新技术产业是自主创新基地形成和发展的主要推动力。党的十六届五中全会审议通过的“十一五”规划建议提出“必须提高自主创新能力”，“把增强自主创新能力作为科学技术发展的战略基点和调整产业结构、转变增长方式的中心环节”。推进自主创新能力建设已作为一项国家战略，摆在更加突出的位置上。高新技术产业是创新活动最为频繁的产业，也是中国保持和增强国际竞争力的至关重要的产业，因此提高高新技术产业的自主创新能力就显得尤为重要。长三角都市圈拥有八大国家级高新技术产业开发区，在信息技术、新材料、生物医药等高新技术领域都形成了一定的产业规模，而且其自主创新能力在中国也处于领先水平，因此，长三角都市圈应该重点发展自主创新为主的制造业基地。（3）多项地区竞争优势为打造自主创新能力突出的世界制造业基地奠定了坚实的基础。得天独厚的区位条件、雄厚的经济基础、丰富的人才资源、发达的交通通讯设施、突出的区域互动发展能力、高度的对外开放和集群共生的特色产业等诸多优势都为制造业自主创新基地的打造奠定了坚实的基础。

★ **发展思路定位**

长三角都市圈要建成具有自主创新能力的世界制造业基地，加速工业化进程，形成与世界级城市相匹配的实力型新型工业体系，应该遵循如下发展思路：（1）坚持走科技创新支撑和引领发展的道路，坚持推进原始创新、模仿创新和引进消化创新，积极发展高新技术产业，加快发展电子信息、汽车、石油化工与精细化工、精品钢材、电站设备及大型机电产品、生物医药等六大支柱工业，调整发展服装服饰、食品加工等都市型产业，利用高新技术改造传统产业，尽快形成支柱产业、基础产业、新兴产业和都市型产业协调发展的新型产业体系，最终使长三角都市圈成为全国制造业五大运行中心，即：科研开发运行中心、品牌运营中心、行业活动中心、资本运作中心和外资进入全国的中转中心。（2）建设拥有自我创新能力、自主知识产权、独立品牌和销售渠道的全球化的制造业基地：在高新技术产业发展方面，可以依托目前初步形成的沪苏宁信息产业走廊，加强研究与开发力度，大力发展电子信息、生物工程、新材料、海洋产业等高新技术产业，逐步建成以上海为核心的沪宁杭高新技术产业带；在制造业发展方面，可以依托现有制造业基础，强化产业升级，大力发展产业链经济，完善产业配套体系，提升制造业国际竞争能力，从而把长江三角洲地区建设成为全国乃至世界重要的先进制造业基地。（3）突出抓好品牌建设，开发自己的产品和品牌，形成一批在世界上有影响的独立品牌。要加大研究与开发投入，增加科技含量，培育自己的研发体系，掌握和发展核心技术，增强企业的核心能力，使制造业发展逐步建立在依靠科技创新的基础上，尤其是在信息产业领域，应当将产业链向上游延伸，掌握原发性技术，开发相关高新技术产业，并用信息技术改造传统产业，逐步实现产业的高级化。

（3）长三角都市圈制造业分析

长江三角洲都市圈是全国最大的加工制造业基地。长三角都市圈工业门类齐全，轻重工业发达，其纺织、服装、机械、电子、钢铁、汽车、石化等制造业在全国占有重要地位。2006 年，长三角制造业总产值为 83 884.5 亿元，占中国制造业总产值的 26.50%，制造业总产值占该经济区工业总产值的比重达 94.13%，在各都市圈中制造业总量和比重都排名第一。目前，长江三角洲地区已经形成了一批全国重要的制造业基地（见表 2－6）。

2001 年，长江三角洲地区制造业专业化系数大于 1 的专业化部门共有 14 个，实现产值占全部制造业的 56.79%。专业化系数大于 1 的产品主要有化学纤维、纱、布、丝、机制纸板、房间空调器、家用洗衣机、成品钢材、塑料、金属切削机床、轿车、大中型拖拉机、集成电路等（见表 2－7）。

表 2－6　　2001 年长三角制造业优势比较

地区	专业化部门	说明
长江三角洲地区	化学纤维（1.73）、服装（1.60）、纺织（1.57）、普通机械（1.55）、文教体育用品（1.46）、金属制品（1.21）、电气机械及器材（1.19）、塑料制品（1.16）、仪器仪表（1.15）、专用设备（1.14）、木材加工（1.14）、皮革（1.14）、化学原料及化学制品（1.06）、其他制造业（1.06）	14 个专业化部门，产值占全国制造业的 56.79%，专业化系数平均为 1.30

注：括号中的数字为专业化系数。它是某地区某部门产值占全国同行业的比重与该地区制造业产值占全国制造业的比重之比。

资料来源：转引自魏后凯：《长江三角洲地区制造业竞争力提升战略》，载于《上海经济研究》，2003 年第 4 期。

表 2－7　2001 年长江三角洲地区主要优势产业产品（专业化系数大于 1）

主要产品	全国	长江三角洲地区	占全国比重（%）	专业化系数（Ⅰ）	专业化系数（Ⅱ）
化学纤维（万吨）	841.38	494.92	58.8	2.96	1.95
纱（万吨）	760.68	228.64	30.1	1.51	1.00
布（亿米）	290.00	104.32	36.0	1.81	1.19
丝（万吨）	8.73	5.39	61.7	3.10	2.04
机制纸及纸板（万吨）	3 777.07	888.86	23.5	1.18	0.78
房间空调器（万台）	2 333.64	658.66	28.2	1.42	0.93
家用洗衣机（万台）	1 341.61	536.93	40.0	2.01	1.32
成品钢材（万吨）	16 067.61	3 916.32	24.4	1.22	0.81
塑料（万吨）	1 288.7	339.71	26.4	1.32	0.87

续表

主要产品	全国	长江三角洲地区	占全国比重（%）	专业化系数（Ⅰ）	专业化系数（Ⅱ）
金属切削机床（万台）	25.58	14.12	55.2	2.77	1.83
轿车（万辆）	70.36	28.88	41.0	2.06	1.36
大中型拖拉机（万台）	3.82	1.57	41.1	2.07	1.36
集成电路（万块）	636 288	393 070.30	61.8	3.10	2.04

注：专业化系数（Ⅰ）按长江三角洲地区GDP占全国各地区总和的比重计算；专业化系数（Ⅱ）按长江三角洲地区制造业产值占全国制造业的比重计算。

资料来源：国家统计局主编《中国统计年鉴（2002）》，转引自魏后凯《长江三角洲地区制造业竞争力提升战略》。

市场占有率是衡量制造业竞争优势的重要指标。2002年长三角地区有10个行业市场占有率超过35%，包括化学纤维、纺织、服装、普通机械、文教体育用品、皮革、金属制品、塑料制品、木材加工、电气机械，其中化学纤维市场占有率高达57.29%，纺织和服装也超过50%。这些行业的市场占有率均远高于地区制造业平均水平，说明它们具有比较明显的竞争优势。从产品市场占有率看，目前长江三角洲地区有许多制造业产品在全国拥有较高的市场占有率。以“后起之秀”浙江省为例，在2001年全国532种主要工业品产品排序中，浙江省336种产品产量居全国前10名，其中有263种产品的产量位居前3位，有56种产品产量居全国第1位，有53种产品产量居全国第2位，有13种产品产量超过全国总产量的一半以上。江苏省常州市共有100多个产品在全国市场的占有率超过10%，其中影碟机、小型柴油机、城市客车、挖掘机等产品市场占有率居全国首位，见表2-8。

表2-8　　长三角制造业份额与市场占有率

	销售收入（亿元）		市场份额（%）			
	全国	长江三角洲	长江三角洲	上海市	江苏省	浙江省
食品加工业	4 438.22	724.31	16.32	2.03	9.75	4.54
食品制造业	1 807.26	359.49	19.89	8.30	6.83	4.78
饮料制造业	1 856.01	395.23	21.30	4.00	8.19	9.11
烟草加工业	1 992.83	353.94	17.76	7.30	5.09	6.37
纺织业	5 991.54	3 026.98	50.52	1.34	24.12	21.76
服装及其他纤维制品制造	2 687.62	1 354.09	50.40	9.05	20.08	21.27
皮革毛皮羽绒及其制品业	1 644.24	653.33	39.73	3.77	9.80	26.16

续表

	销售收入（亿元）		市场份额（%）			
	全国	长江三角洲	长江三角洲	上海市	江苏省	浙江省
木材加工及竹藤棕草制品业	753.95	274.23	36.37	9.27	16.07	11.03
家具制造业	481.27	127.08	26.41	7.28	7.42	11.71
造纸及纸制品业	1 939.63	573.09	29.56	3.93	13.28	12.34
印刷业记录媒介的复制	751.39	202.76	26.39	9.80	7.41	3.78
文教体育用品制造业	725.15	332.85	45.80	13.71	16.30	15.89
石油加工及炼焦业	4 802.88	805.29	18.02	7.93	4.91	5.18
化学原料及制品制造业	6 905.99	2 384.73	34.53	7.22	19.23	8.08
医药制造业	2 220.53	591.48	26.64	7.17	10.64	8.82
化学纤维制造业	1 067.12	611.32	27.89	5.01	30.44	21.83
橡胶制品业	950.12	250.73	26.39	7.06	10.85	8.47
塑料制品业	2 302.80	834.45	37.10	8.26	14.48	14.36
非金属矿物制品业	4 136.80	929.81	22.48	4.19	11.20	7.08
黑色金属冶炼及压延加工业	6 432.36	1 543.90	24.00	9.66	11.92	2.52
有色金属冶炼及压延加工业	2 498.65	557.68	22.32	4.00	10.42	7.90
金属制品业	3 103.71	1 202.93	38.76	10.04	16.14	12.58
普通机械制造业	3 954.81	1 932.48	48.86	11.48	22.68	14.70
专用设备制造业	2 597.30	892.90	34.38	7.74	16.24	10.40
交通运输设备制造业	7 978.34	2 319.48	29.07	14.02	8.92	6.13
电气机械及器材制造业	5 691.44	2 061.43	36.22	8.35	14.82	13.06
电子及通信设备制造业	10 808.47	2 976.44	27.54	10.79	12.75	4.00
仪器仪表文化办公用机械	1 065.42	360.93	33.88	11.54	12.97	9.37
制造业（未包括其他制造业）	91 586.02	28 713.98	31.35	8.15	13.65	9.54

资料来源：中经网行业月报。转引自魏后凯《长江三角洲地区制造业竞争力提升战略》。

2006年，长三角共有制造业企业94 991个，占中国制造业企业总数的33.68%，在各都市圈经济区中制造业企业数最多。制造业企业利润总额为40 443 500万元，占中国制造业企业利润总额的32.37%，在岗职工人均利润率为5.75万元/人。制造业共有在岗职工6 974 600人，占地方在岗职工总人数15 006 800的46.5%。制造业企业创造利税总额66 548 600万元，占全国利税总额的33.68%，制造业在岗职工人均利税率9.58万元/人，制造业销售收入为82 557.11亿元，占全国制造业销售总额的30.71%。

长三角都市圈制造业的未来发展需要做好如下几方面工作：

一是实现区域制造业的整合协调发展。区域制造业只有实现一体化才能具有强大的核心竞争力。长三角地区的不同城市应该按照合理分工、优势互补、错位发展、利益均沾的原则，强化各城市之间的分工协作，实现市场相通、体制相融、资源共享、交通共连、人才互通、产业互补，是提升长江三角洲地区整体竞争力的有效途径。具体来说，上海应强化国际大都市的综合功能，重点建设国际经济、金融、贸易和航运中心，加快发展信息、金融、房地产、现代物流、会展等现代服务业，强化高新技术产业和装备制造业；江苏的电子、纺织、化工和冶金等支柱产业优势明显，今后要重点打造沿江重化工业产业带，并重点发展电子信息、生物医药、新材料等高新技术产业和先进制造业；浙江制造业的最大优势在于日用消费品的加工制造，今后应在对传统轻型加工制造业进行高新技术改造的基础上，不断强化这一优势，同时在与上海等科研机构合作的基础上，加快先进制造业基地建设。

二是促进高新技术产业合理布局。长三角都市圈的高新技术产业虽然已经具备一定的规模，但是从产业布局上看，仍然需要进一步优化。我们的建议是：以上海、南京和杭州为“Z”型结构的核心，苏州、无锡、常州、宁波为节点，形成由沪－宁－杭三角和沪－杭－甬三角组成的多网络复合型空间布局，以增强空间结构的整体性，促进中心城市与二级城市的联动发展和参与不同层面的合作，构成以中心城市、区域性中心城市、二级城市、高新技术开发区为主体的一体化体系。具体来讲，上海定位为中国的创新基地和信息化基地；南京和杭州分别定位为“Z”型结构南北两翼的区域性中心城市。上海与南京、杭州应形成以水平分工为主的高新技术产业体系，即高新技术产业在城市之间的产品差别化，以发展水平相近的区域分工为主，从而避免行业趋同导致恶性竞争。

三是构建区域创新网络。长江三角洲地区各级各类高新区、开发区、科技园区众多，但布局分散，没有形成合力，因而缺乏集合创新能力。这种分散的布局分解了科技和教育力量，不利于区域创新网络的形成。针对这种情况，应整合园区布局，形成合理的集中发展态势，以发挥集聚效应。把杭州市高教园区和高新产业区的建设结合起来，充分考虑两者之间的内在联系，培育一个具备强大区域竞争力的高新技术与先进制造业基地。无锡市也可以把高新技术开发区和无锡新加坡工业园合并，与上海、南京等城市的科研、开发系统联动发展，建设以高新技术产业为主导的先进制造业基地；宁波市把大榭岛开发区、宁波经济技术开发区、宁波市科技园区结合为一体，构建以高新技术产业为主的发展基地。在整合后的开发区内，积极培育具有先导性的高新技术产业，自主研发和国际引进相结合，加快电子信息、生物工程等高新技术产业的协同发展，以较低的成本建立起与世界水平接近的高新技术产业体系，并推进技术创新与制度创新。

四是增强科研创新能力。长三角都市圈应充分利用区域内较为雄厚的科研实力和人才优势，共建高技术研发基地和生产基地，形成研究与开发的网络，协同攻关关键性的科研项目，建立区域自主创新体系。构建长三角地区各城市间互补的人才流通体系和人才市场，对人才的吸引、培养、激励和使用制定统一政策，合理规范人才的流动。开展联合办学，培养充足的科技人才和高素质的劳动力队伍。通过改善科研的政策环境、服务设施，并有针对性地选择某些高科技领域，培育长江三角洲地区的高科技专业化研究优势。通过与跨国公司在高科技领域的技术研发合作，培育长三角地区企业的核心技术。广泛开展产学研一体化的区域合作，构建长三角的产学研和科技开发联合体，共享技术创新优势和技术成果转让，加速科技成果向生产力的转化，真正建立起区域的产业竞争新优势。

五是实现可持续发展。实现可持续发展是当代人义不容辞的责任。在长三角都市圈的建设发展过程中，应该始终把实现可持续发展作为首要原则，应开展长三角地区环境与生态规划工作，加强本地区水资源和生态环境保护，集约利用有限资源，建立可持续发展的资源环境支撑体系，其中包括建立以节地和节水为中心的资源节约型农业生产体系，建立以减量化、再使用、再循环为原则，重效益、节能、节材、产业生态化为中心的工业生产体系，建立以节约运力为中心的综合运输体系，建立节约资本和资源的技术经济体系。建立长三角环境保护机制，多渠道筹集环保资金，逐步保证环保投入占 GDP 的比重到达 3%，并制定鼓励发展环保产业的相关政策，实施环境治理与保护的区域联动。

(4) 长三角都市圈服务业现状分析

长三角都市圈制造业发展的同时，服务业也迅速发展，服务业增加值、服务业就业人数和服务业基本建设投资等都有较大幅度的提高，服务业内部结构在调整中不断优化，在发展中不断提高。

从服务业增加值看，2006 年长三角 16 城市服务业占 GDP 比重达 41.3%；2007 年长三角地区 16 城市全年实现服务业增加值 1.97 万亿元，占 GDP 的比重达 42.2%。第二产业占 54.4%。2008 年一季度，虽然长三角经济增速出现回落，但服务业增加值超过 5 000 亿元，达到 5 063.47 亿元，同比增长 13.7%，占 GDP 的比重达 43%。

从就业比重看，2003 年，长三角都市圈服务业吸纳就业人口 2 434 万人，增长 6.6%，占长三角全部就业人员 7 343.7 万人的 34.0%，比 2002 年就业比重增加 1 个百分点，分别比全国的 29.3%、京津冀都市圈的 31.4% 高出 4.7 和 2.6 个百分点，但比珠三角都市圈的 34.2% 低 0.2 个百分点，与工业化国家相比就更低了。对于工业化国家来说，服务业吸纳就业的比重多年来一直在持续稳定上升，到 20 世纪 90 年代末已基本占到本国就业总人数的 3/4 左右（意大利除外），美国更是超过了 80%。服务业已成为西方发达国家就业人数最多的产业部门，它对于减少失业、保持社会稳定起到了积极的作用。但在全国，服务业在吸纳就业方面的潜力还有待进一步挖掘。

从服务业内部行业结构看，2003 年，占服务业比重最大的前 5 个行业分别依次为批发零售贸易及餐饮业、交通运输仓储及邮电通信业、金融保险业、房地产业及社会服务业，这 5 个行业的增加值占长三角整个服务业增加值的 79.09%；排在最后的三个行业为农林牧渔服务业、地质勘查业水利管理业和其他行业，它们占服务业增加值的比重都不到 1%，见表 2-9。

从地区结构看，2003 年江苏服务业增加值占长三角都市圈服务业增加值的比重达到 40.34%，浙江、上海分别为 32.91% 和 26.76%。在增长速度方面，浙江服务业增长最快，2003 年比 2002 年增长了 19.42%，江苏和上海分别为 15.29% 和 9.93%，整个长三角地区服务业增速为 15.10%。另外，从两省一市服务业的内部结构看，上海排在前 5 位的行业依次是：批发零售贸易及餐饮业、金融保险业、房地产业、交通运输仓储及邮电通信业和社会服务业，江苏前 5 位行业依次是：批发零售贸易及餐饮业、交通运输仓储及邮电通信业、房地产业、金融保险业和社会服务业，浙江前 5 位依次是批发零售贸易及餐饮业、交通运输仓储及邮电通信业、金融保险业、社会服务业和教育、文化艺术及广播电影电视业。虽然它们排在前几位的行业都差不多，但考察一下它们各自所占的比重就可以发现三地的产业结构还是存在着梯度差异的：上海新兴服务业所占比重相对较高，比如金融保险业、房地产业比重相当大，而江苏、浙江的传统服务业仍占重要地位，这也意味着，两省一市在服务业领域存在较大的合作空间。从服务业职工人数的部门构成看，2003 年，长三角服务业职工人数为 648 万人，占所有职工人数 1 231.6 万人的 52.62%，其中上海服务业职工人数为 153.6 万人，占各行业职工人数 279.2 万人的 55.01%，在两省一市中服务业职工人数最多；江苏服务业职工人数 291.3 万人，占各行业职工总数 579.1 万人的 50.3%，在三地比重最低；浙江服务业职工 202.6 万人，占各行业职工总数 373.2 万人的 54.29%，见表 2-10。

表 2-9　　长三角都市圈服务业内部行业结构及地区结构

区域	上海			江苏			浙江			长三角		
行业	增加值（亿元）	比重（%）	比上年（%）	增加值（亿元）	比重（%）	比上年（%）	增加值（亿元）	比重（%）	比上年（%）	增加值（亿元）	比重（%）	比上年（%）
农林牧渔服务业	2.34	0.08	-44.29	56.1	1.23	25.14	8.88	0.23	19.35	67.32	0.59	19.21
地质勘查业水利管理业	10.85	0.36	1.40	33.29	0.73	14.24	13.16	0.35	32.39	57.30	0.51	15.11
交通运输仓储及邮电通信业	420.53	13.88	9.85	821.48	17.99	14.45	700.88	18.81	16.43	1 942.89	17.16	14.11
批发零售贸易及餐饮业	649.11	21.43	7.77	1 204.61	26.37	12.92	1 159.25	31.11	11.98	3 012.97	26.61	11.41
金融、保险业	624.74	20.62	6.85	537.77	11.77	10.30	416.97	11.19	28.99	1 579.48	13.95	13.18
房地产业	463.93	15.31	24.17	549.5	12.03	20.36	238.5	6.40	27.66	1 251.93	11.06	23.10
社会服务业	345.46	11.40	5.05	424.97	9.30	20.21	396.49	10.64	20.00	1 166.92	10.31	15.22
卫生体育和社会福利业	103.44	3.41	16.28	156.97	3.43	28.50	167.64	4.50	24.90	428.05	3.780	23.95
教育、文化艺术及广播电影电视业	215.95	7.13	9.90	354.1	7.75	18.52	311.08	8.35	25.70	881.13	7.78	18.63
科学研究和综合技术服务事业	85.5	2.82	7.63	58.79	1.29	40.78	35.27	0.95	27.19	179.56	1.59	20.57
国家机关、政党机关和社会团体	91.41	3.02	2.75	315.49	6.91	5.50	244.62	6.57	28.70	651.52	5.75	12.71
其他行业	16.19	0.53	9.10	54.3	1.19	24.03	33.26	0.89	31.15	103.75	0.92	23.54
服务业	3 029.45	100	9.93	4 567.37	100	15.29	3 726.00	100	19.42	11 322.82	100	15.10

资料来源：根据国家统计局主编《中国统计年鉴（2003）》、《中国统计年鉴（2004）》。

表 2-10　　**长三角都市圈服务业各行业职工人数及比重**

地区	上海		江苏		浙江		长三角	
	人数（万人）	比重（%）	人数（万人）	比重（%）	人数（万人）	比重（%）	人数（万人）	比重（%）
合计	153.6	55.01	291.3	50.30	202.6	54.29	648	52.62
交通运输、仓储和邮政业	29.2	10.46	33.1	5.72	18.7	5.02	81	6.58
信息传输、计算机服务和软件业	3.1	1.11	5.1	0.88	4.2	113	12.4	1.01
批发和零售业	17.5	6.27	36.1	6.23	19.5	5.22	73.1	5.94
住宿和餐饮业	5.4	1.93	7.1	1.23	8.4	2.25	20.9	1.70
金融业	11.7	4.19	15.9	2.75	14.7	3.94	42.3	3.43
房地产业	5	1.79	6	1.04	4.6	1.23	15.6	1.27
租赁和商务服务业	10.3	3.69	7.4	1.28	9.7	2.60	27.5	2.23
科学研究、技术服务和地质勘查业	9.1	3.26	7.8	1.35	6.4	1.71	23.3	1.89
水利、环境和公共设施管理业	4.7	1.68	10	1.73	4.9	1.31	19.7	1.60
居民服务和其他服务业	2.9	1.04	1.7	0.29	0.8	0.21	5.4	0.43
教育	22.9	8.21	78.6	13.57	47.8	12.81	149.4	12.13
卫生、社会保障和社会福利业	12.9	4.62	27.5	4.75	21.6	5.79	62.3	5.06
文化、体育和娱乐业	3.9	1.40	5.2	0.90	4.3	1.15	13.3	1.08
公共管理和社会组织	15	5.37	49.8	8.60	37	9.91	101.8	8.27

资料来源：国家统计局主编《中国统计年鉴（2004）》。

★ **上海服务业发展分析**

上海服务业发展很快。1978 年，上海服务业的增加值只占 GDP 的 18.6%，2000 年占 GDP 的比重首次超过了 50%，标志着上海正在经历着从工业经济时代向服务经济时代的跨越性转变。2007 年服务业实现增加值 6 223.83 亿元，对经济增长的贡献率达到 51.9%，上海的经济增长已经形成服务业、制造业的双力推动格局。然而，上海服务业在发展过程中也表现出了如下问题：

第一，上海服务业与城市定位及社会发展阶段不符。有关数据显示，纽约和中国香港的服务业人均 GDP 贡献分别为 7.4 万美元和 5.1 万美元，而上海只有 8 500 美元。2007 年，上海人均 GDP 为 8 594 美元，接近世界平均水平，且略高于上中等收入国家和地区 4 620 美元的水平，而上海第三产业增加值占 GDP 的比重与上中等收入国家和地区平均相差整整 10 个百分点。这表明上海作为中心城市，其综合服务功能的发挥还是比较低的，同时也折射出上海服务业发展空间较大。

第二，上海服务业发展不稳定。由表 2－11 可以看出，自 1999 年上海第三产业产值占 GDP 的比重首次超过第二产业占 GDP 的比重以后连续四年稳步上涨，2002 年达到 51.0%。但 2003 年却出现了自 20 世纪 90 年代以来的首次下降且重新低于第二产业的比重，2004 年又延续下降趋势，上海的三次产业又回到二、三、一的结构。不过，2007 年，上海第三产业增加值达到 6 223.83 亿元，占全市生产总值的比重又提升到 51.9%，提升幅度为 2001 年以来最高。从世界范围看，纽约、东京、伦敦等国际著名大都市的第三产业比重都在 70% 左右（纽约是 86.7%，伦敦是 85%，东京是 72.7%）。因此，上海要想真正成为长三角的龙头、成为世界经济中心和国际大都市，必须大幅度提升服务业在国民经济中的比重。

表 2－11　　上海 1995～2007 年第二、第三产业增加值及占 GDP 比重

单位：亿元，%

年份	GDP	第二产业	第三产业	第二产业占 GDP 比重	第三产业占 GDP 比重
1995	2 642.57	1 409.85	991.04	53.4	37.5
1996	2 902.20	1 582.50	1 248.12	54.5	43.0
1997	3 360.21	1 754.39	1 530.2	52.2	45.5
1998	3 688.20	1 847.20	1 762.50	50.1	47.8
1999	4 034.96	1 953.98	2 000.98	48.4	49.6
2000	4 551.15	2 163.68	2 304.27	47.5	50.6
2001	4 950.84	2 355.53	2 509.81	47.6	50.7

续表

年份	GDP	第二产业	第三产业	第二产业占GDP比重	第三产业占GDP比重
2002	5 408.76	2 564.69	2 755.83	47.4	51.0
2003	6 250.81	3 130.72	3 029.45	50.1	48.4
2004	7 450.27	3 788.22	3 565.34	50.8	47.9
2007	12 001.16	5 675.49	6 223.83	47.29	51.86

资料来源：根据《上海统计年鉴》、《2007 年国民经济和社会发展统计公报》相关数据计算。

第三，上海服务业结构不够合理。上海第三产业第一层次比重呈稳定下降趋势；第二层次比重则持续升高；第三层次和第四层次比重都略有上升。从 2002 年的数据看，与知识生产、传播、消费相关的第三产业的第三层次产值总量过低，只有 11.8%，远远小于第一层次中的交通运输、仓储业、邮电通信业、商贸业及餐饮业的 35.7%，在某种程度上说明上海知识密集型服务业相对缺乏，但从 1995 年的 8.2% 逐渐升高到 2002 年的 11.8%，说明上海知识密集型服务业的发展势头很好（见表 2－12）。

表 2－12　上海 1995～2002 年第三产业四个层次占第三产业增加值的比重

单位：%

层次	1995 年	1996 年	1997 年	1998 年	1999 年	2000 年	2001 年	2002 年
第一层次	44.3	41.7	39.8	37.2	35.9	34.7	35.7	35.7
第二层次	44.5	47.5	49.4	50.5	50.8	52.0	50.0	48.7
第三层次	8.2	8.0	8.0	9.1	10.1	10.1	10.8	11.8
第四层次	3.0	2.8	2.8	3.2	3.3	3.2	3.6	3.8

资料来源：裴瑱《上海加快发展现代服务业的思考》，载于《上海综合经济》，2004 年第 4 期。

★ 江苏服务业发展分析

20 世纪 90 年代以来，江苏服务业在国民经济中的地位明显上升。1990～2002 年，江苏服务业增加值年均增长 15%，超过同期 GDP 年均 13.5% 的增速，占全省 GDP 的比重由 26% 提高到 37.3%；服务业增加值也由 1990 年的 368.74 亿元增加到 2007 年的 9 548.2 亿元。江苏服务业的发展主要存在如下问题：

第一，服务业从业人数明显偏低。据世界银行 1988 年发展报告，国际上高收入工业国家服务业就业人数所占比重在 58% 左右，中上收入国家服务业就业人数所占比重在 40% 左右，中下收入国家服务业就业人数所占比重也接近 30% 左右。2003 年江苏省从业人数 3 610.3 万人，其中第一产业从业人数占 34.6%，第二产业从业人数占 34.3%，第三产业从业人数占 31.0%。尽管江苏省三次产业增加值已进入“二、三、一”阶段，但其就业状态仍处于“一、二、三”阶段，服务业本身具有的大量吸纳剩余劳动力的功能远未得到发挥。

第二，服务业内部结构不合理，知识型服务业非常薄弱。2003 年，江苏服务业中占比重最大的是属于传统行业的批发零售贸易及餐饮业，占服务业的比重达 26.37%，比新兴服务业领域中的金融、保险业（11.77%）和房地产业（12.03%）占服务业比重之和还要多。尤其是信息服务业，由于信息产业化程度低和信息市场相对薄弱，真正有实力的单位或企业不多，信息提供服务的层次比较低，从业人员素质不高，没有形成产业规模。同时，信息服务分散，无论是软件开发还是系统集成都没有上水平、上规模。另外由于受传统观念和生产方式的束缚，信息产品还不能真正以商品的形式进入市场。在信息价格体系没有形成的情况下，信息的供需双方很难以市场作为纽带，出现了“有市无场”或“有场无市”的局面。又由于受信息服务业的构成以及信息服务方式与内容的制约，江苏省信息资源的开发呈现出“一多四少”的局面，即专用数据库多、公益性数据库少、网络数据库少、动态数据库少、应用系统少。这就使已开发的信息资源共享程度差，信息交流不畅，造成信息资源闲置与信息资源短缺并存，难以适应现代知识经济发展的要求。

第三，服务业地区差距较大，并且有继续增大的趋势。2002 年苏南、苏中、苏北服务业增加值分别达到 2 547.47 亿元、706.46 亿元和 805.29 亿元，分别是 1990 年的 14.5 倍、10.2 倍和 9.3 倍，但从 1999 年至 2000 年的苏南、苏中、苏北第三产业指标中（见表 2-13）可以看出，虽然经济欠发达地区的第三产业得到了较大发展，但地区间的差距却在增大。

表 2-13　1999～2000 年苏南、苏中、苏北主要第三产业指标

第三产业主要指标	苏南		苏中		苏北	
	1999 年	2000 年	1999 年	2000 年	1999 年	2000 年
增加值（亿元）	1 702.82	1 909.08	524.98	674.86	564.54	635.47
从业人数（万人）	364.71	356.22	241.19	242.09	346.62	363.73

★ 浙江服务业发展分析

浙江服务业从改革开放以来发展很快，服务业增加值、从业人员、内部结构等方面都有了不同程度的提高和改善。从服务业增加值看：1978 年，浙江省第三产业增加值为 23.11 亿元，占同期国内生产总值增量的 17.8%，1979～2001 年，浙江省第三产业增加值年均增长 13.7%，比同期国内生产总值年均增幅高出 0.6 个百分点。1998 年，第三产业增加值增速首次超过了第二产业，改变了 20 世纪 90 年代初期以来第二产业增加值大大快于第三产业的局面。1990～2003

年，浙江服务业增加值年均增长 14.7%，超过同期全省生产总值年均增长 14.4%的速度，占生产总值的比重由 29.5%提高到 39.7%。2004 年第三产业增加值4 382 亿元，是1978 年的近 191 倍；第三产业增加值占 GDP 的比重达39%，比 1978 年上升了 20.5 个百分点。2007 年，第三产业增加值又增长到 7 521 亿元，占地区生产总值的比重调整为 40.4%。服务业已成为推动浙江省经济快速增长的重要力量。从服务业从业人员数量看：1978 年，浙江省第三产业从业人员占全社会劳动力总数的比重仅为 9.6%，1990 年提高到 17.0%，2003 年更是提高到了 30.5%，并于 2002 年开始超过第一产业的比重，逐渐成为吸纳劳动力就业的主渠道。从服务业内部结构看：浙江服务业内部产业结构有所改善，2003 年，金融保险业、房地产业、教育文化艺术及广播电影电视业增加值分别增长 29.0%、27.66%和 25.70%，但批零贸易和餐饮业、运输仓储业等传统服务业仍在浙江省服务业中占据主要地位。浙江服务业主要存在如下问题：

第一，服务业比重偏低。从发达国家的产业发展历史来看，一般第二产业在总产值中比重占到50%以后将会出现下降趋势，而第三产业所占的比重将不断上升，当经济趋于成熟时，第三产业比重要占到50%以上。从浙江的情况来看，第三产业所占的比重在 1979 ~ 1992 年之间一直在上升，1992 年达到最高点 32.9%，其后这一比重反而有所下降，1997 年只有 32.2%，到 1998 年才重新恢复到 1992 年的水平；而第二产业所占的比重不断上升，从 1979 年的 40.6%一路上升到 1998 年的 54.3%。这显然与经济发展一般规律相违背。根据有关的国际经济发展比较研究，浙江省的农业在 GDP 中的比重已低于下中等收入国家，工业的份额则明显高于下中等收入国家的平均水平，而第三产业的比重不仅低于下中等收入国家水平，也低于低收入国家的平均水平。农村工业化带来了浙江经济的腾飞，使浙江第二产业迅猛发展，但与其他沿海经济发达省份或国际一般趋势相比较，浙江产业结构中第二产业比重偏高，而第三产业明显落后（表 2 - 14）。经济结构调整对浙江经济的可持续发展具有关键的作用。

表 2 - 14　　部分地区 2001 年人均 GDP 与三次产业占 GDP 比重

地区	北京	上海	天津	广东	江苏	浙江	江西	青海
人均 GDP（元）	25 300	37 382	19 986	13 612	12 925	14 550	5 217	5 732
第一产业比重（%）	3.30	1.73	4.30	9.55	11.44	10.30	23.28	13.66
第二产业比重（%）	37.35	47.58	48.8	50.22	51.64	51.34	36.10	44.08
第三产业比重（%）	58.95	50.70	46.89	40.22	36.92	38.36	40.62	42.26

资料来源：根据《中国统计年鉴（2002）》相关资料整理。

表 2 – 15　　服务业各行业增加值及其在服务业总值中的比重

单位：亿元，%

	1990 年		1995 年		1998 年		2000 年		2001 年		2002 年		2003 年	
	增加值	比重	增加值	比重	增加值	比重	增加值	比重	增加值	比重	增加值	比重	增加值	比重
1	264.7	—	1 130.52	—	1 647.11	—	2 188.71	—	2 593.25	—	3 120.00	—	3 726.00	—
2	0.56	0.21	5.01	0.44	6.26	0.38	6.40	0.29	7.11	0.27	7.44	0.24	8.88	0.24
3	1.12	0.42	4.25	0.38	6.30	0.38	7.16	0.33	7.84	0.30	9.94	0.32	13.16	0.35
4	45.01	17.0	204.59	18.10	321.75	19.53	428.30	19.57	503.68	19.42	602.00	19.29	700.88	18.81
5	91.86	34.60	473.35	41.87	665.80	40.42	827.78	37.82	908.83	35.05	1 035.26	33.18	1 159.25	31.11
6	44.48	16.80	139.69	12.36	172.19	10.45	209.25	9.56	243.94	9.41	323.26	10.36	416.97	11.19
7	17.21	6.50	56.05	4.96	83.65	5.08	116.90	5.34	146.31	5.64	186.83	5.99	238.5	6.40
8	16.95	6.40	86.48	7.65	147.16	8.93	220.20	10.06	277.35	10.70	330.41	10.59	396.49	10.64
9	6.88	2.60	30.75	2.72	52.44	3.18	80.90	3.70	109.03	4.20	134.22	4.30	167.64	4.50
10	15.36	5.80	49.09	4.34	78.16	4.75	135.76	6.20	198.20	7.64	247.48	7.93	311.08	8.35
11	3.35	1.27	6.91	0.61	10.90	0.66	16.28	0.74	21.95	0.85	27.73	0.89	35.27	0.95
12	17.21	6.50	59.35	5.25	93.05	5.65	126.71	5.79	149.56	5.77	190.07	6.09	244.62	6.57
13	4.78	1.80	15.00	1.33	9.45	0.57	13.08	0.60	19.45	0.75	25.36	0.81	33.26	0.89

资料来源：根据《浙江统计年鉴》相关年份数据计算。

1 服务业；2 农林牧渔服务业；3 地质勘探水利管理业；4 交通运输仓储及邮电 a 通信业；5 批发零售贸易及餐饮业；6 金融保险业；7 房地产业；8 社会服务业；9 卫生体育和社会福利业；10 教育文化艺术及广播电影电视业；11 科学研究和综合技术服务业；12 国家机关政党机关和社会团体；13 其他行业。

第二，新兴服务业发展仍然滞后。浙江省服务业各行业增加值及其比重情况如表2－15所示。从表2－15中可以看出，批零贸易和餐饮业、运输仓储业等传统服务业仍在浙江省服务业中占据主要地位。卫生、体育、社会福利事业在服务业中的比重呈逐年上升趋势；金融保险业在服务业中的比重于1990年达到最高，之后逐年下降，直到2002年才略有回升；教育、文艺、广播电影电视事业在服务业中的比重1990年后开始下降，2000年有较大幅度的回升，之后又开始下降；科学研究和综合技术服务业在服务业中的比重也经历了一个波动过程，2003年的水平甚至不及1990年。以上数据表明，浙江新兴服务业，尤其是金融保险业、教育、科研和综合技术服务等知识密集型、技术密集型服务行业的发展严重滞后。我们知道，浙江经济规模总量位居全国第四，但科技综合实力仅位居第八，高新技术产业化水平位居第十二，每万人拥有科技人员数位居第十五，每万人中在校大学生数也位居全国中等水平。教育和科技发展水平严重滞后于经济发展水平，直接影响到浙江服务业在未来发展中的结构升级与增长方式转变，也将削弱浙江经济持续发展的潜在能力。

★ **服务业未来发展分析**

从发达国家来看，服务业是增长最快的产业，而且是占国内生产总值最大的产业。然而在中国，即使是经济非常发达的长三角都市圈，服务业还明显滞后，尤其是一些新兴服务业的发展更是严重滞后。服务业目前的发展现状，明显不能适应长三角都市圈的经济核心地位，也不能很好地促进其长远发展。因此，长三角都市圈两省一市都要采取措施，大力促进服务业的发展。

(1) 加大服务业比重

服务业发展滞后是中国各个地区普遍存在的问题，然而作为国内最发达地区之一的长三角，应该首先解决这个问题，从而更好地为制造业服务，加快建设自主创新为主导的世界制造业中心，尤其是江苏和浙江两省更要从增加值比重、从业人员等各个方面加大对服务业的投入，提升服务业的比重，使其真正与长三角地区经济发展阶段和制造业快速发展相适应。

(2) 改善服务业内部行业结构

从总体上看，长三角都市圈的服务业内部行业结构还是比较合理的，但是，深入到两省一市的内部来看，仍有许多需要改进的地方。上海，作为长三角都市圈的龙头城市，应该更进一步加强知识密集型服务业的发展，进一步提高自主创新能力，并且要使服务业的发展更加平稳；江苏和浙江应该抓紧发展金融、保险等生产性服务业，而江苏则要使苏中、苏南、苏北服务业发展更加协调。

(3) 促进新兴服务业发展

上海、江苏、浙江在新兴服务业发展上都需要进一步加强。除了继续发展即有的强势项目外，还应更多地关注量大面广的大众日常生活消费，如发展物业管理、家政服务、照顾老幼等在内的社区服务；发展出版物、音乐厅、影剧院、文化馆、科普和博物馆等文化教育娱乐服务；发展健身房、体育场馆、体检与保健咨询中心等新兴服务业。

2.1.2 京津冀都市圈发展程度分析

京津冀都市圈，一直是中国的重化工业基地，现在又是高新技术产业发展的重要地区，京津冀都市圈在许多场合下又被称为“大北京地区都市圈”、“首都经济圈”。京津冀都市圈以北京、天津为主轴，以唐山、保定为两翼，包括了北京、天津及河北省。京津冀都市圈是中国知识密集、人才密集、技术密集程度最高的区域，也是世界上少有的高智力密集区，具有发展知识密集型产业的极好条件。京津冀城市群的空间地域范围涉及两市一省，包括北京、天津两个直辖市和河北省的唐山、保定、廊坊3个地级市，以及秦皇岛、张家口、承德、沧州等县级市。土地面积3.26万平方公里，占全国的0.34%；人口2 762万，占全国的2.15%。其中科技人员占本区域人口总数的3.65%（见表2－16）。

表2－16　　京津冀都市圈基本情况

地区	土地面积（平方公里）	人口（万人）	专业技术人员（万人）	境内公路里程（公里）
北京市	16 807.8	1 136.3	—	14 359.0
天津市	11 919.7	919.05	48.28	9 696
廊坊	292	72.67	1.45	—
保定	312	92.02	1.93	—
唐山	1 182	292.75	16.4	7 451
秦皇岛	363	72.01	1.76	—
张家口	819	85.26	2.56	—
承德	708	44.76	1.8	—
沧州	183	47.52	1.8	—
合计	32 586.5	2 762.34	—	—

资料来源：《北京统计年鉴（2003）》、《天津统计年鉴（2003）》、《河北统计年鉴（2003）》。

(1) 京津冀都市圈发展现状分析

我们主要从发展阶段、产业结构、开放程度三个方面，来分析京津冀都市圈的发展现状。

★ **发展阶段**

京津冀都市圈的人均国民收入为14 301.9元，按照钱纳里的标准，人均收入水平560～1 120美元属于工业化中期阶段，京津冀都市圈的收入状况已经进入工业化中期阶段。京津冀都市圈工业的总体发展情况如表2－17所示。

表2－17　　2007年京津冀都市圈工业化的总体发展情况

地区	国内生产总值（亿元）	人均国内生产总值（元）	工业增加值（亿元）	三次产业结构之比
北京	9 006.2	56 044	2 053.3	1.1∶27.5∶71.4
天津	2 866.94	47 972	2 668.95	2.1∶57.6∶40.3
河北	13 863.5	19 967	6 566.8	14.2∶52.3∶33.5

资料来源：2007年各省市国民经济和社会发展统计公报。

★ **产业结构**

2007年，京津冀都市圈工业化的产业结构情况如表2－18所示：

表2－18　　2007年京津冀都市圈工业化的内部结构情况

地区	重工业产值（亿元）	轻工业产值（亿元）	工业增加值（亿元）
北京	6 591.8	1 258.2	2 053.3
天津	2 230.16	414.63	2 668.95
河北	3 511.2	1 114.4	6 566.8

资料来源：2007年各省市国民经济和社会发展统计公报。

从2007年京津冀都市圈产业内部结构可以看到，重工业比重都明显高于轻工业的比重，高新技术产业占工业增加值的比重较高，产业结构呈现出向工业化后期过渡的明显特征。

★ **开放程度**

衡量开放程度的指标包括：进出口情况和利用外资。京津冀都市圈开放程度的相关指标如表2－19所示。

表 2-19　　2007 年京津冀都市圈工业化的基本条件

地区	进出口总值（亿美元）	利用外资（亿美元）
北京	1 929.5	50.7
天津	715.50	52.78
河北	255.4	30.1

资料来源：2004 年各省市统计年鉴。

从表 2-19 可以看出，京津冀的进出口产值、引进外资数额都比较高，说明该都市圈开放度较高。

（2）京津冀都市圈发展功能定位

★ **京津冀都市圈发展优势分析**

京津冀都市圈具有很多其他地区无法比拟的竞争优势，这些优势如果能够得到很好的发挥，将大大促进该都市圈的发展。

区位优势非常明显。首都北京是中国政治、经济、文化中心，现有 17 条交通枢纽，有 7 大高速公路在这里交会，还有中国最大的航空港。天津身处近海和出海口繁荣的贸易区，河北则是产业转移低成本的腹地，京津冀都市圈具有产业发展的广阔空间和延展余地。

经济基础比较雄厚。京津冀都市圈 2007 年的 GDP 总量达到 27 887.98 亿元，占全国 GDP 总量的 11.32%，经过 20 多年的快速发展有了一个比较好的经济结构。北京的知识产业和服务产业，天津的制造业和物流业，河北的加工制造基地，三者的分工协作、优势互补，使京津冀都市圈具有了其他区域难以比拟的优势和条件。

高新技术产业已具相当规模。京津冀都市圈是中国高新技术重要研发基地和成果孵化基地，高新技术产业已经形成了相当规模，尤其集中在电子信息、生物医药、光机电一体化、新材料、绿色能源等高科技领域。在京津冀都市圈内的京津塘高速公路沿线，西起北京的海淀区，东至天津的塘沽区，分布着中关村科技园区、北京经济技术开发区、河北廊坊经济开发区、天津经济技术开发区，形成了以交通干线为特点的高新技术产业密集带。据 2003 年统计，京津两市的高技术总产值已达 3 114 亿元，占两市总产值的 36.1%。占全国高新技术产业产值的近 1/7，其中电子产业产值占全国的 18%，计算机产业占 50.6%。

知识密集度高。知识密集度是反映工业知识创造、积累水平的一个重要指标，一般常用 R&D 经费占 GDP 的比重即 R&D 经费投入强度来反映。该指标较高的地区不仅有利于增强企业核心能力，也有利于催生出新产业，尤其有利于知识产业的发展。2003 年，京津冀都市圈的 R&D 经费投入强度达到 1.56%，高于全国1.23%的平均水平，知识密集型产业发展速度和水平高于全国其他区域。

企业对技术创新投入高。京津冀都市圈的企业技术创新投入要高于政府。20世纪90年代以来，京津冀都市圈技术创新的资金来源结构发生了较大变化，企业技术创新投入已经占主体地位。2003年，京津冀都市圈政府资金、企业资金、银行贷款所占比例分别为34%、50%、5%。与全国同期相比，该地区具有企业资金和银行贷款比例偏低、政府资金比例偏高的特点。在各省市资金来源结构上，北京市政府资金比例达到48%，企业资金比例仅为34%，这与北京市产业发展得到政府强有力支持有关，也与北京市科研机构、高等院校密集有关，因此形成唯一一个政府资金比例高于企业资金比例的城市。河北省的政府资金比例仅为25%，企业资金比例已达到60%。

企业技术吸纳能力较强。从1998年、2001年、2002年的大中型工业企业技术吸纳能力来看，京津冀都市圈工业技术吸纳能力增强。其原因在于京津冀都市圈有雄厚的研发实力和研究成果积累，北京是中国科技和教育事业最发达的地区，中国科学院、国务院各部委的高层次科技管理人员基本集中在北京，人才优势突出，同时，随着高科技企业群体的稳步发展，北京地区骨干企业的经营规模不断扩大，市场竞争能力日益增强，已经形成了一批拥有自主知识产权和著名品牌、规模经济效益显著的骨干企业集团。

技术积累结构改善。改革开放以前，京津冀都市圈多采用技术直接引进方式，成套设备引进和原形产品引进占很大比例，企业在引进国外成套设备和产品后，只需掌握设备操作维修技术和产品生产技术，就可以在短期内获得较高效益。这比企业通过自身努力开发新产品、设计制造新装备有更大的吸引力。因此，导致许多企业失去了在研究开发和技术转化方面进行技术积累的热情，形成了技术积累的结构型缺陷。然而，20世纪90年代以后，京津冀都市圈企业技术积累步入健康发展的轨道，企业技术消化吸收能力和模仿创新能力有所上升，技术积累结构趋于改善，推动了京津冀都市圈企业创新活动的蓬勃发展。

天津滨海新区成为中国经济第三增长极。2006年6月6日，国务院正式宣布天津滨海新区成为全国综合配套改革试验区，成为继深圳经济特区、浦东新区之后，带动区域发展新的经济增长极。天津滨海新区位于环渤海地区的中心位置，内陆腹地广阔，区位优势明显，产业基础雄厚，增长潜力巨大。此次确立天津滨海新区为全国综合配套改革试验区，将进一步促进这一地区加快发展，可以有效地提升京津冀和环渤海地区的对外开放水平，使这一地区更好地融入国际经济，极大地提升京津冀都市圈的国际竞争力。

★ **发展功能定位**

京津冀都市圈的发展，应该充分发挥其知识密集度高、高新技术产业发达、高精尖人才最为集中的主体优势，大力发展知识型、智力型产业，打造知识经济产业引导的世界制造业中心。如此定位的原因包括：

知识经济前景广阔。21 世纪是知识经济的世纪。进入新的世纪以来，世界各国都在大力发展知识经济产业。可以这样说，知识经济的发展快慢、发达程度将在很大程度上决定着国家参与国际竞争的能力。中国政府也把发展知识经济作为促进国家经济发展和社会进步的重要任务，可以预见，知识经济将具有非常广阔的前景。

京津冀都市圈最具备发展知识经济引导的世界制造业中心的条件。得天独厚的区位优势为都市圈发展知识经济提供了非常丰富的资金、政策等资源，发达的高新技术产业集群表明该地区的知识型制造业的发展已经具备相当的基础，高度的知识密集和集中的精英人才是知识经济发展的核心推动力，完备的基础设施也为知识经济型制造业中心的发展提供了保障。

★ **发展思路定位**

京津冀都市圈发展知识经济产业引导的世界制造业中心应该着力做好如下方面的工作：

区域一体化发展。在新的发展时期，应该重新定位京津冀都市圈的两市一省。北京由于自古以来的中心地位，中关村发达的知识经济，使其自然地成为京津冀都市圈打造知识经济型制造业中心的龙头城市；天津是中国的工业基地，经济发达，而且天津滨海新区的确立，将使其经济中心的地位更加加强；河北包围在北京和天津的周围，可以为两市提供大量的要素资源，并承接其产业转移。因此，北京、天津与河北可以这样定位：北京作为中心龙头城市，着重于打造知识经济产业的研发中心、金融中心和贸易中心，而天津则定位为副中心城市，打造知识经济产业和其他高科技产业、重工业等知识密集型和资本密集型产业的制造中心、物流中心，河北应充分利用其区位优势和资源优势，打造资源中心、传统制造业中心和产业转移中心。

实现信息资源共享。京津冀都市圈应该搭建信息共享的平台，依托现有的信息资源和信息网络，连接科研机构、大专院校和科技型企业，建设京津冀都市圈科技信息平台，实现各地信息网络互相连接和电子科技信息资源共享，满足网上信息交换、信息发布、信息服务和决策职能化的需要。

培育创新文化，增强企业的创新主体地位。京津冀都市圈应该大规模地推动技术创新，鼓励企业不断增大研究开发的资金投入，下大力气增强企业的研究开发实力，把研究开发活动主要放在企业。政府应果断采取措施，改革现有的科研体制，提倡产学研合作创新，引导企业真正成为技术创新主体。

建立人才支撑体系。应该从激励、使用、引进、培养四个方面，推进科技人才队伍的建设，形成尊重知识、尊重人才、尊重创新的氛围，创造人尽其才、才尽其用的社会环境。一方面，企业要建立有效的激励机制，调动科技人员从事创新活动的积极性，鼓励高技术人才进入中小企业。同时，利用都市圈内高校、研究机构和学术团体的办学优势，加大在职专业技术人员和技术工人的知识更新、技能扩展和提高力度。另一方面，实现人才的合理流动，推进人才制度创新，降低人才在区域内自由流动的流动成本，鼓励创新人才的无障碍流动。

构建科技发展辐射源，促进科研成果产业化。在京津冀都市圈内选择基础力量雄厚、科技创新能力强的地区作为科技发展的辐射源，带动区域科技的发展。从区域比较优势、竞争优势和区域产业分工出发，积极发展电子信息产业、计算机网络及软件、生物医药、光机电一体化、新材料等行业为主体的高技术产业，以北京为龙头带动京津冀都市圈知识经济、知识产业的发展，带动高新技术改造传统产业步伐的加快，带动科技与经济的一体化协调发展。

（3）京津冀都市圈制造业现状分析

京津冀都市圈制造业发展从 1978 年以来一直保持较高的增长速度，1990 ~ 2003 年的制造业总产值的平均增长速度为 19.6%，不仅超越中西部地区，在增长速度普遍较快的东部地区也是非常突出的。

★ **制造业发展现状分析**

从 1990 ~ 2003 年京津冀都市圈制造业内各细分行业在全国的地位情况（表 2 - 20）来看，京津冀都市圈制造业具有如下特点：

高新技术产业与传统制造业同步增长。自 1990 年到 2003 年，京津冀都市圈以电子及通信设备制造业为代表的高科技制造业，不论是企业数量还是增加值占全国的比重，都呈逐步攀升的态势。

技术指向型制造业聚集。京津冀都市圈在以黑色金属冶炼及压延加工业资源指向型制造业，以机械工业、电气机械及器材制造业、化学纤维制造业等为代表的技术指向型制造业聚集程度较高。究其原因，我们认为京津冀都市圈本身就属于自然资源禀赋优越的地区，而且比其他地区在资金、技术、人才和制度（包括市场制度、企业制度、交易制度等）方面具有显著优势，因此是技术指向型制造业的理想区位，也是发展知识经济产业的理想区域。

制造业聚集层次明显。京津冀都市圈制造业区域集中度大体上可以分成五个层次：第一层次是北京，主要制造业中，除了纺织业分布比天津略少一点以外，其他各个行业的集中度都大于其他地区，尤其是交通运输设备业、黑色金属冶炼及压延加工业、金属制品业、电气机械及器材制造业、电子及通讯设备制造业五大行业。第二层次是天津，制造业的多数行业在这个城市有较多分布，大多数行业的区域集中程度仅次于北京。第三层次包括唐山、石家庄、保定等三个城市，在两三个主要行业中占有较多比例，形成了比较明显的地方制造业特色。第四层次包括秦皇岛等地区，仅仅在某一个行业中具有一定的影响。第五层包括衡水和沧州，工业基础比较薄弱，属于整个京津冀都市圈的工业化边缘地带。

表 2－20　主要年份京津冀都市圈制造业内各细分行业在全国的地位

行　业	1990 年		1995 年		2000 年		2003 年	
	企业数	增加值	企业数	增加值	企业数	增加值	企业数	增加值
食品加工业	N	N	0.08	0.07	0.08	0.05	0.08	0.06
食品制造业	0.06	0.08	0.10	0.10	0.14	0.17	0.11	0.11
饮料制造业	0.03	0.08	0.05	0.11	0.09	0.11	0.10	0.10
烟草加工业	0.02	0.05	0.02	0.03	0.01	0.02	0.02	0.03
纺织业	0.09	0.09	0.10	0.08	0.09	0.07	0.07	0.06
造纸及纸制品业	0.08	0.08	0.09	0.09	0.11	0.08	0.10	0.07
石油加工、炼焦及核燃料业	0.06	0.06	0.11	0.11	0.11	0.10	0.10	0.08
化学原料及化学制品制造业	0.09	0.16	0.11	0.11	0.12	0.11	0.10	0.09
医药制造业	0.08	0.12	0.09	0.12	0.11	0.14	0.10	0.14
化学纤维制造业	0.08	0.10	0.10	0.05	0.08	0.03	0.05	0.04
非金属矿物制品业	0.07	0.10	0.07	0.10	0.09	0.10	0.09	0.09
黑色金属冶炼及压延加工业	0.09	0.16	0.14	0.17	0.15	0.20	0.13	0.21
有色金属冶炼及压延加工业	N	N	0.08	0.05	0.09	0.03	0.08	0.04
金属制品业	0.08	0.12	0.12	0.12	0.15	0.11	0.12	0.11
通用设备制造业	0.09	0.11	0.11	0.09	0.11	0.07	0.09	0.07
专用设备制造业	N	N	0.11	0.14	0.12	0.11	0.10	0.09
交通运输设备制造业	0.09	0.11	0.14	0.12	0.14	0.07	0.11	0.09
电气机械及器材制造业	0.08	0.09	0.11	0.08	0.11	0.06	0.08	0.06
通讯设备计算机及其他电子设备制造	0.09	0.13	0.13	0.14	0.14	0.19	0.10	0.10
仪器仪表及文化办公用机械制造	0.09	0.10	0.14	0.09	0.17	0.09	0.13	0.07

资料来源：根据各年《中国工业经济统计年鉴》，其中 N 代表没有相关数据。

★ **天津滨海新区发展迅速**

天津滨海新区已基本建成现代化制造基地。1993 年天津滨海新区是以工业和交通运输业为主，经过 11 年的结构调整，高新技术产业得到了优先发展，高新技术产业产值占新区工业的比重达到 42%。无缝钢管产量位居全国第一，IT 制造业在全国处于领先地位。2004 年，天津开发区电子通讯行业完成产值 1 160 亿元。目前，滨海新区已经培育出了具有国际竞争力的高新技术产业群，电子通讯、石油开采及加工、现代冶金、机械制造、生物医药及食品加工、海洋化工等七大产业成为新区工业发展的主导产业，电子信息、生物医药、光机电一体化、新材料、新能源和新型环保等六个高新技术产业群初步形成规模。2004 年全年工业总产值完成 3 030.75 亿元，工业增加值 780 亿元，占新区地区生产总值的 65%，占京津冀地区工业增加值的 15% 以上，现代化制造基地的雏形基本形成。

然而从 1990 ~ 2003 年主要年份京津冀都市圈制造业在全国的比例中我们发现有两个趋势不容乐观，需要引起注意：

一是制造业企业数占全国比例呈先上后下趋势。从 1990 年到 2000 年，京津冀都市圈制造业在全国的地位处于缓慢上升过程，制造业企业数占全国比例一直上升，从 1990 年的 7.6% 上升到 1995 年的 9.9%，再到 2000 年的 11.26%，然而到 2003 年仅三年时间，这一比例急降至 9.3%。

二是制造业增加值占全国比例持续下降。从 1990 年到 2003 年，京津冀都市圈制造业增加值的绝对额是持续上升的，从 1990 年的 391.37 亿元增加到 2006 年的 6 157.30 亿元，这个成绩是可喜的。但是制造业增加值占全国的比例却在持续下降，从 1990 年的 10.57% 持续下降到 2006 年的 8.32%。这说明京津冀都市圈制造业的增长速度落后于国内其他地区，见表 2 - 21。

表 2 - 21　　　京津冀都市圈制造业状况及占全国的比例

	1990 年	1995 年	2000 年	2003 年	2006 年
企业数（个）	21 088	31 055	13 121	13 138	21 741
占全国比例（%）	7.6	9.9	11.26	9.3	—
增加值（亿元）	391.37	1 124.12	1 780.05	2 828.16	6 157.30
占全国的比例（%）	10.57	10.46	10.35	9.3	8.32

资料来源：由 1991 年、1996 年、2001 年、2004 年《中国工业经济统计年鉴》计算得到。

★ **制造业未来发展分析**

京津冀都市圈制造业发展已经具备非常深厚的基础，在今后的发展中应当充分发挥其资源优势、区位优势、资金优势和政策优势等，打造出以知识经济产业为主导的世界制造业中心。为了进一步促进制造业的发展，京津冀都市圈需要：

加快高新技术产业和现代制造业的发展。京津冀都市圈具有发展先进的知识密集制造业的能力，北京有61所高校，科研机构占全国的1/3，技术人员密度居全国之首；同时有全国最大的中关村电子信息产业科研、贸易、生产基地，集中了软件开发及信息技术等优秀人才。京津冀都市圈应当依托京津现有的基础和发展条件，努力提升产业档次，通过建设京津IT产业带，形成一批在国内外占有重要地位的标志性产品；初步形成以高新技术产业为主导、以支柱产业为支撑、以都市型工业为补充的现代工业体系。

建设京津冀现代制造业带。京津塘高速公路沿线地区交通便利，各类人才聚集，土地资源丰富，具有发展现代制造业所需要的“三港”（海港、空港、信息港）优势，是京津冀都市圈制造业发展的黄金地带。然而，迄今为止，该地带的优势和潜力远没有得到充分发挥，因此，应当加强京津冀都市圈内的合作，依托京津塘高速公路以及沿线各类园区，大力发展高新技术产业和先进制造业，力争将该地区建设成为全国乃至世界上重要的信息产业走廊和先进制造业基地。

打造天津滨海新区为世界制造业中心。经过10年的发展，天津滨海新区已经具备了形成现代化、世界性制造业中心的基本条件，在此基础上，应该进一步加快发展速度和加大投资力度，并大量发展具有高、精、尖、新特征的知识型产业和其他高新技术产业，最终带动京津冀都市圈打造知识型产业为主导的世界现代制造业中心。

实现基础设施和公共设施共建、共享和共赢。加快包括港口、机场、高速公路、能源和信息通道的建设，真正在物质流、能量流、信息流、人才流和货币流上实现共建、共享、共赢，以基础设施的共建、共享、共赢来带动形成区域联盟，为制造业的进一步发展创造良好条件。

（4）京津冀都市圈服务业现状分析

京津冀都市圈服务业经过二十多年的发展，取得了很大的成绩：首先，从服务业占国民经济的比重来看，2003年北京为61.4%，天津为45.5%，河北仅为33.5%。总体上看，北京、天津稳定为“三二一”型产业结构，河北正在从“二三一”型向“三二一”型转变。其次，从发展阶段来看，服务业的发展一般需经历三个阶段：第一阶段是商业和交通通信业发展阶段；第二阶段是金融保险业和产业服务业发展阶段；第三阶段是科技教育业和信息产业迅速崛起阶段。目前，北京处于第二阶段向第三阶段迈进阶段，天津和河北正处在从第一阶段向第二阶段转移时期。最后，从就业比重来看，2000年北京、天津、河北服务业吸纳就业人员所占比重分别为53%、51%、45%。

京津冀都市圈服务业的发展在北京、天津、河北两市一省中分别有不同的侧重，呈现明显的区域特征，在三个区域差别发展中既有竞争，同时也存在着巨大的合作空间。第一，从运输业来看，天津的水上运输业和仓储业的重要性远高于北京；在公路运输业方面，京津实力大致相当，但是在铁路运输业和航空运输业方面，北京实力远高于天津。北京在近现代新兴交通方式发展之前主要依靠天津的水运为之服务，直到今天，天津依然是北京的主要出海通道。天津港作为中国北方最大的功能齐全的港口，货运可达世界160多个国家、300多个港口，拥有全国目前最大的集装箱码头，是第三条欧亚大陆桥国际运输线的起点之一，北京外贸出口的90%经过天津港。第二，从城市职能上看，北京是中国的首都，是全国的政治中心、经济中心和文化中心，同时是全国的铁路交通中心和航空运输中心，天津则是为华北（包括北京）服务的港口和其他交通方式的辅助中心。京津两市对外交通的联系与分工大致是，大宗货运需要出海者，北京依靠天津港口的服务；客运中转等服务，天津需要依借北京的铁路运输和航空运输的优势。北京的客运与零售业、旅馆业、旅游业、娱乐服务业、信息咨询服务业的聚集程度远高于天津，使得北京可以成为国际事务中心、商务中心、信息中心、交流中心。而与货运密切相关的交通运输辅助业、仓储业、零售业等行业，天津显示出较高的聚集程度，使得天津能够成为国际性港口城市和区域性商贸中心、交流中心。历史上，天津曾经一度是全国仅次于上海的商贸和金融中心，只是在计划经济体制下随着第三产业的萎缩而逐渐丧失了这种地位。在考虑城市产业结构优化升级，强调发展第三产业的今天，天津的这些功能又在逐渐加强。由于天津在很大程度上是一个货运中心（货流中心），而北京是一个客运中心（人流中心），因而在批发业和零售业上各占优势。北京批发业实力比天津低，零售业的实力却比天津高，这种特点为京津两市联合发展商业提供了前提和基础。第三，从旅游业发展来看，京津冀都市圈旅游业合作发展前景广阔，京津两市的旅游资源与承德、秦皇岛等地的旅游资源，共同构成水陆综合旅游资源，联合开发具有潜力和魅力。旅游业发展起来，势必带动旅馆业、娱乐服务业的发展。同时，旅游业与交通运输业具有密切的相关性，发达的京津水陆交通可以促进两市旅游业的发展，旅游业将是京津冀都市圈分工协作的重要合作领域。第四，从计算机应用服务行业来看，在社会服务业的8个行业中，计算机应用服务行业的知识技术含量（科学技术含量）最大，恰恰也是北京显示极高比较优势的行业。北京在全国的计算机应用服务行业中几乎处于垄断地位，其就业人员达全国该行业总就业的36.02%。即使在天津这样一个计算机普及程度比较好的城市，应用服务消费依然远不如北京。第五，从文化产业来看，天津文化艺术业中各个行业的聚集程度均在北京以下，北京的比较优势普遍强于天津，北京很早以前就已经形成了强大的出版业，吸引了天津的出版行业服务方面的消费，从而一定程度上制约了天津出版业的发育壮大。

★ **服务业未来发展分析**

京津冀都市圈服务业的发展，应该从战略层面进行重新定位，确立服务业在都市圈长远发展中的次级主体地位（一级主体为制造业），尤其是在北京未来发展中的核心地位。具体来讲，可以从以下方面进行：

大力发展现代服务业，将北京建设成为世界中心城市。京津冀都市圈应该学习借鉴伦敦、巴黎、东京等世界城市的发展经验，大力发展现代服务业。为了提升京津冀都市圈在世界竞争中的优势，应以北京、天津“双核”为主轴，以唐山、保定为两翼，发展京津冀都市圈、支撑北京建设成为世界中心城市，并大力发展金融、保险等生产服务业。

促进两市一省旅游业的整合开发。2008 年奥运会在北京成功举办，这为京津冀都市圈旅游业的融合和发展赋予新的内涵。因此，应当积极推进北京、天津和河北省的优质旅游资源的整合，推出高水平、高质量的旅游线路，合作过程中加速旅游业发展带动京津冀都市圈服务业的整体发展。

促进区域协调发展。在京津冀都市圈中，河北省发展现代服务业的基础与京津相比明显较弱，2003 年的技术市场成交额，北京是河北的 14.9 倍，天津是河北的 2.8 倍；三种专利申请书，北京是河北的 2.7 倍；在财政教育经费支出占 GDP 比重，北京是 5.5%，天津是 2.3%，河北仅为 1.9%。所以，应当充分利用京津服务业的优势，促进河北服务业的跨越式发展。在教育方面，可以通过校与校之间的协作、沟通等方式，聘请京津一些著名高校教师到河北定期讲学；在科研方面，可以通过课题、项目的联合攻关，来培养河北的学术梯队，通过人才培养培训和科技成果的转移转化，带动河北科技与经济发展能力的迅速提升，从而不断提升京津冀都市圈整体的经济创造能力和科技创新能力。

加快建设天津滨海新区的现代服务业。为了配合天津滨海新区率先打造成为世界先进制造业中心，应该尽快发展其现代服务业，主要包括以下两个方面：(1) 加快发展金融服务业，鼓励新区进行金融改革和创新，在产业投资基金、创业风险投资、金融业综合经营、多种所有制金融企业、外汇管理政策、离岸金融业务等方面借鉴国际经验进行改革试验；(2) 全面发展现代物流业，尽快建成国际航运中心和现代物流中心，应该充分发挥新区的航空港和海港的双港优势，积极引入现代信息化技术，与国际知名物流跨国公司合作，加快建设国际航运和现代物流中心，并大力发展临港物流产业，推动建立航运交易中心。

2.1.3 珠三角都市圈发展程度分析

珠三角都市圈覆盖的空间地域范围包括广州、深圳2个副省级城市，珠海、佛山、江门、东莞、中山5个地级市及惠州市区、惠阳市、惠东县、博罗县、肇庆市区、高要市、四会市7个县（区）级市，共计14个市、县（区），土地面积4.2万平方公里，占国土总面积的0.43%；人口2 365万人，占全国人口的1.84%（见表2-22）。

表2-22 珠三角都市圈基本情况

地　区	土地面积（平方公里）	人口（万人）	非农业人口比重（%）	专业技术人员（万人）	境内公路里程（公里）
广州市	7 286.6	720.62	70	41.17	5 397
深圳市	1 952.8	139.45	80	6.10	1 314
珠海市	1 597.7	78.61	71	7.41	1 017
佛山市	3 848.5	338.98	51	6.79	3 890
江门市	9 540.6	381.27	38	8.43	4 058
东莞市	2 471.7	156.19	36	3.42	2 533
中山市	1 800.1	136.03	43	19.02	1 027
惠州市区	405.9	40.03	89	1.93	7 084
惠阳市	2 217.7	63.78	36	—	—
惠东县	1 800.1	69.73	33	—	—
博罗县	405.9	77.71	25	—	—
肇庆市区	2 217.7	47.31	75	6.89	7 662
高要市	3 535.2	73.05	16	1.19	—
四会市	2 930.4	42.12	32	1.04	—
合　计	42 010.9	2 364.88	53	—	—

资料来源：《长江三角洲和珠江三角洲及港澳特别行政区统计年鉴（2003）》、《广东统计年鉴（2003）》。

（1）珠三角都市圈经济发展分析

我们主要从经济状况、工业结构、霍夫曼比例、钱纳里标准等几个方面来分析珠三角都市圈的发展现状。

★ **经济状况**

珠三角都市圈的GDP，从1980年不足120亿元人民币的规模，增长到2004

年的13 572.24亿元。在此期间，珠三角都市圈实际GDP年增长率为15.5%，高于广东全省（13.5%）和全国（10.8%）。从1980～2002年，珠三角都市圈一直是世界上增长最快的区域（见表2－23）。到2003年，珠三角都市圈实现国内生产总值、地方财政收入、外贸出口、实际利用外资分别占全国总量的9.2%、9.1%、34.6%和27.1%[①]。

表2－23　　1980～2002年珠三角的主要经济指标

年份	珠三角占广东省比重（%）			珠三角占全国比重（%）		
	GDP	出口	实际利用外资	GDP	出口	实际利用外资
1980	47.7	28.4	47.2	2.6	3.4	3.3
1985	52.6	55.2	70.4	3.4	6.0	16.5
1990	55.9	76.7	76.0	4.7	13.0	14.9
1995	68.0	81.5	70.9	6.7	31.0	17.8
2000	76.4	92.2	86.0	8.2	34.0	21.1
2002	78.6	95.2	90.1	8.7	34.1	28.6

资料来源：《广东统计年鉴（2003）》。

★ **工业结构变化**

珠三角都市圈工业结构经历了以“轻主重辅”到“轻重均衡”的变化过程。1980年，珠三角都市圈轻工业产值占工业总产值为68.22%，重工业占31.78%。这种结构保持了十多年，到1996年，珠三角轻工业仍占主要地位，但1996年以后，珠三角都市圈重工业得到快速发展，尤其是广州、深圳、佛山、东莞等地区重工业发展不断加速，到2002年，珠三角都市圈轻重工业产值比重基本接近，深圳重工业总产值已经接近轻工业的两倍。从1980年到2002年的20多年间，珠三角都市圈重工业占广东省重工业的比重一直呈增长态势，从1980年的55.38%迅速增长到2002年的82.39%（见表2－24）。

表2－24　　珠三角轻重工业在珠三角和广东工业中的产值比重　单位：%

年　份	轻工业		重工业		
	占珠三角工业	占广东工业	占珠三角工业	占广东工业	占广东重工业
1980	68.22	44.02	31.78	20.33	55.38
1985	72.05	51.76	27.95	20.31	62.54
1990	73.06	53.62	26.94	19.64	61.59

① 根据《中国统计年鉴（2004）》有关数据计算得到。

续表

年份	轻工业		重工业		
	占珠三角工业	占广东工业	占珠三角工业	占广东工业	占广东重工业
1996	65.82	52.12	34.18	26.55	75.87
2002	49.99	40.23	50.01	40.25	82.39
1980～1990 年升降幅度	+4.84	+9.6	-4.84	-0.69	+6.21
1990～2002 年升降幅度	-23.07	-13.39	+23.07	+20.61	+20.8

资料来源：根据《广东统计年鉴（1996～1997）》、《珠三角经济区统计资料（1980～1994）》、《长江和珠江三角洲及港澳特别行政区统计年鉴（2003）》、《中国统计年鉴（2003）》相关数据计算。

注：1980～1990 年数据按 1980 年不变价计算，1990～2002 年数据按 1990 年不变价计算。

★ **霍夫曼比例**

以轻重工业产值比例近似地估计珠三角的工业“霍夫曼比例”，如表 2-25 所示。

表 2-25　　　　珠三角工业的霍夫曼比例

年份	1980	1985	1990	1991	1992	1993	1994	1995	1996	2002	2007
比例	2.15	2.58	2.71	2.59	2.42	2.13	2.09	1.72	1.93	1.00	0.64

珠三角霍夫曼比例的下降，反映了工业化水平的不断提高，根据霍夫曼定理，珠三角处于工业化的第三阶段，相当于工业化后期。

★ **钱纳里标准**

钱纳里等人认为，发展中国家的增长过程是经济结构全面转变的一个组成部分，他们建立了一个详尽的多国模型以反映增长与结构转变的一些最基本的关系，提出随着人均收入增长而发生的结构转变过程可以被划分为六个时期和三个阶段。珠三角都市圈人均 GDP 为 28 813 元，大约为全国平均的 3.5 倍，再以城市化程度衡量，珠三角 2002 年城市化水平刚刚超过 60%，远高于低收入国家 36% 的水平，也超过中低收入国家 52% 的水平，是全国城市化水平最高的地区。据此做大致估计，珠三角都市圈正处于工业化后期，向工业现代化迈进，这和前文用霍夫曼比例估计的结果基本一致。

（2）珠三角都市圈发展功能定位

珠三角都市圈处于中国的南部沿海，自古以来对外经济往来频繁，国际贸易基础雄厚。珠三角都市圈相比其他地区的发展具有明显的竞争优势。

★ **发展优势分析**

对外开放程度高，对外经济联系紧密。珠三角都市圈的对外开放程度非常高，对外经济联系非常紧密。外贸依存度和出口依存度是分析开放度的主要方法，从表2－26可以看出珠三角各城市外贸依存度及出口依存度情况。中国外贸依存度平均为44%左右，而珠三角各城市的外贸依存度普遍高出这个数值。虽然从经济发展稳定性上来看，外贸依存度过高对经济发展并不一定非常有利，但是这些数据足以说明珠三角都市圈对外经济非常发达。

表2－26　　珠三角各市外贸依存度及出口依存度（2001年）

	进出口总额（亿美元）	出口总额（亿美元）	GDP（亿元）	外贸依存度（%）	出口依存度（%）
香　港	2 848.49	591.26	13 460.94	175	36.3
澳　门	218.66	107.3	2 391.59	75.6	37.1
广州市	230.35	116.23	2 685.76	70.99	35.82
深圳市	686.11	374.80	1 954.65	290.53	158.71
珠海市	98.03	37.89	366.59	221.34	85.55
佛山市	110.68	63.55	1 068.36	85.75	49.23
江门市	43.88	25.71	615.16	59.04	34.59
东莞市	344.54	189.89	578.93	492.59	271.49
中山市	71.49	43.58	362.50	163.23	99.51
惠州市区	51.94	29.43	142.98	300.68	170.37
惠阳市	22.20	12.00	115.13	159.60	86.27
惠东县	5.12	2.91	98.48	43.03	24.46
博罗县	8.49	4.45	90.90	77.31	40.52
肇庆市区	7.72	5.01	411.02	15.55	10.09
高要市	1.52	1.05	117.13	10.74	7.42
四会市	1.65	1.11	61.88	22.07	14.85

注：按当年汇率换算1美元≈8.277元人民币，1美元≈7.8港元，1港元≈1.06元人民币，1澳元≈0.58美元。

资料来源：根据《长江和珠江三角洲及港澳特别行政区统计年鉴（2003）》相关数据计算。

加工贸易发达。珠三角都市圈的对外贸易中，加工贸易是最主要的出口贸易方式，深圳连续十年外贸进出口居全国大中城市首位；而东莞现有外资企业1.38万家，被誉为世界级的制造基地。如表2－27给出的珠三角都市圈的广州、深圳、中山、东莞和佛山五个城市2001年的出口结构，从中可以看出加工贸易是最主要的出口贸易方式。

表 2－27　　珠三角五市 2001 年按贸易方式的出口结构

	广州		深圳		中山		东莞		佛山	
	金额（亿美元）	%	金额（亿美元）	%	金额（亿美元）	%	金额（亿美元）	%	金额（亿美元）	%
一般贸易	24.72	26.92	40.87	10.9	8.35	19.16	2.09	1.22	18.97	29.85
加工贸易	65.62	71.43	312	83.2	35.23	80.84	169.3	98.75	44.57	70.13
其他贸易	1.52	1.65	21.97	3.2	—	—	0.05	0.03	0.015	0.02

资料来源：《广州年鉴（2002）》、《深圳年鉴（2002）》、《珠海年鉴（2002）》、《佛山年鉴（2002）》、《东莞年鉴（2002）》、《中山年鉴（2002）》。

★ **发展中的不足**

珠三角都市圈在发展过程中也存在着一些不足和问题，主要包括以下四个方面：

对外依存度过高，存在较大经济风险。在人口众多、内需为主的大国，外贸依存度一般不会过高。从国际上看，经济最发达的大国如美国，外贸依存度为 20.7%，日本为 20.1%（2000 年，根据联合国 LINK 网站资料计算）。目前中国外贸依存度为 44% 左右，已经高于美国、日本等许多经济大国一倍多。而珠三角各城市的外贸依存度普遍高出这个数值。考虑到汇率等因素以及珠三角庞大的加工贸易规模，该数值似有被高估的可能，但仍反映出对外贸易在珠三角各城市经济发展中起着极为重要的作用。从经济发展阶段看，珠三角已进入深度工业化发展的阶段，这一阶段经济增长的主要“瓶颈”将来自于技术和市场两个方面。就市场而言，在进一步扩大内需的前提下，珠三角为满足庞大的制造业生产能力而寻求的市场路径将更多地依靠国际市场，珠三角经济增长对进出口贸易的依赖还将更加明显，而过度地依赖必然会导致潜在风险增大。

出口产品中劳动密集型产品占较大比重。珠三角各市的对外贸易，仍是一种用劳动密集型产品和初级产品换取中间产品以及资本物品的传统国际贸易格局。近几年来，出口商品逐步转变到以工业制成品为主，但劳动密集产品仍占较大比重，高技术含量、高附加值产品的出口比重有所上升，但总量不大，贸易产品结构矛盾仍然存在，低价格产品仍占主流。以广州市为例，出口商品中劳动密集型产品、资源密集型产品、资本与技术密集型产品的比例大致为 6∶1∶3（见表 2－28）。

表 2－28　　广州市 2000 年出口商品结构

出口商品分类	比例（%）	出口商品分类	比例（%）
轻工业产品	26.53	纺织品	15.78
粮油食品	2.37	化工产品	8.14

续表

出口商品分类	比例（%）	出口商品分类	比例（%）
五金矿产品	10.50	医药品	0.29
运输工具	4.64	工艺品	8.5
光电产品	18.53	土产畜产品	4.71

资料来源：《广州年鉴（2001）》。

出口市场结构趋同。珠三角各市的出口市场结构比较相似，主要贸易伙伴均集中于亚洲、欧洲和北美洲的发达国家和地区，对其依赖程度较高，出口香港产品也大部分是转口到美日欧等发达国家。由于贸易伙伴的过分集中和对个别市场过度依赖的局面，珠三角很容易因为贸易伙伴的经济衰退、壁垒或贸易制裁等原因而使整个外贸工作陷入被动，出口直接受到国际衰退的冲击。例如 2001 年，由于国际需求大幅下滑，出口商品成本又因运输线路变更、战争险等因素有所爬升，致使珠三角都市圈在更加剧烈的国际竞争中出现竞争力下降、订单减少的趋势。出口商品中传统优势产品缺乏自主品牌，机电产品的技术创新能力较弱、附加值低，加上韩、日等国货币贬值，在内外因素夹击的国际市场中，出口增长的难度大大增长，引起珠三角各市在对外贸易中大打价格战等恶性竞争[①]（见表 2－29、表 2－30）。

表 2－29　　珠三角六市 2000 年出口商品中机电产品与高新技术产品比重　　单位：%

	广州	深圳	珠海	佛山	东莞	中山
机电产品	35.93	63.9	—	55.50	60.8	53.7
高新技术产品	6.88	29.4	34.9	15.41	45.4	22.5

表 2－30　　珠三角五市 2001 年出口市场结构　　单位：亿美元

	广州		深圳		珠海		东莞		中山	
	金额	%	金额	%	金额	%	金额	%	金额	%
中国香港	34.0	37.01	136.4	36.4	30.08	30.68	55.37	29.2	23.8	39.09
日本	7.25	7.90	35.23	9.4	5 273	54	13.28	7.7	—	—
美国	21.92	23.87	98.2	26.2	63.18	33.3	6.9	11.33	—	—
欧盟	—	—	45.35	12.1	27.69	14.6	3.3	5.42	—	—

① 吴长征：《珠江三角洲城市群对外贸易关系的对比分析》，载于《广东财经职业学院学报》，2003 年第 2 期。

处于国际产业链低端。珠三角各市的出口商品，大多以加工贸易为主，加工贸易是指企业进口原材料和零配件将其加工成制成品出口，它包括“来料加工装配贸易”和“进料加工贸易”。改革开放以来，加工贸易不断发展壮大，已成为对外贸易的重要组成部分，在促进区域经济繁荣，推动利用外资，引进先进技术、设备和科学管理方法，增加出口创汇，解决劳动就业等方面发挥了重要作用。但与现代加工贸易所要求的具备技术优势、人才优势、研究开发能力等综合知识优势以及完善的信息基础设施和规范的体制条件等方面的要求还存在一定的差距。另外，由于外商投资企业是加工贸易的经营主体，在加工贸易特别是来料加工中，外商投资企业完全掌握市场和销售渠道，严密控制关键技术，把技术和产品的开发能力大多留在境外，而中方只参与简单的加工装配环节。这种格局延滞了整个加工贸易的升级和国内配套程度的提高，从而延缓了加工贸易对产业结构的带动作用。近年来中国较高的经济增长率中，相当大的成分是由进出口数量扩张构成的，加工贸易发展水平较低，技术含量不高，在国际市场上竞争力低下，导致中国整个对外贸易出口缺乏增长潜力，发展后劲不足。

★ **发展功能定位**

根据珠三角都市圈的地区竞争优势分析，结合该地区经济结构和未来经济走向，我们认为，珠三角都市圈应该努力发展成为以香港为中心的加工贸易导向的世界制造业中心。这样定位有如下好处：（1）可以充分发挥地区竞争优势。珠三角都市圈强大的对外经济联系能力和雄厚的加工贸易基础两大优势在中国乃至世界范围内都是非常突出的，定位为加工出口贸易制造业中心，将更加充分地利用其竞争优势。（2）可以更好地利用香港、澳门的优势资源。香港很久以来就成为世界重要的贸易中心和金融中心，近些年来，香港与广东省的联系更加紧密，经济交往更加频繁。以香港为中心打造加工贸易导向的世界制造业中心，可以使珠三角都市圈充分利用香港的金融中心、贸易中心的资源和优势，促进都市圈更快地融入世界经济，从而取得更大、更快的发展。

★ **发展思路定位**

珠三角都市圈通过高度对外开放的经济模式取得了经济上的巨大腾飞，然而，与加工贸易导向的世界制造业中心之间还存在着一定的差距，发展过程中也存在着许多的问题需要解决，因此，珠三角都市圈在今后的发展中应坚持如下思路：

促进地区优势互补、促进出口市场与产品的差异化。在珠三角各城市工业化发展初期，彼此间缺乏优势互补的意识，自我发展导致了各产品结构趋同性较高、互补性不足。珠三角各市的出口市场结构比较相似，主要贸易伙伴均集中于亚洲、欧洲和北美洲的发达国家和地区，对其依赖程度较高，很容易因为贸易伙伴的经济衰退、壁垒或贸易制裁等原因而使整个外贸工作陷入被动。由于国际市场的波动，珠三角各市在对外贸易中还出现过大打价格战等恶性竞争[①]。为了更好地促进都市圈的和谐发展，应该进行产品与市场的差别定位，更好地发挥不同地区的优势，从而促进世界制造业中心的形成。

大力发展现代加工贸易，促进产业链高端化发展。珠三角各市的加工贸易，许多仍以传统的“来料加工装配贸易”和“进料加工贸易”为主，处于国际产业链低端，与现代加工贸易所要求的具备技术优势、人才优势、研究开发能力等综合知识优势以及完善的信息基础设施和规范的体制条件等方面的要求还存在一定的差距。珠三角都市圈在今后的发展中，应大力发展现代加工贸易，提升产业层次，从而在以后的国际贸易中取得更强的竞争力。

继续改善产品结构，提高资本与技术密集型产品的比例。珠三角各市的对外贸易，在近几年来逐步转变到以工业制成品为主，但劳动密集产品仍占较大比重，高技术含量、高附加值产品的出口比重有所上升，但总量不大，贸易产品结构矛盾仍然存在。珠三角都市圈需要加大对资本与技术密集型产业的投资力度，改善产品结构，提高产品附加值和科技含量，从而增强未来加工贸易导向的世界制造业中心的重要性和不可替代性。

（3）珠三角制造业发展现状分析

1978 年，中国第一家加工贸易企业在东莞成立，拉开了珠三角都市圈制造业迅猛发展的序幕。经过 30 年的发展，珠三角都市圈已经成为了世界级的制造基地。1998 年，仅东莞一市就拥有工业企业 16 406 家，从业人员超过 200 万人，工业产值达到 732.22 亿元。2002 年，珠三角 9 个地级以上城市（不含香港、澳门）制造业工业增加值为 2 777 亿元，占广东省规模以上制造业工业增加值的 87.6%，其中广州增加值占 22.7%，深圳占 22.1%，佛山占 13.7%。珠三角都市圈制造业发展具有如下趋势和特征：

支柱产业确立，产业结构正在改善。珠三角制造业已经形成了这样几大支柱行业（如表 2-31 所示）：A. 电子及通信设备制造业；B. 电气机械及器材制造业；C. 金属制品业；D. 化学原料及化学制品制造业；E. 交通运输设备制造业。从产业结构来看，珠三角都市圈的产业结构正在逐步改善，高新技术产业的比例不断提高。近几年来，以珠三角为中心的东部区域电子产业群正在加快形成，其产销量等指标保持中国电子信息产业较高地位，其中深圳的电子信息产业总产值占到了全国的 14.4%。珠三角都市圈以通信、数字视听产品、新型元器件、软

① 吴长征：《珠江三角洲城市群对外贸易关系的对比分析》，载于《广东财经职业学院学报》，2003 年第 2 期。

件、计算机等产品为重点的规模生产基地已经形成。总的来说，珠三角制造业产业结构得到了实质性的提升。

表 2－31　2002 年珠三角（不含香港、澳门）制造业经济总量

单位：亿元

行　业	企业单位数（个）	总产值（当年价）	总产值（1990 年不变价）
食品加工业	314	240.69	207.71
食品制造业	289	207.25	197.11
饮料制造业	126	183.14	164.13
烟草加工业	6	69.16	34.54
纺织业	979	533.04	479.09
服装及其他纤维制品制造业	1 610	529.72	512.56
皮革毛皮羽绒及其制品业	795	380	352.72
木材加工及竹藤棕草制品业	171	79.01	77.64
家具制造业	349	114.4	105.97
造纸及纸制品业	641	281.13	265.51
印刷业及记录媒介复制业	420	147.43	170.6
文教体育用品制造业	482	239.47	226.12
石油加工及炼焦业	27	158.63	73.18
化学原料及化学制品制造业	944	680.72	750.68
医药制造业	173	186.03	257.95
化学纤维制造业	62	49.22	74.04
橡胶制品业	165	73.14	78.83
塑料制品业	1 249	559.44	570.13
非金属矿物制品业	1 045	455.55	481.15
黑色金属冶炼及压延加工业	140	135.39	105.45
有色金属冶炼及压延加工业	217	149.58	175.34
金属制品业	1 622	691.16	685.1
普通机械制造业	470	196.59	209.43
专用设备制造业	294	114.57	116.38
交通运输设备制造业	490	611.24	662.66
电气机械及器材制造业	1 640	1 476.63	1 905.42
电子及通信设备制造业	1 497	4 102.44	5 880.77
仪器仪表及文化办公用制造业	312	379.18	440.24
其他制造业	536	203.27	189.99

资料来源：《广东统计年鉴（2003）》。

产业空间集群度高。这里采用区位商方法、区际商品率指数、产业集聚规模和集中系数四个指标来说明珠江三角洲地区的主要集聚产业类型。根据区域经济学理论，“区位商”是一个衡量区域产业专业化程度的有效指标，其定义为：

$$R_{ij}=\frac{e_{ij}/e_j}{E_i/E}$$

其中，e_{ij}——表示第 j 个地区、第 i 个产业的指标值

e_j——表示第 j 个地区所有产业的指标值

E_i——表示第 i 个产业的指标值

E——表示所有产业的指标值

R_{ij}——表示第 j 个地区、第 i 个产业的区位商，主要衡量产业专业化程度。当 $R_{ij}>1$ 时，表明 j 区域 i 产业有溢出效应，i 产业具有区位优势，专业化程度高，竞争力较强；当 $R_{ij}<1$ 时，表明 j 区域 i 产业在区域竞争中处于劣势，以对内服务为主，没有比较优势；当 $R_{ij}=1$ 时，表明 j 区域 i 产业处于均势，在区域内比较优势不明显。区位商反映某一行业的比较优势和竞争力，以及在区域分工中的地位和作用。当 $R_{ij}>1$ 时，用产业集聚规模 S_i 来判断某一行业的集聚规模总量的大小，其计算公式为：

$$S_i=\left(\frac{e_{ij}}{e_j}-\frac{E_i}{E}\right)\times e_{ij}$$

区际商品率指数 P_i 是衡量区际商品率高低的指标，其计算公式为：$P_i=M_i-N_i\times k$，其中，M_i 是某区域 i 部门产值占全国（或全省）该部门产值的比重；N_i 是某区域总人口占全国（或全省）总人口的比重；k 为系数。P_i 处于 $-1\sim+1$ 之间，其值越大，表示区际商品率越高。集中系数 C_{ij} 也是衡量区域专业化程度的指标，其计算公式为：$C_{ij}=l_{ij}/l_i$，其中，l_{ij} 表示 j 区域 i 产业的人均产值；l_i 表示全国 i 产业的人均产值；当 $C_{ij}>1$ 时，说明 j 区域的 i 产业比较集中（见表 2-32）。

表 2-32　　珠三角都市圈在全国的主要集聚产业情况

	R_{ij}（珠三角/全国）	P_i	S_{ij}（珠三角/全国）	C_{ij}
服装及其他纤维制品制造业	1.45	0.112	583.4	10.0
皮革毛皮羽绒及其制品业	1.72	0.146	405.5	11.8
家具制造业	1.71	0.151	32.68	12.1
造纸及纸制品业	1.11	0.068	52.52	7.60
印刷业记录媒介复制业	1.44	0.104	42.9	9.54
文教体育用品制造业	2.6	0.256	389.1	17.8
塑料制品业	1.83	0.160	915.6	12.6

续表

	R_{ij}（珠三角/全国）	P_i	S_{ij}（珠三角/全国）	C_{ij}
金属制品业	1.68	0.140	1 216.3	11.6
电气机械及器材制造业	1.93	0.171	7 019.7	13.2
电子及通信设备制造业	2.7	0.268	48 508.8	18.5
仪器仪表及文化办公用制造业	2.76	0.275	557.2	18.9

注：表中仅列出区位商大于1的主要工业行业。

资料来源：根据《广东统计年鉴（2002）》和《中国统计年鉴（2002）》有关数据计算整理。

从全国范围来看，珠三角都市圈的主要集聚产业共有11个，其中仪器仪表及文化办公用制造业、电子及通信设备制造业和文教体育用品制造业的区位商均大于2，专业化程度最高，集聚优势明显，这三个行业的集中系数 C_{ij} 和区际商品率指数 P_i 也都位居前三位；而电子及通信设备制造业的集聚规模最大，为48 508.8，电子机械及器材制造业和金属制品业分居二、三位，仪器仪表和文教体育用品制造业虽然专业化程度高，但集聚规模较小，仅为557.2和389.1。区位商大于1.5的行业有电子机械及器材制造业、塑料制品业、家具制造业、皮革毛皮羽绒及其制品业和金属制品业，专业化程度很高，在全国的竞争优势较强，其中金属制品和塑料制品的集聚规模较大，分别为1 216.3和915.6。区位商大于1的行业还有服装及其他纤维制品制造业、印刷业记录媒介复制业和造纸及纸制品业，它们的集中系数和区际商品率指数较小，产业集聚规模不大，专业化程度一般。可以看出，珠三角在全国的集聚行业除了电子、电器和仪器仪表行业属于技术密集型外，其他行业大多属于劳动密集型的传统轻工业行业，说明这类行业在全国的竞争优势仍十分明显。通过粗略分析，不难看出，珠三角都市圈的主要集聚产业仍是以劳动密集型的传统轻工业行业为主，尤其是电子、电子制造、仪器仪表、文教体育用品、皮革、金属制品等行业的竞争优势较为显著。

产品集聚已初显雏形。从珠三角工业产品在全国的集中度来看（见表2-33），珠三角IT类产品和家电类产品产量平均占全国同类产品产量的比重达到了49.3%。在产量所占份额超过70%的产品中，组合音响、电话单机所占比重分别为80.4%和78.8%，电风扇、电饭锅、微波炉所占比重分别为88.2%、79%和72.1%，区域内高新技术制造业的特点十分突出。产量占40%以上的IT类产品还有数字程控交换机、传真机、打印机和录像机，家电类则包括照相机和燃气热水器。从空间结构上看，珠三角已经形成以IT制造业和家电制造业为主导行业，沿珠江两岸的高新技术制造业走廊。电子信息产品集群和电器产品集群已初显雏形，珠江东岸是以深圳、东莞、惠州为主的电子信息产品产业群，西岸是以广州、佛山、江门、珠海为主的电器产品产业群。这两个产业群已经成为世界级的生产制造基地。以 IT 业为例，目前该地区生产的计算机硬盘占全球产量的 30%，生产的计算机卡、软盘、键盘和各种驱动器占全球产量的 10% 以上，除芯片外，所有计算机零部件都可以在这里配套。IT 业强大的产业配套能力正日益成为珠三角经济发展的强大支撑点和吸引外资的新亮点。目前，珠江三角洲已成为中国最大的家用电器生产基地，主要家电生产企业约有 500 家，家电工业的生产规模、完成产量和工业总产值均居全国首位。珠三角也是全国最大的彩电生产基地，拥有康佳、创维、TCL、华强四大彩电生产厂家，其销售总和在 1998 年估计达到 800 万台，市场占有率分别为 14%、7%、6.7% 和 2%。

表 2-33　2000 年珠三角都市圈主要工业产品的集中度

IT 类	占全国比重（%）	家电类	占全国比重（%）	其他类	占全国比重（%）
程控交换机	50.7	彩电	34.8	钟表	71.4
电话单机	78.8	电冰箱	25.1	玩具	65.2
移动电话机	19.1	吸尘器	24.9	灯具	78.6
传真机	55.8	空调	37.5	建筑陶瓷	50.3
电子计算机	23	电风扇	88.2	家具	25.1
打印机	60.2	微波炉	72.1	服装	23.4
彩色显像管	24.3	电饭锅	79	自行车	35.9
集成电路	31.1	热水器	58.4	塑料制品	14.3
录像机	43.6	组合音响	80.4	鞋	56.8
激光视盘机	35.5	照相机	64.3	铝材	41.5
电子元件	—	收音机	19.3	化妆品	28.4

资料来源：根据《广东统计年鉴（2001）》、《中国统计年鉴（2001）》以及珠三角各市统计年鉴计算整理。

再从其他类工业产品的全国集中度来看，产量所占份额超过 50% 的产品有灯具、钟表、玩具、鞋和建筑陶瓷，还有铝材、自行车、服装、家具、化妆品和塑料制品等的产量比重也都在 10% 以上。目前珠江三角洲拥有各类制鞋厂家 5 000 多家，从业人员达 250 万人以上，逐渐形成了东莞、中山、广州、惠州、深圳等一批鞋类生产重镇，形成了珠三角庞大的制鞋产业带，是全国最大的鞋业生产和批发出口基地，也是世界最大的成品鞋生产基地。另外纺织服装业是珠三角传统的支柱产业，也是全国纺织服装出口创汇最多的地区。目前珠三角以区域为基地，以产品为纽带，以品牌为龙头，形成了一批分工明确的纺织服装产业集群，如中山莎溪的休闲服、南海西樵的布料、佛山张槎的针织、东莞虎门的服装、大朗的毛织物、佛山环市的童装和南海盐布的内衣等，区域经济效应显著。同时珠三角还是全国最大的家具生产出口基地，其中深圳是高档家具的生产基地，东莞是中高档家具的龙头，顺德则是经济型家具的集中地。珠三角工业产品的相对聚集所产生的凝合力和价值实现远远大于分散性的产业生产，产业集聚效用非常显著。

区域集群产业差别定位。珠三角都市圈的不同产业，尤其是新兴产业和传统产业的集群具有明显的区域差别。从珠三角都市圈内部各市工业行业的区位商来看（见表2-34），新兴的行业主要集中在广州、深圳和珠海，且专业化优势明显。广州的专业化部门最多，主要集聚产业与众不同，以石油加工、烟草加工、交通运输设备和钢铁工业等为主，资金密集型行业所占份额较大。深圳和珠海的主要集聚产业以技术密集型的行业为主，如仪器仪表、电子、电器和医药制造业。珠三角其他市县的主要集聚产业大多仍是属于传统的劳动密集型行业，如纺织、服装、食品、塑料、金属制品、造纸等；尤其是珠三角外圈层的肇庆、惠州、江门等市县的主要集聚产业还包括矿产开采、木材加工等采掘业和原材料加工行业。

表2-34　　　　珠三角都市圈各市的主要集聚产业

城市	区位商大于1的行业数	区位商前五位的主要工业行业				
广州	21	石油加工及炼焦业（3.83）	烟草加工业（3.7）	交通运输设备制造业（2.81）	黑色金属冶炼及压延加工业（2.74）	食品制造业（2.7）
深圳	7	石油和天然气开采业（3.9）	仪器仪表及文化办公用制造业（2.1）	电子及通信设备制造业（2.02）	电力蒸气热水生产供应业（1.2）	医药制造业（1.15）
珠海	10	仪器仪表及文化办公用制造业（3.81）	医药制造业（2.86）	电气机械及器材制造业（2.17）	专用设备制造业（2.14）	化学纤维制造业（1.6）
东莞	12	电力蒸气热水生产供应业（2.2）	造纸及纸制品业（2.16）	纺织业（2.07）	文教体育用品制造业（2.01）	电子及通信设备制造业（1.33）
中山	17	文教体育用品制造业（2.32）	服装及其他纤维制品业（1.92）	印刷业、记录媒介复制业（1.8）	塑料制品业（1.85）	金属制品业（1.71）
江门	12	交通运输设备制造业（3.71）	食品加工业（3.33）	食品制造业（2.39）	普通机械制造业（2.37）	木材加工及竹藤棕草（2.13）

续表

城市	区位商大于1的行业数	区位商前五位的主要工业行业				
佛山	15	非金属矿物制品业（4.58）	仪器仪表及文化办公用制造业（3.92）	塑料制品业（3.47）	有色金属冶炼及压延加工业（1.87）	印刷业、记录媒介复制业（1.86）
肇庆市区	8	食品制造业（3.79）	电子及通信设备制造业（2.56）	饮料业（1.68）	印刷业、记录媒介复制业（1.52）	化学纤维制造业（1.42）
高要	14	有色金属矿采选业（96）	非金属矿采选业（17.7）	化学纤维制造业（13.4）	家具制造业（8.8）	皮革毛皮羽绒制品业（4.52）
四会	10	皮革毛皮羽绒制品业（7.64）	木材加工及竹藤棕草（4.35）	其他制造业（4.05）	印刷业、记录媒介复制业（3.18）	非金属矿采选业（2.4）
惠州	3	有色金属矿采选业（30）	电子及通信设备制造业（2.29）	塑料制品业（1.29）		

资料来源：根据《广东统计年鉴（2002）》和珠三角各市统计年鉴（2002）有关数据计算整理。

★ **制造业未来发展分析**

珠三角都市圈经过改革开放30年的快速发展，已经成为世界重要的制造业基地。然而，珠三角都市圈要想成为世界重要的制造业中心，尤其是成为科技含量较高的现代加工贸易为主的世界制造业中心，还应该抓好以下几方面工作：

科技创新能力需要快速大幅度提升。珠三角都市圈劳动密集的产业优势正在逐渐丢失，必须进行产业结构优化升级、提升产业技术创新能力，才能保证持续的产业竞争能力和发展能力。具体需要做好：（1）优化科技发展环境，改善科技创新和高新技术产业发展的环境，制定有利于科技发展的财政政策、金融扶持政策，加强知识产权保护政策的落实，制定有利于创新创业的分配制度。（2）加大科技投入力度：一是加大政府科技引导和扶持的力度，逐年增加财政对科技的投入，各地政府对科技的投入增长幅度要大于财政收入的增长幅度；二是鼓励企业科技创新的投入，吸引民间资本对科技的投入，建立以企业投入为主体、政府引导、金融机构和风险机构共同参与的科技投入机制；三是要充分发挥香港证券交易所、深圳证券交易所融资的功能，积极推荐优秀企业上市。（3）抓好人才队伍建设，要加强人才的培养，要根据珠三角都市圈制造业发达的特点，大力发展高等职业教育；通过中国香港、澳门与国际交流密切的优势和珠三角特定的人文环境、政策优势，引进国内外优秀科技人才，鼓励有条件的企业想方设法提高企业研发的档次，培养高层次科技人员。（4）推动产学研的合作，要积极鼓励企业与企业、企业与研究机构联合申报科技项目，开展技术的联盟合作，促进企业、科研机构、大专院校创新的互动；推动产学研的合作，促使研究机构为中小企业的技术开发提供良好的技术支撑，引导科研机构主动为专业镇创新服务，在创新平台中发挥"小平台、大舞台"的作用。（5）重视科技平台建设，建设一批重点实验室、科研基地和高水平的科研院所，与国外著名机构、国内外著名大学、中科院联合建设一批围绕珠三角产业特色的科研院所，加强知识创新；建立一批工程中心、专业市、县、镇创新中心，吸引外资企业在珠三角设立一批科研机构，推动技术创新；建设一批生产力促进中心、知识产权机构、风险投资机构，重点建设广东技术交易市场、新型科技信息数据处理平台，促进成果转化。

进一步优化制造业产业集群与产品集聚。珠三角都市圈制造业的发展，需要进一步优化制造业产业集群，应该在区域企业现有联系的基础上进一步创造条件，打破条块分割，引导建立企业之间的产业联系网络和产业群、产品群的形成；推动产业联系内部化，规避地区分割和不适当的行政分割，强化企业的利益主体地位，使企业能在区域内自选优化资源配置，整合形成跨地区企业集团和以跨地区集团企业为核心的产业群。目前，产业整合的重点，应该是培育以下具备国际竞争力的产业群：一是轻工日化产业群；二是高新技术产业群；三是以金融、贸易、交通、会展、信息为代表的现代服务产业群；四是以汽车、石化等为主的现代大制造业等技术含量和附加值较高的劳动密集型产业群。

打造国际级企业，增强企业国际竞争力。珠三角都市圈制造业企业经过20多年在国际贸易领域的发展已经具备了丰富的国际竞争经验，然而由于规模较小、资金等实力不足等原因，企业的国际竞争力并不很强。因此，应该鼓励有实力的企业通过协作、兼并、重组、联合、组建战略同盟以及实施"走出去"战略，发展成为跨区大集团或跨国公司。培育区域企业群落的途径有两个：一是改善经济运行的基础面，针对珠三角城市的具体情况加强教育与科研，优化人力资源配置，建设良好的区域基础设施。二是增强企业合作的驱动力。通过政策的推动，在市场竞争中促进地区间的产业整合，进行多层次的协作和重组，培育和促成一批在国际上具有相当竞争力的跨地区企业集团和企业群、产业群。

（4）珠三角服务业发展现状分析

珠三角都市圈的服务业发展取得了非常大的进步。从服务业增加值来看，2002年珠三角都市圈内地城市服务业增加值为4 265.1亿元（加上香港、澳门为17 509.94亿元），按可比价计算，是1978年的230多倍；从服务业的集中度来看，广州和深圳占了珠三角都市圈内地服务业的63%，广州、深圳、佛山占了内地服务业的74%，集中度相当高；2002年服务业占GDP的比重达到37.1%；2002年内地服务业就业人员达到743.18万人，占珠三角都市圈全部就业人口的39.07%，与第二产业就业人口（793.42万人）占就业比重41.71%基本持平。总起来讲，珠三角服务业的发展具有如下特征：

服务业比重呈“先快后缓”的趋势。珠三角都市圈内地城市服务业占GDP的比重，从1978年的25.1%上升为2002年的37.1%，其中1978～1990年涨幅较快，增加了10.7个百分点，1990～2002年增速减缓，服务业比重仅增加了1.3个百分点，总体上呈“先快后缓”的趋势，而且自1990年以后，服务业在经济总量中的比重多有下降的阶段，比较突出的有深圳、珠海、中山、惠州市区、惠阳、惠东、四会，其原因可能是多方面的：（1）行政区域划分的调整，导致经济统计数字的下降；（2）制造业增长幅度过大，从数据上掩盖了服务业的增长；（3）发展战略的调整，从珠三角整体发展的角度规划地方经济结构，地方服务业“分包”给了周边城市，导致服务业统计数字的下降（见表2－35）。

表2－35　珠三角都市圈服务业占GDP比重　单位：%

年　份	1978	1980	1985	1990	1995	2000	2001	2002
广州市	29.7	34.6	37.4	49.3	47.4	52.6	54.5	55.7
深圳市	41	45.1	51.4	51.1	46	46.5	45.1	44.4
珠海市	30	31.9	36.7	42.1	41.2	40.3	40.5	40.9
佛山市	18.3	18.2	23.5	28.6	35.2	40.3	39.5	40.7
江门市	24.6	26.7	28.4	33.5	38.4	40.4	40.6	41
东莞市	11.6	16.9	19.5	30	33.5	39.1	40.1	40.6
中山市	17	21	28.7	36.4	41.9	37.7	36	34.4
惠州市区	40.1	46.1	36.7	53	32.6	21.9	27.8	24.8
惠阳市	28.5	32.4	26.2	27.7	35.2	35.2	33.2	31.3
惠东县	16.8	22.3	33.2	28.8	34.1	27	27	27.4
博罗县	22.5	25.1	25.9	30.5	25.9	21.6	21.8	22.2
肇庆市区	37.1	37.3	41.6	42.7	36.1	44.9	49.7	50.9
高要市	8.7	8.4	15.1	22.3	29.7	40.2	40.9	41
四会市	25	27.2	21.7	25.1	22.1	24.4	24.3	23.7
香　港		67.3	69.5	71.4	83.7	85.6	86.5	87.4
澳　门				78.7	87.8	90.6	92.1	
珠三角平均（不含香港、澳门）	25.1	28.1	30.4	35.8	35.7	36.6	37.2	37.1
全　国	23.7	21.4	28.5	31.3	30.7	33.4	34.1	33.5

资料来源：《长江和珠江三角洲及港澳特别行政区统计年鉴（2003）》、《中国统计年鉴（2003）》。

服务业成为吸纳就业的主要渠道。从表 2 - 36 可以看出，香港、澳门的服务业就业比重在总就业人数中占有绝对的主导地位，达到 70% 以上，香港更是达到了 82% 强。而内地各个城市的服务业虽然有了很大的发展，但相对于港澳地区来说，仍有较大的差距。2002 年珠三角都市圈内地城市服务业就业人员达到 743. 18 万人，占珠三角都市圈内地城市全部就业人口的 39. 07%，与第二产业就业人口（793. 42 万人）占就业比重 41. 71% 基本持平。具体到珠三角各个城市来看，服务业经济比重超过 40% 的城市包括广州、深圳、珠海、佛山、江门、东莞、肇庆市区、高要，服务业就业比重超过 40% 的城市包括广州、深圳、珠海、惠州市区、肇庆市区；服务业经济比重超过第二产业经济比重的城市包括广州、肇庆市区、高要，服务业就业比重超过第二产业就业比重的城市包括广州、珠海、江门、惠州市区、惠阳、惠东、肇庆市区，可见，无论从经济贡献还是吸纳就业，珠三角都市圈服务业已经和第二产业并行成为区域主体产业（见表 2 - 36）。其中广州市和肇庆市区无论从经济比重还是就业比重，服务业都已经全面超过第二产业而成为地方主体产业。

表 2 - 36　珠三角都市圈 2002 年三次产业就业比重和经济比重

	就业比重（%）			经济比重（%）		
	一产	二产	三产	一产	二产	三产
广州市	18. 5	38. 5	43. 0	3. 4	40. 9	55. 7
深圳市	1. 1	55. 8	43. 1	0. 9	54. 7	44. 4
珠海市	11. 4	39. 8	48. 9	4. 0	55. 1	40. 9
佛山市	17. 8	47. 1	35. 1	6. 1	53. 2	40. 7
江门市	41. 0	27. 6	31. 5	10. 6	48. 4	41. 0
东莞市	14. 6	48. 8	36. 6	4. 5	54. 9	40. 6
中山市	16. 1	50. 2	33. 7	6. 3	59. 3	34. 3
惠州市区	5. 4	38. 6	56. 0	1. 8	73. 4	24. 8
惠阳市	27. 3	33. 4	39. 3	13. 4	55. 2	31. 3
惠东县	42. 2	21. 5	36. 3	21. 5	51. 1	27. 4
博罗县	49. 7	26. 7	23. 6	21. 3	56. 5	22. 2
肇庆市区	19. 8	36. 8	43. 4	7. 8	41. 4	50. 9
高要市	44. 9	29. 4	25. 7	27. 5	31. 5	41. 0
四会市	36. 7	33. 8	29. 5	25. 9	50. 4	23. 7
香　港	0	17. 8	82. 8	0. 1	12. 4	87. 5
澳　门	0. 1	28. 5	71. 4	0	12	88

资料来源：《长江和珠江三角洲及港澳特别行政区统计年鉴（2003）》、《广东统计年鉴（2003）》。

各市服务业吸纳就业集中度非常高。从珠三角各市服务业内部的就业结构来看，各市的就业结构惊人的相似。吸纳就业比重最高的是批发零售贸易和餐饮业，所有城市，包括香港，都超过了30%，其中最高的珠海市达到57.64%；各城市社会服务业、其他、交通运输仓储和邮电通信业也都是吸纳就业的主要产业，各市这三个产业吸纳就业的比重在30%左右；各城市服务业中吸纳就业的“第三梯队”包括教育文化艺术和广播电影电视业、国家机关政党机关和社会团体；“第四梯队”包括金融保险业、房地产业、卫生体育和社会福利业；“第五梯队”包括科学研究和综合技术服务业、地质勘查业水利管理业。总的来说，珠三角各市服务业吸纳就业的集中度非常高，交通运输仓储和邮电通信业、批发零售贸易和餐饮业、社会服务业、其他、教育文化艺术和广播电影电视业五个产业的吸纳就业比重（占所有服务业就业人员）珠三角平均为88.05%，最高的高要市达到93.06%，最低的肇庆市区也达到80.59%（见表2－37）。

表2－37　珠三角各市2002年服务业分行业就业人数比重　单位：%

	地质勘查业水利管理业	交通运输仓储和邮电通信业	批发零售贸易和餐饮业	金融保险业	房地产业	社会服务业	卫生体育和社会福利业	教育文化艺术和广播电影电视业	科学研究和综合技术服务业	国家机关政党机关社会团体	其他
广州市	0.31	11.59	38.73	3.27	2.38	15.67	0.17	9.04	1.85	5.15	11.82
深圳市	0.13	5.16	41.68	2.19	2.84	9.42	2.00	2.84	0.52	3.55	29.68
珠海市	0.23	3.70	57.64	2.08	1.16	19.44	1.85	3.01	0.46	4.86	5.56
佛山市	0.25	10.95	35.18	4.23	1.08	8.48	3.14	7.65	0.54	5.11	23.39
江门市	0.30	8.38	31.72	2.01	0.50	4.60	2.57	6.37	0.23	4.45	38.87
东莞市	0.18	11.31	35.34	6.79	1.15	10.13	6.30	9.26	0.42	4.33	14.80
中山市	0.20	8.52	53.12	2.07	0.27	17.56	2.39	4.92	0.77	3.29	6.88
惠州市区	0.33	11.00	42.86	1.92	2.20	17.22	1.87	3.09	0.42	3.74	15.35
惠阳市	0.21	11.00	42.96	0.75	2.20	15.07	1.37	3.65	0.21	4.11	18.47
惠东县	0.27	11.01	42.39	0.38	2.19	17.20	1.26	4.05	0.05	4.22	16.98
博罗县	0.51	10.96	38.36	1.26	2.19	17.20	2.53	7.67	0.17	4.72	14.42
肇庆市区	0.81	11.08	32.01	3.86	1.22	10.87	5.28	8.74	0.91	7.32	17.89
高要市	0.33	12.33	34.12	0.98	0.16	2.45	2.04	5.47	0.08	3.35	38.69
四会市	0.36	11.19	44.05	1.95	0.18	6.75	3.37	8.35	0.36	7.99	15.45
香港	—	13.03	37.03	17.9	—	31.1	—	—	—	—	0.99

资料来源：根据《长江和珠江三角洲及港澳特别行政区统计年鉴（2003）》相关数据计算。

外国直接投资（FDI）对服务业的发展贡献巨大。过去的10多年中，外资服务业大量地进入珠江三角洲地区，对促进珠三角都市圈制造业和服务业的发展起到了巨大的促进作用。从 1979 年至 2001 年第三季度止，经政府批准，外资累计投资于广东服务业共 12 539 个项目，占全部外资投资总项目的 14.97%；合同外资金额达 583.09 亿美元，所占比重为 34.2%；实际利用外资金额为 279 亿美元，所占比重为 24.7%。外资在第三产业也即服务业的各行业的分布情况见表 2－38。

表 2－38　1979～2000 年间广东第三产业分行业 FDI 累计数额 单位：亿美元

服务业分行业	项目个数	比重（%）	合同外资金额	比重（%）	实际利用外资	比重（%）
地质勘查业、水利管理业	6	0.01	0.11	0.01	0.01	0.00
交通运输、仓储及邮电通信业	803	0.96	55.69	3.27	37.89	3.83
批发、零售贸易和餐饮业	3 371	4.02	66.63	3.91	22.56	2.28
金融、保险业	9	0.01	0.52	0.03	0.66	0.07
房地产业	4 948	5.91	401.13	23.5	136.93	13.9
社会服务业	1 427	1.70	18.51	1.09	18.10	1.83
卫生、体育和社会福利业	173	0.21	9.16	0.54	6.38	0.65
教育、文化艺术及广播电影电视业	262	0.31	6.06	0.36	2.39	0.24
科学研究和综合技术服务业	459	0.56	2.72	0.16	0.80	0.08
国家机关、政党机关和社会团体	—	—	—	—	—	—
其他行业	1 081	1.29	22.56	1.32	18.37	1.86

注：比重数为在全部第一、二、三产业外资投资中所占比例。
资料来源：广东省统计信息网。

★ 服务业发展存在的问题

珠三角服务业的发展虽然取得了巨大的成绩，但是仍然存在着许多需要解决的问题，以下是其中两个比较典型的问题：

第一，服务业比重与经济发展程度不符。国际经验表明，在工业化前期阶段，人均收入达到 1 000～1 500 美元时，服务业产值比重会迅速增加，达到45%～50%；在工业化阶段，人均收入在 1 500～5 000 美元之间时，服务业比重基本保持不变，农业比重显著降低而工业比重显著增加；当进入工业化后期阶段或者信息化阶段时，服务业比重又会出现迅速增长，比重达到 60%～70%。对照发达国家的历史表现以及经验总结，珠三角都市圈服务业发展水平在 1990 年时段基本与发达国家在相应经济阶段的水平一致，但是到了 2002 年，珠三角的服务业水平明显落后于发达国家相应经济阶段的服务业水平。如果要计算现代服务业的比重，则珠三角都市圈的水平更加与经济发展水平不相符合。

第二，现代服务业比较薄弱。将现代服务业和传统服务业区别开来看，珠三角都市圈，除香港、澳门两个特别行政区外，其他城市的属于现代服务业范畴的交通运输仓储和邮电通信业、金融保险业、科学研究和综合技术服务业还比较薄弱，三个产业总共吸纳就业平均为12.8%左右；而龙头城市香港，这三个产业吸纳就业就达到31.2%。

★ **珠三角都市圈服务业现状分析**

珠三角都市圈的服务业发展在经历了1979年至1990年的快速发展后，出现了速度放缓的迹象，表明珠三角服务业的发展遇到了新的“瓶颈”，需要以新的思路和方式进行突破，如果能够突破，则将迎来一次新的大发展，如果不能有效突破，则将在现有的发展水平上徘徊不前。为此，我们认为珠三角都市圈的服务业未来发展应该从以下几个方面进行：

大力发展新兴服务业，改善服务业内部产业结构。现代新兴服务业是珠三角都市圈的薄弱环节，同时也是关键环节，关系到珠三角都市圈未来发展的潜力和速度。要制定和完善产业政策，使产业政策适度向服务业倾斜，并明确服务业发展的重点；要“积极发展旅游、信息、咨询、技术、法律、会计服务等新兴产业”，“规范和发展金融、保险业”，“健全资产评估、业务代理、行业协调等中介服务”；要积极发展信息产业，信息产业是新型服务业赖以生存和发展的物质技术基础，也是从根本上改造珠三角传统服务业的物质技术基础；要抓住有利时机，及时建立起一大批新兴产业，如展览、保险、金融、房产、咨询、教育、网络服务之类的服务业，从而缩短乃至消除中国与发达国家之间在行业发展上的时间差；要提高传统服务业，如旅游、劳务、餐饮、运输等行业的科技含量，进一步调整和优化产业结构。

充分发挥香港、澳门的龙头带动优势，实现优势互补、共同发展。2003年6月29日，中央政府与香港签署了《内地和香港关于建立更紧密经贸关系的安排》(Closer Economic Partership Arrangement, CEPA)，10月17日，中央政府又与澳门签署了《内地与澳门关于建立更紧密经贸关系的安排》，标志着内地与港澳的经贸关系从民间自发合作迈向政府之间制度性合作安排的新阶段。广州、深圳等14个城市应该充分利用自身的地理区位优势，增加与香港、澳门的沟通往来，不断学习借鉴香港、澳门在银行、证券、保险、基金、物流、商贸、信息服务和社会中介服务等行业的经验，改善自身的产业结构。广东省政府要通过改革口岸管理体制以及通关制度，加快跨境基础设施的建设，提供快捷、安全、优质的出入境服务，要利用毗邻的地理优势，与其组建大型的电讯服务集团、中介服务机构等方式将一国两制的不利因素减少至最低，而香港、澳门应该更加充分利用内地的广袤市场和资源优势，加大对内地的投资和转移力度，更好更快地实现产业的升级和经济的突破。

建立完善的人才培养、引进、激励制度，提供足够的人才支持。珠三角都市圈的人才优势相比京津冀都市圈和长三角都市圈并不明显，因此，应该充分利用珠三角的地理区位优势、资金优势，采取切实措施来拓展技术性的人力基础设施，要通过培养和引进大量符合服务业发展需求的人才进入珠三角都市圈，全面建立起以市场准则为基础的激励、竞争、保障的用人机制，为珠三角服务业的发展提供足够的人才支持。

2.2 国外五大城市群发展特色分析

1957年，法国城市学家戈特曼首先对都市圈进行了深入的研究，界定了都市圈的范围和规模，并提出了包括中国长三角在内的世界六大都市圈。前面我们已经分析了中国三大都市圈，包括长三角都市圈，在此，我们主要分析东京都市圈、巴黎都市圈、伦敦都市圈、纽约都市圈和芝加哥都市圈等全球五大都市圈。

2.2.1 东京都市圈发展特色分析

东京是日本的首都，位于日本列岛中部，东京湾的西北岸，是全国的政治、经济、文化中心，东京还是全球第三大金融中心。2000年，东京国内生产总值为872 260亿日元，占了全国总量的1/6之多。东京都市圈是世界上经济活动最为集中的都市圈区，集中了众多企业尤其是大型企业的总部、银行、股票市场和广告代理商。东京和其他世界城市相比，企业和银行规模均居于第一位，股票市场居于第三位，广告代理居于第二位[①]。在东京都市圈中聚集了4 132万人，约占日本全国总人口的1/3，其中，东京城内常住人口达3 341万，占全国总人口的26.3%；同时还聚集了资本金在50亿日元以上企业数量的60%和外资法人企业的近90%。

(1) 东京都市圈的发展演化

东京都市圈的发展是与政府的规划导引联系在一起的。日本的城市规划从1923年关东大地震开始受到重视，第二次世界大战后的城市重建过程中得到大大加强。日本的都市圈随着政府的规划导引逐渐发展起来。东京都市圈的形成和发展更是经历了政府五次大的规划。

东京都市圈第一次重大发展源于1958年编制的建设规划。该规划在建成区的周围设置了宽度为5～10公里的绿化带（green belt），并在其外围布局卫星

① Short, J. R. & Kim, Y. H.. Globalization and City [M]. longman. 1999. 36.

城，以控制工业用地等继续向建成区外扩散，从而达到防止首都东京规模过大及已有建成区过密状况的出现。然而由于既得利益集团的反对和工业企业向千叶、横滨等周边地区扩散，以及规划卫星城的“卧城化”，该规划没有得到很好的实施，反而进一步加速了城市中心区转变为大都市圈的中心区和以此为中心的大都市圈的形成。

东京都市圈第二次大的发展是 1968 年，政府在当年提出了将东京作为经济高速增长的全国管理中枢，并实施以实现合理中枢功能为目的的城市改造。尽管在此之前中心区的大规模城市改造已经全面展开，但本次规划无疑对东京都市圈后期的发展给予了政策上的鼓励。

首都圈具有转折性的发展在 1976 年。随着东京作为全国管理中枢职能的加强，城市规模越来越大，弊端越来越多，国土结构“一极集中”现象逐渐加剧，政府在新的规划中提出了分散首都圈的中枢管理职能，建立区域多中心城市的复合管理思路。

1986 年首都圈的发展步入了新的阶段。伴随着国际化和金融时代的到来，政府认识到首都圈应该有新的更高的定位。政府在对周边核心城市进行调整的同时，对首都圈中心区的国际金融职能和高层次中枢管理职能进行了进一步强化。“新城”（new town）、城市轨道公共交通体系等现代城市规划的理论与技术均在不同程度上得到了体现。1988 年中央政府又制定了《促进形成多极分散型国土法》，促进“多核”的新型城市圈结构的形成。

东京都市圈从 1998 年开始向均衡发展努力。1998 年中央政府制定了《21 世纪国土的总体设计》，规定了四个多极多轴型均衡发展战略：（1）战略一：多自然居住地域（包括小城市，农村、山村、渔村，中、高山区等）的创造；（2）战略二：大城市（指大城市空间的修复、更新与有效利用）的创新；（3）战略三：地域提携轴（指呈轴关联的地域提携集合体）的发展；（4）战略四：广域国际交流圈（指具有世界交流职能的圈域）的形成。然而由于东京都地方政府并没有完全执行中央政府的规划，导致该战略没有得到彻底实施，“一极集中”的结构也没有受到很好的遏制，甚至有加重的趋势。

（2）东京都市圈的产业发展

都市圈的发展离不开产业的发展。产业发展是都市圈发展的核心推动力。对于都市圈产业发展的分析，我们主要从制造业发展和服务业发展两方面来进行。

★ 制造业发展分析

东京都市圈制造业的发展，具有一个非常明显的特征，就是经历了一个“增加－减少－增加－大幅度减少”的过程。

1965 年以前："增加 - 减少 - 增加"。日本的制造业发展始于 19 世纪 80 年代（明治维新后），在 1919 年制造业产值第一次超过农业，完成了工业化初期阶段。[①] 接着保持持续增长直到 30 年代中期，后来长达 10 年的战争使战后日本的工矿业指数较战前下降了一半左右，直到 1955 年才完成了战后经济的恢复。[②] 东京都市圈的制造业发展路径基本也与此相符合。1955 年后，东京都市圈的制造业发展从从业人员规模来看，其增长保持到 70 年代左右，从 1955 年的 76.47 万人，增加到 1965 年的 140.45 万。1965 年以后：大幅度减少。从就业人员数量来看，东京都市圈制造业的就业人员从 1965 年以后便开始持续下降，到 1990 年就大致下降到 1955 年的规模水平，2000 年从业人员只有 55.56 万人（见图 2 - 1）。2000 年，东京都市圈就业人员比例只占到总就业人员的 23.1%，而同期第三产业的就业人员比例占到了 76.4%。从销售收入来看，从 1965 年的 14% 持续下降到 2000 年 6% 左右（见图 2 - 2）。说明战后东京都市圈制造业在日本的地位从 60 年代以后就一直处于下降趋势。

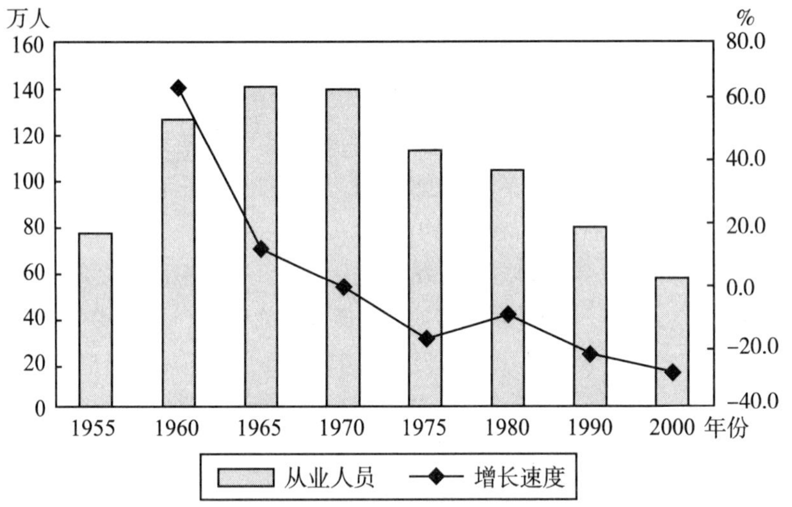

图 2 - 1　东京制造业从业人员历史变化

资料来源：刘秉泰、卢明华、李涛：《东京工业结构演化模式及其驱动力研究》，载于《世界地理研究》2003 年 3 月第 12 卷第 1 期。

① 尚启君、魏正果：《日本和印度工业化初期主导产业与农业发展的比较》，载于《农业现代化研究》，1996 年，第 58 ~ 61 页。

② http://www.qfxl.com/战后日本经济的恢复与发展。

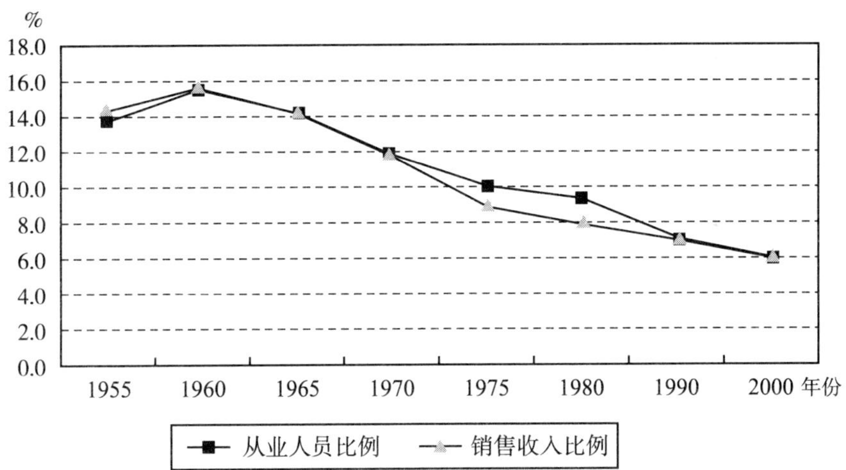

图 2-2 东京制造业在日本地位的历史变化情况

资料来源：刘秉泰、卢明华、李涛：《东京工业结构演化模式及其驱动力研究》，载于《世界地理研究》2003 年 3 月第 12 卷第 1 期。

19 世纪 80 年代至 20 世纪 40 年代中期，轻工业主导。在战前的工业化起步阶段，日本工业的发展主要由轻工业推动，轻工业占整个工业的比重高达 70% 以上，仅纺织、食品两行业对制造业增长的相对贡献度，在 1877～1900 年就高达 75.2%，1900～1920 年为 50.5%。[①] 在该阶段，轻工业主导着东京的工业。两大代表产业是纺织业和食品业。在这个时期，重化工业也有所发展，这为战后日本经济恢复并进入重化工业阶段奠定了基础。

20 世纪 40 年代后期至 50 年代，重工业快速发展。这一阶段是日本战后重建阶段，许多重工业成为经济发展的中坚力量，这一时期，钢铁、化工、机械等战略部门成为重要的制造业部门。然而由于基础雄厚、战后需求增加等原因，食品制造业、出版印刷制造业仍然排在第一、第二位。

20 世纪 60～70 年代，机械制造业增长迅速。从 20 世纪 60 年代开始，东京都市圈制造业开始快速发展，并进入了一个新的结构调整阶段。钢铁和化工制造业的比重逐渐降低，直至退出五大制造业之列，而技术含量、附加值较高的一些制造业，如电器机械、运输机械和一般机械业增长较快，在制造业中占有较高的比重。

20 世纪 80 年代后，产业结构趋于稳定。进入 20 世纪 80 年代，东京的制造业产业结构，尤其是五大主导产业基本稳定，其在制造业中的比重仍保持增加趋势。出版印刷、电气机械和运输机械业的比重继续增加，而一般机械和食品业的

---

① 尚启君、魏正果：《日本和印度工业化初期主导产业与农业发展的比较》，载于《农业现代化研究》，1996 年，第 58～61 页。

比重则有所下降。

实际上，战后东京都市圈制造业的行业分布相当集中，出版印刷、电气机械、运输机械、食品、一般机械五大行业自20世纪70年代以来就一直位于主导地位，且这五大行业在东京都市圈制造业中的总比重不断增加，尤其是销售产值排名前两位的出版印刷业和电气机械业，自90年代就占了东京都市圈制造业总销售额的1/2强（见表2-39）。

表2-39　东京都市圈制造业主要行业产值位次及所占比重的演变

1953年（%）		1963年（%）		1973年（%）		1983年（%）		1993年（%）		2000年（%）	
食品	12.5	电气机械	11.5	电气机械	17.2	出版印刷	21.0	出版印刷	27.1	出版印刷	29.0
出版印刷	11.5	出版印刷	11.2	出版印刷	15.0	电气机械	20.2	电气机械	22.0	电气机械	26.6
钢铁	11.2	一般机械	10.4	一般机械	9.3	运输机械	8.1	运输机械	8.4	运输机械	8.4
化工	10.4	食品	9.4	运输机械	8.0	食品	7.6	一般机械	6.7	一般机械	6.6
电气机械	7.7	化工	8.3	食品	7.8	一般机械	7.6	食品	6.7	食品	5.4
合计	53.3	合计	50.8	合计	57.3	合计	64.5	合计	70.9	合计	76.0

资料来源：刘秉泰、卢明华、李涛：《东京工业结构演化模式及其驱动力研究》，载于《世界地理研究》2003年3月第12卷第1期。

★ **服务业发展分析**

20世纪60年代以前，东京都市圈的产业发展一直是以制造业为主导，从60年代以后，东京都市圈的产业结构发生了质的变化：第三产业比重超过了第二产业成为经济发展的主导产业。1960年，第二产业占国民生产总值的41.9%，而第三产业则占国民生产总值的51.7%。1970年，东京都市圈第三产业在国民生产总值中的比重由1960年的57.1%提高到62.7%；而第二产业却下降了2个百分点，由1960年的占41.9%降低到39.5%。70年代以后，由于石油危机、美日贸易摩擦、日元升值等原因，东京都市圈的第二产业尤其是制造业的发展速度远远低于经济发展水平：1970～1988年的18年间，东京都市圈国民生产总值年增长率为4%，第二产业只增长2.3%，制造业的增长率不到2%，致使第二产业在国民生产总值的比重从40.5%下降至25.5%，下降了近15个百分点。与此同时第三产业却蒸蒸日上，18年间年增长率达到5.2%，不仅高于第二产业3个百分点，而且高于整体经济增长率1.2个百分点，第三产业在国内生产总值中的比重由58.9%上升到74.3%，提高了15个百分点。90年代末，东京都市圈第三产业的就业人数约占全国的1/6，第三产业的生产总值约占全国的1/5，第三产业占国民生产总值的比重比全国高16个百分点。①

① 北京市统计局研究所：《东京的第三产业》，载于《统计与预测》，1997年第2期。

从20世纪70年代以来，东京都市圈第三产业的内部结构也发生了较大的变化。70年代，东京都市圈的第三产业部门中，传统的产业部门居首位，占第三产业的70%以上，占都市圈内生产总值的46%左右。80年代以后，随着经济高速发展，金融保险业和其他新兴产业异军突起，金融保险业以年均增长12.6%的速度列各业之首。狭义服务业在第三产业中的比例虽仍居首位，但已经发生质的变化，其中一些新兴行业如情报信息业、广告业、修理业、租赁业等发展尤其令人瞩目。

服务业[①]在日本的产业划分中丰富多样，既包括旅馆、修理、物品租赁等为生活服务的行业，也包括新兴的情报信息、广告咨询等为生产服务的行业，还包括文化教育、新闻出版等。新兴行业的不断产生与发展，使服务业占第三产业的比重不断扩大，以情报信息和广告业为例，1972年在东京都市圈从事这类活动的机构仅2 600家，就业人员7万多人，在服务业中的比重仅占6%，到1986年，机构达到9 000家，就业人员增至23万人，在服务业中的比重上升到12.3%。由于新领域的不断开拓，服务业在都市圈内生产总值中所占比重越来越大。70年代初期，服务业与商业占都市圈内生产总值的比重均为约20%，到1988年服务业占都市圈内生产总值的比重超过25%。

（3）世界性城市的形成和发展

都市圈发展成熟的标志是中心功能城市的形成。所谓的中心功能城市是指该城市是都市圈的金融中心、服务业中心、商业中心和文化中心等多种中心的汇集地。而当都市圈发展到能够在世界经济中发挥专业作用的时候，该中心型城市也就成为了世界性城市。

20世纪80年代开始，东京都市圈的制造业逐渐转移到工业中心的外围地区，而与此同时，金融、保险、零售和商业服务开始向城市中心转移，东京逐渐成为了都市圈的金融中心、商业中心和服务业中心，文化中心的功能也开始显现。随着日本在全球经济中占据越来越举足轻重的地位，东京都市圈也开始成为世界经济的中心，而东京是这个世界性都市圈的中心，因此也就成为了世界性城市。越来越多的日本公司和国际商业集团将总部放在了东京，日本有超过90%的外国公司集中在东京，大公司总部从1985年的997家增加到1995年的1 282家。日本金融业务的70%～80%发生在这里，超过一半的银行贷款和储蓄也在东京。东京有超过日本9%的人口，却创造了国家超过18%的GDP。东京作为世界经济中心的位置随着该城市证券交易所的发展而更加突显，位于东京的证券交

① 这里的服务业是指狭义的服务业，包含在第三产业内。

易所同纽约及伦敦证券交易所并称为世界三大金融中心。

东京的人口估计2010年将到达顶峰为1 226万人，然后在2015年之前会减少到1 220万人。城市日间的人口预期在2015年之前降低到1 450万人。劳动力人口，即在城市居住和工作的人口，预期到2015年及以后将保持不变，约680万。东京正面临因为婴儿养育热潮及随之而来的退休问题导致的人口老龄化问题，65岁以上年龄段的人口将在2015年之前大幅增长到280万，大约占总人口的1/4，是1995年的2倍。适龄劳动力（15～65岁）预期在1995～2015年的20年内减少10%，约为785万，15岁以下的人口预期仍将停留在150万。2015年之前家庭的数量将到达570万，每个家庭平均2.15人，并且一家中每三个人就有一个在65岁以上。

从表2-40可以看出，1977～1998年间，东京的平均月收入水平高于日本平均月收入水平的幅度一直在增长，从18.8%增长至30.5%，增长了将近12%。

表2-40　1977～1998年日本和东京平均月收入差距变化　单位：日元

年份	日本平均月收入	东京平均月收入	（东京平均月收入-日本平均月收入）/日本平均月收入
1977	219 620	260 821	18.8%
1987	390 114	468 137	20%
1998	416 000	542 742	30.5%

资料来源：节选自萨瑟，2001年，第242页。

从1985～1991年，东京的收入比日本的其他地区要高1.4～1.5倍，这种差距在1991年经济萧条之后缩小了。在1983～1987年间，房地产业迅速发展膨胀，导致东京市民的平均财产翻了两番。东京的收入差距在1975～1995年间呈现增大的趋势，两极分化的现象日渐严重。主要的原因可能在于职业层次的分化。在1991年之后，文员大量减少，服务工人大量增加，从而导致中等收入工作减少，低收入的工作增加，普通收入的百分数显示，1979年最低的收入百分数为3.5%，最高的为23%。在1989年之前，这两个数字为3.1%和25%。1979年高低百分数之间的差异为6.6倍，而1989年则为8倍。值得庆幸的是，这些差异相比西方的伦敦、纽约等世界性城市要小很多。

表2-41显示，在1988年拥有最高收入的行业是能源业，其次是金融和保险，再就是房地产业；1997年，农业的收入最高，其次是能源业，接下来是金融和保险业。所有的行业收入数据都显示出男性的收入比女性要高，而且几乎平均高出一倍，数据显示1998年女性收入最低的是制造业，其次是农业，在1997年，女性收入最低的行业是建筑业，其次是制造业。

表 2-41　按职业和性别，1988 年和 1997 年平均每月收入　单位：日元

	全部工人		男性		女性	
	1988 年	1997 年	1988 年	1997 年	1988 年	1997 年
农业	318 889	678 789	355 208	—	167 815	—
建筑	323 946	598 261	347 987	437 000	173 481	246 400
制造业	302 359	550 923	347 559	436 300	164 246	256 100
能源	397 359	674 041	436 376		211 401	—
交通运输	323 546	527 292	335 569	—	215 859	—
零售和批发	283 216	510 441	341 060	400 700	170 519	258 400
财政和保险	365 605	651 289	459 421	527 400	251 163	280 400
不动产	358 933	500 122	406 613	456 300	216 222	258 900
服务	288 326	519 529	335 069	425 600	193 964	294 400
全部工业（平均值）	311 132	542 742	356 686	431 000	199 183	273 700

资料来源：节选自萨瑟，2001 年，第 242 页。

（4）存在问题与未来发展选择

★ **东京都市圈存在的问题**

东京都市圈的发展无疑是令世人瞩目的，尤其是东京从战后的一片废墟、满目疮痍发展到现在的世界性城市，成为世界三大金融中心之一，影响着全球经济的发展，这个成就是巨大的。然而，东京都市圈在发展过程中同样存在着许多问题，需要在今后的发展中给予解决。

政府过分规划干预与自主发展之间的矛盾。都市圈的形成和发展成功既要靠地区的自主发展，也要靠政府的合理规划引导，而且，地区的自主发展应该是都市圈成功的根本动力源泉，政府的规划引导是一把“双刃剑”，规划得合理、引导得正确，会使都市圈的发展少走许多弯路，并能大大提高都市圈的发展速度，但是如果政府的规划引导不符合区域发展的自然规律，就会成为都市圈发展的阻力，甚至破坏都市圈的形成。东京都市圈在形成和发展过程中，政府的规划引导起到了很大的作用，但同时也犯了不少错误，尤其是在都市圈发展的初期，政府盲目地模仿伦敦的模式，强制性地要在城市周围形成绿化带，一定时期内抑制了都市圈的形成。日本政府和东京都政府在利益上的不一致导致对东京的不同发展定位在都市圈发展过程中也出现了一些问题，并且这个矛盾也是将来需要妥善处理的。

“一极集中”问题的长期困扰。一极集中的问题始终长期困扰着东京都市圈，甚至可以说东京都市圈的发展过程正是同“一极集中”问题不断斗争的过程。1958 年东京都市圈第一次编制规划的目的就是为了防止东京都过大而出现

"一极集中"问题。然而这次规划不仅没有成功，反而加速了城市中心区转变为大都市圈的中心区和以此为中心的大都市圈的形成。1976 年第三次建设规划也是为了解决"一极集中"，但该规划方案的实施却并没有一帆风顺。1987 年日本制定的《第四次全国综合开发规划》又明确地提出了缓解人口及城市中心诸功能向东京单一中心集中的状况，构筑"多中心分散型"国土结构的战略设想。但这一战略设想在 20 世纪 80 年代末 90 年代初日本泡沫经济形成，以及信息产业、金融业等新兴产业兴起并向东京集中的背景下也未能实现。

★ **东京都市圈的未来发展**

东京都政府的城市规划局制定了"东京大型都市概念"的大纲，这个大纲的主要目标是协调未来东京和神奈川、横滨、川崎等城市的发展，这个计划包括上述被提到的所有区域道路环绕的范围，这是 50 年的长期规划，2025 年是拐点。这个计划建立的基础是到 2010 年都市的人口不断增长，而后开始减少直到 2025 年。[①] 计划包含四部分：图像创造、发展策略、环形发展结构、在参加者和发展结果之间的合作策略。图像创造的概念是以提升东京的地位，使其成为世界首都的愿望为基础的。

发展策略是：创建拥有 3 300 万人口的世界最大的都市，建立具有领导地位的经济财政结构，将东京定位为亚洲经济文化的中心，使得城市具有抵抗灾难的能力，并且能够在保护环境的情况下达成这些目标。[②]

东京都市圈将拥有一个环形结构，使得资源可以分配到不同区域。这会增加每个区域的有效性和经济波动，这个环形结构将通过在区域间合作和整合下不断增长的运输和信息网络来达到。绿色空间和水资源在这个计划中也是非常重要的共存成分，将通过建立五个核心城市和都市轴来达到，都市轴环状连接核心城市和东京港。轴环里的城市能够更密切地合作，并且新产生的中心－核心连接将使得其更具效率。合作策略更明确地提出运输网络计划和相关内容，通过获得智能运输系统技术支持，运输系统将会容易地将 3 条东京的主干道和东京湾边的道路连接。

这个计划需要研究发展一个新的区域范围的管理系统，使得为提高效率创造不同的边界成为可能。机场网络也将被再次讨论以增加通路，去除冗余，增加功能职责。这将通过考虑飞机场的能力和弱点，进行国家和国际航线的重新安排而达到目标。恢复东京湾的生气，建立一个都市圈度假胜地也是区域图像的一个主要目的。新的内部区域灾害预防合作系统用来处理自然或人为的紧急事件，如果

---

①② http://www.toshikei.metro.tokyo.jp/

发生灾难，则需要一个备用计划在灾难发生后继续行使政府和社会的功能。[①] 计划中包括重要的环境处理、保持环境完整性等相关内容。最高的环境优先任务包括：改善东京湾的水质量，为其他地区提供模板；建立严密的空间质量评估和污染监督体系；颁布系统范围内的再循环和工业废弃物处理装置。[②]

这个计划预测，一旦 2015 年前基本内容完成（包括三条主干道），将有四个主要目标会被落实。预期交通运输速度将提高 10%，等同于 1.7 兆的经济储蓄。运输系统内各部分的增加将会减少都市污染 10%，特别是 NOx 和二氧化碳这些污染物。不断扩张的交通运输网络也能减少 20 万人次的交通堵塞，使其从东京中心的 23 个区扩散到附近的其他地区。这将加强都市轴，增加整合程度，并可以减少环境对市内的环境影响。最后，这个计划可以减少 30% 的交通堵塞，并在都市圈内增加交通流量。[③]

2.2.2 巴黎都市圈发展特色分析

巴黎大都市圈在法国拥有极其重要的地位，巴黎大都市圈规模很大，管辖 8 个省，即塞纳马恩省、瓦尔德马恩省、瓦尔德瓦兹省、塞纳圣德尼省、上塞纳省、依夫林省、埃索纳省和巴黎市（省）。巴黎大都市圈占地面积为 12 011 平方公里，人口为 1 100 万（其中市区人口为 950 万），占法国人口的 18.9%，全区的人口密度为每平方公里 902 人。巴黎大都市圈的经济与金融状况，在法国占有相当重要的地位。巴黎都市圈贡献了法国国内生产总值的 30%，2001 年，地区 GDP 位于欧洲都市圈的第 15 位（PPS 购买力标准为 38 452），1999～2001 年，地区人均 GDP 增长比欧盟 25 个都市圈的平均水平高 4%（Eurostat 2004，P. 39 and P. 41）。法国 22% 的劳动力人口（4 924.56 万人），38% 的企业，50% 的科研力量，495 所国立高等学校，171 所职业培训中心等都集中在这里。此外，法国 70% 的保险公司，96% 的银行也集中在巴黎都市圈。巴黎都市圈还聚集了许多大型的国际性企业，每天公共交通和私人交通的出行人数有 2 200 万人次，每年旅游和出差的参观者达 3 500 万。[④]

（1）巴黎都市圈的发展演化

与世界其他城市（伦敦和纽约）相比，两百年前巴黎就成为了金融和商业中心。巴黎都市圈在法国处于绝对的领导性角色，它的发展同法国这个国家的历

---

①②③ http://www.toshikei.metro.tokyo.jp/.

④ 陈光庭编译：《巴黎大区的可持续发展战略》，载于《北京规划建设》，2000 年 3 月，第 24 页。

史有着漫长且紧密的联系。

最早的巴黎诞生在塞纳河的一个小岛上，当时是塞尔特人在那里安居，这个小岛目前位于巴黎的城市中心，后来，在罗马人占领后更名为巴黎。公元987年卡佩王朝的创始人卡佩将其提名为法国的首都。到了大约16世纪，巴黎已经成为世界上最受欢迎的城市。然而失败的百年战争和1382年针对皇室的抗税运动，又导致了数十年发展的停滞。

巴黎的世界影响力随着法兰西帝国的扩张而快速扩大，并且随着19世纪工业革命带来的经济发展，巴黎作为世界之都的地位也得到了强化。在共和国时期，巴黎不仅仅是作为王室或国会，它还是政府的象征，是国家官僚政治的最高层次，是法院法庭，又是最大最权威的大学。

第二次世界大战之后，巴黎在平衡法国经济发展上的作用日益明显。戴高乐政府通过对土地发展、地区行动和使大城市发展平衡的努力，在全法国各地区创造了一种政策平衡。这一政策被证明是无效的。法国主管当局认识到，巴黎不仅是在和法国的其他城市竞争，同时也在同欧洲的其他城市和世界的其他城市竞争，遏制巴黎的发展将会削弱它作为唯一一个能在世界都市圈发展水平梯度上竞争的法国城市的竞争力。最近，人们认为巴黎的发展是具有国际意义的，因而，有迹象表明中央政府已经变得更加愿意促进巴黎的发展了。

（2）巴黎都市圈的产业发展

★ 制造业发展分析

20世纪以前：制造业发展初期即19世纪初期法国的工业地区和农业地区的界限很难辨别，到处都是小的炼铁炉、造纸厂和皮革厂。随着工业化的发展，工业逐渐与农业分离，形成了新的工业中心。以勒阿弗尔-塞特（Le Havre-Sete）为端点的分界线从西北到东南贯穿法国，分界线的东北部分为法国的工业发达地区，西南部分为工业欠发达地，而巴黎属于东北部的工业发达地区。自工业革命爆发以来巴黎一直是法国最重要、最完备，也是最集中的工业区之一。1911年巴黎工人数量达到110万，其中冶金业15.8万人，食品工业4.8万人，化学工业3.2万人。[①] 这一时期巴黎工业的特点是它的广泛性和多样性。

20世纪初至50年代：制造业快速发展时期。19世纪末20世纪初巴黎的电子、汽车制造和航空工业得到了飞速发展。当时，冶金工业就业70万人，产值占法国冶金工业产值的43%，是巴黎的主导工业部门。第二次世界大战以前法国工业高度集中在巴黎等几个大城市。第二次世界大战以后，由于拥有许多发展

① 布罗德尔和拉布罗斯主编：《法国社会与经济史》第4卷，第323页。

工业的优越条件，工业和人口进一步向巴黎地区集中，该地区工业就业占到全国的22%，在许多重工业部门比重更大。

20世纪50～60年代：制造业迅速集聚并达到饱和。战后法国国民经济恢复过程中，由于具有优越的条件，巴黎地区工业和人口规模急剧扩大，虽然只占国土面积的2.2%，但集中了1 000万人，占全国的19%，劳动人口占全国的25%。1954年工业就业占法国的23.3%，工业集聚趋向稳定，经过缓慢上升后在1962年达到了23.6%。

20世纪60年代以后：工业产值比重下降，产业结构调整。20世纪60年代之后，法国政府实施了巴黎地区的整体规划，对巴黎地区的工业布局进行了调整。法国政府在巴黎地区实施“工业分散”政策，严格限制巴黎中心区工业的继续集中，迫使工业企业向周边地区扩散，但同时也进一步加强了高级服务功能，如管理、研究、发展、计划和营销等功能在城市中心的集中。这项政策并没有对法国工业的整体发展产生负面影响。

1978～2001年全国工业产值一直趋于上升，而同时期法国的工业产值占国民生产总值的比重却一直呈下降趋势。在引导工业企业扩散的过程中，也加强了对产业布局的调整，留在市区的主要是那些生产时尚、易变产品的工业部门和手工业，如时装、衣服、室内装饰等，而传统的资本、劳动密集型工业部门向郊区转移，如汽车制造业、食品加工业、印刷出版业、电力和电子工业等。①

★ **服务业发展分析**

从19世纪初开始，巴黎已不只是政治城市，而且是法国贸易和金融的中心，并进一步集中了经济、文化和政治的功能。巴黎与中央政府的关系是相当密切的，金融活动虽以自由的形式在那里发展，但是，对贸易（包括海外贸易）以及严格意义上的资本流通保险和银行，巴黎都加强了控制。

“二战”后法国国民经济恢复过程中，巴黎由于具有较好的经济基础、方便的交通和国际联系、雄厚的技术条件，工业和人口规模急剧扩大，巴黎地区面积只占国土面积的2.2%，而人口竟达1 000万，占全国人口的19%，就业人口占全国就业人口的25%。

巴黎的非工业化趋势开始于20世纪50年代。由于巴黎地区工业和人口的高度集中，地价大幅度上涨，巴黎地区的地价是中等城市的10～15倍。随着地价的不断上涨，工业产品成本增高，工业建筑向高层发展，城市环境也受到严重污染，同时加剧了巴黎地区同其他地区的经济发展的不平衡。为了改变这种局面，法国政府对巴黎地区的工业采取工业分散政策，严格限制巴黎中心区工业的继续集

① 朱晓龙、王洪辉：《巴黎工业结构演变及特点》，载于《国外城市规划》，2004年第5期。

中，迫使工业企业转移到巴黎地区的边缘，甚至搬出巴黎地区，同时进一步将高级服务功能，如管理、研究、发展、计划和市场等集中在城市中心。在1955～1971年间，有2 745个全部分散或部分分散的企业被注册，每年几乎超过了160个，这些企业的2/3分布在巴黎周围200公里的巴黎盆地内。在实施工业分散政策的同时，巴黎进一步强调了它作为政治、文化、贸易、金融、科技中心的地位。在50年代实施工业分散政策以后，第三产业获得进一步发展，第三产业就业人数的比重达58.1%。

20世纪60年代初的巴黎规划设想“到2000年巴黎地区的人口将发展到1 400万，并增加200万就业人数，且3/4在第三产业部门，购买力增长5倍”。但后来的实际情况是：人口的增长趋势减慢，而且是城市人口减少，郊区人口增长。为了适应这种情况，市中心的第三产业在60年代末以后有下降的趋势，而郊区为了解决就业问题，着重发展了服务行业和其他就业中心，即在近郊建立了九个郊区中心：拉德方斯、圣德纳、博尔加、博比尼、罗士尼、凡尔赛、弗利泽、伦吉和克雷特伊。这样，从60年代末到80年代，巴黎产业的发展趋势表现为：在市中心，不仅工业生产下降，第三产业也开始下降，它们都逐渐向郊区发展（见表2－42）：

表2－42　20世纪60～80年代巴黎不同地区部门就业变动情况

单位：%

	生产	科研	行政	贸易	管理
巴黎中心	－3.0	－15.6	－5.9	－1.3	－5.1
巴黎其余地区	－0.2	＋0.5	＋1.8	－3.7	＋0.6
郊区	＋3.2	＋15.1	＋4.1	＋5.0	＋4.5

资料来源：北京市统计局研究所：《巴黎的第三产业》，载于《统计与预测》1997年第4期。

20世纪90年代末，巴黎第三产业职工占全国同类职工的27%，自由职业和高级职员占全国同类职工的38%，科技人员占全国科技人员的60%，银行和保险公司职员占全国的47%，社会保险营业额占全国的70%，银行存款占全国的96%。到1999年，巴黎大都市圈中服务业已经占就业职位的79%，其中商业职位居第一位，接下来是零售业和公共管理行业。

金融业的发展在巴黎都市圈的发展中占有至关重要的位置。在巴黎地区，金融行业已经是一个企业群，2001年有284 000名雇员。这些企业集中在西北方向的巴黎商业区（证券交易所附近），拉德芳斯（La Defense）和东郊地区。金融业的繁华受益于许多国际总部的出现、先进的生产商服务和进入欧洲市场的便利，而且，作为巴黎证券交易所和经济联盟证券交易所合股市场的一部分，增加了吸引其他金融公司的机会。当然与伦敦相比较，巴黎金融行业的发展还存在高工资成本、不够合理的税收体制、私人投资者较少和法国金融中介的数量不足等许多困难需要抓紧解决。

创意产业（广告、影片生产、电视、音乐界、建筑学、设计、软件、IT 服务、摄影等）[①] 的突出发展是巴黎都市圈的一大特色，也使得巴黎能够在世界文化产业的发展中始终领先。"创造性"产业并不遵循传统的比较优势，因为成本（地租和薪水）在市区里更高（Gollain et al，2003，P. 128）。区域内两类产业是主要的经济增长动力：信息通讯技术（ICT）和金融行业。信息通讯技术部门在 20 世纪 80 年代开始出现，目前在巴黎地区大约雇佣了 400 000 人。

巴黎市的服务业发展很快，始终牢牢占据着经济主导地位，并有不断增强的趋势。从产业规模分析，巴黎 2001 年服务业增加值 1 035 亿欧元，比重远远超过第二产业，占到 72.4%；从就业角度来看，服务业早已成为吸纳就业人口最大产业，所吸纳人口占总就业人口的 72%。姚晓东、孙钰（2006）的研究表明，巴黎的金融保险业与科研综合服务业为巴黎服务业乃至整体经济的持续发展提供了强大的后劲。从巴黎服务业内部产业结构来看，金融保险业是规模最大的，其次是技术服务业；从产业效率来看，金融保险业也是效率最高的，其次是批发零售贸易餐饮业；从增长率来看，增长最快的是旅游业，其次是房地产业；从就业指数来看，吸纳就业最多的社会服务业，其次是旅游业（见表 2－43）。

表 2－43　　巴黎 2001 年服务业发展情况

	规模指数	效率指数	增长指数	综合指数	就业指数
交通运输仓储邮电通讯业	0.67	2.28	0.64	1.02	0.69
批发零售贸易餐饮业	1.81	2.49	1.21	1.31	1.33
金融保险业	2.29	4.46	1.00	2.17	0.11
房地产业	1.34	0.96	1.63	1.28	0.21
社会服务业	1.06	0.76	1.28	1.01	2.23
旅游业	1.78	1.28	1.85	1.65	1.83
演出、电影电视业	0.84	2.4	0.94	1.24	0.15
技术服务业	1.84	1.85	0.54	1.62	1.05
社会福利业	0.69	1.66	1.26	1.23	1.45

资料来源：姚晓东、孙钰：《城市服务业发展的国际比较——天津与巴黎的对比研究》，载于《亚太经济》2006 年第 2 期，第 92 页。

（3）巴黎都市圈的可持续发展

经济的发展总是伴随着环境的恶化，如何在促进经济发展的同时最大限度地

① 这一分类方法是借鉴英国政府。

减少对环境的破坏，实现可持续发展是摆在都市圈建设和发展面前的一个非常关键又非常棘手的问题。巴黎都市圈的决策者们非常重视城市和环境的保护，注重可持续发展，他们为巴黎都市圈的未来发展制定了详细的可持续发展行动战略与措施，主要包括：建设绿化带、确立大区级的自然保护区、进行垃圾和污水处理、改善环境质量等。

绿化带建设。绿化带是巴黎都市圈的重要建设项目。通过绿化带的建设，巴黎大区不仅提高了发展的质量，而且为每个市民走近大自然提供了方便条件。经过 15 年的建设，绿化带已成为巴黎大区地域结构中的重要组成部分。

建立自然保护区。巴黎大区议会制定了一项建立和管理自然保护区的宏伟计划。1985 年，巴黎大区建立了上瓦雷得谢夫来兹保护区。1999 年，巴黎大区又建立了维悍·弗朗西保护区。巴黎大区计划建立的自然保护区还有马恩河湾和卢耳格河湾等自然保护区。自然保护区的建设已成为巴黎大区开展国土整治、保持生态平衡和城市可持续发展的有效措施。

垃圾管理。1998 年末，巴黎大区中有 18 个城镇集团与政府签订了“维护土地”协议，建立了垃圾管理分公司。另外，巴黎大区议会环境与能源管理署和生态包装用品公司达成协议，对 12 个城镇集团（共有 515 个市镇，720 万人口）的垃圾管理给予财政援助，其他 6 个城镇集团也正在研究这项工作。目前，巴黎大区的 3/4 地区都实施了垃圾管理。

废水净化。在 20 世纪 70 年代，随着巴黎大区人口的增长和城市化面积的扩大，其河流的水质日趋恶化。巴黎大区在塞纳诺曼底水务事务所的资助下，对一些重要的市政工程给予财政援助。自 1981 年起，这类援助的数额越来越大，而且资助主要用于与塞纳河直接有关的设施及整个流域治理。巴黎大区自成立之日起已支付了 30 多亿法郎用于污水或雨水的净化工作。目前，巴黎大区政府正在致力于整个大区水域的长期治理工作。

城市出行污染治理。巴黎大区规定城市出行计划，一方面要符合巴黎大区总体规划要求；另一方面还应与大区空气质量计划的要求保持一致。巴黎大区城市出行计划包括以下五个方面：第一，将汽车交通量减少 3%；第二，将公共交通使用量提高 2%，其中包括将 1/3 的工作出行和上学出行引导为使用公共交通；第三，将上学出行和 1 公里内出行的步行率提高 10%；第四，将自行车的出行量翻一番；第五，将使用铁路和水路的商品运输量提高 3%。

改善环境质量。为防止城市发展对自然环境和居民生活质量产生不良后果，巴黎大区政府采取了以下一些措施：第一，以法令形式颁布道路噪声标准分类图，以减少交通噪声污染，在图内还规定了不同地区和不同时间的控制标准；第二，绘制大气污染峰值的时间和空间变化图，以便及时了解大气污染变化情况，同时，政府还进行了大气污染跟踪监测研究、大气污染总量变化研究等工作；第三，为了改善环境质量，巴黎大区政府实施了马恩河零污染工程，以便恢复水质并治理河道；第四，巴黎大区政府不仅向大区决策者提供名胜古迹、动植物资源、水、大气和土地利用，以及危害居民的各种污染数据等方面的资料，而且把它们公之于众，以便引导公众的参与；第五，积极实施乡村可持续发展战略，1995 年，巴黎大区制定了“大区绿化计划”建立了区级自然保护区，如果把现有的和计划建立的自然保护区相加，巴黎大区内的保护区面积几乎为大区乡村空间的 1/4；第六，建立城乡绿化网，这项计划是通过市区周围的绿化带，把城市绿化空间和城市郊区的乡村农业区、林业区连接起来，从而形成整个大区的绿色网络，其目的是使巴黎大区内的城市空间和乡村空间实现真正的互补；第七，研究制定水的管理和整治规划，根据 1992 年有关水的法令，这个有关水的管理和整治规划将提出保护水源的一个总体方案和一个治理河流、恢复水质的计划；第八，制定自然空间与乡村空间规划，根据国土整治方针，巴黎大区政府提出了空间规划的新方针，并制定了关于教育、科研、文化、保健、自然、乡村空间、货运、电信与能源等 8 项规划。[①]

2.2.3　伦敦都市圈发展特色分析

英国首都伦敦位于英格兰东南部的平原上，跨泰晤士河，距离泰晤士河入海口 88 公里。伦敦的行政区划分为伦敦城和 32 个市区，整个大伦敦市面积 1 580 平方公里。2001 年伦敦人口为 718.8 万。伦敦是世界最大的国际外汇市场和国际保险中心，也是世界上最大的金融和贸易中心之一。按市区人口计算，2004 年度伦敦市的 GDP 为 2 847 亿美元。伦敦城共有 500 多家银行（1991 年），银行数居世界大城市之首，其中外国银行有 470 家，在伦敦拥有的资本总额达 1 000 多亿英镑，伦敦城每年外汇成交总额约 3 万亿英镑，是世界最大的国际外汇市场，伦敦城还是世界上最大的欧洲美元市场，石油输出国的石油收入成交额有时一天可达 500 多亿美元，占全世界欧洲美元成交额的 1/3 以上。

（1）伦敦都市圈的发展演化

伦敦都市圈的发展历程同时也是英国经济发展的历史。16 世纪时，英国是全球的贸易中心，曾在全球的羊毛贸易中占有举足轻重的地位。从 18 世纪开始，

① 陈光庭编译：《巴黎大区的城市可持续发展战略》，载于《北京规划建设》，2000 年第 3 期，第 24 页。

英国的金融行业获得了突飞猛进的发展，伦敦更是成为了世界三大金融中心之一。我们主要从伦敦城的中心功能转换、人口增长和城市的扩展来看伦敦都市圈的发展历程。

从贸易中心发展到金融中心。在1540年至1700年，伦敦是世界的贸易中心，尤其是全球的羊毛、服装的贸易中心。服装业作为最重要的贸易行业占到整个就业岗位的23%。贝尔认为，“16世纪和17世纪，伦敦将近3/4的就业岗位与生产性货物有关，而与交易相关的职位还不到1/4”。从18世纪开始，伦敦的角色从贸易中心转换到金融中心，伦敦与欧洲的阿姆斯特丹和巴黎并列成为具有领导地位的世界金融中心。这个期间的伦敦，个人代替了企业支持着伦敦的金融活动，这些人来到伦敦主要是由于欧洲大陆正经历着宗教迫害和政治骚乱。19世纪中叶，外国银行开始在伦敦设立办事处，包括诸如德意志银行和意大利信贷银行等一些欧洲重要的银行。

人口的持续增长。在17世纪60年代，伦敦人口已达到450 000人。18世纪初伦敦人口达到490 000人，成为欧洲最大的城市。事实上，根据Penelope Corfield的估计，那时英格兰有67个城镇，威尔士的人口超过2 500人，然而那些城镇中只有6个城镇人口超过10 000人。67个城镇的总人口大约395 000人，远少于伦敦的人口（Corfield，1982）。1801年，伦敦的人口达到959 000人，1885年，伦敦已经是世界上最大的城市，它的总人口大于巴黎，是纽约人口的三倍（钱德勒·福克斯，1974，P. 368；米切尔·迪恩，1962，P. 19－23；扬·加西德，1982，P. 14）。伦敦的人口已占到了英格兰和威尔士总人口的12%以上。到1851年，它的人口为2 363 000人，是1800年的两倍多。在这期间，1855年，国会通过了大都市管理法案，建立起大都市就业协会，结束了当地政府管理混乱的局面，代之以数百计的专业权威机构来管理不同的街区和道路。然后，人口又开始成倍增长，1901年达到4 536 000人。

城市的扩张。1860年以前，大多数居民的日常生活路线，被限制在离开市中心一小时的路程上，伦敦居住者和投资者的行动已被交通的拥挤所限制。1863年，第一条地铁开通，其他的大量交通设施也延伸到了伦敦的城市边缘，城际铁路迅速地延伸到伦敦周边的地区，到1939年，各行政区的铁路已延伸到南部的尽头。在两次世界大战期间，伦敦的市内交通变革导致了大规模的郊区化。随着这些变动，铁路和交通企业开始鼓动人们从“肮脏、吵闹和拥挤的”市中心迁居到郊区。在20世纪20年代至30年代间有数以千计的家庭在郊区安了家。然而伦敦的扩张引起了农田流失、公共绿地的减少、郊区交流减少等多种问题，这些问题逐渐受到人们的关注，国家整体规划的缺乏和规范的不完善，也让人们忧虑。伦敦城市委员会（LCC）和当地郊区政府从1935年起开始购买土地，实施大伦敦计划（1943 年）和城镇及乡村计划（1947 年）。这些举措导致 1946 年战后立法的制定，提出建立一个“大绿化带”来保护伦敦外围的郊区。

在第二次世界大战期间，伦敦毁损很严重，甚至差点完全被毁，但这也加速了新城镇的城市化进程，伦敦周边的城镇不断扩张。由于污染严重，政府鼓励制造工业迁出居民区，伦敦城市规划局提供给这些公司经济帮助，鼓励他们从伦敦搬到伦敦的西部或者北部。中心政府机构也开始移出伦敦，伦敦交通部门帮助人们从城市迁移到了更安全的郊区，到“二战”结束后，共有 125 万人迁出了伦敦。在 1965 年 4 月，伦敦的行政地理区域再一次延伸，扩展到包括米德尔赛克斯郡和周边环绕城市的一部分（伦敦交通博物馆，2005）。

随着大伦敦委员会（GLC）的设立，现今 32 个区开始形成。今天，在大伦敦委员会的管理下，伦敦仍然有 32 个区，其中 12 个区和伦敦城区组成了内伦敦，另外 20 个区和伦敦城区组成了外伦敦。

（2）伦敦都市圈的产业发展

“二战”后，伦敦的经济结构发生了很大的变化，可划分为两个阶段。第一阶段是“二战”结束后不久到 70 年代中期。在这一阶段，纽约和伦敦的制造业产值、就业比重持续下降，第三产业中消费者服务业的部分行业经过一定增长之后也开始下降，而生产者服务业却开始表现出迅速增长的趋势，但在产值和就业份额上仍未超过消费者服务业。第二阶段是 20 世纪 70 年代中期至今，其特点是制造业和消费者服务业的产值、就业比重持续下降，生产者服务业在产值、就业份额上超过了传统的消费者服务业。总体上，服务业的比重达到了 50% ~70% 之间或更高。虽然制造业总体情况下滑，但是，到现在为止，制造业仍然是伦敦经济的主要产业之一，它提供了 300 000 个就业岗位，相当于占全国 8% 的劳动力，制造业贸易位于伦敦的每一主要部分，与其他区域和国家的制造业贸易、货物装卸、常规服务和物流管理，构成了伦敦经济基础的重要部分。

★ **制造业发展分析**

英国是工业革命的发源地，伦敦是老牌的工业城市，然而随着经济的发展和产业结构的变迁，伦敦制造业的发展有这样几个特征：

20 世纪 60 年代以前兴盛发达。伦敦是英国重要的工业城市，60 年代以前制造业在经济结构中占据绝对主导地位。自从 16 世纪末以来，伦敦都市圈制造业的发展就占有相当大的规模，有关制造业产品的交易更使得英国成为了世界的贸易中心。“二战”前后是伦敦制造业最为鼎盛的时期，工业总产值一度达到了全国工业总产值的将近 1/4，据统计，在 1945 ~1968 年间全市共有 3 270 家工厂。

传统制造业外迁与衰落。“二战”以后，伦敦加快了工业改造和外迁的步伐，造成伦敦都市区的传统制造业日益衰落。从1961年到1981年，伦敦制造业的就业从145万人降到65万人，1983年估计只剩下58.3万人。70年代后，伴随着英国大规模工业改造进程的开始，伦敦城内的许多工厂或关闭，或外迁。工厂迁移和关闭后腾出来的地方，有的成为文化事业中心，有的变成博物馆，有的成为开发新产业的基地，还有的成为新建居民区和公园绿地。从1984年到1989年的5年里，伦敦的金融和商业服务行业增加了26%，即162 000个就业机会，而制造业，就业人数则减少了125 000人，即22%（戈登、赫露，1991）。在1989年到1991年期间，当金融和商业服务处于上升期时，制造业就业人数又减少了大约58 500人。

先进制造业增长。在传统制造业衰落的同时，伦敦涌现了一批现代化工业产业，电子通信、生物工程、软件等行业比重日益增加，其中最引人注目的是电子工业，1975年到1981年一直以38%的速度增长。而且，英国的企业界并没有简单地把传统的纺织、采矿、钢铁、机械制造等所谓夕阳产业加以冷落，而是依托不断的技术改造、创新和经营改革，使这些行业获得新的生机，实现新的腾飞。伦敦先进制造业的增长得益于其大量的技术研发人才和先进的知识管理方式。伦敦不但拥有众多的技术人才进行创新研究、知识开发，而且还经常举办一些最高规格的国际知识和技术交流活动，从而不断获取最新的知识。更为重要的是，伦敦还拥有一个庞大而先进的知识库，将新获得的知识加以整理储存，为知识的集成传播和整合创新打下了基础。

劳动力资源丰富、相对年轻。伦敦有700万的常住人口而且有300万的劳动力，因此，其劳动力资源非常丰富。伦敦的劳动力人口是相对年轻的：46%的劳动力在35岁之下，比英国的平均水平高7%。

★ **服务业发展分析**

先进的生产者服务业，在全球化情况下被视为世界城市的最重要特征之一。生产者服务业是伦敦都市圈发展的重要组成部分。在英国和美国以及日本，对于从20世纪70年代后期到90年代中期的雇用者来说，生产者服务业工作的增长比总计的国家增长还要高，而且，大都市中心提供的薪水和生活方式十分吸引生产者服务业公司的职员。在伦敦生产者服务业工作的雇员数量，比国家雇用基础工作的雇员数量要多33%～100%，生产者服务业提供了伦敦大约1/3的所有私人部门的就业机会。伦敦的先进的生产者服务业的产品，如会计师、广告、法律和财政的服务，已经被当作“全球化城市”概念的一部分加以确认，只有像伦敦这样世界性的大都市，才能提供知识服务和成为商业服务中心。生产者服务业为社会的发展提供了大量的就业岗位，表2－44显示了在1999年包括市区及郊区的伦敦都市圈中工业和服务业的雇用情况。

表 2-44　伦敦都市圈工业和服务业的职员数字（1999 年）

包括市区及郊区的伦敦	数字（人数）	百分比（%）
制造业	296 405	7
建筑	133 333	3
批发/零售业修理及其他	639 114	16
旅馆、餐馆	276 161	7
运输、储藏和交通	303 759	8
金融服务	340 505	9
商务服务	912 331	23
公众的管理和社会福利	227 900	6
教育	251 234	6
健康和社会的工作	307 127	8
其他的团体和社会的服务	256 362	6
其他	15 425	0
总数	3 959 656	100

资料来源：英国国家统计局年度商业调查（ONS）。

金融业是生产者服务业中至关重要的行业。发达的金融业是伦敦都市圈经济繁荣的持续推动力。早在 18 世纪，伦敦就同欧洲的阿姆斯特丹和巴黎一样，成为具有领导地位的世界金融中心。两次世界大战期间，伦敦本土的银行逐渐转移到了哈利法克斯和利兹等其他城市，然而，随着国内银行从伦敦的迁出，更多的外国银行却迁入了伦敦。1998 年伦敦有 580 个外国银行，而 1967 年只有 88 个，伦敦的金融部门开始兴旺。到 20 世纪 70 年代，有 183 个新银行加入到伦敦，到 20 世纪的 80 年代中期，又有 115 个加入。总之，到 1985 年底，伦敦共有 434 个银行，几乎是 1914 年的 14 倍。在伦敦和纽约，外国银行多于国内银行。到 1999 年，伦敦已拥有 544 个外国银行和 526 个列在伦敦股票交易中的外国公司。现在，伦敦有 486 个外国银行，法兰克福有 267 个，巴黎有 266 个，纽约有 253 个。伦敦占有金融市场股票跨国交易额的 64%，1992～2004 年之间，尽管份额下降到 43%，但它仍然在金融服务业中占有最重要的位置，纽约在同一时期只占 19%。同世界上其他城市相比，伦敦拥有最多的外国银行，伦敦是世界最大的国际外汇市场。

作为金融中心，伦敦比世界上其他任何一个国家都成功，这不仅因为它提供更广范围、更大规模的金融服务，还因为它有着世界范围内的消费群体。这主要是由于伦敦建立了一个大规模的市场，并且欢迎来自其他国家的金融机构在伦敦设立分部。对现代社会来说，伦敦的金融活动更多是跨越国界的。伦敦大都市圈的区域经济，不论在结构还是动态上，都受到其作为国家首都和世界金融中心双重角色的影响。伦敦是英国政府的中心，它的许多机构都与政府息息相关，伦敦也是银行业和其他金融服务的中心。这个双重角色，使伦敦在过去几十年来的动荡中一直站立得稳，能够保持与纽约和东京一样的世界金融中心位置。

虽然金融和商业贸易占伦敦经济的32%，是伦敦经济的主导产业，但如表2－45所示，伦敦的经济除了依靠金融和商业贸易之外，还必须依靠伦敦其他行业的相互支持，只有包括金融、商业服务、教育、文化、旅游各部门之间的紧密联系，才能更进一步发展伦敦经济。

旅游业。首都伦敦的丰厚遗产使之成为世界主要观光目的地之一，就观光旅游业来说，雇用了276 000人，占伦敦GDP的8%，主要访客来自海外。1999年，在英国最吸引人的20个历史性建筑物和博物馆中，伦敦就占了9个（劳动力调查，1999）。观光旅游业和娱乐事业，为支持首都功能扮演了重要的角色。

文化产业。伦敦的文化产业也比较发达，这同伦敦本身的历史条件有很大的关系。伦敦有众多的画廊，有许多著名的报刊云集于此，伦敦城的舰队街是英国报业的集中地，著名的报刊有《泰晤士报》、《金融时报》、《每日电讯报》、《卫报》、《观察家报》、《周刊》等。英国广播公司（BBC）和路透社也设于此。

表2－45　伦敦都市圈工业和服务业的职员数字（1999年）

包括市区及郊区的伦敦	数字（人数）	百分比（%）
制造业	296 405	7
建筑	133 333	3
批发/零售业修理及其他	639 114	16
旅馆、餐馆	276 161	7
运输、储藏和交通	303 759	8
金融服务	340 505	9
商务服务	912 331	23
公众的管理和社会福利	227 900	6
教育	251 234	6
健康和社会的工作	307 127	8
其他的团体和社会的服务	256 362	6
其他	15 425	0
总数	3 959 656	100

资料来源：英国国家统计局年度商业调查（ONS）。

服务业是伦敦的主要输出行业，伦敦主要的出口服务、私人旅行和航空运输处于第一的位置，基金管理占了第二，其余依次是其他商业服务、商务旅行、其他的金融服务、保险、银行业、工程、建筑。总起来看，最主要的两个出口服务业是金融服务业（包括基金管理和银行、保险等其他金融服务）和商业服务业。金融服务业总计超过78亿出口额，超过了来自商业的77亿出口额，其中包括会议、法律、广告、计算机、建筑、工程、媒体和多种其他的商业服务。这两个主要的行业贡献了英国33%的服务出口。

（3）伦敦都市圈的政府管理

研究伦敦都市圈的政府管理，首先要明确伦敦都市圈内部的行政区划。伦敦的行政区划分为伦敦城和32个市区，伦敦城外的12个市区称为内伦敦，其他20个市区称为外伦敦。伦敦城、内伦敦、外伦敦构成大伦敦市。大伦敦市又可分为伦敦城、西伦敦、东伦敦、南区和港口。伦敦城是金融资本和贸易中心，西伦敦是英国王宫、首相官邸、议会和政府各部所在地，东伦敦是工业区和工人住宅区，南区是工商业和住宅混合区，港口是指伦敦塔桥至泰晤士河河口之间的地区。伦敦都市圈的政府管理先后经历了分散、统一、分散、再统一的阶段。

19世纪30年代之前：混乱管理。在19世纪30年代之前，伦敦地区政府管理混乱，伦敦拥有数百个地方权威，乃至各自的管理区辖只能以街道来计算。因此，为了一些公共服务以及公共事务管理，地方政府不得不同各个以天然地域形成的自治区域进行协商沟通，以期能够实现协调管理。

19世纪30年代至1889年：大都市工程委员会管理。19世纪30年代，由于伦敦经济飞速发展，已经到了必须由一个行政实体来协调伦敦地区发展计划的程度。国会为此通过了《大都市管理行为行动法案（1855）》，依据法案成立了大都市工程委员会（MBW）。从1855年到1889年，在伦敦市议会成立之前，MBW主要负责对伦敦的管理。在此期间，MBW没能很好地行使其使命，甚至出现了丑闻，MBW秘密决定了大部分的公众事务，并没有咨询民众的意见，腐败行为屡屡发生，最大的丑闻就是1889年的王室佣金事件。

1889~1965年：伦敦郡议会管理。1889年，英国有了第一个由选举产生的城市政府——“伦敦郡议会”，从1889年到1965年，伦敦郡议会（LCC）是伦敦主要的地区政府主体，它的主要职责是为伦敦的快速发展提供各方面的支持。伦敦郡议会的工作虽然非常出色，但是伦敦郡议会在繁琐的程序中其低效率的不足逐步显现出来，逐渐沦为腐败的牺牲品。因此，与之抗衡的另外28个地方议会随即建立，保守派人士试图产生一个由自由主义的工会会员所领导的地方议会，以此对抗市政领导。

1965~1986年：大伦敦议会管理。“大伦敦议会”于1965年成立，先前的都市自治市被重组为32个伦敦区，在随后的21年里，伦敦市一直保持的是“大伦敦议会——自治区议会”的双层政府管理模式。

1986～2000 年：多元主体管理。1986 年，大伦敦议会被英国中央政府废除，伦敦的管理与运行陷入无序状态，表现在管理主体的多元化、城市规划难以有效统一，以及中央政府对区级政府利益的蚕食等方面。从城市规划来看，由于伦敦城市规划过于零乱，大伦敦发展规划对区级政区的地方规划约束力不足，最终导致各区演变为独立的小王国。

2000 年以后：大伦敦管理局管理。为了统一管理，英国中央政府又重新批准成立了大伦敦政府。2000 年 5 月 4 日进行了市政府第一次选举，选举产生了“大伦敦管理局”，并选举出了大伦敦议会和首任市长。大伦敦管理局的成员由市长和议会组成，两者有着明确的分工，前者行使行政权力，议会则掌握审查权。具体来讲，市长负责空气质量、生物多样性、文化和旅游、经济发展、交通、废物处理等战略规划的编制，负责空间战略发展规划等，以确保从整体上构建土地利用的基本框架；区级政府则主要承担着本区的日常事务，具体包括教育、社会服务（儿童保护、日常护理和家政服务等）、住宅建设、公路维护、区域规划、街道清扫和垃圾处理、文化和休闲产业（图书馆）等。

（4）存在问题与未来发展选择

★ **存在问题**

伦敦都市圈经过这么多年的发展，已经集聚了许多竞争优势，在全球竞争环境中处于相对稳定的有利竞争地位。但是在伦敦都市圈发展过程中同样存在着许多问题，而这些问题将直接影响到伦敦都市圈的未来发展。

首先，交通系统需要改善。交通堵塞已经成为官方和民众普遍关注的严重问题，据统计，伦敦为解决拥挤问题，每年至少花费近 40 亿美元。伦敦的策略是试图改善交通的投资环境，强调的是高架桥和伦敦地铁更新扩建，从而来改善交通运输系统。包括：开通更多的国际航班和铁路线，实施新的基础设施项目，形成新的交通网络，努力改善落后地区的交通状况，通过改善措施提供新的服务，使之适应整个伦敦发展的需要。市长利文斯通提出在上午 7 点和下午 6 点 30 分之间进入伦敦中心地区的汽车司机，必须支付 5 英镑的费用。该提议获得了惊人的成功。在计划引入之前，伦敦人每公里的旅游行程需要等待 2～3 分钟，但一年以后，在收费区域里的交通延迟时间已经减少了大约 30%。

其次，人口的过度膨胀导致房价上涨。大伦敦议会（GLA）计划预测伦敦的人口到 2016 年之前将会达到 810 万（GLA，2001），如果事实真是如此，现有的住房将会无法容纳人口的增加。同伦敦的经济持续增长一样，住房供给的增加，必须与就业机会以及交通运输能力的增长成正相关，保持平行增长的势头。住房供给的增长不仅要考虑有需要的传统区域，还要考虑那些收入低下、没有能力购买或者租赁最基本的住房标准的人群，政府必须维持房价稳定。

第三，融资环境需要进一步改善。虽然在伦敦的外国银行要多于全球任何其他城市所拥有的数目，但还是有必要改善融资环境，为小企业、正在成长中的企业，尤其是那些黑人和少数民族企业提供必要的帮助。英国伦敦经济发展署（LDA）建议，“金融的现有来源需要改良，财政的新来源要开发。”（LDA，2001）。

第四，出口潜能需要深度开发。伦敦的出口潜能处于“低度开发”阶段，事实是，虽然伦敦每年输出大量货物和服务，但是大部分出口有赖于有形交易。LDA 建议“要求伦敦的雇主能够识别并且把出口机会整合到他们的商业策略中去，更多了解他们海外的销售潜能。”（LDA，2001，P. 34）

★ **未来发展：制造业发展战略与行动纲要①**

为了更好地促进伦敦制造业的发展，伦敦政府制定了《伦敦制造业发展战略与行动纲要（2005～2008）》，其主要内容如下：

伦敦制造业总体目标是：增强伦敦现有制造业基础的竞争力，并为保持竞争力提供机遇。为达到此目标，伦敦政府将帮助建立一个能创造更多财富，稳定就业机会的知识主导型、高附加值型的制造业，一个能接纳高技能劳动力，在创新、生产率和优质运作方面享有举世公认声誉的制造业。

伦敦政府对 2008 年制造业的发展目标是：（1）对劳动力的投资达到更高水平，对获得学习与技能支持的需求更强烈；（2）在产业运作的所有领域中，对创新性运作方式的认知和应用水平有所提高；（3）生产率水平得到提高；（4）企业能更好地进入政府部门市场和国际贸易市场；（5）制造业用地质量有所提高，且企业能获得这些土地，尤其是产业发展所需的地产，以支持现代化、具发展前景的产业部门；（6）在年轻人心目中树立起更积极的制造业形象，对于进入就业市场的人有美好的职业晋升前景。

2.2.4 纽约都市圈发展特色分析

美国基本经济行政区域以区（County）为基本单元，整个纽约州共有 62 个区，内含 4 个基本都市统计区（PMSAs）和 9 个都市统计区（MSA）。其中，纽约市是由 5 个相对独立的行政区构成，包括曼哈顿、布鲁克林、布朗克斯、昆斯和里士满（也称斯塔藤岛），总面积为 828.3 平方公里，2000 年的纽约人口为 800.8 万人。纽约基本都市统计区则包括 8 个区，除原纽约市所含的 5 个区外，

① http://www.istis.sh.cn/hykjqb/wenzhang/list.asp? id=1982&sid=1 钟婷 2005-8-1.

还包括普特雷（Putnam）、罗克朗（Rockland）和维切斯特（Westchester）三个区；此外，纽约－新泽西－长岛联合都市统计区（NewYork-No. New Jersey-Long Isiand，NY-NJ-CT-PA，CMSA）是由包括纽约州、新泽西州和长岛等部分地区共同组成的更大都市统计区。面积为32 400多平方公里，人口超过1 680万。纽约是美国第一大都市和第一大商港，它不仅是美国的金融中心，也是全世界金融中心之一。纽约位于纽约州东南哈得孙河口，濒临大西洋。纽约还是联合国总部所在地。纽约也是美国的工业中心之一，服装、印刷、化妆品等行业均居全国首位，机器制造、军火生产、石油加工和食品加工也占有重要地位。市内多数河流都通大西洋，港口规模巨大，设备优良，终年不冻。纽约也是铁路交通重要枢纽。纽约的地下铁道全长1 000多公里，是目前世界上最长、最快捷的地铁交通系统。纽约有3个国际机场，其中著名的肯尼迪国际机场承担着全国50%的进出口货物空运业务和35%的国际客运业务。

（1）纽约都市圈的发展演化

形成初期。在17世纪，纽约只是阿姆斯特丹堡周围的一个港口小村，是一个毛皮交易站和荷兰私掠者的栖息所，随着英国殖民者对美洲大陆的推进和开发，纽约凭借其优越的地理位置，逐渐成为殖民者在美洲大陆的主要货物集散地，商业和制造业也有了一定发展。纽约市是1898年由曼哈顿等五个区合并而成的。先是曼哈顿和布朗克斯合并，形成了人口最多的纽约市，随后又把美国当时第四大城市布鲁克林及昆斯和斯坦腾岛一起并入了纽约市。合并后的纽约市占地面积930平方公里，成为当时世界第二大城市，人口约336万，仅次于英国伦敦。纽约各区合并建立世界级大都市可以说是美国城市化进程中的一个里程碑。

快速膨胀期。19世纪末，美国农业技术革命大大提高了农业生产率，不仅为城市发展提供了必要的食品，而且还解放了大量农村劳动力。纽约周边农村地区的农业人口以前所未有的速度向纽约市迁移，从而有力地推动了纽约城市化的进程。统计资料显示，1860年到1910年期间，美国城市人口增加了七倍，而农村人口仅增加了一倍，这从一个侧面反映出美国乡村人口向城市流动的程度。纽约同美国其他城市一样经历了快速变迁，乡村人口以及工厂纷纷向纽约聚集，纽约的城市规模迅速膨胀。到1921年，纽约市的人口则由建市初期的336万人猛增到618万人。

城市化时期。美国在19世纪末完成工业革命，电力、炼钢等新技术的运用有力地促进了工业生产的发展，为大规模的城市化奠定了雄厚的物质基础。大工业还创造了全国性的交通网络，城市沿着这些交通线从港口向内陆腹地推进。市内交通状况的改善和高层建筑的出现是纽约城市化进程得以迅速发展的重要条件。1920年，美国城市人口占全国总人口的51.2%，标志着美国成为了一个城市化国家。

郊区化时期。1940年前，人们工作生活主要集中在纽约市中心。然而随着纽约城市规模急剧膨胀，居住环境严重恶化，原住在纽约市内的中产阶级越来越愿意在纽约郊区购房或建房，公路的发展使公交汽车和小汽车成为人们出行的便利工具，从而使他们有条件能够住到郊外。20世纪50年代至60年代是纽约实行城郊化的高潮阶段，大量居民由市中心移往郊区。从20世纪60年代至70年代，纽约市郊区城镇建起了许多大型购物中心，人们不必再为购买生活用品而往返于纽约市中心商业区。自20世纪70年代开始，新兴产业在纽约郊区城镇兴起，大规模的工业园和商业服务网点落户郊区，具有完善城市功能的中心区域在纽约郊区城镇逐步形成。郊区城镇成为许多中产阶级人士主要的生活工作空间。由于人口大规模迁往郊区城镇，纽约市区人口出现负增长。1980年，纽约市人口由1970年的789万人减少到707万人，10年降幅超过10%。80年代以后，在纽约市周边郊区基础上形成了具备居住、购物、娱乐等城市功能的新城镇，即边缘城镇。如今，纽约四周有许多边缘城镇，其中包括被视为纽约卧室的长岛以及与纽约市相邻的新泽西州的一些城镇。这也就是人们概念中的大纽约地区。[①]

（2）纽约都市圈的产业发展

产业发展是都市圈发展的经济支柱。纽约都市圈的制造业和服务业的不断发展确保了纽约都市圈具有长久的发展活力。

★ **制造业发展分析**

纽约从建立初期就是美国的制造业中心，制造业尤其是轻工制造业基础非常发达。从20世纪50年代开始，传统制造业由于市区成本的高昂而逐步迁移和衰退，纽约制造业发生了巨大的产业结构的变化。

20世纪50年代以前：稳定发展。纽约最早是一个商业城市，17世纪初曼哈顿以商贸立埠，商贸的兴旺发达使大量资本集聚于纽约，为其日后成为全美金融中心奠定了基础，同时也为发展制造业创造了必要的条件。19世纪中叶在工业革命的推动下，纽约的制造业很快发展起来，在19世纪末已成为美国第一大制造中心。从19世纪中后期到第二次世界大战结束后初期，期间除美国内战、第一次世界大战、大萧条时期、第二次世界大战几个特殊时期外，纽约的制造业大体上是稳定发展的。

---

① 严恒元：《从城市化到城郊化——美国纽约百年变迁回顾》，载于《经济日报》，2001年11月24日。http://www.people.com.cn/digest/200107/30/gc113001.html.

20 世纪 50 年代以后：传统制造业的衰落。自 20 世纪 50 年代以来，第二产业在国内生产总值（GDP）中所占比重以及在就业人口构成中所占比重开始呈下降趋势，纽约制造业不断衰退。从 GDP 来看，1998 年，制造业在纽约 GDP 中所占比重为 6.74%，大大低于其在全美 GDP 中 16.3% 的比例；从工业公司总部来看，《财富》杂志所列的美国最大 500 家工业公司中，1965 年有 128 家总部设在纽约，1975 年降为 90 家，1988 年仅余 48 家。公司总部的大量外迁无疑削弱了纽约的制造业地位。从就业人数来看，1950 年，制造业的就业人数为 103.9 万人，占整个非农产业就业人数的 30%；1965 年，制造业就业人数为 86.5 万人，将近纽约市就业人口总数的 1/4；1988 年降为 35.5 人万，低于就业人口总数的 10%；而 2001 年制造业的就业人数仅为 23 万人，占整个非农产业就业人数的 6.2%。1950 ~ 2000 年五个十年间，纽约制造业的就业人数分别减少了 9.2 万人、18 万人、27 万人、15.8 万人、9.5 万人，减少幅度最大的是 60 年代和 70 年代（见表 2 - 46）。

表 2 - 46　　1950 ~ 2001 年纽约市就业人口结构变化　　单位：万人

	1950 年	1960 年	1970 年	1980 年	1990 年	2000 年	2001 年
采矿业	0.2	0.2	0.2	0.1	0.0	0.0	0.0
建筑业	12.3	12.7	11.2	7.7	11.5	12.2	12.5
制造业	103.9	94.7	76.6	49.6	33.8	24.3	23.0
服务业	50.8	60.7	78.6	89.3	114.9	145.7	146.5
贸易业	75.5	74.5	73.5	61.3	60.8	62.7	61.9
金融保险和房地产业	33.6	38.4	45.8	44.8	52.0	49.1	48.7
交通运输和公共事业	33.2	31.8	32.3	25.7	22.9	21.3	21.2
各级政府部门	37.4	40.8	56.3	51.6	60.8	56.7	57.0
全部	346.8	353.8	374.6	330.1	356.6	372.1	370.8

资料来源：美国劳工统计局。

从制造业内部各产业部门来看，在 1966 ~ 1991 年期间，制衣业雇工减少 64%，在纺织品、橡胶及塑料制品、运输设备及多种制成品（办公用品、工艺品、珠宝、玩具和体育用品）行业，工作岗位减少约 2/3；纸制品、金属加工制品、石陶及玻璃制品、家具和家居设备、食品、电子和电机设备仪器、皮革与皮革制品和初级金属制品加工等行业就业人数下降了 70%；从规模上来看，1969 ~ 1977 年期间，纽约市 143 个制造业行业中，只有 9 个行业在这期间就业增长，共增加 7 500 个工作岗位，而其他 134 个行业同期减少 314 000 个工作岗位。[①]

纽约都市圈的制造业在发展过程中，体现出了如下的特点：

轻工业为主，企业规模小。纽约地区的自然资源非常贫乏，不利于大型重工业的发展。然而由于其劳动力充足、资本充足，因而，纽约制造业以劳动密集型、资本密集型的轻工业为主，并且门类较为齐全，主要部门有服装鞋帽、印刷、皮革、食品加工、机械制造等。另外，纽约制造业兴起于工业革命初期，工业结构形成于小工厂时期，因而企业规模较小而数目众多，对市场适应性很强。

高新技术产业稳步增长。纽约传统制造业大幅度衰退的同时，高新技术产业却获得了稳步增长。这一点可以从纽约人均制造业增加值超过美国平均水平的幅度越来越大的特点中窥得一斑。纽约人均制造业增加值从 1997 年的 12.2 万美元上升到 2000 年的 14.5 万美元，年均增长率达 5.9%，远远高于全美 3.2% 的平均水平。纽约与全美平均水平的差值也从 1997 年的 1.3 万美元上升到 2000 年的 2.5 万美元。纽约高新技术产业获得发展的最主要原因在于政府的大力培养和合理规划。从 20 世纪 50 年代起，纽约市政府就十分重视产业的高级化建设。在制造业领域，纽约市政府大力扶持高新技术产业的发展。对高新技术企业，实行房地产税减征 5 年计划（前 3 年减 50%，第 4 年减 33.3%，第 5 年减 16.7%）、免除商业房租税（前 3 年租税全免，第 4 年免 66.7%，第 5 年免 33.3%），曼哈顿优惠能源计划（期限 12 年，前 8 年电费减少 30%，以后每年减电费 20%）。政府还制定了“数字化的纽约，线路通向全世界”的产业发展战略，推动非盈利组织（教育机构、各产业协会等）、房产主、技术服务商三方的互利合作，共同建设高新技术区域，进而实现产业能级提升，占领国际产业竞争中的制高点，提升产业的国际竞争能力（见表 2-47）。

表 2-47　1997～2000 年美国与纽约人均制造业增加值变动情况

单位：万美元

年　份	1997	1998	1999	2000
美　国	10.9	11.2	11.7	12.0
纽　约	12.2	12.7	13.4	14.5
纽约与全美平均值之差	1.3	1.5	1.7	2.5

资料来源：①http://www.consus.gov/prod/2002/pubs/,2003.5.8.

②林兰、曾刚：《纽约产业结构高级化及其对上海的启示》，载于《世界地理研究》，2003 年 9 月第 12 卷第 3 期。

① 陈志洪、高沂燕、管锡展：《纽约产业结构变动及对上海的启示》，载于《上海经济研究》，2003 年第 10 期。

服装业和印刷业产业集群、逆势繁荣。纽约的服装业和印刷业也没有随着传统制造业的衰落而下滑。相反，由于传统制造业的外迁和衰落，服装和印刷两个行业有了更加广阔的发展空间，产业集中度不断提高。服装业在纽约市一直占有重要的地位，它以花色新颖、风格各异的式样，领导着美国乃至世界时装新潮流，吸引来自国内以及世界各地的顾客。在流行风尚快速变化的条件下，设计师愿意找就近的生产厂家生产其产品，纽约的服装业也就显现了它的近距离优势。此外，作为移民第一站的纽约也为服装业提供了充实的劳动力。因此，尽管有许多纺织厂陆续迁到成本较低的地方去，但纽约仍有大量的成衣厂和从业人员。纽约大部分工厂有相当高的科学技术和管理水平，各式各样的时髦别致的服装在国际市场上有很大的竞争力。此外，作为典型都市型产业——印刷业在纽约市也占有很大的比重。根据 1997 年纽约工业普查结果，纽约有印刷厂 1 265 家，从业人员 1.9 万人，年销售额 27.6 亿美元。此外，纽约还是美国出版业的中心，数百家国家级杂志的总部设立于此。整个美国出版业的 18% 的从业人员工作、生活于纽约。美国三大报之一的《纽约时报》，主要报刊《华尔街日报》、《纽约每日新闻》、《纽约邮报》、《财富》杂志、《福布斯》、《商业周刊》、《外交季刊》、《时代周刊》、《新闻周刊》等都在纽约出版发行，其中《财富》杂志、《福布斯》、《时代周刊》、《新闻周刊》在海外均有较大影响。

★ **服务业发展分析**

纽约服务业自古以来就比较发达。在 19 世纪的早期发展阶段，纽约就成为一个经济功能齐全的大城市，不仅是制造业中心，同时也是商贸金融中心。进入 20 世纪后，更成为文化艺术中心、保健中心、市内设计中心、时装中心、旅游中心、信息中心。可以说，服务业在纽约一直有着雄厚的基础及稳定的发展态势。20 世纪 50 年代以来，服务业获得了大幅度的提升。

从服务业各行业占 GDP 的比重看，狭义服务业、商业、娱乐业、法律服务和教育服务等行业占纽约 GDP 的比重分别为 31.2%、7.34%、3.2%、6.29% 和 1.64%，明显高于其在全美 GDP 中 21%、5.18%、1%、1.33% 和 0.76% 的比重。

从就业人口比重看，服务业、金融保险和房地产业以及各级政府部门的就业比重持续上升，其中，服务业就业人数持续每 10 年增加 9.9 万人、17.9 万人、10.7 万人、25.6 万人、30.8 万人，从 1950 年的 50.8 万人增加到 2001 年的 146.5 万人，增加 95.7 万人，就业比重从 14.6% 上升到 39.5%；金融保险和房地产业增加 15.1 万人，比重从 9.7% 上升到 13.1%；各级政府部门的就业人数也有显著增加，从 1950 年 37.4 万人增加到 57 万人，增加 19.6 万人，比重从 10.8% 上升到 15.4%。从数据可以看出，作为后工业化时期的国际性大都市的纽约，其功能正越来越从物质生产中心功能向为生产和流通服务的金融中心、服务中心、信息中心、管理中心及科学、文化、教育中心等多功能演变。

纽约的生产性服务业从20世纪70～80年代以来出现了持续快速的增长趋势。1969～2000年期间，生产性服务业就业人数从95万人增至203万人，占就业人口比重从25%升至62%，生产性服务业的增加值也已占到全部服务业增加值总量的50%以上。纽约市大量的银行、贸易公司、交易所、律师事务所、会计公司、广告公司、设计中心、房地产公司、交通通讯服务公司彼此间业务活动紧密联系，共同壮大了这一行业。1960年，商业服务只有12万份工作岗位，1990年已达到25万份，到2001年更上升到33万份。此外，教育、医疗、法律服务等知识服务业就业人数也有显著增加，1975年至2001年期间分别增加了6.6万人、14.2万人和4.5万人。1999年，纽约市以商业服务、健康、法律、娱乐、教育、工程和管理服务等为主的知识服务业总收益达到720.9亿美元。[①]而餐饮业、家庭服务业、零售业等传统部门发展较慢，新兴服务业逐步取代传统服务业而成为第三产业的主体（见表2－48）。

表2－48　　纽约都市统计区生产性服务业就业增长情况　　单位：万人

	1975年	1980年	1985年	1990年	1995年	2000年	2001年
商业服务	18.6	24.1	27.4	25.2	22.8	34.2	32.9
工程和管理服务	—	—	—	10.2	9.4	12.5	12.3
教育服务	6.4	7.5	8.9	9.9	10.5	12.1	13.0
医疗服务	18.4	19.4	22.7	25.7	30.3	32.2	32.6
法律服务	3.5	4.5	6.0	7.7	6.9	7.9	8.0
社会服务	5.2	6.6	10.6	12.6	15.1	17.9	18.3
金融保险和房地产	42	44.8	50.8	52.0	47.3	49.1	48.7

资料来源：①美国劳工统计局。

②陈志洪、高沂燕、管锡展：《纽约产业结构变动及对上海的启示》，载于《上海经济研究》2003年第10期。

纽约服务业最突出的特征就是其国际性与生产性指向性。1986年美国最大的100家跨国公司（以境外收入排列）中，24家总部设在纽约市，16家总部设在纽约市郊区。统计表明，总部设在纽约市的跨国公司的业务活动有更强的国际性，近1/2的跨国公司收入来自境外资本运营的收入，占总收入的1/3，而总部设在纽约以外的其他60家公司只有不足1/4的收入来自境外资本运营。以纽约市为总部驻地的24家跨国公司的境外收入达1 370亿美元，占全美100家最大跨国公司境外总收入的36%。纽约长期以来一直是世界上最大货币金融市场、

① 高汝熹、张洁：《纽约知识服务业的发展及对上海的启示》，载于《上海综合经济》，2001年第4期。

最大的股票市场。此外，2000 年，纽约金融、保险、房地产等新兴产业部门的就业人数占就业总人数的 11.4%，而咨询、健康、教育业的就业人数占就业总人数的比例高达 23.4%，服务业的生产性指向性十分明显。美国学者莫伦考夫（J. Mollenkopf）认为，纽约 70 年代后期以来经济高速发展主要得益于强大的生产性服务业及其国际化指向。①

纽约是世界的金融中心，并且在全球的竞争中一直保持着持久的竞争优势地位。全市聚集了 380 家大银行，比芝加哥、休斯敦、洛杉矶、迈阿密和旧金山五个城市的银行之和还要多，也超过伦敦和东京的银行总和。纽约的 10 家最大银行所拥有的公司资产高达 1.1 万亿美元，相当于美国最大的 100 家银行所拥有公司资产总额的 1/3。1970 年，纽约市有外国银行 47 家，资产 100 亿美元，到 1985 年，拥有的外国银行增至 191 家，资产 2 380 亿美元，雇员 2 700 人（Hall Peter）。1997 年，纽约市的金融保险业的收益高达 1 488.5 亿美元，为整个纽约制造业增加值的 10 倍以上。1997 年，纽约股票交易所的交易额高达 5.7 万亿美元，占当年全世界股票交易量的 27.8%，而日本则不到 1 万亿美元，不及世界交易额的 5%。作为世界金融中心，纽约还是世界上最大 10 家安全公司中 9 家公司的总部和美国 10 家最大生命保险公司中的 4 家公司的总部。

纽约金融业的发达是因为它具有其他地区无法比拟的优势：便捷性、快速反应和技术支持。许多想进入美国市场的外国银行会发现：纽约因其广泛的金融基础而十分便捷（Warf，2000）。此外，纽约的竞争优势还源自于其金融机构能够对金融市场的发展和变化趋势迅速做出反应。当然，这种反应需要技术支持。快速的反应能力源于银行转移资金和传递信息的能力（Warf，2000）。大众传播、出版和印刷等设施的完善大大提高了信息传递能力（Warf，2000）。跨行业经营的公司需要便捷的信息通讯和金融服务的支持，而这些设施和服务机构通常都在纽约集聚。

纽约都市圈的商业非常发达。零售业起初主要集中在曼哈顿，是城市商业中心（CBD）的一个组成部分，直到许多百货公司开始迁往新泽西北部地区，这种格局才被打破（戈特曼，1961）。零售的分散化波及了批发业的发展，许多批发中心和供应商就在五大自治州范围内发展起来了。纽约市和纽约基本都市统计区的批发业销售额与零售业销售额（批零比）超过 4∶1，与整个纽约州 2.3∶1 的水平形成显著对比，充分显现了批发业在都市中的集聚效应。

旅游业是纽约财政收入传统来源的重要组成部分。2000 年，旅游观光业创

---

① 林兰、曾刚：《纽约产业结构高级化及其对上海的启示》，载于《世界地理研究》，2003 年 9 月第 3 期。

造了6%的纽约城市经济总产出，拥有470 000名从业人员，创下了340亿美元的国家财政收入。除零售外，2001年，纽约的旅游创收达145亿美元（纽约城市伙伴关系与商会，2001）。

纽约的卫生保健行业也相当发达，拥有完整的产业链（New York City Partnership and Chamber of Commerce，2001）。2001年，卫生保健业约占GDP的13%，拥有雇员345 000人。生物医药业正在纽约及新泽西的北部市郊迅速发展起来，其发展得到了技术公司和相关的保健公司的支持。

（3）存在问题与未来发展选择

纽约都市圈的发展既面临着其他都市圈所面对的共同问题，同时还要面对“9·11”遗留下来的诸多问题。

旅游业亟待恢复。观光旅游事业部门正在致力于将访客吸引回纽约市。在攻击之后的几个月内，飞机乘坐率降低了57%。据报告称，旅馆业只有37.8%的入住率（纽约市合伙组织和商业协会）。州发展协会用强有力的公众广告如“我爱纽约”等口号，试图使旅游者安心归来，然而，只吸引旅游者并不是根本的解决方法。诸如世贸中心等设施在攻击之后被破坏，包括自由女神像在内的许多观光点也被暂时或永久关闭。而这些基础设施的破坏对旅游观光服务造成了很大的负面影响。

公共服务需要升级。“9.11”最长期的影响可能是迫使当地政府重新审视它的公共服务机制。纽约市是服务和运作的网络中心。城市不仅应该加大服务资源的提供，而且应该提供其他资源来保护这些服务资源。建立与大规模危机和水污染控制相关的紧急反应系统是必需的。因为规模较大以及很多部门的功能重复，交通运输成了最有问题的行业。维持和加强服务提供的额外安全需要会明显增加费用。

贫富差距问题需要根除。纽约都市圈的贫富差距不断扩大，引发了种族歧视、犯罪等各种严重的社会问题。纽约市有贫穷的历史，而现在纽约已被视为“饥饿的城市”，伴随着收入差距持续扩大，教育缺乏，无家可归，技能缺乏和犯罪等相关问题日益变得严重（Warf，2000）。这些问题都需要纽约市更好地发挥其自我更新能力，发展一系列适合的反应和管理机制，从而避免危机的爆发，并逐步从根本上解决这些问题。

经济发展过度中心化需要解决。纽约市的经济发展具有明显的过度中心化趋势，即大部分服务业和没有外迁的服装、印刷等制造业过度集中于曼哈顿地区，而其余几个区明显处于弱势。纽约的中心区曼哈顿面积仅约60平方公里，仅占纽约市区面积的7.59%，但却集中了纽约市约2/3的就业和销售额。其中，曼哈顿地区从事服装业和印刷业分别有 50 717 人和 11 978 人，约占全纽约市同行业的 63%，两大产业在市中心区的聚集性非常显著。此外，纽约的金融中心主要就在曼哈顿，其他包括批发业、房地产业、教育、专业技术服务业等大部分的都市型产业也都聚集在这里，分别占全部纽约市的 63%、73%、43%、95%。[①] 曼哈顿人口结构的白人化、中上层化和高知识化趋势十分明显，人均收入也远高于其他四城区。1980 年，曼哈顿人均收入为 10 863 美元，超过昆斯和里士满（7 706 美元），是布朗克斯（4 502 美元）或布鲁克林（5 779 美元）的 2 倍左右，住宅、服务设施高档化现象十分突出。2000 年，曼哈顿仍然是纽约人均收入最高的地区，而布朗克斯和布鲁克林依旧是纽约的贫民区，曼哈顿始终保持了纽约经济中心的极化地位。地处边缘的布鲁克林等四城区与城市核心区曼哈顿相比，经济发展严重滞后。产业转型时期，曼哈顿通过吸引更多的智力型公司，保持了活力与都市区中心的地位，但另外四个城区的基础设施和建筑物档次低，对智力型公司吸引力小。同时，因曼哈顿地价昂贵而迁移出来的商家厂家也没有选择这几个城区，而是跳过它们，落户于纽约市郊区或者干脆搬到更远的地方，产业空洞化现象十分严重。以信息产业为例，1997 年分布在曼哈顿的信息技术企业占全纽约的 79.4%，而昆斯、布鲁克林、布朗克斯和里士满则分别只占 8.1%、7.2%、3.2% 和 2.1%。[②]

2.2.5 芝加哥都市圈发展特色分析

芝加哥（Chicago）是继纽约和洛杉矶之后美国第三大都市圈，五大湖地区最大工业中心，位于美国中部、世界第一大湖密歇根湖与芝加哥河交汇处，面积 588 平方公里，气候夏日酷热，冬季不寒，终年多风，号为“风城”。芝加哥市区与周边 9 个县组成了芝加哥大都市统计区，人口共计 837 万人（其中芝加哥市为 289 万人），1990～2000 年间，人口增加了 861 910 人（增长率达 11.6%）；而 2000～2002 年短短 3 年间，人口增加了 100 112 人（增长率达 1.4%）。黑人约占芝加哥总人口的 40%，芝加哥是美国黑人、犹太人聚居较多的城市。芝加哥是美国铁路运输、公路运输和空运的中心，拥有全美第二大飞机场——奥黑尔机场。芝加哥是美国中西部地区的商业、金融、工业和文化中心。美国最大的期货市场——芝加哥商品交易所和芝加哥期货交易所均设在此。芝加哥地区的工业

① 陈志洪、高沂燕、管锡展：《纽约产业结构变动及对上海的启示》，载于《上海经济研究》，2003 年第 10 期。

② 林兰、曾刚：《纽约产业结构高级化及其对上海的启示》，载于《世界地理研究》，2003 年 9 月第 3 期。

产值占全州的71%，雇用的劳工占全州的70%（Dri Wefa，2002）。芝加哥有“《财富》500强公司”中的34家公司，包括麦当劳、波音、摩托罗拉和里格利公司。芝加哥还是美国中部的高等教育中心。芝加哥大学被誉为“诺贝尔奖”获得者的摇篮，曾先后培育出诺贝尔奖获得者30多人。西郊的阿岗国家研究院、贝尔实验室、费米实验室的科研成就在全美以至世界都令人瞩目，有相当数目的华裔学者、工程技术人员在这些科研院室任职。

（1）芝加哥都市圈的发展演化

1673年，两个加拿大人首先发现了芝加哥，100年以后，芝加哥有了第一个永久的移民，1795年，芝加哥被印第安部落割让给美国。1825年伊利运河开通之后，许多移居者来到了芝加哥。19世纪50年代铁路修到了芝加哥。1837年，芝加哥被合并为一座城市，当时拥有人口仅4 170人，但很快就达到112 000人，并最终替代圣路易斯，成为美国中部人口最多的城市。

19世纪末，城市改革的倡导者发起了使城市更美丽的运动，使芝加哥的城市面貌得到了大幅度改善，并于1893年成功举办了世界哥伦布展览会。1909年，由芝加哥建筑学校提议的芝加哥计划中，提出了建设芝加哥都市圈的设想，这个设想对随之新兴的都市圈发展产生了巨大的影响。

20世纪30年代，芝加哥遭遇了经济大萧条，40年代20 000个美籍非洲人因战争原因从美国南方来到了芝加哥。从1950年到1970年期间，市长理查德·戴利实施了改进全市基础设施的计划，为后期都市圈的发展奠定了坚实的基础。

在二十年左右的时间里，芝加哥都市圈经历了快速的扩张：1950年到1981年之间，芝加哥有6个县，而这个数字在1983年和1990年上升到11个，1999年为13个，2004年为14个，包括在东南威斯康星州的1个县，在西北印第安纳的4个。在1970年，芝加哥拥有9个下属就业中心，这些公司集中在高速公路交叉点和铁路沿线附近，这个数字在1980年上升到13个，1990年为15个，2000年为32个［麦克米伦和莱斯特（McMillen and Lester，2003）］。高速公路和铁路沿线附近出现了越来越集中的卫星城市。在1982年到1997年之间，芝加哥使其城市化区域增加了25%，使其人口增加了9%［富尔顿等（Fulton et al.，2001）］。

2000年，芝加哥都市圈拥有8 376 600总人口。整个芝加哥的人口于1990～2000年间都在明显增长，其人口共增加了869 000人，占总人口的11.6%，是近30年的最大一次增长；城市人口增加了112 000人，是50年来最大的一次增长；郊区的库克县人口增加了159 000人，而市郊人口增加了598 000人。芝加哥成为了一个非常集中化的大城市［麦克唐纳和麦克米伦（McDonald and McMillen，2000）］。芝加哥在那些高集中化的大都市圈中排第15位，芝加哥是第七大人口密集的城市，紧跟纽约、旧金山和其他几个大城市之后，但是排在费城、波士顿和洛杉矶前面。

(2) 芝加哥都市圈的产业发展

芝加哥都市圈是世界上最大和最多元化的经济地区，生产总值超过 3 330 亿美元，提供 415 万个工作机会。芝加哥汇集了 200 000 家公司和 107 个企业的总部。芝加哥都市圈还是美国第三大最有生产活力的地方。芝加哥 2000 年的生产总值（GMP）为 332.9 亿美元，远远高于第四大居民区的波士顿市区的 248.7 亿美元。芝加哥有一个多元化的经济基地。经济多元化为芝加哥创造了竞争优势，多元化的经济使芝加哥通过对外销售产品带来丰厚的收入，芝加哥拥有竞争优势的产业包括：商务服务、贸易、健康、金属制造业、机械工业、食品加工业和建筑业（Hewings et al. , 1998 b）。

★ **制造业发展分析**

芝加哥都市圈的工业构成中以重工业为主，轻工业也很发达，是强大且多元化的制造基地。黑色冶金工业和肉类加工工业居全国的首位，其他工业部门有农业机械、电机、石油、化学、木材、电器设备、飞机发动机、火车车辆、汽车、服装、制鞋、水泥及罐头食品等，有不少产品和技术在全国闻名。

芝加哥 1803 年才开始建址，因此相比纽约等其他国际大都市圈，芝加哥都市圈制造业发展的历史并不长，但是其制造业创造的产值却是美国最高的，曾以美国著名的也是最大的工业城市著称。与其他世界都市圈相同的是，芝加哥都市圈制造业也基本上经历了兴盛、衰落、新生的过程，所不同的是，芝加哥都市圈的制造业比其他都市圈衰落程度低，产业转型速度快、成效明显，从而使得制造业在芝加哥都市圈的经济发展过程中始终保持主导地位。

20 世纪上半叶：制造业鼎盛时期。1909 年，芝加哥编制了一个宏伟的总体规划，这个规划，确立了芝加哥未来 100 年的发展框架，为芝加哥的快速发展奠定了坚实的基础。在这个规划中，提出了芝加哥的主导产业：钢铁、机器制造、食品加工、服装、印刷业等产业。规划制定后，受到了政府的极大重视，得到了很好的实施，几大主导产业也获得了迅速的发展。

20 世纪下半叶：传统制造业衰落。20 世纪下半叶，美国经历了一个经济衰退时期，大量的企业破产倒闭，传统的制造企业，大批地从市区迁往郊区。芝加哥当时也出现了大量的失业人口，濒临倒闭的工厂，经济一片萧条，被人们戏称为“锈带”。20 世纪 60 年代芝加哥中心城市人口开始减少，70 年代郊区成为就业的增长点，人口第一次超过城区人口，达到大芝加哥地区总人口的 55%。1990 年城市人口下降到 278 万人，郊区从库克郡扩展到杜培其郡和麦亨利郡。为应对郊区化所带来的制造业和就业岗位外迁问题，1989 年当选的市长理查德・戴利提出建立城市工业保护区，同时大力促进服务业、旅游业和高科技工业的发展。

1980 年以后：多元化经济中的重要产业。为了更好地促进产业转型，1980 年芝加哥政府确立并实施了多元化经济发展战略，改变了以往单纯地发展制造业的经济模式和产业发展模式，并大力发展服务业。即使如此，芝加哥政府仍然没有冷落制造业，而是把制造业发展摆在了一个极其重要的位置，尤其是依托美国中西部农业区发达的种植养殖业和广大的消费市场，以农产品加工、集散地为基础，大力发展食品工业，成为了美国重要的工业基地。

目前芝加哥的制造业在全美和世界上仍然占据着非常突出的优势地位，具体表现在：（1）经济发展的主体。芝加哥都市圈的制造业在其经济发展中占有极其重要的地位。2000 年，制造业部门对美国的贡献达到了 590 亿美元，占美国制造业的 21.6%，其中食品加工业占全美的 1/3，是美国其他城市所无法匹敌的。伊利诺伊州前 100 家制造业厂家中，60 家就在芝加哥大都市圈，包括世界最大的飞机制造企业波音公司、世界第二大网络通讯设备制造商摩托罗拉公司、世界上最大的土方工程机械和建筑机械生产商卡特皮尔（Caterpiuar）公司、全球规模最大的快餐集团麦当劳公司、最大的食品加工企业卡夫特（Kraft）公司、世界最大的口香糖生产商威格利（Wrigley）公司，以及占美国核电力发电量的 20% 的全美最大的核电力公司伊科斯隆（Exelon）公司。世界 500 强中芝加哥拥有的 33 家，有 14 家是制造业公司。（2）就业的重要承载者。强大的制造业解决了大量的就业问题。芝加哥制造业雇用了 631 500 人，也就是 15% 的芝加哥劳动力。芝加哥是美国高科技领域雇用人口最多的州之一。据估计 2003 年，在 16 000 个高科技公司里有 238 000 个工作岗位。（3）高新技术产业优势。芝加哥良好的经济基础成为了加快芝加哥技术发展的助推器，造就了芝加哥这一名副其实的“技术之都”。芝加哥拥有全球唯一的科学技术和研究通路点，简称 STARTAP，它是能与众多国际先进网络共同相互连接的节点。目前，STAR2TAP 与 15 个国际先进网络或国际协议性网络相互连接，与 6 个美国先进网络相互连接。美国 150 多家包括超级计算中心在内的前沿研究型大学和机构通过 STARTAP 把网络流传到国际合作者。芝加哥还是美国生物制药重镇，芝加哥大都市圈为生命科学和生物技术企业家提供极其良好的资本、园区和全球流通方面的条件，当地公司在诊断、治疗设备、食品和环境生物技术开发，以及使用生物信息学、基因组学和蛋白组学技术等方面都处于世界前沿。（4）高级人才优势。芝加哥的大学教育比例高于任何其他城市。它是美国雇用高技术工人最多的城市，拥有 32 600 多名工程师，近 25 000 名生命与物理科学家，107 000 多位计算机和数学职工，以及

24 400 多名工程与科学技师。①

★ 服务业发展分析

芝加哥服务业从20世纪80年代早期开始超过制造业，在城市经济中占据主导地位。在1970年，制造业占城市雇用人口的29.19%，服务业占18.06%，1985年，制造业的比例下降到18.04%，而服务业的雇用人口比例上升到27.09%。2000年，服务业雇用人口占总就业人口的1/3，而制造业只占有近1/8。

就业中心的出现反映了芝加哥城市地区的经济转变（见表2-49）。1980年，13个就业中心的8个为制造业集团、3个为服务业所有；制造业中心区的数量在1990年增长到9个，但是在2000年减少为6个，而服务业就业中心区在1990年上升到5个，在2000年再次增长到10个。

表2-49　　芝加哥就业中心区的产业结构

年　份	中心区数	制造业	服务业	TPU*	零售业	FIRE**	政府
1980	13	8	3	1	0	0	1
1990	15	9	5	1	0	0	0
2000	32	6	10	5	4	1	6

* TPU——交通和公共事业；** FIRE——财政、保险和房地产。

强大的金融业。芝加哥是美国继纽约之后的第二大金融服务中心，也是美国中西部一个重要的金融中心。芝加哥被誉为全球最大的期货与期权交易市场。著名的芝加哥商品交易所和芝加哥期货交易所经营各种金融产品，如金融票据的期货契约、国库债期货、国库券期货、股票指数期货和期权交易等。芝加哥商品交易所的统计数字显示：2003年，该交易所记录的合同交易达6.402亿宗，这些交易具有在芝加哥商品交易所3 337亿美元的换手交易潜在价值。此外，芝加哥证券交易所是美国境内仅次于纽约市的最大证券交易所。芝加哥还是美国一些大银行和大金融机构的总部和分支机构所在地：它拥有300多家美国银行、40家外国银行分行和16家保险公司。这些银行和金融机构在商业贷款数额方面名列全美前3名，各种金融资产总额居美国联邦储备委员会管区的第三位。在就业方面，芝加哥金融服务业的就业形势明显好于纽约和洛杉矶。现今，芝加哥金融服务业的就业岗位总量为150 800个，1990~2002年间新增岗位27 000个，增幅高达22%。②

商业服务业。芝加哥和纽约是全球仅有的两座在市中心高密度建有商务楼的大都市。在芝加哥，财富500强的11家公司总部聚集在步行可达的范围内；吸

①② 钟婷、吴卓群、魏家雨：《芝加哥：多元化经济的典范》，载于《文汇报》，2004年9月5日。

纳着66万名雇员和5万名大学生。这种机构和人群高密度与高质量的集中，不但有利于发挥聚集在中央商务区公司的创造性与协同性，而且能将其影响辐射到整个地区。1980～2000年，商业服务业在芝加哥市中心很繁荣，这些服务业包括会计、通信、管理咨询、商务教育和会议/旅游服务（Krontoft et al.，2001），这些服务业务的迅速发展加强了芝加哥在中西部商务中心的地位。

展会、交易市场服务。芝加哥是美国第二大贸易展览中心，是主要的硬件工业、家庭用品、服装、礼品、家具和高档艺术品的交易展览地点，每一年大量的用户产品展览在芝加哥的三大展览中心举行：商品展销中心、服装中心和会议中心。芝加哥是美国两个最大的硬件和家庭用品展览举办地：美国硬件制造协会展览和国际家庭用品展览。芝加哥是中西部最大的服装市场。服装市场在芝加哥的市中心，租借展览摊位给上百个服装推销商和制造商，连接到服装中心的贸易场，每年都要承办8个重要的服装展览。芝加哥是中部最大的礼品市场。在那里有上百家礼品推销商和礼品制造公司，这些公司销售超过100种产品，例如，锡蜡器皿、广口杯、木制品、新奇的小礼物和珠宝首饰。主要的礼品展览会在每年的1月份和9月份举行，到时候会有来自全球的买家。芝加哥是美国第三大家居家具市场。这里承办三个最重要的家具展览：Neocon、临时家具展览、家居家具设计展览。芝加哥的家具工业对芝加哥艺术馆和现代博物馆有很大的贡献，芝加哥承办两个享有声望的艺术展览：SOFA（高雅艺术）和艺术芝加哥，60个艺术馆坐落在此。

交通运输服务。芝加哥货运业务在全美是最繁忙的。由于美国超过一半贯穿全国的铁道线经过芝加哥，因而该地区货运的效率通常影响整个国家的铁路货物速度。对芝加哥来说，其货运系统提供了117 000个工作岗位，并带来80亿美元的经济收入。航空服务是芝加哥主要的经济驱动力之一。芝加哥的奥黑尔国际机场是全美第二繁忙的机场。每年飞经芝加哥机场的直达航班和国内航班的数量在全美排在第二位。多伦多、伦敦、蒙特利尔、法兰克福和墨西哥城是从芝加哥出发的最常见的目的地。1999～2000年间，每日到亚洲和中东的直达航班数量增加了67%，到欧洲的增加了11%，到加拿大、拉丁美洲和加勒比海的数量下降了超过10%。

（3）芝加哥都市圈的基础设施

发达的基础设施是芝加哥都市圈快速发展的坚实基础。芝加哥都市圈最值得称道的基础设施是先进的水、陆、空运输设施和发达的数据通信设施。

水、陆、空运输设施。芝加哥都市圈是一个世界闻名的运输中心，水路、陆路和航空运输都非常发达，而且历史悠久。水路运输从19世纪开始发挥巨大作用。19 世纪开通的伊利诺伊—密歇根运河，把处于内陆的芝加哥同五大湖和大西洋连接起来，变为港口城市。海洋巨轮从加拿大的圣劳伦斯湾直驶芝加哥码头。陆路交通运输转换体系是芝加哥最发达的运输设施。芝加哥地区拥有一百多年历史的铁路系统，成为了城市的环形标志。芝加哥有 41 700 辆开往外地的货车吞吐量，每天有超过 37 条火车线路运送 36 000 个车皮货物到外地，全区共拥有 380 个火车站分布各地。芝加哥还是世界上众多铁路承运人之间转运货物的主要联合运输中心之一，在芝加哥可以方便地实现铁路与卡车运输之间的交换、航空和铁路与卡车运输之间的交换，以及水上和铁路、卡车运输之间的交换等。芝加哥还拥有全美第二繁忙，同时也是世界上最繁忙国际机场之一的奥黑尔国际机场。2000 年，芝加哥机场在全美众多都市圈的国际直达机场中排名第四位，紧随纽约的国家领导人机场（94 个）、迈阿密堡垒劳德代尔机场（75 个）和洛杉矶机场（58 个）之后。每年飞经芝加哥机场的直达航班和国内航班的数量在全美排在第二位。

数据通信设施。芝加哥拥有高度先进的运输和通信系统，是全球最大最先进的互联网交换点和互联接口。互联网已经成为了芝加哥信息传播的首要渠道。不同的种族和群体都拥有计算机并使用互联网。2000 年，芝加哥地区 71% 的亚裔美国人定期使用互联网，紧随其后是白人（49%）、拉丁美洲人（28%）以及美国黑人（23%）。至于计算机所有权，2000 年有 2/3 的亚洲人和白人家庭，还有大约 40% 的拉丁美洲人和美国黑人家庭拥有计算机。

（4）存在问题与未来发展选择

芝加哥都市圈是美国中西部地区的商业、金融、工业和文化中心，作为美国第三大都市圈，在美国和世界经济发展中占据了非常重要的地位。然而芝加哥都市圈中仍然存在着许多不利因素，需要在今后的发展中着力解决。

交通拥挤。虽然芝加哥拥有几乎是世界上最发达的铁路和公路系统，但是仍然不能完全满足不断增加的居民交通需求。交通需求越来越大，而交通供给的增长却比较缓慢，导致了交通越来越拥挤，运输速率变得越来越慢，芝加哥运输中心的地位正在受到考验。

缺乏统一管理。芝加哥都市圈拥有超过 1 200 个单位的地方政府，这些地方政府包括 6 个县、270 个自治市、306 个学区和 558 个特别地区或者自治政府（约翰逊，1999），四分五裂的政府机构约束了整个芝加哥的合作和计划编制（纽曼和索恩利，2005）。根据《芝加哥都市圈 2020》（2000），由于在许多地方政府中，存在不适当的计划和协调行为，私营公司经常忽视整个都市圈的需要进行决策。

其他问题。在产业发展方面，熟练劳动力供不应求；在社会发展中，芝加哥的犯罪率一直居高不下；在教育发展上，芝加哥当地的公立学校的排名在美国国内靠后；当地11%的居民仍生活在贫困中，高收入和低收入的差距仍然很大；空地和农田面积快速减少等。因此，芝加哥都市圈的未来发展还面临着许多需要解决的问题，为了更好地提高芝加哥地区的经济增长和竞争力，政府和社会各界都需要做出相当大的努力。

为了确保芝加哥地区在新一轮全球新经济浪潮中确立优势地位，芝加哥市长技术委员会邀请著名咨询公司——麦肯锡公司为其制定了《新经济增长战略》。

行动目标：(1) 成为全美新经济中心。重点加速芝加哥地区初创型公司的发展速度，减少企业家在创业过程中面临的种种障碍，以使新生企业迅速成长壮大。麦肯锡公司建议芝加哥政府必须做到：增加支持初创型企业的赞助商，加大对新兴企业的投资；尽量从各类研发中心转移先进技术；形成协调和有活力的企业社团。(2) 提高芝加哥地区在现有四个高增长板块（生物医药、无线通讯、软件开发及新兴高科技）中的领头羊位置。

打造五个支撑点，将芝加哥建成创新企业的首选地。(1) 充沛的基金：技术风险基金、种子基金和投资技术专项资金；(2) 强大的人才：建立强大的企业人才库；(3) 前沿的研发中心：提升研发机构的水平，辅之一流制度；(4) 完善的基础设施：充分挖掘现有的快捷数字基础设施、便利交通和不动产优势，进一步发展更灵活的租约和提供资金支持的建筑物，服务于创始企业孵化器；(5) 友好的商业和政策环境：巩固与提高传统企业生存和发展的领先地位，创造更有活力、更友善的环境来满足新经济和高成长企业的需要。

三项关键措施：(1) 增加种子基金。芝加哥将优先采取的措施包括：从潜在的公共和私人资源中筹集资金创立芝加哥种子基金；发动当地富有市民，在芝加哥地区促进和支持建立更大的赞助人网络。(2) 提升研发中心的技术转化率。优先采取的措施包括：与州政府和联邦政府合作提高研发的投入水平，确定并消除障碍，提高大学研发成果的商业化比率；向私人和公众募集更多的基金，用于更新和扩充研究设备，提高和增加教授职位，以吸引顶级教授和创新者。(3) 创造更富活力的企业群体。采取的措施包括：发展地理位置上相对集中的新经济产业带；提高政府行政能力，使企业从政府方面获得更多、更快的支持，以及税收与政策方面的好处；建立与法律、财会与房地产服务相连的信息支撑网，帮助企业尽快获取所需信息。

生物医药、生物科技、医疗诊断和医药设备方面需要采取的措施包括：(1) 聚焦商业化，特别是强化本地大学层面的技术转让计划，来提高研发成果的商品化；(2) 设立大量高薪教授职位，吸引生物医药领域领衔型、创新型生物医学研究人员，大幅提高基础研究水平；（3）继续发展领先的生物医药孵化器和基础设施，支持生物医药的创始公司和领先的生物医药公司；（4）鼓励面向生物医药的风险投资支持创始公司。

新兴技术方面需要采取的措施包括：加大资金投入力度，资助精心挑选的岗位与机构，以吸引领衔的、具有创新能力的纳米研究人才进入本地大学，大幅度提高纳米基础研究水平；主动积极争取联邦政府的资金和项目，以支持纳米技术的发展。[①]

2.3 都市圈空间结构演变及动力研究

由于西方国家都市圈的形成主要是郊区化的结果，因而都市圈空间结构的研究始终是和人口、产业等的郊区化紧密联系在一起。

2.3.1 都市圈空间结构演变特征

从20世纪初到30年代，美国都市圈形成了其独特的结构，即郊区增长和中心商务区的形成。郊区增长主要有三种形式：制造业棚户区、工人阶级住区和商业阶层住区。在此过程中，技术进步在郊区化过程中承担了必不可少的作用，但只是一种方式而不是起因。第二次世界大战以后，郊区的增长，源于大量的中产阶级郊迁，都市圈的郊区人口形成了快速增长的趋势，都市圈人口在空间地域上呈现不平衡增长趋势，郊区的增长快于市区（Kenneth Fox，1985）。见表2－50、表2－51。

表2－50　20世纪40～80年代美国都市圈人口增长的空间差异

单位：百万、%

		40年代		50年代		60年代		70年代		80年代	
		人口	比例	人口	比例	人口	比例	人口	比例	人口	比例
总人口		131.7	100	150.7	100	179.3	100	203.2	100	226.3	100
大都市圈		63.0	47.8	84.5	56.1	12.9	62.9	139.4	68.6	169.4	74.9
其中	市区	42.8	32.5	49.4	32.8	58.0	32.3	63.8	31.4	67.9	30
	郊区	20.2	15.3	35.1	23.3	54.9	30.6	75.6	37.2	101.5	449
非大都市圈		68.7	52.2	66.2	43.9	66.4	37.1	63.8	31.4	57.1	25.2

资料来源：Kenneth Fox，1985.

① 钟婷、吴卓群、魏家雨：《芝加哥：多元化经济的典范》，载于《文汇报》，2004年9月5日。

表2-51　多伦多大都市圈核心区和外围区域人口构成的变动　单位：百万

区　域	1971 年	1981 年	1991 年	1996 年	1976～1996 年变化率（%）
多伦多都市圈	2.92	3.42	4.24	4.63	+40
核心区	2.09	2.14	2.27	2.38	+12
外围区域	0.83	1.28	1.96	2.24	+113

资料来源：Gwyndaf Williams.

德国等西欧国家也相继出现郊区人口和就业增长快于中心区的状况，居住分布的变化类似于沙丘的移动，从中心城市逐渐向周边城镇和郊区转移。

20 世纪 60 年代以来，不仅城市居民喜欢生活在郊区，而且工作机会也逐步向郊区转移，主要的通勤模式从郊区向中心城市、郊区向郊区转移（Wallis，1994；Gwyndaf，1999）；在郊区化过程中，都市圈核心区、近郊、远郊形成了明显的社会空间结构分异（Fellmann et a1.，1995）。80 年代中期以后，美国都市圈郊区化的一个新趋势是在扩散中又相对集聚。继卫星城市、外围城市（outer city）、郊区城市（suburban city）、技术郊区（Technoburbs）之后，边缘城市又成为美国都市圈外围区域的一种新的城市形态，美国城市结构正在由单中心向多中心转变，到 90 年代约半数的美国人生活在郊区（孙一飞等，1997）。英国的很多学者撰文描述大城市郊区的巨型区域购物中心（Megamall），认为它是英国未来的新镇核心，这些购物中心的繁荣被看做是正在发展的“边缘城市”，它将戏剧性地改变英国大城市郊区的零售业的购物景观；加拿大也存在着这样的巨型购物中心，并逐渐超越商业服务和金融服务的功能，集公共部门和私营部门为一体（Michelle，2000），带来都市圈城镇景观空间结构新的变化。

20 世纪 60 年代，日本的板仓胜高等人（1968）通过对阪神都市圈内工业企业分布的研究，推翻了日本都市圈是由大型重化企业控制的传统观点，研究表明由一系列规模不等、产业性质各异的企业组成的工业集聚体是都市区产业的基本特点。80 年代，日本学者对都市圈空间结构的研究进行了总结：从产业空间分布的区位变动和要素相互作用的角度来研究都市圈的空间结构。津川康雄（1982）通过研究京阪神都市圈（Keihanshin Metropolitan Area）内部三大城市的人口和零售商业分布以及由此决定的城市中心性的空间变化，发现在城市核心地区中心性降低的同时，都市圈逐渐走向均衡发展；富田和晓（1988）从批发、服务业的区位动向入手对东京、阪神、名古屋三大都市圈结构变化作了对比研究，认为集中分布相对减少，多中心成为普遍现象。藤井止（1990）分析了根据通勤定义的都市圈在解释郊区化现象时的局限性，进而提出从更大范围内解释大都市圈空间结构的新特点（史育龙等，1997）。戈登分析了美国 1969～1994

年之间的都市圈和非都市圈的就业趋势，确认了美国都市圈的人口和就业由都市圈中心到郊区、外围地区直到乡村地区的离心化趋势（Gorden，1998）。韩国学者通过对首尔都市圈及其他几个都市圈的空间结构研究认为，都市圈发展的历史背景奠定了今天都市圈的空间结构框架，首尔都市圈在城市化过程和城市土地利用模式的影响下，形成了扇型模式的土地利用结构，在不同的结节点之间及均质区域的相互作用下，形成了由不同等级结节地域和均质区域构成的都市圈空间结构（M. Yokohari，2000）。

都市圈内各城市和地区间具有广泛的空间联系，并在此基础上形成了特定的空间结构。空间结构泛指社会经济客体在空间中相互作用及所形成的空间集聚程度和集聚形态[①]。空间结构与产业结构一样，是影响都市圈经济发展的重要结构性因素。都市圈内不同区位指向的各种社会经济活动之间需要彼此联系、相互配合，构成了一种特定的空间组织形态（结构），并且这种空间组织形态（结构）是处于不断发展和演化之中。[②] 从某种意义上说，都市圈发展变化的过程实质上是都市圈空间结构的发展变化过程。而且，随着工业化的不断发展，都市圈空间结构演化中人的因素越来越重要。纵观都市圈发展的过程，都市圈空间结构的变化在很大程度上是人们在规划的基础上所作的改变。因此，都市圈空间结构的规划实质上是都市圈发展规划的重中之重，一般来讲，谈都市圈规划，必谈都市圈的空间规划与发展策略。例如，20 世纪初，都市圈的规划开始被提出来，1909 年的芝加哥都市圈就考虑到交通和开敞空间等区域性规划的内容。由于汽车的增长和郊区的发展，都市圈的规划变得更加明确，尤其是都市圈域的交通规划和土地利用空间结构规划。[③]

（1）欧洲国家都市圈空间结构模式

欧洲国家都市圈主要采用“均衡布局，适度集中的原则”来构建都市圈，指导都市圈空间结构规划，如莫斯科都市圈的规划，二级、三级集聚区的规划得到强化，空间结构向多中心转变。

在过去 10 年里，欧洲国家处于对区域规划体系进行重新组织的逐渐认识过程，都市圈空间结构的优化主要是通过都市圈的规划和管理来实现。规划指向主要是离心化的规划，特别是在都市圈，要求强化区域整体发展水平，都市圈的规划在国家规划体系中占据了重要地位。规划主要强调都市圈内部城市与区域之

---

① 陆大道：《区域发展及其空间》，科学出版社 1995 年版。

② 李国平等：《首都圈结构、分工与营建战略》，中国城市出版社 2004 年版。

③ 顾朝林编：《规划理论与实践（上册）》，载于《南京大学城市与资源学系研究生课程教材》2001 年版。

间、区域与区域之间的结构性、战略性的规划，包括都市圈各级中心、次中心的规划布局，产业在都市圈内部地域空间上的合理配置，基础设施网络，包括交通、通讯、供排水等的空间布局以及环境整治和规划等。德国柏林为促进中心城市与周边地区协调发展，在协商基础上通过了柏林及勃兰登堡整个地区协调发展的战略方案，以及都市圈的发展方案，将柏林和勃兰登堡作为一个整体来进行空间规划。该方案原则上是为整个地区提供均等的发展机会，以此缩小大都会、都市圈以及周边地区之间的发展差距。

同时，柏林都市圈通过空间结构的规划，确立了都市圈各级重点增长区域，规划为多中心的都市圈空间结构。

半个世纪以来，荷兰一直试行的是一种“分散化的集中型”城市发展模式，并制定了一系列城市与区域发展政策（杜宁睿，2000）。

欧洲国家通常是采用两种规划策略来平衡都市圈空间结构：（1）土地利用需求的调控。主要是通过控制土地利用各种性质的需求（居住、工业、基础设施等）来控制城市蔓延，形成理想的都市圈空间结构。（2）绿带和开敞空间的规划。用规划绿带和区域公园的开发来保护开敞空间，这几乎成了所有欧洲都市圈解决保护和利用之间在空间上的冲突的方式。这种规划观念一方面成为增强区域开敞空间的保护，另一方面也促进了区域经济的繁荣。柏林—布兰德斯堡地区沿铁路发展轴引入了开发中心，将区域中的公园有机联系在一起，柏林周边的8个公园保护和发展了从柏林到布兰德斯堡的自由开敞空间，绿色空间的功能深入到了柏林核心区，围绕城市中心区形成了开敞的绿色空间带（聂晓阳译，1997）。法国巴黎地区的天然公园是“1995年区域绿带计划”乡村绿带的重要组成部分，将自然和文化传统保护同经济和社会发展及“绿色旅游”联系在一起，其目标指向就是要建立完全的城市空间生态系统，在城市中构建绿色走廊（URC，1999）。大伦敦地区的绿带和新城的规划对控制中心区蔓延，创造良好的城市环境起到了积极作用。而荷兰的兰斯塔特大都市地区则通过规划“兰斯塔特绿心结构”来改善该城市地区的环境，促使城市空间利用及农业、林业、游乐等方面的发展达到一个新的平衡（许慧译，1991）。莫斯科都市圈由莫斯科市区、一环和二环组成，两环之间规划“绿色环路”，提出了建设“生态环境优越的莫斯科都市圈”的规划思想。

（2）北美都市圈的规划特色

1920年以来，纽约区域规划协会（RPA）先后对纽约都市圈进行了3次区域规划（武廷海，2000）。第一次规划的核心是“再中心化”，重点是中心城市的发展；第二次规划是针对城市蔓延，将规划的重点放在建立周围的新城市中心，通过人口的再集聚，阻止都市区爆炸；1996年编制第三次规划时，规划的基本目标是重建“三E”（经济、环境、公平），提高城市与区域的生活质量，以促进纽约都市圈域的可持续发展（崔功豪，2000）。美国对于强核心的都市圈，其目标通常是通过规划新的次级中心和开敞空间，促进单核心的都市圈向多核心的都市圈转变，以平衡都市圈内部的社会、经济空间结构。新城市主义的代表人物彼特·坎索普（Peter Cathope）在深入剖析大都市郊区蔓延所导致的一系列问题的基础上，提出以公共交通为导向的发展单元（Transit-Oriented Development）作为美国大都市地区的新的发展模式，其应用包括区域规划、车站地区规划、新邻里规划和新城规划等四种类型，试图从区域的层面上来协调都市圈的内城、郊区和自然环境三个部分之间的整体发展（Perter Cathape，1993）。

（3）日韩等国都市圈的规划特色

第二次世界大战以来，西方的城市规划理念，如绿带和分区的理念被广泛用到亚洲都市圈的规划中去，以控制大城市的爆炸性增长。关于开敞空间的规划理念在首尔、东京、曼谷等都市圈得到广泛推广。东京在1939年颁布了一个公园和开敞空间总体规划，规划的开敞空间位于大东京地区9 600平方公里的范围内，包括城市公园、中心城市风景美化区以及远郊的国家公园和自然保护区，成为日本历史上最有影响的开敞空间规划。除了规划绿带和新城外，在1976年日本的第三次首都圈规划中提出建立区域复合多中心城市，1988年进而提出建立“多心多核”的新型城市圈结构，规划到2015年的首都圈规划将整个都市圈分为城市街道、近郊整备地带（含近郊绿地）和都市开发区域三大部分。韩国政府为了控制城市用地的无序扩大，引进了开发限制区域制度，于1971年在首尔建立了第一条绿化带，面积约1 567平方公里，占首尔都市圈的29%，位于半径为15公里的范围内，限制了都市区边缘农田和森林的转化（项鼎，2000）。1989年至今，韩国在首尔都市圈规划建设了5座新城，以解决首尔中心城市高度集中的职能和人口问题，这些新城基本上在1小时通勤圈内，起到了缓解首尔CBD的作用。20世纪90年代以来，韩国所制定的政策和法规基本上侧重于支持首尔都市圈外围地区的发展，这对平衡首尔都市圈空间结构起到了积极的作用。而泰国的曼谷主要通过规划农田开发区来限制中心城市蔓延。

2.3.2 都市圈发展纵向演变轨迹

城市与其赖以生存的周边地区之间的相互作用，表现在城市化的过程当中。

从空间相互作用的观点来看，城市化就是城市通过与其周边地区的相互作用，使城市功能在社会生活中的作用不断加强，城市空间份额不断扩大的过程[①]。城市化导致城市空间扩大和城市对外辐射能力加强，同时也在一定程度上强化着城市与其周边地区之间的依存关系。当这种依存关系强大到一定程度时，城市与其周边地区就会形成一个在经济、社会、生活等各方面都高度关联的整体，这时一个由中心城市及其周边地区组成的都市圈就形成了。当然，空间互相作用（集聚与扩散）的力量会继续推动都市圈空间形态演变和蔓延，都市圈的地域形态总是处于不断发展和演进过程中的。

美国学者比尔·斯科特根据美国大都市从地理、经济和社会空间结构的演进，将都市圈的演化划分为三个阶段：单中心（中心城市为主导的阶段）、多中心（市区和郊区相互竞争阶段）和网络化阶段（复杂的相互依赖和相互竞争关系）（Schechter，1994）。

综合世界各大都市圈的发展历程和都市圈形成的理论研究，都市圈的形成和发展从时间跨度上基本可以划分为以下五个阶段。

（1）商业城市时期

这个时期的主要特点是城镇群体在地域上表现为沿海城市以港口为核心、内陆城市以农业或资源地为核心的紧凑状分布形态，城镇间交通联系较少。这一时期比较典型的是工业革命前的伦敦和巴黎单个城市体。

（2）传统工业城市时期

这个时期的主要特点是工业成为城市与地域社会经济组织的主体，也构成了城镇群体空间结构演化的主要推动力量，出现了按工业生产要素接近原则所形成的城镇组合。这一时期的典型代表是19世纪末的伦敦、巴黎和纽约。

工业化时代，都市圈空间结构的表现形式主要分为单核心的都市圈和多核心的都市圈（URC，1999）。单核心的都市圈只有一个明显的核心城市，如欧洲的巴黎、伦敦、马德里、奥斯陆、莫斯科等。这些地区除了作为国家的政治经济中心和管理决策中心外，还同时具备商业中心、研究与革新活动和公司总部所在地的功能。单核心的都市区持续发展面临的主要问题是中心区环境问题、社会问题（如种族隔离、贫富分化、就业问题等）。长期以来，大多数城市形成了以单中心（一个主要节点或单中心结构）为核心的空间结构形式，交通围绕一个中心区来组织，而不是按不同等级的区域来组织（Gordon，

① 胡序威等：《中国沿海城镇密集地区空间集聚与扩散研究》，科学出版社2000年版，第73、85页。

1998），这是造成城市空间组织混乱，交通、人口拥挤，环境恶化的主要原因之一。

多中心都市圈的优势明显强于单核心都市圈。多核心的都市圈在空间结构上利于分散居住，有利于形成良好的人居环境。体现在流动性和可进入性方面尤其如此，特别是多核心城市将有效地减少通勤时间和通勤成本，而单中心城市则交通拥挤，效率低下。多中心都市圈除了调整过时的技术基础设施体系外，在实践中还要求社会整合，发展社会设施网络，增强社会团结，如意大利的米兰都市圈、德国的鲁尔地区、荷兰的瓦龙地区等。

（3）信息时代都市圈空间结构

美国学者认为，随着通讯、交通设施的日益发达，市中心的位置只是一个选择而非必须，城市便有可能采用更松散、更开放的形式。艾博特在对美国西部城市考察后指出，新兴城市是后工业时代的城市，有别于传统的城市，在传统发展的城市中，城市土地使用强度从市中心向外而逐渐减弱，新兴城市则各地区使用强度较为平衡。随着信息时代的到来，都市圈经济活动在空间上更加分散，然而也通过通讯和交通网络形成了更加复杂的整合，都市圈的空间结构将日益向更加均衡和分散的方向发展。开放型空间结构有诸多长处，其主要的一点是这些城市开放的环境在空间甚至在社会上是平等的，因为它们是以高速交通和信息高速公路为媒介的"线状联系"，其市民利用高速交通和网络可以进入其他所有的社区。而传统城市属"集中型"或"等级型"，某些社区具有特权化的地理位置。信息时代，掌握信息发布和信息传输控制的阶层成为特权阶层，这将从根本上改变传统的城市社会空间结构。

（4）国内都市圈空间结构演化研究

中国对都市圈空间结构的研究主要集中在强核心的都市圈，如上海、北京等都市圈。研究认为，都市圈发展的通常过程是：从传统的中心城市开始，先形成走廊城市，然后是网络城市。

同传统都市相比，网络城市以多中心彼此有机分工与合作而运转，它不同于传统的中心地模式（见表2－52）。为了克服单核心城市存在的问题，一些学者提出发展多核心的都市圈模式，引导都市圈向多中心城市演进，形成具有与中心市互补和竞争的郊区次中心的现代多中心城市网络模式。他们认为，多中心组团式的城市空间拓展方式既能满足城市规模进一步扩张的需求，每个"组团城市"也能限制在一定的经济规模尺度上。

表 2－52　　中心地区城市与网络城市异同点

	中心地模式	网络城市模式
空间关系	中心性、规模相关性	节点性、规模中立性
职能关系	主从服务导向、均质商品和服务	弹性和互补倾向、异质商品和服务
活动关系	垂直可达性、单向流动、交通价格、空间竞争	水平可达性、双向流动、信息价格、对价格竞争的歧视

资料来源：顾朝林：《城市规划汇刊》，1997 年 2 月 22 日张尚武整理。

随着中国由计划经济体制向市场经济体制的转变，大都市地区将面临更快的增长。中国大都市增长的空间过程在于城市蔓延、郊区城市化和卫星城镇建设，空间扩展主要有轴向拓展和外向拓展两种形式，大都市的空间增长表现为圈层式、飞地式、轴间填充式和带形扩展式四种形态。张京祥博士将都市圈的空间组合形态归纳为五种形式：同心圆圈层组合式、定向多轴线引导式、平行切线组合式、放射长廊组合式和反磁力中心组合式，认为未来中国长江三角洲地区将会出现松散型都市圈、中心型都市圈和网络型都市圈三种都市圈空间组合类型①。石忆邵教授则在对中国的卫星城镇发展模式进行反思的基础上，提出了中国特大城市地区应构建多中心城市的观点。

近年来，一些强核心的都市圈，如上海都市圈，空间结构正在由单中心向多中心发展，工业逐渐向郊区转移，用地结构趋于优化。郑静（1999）认为城市空间发展策略应当成为城市与区域规划法定序列中的独立部分，并通过对广州城市空间发展研究认为，广州应推行“双城三极”的空间发展策略。这些研究对开展都市圈规划提供了理论基础。

1997 年以来，中国沿海发达地区的城镇经济区规划和省域城镇体系规划将规划建设都市圈提到了重要位置。珠江三角洲城镇群规划提出珠江三角洲内圈层将形成三个由大、中、小城市构成的，内部在日常就业、居住、游憩等方面紧密联系的都市圈，即中部都市圈、珠江口东岸都市圈和西岸都市圈。由丁元等主持的浙江省城镇体系规划中提出了建设杭州、宁波、温州三都市圈的空间发展战略。目前，特大城市的总体规划中，规划建设以中心城市为核心的都市圈，开展都市圈空间发展战略研究成为一个重要的课题。这一方面的研究有中国城市规划设计院负责完成的广州市总体概念规划、南京市城市总体发展战略与空间布局规划研究，强调城市发展的产业与空间策略，将中心城市和周边区域作为一个整体来研究，构建都市圈空间结构框架。

① 张京祥：《城镇群体空间组合研究》，南京大学博士学位论文，1999 年。

2.3.3 都市圈发展内在动力机制

西方学者对都市圈的形成机制研究认为，美国、西欧等都市圈的形成是基于中心城市的扩散与郊区化的结果（Kenneth Fox，1985）。美国学者弗克斯认为，大的中心城市与其郊区之间的城市力量、机构、观念之间的相互作用促进了都市圈的形成；他强调了美国都市圈形成的三个过程：中心城市郊区化、中产阶级数量的迅速增长和移民从乡村大量流向都市圈（Kenneth Fox，1985）。都市圈的产生是多种因素相互作用的结果，但直接的影响因素是城市用地的限制和交通条件的改善，同时，信息技术的迅速发展将改变未来都市圈空间结构（王旭译，1998；聂晓阳译，1997）。

从区域经济学的观点来看，都市圈形成与演化的内在动力来源于集聚经济效益的追求。集聚经济是指一种通过规模经济和范围经济的获得来提高效率和降低成本的系统力量。产业的发展有赖于集聚经济，这是因为产业在空间上的集聚可以获取一种因共享区位和相邻企业间相互提供的“免费服务”，它包括降低交易费用，实现规模经济，培训劳动力和创新及扩散等①。产业对集聚经济的追求使得生产要素和经济活动不断向城市集聚，最终导致城市规模的扩大和空间范围的扩张。当城市规模达到一定程度时，它对周边地区的辐射和影响力逐步强大，同时在城市内部，高密度集聚和空间有限性之间的矛盾所带来的各种城市问题（集聚不经济）也促使城市开始向外扩散。中心城市通过对外产品输出、技术转让和产业空间重组将一部分生产要素和经济活动向外疏散，这种疏散保证了城市本身规模的适度和产业结构的优化。在空间上，中心城市的扩散表现为城市沿主要交通轴线圈层状的蔓延，在蔓延过程中，中心城市加速了周边地区的发展，并与次一级的中心城市融合形成更大一级的都市圈，因此扩散的结果往往是在更大的空间尺度上实现集聚。集聚和扩散两种力量的互动，最终推动都市圈空间形态不断演化，实现都市圈域内地域空间组织的优化。

在这方面，华盛顿近年来高科技产业的蓬勃发展，就是由单中心向多中心职能转化的典型代表。大都市经济圈的快速发展，既有它的历史文化性和历史经济性渊源，也有现代市场经济的内在要求。从城市经济学的观点来看，大都市经济圈形成与演化的内在驱动力主要来源于核心城市对集聚经济和规模效应的追求。

然而，这种集聚不是无休止的，当城市膨胀到一定的规模后，就会产生集聚不经济效应，造成一系列的“大都市病”，促使城市人口、资源和功能向外扩散

① 景芝英、徐雪梅：《试论聚集经济的本质》，载于《财经问题研究》，1998年，第11~13页。

转移，集聚与扩散这两种力量的互动，最终推动都市圈空间布局的不断调整和优化。这种机理在都市圈运行中具体表现为“发展—调整—再发展—再调整”的循环过程，世界上许多大都市圈的规划都进行了3～4次大的调整，每一次调整，都使都市圈的功能分工与空间布局得到进一步完善，都给都市圈的社会经济发展注入了新的活力。

(1) 中心城市用地扩展和环境恶化

最初，中心城市的发展难以满足其用地的需求，其扩展超出了城市的行政边界，郊区通过大量的电车和有轨交通与中心区形成紧密联系，事实上已成为城市的一部分。为了获得商业、金融和房地产等方面的共同发展，大城市不断兼并郊区，从行政上成为紧密联系的都市圈，如美国的大纽约地区、费城都市圈等。都市圈最初的形成动力源于中心市的用地限制而产生的地域上扩张的需求。

随着中心市的扩张，城市无序蔓延，环境恶化，导致郊区城市化加速。西方国家的郊区化过程，可以追溯到20世纪20年代。50年代以后，随着特大城市中心区人口的集聚膨胀、地价快速上涨以及生态环境的不断恶化，产生大都市人口郊区化的驱动力，伴随都市圈交通网络和交通工具的改善，城郊化过程明显加快。住宅郊区化带动了商业服务业、企业、教育科研的郊区化过程，对整个都市圈空间结构产生了巨大的影响。西方国家的大都市主要经历了四次从城市中心推向郊区的浪潮，按时间顺序划分为人口郊区化、制造业的郊区化、零售业的郊区化和办公就业的郊区化，其郊区化是一个自发的过程，其动力来源于中心区环境恶化的推力和郊区良好生活环境的吸引力。

(2) 交通技术革新促进了都市圈形成

西方发达国家都市圈的形成发展是以工业为先导，交通为动力，产业人口的扩散为特征，逐渐形成连续的都市圈域，交通对城市的扩散产生了较大的影响。在经历了城市化的第一阶段后，人们收入的增长与城市内居住、娱乐、商务等功能用地矛盾日趋尖锐，中心区环境日益恶化，高收入阶层从中心区外迁，随之工业、服务业也出现郊区化，而小汽车的普及和高速交通的建设使得住宅和产业的郊区化进一步变为现实，郊区急剧扩张，郊区与城市中心区形成了稳定的通勤流，这样就形成了以大城市为核心，与周边区域保持密切社会经济联系的城市网络区，使中心城市与其外围地区共同构成相互联系及有一定空间层次、地域分工和景观特征的都市圈得以形成，因此，发达国家都市圈通常以郊区通勤人口的比率来定义都市圈范围（NCO，1997；孙胤社，1992；Kenneth Fox，1985）。

(3) 通讯技术革新促进都市圈空间结构重构

第二次世界大战以来，由于生产、交通和通讯方面的技术变革，生产和消费走向分散化，结果不仅导致美国区域经济结构发生改组和调整，而且在世界范围内也出现国家和地区间的此消彼长现象，走向新的平衡（王旭译，1998）。罗伯特·费希曼指出：交通是最关键的革新，但是如果没有其他几个重要的反中心化网络（包括电、电讯、集中的市场零售业和公司管理的新模式）的创造，道路和汽车就不能获得其充分的革新作用。而卡斯特尔斯和巴雷斯认为，新的微电子技术将持续地改变产品的生产过程，生产的离心化倾向将进一步加强，“工作场所”将无所不在，这将进一步弱化传统的城市秩序，离心化倾向将进一步加强，流动的空间将取代传统的位置空间。制造业的离心集中提供了一种短时间通勤的居住区位选择的空间结构。在影响都市圈空间结构的因素中，由于新技术的影响，区位等方面的弹性增加，过去围绕集聚和效率来解释生产和发展不再是最重要的因素，新技术成为主要的影响因素。区域重构强调某些区域或地区将成为全球控制和指挥中心，这是由于生产组织形式的根本改变和越来越强调以服务业和信息为基础的经济。由于快速的通讯技术革新，重新配置资本和生产要素变得更加现实。尽管区域空间结构变化滞后于生产的变化，但也清楚地表明了，由于家庭-工作关系弹性的增长，区位选择变得更加自由，将加快都市圈空间结构的重构。

从相关的都市圈研究的文献中可以看出，中国都市圈形成的动力机制不同于西方。中国都市圈按形成机制分，主要类型有：

强中心型的都市圈。只有一个明显的核心城市，如上海、北京、广州、大连等，城市本身经济基础雄厚，发展水平较高，工业、商业、人口开始郊区化，城市周边区域的非农化水平较高，因此，这一类都市圈的形成主要是中心城市郊区化和外围区域非农化相互作用的结果，与西方都市圈的形成有类似之处，但都市圈周围城镇的发展是以工业为先导，不同于国外以居住、环境需求为导向的新城开发模式。①②

弱中心型都市圈。这一类的都市区主要包括宁波、汕头、苏州、无锡、常州等，中心城市实力相对较弱，区域发展的主要动力来源于乡村工业化，通过乡村工业化，加快了区域内部的人流、物流、信息流、资金流，核心城市外围区域乡

① 姚士谋主编：《中国大都市空间扩展》，中国科学技术大学出版社1997年版。

② 孙胤社：《都市圈的形成机制及其定界——以北京为例》，载于《地理学报》，1992年第6期，第552～560页。

村城市化，成为发达的城市化区域，促进了以中心城市为核心的都市圈的形成。这一类都市圈同时又因为核心城市外围城市化区域的形成动力机制的不同，主要可以分为三种情况：（1）紧邻特大城市，得益于特大城市的辐射，这一类的都市圈主要以长江三角洲的苏锡常都市圈为代表。改革开放以来，上海产业结构进行了较大调整，劳动密集型产业向周围的苏州、无锡、常州等扩散。加速了苏南地区的乡村工业化进程，同时加快了乡村城市化进程。（2）以外资为主要动力的都市圈，主要为珠江口东岸都市圈和珠江口西岸都市圈①。近年来，苏州市区以外的区域在吸引外资的总量上大幅度增长。外资在苏州区域城市化和都市圈的形成中承担了重要的作用（见表2－53）。（3）以非国有工业为主要动力推动形成的都市圈，如汕头都市圈②。汕头市的资本主要来源于两个方面：一是本地市民手中掌握的游资；二是侨资、外资。这两种来源的资金是推动汕头都市圈发展的重要动力。（4）内陆都市圈。内陆大都市对周围地区的经济发展的辐射力不强，乡村城市化动力较弱，城市化是建立在当地的自然资源的基础上，都市圈的内在一致性依靠中心城市与其卫星城镇的联系来体现。

表2－53　苏州地区外商投资的区域差异（2000年12月底）

地　区	项目数	占比例（%）	合同外资（亿元）	占比例（%）
市区合计	1 351	17.84	136.23	38.31
市辖	475	6.27	19.64	5.52
园区	508	6.71	89.68	25.22
新区	368	4.85	26.91	7.57
外围区域	6 221	82.16	219.41	61.69

资料来源：苏州市外经委。

据上述分析，中国学者针对不同的都市圈进行了形成机制的研究，得出了一些结论：通过对北京都市圈的形成机制的研究，在界定北京都市圈的范围基础上，认为北京都市圈的形成主要由中心城市工业化和农村非农化两利过程决定，并据此提出了中国都市圈定界的初步方法（孙胤社，1992）。在区域经济发展较均衡的地区，外围地区的发展受中心市区的影响较小，中心城市和外围地区平衡发展，从而形成集中连片的城市化地区，是以农村非农劳动力化为主的作用类型，这些发达的城市化区域是在一种“自下而上”的动力机制的推动下形成的

① 薛凤旋、杨春：《外资：发展中国家城市化的新动力——珠江三角洲个案研究》，载于《地理学报》，1997年第3期，第193～205页。

② 南京大学：汕头市城市总体规划（2000～2020）专题研究之一：汕头市城市功能定位与城市性质拟定。

（崔功豪，1999）。

近年来中国城市地理学者在国家自然科学基金委员会的支持下开展了对沿海都市区的研究。建设部“跨世纪中国城市发展战略”课题组对东部沿海城镇密集地区人口、经济集聚与扩散机制进行的研究中确认，珠江三角洲由6个都市区组成、长江三角洲由13个都市区组成、京津冀由4个都市区组成、辽中南由7个都市区组成（胡序威，1998）。宋迎春以“空间集聚扩散理论与北京都市圈实证研究”为题，开展了对中国典型都市圈的实证研究①。

阎小培等人（1997）对珠江三角洲的研究得出：穗港澳区域各都市圈的形成是多种因素作用的结果，优越的环境条件和政策制度的保证是都市区形成的基础，两者结合导致了资金和人才技术的集聚。资金、技术、人才、土地、劳力、市场、政策、区位、交通运输等要素的有机结合，促进了珠江三角洲地区的非农化进程和城市化进程，城镇数量不断增多，规模不断扩大，随着行政联系的不断弱化，城乡之间、城镇之间的联系日益密切，城市功能地域即都市区逐渐形成，进而形成都市连绵区的雏形。

宁越敏等（1998）在对长江三角洲都市区进行范围划定的基础上，归纳总结了长江三角洲地区都市圈形成演化的动力机制，见图2－3。

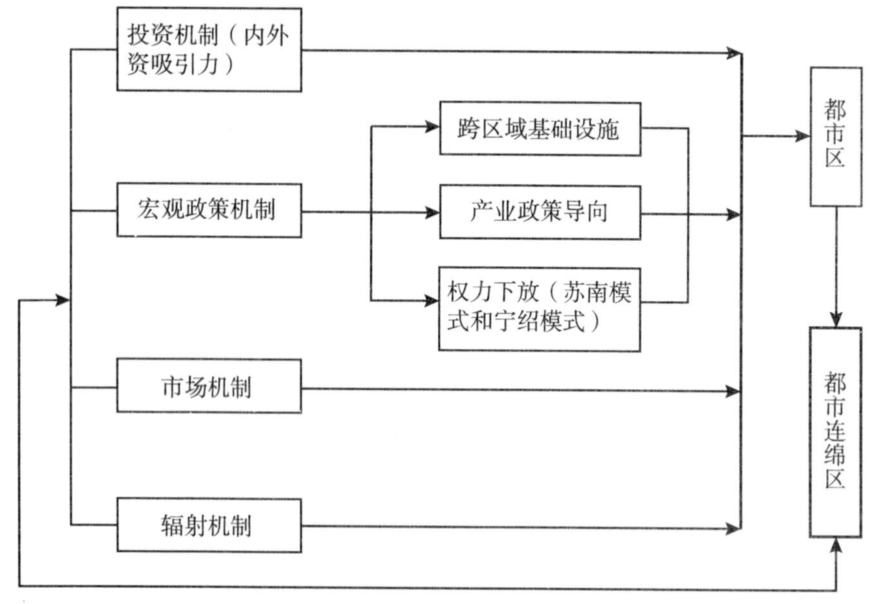

图2－3　长江三角洲都市圈形成演化的动力机制

① 宋迎春：《空间集聚扩散理论与北京都市圈实证研究》，中科院地理所博士学位论文，1996年。

李王鸣等对浙东北沿海的中心城市研究认为，该区域的中心城市从20世纪90年代开始已进入都市区形成阶段，并从地区经济、人口集聚与扩散的角度研究了都市区形成机制，并探讨了都市化进程中的若干问题。此后，李王鸣等以杭州都市区为例，在论述都市区集聚和扩散的水平与结构的基础上，分析了都市区经济空间动态发展过程，认为杭州都市区的形成主要影响因素为：技术革新与产业结构更新、区位与交通因素条件的改善、各级政府的行为、地产市场对城市空间的调控（李王鸣，1996、1998）。程玉申等（1998）对杭州及其周边区域的空间相互作用的机制研究认为，杭州已进入都市区形成与发展阶段，并在此基础上通过分析都市区发展中面临的城郊矛盾及其诱发因素，提出了现阶段杭州都市区发展的基本思路和现行体制背景下促进都市区内城郊协调发展的若干管理政策。从目前的研究可以看出，中国都市圈的形成机制不同于西方，除具有郊区化机制外，外围区域城市化也是一个重要方面。郊区化和外围区域城市化相互作用，促进都市圈核心区与周边区共同发展，从而形成紧密的社会经济联系。研究认为，中心城市外围区域城市化主要存在以下几种动力因素：（1）外资的推动；（2）农村工业化；（3）特大城市的辐射；（4）国家投资增长（阎小培，1997；宁越敏，1996）。

从上述各国学者对都市圈空间结构及其演化机制的研究可以看出，从工业化时代到信息时代，都市圈的空间结构呈现有机集中，同时相对分散趋势，趋于由单中心到多中心，进而向网络模式的开放型空间结构转化。

2.4 中国特大都市圈发展状况评价

都市圈、大都市带、城市群、城市带、城市圈、城市连绵区……从空间地理角度来说，基本特征是在一定的地域范围内由相当数量的不同性质、类型和等级规模的城市，依托一定的自然环境、社会经济、现代科技条件，以一个或两个超大城市或特大城市作为地区经济的核心，通过多方面的交流使城市个体间产生内在联系的集合体。区别在于不同的地域集合体要求的地域面积、人口数量、人口密度、经济水平等不同。从空间地理角度的意义出发，各种地域集合体存在着差异性。从经济学的角度来说，地域集合体的实质是使各类资源配置和使用的效率更高，各类资源在更合适的地点得到合适的使用；商品和要素跨区域流动的额外成本接近于零，即商品、人才、劳动力、资本、信息要素在各城市之间流动要像在一个城市里流动那样，不因为流动要跨越行政边界增加额外的成本。从经济学的意义出发，各种地域集合体具有共同的特征，即通过有序竞争和有效合作，提升资源要素的配置效率，推动区域经济社会的全面发展。因此，本章的研究并不具体区分都市圈、大都市带、城市群、城市带、城市圈和城市连绵区，而是将这些地域集合体视为具有同类特征的同类事物进行研究。

评价指标体系是由反映一个复杂系统的多个指标所组成的相互联系、相互补充、相互依存的统计指标群。这些相互联系、相互依存的指标集合是建立在某些原则基础之上的，以达到全面评价系统整体功能，谋求整体功能最优调节的目的。评价指标体系方法是系统、全面描述和评价社会经济现象的一种行之有效的方法，因而对若干重大领域运用评价指标体系的方法进行综合评估，在一些国家已经以制度的形式固定下来，并加以实施。都市圈是中国经济发展到一定阶段出现的新生事物，运用评价指标体系方法认识都市圈系统及其局部并指导都市圈建设，具有重要的意义。本章对国内外都市圈评价指标及指标体系框架作出研究综述，研究表明，目前国内外对都市圈的评价仍停留在空间地理方面的研究，换言之，目前研究注重“都市圈的划分标准”，将都市圈视为区域发展目的。我们突破了将都市圈视为目的的传统视野限制，转而将其视为区域经济发展的重要手段，在此基础上，根据都市圈发展的理论分析框架和评价指标体系的一般理论，建立都市圈成长能力评价指标体系。

2.4.1 都市圈发展程度评价指标体系

伴随着都市圈在世界各地的兴起，国内外关于都市圈评价指标体系的研究也日渐增多，总体来看，呈现三大特征：(1) 国外研究领先于国内研究；(2) 指标选择侧重空间地理布局；(3) 评价标准地域性特征明显。

从研究重点来看，都市圈的评价主要侧重于空间地理标准，而且随着通信技术和交通技术的不断进步，都市圈空间地理范围的标准不断扩大。除此以外，也有学者从其他角度评价都市圈，如边界定量研究、通勤率、一体化等。

(1) 都市圈空间地理方面的研究

比较而言，国外对都市圈（区）空间界定的研究开展得比较早，自20世纪50年代起就进行着不断的探索，直到最近仍然方兴未艾，主要包括美国的标准大城市统计区确定的一种都市圈范围（L. S. Boume et al.，1978）划分方法；日本的大城市圈中心部分和周边部分组成区域的相应标准（高桥伸夫、营野峰明，1990）；英国的标准大城市劳动圈提出的一种城市区域（D. T. Herbert et al.，

1986)；日本还提出了“一日交流圈”的划分方式（加藤晃，1990），等。中国的学者主要从20世纪80年代后期开始，对中国各个地域的特征进行了相关研究。

★ **戈特曼的都市带标准**

戈特曼提出形成“大都市带”的五个基本条件和标准，即：（1）区域内有较密集的城市；（2）有相当多的大城市形成各自的都市区，核心城市与城市区域外围地区有密切的社会经济联系；（3）有联系方便的交通走廊把核心城市连接起来，各都市区之间没有间隔，且联系密切；（4）必须达到相当大的总规模，总人口和人口密度分别在2 500万人和250人/平方公里以上；（5）属于国家的核心区域，具有国际交往枢纽的作用，其中也涉及城市之间的内在经济联系[①]。戈特曼的以上五条大都市带标准重点是地理学或经济地理学含义上的归纳，着重于对大都市区特征和功能的定性描述，同时为大都市带规定了两个定量指标：即以2 500万人和250人/平方公里分别为其人口规模和人口密度的下限。

★ **美国的都市统计区标准**

美国在1950年就采用了“城市化地区（Urban Area）”的地域统计概念，并采用了以下两个标准：（1）包括一个拥有5万人或者5万人以上人口的中心城市；（2）拥有75%以上非农村劳动力的郊县[②]。1970年采用改造后的标准都市统计区（SMSA）。针对大都市区发展日渐毗连的现象，1977年进一步采用标准一体化区域（SCA）来描述连成一体的SMSA，并采用三大界定标准：（1）一个具有5万人口以上的中心城市，或共同组成一个社区的总人口达5万人以上的两个相连城市；（2）中心城市所在县的其他部分属于SMSA；（3）邻近的县必须满足以下条件才能划入SMSA：非农业劳动力比例在75%以上；15%以上的职工在中心县工作，或25%以上的职工居住在中心县；50%以上的居民所在次级统计单元人口密度约为58人/平方公里（150人/平方英里）以上，或非农业职工人数不低于中心县非农业职工的10%，或非农业职工人口数在10 000人以上[③]。对于通勤率，美国还规定了双向通勤率不小于20%的标准[④]。

美国提出的SMSA的划分标准和方法，得到了欧美其他许多国家的认同，如

① 陈文科：《都市圈发展的当代蕴含与阶段特征》，载于《江汉论坛》，2003年第8期，第5页。

② 常丽华：《国内外城市建设模式综述》，载于《济南市社会主义学院学报》，2001年第2期，第48页。

③ 王兴平：《都市区化：中国城市化的新阶段》，载于《城市规划汇刊》，2002年第4期，第27页。

④ 章光日：《从大城市到都市区》，载于《城市规划》，2003年第5期，第34页。

英国的标准大都市劳动区（SMLA，其通勤率指标不小于 15%）[①] 和大都市经济劳动区（MELA），加拿大的官方统计定义都市普查区（CMA，其通勤率指标不小于 40% [②]）以及德国的就业密集地区等，就是在参照美国 SMSA 划分的基础上进行划分的。而在东亚，日本战后也参照了美国 SMSA 的经验，提出了本国的“标准城市地区”用以确定城市地域的范围。因此，SMSA 标准具有一定的普适性。

★ **日本的都市圈标准**

20 世纪 50 年代，日本行政管理厅提出了比较明确的都市圈界定标准，即：（1）按照当时的交通技术，以一日为周期，可以接受城市某一方面功能服务的地域范围；（2）中心城市的人口规模在 10 万人以上。1960 年日本又提出了新的都市圈划分标准，即：（1）中心城市为中央指定市，或人口规模在 100 万人上，并且邻近有 50 万人以上的城市；（2）外围地区到中心城市的通勤率不小于本身人口的 15%；（3）都市圈之间的物资运输量不得超过总运输量的 25%。

日本都市圈划分的标准是在借鉴美国大都市区的界定标准的基础上建立和发展起来的，经过多年的发展，形成了当前的颇具特色的都市圈界定标准系统，主要有：（1）直径距离在 200～300 公里，人口在 3 000 万人以上；（2）有一个或几个大城市为中心城市；（3）中心城市人口一般在 200 万人左右；（4）中心城市的国内生产总值一般可占到圈内的 1/3～1/2 以上。据此日本全国被划分为首都圈、中部圈、北海道圈、九州圈、东北圈、中国圈和四国圈等七大都市圈。

这一指标系统，是建立在日本都市圈发展实践的基础上，因此具有较强的实用性和适应性。不少中国学者在研究中国的都市圈现象的过程中，借鉴日本都市圈的划分标准，提出了一些较能反映中国都市圈实际的界定标准，提出了建立和发展中国都市圈的区域经济发展模式和战略。

★ **帕佩约阿鲁和勒曼的大都市带标准**

对于大都市带的指标，戈特曼坚持 2 500 万人口为其规模下限。有些学者则认为不一定非得坚持这一数量指标。帕佩约阿鲁根据他划分的 15 种类型认为真正大都市带的人口规模应在 3 500 万人至 2.5 亿人之间，而戈特曼定义的那些人口规模低于 3 500 万人的地区对大都市带特征的反映是不够典型的。因此他建议用准大都市带（Pre-megalopolis）来表示人口规模在 1 000 万人到 3 500 万人之间

①② 彼得·尼茨坎普主编，安虎森等译：《区域和城市经济学手册（第一卷）》，经济科学出版社 2001 年版。

的城市密集地区。如果包括准大都市带在内，当时世界上已经有 45 个这样的城市密集地区，其中的人口超过 5 亿人，占全球总人口的 15% 以上（Leman and Le-manned，1976）[①]。对于人口密度没有太大的分歧，帕佩约阿鲁和勒曼（A. B. Leman）提出了大都市带空间结构的理论模式。在这一模式中，认为人口规模在 1 000 万人以上的大都市带应满足以下几个标准：（1）人口密度应不低于每平方英里 500 人（相当于 193 人/平方公里）；（2）至少应包含两个围绕密集中心组成的基本单元（Elementary Unit）和一个二级单元（Secondary Unit）聚集体；（3）二级聚集体的人口规模在 10 万 ~100 万人之间；（4）有若干个人口规模在 1 万 ~10 万人之间的若干个三级单元（Tertiary Unit）。通常二级单元所在的区域为基本单元的共同影响区。戈特曼则认为大都市带内部的人口密度不应低于 250 人/平方公里，其核心部分的人口密度则应更高。

帕佩约阿鲁和勒曼提出的以上若干指标，缺乏一定的实证研究基础，带有较浓的主观成分。如他们依据个人标准划分的 15 种都市圈类型，认为真正的大都市带，其人口规模应在 3 500 万人至 2.5 亿人之间，就具有较重的主观臆断性。而他与勒曼提出的人口规模在 1 000 万人以上的大都市带应满足的几个标准，其依据又是他们建立的大都市带空间结构的理论模式，缺乏实证研究。这也是他们提出的标准体系的一大缺陷。

★ **麦吉的城镇化（Desa-Kota）区域标准**

加拿大地理学家麦吉（T. G. Mcgee），经过多年的实地考察研究，于 1985 年在美国阿克隆大学举行的“关于亚洲城市化问题”的国际会议上提出，在亚洲某些发展中国家和地区，如印度尼西亚爪哇、泰国、印度、中国大陆和中国台湾的核心区域出现了与西方的大都市带类似而发展背景又完全不同的新型空间结构。将其定义为 Desa-Kota 区域，根据麦吉的研究，Desa-Kota 区域的界定标准主要有：（1）有两个或两个以上交通发达并联系在一起的核心城市；（2）城市外围当天可通勤；（3）以水稻种植为传统产业的密集人口与周围地区的交通方便；（4）非农产业增长迅速；（5）农业、副业、工业、住宅及其他土地利用方式交错布局；（6）人口流动性较强；（7）妇女对非农产业的参与增多[②]。

麦吉的 Desa-Kota 区域是建立在对亚洲某些发展中国家和地区实证研究基础上的，因此 Desa-Kota 区域的界定标准带有亚洲的地区特色，从某些侧面反映了特定地区都市圈的个性特点。但却缺乏了可比性和普遍性（参见表 2-54）。

---

① 史育龙、周一星：《关于大都市带（都市连绵区）研究的论争及进展述评》，载于《国外城市规划》，1997 年第 2 期，第 4 ~5 页。

② 多纳德·海、德里克·莫瑞斯：《产业经济学与组织》，经济科学出版社 2001 年版。

表 2 -54　　国外关于都市圈标准的研究

时　间	研究者	研究对象	定性指标	定量指标
1957 年	戈特曼	都市连绵区	(1) 有密集城市；(2) 有密切联系；(3) 交通方便	(1) 不少于 2 500 万人；(2) 不少于 250 人/平方公里
1950 ~ 1977 年	美国	城市化地区，标准一体化区域，标准大都市统计区	中心城市所属县的其他地区属于 SMSA	(1) 中心城市 5 万人以上；(2) 非农业劳动力比例 >75%；(3) 通勤率≥20%
20 世纪 50 ~ 60 年代	日本	都市圈	有一个或几个大城市为中心城市	(1) 直径距离 200 ~ 300 公里；(2) 人口≥3 000 万人；(3) 中心城市 GDP 占圈内的 1/3 以上；(4) 中心城市在 200 万人左右；(5) 通勤率≥15%；(6) 都市圈之间物资运输量≤总运输量的 25%
20 世纪 70 年代	苏联	城市集聚区	(1) 中心城市至少有两个相邻城镇；(2) 与中心城市在同一行政区	(1) 中心城市 10 万人以上；(2) 城镇距离中心城市≤2 小时交通
20 世纪 70 年代	帕佩约阿鲁、勒曼	大都市带	至少有两个基本单元和一个二级单元聚集体	(1) 不少于 193 人/平方公里；(2) 二级聚集体人口 10 万 ~ 100 万人；(3) 三级聚集体人口 1 万 ~ 10 万人
1985 年	麦吉	城镇化	(1) 有两个或以上在一起的核心城市；(2) 城市外围当天可通勤；(3) 非农产业增长迅速；(4) 人口流动性较强；(5) 妇女对非农产业的参与增多；(6) 传统产业的密集人口与周围地区交通方便	

资料来源：高汝熹、罗明义：《城市圈域经济论》，云南大学出版社 1998 年版。

★ **中国学者提出系列评价指标**

最初是城市经济区划分方法的研究，1987 年，陈田对影响城市经济能力的 15 个经济变量进行了主因子分析，将全国城市划分了等级体系，1991 年，顾朝林用 d_{Δ} 系和 Rd 链的方法将中国划分为九大经济区。1992 年，孙胤社以人流作为反映北京对外联系的指标，以月客流比例在 50% 以上的县域范围定义为北京的大都市区。周一星教授按城市周围县市 GDP 中第二、三产业产值超过 75%，农村劳动力就业中非农劳动力超过 60% 作为划分都市圈的标准（周一星，1987、2001）。王德根据中国实际情况定义“一日都市圈”以任意中心为起点，采用公共交通方式出行，单程 2.5 小时内可到达范围。对于中国的都市区，周一星认为是由中心市（城市实体地域内非农人口在 20 万人以上）和外围非农化水平较高，与中心市存在着密切社会经济联系的邻接地区两部分组成的城市地域。姚士谋也提出中国城市群的概念，认为城市群是指在特定的地域范围内具有相当数量的不同性质、类型和等级规模的城市，在一定的自然环境条件下，以一个或两个超大或特大城市作为地区经济中心，共同构成的一个相对完整的城市“集合体”。孙一飞提出的城镇密集区概念指两个或两个以上 30 万人口以上的中心城市以及与中心城市相连的连片城市化地区①（见表 2－55）。

表 2－55　国内关于都市圈标准的研究

时　间	研究者	研究对象	定性指标	定量指标
1987 年	周一星	城市经济统计区	临近区域以县为单元	（1）中心市非农业人口≥20 万人；（2）县 GDP 非农业≥75%；（3）县非农业劳动力≥60%
1992 年	姚士谋	城市群	（1）总人口 1 500 万～3 000 万人；（2）特大城市多于 2 个；（3）城市人口≥35%；（4）城镇人口≥40%	
1997 年	王健	都市圈	（1）有明显中心城市；（2）中心城市制造业发达	（1）GNP≈1 000 亿美元；（2）主要城市间距≤300 公里
1998 年	邹军	江苏都市圈	（1）大城市人口≥100 万人；（2）邻近城市人口≥50 万人；（3）中心城市 GDP 中心度＞45%；（4）通勤率≥15%	
2001 年	周一星	都市连绵区（MIR）	（1）两个以上大城市；（2）有对外口岸；（3）城市与口岸交通便利；（4）交通走廊两侧有中小城市；（5）城乡经济联系密切	大城市人口≥100 万人
2001 年	张伟	南京都市圈	（1）中心城市具有一定人口规模；（2）中心城市经济集中度较高；（3）中心城市跨省界城市功能；（4）外围城市与中心城市具有一定联系强度；（5）人文地理特征、区域经济特征（人均 GDP 超过 2 000 美元、工业化程度较高）、区域城市化特征（城市化水平接近 50%）、区域基础设施特征（高度发达的基础设施通道已基本形成）	

资料来源：①姚士谋：《中国的城市群》，中国科学技术大学出版社 1992 年版。

②张伟：《都市圈的概念、特征及其规划探讨》，载于《城市规划》，2003 年第 6 期，第 47 页。

① 王兴平：《都市区化：中国城市化的新阶段》，载于《城市规划汇刊》，2002 年第 4 期，第 56 页。

(2) 都市圈地域管理的研究

在都市圈的地域管理方面，国外亦有学者进行了研究，并提出了一些评价标准。刘易斯·芒福德曾经指出：如果区域发展想做得更好，就必须设立有法定资格的、有规划和投资权利的区域性权威机构。20 世纪初以来，欧美特大城市集聚区逐渐增多，各种大都市区行政管理机构应运而生。近年来欧美学者对大都市带的研究逐渐转向微观实证和机制研究，如瓦恩斯通过对 60 年代以来大伦敦地区人口发展过程的研究表明，城市人口的集聚与扩散、郊区化过程的出现使得大伦敦地区的城市发展逐渐超出都市区范围而成为英格兰东南大都市带的核心部分（Warnes A. M.，1991）。埃伯纳通过对新泽西州普林斯顿如何成为大都市带的一部分这一过程的研究，探讨了教育、科研以及信息等第四产业对大都市带形成的日益显著的作用等（Ebner M. H.，1993）。

(3) 城市群边界的定量研究

中国学者邢怀滨等人①从城市间作用强度的实际表征入手，以城市间的人流、物流、信息流、资金流等流通量作为指标，定量分析城市间作用强度的大小，进而确定城市群的规模边界。具体方法分为三步：

一是选取四个典型指标：人流——两城市间的年客流量；物流——两城市间的年货物流量；信息流——两城市间的月电话通话次数；资金流——两城市间的年资金投贷。

二是采用加权合成评分法构造城市两两相互作用强度矩阵：

$$P = \sum_{i=1}^{n} K_i W_i$$

其中，P——两城市间相互作用强度

K_i——第 i 个指标的权重

W_i——第 i 个指标的得分

n——指标个数

因为流通量一般与人口和 GDP 成正相关关系，进而对上式进行简化处理：

$$F = K\frac{P_1 G_1 \times P_2 G_2}{D^2}$$

其中，F——相互作用强度

K——系数，根据交通、行政等因素判定

① 邢怀滨、陈凡、刘玉劲：《城市群的演进及其特征分析》，载于《哈尔滨工业大学学报（社会科学版）》，2001 年第 12 期，第 86～87 页。

P——某市的人口

G——某市的 GDP

D——两市间的距离

三是进一步简化，因为城市群的边界是模糊的，某地对城市群的隶属度一般随着离主要交通轴线距离的增大而递减，故可进一步简化计算公式：

$$A(x)=\begin{cases}1 & R\leqslant 50\text{ 公里}\\ \dfrac{1}{1+\left(\dfrac{R-50}{50}\right)^2} & R>50\text{ 公里}\end{cases}$$

其中，R——离主要交通轴线的距离，公里

随着交通轴线的延伸与分叉，城市群的规模和边界也将随之扩张，但这种扩张不是无限的，因为城市群的形态与其所处地区的地理环境、经济发展水平以及历史等因素密切相关。

（4）“通勤率”指标的研究

国外有关都市圈特征的评价研究认为，“通勤率”指标是都市圈内部联系强度的主要分析指标，是分析都市圈空间发育程度的重要指标。但中国国内私人交通的机动化程度极低，快速交通系统尚未建立，居住与工作在空间非常接近，因此所谓的通勤人口非常少，加之统计调查方面的缘故，该项指标的实证研究具有较大的难度。孙胤社（2002）曾经以中心城市与郊区的客流量作为主要划分指标。也有学者提出了用容易获得且能够反映综合联系强度的电信联系指标，或者以交通节点城市间的公路车流量等作为判别的依据。比较具体的是中国学者张伟指出，在南京都市圈规划中，以中心城市与周边城市长途汽车的发车频率（发出汽车班次的时间间隔）作为替代指标，效果非常接近国外的“通勤率”指标。根据他的分析，中心城市与周边城市之间的联系紧密程度大致可分三个层次：（1）发车频率在 10 分钟左右，是都市圈的核心圈层，与国外日常都市圈覆盖范围基本一致；（2）发车频率在 20 分钟左右，是都市圈的紧密圈层，该区域是都市圈规划的重要选择性区域，将视区域交通规划布局、城市主要联系方向分析确定相关城市在何种程度上参与都市圈的功能地域组织；（3）发车频率在 30 分钟以上，基本是中心城市的泛影响区域。

（5）城市群一体化发展指标体系研究

冯茜华（2004）[①] 从地理学中的一体化（integration）概念出发，提出城市群

① 冯茜华：《城市群一体化发展指标体系研究》，载于《规划师》，2004 年第 9 期，第 101 ~ 104 页。

一体化的目标体现在十个方面：规模的整合程度、生产要素的优化程度、产业链布局的合理程度、发展成本的降低程度、大中小城市功能的协调程度、区域经济一体化程度、区域经济增长的带动强度、社会发展的稳定度、生态环境的优化程度、生态环境的舒适程度。在此基础上，冯茜华构建了包括 4 个一级指标（城市间差异度、城市间联系密切程度、城市扩展进度、生态环境一体化程度）、14 个二级指标和 30 个三级指标的城市群一体化程度评价指标体系，并提出可利用主观赋权法（人为判断指标权重）对研究目标进行综合测算以得到一体化发展指数。

虽然城市群一体化评价指标体系的指标选取仍有待商榷，指标量化的可行性有待考察，主观赋权法的可信度有待检验。但是，研究者从经济学角度对城市群的发展状况进行评析，超越了以往集中于空间地理方面进行研究的限制，已经是一个很大的突破。

(6) 都市圈评价研究存在的不足

综上所述，国内外众多研究者从多个角度对都市圈的评价指标作了调查研究，很多研究成果虽然还存在不少缺陷，但其评价指标及其指标体系构建的思路、指标选取和评价分析的方法，为促进都市圈形成、发育和其他研究者进一步研究具有积极的作用。

总体来说，现有评价指标可能受都市圈发展阶段的限制（见图 2－4），大多反映的是都市圈的某些局部特征，并集中体现在都市圈的空间组织特征的层面上。随着都市圈研究范围的拓宽和研究程度的深入，都市圈的评价指标也日趋走向完善，但始终还没有形成完整的评价指标体系。

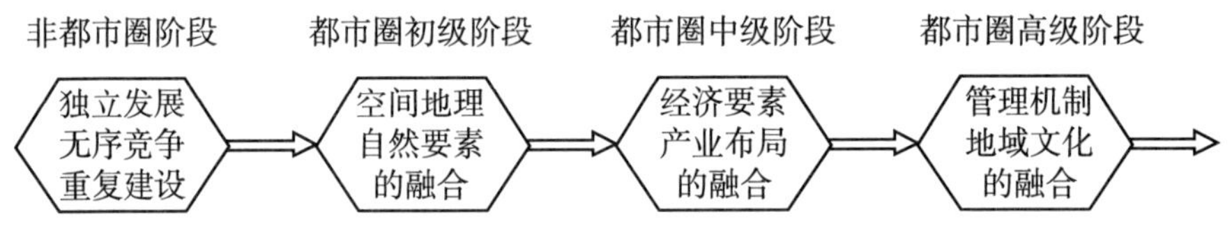

图 2－4　都市圈演化阶段

目前的研究归纳起来，存在以下几个方面的不足：(1) 评价指标体系不够完善，不能充分体现都市圈的功能和本质；(2) 对都市圈认识不够全面，缺少可持续发展方面的指标；(3) 有些评价指标显得单一化和片面化（如仅用通勤率来衡量都市圈内部城市间的联系），过于强调都市圈的地域空间和人口规模；(4) 定性描述的指标比较多，且难以量化，定量指标不足；(5) 缺乏综合反映都市圈发展水平、发展潜力、发展的协调程度的指标；(6) 缺乏在时间尺度上反映都市圈发展速度和发展态势的静态、动态指标；(7) 缺乏在空间尺度上反映都市圈整体布局和结构优化的指标（产业结构及其布局、人口结构等）；(8) 缺乏在数量尺度上反映都市圈总体规模和现代化水平的指标（工业化、信息化水平等）；（9）缺乏在质量尺度上反映都市圈综合素质、发展能力、发展后劲的指标。

都市圈是一个复杂的系统，其评价指标体系的建立非常复杂。除了前述研究所主要关注的空间、地理、人口等要素，还应该从以下几个方面进行考虑：（1）传统要素（矿产资源、水资源、交通等）对都市圈发展的影响正在下降；（2）经济的全球化、国际化和一体化对都市圈发展的影响；（3）科技发展和创新能力对都市圈发展的影响；（4）信息化对都市圈发展的影响；（5）生态和环境因素对都市圈发展的影响；（6）体制创新对都市圈发展的影响。

2.4.2 都市圈发展程度评价指标与方法

现有的关于都市圈的评价研究主要集中在地理意义方面，即“怎样才是都市圈”，这种研究的隐含意义是以静态的眼光将都市圈视为一种目标状态，都市圈是经济、社会、科技、文化、政治和谐发展的表征。我们认为，构建都市圈是为了整合有限资源、取长补短、互通有无、共同发展，因此，都市圈是手段，而不是目的，都市圈是动态的概念，其目的是和谐发展。据此，研究都市圈的成长过程，分析评价影响都市圈成长的要素，认识都市圈成长要素的优势与不足并加以弘扬和改进，对促进都市圈的发展具有积极的意义。

（1）都市圈成长能力研究

成长最初作为一个生物学意义的概念，被国内外研究者引入到经济领域，用于研究企业在一定时期内经营能力和盈利能力发展的状况，并用各种指标来反映企业的成长能力。我们在设计都市圈成长能力研究模型中充分考虑到：（1）区域内经济发展质和量的统一；（2）国内市场和国际市场对区域经济影响力的同步提高；（3）经济发展与社会进步的统一；（4）比较优势、竞争优势和政府合理制度安排的统一；（5）经济要素和非经济要素的统一。作为一种对现实事物的抽象模型，不可能面面俱到地表述现实事物，但我们要尽可能地用经济指标表达事物全貌。

都市圈是经济发展的一种手段，是一个动态的过程，其目的主要是为了推进区域集合体的经济社会和谐进步。作为一个成长性的经济体，我们考虑其成长能力可以分解为成长实力、成长潜力、成长基础和成长环境四个方面。成长实力是都市圈现实经济水平的综合表现，如同人拥有健壮体魄则能抵御内外侵扰，成长会比较顺利；成长潜力则是都市圈的内在支撑，如同人的生长基因，好的基因则有利于人的成长；成长基础是都市圈成长的平台，如同拥有良好的物质基础比缺乏物质基础的人生长要顺利；成长环境是都市圈成长的外在支撑，如同周围条件良好、人员素质较高的环境对人的成长有利。

(2) 都市圈评价指标体系

为了建立起一整套科学的评价指标体系，必须先分析影响都市圈发展能力的要素，并加以合理的分解，将这些构成要素整理成一种递阶层次的顺序按照其相对重要性排序，综合判断哪些要素对整个系统——都市圈成长能力，有着更大的影响力。

在具体构造评价指标体系时遵照以下原则：(1) 系统性原则：既注重显性要素的影响，又强调隐性要素的作用，全面具体地反映都市圈的特征和发展水平，以确保评价的全面性和可信度。(2) 可操作性原则：各评价指标含义明确，出处集中，数据资料容易获得，计算方法简明易懂。(3) 独立性原则：各评价指标之间应尽量避免显见的包容关系，隐含的相关关系在处理方法上尽量将之弱化、消除。(4) 趋同性原则：所选各评价指标应呈现同趋势化，即指标优化方向一致，以保证评价的科学性与合理性。(5) 可比性原则：各评价指标应具有可比性，便于国内外都市圈间的比较。(6) 动态性原则：评价指标体系应能够在一定程度上反映都市圈的动态发展，即不仅注重静态的数值指标，而且应该注意选取动态的指标来进行评价。

★ 评价指标体系

评价指标体系要求全面、真实地反映都市圈的特征、发展阶段和发展水平。我们所研究的都市圈，已经远远不是戈特曼所研究的概念，而是要探讨经济全球化、信息化时代和新的制造业发展模式下的都市圈尤其是特大都市圈的发展，其规模与密度，都与戈特曼讲的都市圈完全不同。相比之下，影响都市圈发展能力的要素要复杂许多，主要的影响要素也不可同日而语。综合各方面的研究，结合中国的实际，我们初步建立了以下的都市圈评价指标体系。指标体系分为四级，包括 4 个二级指标、16 个三级指标和 93 个四级指标（见表 2－56）。

表 2－56　　都市圈成长能力指标体系

成长能力	成长实力	经济水平	GDP、人均 GDP、城均 GDP、人均利税总额、职工平均工资、人均社会消费品零售总额
		经济结构	工业相似系数、第三产业增加值占 GDP 比重、第三产业就业比重、第二产业增加值占 GDP 比重、全部独立核算工业企业百元资金实现利税、全部独立核算工业企业百元固定资产原值实现工业增加值
		经济活力	年货运总量、年客运总量、年邮电业务总额、货物周转量、旅客周转量、人均邮电业务额
		经济开放	实际利用外资、进出口贸易总额、国际旅游收入、外贸依存度
		经济基础	固定资产投资占 GDP 比重、城乡居民储蓄存款年底余额、城乡居民储蓄存款年底余额、固定资产投资额、地方财政收入、保险保费总额、上市企业数

续表

成长能力	成长潜力	科技经费	科研经费数、人均科研经费支出、科研经费占 GDP 比重、科研经费占财政支出比重、企业科研经费比重
		科技人才	科学家与工程师数、每万人拥有专业技术人员数、每万人拥有科学家与工程师数、科技机构数、企业拥有科技人员比重
		科技产出	专利申请数、专利拥有数、新产品产值占总产值比重、高技术产值占 GDP 比重、每千人年发表论文数
		国民素质	每万人拥有高等学校在校生数、每万人拥有中学生数、每万人公共图书馆藏书
		教育状况	人均教育事业经费支出、教育经费占 GDP 比重、教育经费占财政支出比重、大学入学率
	成长基础	交通设施	公路密度、高速公路密度、铁路密度、水路密度、每万人拥有公共汽车数、民用航线数、万吨级码头数、公路货运量、公里客运量、铁路货运量、铁路客运量、水路货运量、水路客运量、航空货运量、航空客运量
		信息水平	信息化程度、每万人固话用户数、每万人网络用户数、每万人移动电话用户数、年邮电业务额、每百人计算机拥有量、人均邮电固定资产额
		能源支持	总供电量、工业用电量、工业用水量、生活用水量、生活用电量
	成长环境	政府管理	就业率、城市环境噪声达标率、劳动生产率、投资回报率（GDP/固定资产投资总额）
		社会发展	城镇化率、社会保险覆盖率、绿化覆盖率、每千人拥有病床数、每千人拥有卫生工作人员数
		环境保护	废气综合处理率、固体废弃物综合利用率、污染治理投资占 GDP 比重、工业废水排放达标率

资料来源：李廉水、［美］ Roger R. Stough：《都市圈发展—理论演化·国际经验·中国特色》，科学出版社 2006 年版。

★ **指标权重的确定**

指标权重的确定是一个重要而困难的问题。中国都市圈建设的时间较短，一则缺少完整的统计分析材料，二则没有进行较深入系统的理论分析和研究，所以现在没有比较权威的定量评价标准。我们采用 AHP 法来实现。

AHP 是 Analytical Hierarchy Process（层次分析法）的简写，1973 年由美国数学家萨蒂（Satty）提出①。它的基本思想就是把我们要进行比较或评价的目

① 萨蒂：《层次分析法——在资源分配、管理和冲突分析中的应用》，煤炭工业出版社 1988 年版，第 18～40 页。

标，根据问题的性质分解成若干组成因素，按照各因素的隶属关系，把它们排成从高到低的若干层次。对同一层次内的各个不同因素，通过两两比较确定其重要程度，对相邻的下一层次内的各不同因素重要性的确定，就要既考虑本层次，又要考虑上一层次，要确定其综合重要程序，这样一层一层算下去，就可以得到各个目标的综合相对重要性数值，于是哪一个方案或目标重要（或好或差）就一目了然。运用 AHP，确立评价指标权重的步骤如下：

一是建立层次结构。在弄清楚问题所包含的因素以及因素之间的相互关系的前提下，把这些因素分成若干层次，按照最高层（目的）、中间层（目的所涉及的中间环节）和最底层（评价的具体内容或方案）的顺序排列起来，并标明上下层次因素间的关系，画出层次结构图。

二是构造判断矩阵。针对上一层次某因素 A_K 而言，该层次内各因素 B_1，B_2，…，B_n 进行两两比较；比较结果按萨蒂的 1－9 标度表（表 2－57）给出的数值写成矩阵形式，就是判断矩阵：

A_K	B_1	B_2	…	B_n
B_1	b_{11}	b_{12}	…	b_{1n}
B_2	b_{21}	b_{22}	…	b_{2n}
⋮			…	
B_n	b_{n1}	b_{n2}	…	b_{nn}

显然 $b_{ii}=1$

$b_{ij}=\frac{1}{b_{ji}}$

$(i, j=1, 2, \cdots, n)$

但 $b_{ii}b_{ik}=b_{ik}$ 未必成立

表 2－57　萨蒂的 1－9 标度表

1	表示两个元素相比，具有同样重要性
3	表示两个元素相比，一个元素比另一个元素稍微重要
5	表示两个元素相比，一个元素比另一个元素明显重要
7	表示两个元素相比，一个元素比另一个元素强烈重要
9	表示两个元素相比，一个元素比另一个元素极端重要
说明	2，4，6，8 为上述相邻判断的中值

三是计算某一指标下的相对权重和一致性检验。首先求判断矩阵 B 的最大特征值 λ_{max}，再求出 λ_{max} 相应的标准化特征向量 ω，归一化后得到的分量 ω_i 就是对应因素权重。一致性检验是为了避免出现甲比乙重要，乙比丙重要，丙比甲重要的情况而进行的验证，可以用一致性比例 $C.R$ 作为度量判断矩阵 B 偏离一致性的指标。分三步判断：

① 计算一致性指标 $C.I$（Consistent Index）

$$C.I=\frac{\lambda_{max}-n}{n-1}$$ 式中 n 为判断矩阵 B 的阶数

② 平均随机一致性指标 $R.I$（Random Index）

平均随机一致性指标是多次（500 次以上）重复进行随机判断矩阵特征值的计算之后取算术平均数得到的。这里取美国宾州大学和橡树岭实验室（Satty，1980）重复计算的结果。见表 2－58：

表 2－58　　　　平均随机一致性指标

阶数	1	2	3	4	5	6	7	8	9	10
R. I	0	0	0.52	0.89	1.12	1.26	1.36	1.41	1.46	1.49

③ 计算一致性比例 $C.R$（Consistent Rate）

$$C.R=\frac{C.I.}{R.I.}$$ 当 $C.R<0.1$ 时，一般认为判断矩阵的一致性是可以接受的。

四是进行层次总排序。利用单排序的结果，计算对上一层次而言本层次各个因素的综合权重。

(3) 都市圈发展程度评价方法

模糊综合评价模型（Fuzzy Evaluation Model）是一种定性与定量相结合的分析方法，是一个“定性—定量—定性”的评价过程。它在一定程度上可以解决都市圈成长能力这种带有很强不确定性的模糊定量评价问题，为都市圈成长能力的定量评价提供了一种较为科学的分析方法。[①] 具体分析可以分五步进行：

一是确定评语集 $V=(V_1, V_2, \cdots, V_n)$。即在某一评价指标体系下，对评价对象给出的评定值。本书设立五级评语制，$n=5$，评语集 $V=$（很好，好，一般，差，很差），集合中的“好”、“差”指能力强弱或条件的好坏。

二是建立隶属函数，确定隶属度向量：（1）对硬指标隶属度的确定。所谓硬指标是指能直接用数据来表达其能力强弱或状况好坏的指标[②]，对这些指标隶属度的确定我们采用经验法与模糊统计法相结合的方法来确定各项硬指标的隶属度。具体步骤是：首先，设计出各项硬指标的隶属度调查表格，并在表中分别标明各项硬指标的具体含义；其次，请相关的专家和研究者，按照表格的要求，分别对各项硬指标的隶属度进行评定；最后，对评定结果采用统计分析法进行加工

① 徐辉等：《科研院所科技成果转化能力的模糊评价》，载于《西北民族学院学报》，2001 年 6 月。
② 高洪波：《工业企业活力的模糊评价》（摘要），载于《价值工程》，1994 年第 2 期。

处理，从而得到各项硬指标的隶属度值。（2）对软指标隶属度的确定。软指标指那些不能直接量化的指标。由于软指标的度量不像硬指标那样能够找到统一标准，所以需要采用模糊评判的方法加以解决。在确定硬、软指标隶属度的基础上，我们用隶属度函数来分析得到各指标对于评语集的隶属度向量。前文确定的评语集 $V=(V_1, V_2, V_3, V_4, V_5)$，令其对应的 5 个取值区间为：$(a_2, +\infty)$、$(a_3, a_1)$、$(a_4, a_2)$、$(a_5, a_3)$、$(-\infty, a_5)$，若将都市圈成长能力各指标的实现程度（亦即实际达到的水平视为其中某个区间上的普通集合，则会造成这样的问题：落在两区间边缘附近的点，其数据相差不大而评语相差一个级别的不合理现象。为此，引入模糊概念①。具体的做法是：设落在某区间点，令区间中间点的隶属度为1，而落在该区间两个相邻区间点的隶属度为0，连接1和0，则得某指标对该区间（或该区所对应的评语 V_i）的隶属函数。a_1，a_2，a_3，a_4，a_5 分别取值为 90，80，70，60，50。如图 2－5 所示：

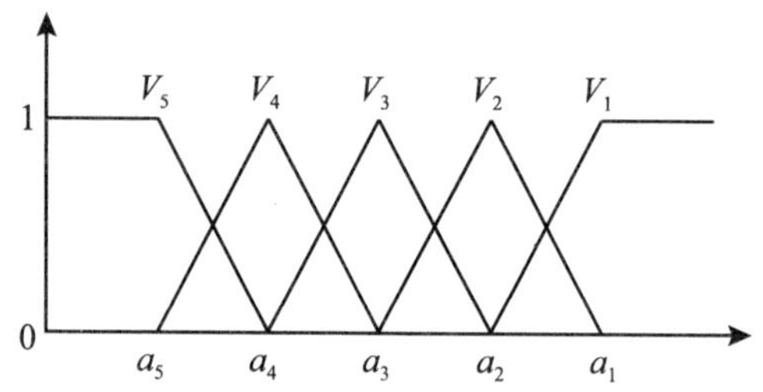

图 2－5　模糊隶属度函数

根据指标的特性，拟定其隶属函线为线性函数，且满足：若 $\cup_{ai}(\cup_i)=1$，则 $\cup_{ai-1}(\cup_i)=0$。这样，设 x 表示某一评价单因素的隶属度（得分），则 x 对于评语集 V 的隶属度向量关系可以由下式计算②：

$$\cup_{a1}(x)=\begin{cases}1, & x\geqslant 90;\\ \dfrac{x-80}{10}, & 80\leqslant x<90;\\ 0, & x<80;\end{cases}$$

$$\cup_{a2}(x)=\begin{cases}\dfrac{x-90}{-10}, & 80\leqslant x<90;\\ \dfrac{x-70}{10}, & 70\leqslant x<80;\\ 0, & x<70;\end{cases}\qquad \cup_{a3}(x)=\begin{cases}\dfrac{x-80}{-10}, & 70\leqslant x<80;\\ \dfrac{x-60}{10}, & 60\leqslant x<70;\\ 0, & x<60;\end{cases}$$

① 徐辉等：《科研院所科技成果转化能力的模糊评价》，载于《西北民族学院学报》，2001 年 6 月。
② 李安贵等：《模糊数学及其应用》，冶金工业出版社 1994 年版，第 254～263 页。

$$\cup_{a2}(x)=\begin{cases}\dfrac{x-70}{-10}, & 60\leqslant x<70;\\ \dfrac{x-50}{10}, & 50\leqslant x<60;\\ 0, & x<50;\end{cases}\qquad \cup_{a2}(x)=\begin{cases}\dfrac{x-60}{-10}, & 50\leqslant x<60;\\ 1 & x<50;\end{cases}$$

三是确定模糊评价矩阵①。要获得从 $A_i(i=1,2,3,4,5)$ 到 A 的模糊评价矩阵，首先要进行单因素评价②。设“经济水平”的第一个分指标对评语集 V 中第 $j(j=1,2,3,4,5)$ 个评语的隶属度为 r_{11j}，则 A_{11} 的评判结果是 $R_{11}=\frac{r_{111}}{V_1}+\frac{r_{112}}{V_2}+\frac{r_{113}}{V_3}+\frac{r_{114}}{V_4}+\frac{r_{115}}{V_5}$，它是一个模糊集，简记为 $R_{11}=(r_{111},r_{112},r_{113},r_{114},r_{115})$，于是可得：$R_{11}=(r_{111},r_{112},\cdots,r_{115})$，$R_{12}=(r_{121},r_{122},\cdots,r_{125})$，…，$R_{14}=(r_{141},r_{142},\cdots,r_{145})$。各分指标评判集构成对“经济水平”（$A_1$）的评价矩阵 R_1。则：

$$R_1=\begin{bmatrix}R_{11}\\R_{12}\\R_{13}\\R_{14}\end{bmatrix}=\begin{bmatrix}r_{111} & r_{112} & \cdots & r_{115}\\ r_{121} & r_{122} & \cdots & r_{125}\\ r_{131} & r_{132} & \cdots & r_{135}\\ r_{141} & r_{142} & \cdots & r_{145}\end{bmatrix}$$

采用上节得到“经济水平”各指标的权重分配 ω_1（ω_{11}，ω_{12}，ω_{13}，ω_{14}），可计算出“经济水平”对评语集 V 的隶属数向量 H_1，为：

$$H_1=\omega_1\cdot R_1=(\omega_{11},\omega_{12},\omega_{13},\omega_{14})\begin{bmatrix}r_{111} & r_{112} & \cdots & r_{115}\\ r_{121} & r_{122} & \cdots & r_{125}\\ r_{131} & r_{132} & \cdots & r_{135}\\ r_{141} & r_{142} & \cdots & r_{145}\end{bmatrix}$$

同上，可分别计算出各隶属度向量为：

$H_2=\omega_2\cdot R_2$，$H_3=\omega_3\cdot R_3$，$H_4=\omega_4\cdot R_4$，$H_5=\omega_5\cdot R_5$，…。

四是确定模糊综合评价模型。令 $H=(H_1,H_2,H_3,H_4,H_5)^T$，$H$ 为一级指标（A_1，…，A_5）对总指标 A 的模糊评价矩阵。一级指标（A_1，A_2，A_3，A_4，A_5）的权重为 $\lambda(\lambda_1,\lambda_2,\lambda_3,\lambda_4,\lambda_5)$，则都市圈成长能力（$A$）对 V 的隶属度向量为：

$$X=\lambda H^T$$

---

① 由于这里只是介绍方法，故指标数量未与指标体系的指标个数严格一致。

② 叶巧玲等：《技术创新的风险评价模型》，载于《武汉水利电力大学学报》，2000 年第 3 期。

$$= (\lambda_1, \lambda_2, \lambda_3, \lambda_4, \lambda_5) \begin{bmatrix} H_1 \\ H_2 \\ H_3 \\ H_4 \\ H_5 \end{bmatrix}$$

$$= (x_1, x_2, \cdots, x_5)$$

五是获得评价结果。根据模糊综合评价模型 $X = \lambda \cdot H^T$，可以用最大隶属度原则评价其结果。最大隶属度原则，即取 $\max\limits_{i=1}^{5}(x_i)$，根据 x_i 对评语 V_i 的隶属度，评价都市圈成长能力。

2.4.3 中国特大都市圈梯度结构评价

无论是从空间地理角度还是经济学角度，中国的地域集合体认可度最高的是“三大都市圈——长三角、珠三角、京津冀”。其他的地域研究在一定范围或者某一时段曾得到关注，但只有三大都市圈已经被政府部门、企业部门和研究部门共同认可。因此，进行中国特大都市圈发展程度评价，主要就是评价东部三大都市圈。

梯度被广泛用来表现地区间经济发展水平的差别，以及由低水平向高水平地区过渡的空间变化历程。区域经济学者把工业生命循环理论引入到区域经济学中，结合梯度的概念，创造了区域经济梯度转移理论①。主要论点包括：(1) 区域经济的盛衰主要取决于它的产业结构优劣，而产业结构的优劣又取决于地区经济部门，特别是主导专业化部门在工业生命循环中所处的阶段；(2) 创新活动，包括新产业部门、新产品、新技术、新的生产管理与组织方法等大多发源于高梯度地区，随后随着时间的推移，生命循环阶段的变化，按顺序逐步由高梯度地区向低梯度地区转移；(3) 梯度转移主要是通过多层次城市系统扩展开来，受分别处在创新阶段、发展阶段、成熟阶段和衰退阶段的工业部门的布局的影响。梯度理论给我们研究都市圈至少有两点启发：(1) 发育正常的都市圈内部应该具备良好的圈层结构；(2) 发育正常的都市圈内部各区域的工业布局处于互补和有序竞争状态。

基于梯度理论，我们考察了三大都市圈的人口密度梯度、产值密度梯度、经济梯度、产业梯度等。为避免主观判断造成的分类误差，我们运用聚类分析方法

① 高洪深：《区域经济学》，中国人民大学出版社 2002 年版，第 107 ~ 111 页。

对研究对象进行分类，利用 SPSS 软件中的 CLUSTER 模块实现。

（1）人口密度梯度研究

人口密度指单位面积承载的人口数量，人口密度一方面能体现人均拥有自然资源的数量，同时也能通过区域的集聚能力体现区域的综合活力。

运用聚类分析（Hierarchical Cluster）方法，分别对三大都市圈的人口密度（人口/面积）进行聚类得到如下结果，如表 2－59 所示。

表 2－59　都市圈 2001 年人口密度梯度性

人口密度单位：人/平方公里

长三角都市圈			珠三角都市圈			京津冀都市圈		
地区	人口密度	类别	地区	人口密度	类别	地区	人口密度	类别
上海市	2 104	1	博罗县	1 915	1	保定市	2 949	1
南通市	975	2	广州市	989	2	沧州市	2 597	1
无锡市	916	2	惠州市	986	2	廊坊市	2 489	1
泰州市	870	2	佛山市	881	2	唐山市	2 477	1
南京市	854	2	中山市	756	3	秦皇岛市	1 984	2
嘉兴市	849	2	深圳市	714	3	张家口市	1 041	3
常州市	785	2	东莞市	632	3	天津市	771	3
镇江市	694	3	珠海市	492	4	北京市	676	3
苏州市	688	3	江门市	400	4	承德市	632	3
扬州市	682	3	惠东县	387	4			
舟山市	679	3	惠阳市	288	4			
台州市	585	3	肇庆市	213	4			
宁波市	583	3	高要市	207	4			
绍兴市	525	3	四会市	144	4			
湖州市	442	4						
杭州市	384	4						

注：都市圈内部聚类，以下同。

由表 2－59 可见，三大都市圈中，人口密度最大的是京津冀都市圈，普遍超过 1 000 人/平方公里，长三角都市圈和珠三角都市圈的人口密度基本相当；从层级结构来看，珠三角的层级性最为明显，长三角次之，京津冀都市圈内部各城市人口密度呈两极状态。

（2）经济密度梯度研究

经济密度指单位面积的 GDP 产值，经济密度能体现区域的生产效率和区域经济的活力，以及区域中用于经济活动的土地使用情况。运用 Hierarchical Cluster 方法，分别对三大都市圈的经济密度（GDP/面积）进行聚类得到如下结果（见表 2－60）：

表 2－60　　都市圈 2001 年经济密度梯度性

经济密度单位：万元/平方公里

长三角都市圈			珠三角都市圈			京津冀都市圈		
地区	经济密度	类别	地区	经济密度	类别	地区	经济密度	类别
上海市	8 530.49	1	深圳市	11 556.84	1	秦皇岛市	5 839.67	1
无锡市	3 301.57	2	肇庆市	6 395.17	2	保定市	5 268.91	1
苏州市	2 450.84	3	惠州市	4 527.96	3	唐山市	4 609.64	2
南京市	1 966.73	3	广州市	4 119.18	3	沧州市	3 703.83	3
嘉兴市	1 804.42	3	佛山市	3 055.53	3	廊坊市	3 180.48	3
常州市	1 738.51	3	东莞市	2 722.38	3	北京市	1 911.43	4
宁波市	1 602.07	3	珠海市	2 542.84	3	天津市	1 720.82	4
镇江市	1 457.83	3	中山市	2 309.15	3	张家口市	1 700.12	4
绍兴市	1 124.21	4	江门市	692.64	4	承德市	955.51	4
南通市	1 109.02	4	高要市	589.51	4			
杭州市	1 073.65	4	惠阳市	565.81	4			
舟山市	1 013.89	4	四会市	564.47	4			
泰州市	912.03	4	博罗县	330.02	4			
台州市	871.55	4	惠东县	298.94	4			
扬州市	842.52	4						
湖州市	726.32	4						

从经济密度的层级性来看，最为均匀的是珠三角都市圈；其次是京津冀都市圈；长三角都市圈内除了上海的经济密度较高外，绝大部分地区的经济密度非常接近。北京地区的经济密度比较低，主要原因可能是作为国家的政治、文化中心，其直接用于经济活动的区域范围比重并不高，GDP 被分摊后导致总体经济密度不高。

（3）产业结构和主导产业情况

三大都市圈第一产业、第二产业、第三产业的经济比重为：长三角 5.8∶51.9∶42.3；珠三角 5.6∶49.3∶45.1；京津冀 4.0∶42.3∶53.7。三次产业的排序分别是：长三角和珠三角呈现为二、三、一结构，京津冀为三、二、一结构。上述现象说明，京津冀地区传统产业向现代产业升级换代快，且达到一个较高水平。三大都市圈中，上海、南京、舟山、广州、肇庆、高要、北京、廊坊、保定和秦皇岛地区的三次产业呈现三、二、一结构，但并非表明所有地区都进入了一个高级阶段。其中舟山、高要的第一产业比重在20%以上，第二产业处于较低状态；肇庆、廊坊的第一产业比重也在10%左右；南京的第三产业刚刚超过第二产业，天津与南京的产业结构非常相似，只是天津的第三产业略低于第二产业的比重；上海、广州、北京、秦皇岛四个地区的三、二、一产业结构非常明显，区别在于前三者经历的工业化阶段基本完成，秦皇岛则因为极强的旅游产业大大提升了第三产业的比重（见表2-61）。

表2-61　　2001年三大都市圈内各市三次产业经济结构

长三角都市圈				珠三角都市圈				京津冀都市圈			
	第一产业	第二产业	第三产业		第一产业	第二产业	第三产业		第一产业	第二产业	第三产业
上海	1.6	47.4	51.0	广州	3.4	40.9	55.7	北京	3.1	34.7	62.2
南京	4.8	47.3	47.9	深圳	0.9	54.7	44.4	天津	4.1	48.8	47.1
苏州	4.4	58.2	37.4	珠海	4.0	55.1	40.9	廊坊	10.3	43.7	46.0
无锡	3.6	54.9	41.5	佛山	6.1	53.2	40.7	保定	2.8	48.2	49.0
常州	6.4	56.8	36.8	江门	10.6	48.4	41.0	唐山	10.4	57.3	32.3
镇江	6.2	55.8	38.0	东莞	4.5	54.9	40.6	秦皇岛	2.0	36.0	62.0
南通	15.9	49.4	34.7	中山	6.3	59.3	34.3	张家口	1.4	50.4	48.2
扬州	12.7	48.8	38.6	惠州	1.8	73.4	24.8	承德	2.1	60.9	37.0
泰州	14.2	49.5	36.3	惠阳	13.4	55.2	31.3	沧州	1.5	52.5	46.0
杭州	6.4	50.6	43.0	惠东	21.5	51.1	27.4				
宁波	7.0	55.3	37.7	博罗	21.3	56.5	22.2				
嘉兴	8.7	57.2	34.1	肇庆	7.8	41.4	50.9				
湖州	12.2	54.1	33.7	高要	27.5	31.5	41.0				
绍兴	8.6	58.1	33.3	四会	25.9	50.4	23.7				
舟山	22.5	36.5	41.0								
台州	10.5	57.3	32.2								

资料来源：《长江三角洲和珠江三角洲及港澳特别行政区统计年鉴（2003）》、《北京统计年鉴（2003）》、《天津统计年鉴（2003）》、《河北统计年鉴（2003）》

从主导产业看，三大都市圈内部、三大都市圈之间都具有同构现象。如三大都市圈都把电子及通信设备制造业、电气机械及器材制造业、交通运输设备制造业等作为各自的主导产业；都市圈内部，如江苏和浙江的主导产业极其雷同（见表2-62）。

表2-62　　三大都市圈主导产业比较

区域		主导产业
长三角	上海	电子信息产品制造业、汽车制造业、石油化工及精细化工制造业、精品钢材制造业、成套设备制造业、生物医药制造业
	江苏	纺织业、化学原料及制品制造业、电子及通信设备制造业、普通机械制造业、电气机械及器材制造业、交通运输设备制造业、黑色金属冶炼及压延加工业
	浙江	纺织业、电气机械及器材制造业、服装及其他纤维品制造业、化学原料及化学制品制造业、普通机械制造业、交通运输设备制造业
珠三角		电子及通信设备制造业、电气机械及器材制造业、交通运输设备制造业、金属制品业、化学原料及化学制品制造业
京津冀	北京	电子及通信设备制造业、电气机械及器材制造业、专用设备制造业、交通运输设备制造业、化学原料及化学制品制造业、黑金属矿物制品制造业、黑色金属冶炼及压延加工业、石油加工及炼焦业
	天津	电子及通信设备制造业、交通运输设备制造业、石油及天然气开采业
	河北	黑色金属冶炼及压延加工业、化学原料及化学制品制造业、非金属矿物制品业、石油加工及炼焦业、交通运输设备制造业、医药制造业、纺织业、食品加工业、食品制造业

注：因资料限制，以江苏、浙江、河北的主导产业代替研究区域中城市的主导产业。

资料来源：《上海统计年鉴（2003）》、《江苏统计年鉴（2003）》、《浙江统计年鉴（2003）》、《广东统计年鉴（2003）》、《北京统计年鉴（2003）》、《天津统计年鉴（2003）》、《河北统计年鉴（2003）》。

2.4.4　中国特大都市圈极化程度评价

增长极理论的依据是区域内部成长的不平衡性。对于一定的区域来说，增长现象的出现在不同的时期会相对集中于一定的主导产业部门，很少会出现各个部门均衡增长的局面。一定时期的主导部门通常有三个特点：（1）新兴产业，技术水平较高，有较好的发展前景；（2）具有广泛的市场需求，甚至国际市场的需求；（3）对其他产业有较强的带动作用。这类主导产业通常会出现在发展环境比较优异的城市，在经过壮大发展后会向外逐步扩散。这些培育出主导产业的城市或城镇就成为区域的增长极①。

我们用首位度和集中度（赫芬达指数）指标来反映都市圈内部城市在经济、科技等方面的极化程度，极化程度高表明都市圈的中心城市比较明确。首位度计算方法为区域内第一位和第二位城市的测量指标的差距，首位度高表明两者差距

① 朱丽萌、刘镇：《区域经济理论与战略》，江西人民出版社2001年版，第90~92页。

大，反之则说明差距小。这里我们延伸首位度的概念，依次递延观察临近城市（指标数值临近）差距，从而观测都市圈内的城市中心性。集中度指标表示观测值在观测区域内分布的集中程度，首位城市集中度表示首位城市观测指标在观测区域内的集中程度，前两位城市集中度则表示前两位城市在观测区域内的集中程度。

（1）人口首位度和集中度

人口的首位度和集中度反映的是都市圈内第一位和第二位城市的人口规模，一般而言，规模大的城市中心性要强于规模小的城市（见表2-63）。

表2-63　　都市圈人口首位度和集中度

	长三角	珠三角	京津冀
人口首位度（万人）	553.97	339.35	217.25
首位城市人口集中度（%）	16.4	30.5	41.1
前两位城市人口集中度（%）	26.0	46.6	74.4

从人口首位度来看，长三角最高，珠三角次之，京津冀最小；但是，如果进一步考察第二位和第三位城市的人口差距，长三角为143.45万人、珠三角为42.29万人、京津冀为626.3万人，京津冀人口第三位城市和前两位城市的差距最大。从人口集中度来看，无论是首位城市人口集中度还是前两位城市人口集中度，京津冀都是最高，尤其是前两位城市人口集中度达到74.4%，表明京津冀都市圈的人口主要集中在北京和天津两个城市；相比之下，长三角都市圈的首位城市人口集中度和前两位城市人口集中度最低，主要原因是长三角地域面积比较大，城市比较多。

（2）经济首位度和集中度

经济的首位度和集中度能充分体现都市圈的经济集聚程度，首位度和集中度高则表明都市圈中心城市与其他城市经济实力差距大，存在向外辐射的基础（见表2-64）。

表2-64　　都市圈经济首位度和集中度

	长三角	珠三角	京津冀
经济首位度（亿元）	3 328.39	744.66	1 161.54
首位城市经济集中度（%）	27.1	30.8	49.0
前两位城市经济集中度（%）	37.5	53.9	80.3

从经济首位度来看，长三角最高，京津冀次之，珠三角最小；但是，如果进一步考察第二位和第三位城市的经济差距，长三角为298.54亿元、珠三角为1 080.9亿元、京津冀为1 506.3亿元，表明三大都市圈中，长三角都市圈的上海市在都市圈内具有明显的中心城市特征，珠三角都市圈中广州和深圳都具备中心城市的条件，京津冀都市圈中北京和天津都具备中心城市的条件，但相比之下北京要比天津更明显。从经济集中度来看，和人口集中度相似，京津冀都市圈的首位城市经济集中度以及前两位城市经济集中度都是最高，而且达到80.3%，表明北京和天津在京津冀都市圈具有举足轻重的地位；珠三角都市圈中广州和深圳的经济集中度亦达到53.9%，长三角都市圈中只有上海的经济集中度比较高，刚刚超过1/4，其他城市的经济比重都小于10%，亦证明了上海唯一的中心城市地位。

（3）科技首位度和集中度

科学技术是现代经济发展的重要支撑，亦是最有可能通过扩散带动其他地区经济增长的经济要素，研究科技的首位度和集中度，明晰都市圈的科技极，有助于了解都市圈科技资源的集聚状况。这里采用国际通用的表现科技资源水平的研发人员全时当量和研发经费指标（见表2－65）。

表2－65　　　　都市圈科技首位度和集中度

	长三角	珠三角	京津冀
研发人员首位度（万人）	8.33	3.35	—
首位城市研发人员集中度（%）	34.9	42.7	—
前两位城市研发人员集中度（%）	50.6	70.1	—
研发经费首位度（万元）	139.92	10.17	—
首位城市研发经费集中度（%）	41.4	33.5	—
前两位城市研发经费集中度（%）	48.9	61.5	—

注：受资料限制，研发人员全时当量用“从事科技活动人员数”代替；研发经费支出用“用于文教、科学和卫生事业费的财政支出”代替。

从研发人员首位度来看，长三角地区要高于珠三角地区，但如果考察首位城市研发人员集中度和前两位城市研发人员集中度，珠三角都高于长三角，尤其是前两位城市研发人员集中度，珠三角达到70.1%，大大超过长三角的50.6%。研发经费的首位度与集中度的情况和研发人员基本类似，据此可以明确看出长三角地区上海作为超前科技极，南京居次，杭州第三的格局；珠三角都市圈的广州和深圳则是整个都市圈的科技绝对核心。

(4) 服务业首位度和集中度

在现代经济中，服务业已成为经济增长的重要动力和现代化的重要标志。中国已把现代服务业作为经济发展的一项战略性、宏观性、政策性课题（杨伟民，2002）。随着工业化在三大都市圈进入高级阶段，发展服务业成为经济社会发展的战略高地。已经有专家[①]明确提出当前三大都市圈应该大力发展服务业。因此，分析服务业在各个都市圈的首位度和集中度，对认识都市圈的服务业发展现状具有积极意义（见表2-66）。

表2-66　　都市圈服务业首位度和集中度

	长三角	珠三角	京津冀
服务业首位度（亿元）	1 978.7	668.19	1 032.87
首位城市服务业集中度（%）	32.9	39.2	56.8
前两位城市服务业集中度（%）	42.2	62.7	84.3
现代服务业首位度（亿元）	250.22	278.35	—
首位城市现代服务业集中度（%）	27.7	43.3	—
前两位城市现代服务业集中度（%）	37.3	61.0	—
传统服务业首位度（亿元）	326.69	104.77	—
首位城市传统服务业集中度（%）	25.9	33.5	—
前两位城市传统服务业集中度（%）	37.7	55.4	—

注：这里用第三产业增加值代替服务业增加值；现代服务业用交通运输仓储及邮电通信业增加值；传统服务业用批发和零售贸易餐饮业增加值。

资料来源：《珠三角与长三角及港澳特别行政区统计年鉴（2003）》、《北京统计年鉴（2003）》、《天津统计年鉴（2003）》、《河北统计年鉴（2003）》。

服务业首位度最高的是长三角，京津冀次之，珠三角最小，但服务业增加值第二位和第三位差距长三角为11.76亿元、珠三角为525.05亿元、京津冀为789.43亿元。三大都市圈中，京津冀都市圈三次产业呈三、二、一结构，其主要原因是北京的第三产业比重较高，同时经济基数较大，导致整个京津冀都市圈的产业以服务业为主。事实上，京津冀都市圈中仅北京、廊坊和秦皇岛三次产业呈三、二、一结构，其他地区仍以第二产业为主，这在一定程度上说明京津冀都市圈的产业布局相对比较合理。无论是现代服务业还是传统服务业，珠三角的产业布局明显优于长三角，基本集中在广州和深圳，而长三角虽然上海明显超过其他城市，但总体比较平均，表明长三角都市圈内各城市分工不尽合理，产业同构

① 区域经济网 http://www.qyjjnet.com。

现象严重，彼此竞争较为激烈。

2.5 著名都市圈发展特色与重点

都市圈的发展，与当地经济、政治、文化、地理环境等因素紧密相关，并在长期的相互作用中发展成形。在全球化和信息化时代，都市圈的发展面临着新的机遇和挑战，中国都市圈建设和世界城市的建设，必须借鉴国际经验，重视区域合作、提升发展特色。

2.5.1 国外著名都市圈发展特色

从世界范围来看，凡与经济社会发展相协调的城市化，都会产生积极的影响；反之，则会产生消极作用。

（1）美国都市圈发展特色

美国是一个在不断移民基础上建立起来的国家，其城市化进程脉络清晰完整，带有一定“原型”特征，同时又具有明显的阶段性特点，大致可分为三个阶段。第一阶段，从建国到20世纪20年代。美国从19世纪初开始工业化进程，19世纪中叶工业化进程加速，工业发达地区不断成为城市化发展的地区。1920年，美国已经有近半数人口到城市居住，进入城市时代。第二阶段，20世纪20~70年代。20世纪50~70年代，是美国都市圈发展最为迅猛的阶段，这一时期都市圈发展呈现出两大特点：一是城市郊区化现象出现，高速公路的建设带动人口从中心城市向郊区迁移，促使城市向郊区蔓延，由此出现了城市向大都市区的转化；二是都市圈发展的重点逐渐转向早先经济较为落后的地区。大批新的中心城市在新兴高科技行业以及国防工业的支撑下崛起。第三阶段，20世纪70年代至今。美国郊区化进程更加迅速，部分地区甚至出现逆城市化现象，即城市人口向农村迁移。伴随郊区化的进程，大都市区的数量不断增加。1990年，人口在百万以上的大都市区数量达40个，人口占总人口的51.5%，美国已经成为一个以大型都市区为主的国家。

美国的城市郊区化现象，是伴随经济发展和人口迁移而出现的，美国先后出现了制造业、零售业、个人服务业和办公业的郊区化，导致大量的就业岗位迁到郊区，中心城市人口不断减少，导致中心城市衰落。因此，从20世纪80年代起，一些老工业城市纷纷针对旧城衰落采取许多振兴对策，部分城市，如纽约通过现代服务业的发展或旧城的再开发，积极吸引中产阶级从郊区回迁中心城区，使中心城区经济重新焕发生机，这种现象被称为“再城市化”或“中产阶级化”。不过，人们对“中产阶级化”也有争议，反对者认为旧城改造往往以少数民族或低收入阶层居住区为对象，这些弱势群体最终会成为中心城区“中产阶级化”的牺牲品。

（2）日本都市圈发展特色

在日本城市化的进程中，同样出现了大都市圈超前发展的现象。按日本政府的定义，日本共有 7 个中心城市人口达百万人以上的大都市圈，其中最为著名的是“东京圈”、“名古屋圈”、“京（京都）阪（大阪）神（神户）圈”。此外，日本还有 4 个中心城市人口达 50 万人以上的都市圈。

在日本都市圈发展的过程中，政府对工业发展和城市布局起着重要指导作用。第二次世界大战后，特别是五六十年代，日本政府为工业的重建提供了重要的投资基金，在工业建设用地、工业区的准备、工业用水和交通设施的建设，以及技术帮助等诸多方面，提供了多种多样的金融支持和帮助。另外，政府大力倡导发展出口行业，推行外向化经济战略，使产业向沿海城市高度集中。1980 年以来，随着经济不断发展，人口和社会各项职能开始向东京集中，形成了“东京圈”控制其他区域的局面。日本最大的 10 个城市集中分布在太平洋东岸的工业带，而且有 7 个位于从东京到大阪的东海道都市带内。为解决区域发展不平衡问题，日本先后制定和实施了五次全国综合开发规划，形成了包括区域规划与城市规划在内的较为完善的规划体系。

（3）拉美都市圈发展特色

拉美的现代城市化进程始于 19 世纪末期，1900 年，整个拉美地区城市化水平为 25%，到 20 世纪 30 年代，大多数拉美国家先后进入工业化发展阶段，城市化进程也开始加速，1945 年城市化水平达到 39%。20 世纪 50 年代以来，一些拉美国家推行“进口替代”战略，伴随着工业以及服务业的迅速发展，农村剩余劳动力涌入城市，形成了以中心城市为核心的大都市圈。但自 20 世纪 60 年代后，由于遭受严重的经济衰退，加上政府不重视农业，大量破产农民涌入城市，使该地区城市人口由 5 400 万人迅速增加到 1990 年的 3.14 亿人，占总人口比例达 71.4%，阿根廷、智利和乌拉圭等国的城市化水平甚至超过 80%，结果，过度城市化导致了许多难以解决的问题。

由于农民缺乏工业技能，加上工业化水平提高对劳动力的需求相对减少，导致大多数新进城市者为了生计只能从事一些属于第三产业的非正规就业行业，如饮食、家政服务、沿街销售等。这种没有经济同步发展作为基础的城市化，必然导致城市"病态"发展，人口拥挤、住房短缺、贫富悬殊、毒品及暴力犯罪、环境污染等问题接踵而来。因此，拉美的城市化被称为"过度城市化"。

2.5.2 国外著名都市圈发展经验

总体而言，都市圈的发展首先是城市化的过程，但是城市化的快速推进常常会伴生各种经济社会问题，如农村发展滞后、城市住宅和基础设施供应短缺等问题。为使都市圈发展进程得以稳妥进行，一些国家采取多种措施来化解矛盾，积累了许多值得我们学习借鉴的经验。

(1) 协调城市与农村发展

从许多发展中国家，包括拉美国家的城市化进程来看，政府往往更加重视城市的发展，而忽略了作为社会另一部分的农村的发展。发展政策的倾斜，使得大部分农村地区相对来说处于贫困状态，各项基础设施的建设严重不足，当农民在农村没有出路的时候，唯一的出路就是进城。但由于城市不能提供更多的就业机会，城市贫困、失业、犯罪、环境恶化等问题就不可避免地爆发了。

日本在处理城市与农村发展关系方面较为成功。日本政府比较注意农村、农业的发展问题，制定了大量法律促进农村发展，如为扶持山区农村及人口稀疏地区的经济发展，制定了《过疏地区活跃法特别措施法》、《山区振兴法》等；为促进农村工商业的发展，制定《向农村地区引入工业促进法》、《关于促进地方中心小都市地区建设及产业业务设施重新布局的法律》等。同时，日本政府比较重视对农村、农业的投资，投资方式多样化，中央政府主要对建设项目进行财政拨款及贷款，地方政府除财政拨款外还发行地方债券进行农村公共设施建设。结果，农村基础设施的改善，加强了城市间、城乡间的联系，为实现城乡一体化提供了可能，而农村的发展也为城市产业和人口的扩散开辟了道路。由此，日本农村发生了很大的变化，农业不再是农村的支配产业，1980 年时，日本农村从事第三产业的比率已经高达 42%，小城市得到了较快发展。

(2) 关注城市贫民社区

在城市化的高速发展阶段，城市人口的迅速增长必然导致住宅和基础设施供应短缺，而财富分配不均使得问题更加严重。为解决城市贫民问题，西方国家曾采取多种措施。比如，早期解决住房的措施主要是兴建工人居住区，其后欧美各国开始制定更为完善的针对城市贫困者的住房政策。美国自20世纪30年代开始，注重政府的宏观经济调控，其中由联邦政府发起的“新政”和“城市更新”两项运行，就是要解决城市下层居民住房问题，进而治理中心城市。从“新政”来看，涉及城市的政策，除进行以工代赈的大型社会工程建设外，还推出了两项直接影响城市生活的重大举措。一是拟定“绿带建镇计划”，在郊区选择廉价土地，建造新社区供城市贫民区居民迁居，再将原贫民区清除，改建为公园等公用设施和绿带。二是创建两个新的政府机构，即房主贷款公司和联邦住房管理署。前者主要为城市居民提供住房贷款，消除住户因付不起分期贷款而被取消住房抵押权的现象；后者是联邦政府干预乃至管理城市住房的常设机构。这两项运动对解决美国城市住房紧张以及增加就业等，都起到了积极的作用。

相对来说，发展中国家城市贫民区问题更为严重，而韩国解决该问题的经验较为成功。1960~1990年是韩国城市化高速增长期，城市化水平年均上升1个百分点，但同时农村人口大量进城产生了城市贫民区。韩国政府先后采取清理工程、有选择合法化以及自我发展工程等措施，处理城市低收入者居住区、非法聚集居住区的问题。1983年，韩国引入了联合重建计划，制定最低住房标准，承认居民在社区及社区发展中的民主权利，鼓励居民参与社区建设，同时还鼓励非政府组织、房地产开发商参与社区建设，通过政府引导、组织各方参与社区建设，以及实施有效的市政管理，使国家、社区以及社区居民和企业等多方受益。

(3) 倡导集约和持续增长

西方各国在对城市发展的宏观调控中，都市圈规划始终是重要的工具。“汽车社会”出现后，城市随之迅速向外蔓延。但低密度、盲目蔓延的对外扩展，造成了城市土地低效利用并产生了一系列相关问题。20世纪80年代，西方社会开始关注由此带来的各种环境问题及其经济社会后果，认为“以小汽车为导向的交通方式、低密度的城市扩张，这种城市蔓延方式是一种不可持续的增长方式”。美国学者因此提出了“紧凑型城市”和“精明增长”的概念，提出城市发展应该采取TOD模式，即以大运输量的轨道交通系统为导向，以站点为中心建设半径合理的居住区，并提供办公、商业服务业等多项功能。1998年，美国波特兰市开始实行一种新的城市发展计划，目的就是在城市开发中尽量减少土地的消耗、减少机动车交通和空气污染，突出街道的相互联系，使公共交通更加便利和舒适，强调混合功能以及符合人性尺度的设计和宽敞空间。近年来，西方国家在城市土地利用规划方面的理论和实践表明，未来城市规划发展的主流，应该是“集约和精明”地使用土地，以实现人类居住区的可持续发展。

（4）建立多层合作伙伴关系

世界各国在城市化进程中均产生许多复杂的问题，而政府解决这些复杂问题的能力是有限的，为此需要建立新的机制。联合国人居中心针对城市建设，提出“赋予能力框架”，鼓励个人、家庭、社区、商业组织和志愿者组织积极参与城市建设和管理。“赋予能力”的观念已广泛应用于一些国家的城市住宅和基础设施建设方面。目前，国际上通常采用两种方式：一是建立区域内城市间的协调机制，如美国旧金山湾区的九个县政府组成旧金山湾区政府协会，负责湾区的经济发展、环境、生态保护与建设；二是由中央政府有关部门制定区域规划，如日本国土厅先后数次制定了比大都市圈范围更大的首都圈、中京圈、近畿圈的发展规划，以协调都市圈内部的发展。在城市可持续发展问题上，涉及的问题更为宏观。为使地方与全球生态可持续性联系起来，还需要各国政府乃至国际社会发挥重要作用。总而言之，为促进城市化的健康发展，有必要建立政府之间以及政府与个人、各类社会组织之间的合作伙伴关系，以共同缔造城市的美好未来。

2.5.3 中国特大都市圈发展特色

改革开放以来，中国的区域协作和都市圈发展，政府行政部门一直是重要的主导力量。20 世纪 80 年代，城市群的发展曾出现过一次浪潮，一些协作组织一直延续到现在。如长江沿岸城市市长联席会，涉及长江中下游 20 多个城市，每两年举行一次会议；南京经济协作区 19 城市市长协作会，涉及苏、皖、赣三省，曾在 20 世纪 80 年代、90 年代两次编制过区域发展规划；武汉经济协作区地跨湘、鄂、赣、豫 4 省 30 个城市，每两年举办一次协作会议；辽宁中部城市群区域协作也曾于 80 年代起步，并组建联合体，成立理事会。上述这些协作组织带有计划经济色彩，开始声势较大，而后实质性合作较少，甚至成为了联谊性协调组织。

（1）行政力量推进都市圈快速起步

改革开放以来，中国的生产力布局和区域经济开发基本上是按照点轴开发的战略模式逐步展开的。中国的点轴开发模式最初由中科院地理所陆大道提出并系统阐述，他主张中国应重点开发沿海轴线和长江沿岸轴线，以此形成“T”字形战略布局。目前中国大都市圈的特点有别于世界上已经形成的都市圈，中国三大都市圈的形成带有明显的计划经济特点，三大都市圈的发展有赖于中国经济的改革开放，三大都市圈的持续发展问题令人关注。

长江三角洲都市圈具有面向海洋、依托长江、倚靠内陆发达的交通联系世界各地的区位优势。中国实行改革开放后，对长江三角洲地区城市群的发展产生了深刻的影响。1984 年国务院确立的沿海开放城市，长三角都市圈就有三个，1990 年，国务院又提出开放开发浦东的宏伟计划。长江三角洲地区以其优越的区位条件、丰富的劳动力资源和具有一定基础的交通通讯设施网络而成为外商投资的热点。长江三角洲都市圈已成为中国经济快速发展的典范，被认为是未来世界经济增长的"发动机"之一。

珠江三角洲都市圈为河口型三角洲，拥有便利的交通航道。珠三角处于沿海对外开放前沿，离香港金融中心很近，优越的地理位置为珠江三角洲与海外联系提供了十分便利的条件。中共十一届三中全会后，广东步入改革开放之"先河"，设特区市，撤县设市，均走在全国前列，一批新城市随之拔地而起，东莞就是典型的例子。1997 年香港回归，"一国两制"的制度投入，从深层次上推进了珠三角的城市化进程。在短短的二十余年中，广东珠三角都市圈发展成为中国新兴的珠江三角洲都市圈。

京津冀都市圈具有环渤海的区位优势，又有政治文化中心的背景，一直是中国重化工业基地。京津冀都市圈与长三角、珠三角不同，后者的形成与发展得益于工商业的发展、先行对外开放所产生的外资进入及自主型城市化，而京津冀都市圈的形成与发展，则得益于现有体制下中国资源向都城的集中，中关村、奥运村的出现均以首都特有的政治文化为背景。随着产业的升级，京津冀都市圈又逐步发展成为高新技术产业发展的重要地区。

中国三大都市圈的显著特征是，在较小的地域空间，由较少的人口群落创造了其他地区数十倍空间与人口才能创造的财富。三大都市圈目前发展迅猛，其都市圈内几个特大城市的发展基本都是得益于计划经济年代集中全国主要财力、资源打下的基础。近年来，三大都市圈城市依靠市场经济的动力和计划经济的遗产，通过资源整合已完成了市场经济条件下的区域资本垄断、人才垄断、市场垄断、信息垄断和技术垄断。从中国区域均衡发展和长远的共同发展全局来看，对几个大都市圈的集约化发展必须进行有效的宏观指导和调控，否则就有可能出现适得其反的结果。目前三大都市圈出现的问题已经在制约着自身的持续发展。首先，重复建设加剧，这种重复建设现象波及面越来越广，一些城市为了实现跨越式发展，盲目建设各种开发区、机场、港口，几个大都市建设力度过大，耗资巨大；其次，产业结构不清晰，重复甚至于相互竞争，进而影响到中国产业结构的调整。城市进程与计划经济的冲突日益加剧，像大城市的扩容所导致的交通问题更加严重，发展汽车制造业与大城市里限制私人汽车的极其矛盾的做法等问题将在今后五到十年中困扰着中国的三大都市圈。目前大都市圈出现的各种问题表明，加强中央政府的宏观调控势在必行，否则中国区域发展不平衡、社会资源配置不平衡的矛盾将无法克服，造成的恶果将无法弥补。

（2）市场引导都市圈形成规模扩张

在改革开放的推动下，中国沿海城市群的发展先后出现了两次浪潮：第一次是20世纪80年代初以来珠三角城市群的发展。从80年代开始，珠三角始终是全国效益增长最快的区域之一，都市圈形成是其经济快速发展的必然结果。第二次是20世纪90年代以来长三角都市圈的发展。中央作出了开发浦东的决策，以此为契机，上海和长三角逐渐崛起，成为了整个中国经济开放发展的第二波，也成为全国城市群发展的第二个阶段。需要指出的是，无论是珠三角还是长三角的城市群，在形成和发展初期，都没有实质意义上的协调机构，市场力量是其主导力量。随着改革开放的深入和社会主义市场经济体系的建立与完善，市场作为配置资源的基础性作用引导着中国都市圈的发展。

以民营企业主导的长江三角洲都市圈。长江三角洲都市圈的制度创新是发展动力，也是组织创新和科技创新的重要保障。沪、苏、浙在体制创新方面各具特色和优势，三者的互动改革和发展，推动着长江三角洲、长江流域乃至整个全国体制创新的进程。无论是经济体制、金融体制、粮食流通体制、投融资体制，还是财政税收制度、住房制度、医疗制度等改革，长三角一直走在全国前列，通过追求先发效应使区域经济发展的活力大大增强。特别是在增强国有经济活力、提高乡镇集体经济竞争力的同时，积极发展了个体私营等非公有制经济。

以外资企业主导的珠江三角洲都市圈。珠江三角洲都市圈充分利用毗邻港澳的区位优势，借改革开放的机会，香港制造业加快北移，珠江三角洲地区，依托香港、澳门的资金、技术、管理和国际进出口的服务，采取前店后厂的经济发展模式，承接了大量的国际产业转移，经济得到快速发展。通过大量的引进外资，发展外向经济，该都市圈已发展成全国最大的高新技术产业带和世界级电子、电器产品制造基地。珠江三角洲城市经济圈属于外资企业推动型，以轻纺等劳动密集型产业为支撑，市场化程度显然也较高。

以国有企业主导的京津冀都市圈。京津冀都市圈在计划经济时代就是国家的主要重工业基地，建成了一大批以矿产资源加工、重型装备制造和轻纺加工为主导的综合型工业基地，也是中国重要的能源、原材料生产基地。同时该都市圈是国家的文化中心，拥有先进的技术支持，拥有中关村科技园区、天津新技术产业园区等国家级高新技术开发区。与其他两个都市圈不同，京津冀都市圈因国有企业比重大，属于国有企业主导型。

(3) 产业聚集推动特色都市圈发展

经过多年发展，中国三大都市圈已经初步成形，并呈现出不同的产业模式，发展定位也各具特色。中国的三大都市圈目前尚处于快速发展壮大时期，整体上还处于工业化推动下的城市化阶段。由于工业化的背景，制造业的集聚就成为了当前三大都市圈产业集聚的特点。东部都市圈作为中国最重要的制造业基地，不仅在规模上地位显赫，而且产出效率远远高于全国平均水平，引领着中国先进制造业的发展方向。三大都市圈由于各自资源禀赋条件的不同，形成了各自不同的优势产业，在聚集过程中显示出制造业在三大都市圈之间存在地域分工及不同的特点。

★ **制造业自主创新的高地——长三角都市圈**

长三角都市圈已经成为中国重要的制造业基地，也必将成为以上海为中心的中国制造业自主创新的高地。目前，长三角都市圈内有 8 个国家级高新技术产业开发区，分别分布在上海、南京、杭州、苏州、无锡和常州，涉及信息技术、新材料、生物医药等高新技术领域。而且，高新技术产业的国际化程度在不断提高，苏州、上海和无锡高新区已经成为全国首批高新技术产品的出口基地。

通过宝钢、上海大众等国家骨干企业的自主创新，以及众多的高新技术企业与高校和科研机构的合作创新，长三角都市圈的制造业，正在发生脱胎换骨的发展变化，原始创新、集成创新和消化吸引创新的能力不断得到提升，中国制造业自主创新的高地正在崛起。

★ **制造业加工出口贸易基地——珠三角都市圈**

珠三角都市圈，初步建成中国最大的制造业加工出口贸易基地。珠三角都市圈紧临香港，开放程度高，珠三角企业能够主动与国际市场接轨，造就了这个地区经济发展的外向型特点，大批中小城市、小城镇迅速发展壮大起来。作为最早进行改革开放的窗口地区，珠三角制造业的发展，从原来“三来一补”的加工制造基地正在转型为全国规模最大、发展最快、出口总额最大的高新技术产品制造基地，深圳连续十年外贸进出口居全国大中城市首位，东莞现有外资企业 1.38 万家，CEPA 协定的签署，港珠澳大桥和西南、华南一系列交通设施的建设，已经使珠三角都市圈具备了成为世界级加工制造出口基地的条件和基础。目前，粤港达成共识，将合力打造“大珠三角”经济区，两地对经济发展重新定位，广东将致力发展成为制造业基地，香港则发展为物流、金融和服务业中心，争取通过 10 ~ 20 年时间，充分利用香港国际金融、贸易中心的优势，提升珠三角都市圈制造业水平和国际竞争优势，把大珠三角建设成为全球最富活力的地区之一。

★ **知识指向性制造业区域——京津冀都市圈**

京津冀都市圈内的京津塘高速公路沿线，西起北京的海淀区，东至天津的塘沽区，分布着中关村科技园区、北京经济技术开发区、河北廊坊经济开发区、天津经济技术开发区，形成了以交通干线为特点的高新技术产业密集带，奠定了京津冀都市圈发展知识密集型产业的坚实基础，京津冀都市圈必将以其密集的知识、技术、人才、信息和资金资源，建设成为知识指向型的先进制造业区域。

2.5.4 中国特大都市圈发展重点

为了适应信息化和全球化的发展趋势，都市圈发展潮流也出现了新的变化，许多国家提出了重新规划都市圈布局、建设具有全球经济控制能力的世界城市，并努力提升都市圈的治理水平的方案。

（1）科学规划特大都市圈发展

特大都市圈规划不同于传统的区域规划、城镇体系规划和概念性规划，是一种非标准层次的规划，规划的主要内容是从更大的空间范围协调行政区之间、城市之间和城乡之间的发展，协调城乡建设与人口分布、资源开发、环境整治和基础设施建设布局的关系，促进区域健康发展和可持续发展。

特大都市圈规划，主要以解决都市圈各城市共同的问题为主。其中有 5 个方面值得重视：（1）重视都市圈的空间组织规划。都市圈的空间组织发展模式和思路是都市圈空间管理的重要依据，同时对区域的基础设施建设、产业空间选择、生态环境建设、旅游空间组织等起着导向性的作用。（2）重视都市圈基础设施的建设。基础设施规划强调共建共享，强调跨区域的协调建设。通过建设发达的综合基础设施网络，促进区内外生产要素流动，带动地区分工与合作，引导区域整体协调发展。基础设施建设应侧重于以适应、引导和推动产业和城镇空间合理布局为导向，坚持“整体推进、效益优先、适度超前、集聚发展、集约经营”的原则，构筑符合都市圈整体可持续发展要求的现代化基础设施网络，实现跨区域共建共管和共用共享，避免重复建设和资源浪费，实现都市圈产业之间的互动发展。（3）控制都市圈内城市发展的无序蔓延。都市圈是一定地域范围内城镇高密度发展的地区，规划应防止城镇连绵开发，划定城市之间的控制地带，严格限制控制地带的建设活动，形成集聚发展、开敞有致的都市圈空间结构形态。（4）加强生态环境保护。协调地区之间生态建设和环境保护矛盾，是都市圈可持续发展的保证。由于行政区划、条块分割等原因，都市圈内各城市之间缺乏必要的沟通，地区资源缺乏系统高效的整合和利用、环境污染跨境转移，造成了资源的大量消耗和浪费以及生态环境的日益恶化，削弱了区域可持续发展能力。因此，环境治理是都市圈建设过程中必然要重点解决的问题，必须通过跨区域协调解决，必须依托都市圈规划促进区域的生态建设与环境保护成为一种有效的手段。(5) 重视跨行政区划的协作和多元协调。规划应当从都市圈整体的角度出发综合考虑，强调城市之间的横向沟通，不局限于行政区划的限制，强调规划的实施由整个都市圈的成员共同推进。其区域应包括：都市圈核心圈层（或核心区域）、沿主要发展轴线和发展通道地区等。正因为都市圈规划是涉及多个城市（地区）、多个部门内容的综合规划，因此在规划中制定不同利益主体之间的协调措施、政策和方法非常关键。

(2) 推动特大都市圈成为世界中心城市

建设世界城市是全球化发展趋势和世界级大都市圈发展的新潮流。戈特曼认为世界城市是新的国际劳动分工和全球经济一体化背景下的产物，世界城市的本质特征是拥有全球经济控制能力，而这种控制能力的产生充分表现为少数关键部门的快速增长，包括企业总部、国际金融、全球交通和通信、高级商务服务等。全球化与后工业化是世界城市兴起的重要背景。目前在以信息技术为代表的新技术革命推动下，东亚地区经济高速增长，世界经济重心开始向亚太地区转移，东亚城市的地位不断上升，一些城市相继进入世界城市行列，中国应当尽快制定规划，力争把中国特大都市圈的中心城市建设成为世界城市。

建设世界城市最终要实现城市形态从工业化向后工业化转型，并同跨国资本共同充当全球化经济的组织者，并呈现相互的依存关系，即：以跨国公司和跨国银行为核心，以电讯、国际航线为干道，以世界城市为节点，构成全球化经济网络，跨国公司在生产过程中发挥组织作用，世界城市在空间上发挥组织作用。因此，世界城市必须存在一个完整的金融和服务体系，以服务于国际机构、跨国公司、政府和非政府组织等客户；必须拥有跨国公司、国际组织和非政府组织所赖以生存的全球资本流、信息流和通讯流的集散港；能够吸引和挽留有专长的国际移民，如专业人才、经理人、政府官员和外交官等，并能够为他们提供高质量的生活环境。这里，生活质量不仅包括物质的和美学的方面，还包括更广泛的诸如经济和政治稳定、大都会风格和文化生活等。因此，中国特大都市圈发展的过程中，必须充分考虑世界中心城市的功能和要求，尽早进行布局和推进发展。

(3) 努力提高特大都市圈管理水平

随着经济产业发展、人力资源吸引政策等因素，都市圈内各城市之间客观存在竞合关系，各城市之间的政府行为的相互影响程度远远大于过去，为了实现都市圈利益的整体最大化，都市圈内各级政府应当进一步明确职能，应当让渡一些重大项目规划决策权和管理权限，通过都市圈建设专业委员会进行协商决策和民主管理。

随着特大都市圈内多层次、多方向沟通更加频繁，对话谈判机制成为政府主要职能。特大都市圈发展论坛、省市长联席会议、专业部门负责人联席会议、城市政府与市民对话沟通，都将成为都市圈对话谈判机制中的有效形式。从发展趋势看，只有如此，才能适应特大都市圈中城市与城市之间、政府与市民之间，城市与都市圈之间信息交流、相互协作、利益尊重的需要，才能实现特大都市圈的协调健康发展。

2.6　本章小结

本章主要分析了中国特大都市圈——长三角都市圈、珠三角都市圈和京津冀都市圈的发展现状，并运用梯度理论，对三大都市圈的人口密度梯度、产值密度梯度、经济梯度、产业梯度等进行了评价，同时还通过对国外著名都市圈发展特色的分析，得出了对中国都市圈发展有指导意义的结论。

（1）东部三大都市圈发展特色。长三角都市圈、京津冀都市圈和珠三角都市圈，是中国三个特大都市圈，三大都市圈的发展实践，对于中国其他都市圈的发展和全球发展中国家都市圈的建设具有参考价值。长三角都市圈是世界六大都市圈之一，2007 年，长三角都市圈以占全国 1% 的面积，创造了全国 19% 的 GDP 总量、22% 的财政收入以及 28% 的出口总额，并成为中国加入 WTO 后跨国公司跨国投资新的、重要的热点区域。2007 年，长三角都市圈的人均 GDP 超过 4 000 美元（其中苏南地区超过 7 000 美元，杭州等地甚至超过 8 000 美元）。目前，长江三角洲地区已经形成了一批全国重要的制造业基地，同时，服务业也迅速发展，服务业内部结构在调整中不断优化，在发展中不断提高。京津冀都市圈，是中国的重化工业基地，又是高新技术产业发展的重要地区，也是世界上少有的高智力密集区，具有发展知识密集型产业的极好条件。2007 年，北京、天津、河北人均 GDP 分别达到 56 044 元、47 972 元和 19 967 元，京津冀都市圈制造业增加值 6 157.30 亿元，占全国的比例为 8.32%。珠三角都市圈占全国国土总面积的 0.43%；人口 2 365 万人，占全国人口的 1.84%。珠三角都市圈的 GDP，从 1980 年不足 120 亿元人民币的规模，增长到 2004 年的 13 572.24 亿元。在此期间，珠三角都市圈实际 GDP 年增长率为 15.5%，高于广东全省（13.5%）和全国（10.8%）。从 1980 ~ 2007 年，珠三角都市圈一直是世界上增长最快的区域之一。

（2）国外五大城市群的发展特色。东京都市圈是世界上经济活动最为集中的都市圈区，集中了众多企业尤其是大型企业的总部、银行、股票市场和广告代理商。东京都市圈的发展是与政府的规划导引联系在一起的。巴黎大都市圈占法国人口的18.9%，贡献了法国国内生产总值的30%，此外，法国70%的保险公司，96%的银行也集中在巴黎都市圈。巴黎都市圈还聚集了许多大型的国际性企业，每天公共交通和私人交通的出行人数有2 200万人次，每年旅游和出差的参观者达3 500万人。伦敦是世界最大的国际外汇市场和国际保险中心，也是世界上最大的金融和贸易中心之一。伦敦城共有500多家银行，其中外国银行有470家，在伦敦拥有的资本总额达1 000多亿英镑，伦敦城每年外汇成交总额约3万亿英镑，是世界最大的国际外汇市场。纽约是美国第一大都市和第一大商港，它不仅是美国的金融中心，也是全世界金融中心之一。纽约的服装、印刷、化妆品等行业均居美国首位，机器制造、军火生产、石油加工和食品加工也占有重要地位。纽约港口规模巨大，设备优良，终年不冻，也是铁路交通的重要枢纽，地下铁道全长1 000多公里，是目前世界上最长、最快捷的地铁交通系统。纽约有3个国际机场，其中著名的肯尼迪国际机场承担着全国50%的进出口货物空运业务和35%的国际客运业务。芝加哥是美国五大湖地区最大的工业中心，是美国铁路运输、公路运输和空运的中心之一，是美国中西部地区的商业、金融、工业和文化中心。美国最大的期货市场——芝加哥商品交易所和芝加哥期货交易所均设在此。芝加哥有“《财富》500强公司”中的34家公司，包括麦当劳、波音、摩托罗拉和里格利公司。芝加哥还是美国中部的高等教育中心，芝加哥大学被誉为“诺贝尔奖”获得者的摇篮，曾先后培育出诺贝尔奖获得者30多人。西郊的阿岗国家研究院、贝尔实验室、费米实验室的科研成就在全美以至世界都令人瞩目。

（3）中国特大都市圈发展程度评价。从人口密度梯度看，三大都市圈中，人口密度最大的是京津冀都市圈，普遍超过1 000人/平方公里，长三角都市圈和珠三角都市圈的人口密度基本相当；从层级结构来看，珠三角的层级性最为明显，长三角次之，京津冀都市圈内部各城市人口密度呈两极状态。从人口集中度来看，无论是首位城市人口集中度还是前两位城市人口集中度，京津冀都是最高，尤其是前两位城市人口集中度达到74.4%，表明京津冀都市圈的人口主要集中在北京和天津两个城市；相比之下，长三角都市圈的首位城市人口集中度和前两位城市人口集中度最低，主要原因是长三角地域面积比较大，城市比较多。从经济首位度来看，长三角最高，京津冀次之，珠三角最小；但是，如果进一步考察第二位和第三位城市的经济差距，长三角为298.54亿元、珠三角为1 080.9

亿元、京津冀为1 506.3亿元，表明三大都市圈中，长三角都市圈的上海市在都市圈内具有明显的中心城市特征，珠三角都市圈中广州和深圳都具备中心城市的条件，京津冀都市圈中北京和天津都具备中心城市的条件，但相比之下北京要比天津更明显。从经济集中度来看，京津冀都市圈的首位城市经济集中度以及前两位城市经济集中度都是最高，而且达到80.3%，表明北京和天津在京津冀都市圈具有举足轻重的地位；珠三角都市圈中广州和深圳的经济集中度达到53.9%，长三角都市圈中只有上海的经济集中度比较高，刚刚超过1/4，其他城市的经济比重都小于10%，亦证明了上海唯一的中心城市地位。从产业结构梯度看，三大都市圈内部、三大都市圈之间都具有同构现象。如三大都市圈都把电子及通信设备制造业、电气机械及器材制造业、交通运输设备制造业等作为各自的主导产业；都市圈内部，如江苏和浙江的主导产业极其雷同。从R&D人员首位度来看，长三角地区要高于珠三角地区，但如果考察首位城市R&D人员集中度和前两位城市R&D人员集中度，珠三角都高于长三角，尤其是前两位城市R&D人员集中度，珠三角达到70.1%，大大超过长三角的50.6%。R&D经费的首位度与集中度的情况和R&D人员基本类似，据此可以明确看出长三角地区上海是超前的科技极，南京居次，杭州第三的格局；珠三角都市圈的广州和深圳则是整个都市圈的科技绝对核心。从服务业首位度来看，服务业首位度最高的是长三角，京津冀次之，珠三角最小，但服务业增加值第二位和第三位差距长三角为11.76亿元、珠三角为525.05亿元、京津冀为789.43亿元。三大都市圈中，京津冀都市圈三次产业呈三、二、一结构，其主要原因是北京的第三产业比重较高，同时经济基数较大，导致整个京津冀都市圈的产业以服务业为主。事实上，京津冀都市圈中仅北京、廊坊和秦皇岛三次产业呈三、二、一结构，其他地区仍以第二产业为主，这在一定程度上说明京津冀都市圈的产业布局相对比较合理。无论是现代服务业还是传统服务业，珠三角的产业布局明显优于长三角，基本集中在广州和深圳，而长三角虽然上海明显超过其他城市，但总体比较平均，表明长三角都市圈内各城市分工不尽合理，产业同构现象严重，彼此竞争较为激烈。

（4）全球著名都市圈的发展经验及启示。国际经验表明，都市圈的发展首先是城市化的过程，但是城市化的快速推进常常会伴生各种经济社会问题，如农村发展滞后、城市住宅和基础设施供应短缺等问题，需要国家采取有针对性的组合措施来化解矛盾；在都市圈发展进程中，应当特别关注城市与农村的和谐发展，关注城市贫民社区，应当倡导集约和持续增长，建立多层合作伙伴关系等。为了适应都市圈的发展趋势，中国特大都市圈在发展过程中应当更加重视几个方面的工作：第一，科学规划特大都市圈发展；第二，推动特大都市圈成为世界中心城市；第三，努力提高特大都市圈管理水平。

（5）本章所引用（包括图、表和正文）的数据，除标明出处的外，均来自《中国统计年鉴》和各省（市、自治区）统计年鉴，反映的是两年前的数据，即：2008年的统计年鉴反映的是2006年底的数据。前一年的数据，引自全国或各省（市、自治区）的“国民经济和社会发展统计公告”。

2.7 参考文献

[1] Guy Peters, John Pierre. Governance without government? Rethinking public administration. Journal of Public Administration Research and Theory. 1998.

[2] 卡尔·艾博特著，王旭等译：《大都市：当代美国西部城市》，商务印书馆1998年版。

[3] Management of Change, Phases I and II Interim Edition (Chicago: APA Planners Press, September 1998). Free copies.

[4] Nick Bailey, Ivan Turok, Central Scotland as a Polycentric Urban Region: Planning Concept of Chimera Useful Urban studies, 2001, 4.

[5] The Growing Smarts Legislative Guidebook: Model Statutes for Planning.

[6] Your Region, Your Choice: Revitalizing the English Regions. Free copies.

[7] Anthony Downs，“美国大都市地区最新增长模式”，布鲁金斯和林肯土地政策研究所，1994年。

[8] Castells, M., *The Information city*, London: Blackwell, 1989.

[9] Castells, M., *The rise of the network society*, London: Blackwell, 1996.

[10] Friedman, J. (1995) "*Where Do We Stand: Decade of World City Research*," *in Knox, P. and Taylor, P. (Eds.) World Cities in a World System*, Cambridge University Press, Cambridge.

[11] Friedmann, J., *The zoorld city hypothesis*, Development and Change, 1986.

[12] Friedmann, J., *Where we stand: a decade of world city research*, In, Knox P. L. & Taylor P. J. *World cities in a world system*, Cambridge: Cambridge university press, 1995.

[13] Gordon, I. and Harloe, M. (1991). *A Dual to New York? London in the 1980s. Dual City: restructuring New York.* J. H. M. a. M. Castells. New York, Russell Sage Foundation.

[14] 迈尔斯：《人的发展与社会指标》，中国社会科学出版社1995年版。

[15] Johnson, Kenneth M. 2002. *The changing face of Chicago: Demographic trends in the 1990s*, Chicago Fed Letter, Issue Apr.

[16] Jordan, D.P. (2004), Haussmann and Haussmannisation: The Legacy for Paris. French Historical Studies, Vol. 27, No. 1 (Winter 2004): pp. 87 – 113.

[17] Porter, M. (1990) *The Competitive Advantage of Nations*, MacMillan Press, New York.

[18] Porter, M. E., *Clusters and the new economics of competition.* Harvard Business Re-

view. 1998. pp. 77 - 90.

[19] W. 克里斯泰勒，严重敏译：《城市的系统》，载于《地理译丛》，1964 年第 4 期。

[20] Wallis Alan D. , 1994. Evolving structures and challenges of metropolitan regions. National Civic Review. 83 (1). pp. 14 - 40.

[21] 李廉水、[美] Roger R. Stough：《都市圈发展——理论演化·国际经验·中国特色》，科学出版社 2006 年版。

[22] 胡序威等：《中国沿海城镇密集地区空间集聚与扩散研究》，科学出版社 2000 年版，第 73、85 页。

[23] 景芝英、徐雪梅：《试论聚集经济的本质》，载于《财经问题研究》，1998 年第 11 ~ 13 页。

[24] 李博：《生态学》，高等教育出版社 1999 年版。

[25] 李具恒、李国平：《西部可持续开发的逻辑》，载于《西安交通大学学报》，2003 年第 2 期，第 8 ~ 12 页。

[26] 刘加顺：《都市圈的形成机理及协调发展研究》，武汉理工大学出版社 2005 年版。

[27] 皮尔斯·沃福德：《世界无末日——经济学、环境与可持续发展》，中国财政经济出版社 1996 年版。

[28] 蒲勇健：《可持续发展经济增长方式的数量刻画与指数构造》，重庆大学出版社 1997 年版。

[29] 邱东、宋旭光：《可持续发展层次论》，载于《经济研究》，1999 年第 2 期，第 64 ~ 69 页。

[30] 宋迎春：《空间集聚扩散理论与北京大都市区实证研究》，中科院地理所博士学位论文，1996 年。

[31] 孙胤社：《都市圈的形成机制及其定界——以北京为例》，载于《地理学报》，1992 年第 6 期，第 552 ~ 560 页。

[32] 王润亮：《经济全球化条件下的生产力空间分布研究》，复旦大学出版社 2005 年版。

[33] 吴季松：《水资源及其管理的研究与应用——以水资源的可持续利用保障可持续发展》，中国水利水电出版社 2000 年版。

[34] 吴瑞君：《上海大都市圈人口发展战略研究》，华东师范大学博士学位论文，2005 年。

[35] 吴向鹏：《产业集群理论及其进展》，载于《四川行政学院学报》，2003 年第 2 期。

[36] 薛凤旋、杨春：《外资：发展中国家城市化的新动力——珠江三角洲个案研究》，载于《地理学报》，1997 年第 3 期，第 193 ~ 205 页。

[37] 晏路明：《人类发展与生存环境》，中国环境科学出版社 2001 年版。

[38] 杨波：《产业结构变迁与城市化进程研究》，华东师范大学硕士学位论文，2005 年。

[39] 杨万钟主编：《经济地理学导论》，华东师范大学出版社 1992 年版。

[40] 杨文华：《可持续发展的制度经济学分析导论》，西南农业大学博士论文，1999 年。

[41] 姚士谋主编：《中国大都市空间扩展》，中国科学技术大学出版社 1997 年版。

[42] 叶文虎：《创建可持续发展的新文明——理论的思考》，北京大学出版社 1995 年版。

[43] 曾明星：《极化增长区域人力资源优化配置研究》，华东师范大学博士学位论文，

2005 年。

[44] 张京祥:《城镇群体空间组合研究》,南京大学博士学位论文,1999 年。

[45] 张坤明:《可持续发展论》,中国环境科学出版社 1997 年版。

[46] 崔功豪等:《区域分析与规划》,高等教育出版社 1998 年版。

[47]《东京大城市圈的形成、问题与对策——对北京的启示》,载于《国外城市规划》,2000 年第 2 期。

[48] 高汝熹、张建华著:《论大上海都市圈、长江三角洲区域经济发展研究》,上海社会科学院出版社 2004 年版。

[49] 顾朝林等:《经济全球化与中国城市发展》,商务印书馆 1999 年版。

[50] 胡春明:《都市圈:中国的机遇与挑战(上)》,载于《中国建设报》,2003 年 6 月 12 日第 2 期。

[51] 华民主编:《长江边的中国——大上海国际都市圈建设与国家发展战略》,学林出版社 2003 年版。

[52] 陆力军、朱海就:《长三角"四个中心"和上海大都市圈建设研究》,载于《经济地理》,2004 年第 6 期,第 753 ~ 757 页。

[53] 上海市政府发展研究中心:《世界级都市圈比较分析》,载于《上海有关情况介绍》,中共上海市委研究室编,2003 年 6 月,第 137 ~ 138 页。

[54] 沈洁、张京祥:《都市圈规划:地域规划的新范式》,载于《城市问题》,2004 年第 1 期,第 23 ~ 27 页。

[55] 宋迎春著:《都市圈——从实践到理论的思考》,中国环境科学出版社 2003 年版。

[56] 孙娟:《都市圈空间界定方法研究:以南京都市圈为例子》,载于《城市规划汇刊》,2003 年第 4 期,第 73 ~ 77 页。

[57] 谭纵波:《东京大都市圈的形成、问题与对策——对北京的启示》,载于《国外城市规划》,2002 年第 2 期。

[58] 陶希东、刘君德:《21 世纪初期长江三角洲大都市圈空间整合研究》,载于《江苏社会科学》,2003 年第 5 期。

[59] 王何、白庆华:《中国三大都市圈发展研究》,载于《软科学》,2003 年。

[60] 王何、逄爱梅:《中国三大都市圈域中心城市功能效应比较》,载于《城市规划汇刊》,2003 年。

[61] 张京祥等:《都市圈地域空间组织》,载于《城市规划》,2001 年第 5 期,第 24 ~ 27 页。

[62] 张善余:《上海大都市圈的构建及其人口特征分析》,载于《华东师范大学学报》,2002 年第 9 期。

[63] 朱荣林著:《走向长三角——都市圈经济、宏观形势与体制改革视角》,学林出版社 2003 年版。

[64] 综合开发研究院(中国·深圳)公共政策课题组:《国际服务业转移与深圳发展现代服务业》,载于《开放导报》,2004 年。

第 3 章

世界制造业中心与中国制造业发展

从世界经济发展的历史来看，世界上共产生过三个“世界制造业中心”——英国、美国、日本。从 18 世纪末到 20 世纪初，英国在一百多年里称雄世界制造业；20 世纪上半叶到 70 年代，美国在半个多世纪的时间内成为继英国之后最具竞争力的全球制造业中心；日本自 20 世纪 50 年代末起步，至 70 年代形成了具有自己特色的制造业竞争优势，成为全球最重要的制造业中心之一。

自 20 世纪 90 年代起，中国在全球制造业中的地位开始快速上升，目前，中国制造业已经成为世界第三大制造业基地。

分析世界制造业中心的演化过程，通过研究不同阶段世界制造业中心的演变规律，把握世界制造业中心发展走势，可以为中国争取成为世界制造业中心提供重要的理论支撑和实践指导。

3.1 世界制造业中心的理论内涵

为了揭示世界制造业中心的理论内涵，我们从世界制造业中心的概念、衡量标准以及世界制造业中心演化的理论基础等方面进行探讨。

3.1.1 世界制造业中心的概念内涵

世界制造业中心的概念内涵，是随着世界经济发展阶段和制造业发展的背景不同而有所发展的。在此，我们沿着三个“世界制造业中心”的发展轨迹，分析在不同经济背景下的世界制造业中心的内涵、特征以及衡量标准。

（1）关于“世界制造业中心”概念的讨论

无论是世界制造工厂还是世界制造中心，在经济学上既没有权威的定义，更没有统一的衡量标准，不同的学者界定的角度也各不相同。

在于光远编著的《经济大辞典》中对世界工厂做了如下解释：世界工厂，英国产业革命之后因其在世界工业生产和贸易中的垄断地位而获得的称号[①]，也就是说，世界制造业中心是世界制造业的集中地。

吕政（2001）认为，所谓“世界工厂”，就是要为世界市场大量提供出口产品，而不是仅仅看一国工业产品的总量，即一个国家的制造业，已成为世界市场重要工业品的生产供应基地，以工业制成品为主体的出口贸易已进入世界前列，并成为贸易大国之一[②]。这就意味着，在制造业领域，不只是少数产品和少数企业在世界市场上占有重要地位，而是有一批企业群和一系列产品在世界市场上占有重要地位。这些企业和产业的生产能力、新产品开发能力、技术创新能力、经营管理水平、市场份额已成为世界同类企业和同类产业的排头兵，并在世界市场结构中处于相对垄断的地位，直接影响甚至决定着世界市场的供求关系、价格走向以及未来的发展趋势。著名经济学家经叔平对世界制造中心的定义也持如上相同意见，可见世界制造中心必须是能够向世界市场提供大量出口产品，同时需要具备生产、运输、贸易、金融等方面的条件。据此标准，目前中国只是在劳动密集型产业（如纺织、服装）和劳动、技术密集型产业（如家电、IT 产品配件）方面成为“世界制造业中心”，而在资本密集和技术密集型的制造业方面还不具备“世界制造业中心”的规模和水平。因此，朱高峰（2002）认为，中国的现代化缺少不了强大的制造业；发展制造业，应立足于国情，处理好劳动密集、资金密集、技术密集型产业的关系[③]。

成其谦（2002）在分析了世界制造业中心三次转移的历史进程后，提出了世界制造中心的含义，认为世界制造中心不一定非得是世界科技中心，受外国控制的“世界工厂”不是真正意义上的世界制造业中心[④]。

吴敬琏（2002）等的观点是从产权和自主创新方面入手，他们认为中国加入 WTO 后，中国成为世界制造工厂有别于 19 世纪的世界工厂英国、20 世纪的

① 于光远：《经济大辞典》，上海辞书出版社 1992 年版，第 402 页。
② 吕政：《中国能成为世界的工厂吗》，载于《中国工业经济》，2001 年第 11 期。
③ 朱高峰：《全球化时代的中国制造》，社会科学文献出版社 2002 年版。
④ 成其谦：《世界制造中心辨析》，载于《中国工业经济》，2002 年第 4 期。

美国和日本，因为当年的美日拥有自主知识产权和品牌，而中国目前只是生产加工集散地，并不拥有自主知识产权①。

王志乐（2003）：要成为世界工厂必须具备两个特点：第一，它是一个过程，而且是一个几十年的过程，不是一蹴而就的。第二，它们占有世界工业品市场的重要份额。在世界制造领域拥有相当多的创新产品，领导世界制造业的潮流②。

马建堂、杨正位（2003）根据世界主要工业化国家的发展进程，提出“世界制造中心”要具备如下特征：一国或某地区的 GDP 在世界经济中的比重超过10%；制造业产值在世界制造业产值中的比重超过 15%；制造业出口额在世界制造业出口额的比重超过 10% 左右；若干行业在技术水平上居国际领先地位，并且在这些行业中有一批技术开发能力强、核心业务突出、行业份额较大的大型企业或企业集团。只有同时兼具上述几种特征，才有可能被称之为名副其实的“世界制造中心”③。

李萍、罗宁（2003）对世界制造业中心的概念进行了展开分析，认为世界制造业中心应具备以下五个方面的条件：（1）工业生产技术先进。必须具备先进工业生产技术和领先于世界同类企业的工业生产能力，具有高度发达的工业生产水平，该国的工业生产在世界工业生产中要占很大比重，与其他国家相比具有明显的优势。（2）劳动者素质高，熟练工人占绝大比重。因为高度发达的工业生产水平，必然离不开大量的高素质劳动者，随着生产技术的不断发展，对熟练工人的需求越来越大，许多国家往往都会出现熟练工人相对短缺，非熟练工人相对过剩的局面，而劳动力结构是否合理对一国的生产能力有很大影响。（3）工业企业规模大，经营管理水平高。规模效应可以降低企业的生产成本，提高生产能力，同时，一国企业的规模水平对该国整个工业生产水平的提高也有重要影响，而企业的生产经营规模往往又受到其管理水平的限制。（4）世界市场份额大，在国际贸易中占主导地位。世界工厂作为世界市场上重要工业品的生产供应基地，必然在世界市场上占有很大份额，它往往能直接影响甚至决定某些产品在整个世界市场上的供求关系和价格水平。（5）新产品开发能力和技术创新能力居于世界领先地位④。

随着世界经济发展的特点的变化，对于世界制造业中心的标准和定义，学者

---

① 吴敬琏：《发展中国高新技术产业：制度重于技术》，中国发展出版社 2002 年版。

② 王志乐：《跨国公司在华发展新趋势》，新华出版社 2003 年版。

③ 马建堂、杨正位：《中国离世界制造中心有多远?》，http://www.ttweld.com/html，2003－02－09。

④ 李萍、罗宁：《“世界工厂”与中国制造业发展定位：理论分析与事实观察》，载于《社会科学研究》，2003 年第 4 期。

们认为每个时期的世界制造业中心的情况不同，因而对于世界制造业中心的概念和标准也是不同的，在全球化和信息化的背景下，对世界制造业中心的理解也提出了新的见解。

金碚（2002）认为，中国的工业化过程若能够在一个较长的时间内保持强有力的经济增长和工业规模扩张，特别是考虑到几亿农业劳动力向非农产业的转移，就必将会成为世界制造中心①。

张为付等（2003）指出，在经济全球化的背景下，产品生产和贸易结构发生了根本性变化，产业内贸易取代了产业间的贸易，由于资源的全球化配置，在全球范围内按照比较优势和资源禀赋原理去寻求生产要素的最佳组合，这一特点决定世界各国都有可能成为制造某一产品部件的中心，而并不一定是完整产品的制造中心。当时的日本制造业占全球的比重从未达到英国、美国制造业曾经占有的地位，所以按照“英美”时代“世界制造中心”的标准，日本并没有具备成为“世界制造中心”的条件。同时，日本作为“世界制造中心”的时代，垂直的产业内分工成为国际分工的主要形式。随着国际分工形式的变化，产品研发、生产专业化分工程度的提高，世界上任何一个国家和地区都不可能在所有产业或产品的所有部件生产上具有绝对的优势，这决定了新一代“世界制造中心”与世界经济史上其他三代“世界制造中心”有很大区别②。

杨斐然、唐芳（2003）对世界工厂和世界制造业中心的概念进行了分析，认为一个国家或地区被称为“世界工厂”，其最重要的特征就是通过发展制造业参与国际分工进而融入世界经济体系。在全球范围内，世界工厂的产品主要是为世界各国生产的，其制造规模和制造能力应对世界制成品市场的供求和价格产生较大的影响。从这个意义上看，历史上只有19世纪下半叶的英国才有能力被称为“世界工厂”。与“世界工厂”相比，“世界制造中心”所指的对象则可以相对的多元化，其历史地位也高于“世界工厂”③。

综上可见，许多学者是根据英国、日本和美国工业发展的历史，来界定世界制造业中心：世界制造业中心主要表现为一个国家的制造业是世界市场上工业品的主要生产、供应基地，在市场份额中占据明显优势，在市场结构中处于相对垄断的地位，并对世界市场的供求关系、价格波动有着重要的影响；不仅拥有制造上的竞争力，而且在企业产品开发和技术创新能力上都应当在世界同行中名列

---

① 金碚、李钢、秦宇：《中国工业国际竞争力变化的新趋势》，载于中国社会科学院工业经济研究所《研究报告》，2002年第9期。

② 张为付、张二震：《世界产业资本转移与“长三角”制造业的发展》，载于《上海经济研究》，2003年。

③ 杨斐然、唐芳：《世界制造业中心升级与中国制造业的定位》，载于《当代经济》，2003年第9期。

前茅。

(2)"世界制造业中心"的科学内涵

通过对文献的回顾，发现以往世界制造业中心的界定，主要是对世界制造业中心形成过程中制造业发展现象的定性描述，界定是相对静态的，而随着当今世界经济的日益全球化、信息化，世界制造业中心也应具有时代性和动态性，对其概念内涵的界定需要准确把握国际经济分工的新特点和制造业发展的新趋势。按照在国际分工中的地位，"世界制造中心"可以分为三类①。第一类是来料加工型的"世界制造中心"，在国际分工生产价值链中处于最低端；第二类是生产车间型的"世界制造中心"，即原材料的采购和零件的制造实行本土化为主，跨国公司控制着研发和市场销售网络，这种类型较第一种类型的层次提高一步；第三类是既控制着国际市场的销售网络，同时也具有较强的研发能力，生产采用本土加工制造与全球范围内采购相结合的方式，以实现资源的最优配置。这一类"世界制造中心"能够获得生产价值链的最大经济利益，对世界经济的发展产生重要影响。因此，要想成为第三类"世界制造中心"，必须赋予其新的时代背景下的科学内涵。

★ **处于制造业高端产品上游位置**

根据制造业的供应链，可以将制造业市场划分为三级：一级市场（顾客市场），拥有一级市场的制造业企业处于供应链的上游，它们经常利用外包模式将制造活动委托给下游制造商，从而可以广泛利用别国的生产设施和技术力量，制造出质优价更廉的最终产品，并进行全球销售；二级市场（成品市场），占领这类市场的企业处于产品供应链的中游，它们拥有一定的生产技术，但是核心技术以及客户关系并不掌握在这类企业手中，它们所做的是接受外国或外来企业的产品组装；三级市场（零部件加工市场），拥有三级市场的制造业企业处于供应链的下游，是制造业生产链的底层环节，生产附加值最低。改革开放以来，尽管中国制造业规模不断扩大、制造能力不断得到提升，但大多数企业依然处于中下游位置，制造业的发展很大程度是依靠后两级市场的竞争力。因此，中国在目前阶段最多只能被称为"世界加工制造中心"，所获得的经济利益相对比较低，还远未成为真正意义上的世界制造中心②。

★ **拥有先进科技和自主知识产权**

经济全球化下的世界制造业中心，应当是融入先进科学技术、代表世界经济

① 倪义芳、吴晓波：《世界制造业全球化的现状与趋势及中国的对策》，载于《中国软科学》，2004年4期。

② 杜晓君：《制造业的国际转移规律和趋势》，载于《经济理论与经济管理》，2003年第6期。

发展方向的新兴产业的国际市场份额领先者。一个国家或者地区要成为新的世界制造业中心，应当在主导当代经济技术发展方向的若干产业中占有领先优势，如计算机与信息技术、航天技术、海洋工程、生物工程等方面。一个国家应当有较全面的先发优势，加上传统产业的相对优势，才能称得上真正的经济全球化下的世界制造业中心①。

随着世界范围内知识产权保护制度的日益健全，知识产权已成为产业竞争的重要工具，拥有了自主知识产权就意味着控制了产品市场。据统计，国外公司在中国获得的通信、半导体类授权专利数量约占国内同类授权专利的90%以上，生物行业约占90%，医药行业和计算机行业约占70%。在关税贸易壁垒消除以后，国外公司通过收取较高的专利使用费，很大程度上削弱了中国一些制造业企业产品出口的竞争力。因此，在经济全球化和贸易自由化条件下，想成为世界制造业中心，仅仅拥有较大的加工份额，而没有自主知识产权是不行的。

★ **拥有较强的自主创新能力和持续竞争优势**

制造业企业仅仅具备生产能力，而没有相应的自主创新能力，其发展总是会受制于人。如果没有自主创新能力，"引进—落后—再引进—再落后"的局面不可能得到改观，制造业的发展水平永远只能落后于发达国家。因此，中国要成为世界制造业中心，必须在对引进技术进行消化、吸收的基础上，加强自主创新能力，使生产技术处于领先地位，才能保证产品具有较强的市场竞争力。

世界制造业中心必须依赖大批拥有持续竞争优势的制造业企业支撑。如果一个国家的制造业企业只是在加工制造业务、价格竞争等方面占据优势，而没有形成自身的核心竞争力，那么这个国家是不可能成为世界制造业中心的，培育和形成制造业企业的核心竞争力和持续的竞争优势是至关重要的②。

3.1.2 世界制造业中心的衡量标准

关于世界制造业中心的衡量标准，许多学者将其归纳为：生产能力强，生产规模巨大；世界市场份额大，在国际贸易中占主导地位；生产技术先进，新产品开发能力和技术创新能力居于世界领先地位；发达的金融体系；稳定的宏观经济发展环境等。

---

① 张为付：《世界制造中心的时代内涵》，载于《经济研究参考》，2005年第15期。

② 李廉水、杜占元主编：《中国制造业发展研究报告2005》，科学出版社2005年版。

卢文鹏、黄艳艳（2003）[1]，舒基元（2004）[2] 在研究中国能否成为世界制造业中心的时候，认为对于世界制造业中心标准的理解是至关重要的。作为世界制造业中心，首先制成品要在世界市场上占有相当的份额，其供应量的变动会对国际市场价格产生重大影响。如历史上成为“世界制造中心”的英国、美国和日本，其制造业占世界市场的份额分别是 53%、40% 和 20%。但作为世界制造业的中心，更重要的是表现为若干产业的竞争优势，它反映了一个国家、地区在某一产业领域中综合利用资源的能力，绝不是仅用产品的数量和价格就能涵盖。也就是说，衡量世界制造业中心不仅要有“量”的标准，还要有根本的“质”的标准。

陈文君（2003）等将世界制造业中心的衡量标准定为产量标准、技术标准和产业标准[3]。一是产量标准。世界制造中心应当是一国在一段时期内成为全球市场最重要、最大的工业产品生产基地和产品出口基地，并能直接影响甚至决定某些产品在整个世界市场上的供求关系和价格水平。例如，英国当时拥有相当于全球 40% ~50% 的现代工业生产能力，工业制成品的产量为全球 2/5，生产了全世界铁的 53%，煤的 50%。美国制成品在 1894 年后长期保持世界第一的位置，1913 年占世界的 1/3 以上，1929 年美国占全球制造业的比重达到了 43.3% 的最高值。1965 ~1971 年，日本主要工业制成品的产量增长占全球产量增长的比重依次为：钢铁占 54%，造船业占 54%，汽车占 46%，电子机械中的民用产品占 90%。1990 年，日本轿车产量占全球的比重接近 30%。二是技术标准。要成为世界制造中心，其制造业的整体技术水平应在世界范围内领先；出口产品技术含量高，附加价值高；产业结构处于较高层次，也就是说，必须具备先进的工业生产技术和领先于世界同类企业的工业生产能力，具有高度发达的工业生产水平。如英国的纺织品、美国的汽车、日本的半导体都是当时的高科技产品，有较高的附加值，这些产品在当时都是占有相当大的市场份额的。历史上成为世界制造中心的国家，无一不是很好地利用了世界技术革命和新产业诞生的机会，迅速发展起规模庞大的制造业，并在技术上长时期保持世界领先地位。可见，新产品的开发和技术创新是世界制造业中心得以生存和发展的基础。三是产业标准。一国成为世界制造中心，应该有一些依据自身优势发展起来的有竞争力的新兴产业，且在规模和技术上保持世界领先性。英国以蒸汽机为动力，在纺织业、采煤业、炼铁业、机械制造业、海运业方面领先；美国以电力为动力，在汽车、火车、石油

① 卢文鹏、黄艳艳：《对中国成为世界制造业中心的思考》，载于《经济学家》，2003 年第 2 期。

② 舒基元：《对中国“世界制造中心”的一点冷思考》，载于《武汉市经济管理干部学院学报》，2004 年第 3 期。

③ 陈文君、余家容：《中国离世界制造中心还有多远》，载于《商业研究》，2004 年第 6 期。

化工等行业领先；日本凭借电子技术在半导体、电子、微电子、钢铁、汽车、家用电器、机械设备等行业领先。也就是说，一国要成为世界制造中心，不能简单重复先发国家的老路，而必须在新兴产业和领域上培育和发展自己的核心竞争力①。

肖文圣（2005）根据对英、德、美、日等国的历史分析，结合新时代经济特点，认为当今世界制造中心标准具体表现在：传统产业经济基础深厚；国家主导产业或新兴产业的国家制造力有国际优势；制造业技术创新快；制造业国际贸易量至少占世界的12%～15%以上。他认为，传统产业基础雄厚是构建世界制造中心的经济基础，同时技术创新以传统产业为载体；国家主导产业或新兴产业的制造能力有国际优势是目标；制造业技术发展快，技术创新能力强是完成目标的手段；世界制造中心的重要因素还是要看国际贸易能力，它表现为占世界工业品出口的相当份额②。

3.1.3 世界制造业中心的理论表述

关于世界制造业中心的理论表述，是随着世界经济发展特征变化而不断丰富和发展的。我们可以在分析新旧产业此消彼长的过程和世界制造业中心国家的转换中更好地理解相关理论表述。

（1）产业组织理论

产业组织理论的产生和发展是有着鲜明的时代特点的，是西方社会经济生活的反映，也是世界制造业发展的各个阶段经济特征的理性表述。产业组织理论以企业间的垄断与竞争关系研究为核心，并逐渐扩展到对企业内部组织制度，以及企业与政府之间关系的研究。随着世界经济的发展，产业组织理论逐渐发展形成了三个学派：哈佛学派、芝加哥学派和新奥地利学派。

20世纪30年代，世界经济大萧条，为了摆脱危机，提高企业的竞争活力，充分发挥市场机制的作用，以最大限度地满足市场需求和推动技术进步，美国严格实施了以哈佛学派产业组织理论为基础的反垄断政策，政府管制也从最早的铁路扩展到电力、电信、公路、航空等众多部门，带来了钢铁、汽车等的快速发

---

① 陈文君、余家容：《中国与世界制造中心的差距分析》，载于《经济经纬》，2003年第4期，第45～47页。

② 肖文圣：《中国形成世界制造中心的时间预测》，载于《科技管理研究》，2005年第11期，第135～138页。

展。但到了20世纪60年代，曾经是世界上最强的钢铁、汽车等主要产业的国际竞争力日趋低下，美国经济出现了大量的财政、贸易赤字，一些重要产业的生产活动向国外转移，形成了产业空心化现象，越来越多观点认为过紧的反垄断政策是导致这种困境的主要原因之一。正是在这样的背景之下，芝加哥学派成了美国反垄断政策所依据的主流理论，并直接推动了美国对航空、铁路、银行、电信、广播等行业实行放松管制，反对政府更多的介入经济，主张放任自由竞争的市场机制发挥作用，认为市场配置是最有效率的。在芝加哥学派的理论基础上，美国对反垄断政策进行了大幅度调整，新的产业组织政策在恢复美国的国际竞争力和发展高新技术产业方面产生了积极的影响。后来，新奥地利学派认为必须对市场的动态过程进行分析，信赖市场的自发组织能力，主张市场可以解决所有的经济问题，认为政府必须管理的是社会公共资源，将生产和供给分离，政府对生产进行管理，把供给交给市场机制。正是在这样的理论指导下，更大程度地确保了企业家能力的发挥，确保了企业自由进入市场的条件。

20世纪80年代以来，世界经济发展的一个重要趋势是经济全球化、网络化、知识化及信息化的迅猛发展，并生成了一种新的经济形态——新经济。新经济时代的来临，客观上要求在外部环境发生深刻变化的新形势下，把交易费用理论、产权理论、代理理论等都纳入产业组织理论对企业行为进行研究，为世界制造业中心的演化研究提供了全新的微观经济视野①。

（2）产业结构理论

产业结构理论对于英国、美国、日本在全球范围内进行本国的产业结构调整，加快成为世界制造业中心的步伐具有重要的理论指导作用。

早在17世纪英国古典政治经济学家威廉·配第通过对从事农业、工业、商业人员的工资分析发现，工业比农业获利多，而商业比工业获利更多，并得出一条结论：为了获取更多的工资利益劳动人口将从农业转向工业，进而再转向商业和服务业。经济学家L. G. 克拉克（L. G. Clark）继威廉·配第之后，搜集和整理了若干国家经济发展时间系列的劳动力在各产业之间的转移资料，得出了结论：随着经济发展，人均国民收入水平的提高，劳动力首先由第一产业向第二产业移动，接着便向第三产业转移。劳动力在产业间的分布状况是，第一产业逐渐减少，第二、三产业逐步增加，这就是所谓配第——克拉克定理（Petty-Clarks law）。

---

① ［日］植草益：《日本的产业组织理论与实证的前沿》（中文版），经济管理出版社2000年版，第8页。

库兹涅茨（S. Kuznets）对产业结构方面的理论研究成果，主要反映在《现代经济增长：速率、结构与扩展》和《各国的经济增长：总产出和生产结构》等专著中，研究中不仅考虑劳动力的就业变化，还从国民收入在产业间分布的演变趋势，来考察各国和各区域产业结构演变，探讨了国民收入与劳动力在三次产业分布与变化趋势之间的关系，从而深化了产业结构演变的动因方面的研究。

在产业结构调整理论中，影响较大的是刘易斯的二元结构转变理论、赫希曼的不平衡增长理论、罗斯托的主导部门理论和筱原三代平的两基准理论。刘易斯的二元结构转变理论有 3 个基本假设：农业边际劳动生产率为零或接近零；从农业部门转移出来的劳动力的工资水平由农业的人均产出水平决定；城市工业中利润的储蓄倾向高于农业收入中的储蓄倾向。赫希曼的不平衡增长理论认为，由于发展中国家资源的稀缺性，全面投资和发展一切部门几乎是不可能的，只能把有限的资源有选择地投入到某些行业，以使有限资源最大限度地发挥促进经济增长的效果。赫希曼认为，有限的资本在社会资本和直接生产资本之间的分配具有替代性，因而有两种不平衡增长途径：一是“短缺的发展”，二是“过剩的发展”。从总体上看，不平衡增长理论基本上符合中国的实际情况，至于选择哪一条不平衡增长途径，应视经济发展不同阶段的瓶颈而定。

第二次世界大战后，西欧和日本为了恢复本国经济，首先考虑产业布局和产业结构而产生了系统的现代产业结构理论。1957 年，西欧 6 国建立欧洲共同体，签署了《罗马条约》，其中包含了某些产业政策的内容。日本在战后推行“产业合理化政策”等一系列产业政策，此后，随着日本经济奇迹的出现，产业政策这一概念走出国界，为世界各国所普遍采纳。随着各国实践的不断深入，现代产业结构理论吸收了其他许多理论，如里昂惕夫的“投入—产出”分析、熊彼特的“创新”理论、赫希曼的“不平衡增长”理论的有关内容，理论日臻成熟。

（3） 国际分工理论

世界制造业中心的形成和转移，与国际分工是紧密相关的，具有同步的历史过程。国际分工是指世界上各国（地区）之间的劳动分工，是国际贸易和各国、各地区经济联系的基础，它是社会生产力发展到一定阶段的产物，是社会分工超越国界的结果，是生产社会化向国际化发展的趋势。在工业革命后，国际分工理论很大程度上是描述世界制造业在世界范围内资源配置和分工的理论。

自从真正的国际分工形成以来，分工方式经历了产业间分工、产业内分工、公司内分工、产品内分工和要素分工等不同阶段，分工方式的不同对世界制造中心的形成和转移也具有巨大促进作用。在英国、美国形成第一、二代世界制造中心的时代，发达工业国家与发展中国家的产业间垂直分工是主要的国际分工方式，这一分工方式决定了世界制造中心必然产生于工业发达国家。在日本形成世界制造中心的过程中，发达国家间的产业内分工和公司内贸易分工成为国际分工的主流，致使日本在电子等部分产业上形成竞争优势，但因为在这一分工方式下制造业仍在发达国家内部，所以世界制造中心还是形成于发达工业国家。但在目前以要素分工为主要方式的条件下，制造业的生产加工优势要素集中于具有人力和资源比较优势的工业化进程中的发展中国家，所以在新的国际分工方式下，世界制造中心将会向发展中国家转移。

国际分工是国民经济内部分工超越国界的结果，是生产社会化向国际化发展的趋势，生产力的发展是促使国际分工发生和发展的决定性因素，科技的进步是国际分工得以发生和发展的直接原因。国际分工的发展大体上可以分为三个阶段：（1）18 世纪开始的第一次科技革命，即以大机器工业代替工场手工业的革命，由于机器的发明及其在生产上的应用，生产力空前提高，分工空前加深。这就带来了两个新的问题：一是生产规模迅速扩大使国内市场饱和，开拓新市场成为必然的选择；二是原材料供应无法满足生产急剧扩张的需要，开辟大量而稳定的原料来源成为当务之急。因此，这一阶段的国际分工表现为机器大工业日益脱离本国基地，完全依赖于世界市场和国际贸易。这次工业革命最早在英国发生并完成，它的生产力和经济得到迅速发展，成为这一时期国际分工的中心。当时英国不仅成为工业品输出的世界贸易中心，而且又成为工业发展所必需的原材料和粮食的最大输入国，并逐渐与产地国形成互补的分工体系，这一分工体系形成后又促使世界经济异质化，导致参与分工体系的国家和地区贸易依存度加深。以英国为中心的自由贸易体制确立，并在短期内使世界贸易额急剧扩大。（2）19 世纪末至 20 世纪初开始的第二次科技革命，特别是发电机、电动机、内燃机的发明及其广泛应用。国际分工不断发展，世界制造业布局不断按国际分工进程推进。（3）20 世纪 40 年代和 50 年代开始的第三次技术革命，它导致了一系列新兴工业部门的诞生，如高分子合成工业、原子能工业、电子工业、宇航工业等。对国际分工的深化产生了广泛的影响，使国际加工的形式和趋向发生了很大的变化，即国际分工的形式从过去的部门间专业化分工向部门内专业化分工方向迅速发展。

随着经济全球化的到来，现代国际分工呈现出新的特点：一是方式多层性，包含不同产业之间、相同产业不同产品之间和相同产品不同增值环节之间等多个层次的分工。如果说古典国际分工的边界是产业的话，当代国际分工的边界则是价值链。二是主体多元化，分工关系从“国与国”转变为“企业与企业”之间。传统分工的国别边界已明显弱化，当今企业已经成为分工的主体。

可见，世界制造业中心的形成往往是国际分工进程的必然结果，在国际分工中拥有自然资源优势或社会经济优势的国家，将不断提升国际分工等级。总之，在国际分工理论里，世界制造业中心应居于世界制造业价值链整体中的核心地位。

（4）国际直接投资理论

FDI目前在世界上的比重很大，对东道国和投资国的产业结构、管理以及基础设施建设都产生了很大的影响，在世界制造业中心的演化过程中扮演了相当重要的角色。

张宏霖（2003）指出，在东道国经济发展水平很低，人均收入不高，国内市场有限的阶段，尽管有廉价的劳动力供应，但是由于缺乏相应的基础设施，也很难吸引到外商直接投资；但是随着经济的发展，基础设施建设力度加大，人均收入和教育水平提高，使得劳动者的素质有了很大的提高，此时相对低廉的劳动力成本就成为吸引出口型FDI的主要因素，大量的劳动密集型生产设施就会转移到处在这个阶段的发展中国家，20世纪80~90年代的中国就处于这个阶段；此后随着经济的进一步发展和经济结构的优化，东道国达到中等收入国家的水平，市场扩张引致市场型FDI，跨国公司进入以获取规模经济效应，同时工资上涨使得劳动力成本上升，出口型FDI逐渐消失，中国现在正在进入这个阶段①。

胡春燕（2002）从钱纳里的“双缺口模型”（dull-gap model）入手，将产业结构缺口归纳为继储蓄缺口、外汇缺口、技术人才缺口和政府税收缺口之外的第五缺口，认为利用FDI的关联效应，可以提高资源配置效率，带动中国的产业结构升级和优化，对弥补中国产业结构缺口、优化产业结构具有更为重要的作用②。

江小涓（2002）根据实证研究得出，外商投资企业对扩大中国出口规模和提升中国出口商品的结构，均有突出的贡献③。丁文丽（2001）④根据1980~1997年期间外商直接投资与中国出口总量及结构的相关关系进行了回归分析，结果表明外商直接投资对中国出口总量的增长起到了重要的拉动作用，而外商直接投资与中国工业制成品出口和劳动密集型产品出口的高相关性则表明外商直接

① 张宏霖：《跨国公司理论与实证研究前沿》，载于《跨国经营：理论与战略分析》（张新民、张建平主编），对外经济贸易大学出版社2003年版。

② 胡春燕：《利用外商直接投资优化中国产业结构分析》，载于《中国优秀博硕士论文文库》2002年版。

③ 江小涓：《中国出口增长与结构变化：外商投资企业的贡献》，载于《南开经济研究》，2002年第1期。

④ 丁文丽：《外商直接投资与中国出口总量及结构的相关关系分析》，载于《经济经纬》，2001年第2期。

投资改善了中国的出口商品结构。FDI 总额与中国工业制成品出口总额之间的高相关性也进一步说明了，FDI 对提高中国制造业在世界经济中的总体份额发挥了重大的作用。与此同时，在与外资进行合资或合作过程中，中国本土的制造企业不断吸收借鉴外资带来的新的质量标准，获得外资给予的在技术方面的帮助，并且与跨国公司共同开发新技术，获得了先进的生产技术，培育了自己的品牌，确立了自身在世界经济体系中的地位。但是，从另外一个方面来看，外资的市场行为必然是从自身利益最大化出发的，FDI 的主要方式由合资企业到如今的外商独资企业，FDI 技术转移在价值链中日益趋前化，即外商对其原材料和零部件供应商提供同步技术指导，而对同业竞争者采取技术封锁或者只解密处于第二或者是第三层次的技术，这将使得中国本土制造业永远只能是处于第二或者是第三梯队。因此，中国要成为世界制造业中心，必须得在外商直接投资中，培育自己的核心技术①。

综观经济发展的历程，技术结构的合理化与高级化的程度直接关联着产业结构的合理化和高级化；而产业结构的状况又制约着技术结构的演变。历次产业结构和产品结构变革总是以技术结构变革为先导，而历次技术结构变革又都是以相应的产业结构和产品结构而告终。任何技术都包含有尖端技术、先进技术、中间技术、初级技术和原始技术，而且不同时期各种等级技术所占地位和所起的作用各不相同。与技术结构相对应的产业结构应该是：知识密集型产业、资本知识密集型产业、资本密集型、劳动资本密集型产业和劳动密集型产业②。

20 世纪 80 年代初期至 90 年代中期 FDI 在中国的技术溢出主要是通过生产制造活动实现的，90 年代中期以后，外商投资企业尤其是大型的跨国公司对中国的技术战略发生了转变，开始纷纷设立研发机构，进行研发活动。从技术结构上来看，在前一个阶段的技术主要侧重于通过进口或其他手段引进实用性生产技术，而后一个阶段则开始转向利用本土资源进行新技术的研发。

综上可见，FDI 在中国制造业的发展过程中扮演了重要的角色，伴随着 FDI 在数量和质量上的大幅度提高，中国制造业与世界经济接轨的方式由初级的“三来一补”逐渐演进到成为世界制造业链条中重要的一环。

（5）发展经济学理论

发展经济学理论是在传统经济学的体系中逐渐形成的一门新兴学科，主要研

---

① 江小涓：《中国外资经济对增长、结构升级和竞争力的贡献》，载于《中国社会科学》，2002 年第 6 期。

② 李悦：《产业经济学》，中国人民大学出版社 2005 年版。

究贫困落后的农业国家或发展中国家如何实现工业化的问题，对中国如何成长为新的世界制造业中心有重要的理论意义。

发展经济学经历了两个发展阶段。第一阶段，20 世纪 40 年代末至 20 世纪 60 年代中期，面对发达国家和发展中国家的经济发展不平衡的历史现状，顺应当时许多经济落后的国家经济发展的客观需要，发展经济学适应时代的需要而诞生。此时，发展经济学的方向概括起来说为结构主义，即突出物质资本的形成，而轻视人力资源的开发；突出了工业化，而轻视农业进步；突出计划管理，而轻视市场机制；突出内向发展，而轻视对外开放。总的来说，许多发展中国家和地区在当时 20 年左右实行的经济发展路线是一种封闭式的、以资本积累为重心的进口替代型工业化的发展路线。一些遵循这条路线的国家和地区在经济建设中取得了一定的成效，如民族工业体系的初步建成，国民经济的独立性有所增强，人民生活方式和水平有一定程度的改善等。但是，这种畸重畸轻的政策，在经济上造成了许多不良后果，如农业停滞、进口替代方针经历第一阶段的轻松过程之后，一般会转入第二阶段的困难时期、计划管理体制出现种种弊端、二元结构在实际中趋于二元结构的次级分化。第二阶段，随着各国经济联系的进一步加强，经济全球化的进一步发展，发展经济学在 20 世纪 60 年代末到 80 年代初，发生了重大转变，开始重视农业和人力资源的开发，改革开放走向市场经济成为发展中国家的必由之路，出现“新古典主义的复兴”。其中，东亚的几个国家和地区取得的成就比较突出，被称为“东亚奇迹”。但是在各国经济活动逐渐从国内走向全球，在全球范围内实现社会化；市场经济不断发展和新古典主义经济学不断扩大影响的过程中，人们对市场经济，对新古典主义经济学的认识又在走向深化。特别是亚洲金融危机的发生，使发展经济学还需要适应时代的需要进一步发展和完善。

在经济全球化新浪潮背景下，发展经济学逐渐注重对不同类型发展中国家的实际经济发展进行分组的或国别的研究，分类的依据有三种：一是根据地区；二是根据发展业绩（如经济增长率、人均收入水平等）；三是根据发展条件（如资源禀赋差别、外部冲击程度等）。随着国际性组织对发展中国家的影响日益增加，以及发展中国家与发达国家相互依存关系的日益增强，发展问题实际上已超出了发展中国家的范围。

综上可见，与世界经济史上已形成的三代世界制造业中心相比，新一代世界制造业中心所面临的国际分工形势与过去有所不同，研发设计外包、生产制造外包、营销服务外包等分工现象将成为国际分工常态；随之变化的国际产业资本在全球范围内不断流动，去寻求、整合更具有优势的生产要素资源，从事产品部件的生产加工，而不是追求对产品增值全过程的控制。这就意味着国际产业资本会更多地流入具有制造业生产要素比较优势的发展中国家和地区，而不是局限于发达国家内部，所以新一代世界制造中心将会在部分进行工业化的发展中国家形成。

3.2 世界制造业中心的演化规律

从英国、美国和日本三大世界制造业中心的形成与转移，分别分析了三大中心演进的历程、动因、特征和成就，并比较了三大中心的共性与差异性[①]，从中总结出世界制造业中心的演化规律。

3.2.1 世界制造业中心的三次转移

19 世纪以来，世界制造业中心发生了三次大的转移[②]。英国是世界上最早的“世界制造业中心”，从 19 世纪 30 年代起，在英国诞生了纺纱机、蒸汽机等一系列重大技术发明，掀起了第一次产业革命高潮。随着英国的机器传入欧洲大陆，并与当地的诸多革新技术结合，法、德、美也相继掀起了产业革命高潮。从 1760～1830 年，英国制造从占世界总量的 1.9% 上升为 9.5%，到 1860 年更是达到 19.9%，同年，英国生产了全世界 53% 的铁、50% 的煤，有很大一部分产品销售到国外，标志着世界制造业中心的形成，此时的英国不仅是世界制造业中心，同时也是世界的科技中心，这得益于第一次技术革命和产业革命。英国作为世界制造业中心和科技中心的地位一直保持到 19 世纪后期[③]。

（1）第一次转移

1851～1900 年由于德国的哲学革命给德国的科学革命开辟了道路。到 1830 年，德国的各个产业全面超过了英国，用了 40 年时间完成了英国 100 年的事业，实现了工业化，取代了英国成为世界科技中心和制造业中心。从而完成了世界制

① 杨波、于晓晨：《从世界工厂的历史变迁看中国的差距》，载于《现代经济讨论》，2004 年第 12 期。

② 张明之：《区位竞争优势转移假说：世界工厂变迁与中国“世界工厂”成长》，载于《江海学刊》，2005 年第 6 期。

③ 梅松：《世界制造业中心转移与中国成为世界工厂问题研究》，载于《华中科技大学学报》，2005 年第 3 期。

造业中心的第一次转移。

（2）第二次转移

19 世纪 70 年代，英国的工业发展开始由鼎盛走向衰落，世界工厂的地位开始丧失，与此同时，发生在美国的第二次技术革命——电力技术革命，使美国建立了钢铁、化工和电力三大产业，同时在电力和石油化工业的促进下，美国大力发展汽车工业。这样，美国率先在世界上实现了大规模的工业化，同时美国无线电技术及其相关产业的发展，使美国制成品在 19 世纪 80 年代初成为世界第一，1894 年，美国制造业产值相当于英国的 2 倍，等于欧洲各国总和的一半。特别是美国利用了以电力充当动力的产业革命机会，在火车、汽车、钢铁、石油化工等产业中成为世界老大，美国以其雄厚的工业基础，一直占据着世界科技中心的地位，并将世界制造业中心的桂冠保持到 20 世纪 70 年代中后期。至此，美国取代了英国成为新的世界制造业中心，完成了世界制造业中心的第二次转移。

（3）第三次转移

"二战"后，在第三次技术革命中，出现了以信息技术为先导的高新技术产业，如新能源技术、航天航空技术、新材料技术、生命科学和生物工程等。在整个战后年代，日本提出"技术立国"的口号，着眼于引进，立足于改进，加强企业管理，利用各国技术之长，走出一条不断创新发展本国生产技术的道路，实现了产业结构升级和经济起飞，逐步缩小同美国的经济差距，使日本迅速发展为仅次于美国的世界第二大经济强国。当时日本 GDP 占世界总额的 15%，人均产值超过欧洲，日本在新兴的半导体产业技术方面超过了美国，赢得了占全球半数以上市场份额，并引导着世界潮流，在国际市场上展现出极强的竞争力，成为了继美国之后的世界制造业中心。与美国全面取代英国成为全球制造业中心不同，日本作为新的世界制造业中心的地位重点表现在重点行业、重点技术领域取得领先于美国的竞争优势，而不是取而代之。

3.2.2 世界制造业中心的演进特征

从英国、美国到日本的三个世界制造业中心转移过程可以看出，世界制造业中心的形成和转移都和当时世界经济发展的背景和特点有关，每个世界制造业中心都有各自不同的演进特征。分析英、美、日三国成为"世界制造业中心"的历程、特征、动因以及取得的成就对于我们分析中国制造业的现状以及中国能否被称为“世界制造业中心”具有一定的现实意义。

（1）英国：自由竞争时代的“世界制造业中心”

从17世纪到19世纪末，随着市场机制的形成及其运作，特别是资本主义生产方式率先在英国取得统治地位，反对国家干预经济活动，强调自由经营、自由竞争和自由贸易的经济自由主义思想及其政策，强化了市场机制对经济活动的自发调节作用，支持并促进了这一时期英国的工业化发展。从1760～1830年，可以说是英国作为“世界制造业中心”的繁荣时期。这一阶段，英国在制造业、物流交通等服务业都取得了不错的成绩，在产品研发、生产技术上居世界领先地位，依靠国内的技术创新推动产业升级和制造业发展，国内外贸易迅速扩大，当时在全球制成品贸易中英国占2/5的份额。可以说，英国已经成为当时世界名副其实的制造业中心。

英国成为世界制造业中心是有其深刻原因的：首先，工业革命的推动使英国成为世界工业生产的第一大国。18世纪后期，以英国机械师詹姆斯·瓦特发明的蒸汽机作为动力带动工作机的转动为标志，英国开始了人类历史上的第一次产业革命：机器大工业代替了传统的工场手工业，机械力代替了自然力。1820年以后，进入了以机器制造机器时期，在第一次产业革命时达到顶峰。工业革命完成后，机器的使用进一步普及，更使经济蓬勃发展，工业生产保持世界首位，从而形成了强大的物质基础。英国制造业中最先发展起来的是棉纺织业，后来随着焦煤冶铁技术的发明，冶炼效率明显提高，产量也大量增加，使得冶铁业迅速发展，接着又带动了煤炭工业的发展，两者的共同发展再加上蒸汽机的广泛运用，为机器制造业的发展提供了物质条件，英国的机器制造业迅速发展，在交通设备制造业，蒸汽机车和蒸汽轮船也相继研制成功。至此，英国完成了从工场手工业向机器大工业的转变，实现了工业化①。其次，欧美国家对英国工业产品的极大需求。19世纪50～60年代，欧洲大陆各国和美国正处于工业革命时期，它们急需各种机器设备、先进技术和大量资金，这为英国的工业产品出口创造了极大的需求，从而促进了英国工业的急剧发展。再有，实行自由贸易政策增强了英国工业产品的竞争力。过去严格的保护关税制度严重阻碍了英国经济的发展，通过取消保护关税政策，废除东印度公司的贸易垄断权，取消《谷物法》等贸易限制政策，英国成为世界上第一个实行自由贸易的国家，使得英国以实力雄厚和廉价的工业品成功击败了世界市场上所有的竞争对手，成就了其世界制造业中心的地位。

---

① 陈玉：《中国成为21世纪世界制造业中心的策略研究》，载于《南京理工大学学报》，2004年第9期。

从英国世界制造业中心的演变过程可以看到，其主要特征有以下几点：一是初级工业产品生产能力大大提高。1860 年前后，英国拥有相当于全球 40% ~45%、欧洲 55% ~60% 的工业生产能力，工业制成品的产量为全球的 40%。二是英国成为世界工业品的主要出口国和原材料的进口国，1870 年英国在世界贸易总额中占 36%。三是英国的生产技术居世界领先水平。1860 年左右，英国在纺织、冶炼、采矿等行业已使用了当时具有较高技术含量的机器进行生产，其生产技术水平远远超过欧洲其他国家和美国。同时，以纺织、采矿、冶金等传统产业为支柱产业；集产品开发、设计、生产和销售于一国；是世界贸易、金融、科技和制造业中心；产品贸易是参与国际经济分工的主要方式；工业制成品的生产和出口占世界市场绝大份额。

（2）美国：政府干预时代的“世界制造业中心”

美国在内战后，利用自己的资源和欧洲的资金、技术，飞速向西部地区发展，形成了以铁路带动的“新经济”。空前大规模的铁路建设带动了美国的工业和交通进入了飞跃发展时期，这是当时美国经济发展的一个特点，从这时开始“世界制造业中心”便渐渐向美国移动。1860 年美国制成品在世界上占第四位，到了 19 世纪 80 年代初，美国的制成品就占到了世界第一位，从这时开始是美国取代英国成为世界制造业中心的转折点。但到了 20 世纪 30 年代，世界经济危机大爆发，为了摆脱危机，提高企业的竞争活力，美国开始实施反垄断政策，率先将政府这只“看得见的手”直接用于调节市场经济运行，对电力、电信、公路、航空等众多部门的发展进行了干预，同时也带来了钢铁、汽车等的快速发展。就美国来看，在市场作用的基础上，加强了政府对经济的宏观干预，使美国作为新的“世界制造业中心”脱颖而出。

美国成为世界制造业中心的主要原因有：一是政府科技投资，政府对科技的大规模投资，加速了第三次科技革命的到来，使美国具备了一系列具有世界领先水平的新兴工业，如电子计算机、原子能、航天、高分子合成等工业[①]。随着新兴工业的兴起，美国经济出现了跳跃式发展，逐渐赶上并超过了当时在资本主义世界中一直居于首位的英国。二是国内产业结构自发形成比较协调、相互促进的机制。制造业和农林牧各大部门之间，轻重工业之间，以及农、林、牧业与轻工业、重工业的关系上，发展比较平衡，相互促进，推动整个经济快速、健康的发展。三是美国在发展其制造业的过程中，有效利用了外国的技术成就、资金和劳动力资源。在 1880 年，美国吸收国外投资约 20 亿美元，1890 年则为 35 亿美元，

① 陈宝森：《变革中的美国制造业》，载于《世界经济与政治论坛》，2004 年第 2 期。

1914 年达到了 67 亿美元；外国移民在美国资本主义发展中具有特殊的作用，仅是 1820～1859 年间进入美国的技术工人和专业人员就有一百万以上。到了 1914 年，移民工人在美国工人总数中占一半以上，在钢铁业中占 58%，在采煤业和纺织业中占 62%。

综观美国成为世界制造业中心的整个过程，其最为显著的特征就是大规模的引进外资；以电力设备、钢铁、造船、化工、汽车等新兴工业为支柱产业；世界科技中心与制造中心于一体；产品贸易是国际经济分工的主要方式；工业制成品生产和出口占世界市场较大比重等。

（3）日本：政府主导下的“世界制造业中心”

日本世界制造业中心地位的确立基本上是在战后，经历了恢复生产、重化工业化和技术立国三个阶段①②。

第一阶段：恢复生产阶段（1945～1957 年），日本通过“倾斜生产方式”，优先发展了煤炭、钢铁、电力等原材料和基础工业部门的生产。在这个阶段，日本的煤炭产量每年增长 30% 以上，粗钢产量每年增长 80% 以上，发电量也有很大的增长。

第二阶段：重化工业化和加工贸易立国阶段（1958～1975 年），大量引进国外先进技术，完成对国内设备的初步改进，进而以政府引导性投资牵动民间和海外投资，使重化工业实现重装备化。有数据显示：1958～1961 年间，仅仅普通机械和运输机械制造业的民间设备投资就分别达到 70.4% 和 72.7%，重化工业的主要产业在此期间经历了 1 491.65% 的平均增长率，而运输机械制造业的增长率更是达到 2 776%。此时除设备投资对经济增长仍维持 40% 以上的贡献度外，外贸对经济增长的贡献率已经增加到 23.7%，1975 年进出口总额达到了 337 153 亿日元，是 1965 年的 5.6 倍。同时由于产品质量的提高，日本许多产业的国际竞争力也得到了增强，各产业积极转向出口。

第三阶段：技术立国阶段（1975 年以后），以微电子、新材料、新能源和生物技术为代表的科技浪潮迅猛发展，促使日本在新技术领域加强自主开发研究。“技术立国”旨在推动产业结构向高附加值的知识密集型转化，与此同时，制造业中加工组装型产业取代了基础原材料工业成为生产重点，1975～1980 年间，日本的汽车制造、家电制造和机床制造分别增长了 1.19、1.72、2.03 倍。同时，

---

① 刘昌黎：《日本世界工厂的发展及其经验》，载于《日本学论坛》，2004 年第 12 期。

② 程洲阳：《中国世界制造业中心地位的确立——FDI 与外资政策的实证分析》，武汉理工大学硕士学位论文，2005 年。

半导体和集成电路工业的兴起推动了电器机械等传统产业的生产革命，1975～1995年间机械机器出口始终保持着稳健增长的势头，这在很大程度上也是得益于日本在新兴技术方面的开发和应用。

经过上述三个阶段的发展，日本成为新的世界制造业中心。其中最主要的原因就是：政府对部分重要产业实行战略性贸易发展政策，以国家力量培育战略性产业国际竞争力，并采取技术立国的政策，利用世界第三次产业革命成果，使得部分新兴产业领先于世界。首先，日本政府能够跟随世界经济发展的趋势，及时调整本国的发展战略、产业政策和产业结构，针对各个时期经济发展的不同要求制定了经济发展和宏观产业政策，使民间企业的经营能按照政府的宏观产业政策指引的方向发展，获得巨大的“宏观经济效益”，使得产业结构和出口结构能够得到有效提升。从60年代初开始，日本果断地将其能源结构从煤炭为中心转向以石油为中心，特别是在电力工业中迅速实现了从煤炭发电为主向石油发电为主的转变。从1960～1973年，日本石油进口量增长近10倍，为经济高速增长注入了强大的动力。为了充分利用国外资源，日本在太平洋沿岸迅速建起便于充分利用海运条件的狭长工业地带，把大型钢铁、石化企业建设在沿海深水港附近，形成“原料进港—就地加工—产品出港”的生产循环，充分利用了海运价格低廉且便利的优势。在20世纪50年代末到70年代初，日本进入高速增长时期，通过导入现代化大型化生产设备，极力追求规模效益，使钢铁、石化等基础材料型化学工业获得巨大发展，实现了产业结构的重化学工业化。出口商品结构的重心也随之从纺织品、陶瓷器皿等向钢铁、汽车、船舶等转移。在70年代发生石油危机的背景下，日本将其工业化重点从基础材料型产业向汽车、机械、电子等加工组装型产业转移。其次，政府始终把技术革命放在第一位，在吸收国外先进技术基础上不断创新，建立了自己的技术体系。

综上可见，日本经济的成长与制造业的成长密切相关，在其成为世界制造业中心的过程中，主要发展特征有：以半导体、电子信息产品、家用电器、汽车等为支柱产业；部分产品的生产技术居世界领先水平，但还不能算是世界科技中心；以产品贸易和中间品加工贸易等方式参与国际经济分工；产品生产和出口世界比重具有相对优势，但其产品生产的绝对比重没有超过英国、美国的世界制造业中心时期。

综上分析，我们可以对不同时代的世界制造业中心进行以下比较（见表3－1）。

表 3-1　不同时代世界制造业中心的比较

	英国	美国	日本
时代背景	第一次工业革命：蒸汽机时代	第二次工业革命：内燃机和电气时代	第三次工业革命：信息化时代
中心比较	集产品开发、设计、生产和销售于一国，全球制造中心、科技中心、贸易金融中心三位一体	集产品的研发、生产、销售于一国，全球制造中心、科技中心、贸易金融中心三位一体	部分产品的生产技术居世界领先水平，成为全球制造中心，而非科技中心
支柱产业	纺织业、采矿业和冶金业等	钢铁、造船、化工、汽车、电气设备等	半导体、电子信息、家电、汽车等
参与国际分工的主要方式	产品贸易	产品贸易	产品贸易和中间加工贸易
制造业在世界市场的地位	占绝大份额，有绝对支持	占较大比重	有相对优势
国际政策支持	废除《谷物法》、自由贸易政策等	自由开放的移民国家	政府干预经济，重点扶植钢铁、石油化工等重工业；低利率政策

资料来源：田萍：《全球制造中心的对比分析及其对中国 FDI 政策选择的启示》，对外经济贸易大学硕士学位论文，2006 年。

通过对英国、美国、日本三个世界制造业中心的演进分析可知，其中虽然在形成背景、条件和主导产业等方面有差异，但也有共同之处，其间丰富的经验可供中国成长为新的世界制造业中心所借鉴。

一是工业品的生产大国和贸易大国。一个国家要成为世界制造中心，必须具备庞大的制成品生产能力；拥有规模庞大的制造业；在全球制造业中占有较大比重。比如，英国成为"世界制造业中心"时，拥有全球 40% ~45% 的工业生产能力，制成品产量占全球的 40%；美国在世界工业中的所占比重，1870 年为 23%，1913 年达到 36%，1929 年更是达到最高点 43.3%[①]；日本在被誉为"世界制造业中心"时工业规模也占到了全球的 10% 左右。此外，成为世界制造业中心，必须是工业品的贸易大国。英国在成为世界制造业中心的同时，也是世界的贸易中心。英国"世界工厂"的地位表现为，英国成为世界各国工业品的主要供应者，世界各国则在不同程度上成为英国的原料供应地[②③]。

① 宋则行、樊亢：《世界经济史（上卷）》，经济科学出版社 1998 年版，第 428 页。
② 彭继民：《"世界工厂"——美日英三国的分析和启示》，载于《世界观察》，2005 年第 8 期。
③ 马月才：《中美日制造业发展比较研究》，载于《中国工业经济》，2003 年第 5 期。

二是工业技术水平在世界范围内处于领先水平。从英国、美国、日本的发展历程分析，“世界制造业中心”必须能够利用世界科技革命和新产业发展的机会，有效推动技术创新，将技术转化为现实生产力，在新兴产业上保持世界领先性。如英国棉纺织、冶金、机器制造等行业的霸主地位；美国利用了电力充当动力的产业革命的机会，在火车、汽车、石油化工等产业中成为世界之冠；日本则是利用了微电子技术革命的机会，在电子、微电子等产业领导了世界潮流。

三是资源比较优势。包括自然资源、人力资源、金融资本，这是成为“世界制造业中心”的基本要素。当时英国纺织业所需的棉花，虽然不是来自于本土，但是来自于其海外殖民地，同样便宜；而在美国的经济腾飞中，大量的移民和外资起了很大的作用；日本的政策资源则起到了至关重要的作用，作为资源小国，日本始终奉行加工贸易立国的战略，从能源结构的转变—原料进口策略的实施—技术的引进与吸收，把国内资源贫乏这种不利的条件转化成为自由地从世界各地采购廉价优质资源的有利条件，沿海工业地带的建立使其又可利用海运价格低廉便利的优势，将产品源源不断地输出到世界各地。

四是世界金融中心。在英国、美国、日本经济发展的过程中，伦敦、纽约、东京都成为了国际金融中心。1974 年纽约、伦敦、东京三大国际金融中心占有全球市场资本的 73%，1986 年更上升为 80%，而纽约则独自控制了全球资本的 40%。

五是开放的对外贸易环境。国际贸易是经济增长的动力之一，贸易会带来资本、技术的自由流动，而资本和技术是成为“世界制造业中心”和发展经济的必不可少的条件。

六是有效的政府政策。“世界制造业中心”的整个发展演化过程，也是世界各国经济由单一的市场主导走向市场主导、市场与政府并重、政府主导等多模式的过程。英国成为“世界制造业中心”，除了工业革命的成就以外，自由贸易政策起了重要作用；与英国相比，美国虽然仍以自由贸易为主，但在经济危机的打击下，政府也加强了对经济的干预，当时“新政”的核心内容就是国家对工业的调节，协调了各行业经济活动，缓和了劳资矛盾，扩大了就业面，在解决经济危机方面有着积极作用；而日本在成为世界制造业中心的过程中，政府更是扮演了非常重要的角色。从战后初期恢复经济而采用“倾斜式发展”到后来为赶上世界先进技术而大规模引进技术设备，政府主导起到了很关键的作用。

此外，在市场规模、产业资本、科技创新以及国际分工方式等方面存在相似之处。这里市场规模包括制造业所需要的生产要素市场和制造业产品的消费市场，其中生产要素市场优势决定了制造业的生产优势，从而决定产业资本转移的目的和途径，而产业资本转移是全球制造中心发生转移的主要动因。科技创新是产业革命的助推器，同时产业革命的发展又促进了科技革命的深化，每次科技革命都会推动新一次工业革命的产生，从而形成各个时代的世界制造中心。同时参与国际分工方式的不同对世界制造中心的形成和转移也具有巨大促进作用[①]。

因此，在当前信息技术迅速发展的时代，要成为“世界制造业中心”，必须有先进的技术和高素质的人力作为后盾；政府的宏观经济政策和产业导向也起着关键作用；良好的贸易和金融环境是经济得以发展的重要的动力源泉。

3.2.3 世界制造业中心的演化规律

21 世纪是一个全球化的时代，各国的经济活动都被纳入到一个以通信技术和网络技术联结起来的全球性网络，在全球范围内寻求资源的最佳配置[②]，经济全球化为新型“世界制造业中心”的形成创造了条件，同时世界制造业中心的形成又加速了经济全球化。可见，经济全球化作为世界经济发展的大趋势，是以各国对外经济和对外经济关系发展为基础的生产力和生产关系的全球性发展，它既是当前国际经济和国际经济关系的综合体现，又是经济国际化和经济一体化的新特点、新阶段[③]，它既能促进世界经济的向前发展，又能实现各国经济的共同发展[④]。因此，下文将在经济全球化的背景下，对世界制造业中心的形成条件、转移趋势做出规律性的总结。

（1）世界制造业中心的形成条件

在经济全球化下，一个国家要想成为真正意义上的世界制造业中心，首先应该有如下配套环境的支撑，即所谓的软环境。

政策环境。国家产业政策的支持和保护，对制造业的发展将会产生越来越重要的影响，也是经济全球化下世界制造业中心形成的必要条件。任何一个国家或地区的政府都不会否认，作为介于宏观与微观经济之间的产业经济，政府在产业结构与产业组织方面应该有所作为。最明显的是战后日本政府在产业发展中的强势干预作用，日本产业政策的制定，为其迅速成为世界制造中心起到了不可忽视的作用。与前三个世界制造业中心相比，当今世界制造业所处的外部经济环境发

---

① 田萍：《全球制造中心的对比分析及其对中国 FDI 政策选择的启示》，对外经济贸易大学硕士学位论文，2006 年。

② 于蕾、沈桂龙：《“世界制造中心”与经济全球化下中国国际分工地位》，载于《世界经济研究》，2003 年第 3 期。

③ 刘昌黎：《经济全球化新论》，载于《财经问题研究》，2003 年第 5 期。

④ 王蕾：《在经济全球化背景下认识世界工厂》，载于《改革与理论》，2003 年第 5 期。

生了许多新变化，最突出的表现就是单个国家制造业的产业分工正在演变为世界性的产业分工[①]。经济全球化从一定的意义上说，就是产业全球化[②]，一国的产业政策和产业转型往往受到全球产业发展的影响，跨国制造企业按价值链、产业链建立起面向全球开发和配置资源的高效生产体制，使各个国家制造业的产业分工正在演变成世界性的产业分工。理论和实践也都已经证明，国家产业政策必须随着历史和经济发展进行调整，否则将不利于经济的发展，也不可能形成世界制造业中心[③④]。因此，中国要成为下一代世界制造业中心，需要对相关产业政策进行动态调整，与外部大环境相匹配。

金融环境。经济全球化下，世界制造业中心的形成更需要金融业的高度发展作为支撑，因为金融业的发展可以为制造企业提供良好的融资渠道和外汇交易市场。同时，制造业的快速发展也会促进金融业的繁荣发展。以往的事实证明，随着世界制造业中心的变迁，伦敦、纽约和东京都先后成为国际性的金融中心。同样，在经济全球化下，世界制造业中心的形成也必然会伴随新的国际性的金融中心的产生。

科技环境。“世界制造业中心”同时应当是世界的科技中心。在工业化时代，一国的科技创新能力才是真正的决定性因素。从三大世界制造业中心的形成过程来看，无一不是依靠科技创新的力量，因此良好的科技创新环境对于新技术的产出是不可或缺的。

在上述良好环境的支撑下，要成为世界制造业中心，还需要具备哪些硬性条件呢？首先，制造业总规模要达到一定标准。根据以往的世界制造业中心的有关资料，在一段时期内，这些国家的制造业生产相对于其他国家具有比较优势，生产规模和进出口规模领先于世界其他国家，是面向全球市场最重要、最大的工业产品生产基地。因此，在经济全球化这样的背景下，作为世界制造业中心，应该有规模庞大的制造业，尤其是装备制造业必须规模庞大，并且这样的产业在世界范围内应具有较强的竞争实力和广泛的市场占有率[⑤⑥]。其次，国民经济支柱的主要产业处于当时世界的领先水平。世界制造业中心的形成是产业结构优化、升级的结果，因此，产业结构高度化，并且在世界范围中处于较高层次，也是一个不可缺少的硬性条件。依照惯例，世界范围产业结构高度化的演进趋势为：轻纺→重化工业化→高加工度化→高科技化、高服务化。在这个演进过程中，处于

①⑥ 倪义芳、吴晓波：《世界制造业全球化的现状与趋势及中国的对策》，载于《中国软科学》，2004 年第 4 期。

② 石东平、夏华龙：《国际产业转移与发展中国家产业升级》，载于《亚太经济》，2004 年第 3 期。

③ 朱高峰：《全球化时代的中国制造》，社会科学文献出版社 2002 年版。

④ 杜晓君：《制造业的国际转移规律和趋势》，载于《经济理论与经济管理》，2003 年第 6 期。

⑤ 狄俊安：《制造业发展的规律及趋势初探》，载于《闽江学院学报》，2003 年第 12 期。

重化工业化阶段意味着工业化已经完成，而高科技化、高服务化则是工业化向现代化推进的标志。综观历史上的世界制造业中心，无一不是在完成了工业化之后实现现代化的，并且都处于高科技化、高服务化或是由高加工度化向高科技化、高服务化转化的阶段①。第三，拥有核心技术和自主知识产权。回顾世界制造业中心演变的历史，充当世界制造业中心的国家，都在新兴产业上保持世界领先地位，依靠的就是核心技术和自主知识产权。因此，经济全球化下世界制造业中心的形成也应该以科技创新为基础，掌握制造业核心技术并拥有自主知识产权，从而引领全世界制造业的技术潮流，带动该国制造业生产力水平的不断提高，从而带来价格的下降和国际竞争力的上升。最后，在世界经济一体化趋势日益加剧的背景下，"世界制造业中心"应同时是出口基地，在世界市场占有很高的份额，且出口产品的高技术含量大、附加值高。

由上可见，促进世界制造中心形成的条件可以简单地分为两类：一类是一个国家或地区内生性的条件；另一类是外生性的。影响其形成的自变量有：要素市场规模、产品消费市场规模、产业资本、国际分工方式、科技实力和区位优势。在不同时代这些因素对世界制造中心形成的贡献是不同的，如在英国第一代世界制造中心形成中必须要全部具备这些条件。在美国第二代世界制造中心形成中，各要素的作用发生了变化，表现为产业资本可以通过外部形成。在日本第三代世界制造中心形成中，产业资本、科技实力和产品消费市场规模等因素都可以通过外部形成。总之，在经济全球化下，一个国家要想成为真正意义上的世界制造业中心，必须抓住全球产业结构调整的机遇，大力发展具有核心技术和自主知识产权的制造业，提升制造业的核心竞争力，提高产品的附加值；推动建立具有国际竞争力的企业集团和产品品牌，面向全球积极拓展产品市场；同时，营造高度开放的、具有国际影响力的金融市场，创造公平、稳定和法制的市场环境。

（2）世界制造业中心的转移趋势

世界制造业中心在不同的时代背景下，其呈现的转移趋势也是不一样的。在工业化时代，其转移趋势的主要特征体现在总体制造能力上，以及某些领域、某些产业在全球范围内处于领先地位，其制造规模和制造能力足以影响全球的产量和价格，是以国内市场为起点和依托，通过国际市场的拓展进一步确立了全球制造中心的地位。制造业代表最高科技水平的产业，是支撑一国经济繁荣的支柱，决定着国家的综合实力，标志着一国的科技、制造和贸易水平居

① 胡俊文：《点一片一面的产业集聚：中国制造向世界制造中心跨越的战略选择》，载于《亚太经济》，2004 年第 4 期。

世界领先地位。

但在信息化时代，传统的物质制造业在世界经济中的作用和地位逐步下降，高科技产业取代工业制造业代表科技最高水平，知识产品生产的高科技产业决定整个制造业的竞争力。发达的工业化国家正是通过将物质产品生产的制造业或制造过程转移到发展中国家，而将知识产品生产环节置于国内，以科技创新来控制和管理生产制造，实现国内产业结构的升级和对制造利润的更大占有。所以新一代世界制造中心是在世界经济分工和产业资本国际转移新形势下，部分发展中国家工业化的产物，是世界各国经济发展不平衡的结果，发展中国家世界制造中心的形成会使世界经济分工更加有序，各国经济联系更加紧密。因此，在信息化时代，世界制造业中心的转移呈现了中心多元化[①]、制造业中心和科技创新中心呈现分离与融合并存的新趋势、传统企业组织方式向“知识工厂”和“虚拟工厂”转变等特征。

在经济全球化时代，新一代全球制造中心所面临的形势和具有的特点与前三代制造业中心不同。工业化阶段的演进、消费升级、国际产业转移等因素正驱动着新一轮产业结构的演进与变迁。历史特殊环境造就的英国式、美国式“三位一体”式全球制造中心不可能再次出现，这是因为21世纪的世界制造业中心已不完全基于某一国，而呈现出多极化、多元化发展的趋势。同时，从区域空间上看，世界制造业正从技术领先的国家向发展中国家转移，制造业跨国转移不是指具体的某个企业行为，而是不同国家间制造业产业结构、性质的变化与传递。据联合国《世界投资报告》数据，2000年世界直接投资（FDI）为近年最高，达13 880亿美元，其中FDI流出量最多的美国、卢森堡、法国等10个发达国家合计占全球份额的4/5，FDI流入量也以发达国家为主，约占2/3，1/3流向发展中国家。在发展中国家中，中国占了9.6%的份额[②]。从总的趋势看，制造业的跨国转移是由发达国家向发展中国家转移，或由技术领先国向其他国家扩散。与上三次世界制造业中心转移相比，这一轮的国际产业转移趋势呈现出若干新的特征[③]。

投资方式多样化。国际投资已由原来的比较单一的直接投资和单一股权安排转换成为独资、合资、收购、兼并和非股权安排等多样化产业投资方式，证券投资和跨国并购成为主要方式，企业跨国并购加快了国际产业转移的步伐[④]。

---

① 唐杰：《信息化时代全球制造业中心有何特点》，载于《经济日报》，2002年第7期。

② 杜晓君：《制造业变革和发展的国际经验及启示》，载于《科技进步与对策》，2002年第2期。

③ 李洁：《世界制造业发展趋势和中国制造业发展对策》，载于《世界经济与政治论坛》，2004年第2期。

④ 郭重庆：《全球化与中国制造业》，载于《机械管理开发》，2002年第2期。

跨国公司成为世界制造业转移的主体。目前跨国公司已控制了全世界生产的40%，国际投资的90%，国际技术贸易的60%，国际技术转让的80%，科研开发的90%。由于这些跨国公司的子公司有一半左右分布在发展中国家，因此跨国公司的直接投资对发展中国家的经济及产业结构调整都有重大影响。并且，跨国公司主动地带动和引导相关投资，鼓励其海外供货商到东道国投资，实施零部件供给当地化战略，发展配套产业并建立产业群，出现产业供给链整体搬迁、转移到发展中国家的趋势。这种趋势必将带来研发环节的部分转移。从20世纪90年代开始，跨国公司投资方式开始从以产业结构转换导向型和资源开发导向型为主，向技术创新导向投资和产业国际转移型投资转变。

转移时间缩短。从世界制造业中心的几次迁移来看，随着技术革命和经济全球化进程的加快，世界制造业中心的迁移速度加快。英国保持了70年，德国为50年，而日本仅仅保持了20年。在世界制造业中心的每次转移中，一些国家经济都实现了跨越式发展。对此，我们应该很好利用此契机，以制造业带动国民经济的发展，实现经济新的突破。问题在于我们能否成为真正意义上的世界制造业中心，当我们成为世界制造业中心时，离现代制造业基地的实现还有多远。

多极化。随着世界制造业中心的新一轮转移，中心将会呈现多极化的特征。世界制造业中心的多极化表现为在国际产业分工新形势下，世界上有许多正在进行工业化的国家都具有发展成为新一代世界制造中心的条件和趋势，即新一代世界制造业中心可能同时产生于不同的国家和地区。但世界制造业中心多极化并不否定作为世界制造业中心在世界经济中的重要作用，即世界制造业中心必须是世界市场上某种或某些产品或配件的重要生产基地，并且代表世界产品生产潮流，其产品或配件的生产能力和出口量占世界市场比重要居领先地位。

专业化。传统意义上"世界制造业中心"拥有几乎所有主要工业部门的世界贸易，而当今的"世界制造业中心"只在某个或某几个优势产业部门占据世界市场的主要份额。多元化指的是"三位一体"相分离，全球制造业中心不一定同时是全球科技中心和全球贸易中心，同时制造业中心的转移并不代表世界科技中心也跟着转移，即从传统意义上"世界制造业中心"的技术研发中心与生产加工基地集于同一空间转化为两者在空间上的分离，且呈现分工细化、高度专业化的趋势。

服务业正成为全球转移的新热点。第三产业中的金融、保险、物流、分销业、旅游与咨询等服务业是当前国际产业转移的重点领域，而且这一趋势在未来一段时间还会更加明显。服务业国际转移主要表现为项目外包，即企业把非核心辅助型业务委托给国外其他跨国公司，把非核心的生产、营销、物流、研发乃至非主要框架的设计活动，都分包给了成本更低的发展中国家的企业或专业化公司去完成，这样不仅减少了固定投入成本，而且达到了在全球范围内利用最优资源的目的。从产品价值链看，跨国公司所控制的增值环节主要集中于少数具有相对竞争优势的核心业务，而把其他低增值部分的生产加工外包给较不发达国家或新兴市场国家的供应商①。20世纪90年代，生产外包已经成为产业转移的新兴主流方式，即OEM生产方式，该生产方式可以没有工厂，而是集中资源，专攻附加值最高的产品设计和营销等业务，产品制造则委托给生产成本较低的工厂代为生产，从而进入品牌和制造分离的时代。发展中国家专门做工厂，发达国家则侧重于专门做品牌，形成大脑—手脚趋势②。应该说，全球供应链管理已经大大突破了传统的、工业化时代“世界制造业中心”的规模经济和范围经济③。

通过以上分析，可以看出，在工业化时代和信息化时代初期，全球制造中心都产生、转移于发达的工业化国家。在经济全球化和信息化的时代背景以及国际分工方式以要素分工为主要方式的条件下，国际产业资本根据比较优势原理在全球范围内不断流动，去寻求、整合、组织更具有优势的生产要素资源，从事产品部件的生产加工，而不是追求对产品增值全过程的控制。这就意味着国际产业资本会更多地流入具有制造业生产要素比较优势的发展中国家和地区，而不是局限于发达国家内部，所以新一代全球制造中心将会在部分进行工业化的发展中国家形成。

（3）世界制造业中心演进的一般规律

综上可见，世界制造业中心在演进过程中，必然包含着许多共同的条件、特征等，这些就构成了世界制造业中心演进的一般规律。

首先，世界制造业中心转移的动因是由技术进步和产业结构调整促成的。英国是在18世纪中叶完成产业革命后，由工场手工业过渡到机器大工业，成为世界经济发展史上的第一个世界制造业中心。后来美国成为第二次产业革命的发源地之一，开始成为第二个世界制造业中心。第二次世界大战后，日本从战争的废墟中迅速崛起，利用先进的重化工和家电工业技术，一跃成为历史上第三个世界制造业中心国家。在经济全球化与信息化浪潮的推动下，发达国家发挥自己在技术、知识、资本和服务上的优势，着力发展技术密集型、知识密集型产业和现代

① 陈良宇：《制造业、金融中心和现代服务业》，2002年第9期。

② 冯昭奎：《世界工厂变迁》，载于《世界经济与政治》，2002年第7期。

③ 唐杰：《信息化时代全球制造业中心有何特点》，载于《经济日报》，2002年第7期。

服务业，以适应高新技术发展和产业结构高级化的要求。与此同时，发达国家还将其制造业向国外大量转移，正是在这种背景下，中国有了成为世界制造业中心的历史机遇。

其次，世界制造业中心转移的方向总是发展速度最快的大国。世界制造业中心的转移是世界主要产品生产国和供应国的转换过程。能够作为世界主要产品生产地和供应地的国家，必须具有庞大的产品生产能力和较快增长能力，这是一般小国难以为之的，世界制造业中心势必转向发展速度最快的大国。

再次，世界制造业中心在各国的形成大都是沿着中心城市及其腹地经济展开的。从世界经济发展的历史可以看到，经济大国的近代工业均发迹于沿海，之后很快转向内地工业资源密集区。产业聚集地的形成，是制造业中心形成和发展的必要条件。横跨泰晤士两岸的伦敦是英国最大海港和重要的工业城市，利物浦、格拉斯哥、伯明翰和曼彻斯特都是英国的重要工业中心。美国工业的地区分布大致可分为三个区：以加工业为主的东北工业区；以采矿业为主的南部工业区；以航空、电子工业为主的西部工业区。日本工业生产的绝大部分集中在太平洋沿岸地区，从本州的东京湾到九州的北部都是日本的最重要的工业地带。

最后，成为世界制造业中心国家，最关键的因素是技术创新和技术优势。对于世界制造业中心来说，它要有领导世界制造业潮流的创新产品，或者创新的生产组织管理等。总之，它们应该能够带动该国制造业生产力水平的不断提高，从而带来国际竞争力的上升。

可见，世界制造业中心的转移在一定程度上是与世界经济中心的转移相一致的；在空间上呈现出由西向东，由欧洲向美洲以及向亚太地区转移的趋势。

3.3 中国制造业发展的总体评价

中国制造业的发展评价应当根据“新型制造业”的理念，构建评价指标体系，应当从经济创造能力、科技创新能力、环境资源保护能力等几个方面来评价中国制造业的“新型化”程度，并对中国区域制造业和制造业产业的发展程度进行总体评价。

3.3.1 制造业发展程度的评价指标

我们认为，对于制造业发展程度的评价，应当以“新型制造业”的内涵为基准，从经济、科技和环境三大指标进行系统性评价，通过经济指标反映制造业对国民经济当前的贡献；通过科技指标反映制造业未来的竞争能力；通过环境指标反映制造业的持续发展能力和长期效益。因此，我们拟从经济创造能力、科技竞争能力、环境资源保护能力三个系统考虑构建新型制造业评价指标体系，该指标体系将在时间上反映新型制造业的发展速度和趋向；在空间上反映新型制造业的整体布局和结构；在数量上反映新型制造业的规模和效益；在层次上反映新型制造业的功能和水平。

（1）区域制造业发展程度评价指标体系

在初选51个指标的基础上，采用专家调查和实际数据分析方法，我们构建了一套由3个主指标、20个子指标构成的区域制造业发展程度评价指标体系（见表3－2）。

表3－2　　　　区域制造业发展程度评价指标体系

总指标	序号	主指标	序号	子指标	单位
区域制造业『新型化』程度	A	经济创造能力	A1	制造业工业增加值	亿元
			A2	制造业就业人数占地方就业人口比重	%
			A3	制造业工业增加值占地方GDP的比重	%
			A4	对外贸易依附度	%
			A5	全员劳动生产率	元/人·年
			A6	制造业效益指数	%
	B	科技竞争能力	B1	制造业R&D经费支出	万元
			B2	制造业R&D经费投入指数	%
			B3	制造业人均专利申请数	件/万人
			B4	R&D人员占制造业就业人数比重	%
			B5	固定资产软化率	%
			B6	新产品产值率	%
			B7	引进技术消化吸收指数	%
	C	环境资源保护能力	C1	制造业废水排放指数	万吨
			C2	单位产值废水排放指数	万吨/亿元
			C3	制造业废气排放指数	亿标立方米
			C4	单位产值废气排放指数	亿标立方米/亿元
			C5	制造业固体废弃物排放指数	万吨
			C6	单位产值固体废弃物排放指数	万吨/亿元
			C7	资源消耗指数	%

★ **经济创造能力**

经济创造能力是新型制造业的重要组成部分。对于尚处于工业化发展阶段的国家来说，经济效益就更为重要；只有具有经济效益才会有持续发展的动力，才能为发展科技、提高效率、保护环境提供支持。

经济创造能力指标体系中，A1、A2、A3 为总量指标，反映：（1）制造业的规模水平（一般而言，规模大则年增加值也大）；（2）制造业生产活动创造的财富增加量及对国民经济的贡献；（3）制造业增长的速度；（4）吸纳就业的能力。A4 指标揭示了制造业的外向化程度，反映：（1）制造业生产活动利用国际资源的程度；（2）制造业产品的国际竞争能力；A6、A7 指标反映了制造业的经济效率和经营效益。各项指标计算方法如下：

$$\text{制造业工业增加值} = \sum_{i=1}^{n} AVP_i$$

其中，AVP_i——第 i 个制造业行业的工业增加值，$n \in 1 \sim 29$

$$\text{制造业就业人数占地方就业人口比例} = \frac{L}{L_q} \times 100\%$$

其中，L——地方年底制造业就业人数

L_q——地方年底就业总人数

$$\text{制造业工业增加值占地方 } GDP \text{ 比重} = \frac{\sum_{i=1}^{n} AVP_i}{GDP} \times 100\%$$

$$\text{对外贸易依附度} = \frac{EXPV + IMPV}{\sum_{j=1}^{m} TVP_j}$$

其中，$EXPV$——制造业出口额

$IMPV$——制造业进口额

$\sum_{j=1}^{m} TVP_j$——制造业总产值

$$\text{全员劳动生产率} = \frac{\sum_{i=1}^{n} AVP_i}{L}$$

其中，L——年底制造业就业人数

$$\text{制造业效益指数} = \frac{MTAX}{MSR} \times 100\%$$

其中，$MTAX$——制造业利税总额

MSR——制造业企业销售收入

★ **科技竞争能力**

科技含量高低是衡量新型制造业程度的重要指标。从粗放型的传统制造向集约型的新型制造转变过程中，科学技术的作用至关重要。只有充分利用现代科学技术，才能提高效率、增加效益、降低污染。

科技竞争能力指标体系中，B1、B2 为研发经费投入的总量指标和强度指标；B3 反映了制造业科技创新活动的活跃性程度；B4 体现了研发人才方面的投入强度；B5 在一定程度上揭示了制造业企业的知识含量和技术发展潜力；B6 通过产品的创新程度反映技术的创新程度；B7 是制造业企业技术应用能力的体现。

这 7 项指标分别从科研经费投入、科研人员投入、科技产出和科技进步等几个侧面反映了制造业科技力量、科技投入和科技产出的状况，是制造业“新型化”程度的重要检验指标。

其计算方法为：

制造业研发（R&D）经费用国有大中型及规模以上制造业企业的 R&D 支出来代替①；

$$制造业R\&D经费投入指数 = \frac{R\&D}{MSR} \times 100\%$$

其中，*MSR*——制造业企业销售收入

$$制造业人均专利申请数 = \frac{PG}{L'} \times 10\ 000$$

其中，*PG*——国有大中型及规模以上制造业企业专利申请数

L′——国有大中型及规模以上制造业企业研发人员数

$$R\&D人员占制造业就业人数比重 = \frac{L'}{L} \times 100\%$$

其中，*L*——国有大中型及规模以上制造业企业就业人数

$$固定资产软化率 = \frac{TI}{FI} \times 100\%$$

其中，*TI*——制造业与技术有关的投入

FI——制造业总固定资产投入

$$新产品产值率 = \frac{NPV}{\sum_{j=1}^{m} TVP_j} \times 100\%$$

其中，*NPV*——制造业新产品产值

$$引进技术消化吸收指数 = \frac{AE}{IFE} \times 100\%$$

其中，*IFE*——引进国外技术经费

① 根据数据的可得性原则，以及考虑到中小制造业企业的科研数量、规模相对较小，这里用国有大中型及规模以上制造业企业的相关数据代替整个制造业相关数据。

AE——制造业消化吸收经费

★ **环境资源保护能力**

我们研究的资源主要指与制造业发展相关的自然资源以及其他作为工业原料的生物资源。自然资源是工业生产所需能源、原材料和场地等条件的主要源泉。自然资源是制造业生产活动的物质基础，具有有限可利用的特性，即资源具有不可再生性；同时，随着人类认识能力的提高、科学技术的进步，可利用资源的范围将不断扩大，资源利用的效率将不断提高。不合理的资源利用会造成资源短缺和环境恶化。环境和生态保护是实现经济社会可持续发展的前提。传统制造业高发展、高消耗、高污染的粗放型生产造成中国资源严重匮乏、生态急剧恶化。因此，环境资源效率指标是衡量制造业“绿化”程度的重要标准。必须寻找资源消耗低、环境污染小的新型生产方式。

环境资源指标从环境污染总量、单位产值环境污染量和资源消耗率三个方面研究，这 7 项指标分别体现了制造业生产活动过程中产生三废（废水、废气和固体废物）的强度以及资源消耗的强度[①]。各指标的具体计算方法如下：

$$\text{单位制造业产值废水排放} = \frac{WWD}{\sum_{j=1}^{m} TVP_j} \times 100\%$$

其中，WWD——报告期制造业废水排放达标量

$$\text{单位制造业产值废气排放} = \frac{WGD}{\sum_{j=1}^{m} TVP_j} \times 100\%$$

其中，WGD——报告期制造业废气排放达标量

$$\text{单位制造业产值固体废弃物排放} = \frac{WSD}{\sum_{j=1}^{m} TVP_j} \times 100\%$$

其中，WSD——报告期制造业固体废弃物排放达标量

$$\text{资源消耗率} = \frac{\sum_{j=1}^{m} TVP_j - \sum_{i=1}^{n} AVP_i}{\sum_{j=1}^{m} TVP_j} \times 100\%$$

由于我们即将用到的主成分分析法要求样本数据具有同向性，即越大越好或越小越好，经济指标和科技指标均有向上性，即越大越好，而环境指标是向下

① 其中数据的来源和计算方法为制造业废水、废气、固体废弃物的排放：数据取自《中国统计年鉴（2003）》，31 个省、市、自治区的 2003 年地方统计年鉴，《中国水资源公报（2003）》，由于可得数据均为工业统计，故用制造业产值占工业产值的比重类推制造业产生的污染，即制造业污染量 =（制造业产值/工业产值）× 工业污染量。

性，即越小越好，故对环境资源指标进行处理，转为向上性，方法为：

$$y_i = \max\ x_i - x_i，其中\ i = 1 \sim 7$$

其中，x_i 为原数据，$\max\ x_i$ 为数据列的最大值，y_i 为转向后数据，即 C1 ~ C7。

（2）制造业产业发展程度评价指标体系

产业（行业）的产生和发展有其历史性和社会性，在不同时期代表不同生产水平。因此，对产业的评价并非为了比较制造业各产业孰优孰劣，这本身缺乏实际意义。从静态角度将各产业“聚在”一起评价，事实上，许多研究也可以对各产业进行单独评价，以了解当前各产业在经济效益、科技水平、环境影响等方面的综合能力，目的是提供评价方法、陈述客观事实。我们希望通过对中国制造业各产业当前平均水平的综合评价，来分析产业结构的合理性，从而减少重复建设和恶性竞争，使得在发展和培养重点产业上做到有的放矢。

基于指标设置的一致性原则，我们仍然从经济创造能力、科技竞争能力和环境资源保护能力三个方面着手建立新指标体系。但是，与区域新型制造业评价指标体系不同的是，产业评价侧重于效率指标，以避免因产业规模而影响评价结果。具体评价指标体系见表 3 - 3。

表 3 - 3　　制造业产业发展程度评价指标体系

总指标	序号	主指标	序号	子指标	单位
产业新型化程度	A	经济创造能力	A1	增加值增长率	%
			A2	增加值占制造业增加值的比重	%
			A3	总资产贡献率	%
			A4	全员劳动生产率	元/人·年
			A5	就业人数占制造业总人数比重	%
			A6	外向型指数	%
	B	科技创新能力	B1	人均 R&D 经费	元/人
			B2	R&D 经费占行业总投资的比重	%
			B3	消化吸收指数	%
			B4	固定资产软化率	%
			B5	人均专利申请量	项/人
			B6	人均发明专利拥有量	项/人
			B7	研发人数占行业就业人口的比重	%

续表

总指标	序号	主指标	序号	子指标	单位
产业新型化程度	C	环境资源保护能力	C1	工业废水排放达标率	%
			C2	工业废气去除率	%
			C3	工业固体废物处理率	%
			C4	单位产值废气排放量	亿标立方米/亿元
			C5	单位产值固体废弃物产生量	吨/亿元
			C6	单位产值废水排放量	万吨/亿元
			C7	三废综合利用产品产值占产业增加值的比重	%
			C8	单位产值能源消耗量	万吨标准煤/亿元

★ **经济创造能力**

经济创造能力的六个指标分别从速度、规模、效益、效率、吸纳就业和国际竞争能力六个方面体现产业的经济创造能力。具体计算方法如下：

$$增加值增长率=\frac{AVP_i^t-AVP_i^{t-1}}{AVP_i^{t-1}}\times100\%$$

其中，AVP_i^t——第 i 个制造业产业 t 年的工业增加值

$$增加值占制造业增加值的比重=\frac{AVP_i^t}{\sum_{i=1}^{n}AVP_i^t}\times100\%$$

其中，$\sum_{i=1}^{n}AVP_i^t$——制造业各产业 t 年的工业增加值总和

总资产贡献率=[(利润总额+税金总额+利息支出)/平均资产总额]×100%

$$全员劳动生产率=\frac{AVP_i}{L_i}$$

其中，AVP_i——第 i 个制造业产业的工业增加值

L_i——第 i 个制造业产业平均从业人数

$$就业人数占制造业总人数比重=\frac{L_i}{L}\times100\%$$

其中，L——年底制造业就业人数

外向型指数=(三资企业工业增加值/工业增加值)×100%

★ **科技创新能力**

产业科技创新能力的指标分别从研发经费投入（B1）及强度（B2）、研发人员投入（B7）、研发活动活跃程度（B5）、研发产出（B6）、科技潜力（B3、B4）等方面设置。具体计算方法如下：

人均 R&D 经费 = 行业 R&D 支出/R&D 人员数

其中，R&D 人员数，用科研人员全时当量

R&D 经费占行业总投资的比重 =（R&D 支出/行业总投资）×100%

引进技术消化吸收指数 $=\frac{AE}{IFE}\times 100\%$

其中，IFE——引进国外技术经费

AE——制造业消化吸收经费

固定资产软化率 $=\frac{TI}{FI}\times 100\%$

其中，TI——制造业与技术有关的投入

FI——制造业固定资产投入

人均专利申请数 $=\frac{PG}{L'}\times 10\ 000$

其中，PG——国有大中型及规模以上制造业企业专利申请数

L'——国有大中型及规模以上制造业企业研发人员数

人均发明专利拥有量 $=\frac{IP}{L'}\times 10\ 000$

其中，IP——国有大中型及规模以上制造业企业发明专利拥有数

L'——国有大中型及规模以上制造业企业研发人员数

研发人数占行业就业总人数 =（研发人员全时当量/行业就业人口）×100%

★ **环境资源保护能力**

环境资源保护能力的指标体系中，C1、C2、C3 三项指标反映污物处理水平；C4、C5、C6 三项指标体现产业的产污强度；C7 表明产业资源重复利用的效率和效益；C8 揭示产业能源利用的效率。

工业废水排放达标率 =（排放达标量/产生总量）×100%

工业废气去除率 = [（工业烟尘去除量 + 工业粉尘去除量 + 工业二氧化硫去除量）/（工业烟尘排放量 + 工业烟尘去除量 + 工业粉尘排放量 + 工业粉尘去除量 + 工业二氧化硫排放量 + 工业二氧化硫去除量）] ×100%

工业固体废物处理率 =（处理量/产生总量）×100%

单位产值废气排放量 $=\frac{WGD}{\sum_{j=1}^{m} TVP_j}\times 100\%$

其中，WGD——报告期产业废气排放量

单位产值固体废弃物产生量 $=\frac{WSD}{\sum_{j=1}^{m} TVP_j}\times 100\%$

其中，*WSD*——报告期产业固体废弃物排放量

$$单位产值废水排放量 = \frac{WWD}{\sum_{j=1}^{m} TVP_j} \times 100\%$$

其中，*WWD*——报告期产业废水排放量

三废综合利用产品产值占产业增加值的比重 =（三废综合利用产品产值/增加值）×100%

单位产值能源消耗量 =（能源消费总量/工业产值）×100%

主成分分析法要求样本数据具有同向性（越大越好或越小越好），经济指标和科技指标均有向上性，即越大越好。而环境指标中4、5、6、8是向下性，即越小越好，故对环境资源指标进行处理，转为向上性，方法为 $y_i = \max x_i - x_i$，其中 x_i 为原数据，$\max x_i$ 为数据列最大值，y_i 为转向后数据，即C4、C5、C6、C8。

3.3.2 区域制造业发展的总体评价

下面就依据前面所构建的区域制造业发展程度评价指标体系，分别从经济创造能力、科技创新能力、环境资源保护能力和新型化程度对中国区域制造业的发展程度进行评价。

（1）经济创造能力

从制造业经济创造能力上看，中国制造业明显呈现一种由东向西梯度递减的特征趋势。

下面先对制造业增加值、制造业就业人口占地方就业人口比重、制造业增加值占地方GDP的比重、对外贸易依附度、全员劳动生产率和制造业效益指数[①]这6个反映区域制造业经济创造能力的指标，进行主成分分析，得出5个主成分：第一主成分主要代表制造业的国民经济贡献；第二主成分主要代表制造业生产效率与效益；第三主成分主要代表制造业吸纳就业人口的能力；第四主成分主要代表制造业外向型程度；第五主成分主要反映了制造业规模情况。根据五个主成分的综合，并对各地区制造业经济创造能力进行排名。见表3-4。

① 指标的具体解释和计算公式见《2004年中国制造业发展研究报告》，下同。

表 3－4　　2006 年中国区域制造业经济创造能力综合评价

地区	F1	F2	F3	F4	综合	排名
上　海	2.06302	1.80938	－1.69142	2.542	1.988814	1
广　东	2.12558	－0.14595	1.63983	－0.85512	1.22721	2
江　苏	2.00023	0.37904	－0.25222	－1.61074	1.134706	3
天　津	1.19333	－0.50392	0.3813	2.08963	0.965626	4
浙　江	1.20805	－0.42421	1.00379	－0.00006	0.70441	5
山　东	1.46499	0.4874	－0.33931	－3.01103	0.618131	6
福　建	1.01755	－1.27292	2.900335	1.25019	0.604658	7
河　南	0.4677	1.38454	－1.07322	－0.90448	0.418354	8
辽　宁	0.70119	－0.46541	－0.86339	0.22713	0.401753	9
安　徽	－0.34845	1.00778	0.29104	0.28265	－0.01103	10
河　北	－0.01145	0.07697	－0.95124	－0.50929	－0.06336	11
湖　南	－0.29515	0.48299	－0.4511	0.03261	－0.10183	12
内蒙古	－0.35714	0.17273	－1.18985	0.49846	－0.13217	13
北　京	－0.17991	－0.84229	0.3324	0.9014	－0.13932	14
云　南	－0.45389	0.61917	－0.65216	0.17819	－0.16061	15
四　川	－0.19938	－0.01601	－0.42456	－0.50558	－0.20003	16
江　西	－0.27766	－0.41955	0.0959	0.30059	－0.21071	17
吉　林	－0.26219	－0.48362	－1.06566	－0.02763	－0.25656	18
湖　北	－0.21674	－0.69796	0.45209	－0.56748	－0.33799	19
海　南	－0.87434	0.59698	－0.61439	0.8049	－0.34991	20
山　西	－0.50045	－0.27751	0.0469	－0.02114	－0.37335	21
广　西	－0.58697	－0.02709	0.04146	0.05321	－0.37549	22
重　庆	－0.46125	－0.57281	0.16637	0.12388	－0.37961	23
宁　夏	－0.49276	－1.08582	－0.72181	0.49139	－0.4389	24
贵　州	－0.87083	0.81069	1.26881	－0.24557	－0.4536	25
甘　肃	－0.46206	－1.10722	－0.60988	－0.06384	－0.49844	26
陕　西	－0.51192	－0.80958	0.35545	－0.26221	－0.5059	27
黑龙江	－0.85201	－1.6229	－0.20009	－0.64362	－0.91802	28
新　疆	－1.25174	－1.42448	－0.77294	－0.51218	－1.12313	29
西　藏	—	—	—	—	—	—
青　海	—	—	—	—	—	—

资料来源：根据《中国统计年鉴（2007）》及 2007 年各省、市、自治区统计年鉴、《中国科技统计年鉴（2007）》、《中国工业经济年鉴（2007）》的相关数据整理获得。本节及下节的相关图、表的数据均来源于上述年鉴及《2006 年中国制造业发展研究报告》和《2007 年中国制造业发展研究报告》。

分析发现：

其一，从经济创造能力的总体状况来看，"东部强中西部弱"的总体格局依然没有改变，制造业发展梯度差异明显，处于前十名中除河南、安徽外均为东部沿海地区。分析表明，上海、广东、江苏仍保持了相对较好的发展势头分居三甲，天津延续了快速发展的形式，从第七位上升到了第四位，这与滨海新区的快速发展是有关系的。

其二，从生产效率及外向型程度的角度来分析，各地区可以分为五类，第一类（效率高、外向型程度高）：上海、广东、江苏；第二类（效率较高、外向型程度较高）：天津、浙江、山东、福建；第三类（效率一般、外向型程度一般）：辽宁、北京、河北、湖南、河南、安徽、内蒙古、云南；第四类（效率较低、外向型程度较低）：吉林、四川、湖北、重庆、甘肃、江西、山西、宁夏、广西、海南、陕西；第五类（效率低、外向型程度低）：贵州、黑龙江、新疆。与经济创造能力的总体排名较一致，可见生产效率的提升与外向型的拉动有力促进了制造业经济创造能力的发展。

其三，从对就业人口吸纳的角度来分析，各地区可以分为五类，第一类（吸纳能力强）：广东、浙江、福建；第二类（吸纳能力较强）：江苏、山东、上海、天津；第三类（吸纳能力一般）：辽宁、河南、河北、北京、四川、湖北；第四类（吸纳能力较弱）：吉林、江西、湖南、安徽、内蒙古、云南、重庆、甘肃、宁夏、陕西、山西、广西、黑龙江、贵州、海南；第五类（吸纳能力弱）：青海、新疆、西藏。特别值得关注的是江苏与上海制造业对于就业人口的吸纳能力已经明显弱化，但是由于制造业集中于此，仍然有很大的吸引能力。以外贸加工为导向的广东对于就业人口的吸纳能力仍较强，其制造业仍需要大量的从业人员。

（2）科技创新能力

评价中国制造业的科技创新能力，我们采取了主层次分析法，先对能反映区域制造业科技创新能力的大中型制造业企业 R&D 经费、R&D 经费投入指数、人均专利申请量、R&D 人员数占制造业就业人数的比重、固定资产软化率、新产品产值率、消化吸收指数这 7 个指标进行主成分分析，得出 5 个主成分：第一主成分表明科研投入度和产出指标对科技创新能力有较大影响；第二主成分主要代表专利申请量；第三主成分主要代表科研人员密度；第四主成分体现了引进技术应用能力；第五主成分主要体现了科技经费投入强度。然后，就可以得出各地区科技创新能力的综合得分排序结果，如表 3－5 所示。

表 3-5　　2006 年中国区域制造业科技创新能力综合评价

地区	F1	F2	F3	F4	F5	综合	排名
上　海	0.771636	0.017243	0.068589	0.122387	0.02237	1.002225	1
海　南	-0.41281	0.853907	0.191053	0.053433	0.193908	0.879497	2
北　京	1.192453	0.120253	-0.43274	-0.15419	0.1013	0.827074	3
广　东	0.748528	-0.13354	0.385517	-0.1575	-0.02254	0.820477	4
重　庆	0.418468	0.090046	0.113778	0.306123	-0.18048	0.747931	5
天　津	0.470325	0.253326	-0.01992	0.114748	-0.09338	0.725095	6
浙　江	0.145239	-0.00071	0.25266	-0.0263	-0.00145	0.369439	7
江　苏	0.149353	-0.27967	0.270954	-0.04684	0.127673	0.221466	8
吉　林	-0.1658	0.184907	-0.0419	0.206671	-0.12514	0.058743	9
山　东	0.022248	-0.14229	0.227794	-0.12259	0.02061	0.005779	10
福　建	-0.00204	0.234017	-0.02498	-0.1917	-0.07063	-0.05533	11
陕　西	-0.03101	-0.10337	-0.13759	0.103054	0.062273	-0.10664	12
四　川	-0.11004	-0.07724	-0.03656	0.086891	0.028823	-0.10813	13
甘　肃	-0.1872	0.096348	-0.06414	-0.04163	0.086055	-0.11057	14
黑龙江	0.003106	-0.07764	-0.15584	-0.00472	0.047607	-0.18748	15
贵　州	0.001557	0.029172	-0.14217	-0.03771	-0.04451	-0.19366	16
辽　宁	-0.11694	-0.1692	0.001405	0.027331	0.047575	-0.20983	17
山　西	-0.21224	-0.30407	-0.09692	0.28362	0.119562	-0.21004	18
河　南	-0.24691	-0.10055	0.029777	0.025431	0.066496	-0.22576	19
安　徽	-0.16665	-0.15333	-0.01612	0.085885	0.016051	-0.23417	20
湖　南	-0.18855	-0.142	-0.04459	0.084649	-0.00034	-0.29084	21
宁　夏	-0.18897	0.020283	-0.05704	-0.06253	-0.02234	-0.3106	22
湖　北	-0.16304	-0.02011	-0.06601	-0.09813	-0.01798	-0.36527	23
江　西	-0.22556	-0.0347	-0.06935	-0.01438	-0.02845	-0.37245	24
内蒙古	-0.25806	-0.04793	0.03246	-0.04218	-0.09558	-0.4113	25
广　西	-0.26876	0.083081	-0.03111	-0.10027	-0.11896	-0.43603	26
河　北	-0.32383	-0.15041	-0.0192	-0.06329	0.007464	-0.54927	27
云　南	-0.33461	0.036134	-0.07521	-0.18652	-0.07509	-0.63529	28
新　疆	-0.31988	-0.08195	-0.04261	-0.14975	-0.0509	-0.64509	29
青　海	—	—	—	—	—	—	—
西　藏	—	—	—	—	—	—	—

分析发现：

其一，各地区制造业科技创新能力与上年相比，有了一些变化，海南的科技创新综合能力跃居第二，主要在于海南用于消化吸收的经费远高于引进国外技术经费。其他省市区的排名也有所变化，吉林由上年的第 22 位，上升为第 9 位，这与它致力于新产品生产是有关系的。

其二，从科研投入与产出的角度来考察，可以划分为五类发展区域：第一类（科研投入大、产出高）：北京、上海、广东；第二类（科研投入较多、产出较高）：江苏、天津、浙江、重庆；第三类（科研投入产出均一般）：山东、黑龙江、贵州、福建、陕西、四川、辽宁、湖北、吉林、安徽；第四类（科研投入较少、产出较低）：江西、甘肃、湖南、山西、宁夏、河南、内蒙古、广西；第五类（科研投入产出均低）：新疆、海南、河南、云南。可见各地区科技投入与经济发展水平基本相一致，以北京、上海为代表的东部沿海地区总体上投入产出水平最高。

（3）环境资源保护能力

制造业环境资源保护能力包含两个方面内容：一方面应当在污染总量上做到尽可能小；另一方面从单位指标上看应当以不牺牲环境作为发展制造业的代价。因此必须要把总量指标和单位指标结合起来统筹考虑，以促进制造业与社会经济的和谐发展为考察标准。评价环境资源保护能力，采取的步骤是：先对制造业废水排放指数、单位产值废水排放指数、制造业废气排放指数、单位产值废气排放指数、制造业固体废弃物排放指数、单位产值固体废弃物排放指数、单位产值能源消耗指数这 7 个反映区域制造业环境资源保护能力的指标，进行主成分分析，得出 5 个主成分：第一主成分代表了单位产值废气及固体废弃物排放水平对地区环境保护能力的影响程度；第二主成分代表制造业废水及固体排放总量对环境的影响程度；第三主成分体现了单位产值废水排放的环境影响力；第四主成分主要代表废气排放对地区环境资源保护能力的影响；第五主成分主要代表能源消耗率在环境资源保护中的影响。然后，对各地区制造业的环境资源保护能力进行排名，见表 3－6。

表 3－6　2006 年中国区域制造业环境资源保护能力综合评价

地区	F1	F2	F3	F4	F5	综合	排名
北　京	0.22320	0.49123	0.15861	0.06789	0.01333	0.95426	1
天　津	0.24880	0.46577	0.12261	0.02806	0.00566	0.87090	2
上　海	0.31143	0.37051	0.10812	0.03737	0.00153	0.82896	3
海　南	－0.00097	0.46801	－0.01954	0.13956	0.03784	0.62490	4
浙　江	0.47227	－0.01463	－0.07934	0.06347	－0.07196	0.36981	5
黑龙江	0.07103	0.30922	0.06961	－0.09219	0.00175	0.35942	6
吉　林	0.02242	0.19913	0.04509	0.05082	0.00770	0.32516	7
广　东	0.62373	－0.09214	－0.08573	－0.01904	－0.10615	0.32067	8

续表

地区	F1	F2	F3	F4	F5	综合	排名
福　建	0.28107	0.12275	-0.07117	-0.03168	0.00795	0.30891	9
新　疆	-0.04215	0.37715	0.05563	-0.05681	-0.02591	0.30792	10
山　东	0.50116	-0.44182	0.09219	-0.00216	0.04154	0.19091	11
江　苏	0.66943	-0.41412	-0.10987	0.01755	-0.08242	0.08057	12
湖　北	0.06161	-0.01708	-0.04878	0.06872	0.01105	0.07552	13
甘　肃	-0.28639	0.09504	0.09492	0.17056	-0.01557	0.05856	14
安　徽	-0.00073	-0.00784	-0.00006	0.01085	0.01994	0.02215	15
辽　宁	0.18455	-0.44811	0.14511	0.01607	0.09017	-0.01222	16
陕　西	-0.08467	0.10401	0.07052	-0.10487	-0.01288	-0.02789	17
云　南	-0.21156	0.00925	0.13151	-0.04691	0.02586	-0.09186	18
河　南	0.18006	-0.32529	-0.02196	0.04077	0.00004	-0.12638	19
四　川	0.05758	-0.26343	-0.05258	-0.05419	0.02145	-0.29118	20
湖　南	0.00527	-0.11687	-0.14417	-0.02710	-0.01696	-0.29983	21
河　北	0.09623	-0.67025	0.07376	0.07822	0.08057	-0.34146	22
江　西	-0.20972	-0.16481	0.03711	-0.06987	0.04071	-0.36659	23
重　庆	-0.16826	0.07515	-0.31704	-0.00267	0.01704	-0.39577	24
山　西	-0.36803	-0.37245	0.17545	-0.04257	-0.00281	-0.61042	25
内蒙古	-0.42967	-0.28234	0.18589	-0.08115	-0.03191	-0.63919	26
宁　夏	-0.79138	0.01147	-0.20303	0.31246	-0.02141	-0.69189	27
贵　州	-0.73929	-0.18674	0.21592	-0.09275	-0.08879	-0.89164	28
广　西	-0.40841	-0.25832	-0.49055	-0.13170	0.01322	-1.27576	29
青　海	—	—	—	—	—	—	—
西　藏	—	—	—	—	—	—	—

分析发现：

其一，从总体上分析，东部沿海制造业发展较好的地区，其环境资源保护能力呈上升态势，特别是北京仍然位居首位，这和北京积极保护环境迎接奥运会有极大的关系。山西、内蒙古、宁夏、贵州、广西等省份仍然需要提高环保能力。

其二，从单位产值废气及固体废弃物排放水平角度来分析，可以划分为五类发展区域：第一类（保护能力强）：江苏、广东、山东；第二类（保护能力较强）：浙江、福建、上海、北京、天津；第三类（保护能力一般）：辽宁、河南、河北、安徽、湖北、黑龙江、河南、湖南、四川、陕西、吉林；第四类（保护能力较弱）：重庆、江西、云南、甘肃、青海、山西、广西、内蒙古；第五类（保护能力弱）：贵州、宁夏。

其三，从制造业废水排放水平角度来分析，可以划分为五类发展区域：第一类（保护能力强）：贵州、内蒙古、山西、北京、辽宁；第二类（保护能力较强）：云南、天津、上海；第三类（保护能力一般）：甘肃、山东、河北、陕西、黑龙江、新疆、青海、吉林、江西；第四类（保护能力较弱）：安徽、海南、河南、湖北、四川、福建、浙江、广东；第五类（保护能力弱）：江苏、湖南、西藏、宁夏、重庆、广西。

（4）"新型化"程度评价

新型制造业是一个综合概念，具有可持续发展的特征。通过对各地区制造业"新型化"程度进行评价，可以把握地区制造业的实际发展水平和发展潜力。综合前面评价经济创造能力、科技创新能力和环境资源保护能力的全部20个指标进行主成分处理，得到9个主成分，结果显示这20个指标的相关性完全通过检验，各指标的权重比较均衡，置信度检验为100%，其精度能满足要求。

根据上述20个指标的9个主成分，对各地区制造业"新型化"程度的综合得分，见表3－7。

分析发现：

①总体排名情况：从表中可以看到排名前7位的清一色是东部沿海发达地区，排名后7位的都是中西部地区，所以与前两年的《中国制造业发展研究报告》中的排名相比，中国区域制造业"新型化"程度总的基本格局没有变化，依旧呈东部新型化程度高，中西部新型化程度较低的梯度分布格局。

②相关变化情况：表中各地区的制造业"新型化"程度排名的变化情况印证了《2007年中国制造业发展研究报告》的观点：随着中国制造业新型化的发展，对于科技创新的倚重与资源环境的保护将越来越显著。可以看到排名比上年上升的地区都是在科技创新能力和环境保护能力方面有了提升，比如江苏、浙江、山西、四川等地区；相反，排名后退的地区，如北京、河南、湖北、海南等地区都在这两方面相对进步不大。

③区域制造业"新型化"差异大。除去因数据缺乏不作评价的青海和西藏地区，按照制造业"新型化"程度大小，大致可以把全国其他地区分为三类：第一类是制造业"新型化"程度较好的地区：包括上海、广东、江苏、天津、浙江、北京、山东这7个地区，其中又以上海和广东最为突出；第二类是制造业"新型化"程度一般的地区：包括河南、辽宁、重庆、福建、海南、吉林、四川、安徽、湖南、河北、陕西、湖北、黑龙江、甘肃、山西这15个地区，这些地区的制造业"新型化"程度差异不大，哪个地区在经济、科技和环境这三方面或者某一方面有较大进步，就能使得名次上升。第三类是制造业"新型化"程度较差的地区：包括江西、内蒙古、宁夏、云南、新疆、广西、贵州这7个地

表 3－7　　2006 年各地区制造业“新型化”程度的综合评价

地区	F1	F2	F3	F4	F5	F6	F7	F8	综合	排名
上　海	1.44313	1.51626	2.04304	0.5634	1.08935	－0.65849	－0.51125	0.9223	0.932729	1
广　东	2.44054	1.49024	－1.17701	0.35611	－1.22608	0.03461	0.49766	－0.21048	0.826377	2
江　苏	2.16046	－0.42849	－1.02788	0.2554	0.06268	0.58371	0.25607	0.74549	0.653361	3
天　津	0.47316	0.45813	2.64572	－0.54399	0.90418	0.6575	0.33466	－0.89042	0.461657	4
浙　江	1.3427	－0.06498	－0.16859	0.56729	－0.56727	0.58065	0.30442	－0.34925	0.430779	5
北　京	－0.75684	3.85204	－0.64604	0.22044	0.74514	0.39933	0.47085	－0.11881	0.396857	6
山　东	1.55276	－0.85599	－0.83286	－0.17276	1.00413	0.0456	0.36741	0.03496	0.376672	7
河　南	0.56475	－0.69202	－0.48073	0.76283	0.40089	－0.99551	－0.16515	1.07033	0.113769	8
辽　宁	0.39312	－0.86318	－0.04969	－0.86031	1.45719	1.07648	－0.49779	0.53545	0.11256	9
重　庆	－0.09843	0.27342	1.96421	－0.30586	－2.75793	0.19027	0.10127	1.25979	0.050418	10
福　建	0.75089	－0.42674	0.52456	－1.05771	0.02126	0.3546	0.90884	－3.03808	0.0089	11
海　南	－0.74822	－0.88165	0.6293	4.37022	0.24232	－0.80592	0.10659	－0.98581	－0.06114	12
吉　林	－0.64464	－1.11049	2.0554	－0.22227	0.43968	0.9461	0.42722	0.07003	－0.06964	13
四　川	－0.18622	－0.54757	－0.07525	－0.21463	－0.18257	－0.15933	0.51924	0.87721	－0.08645	14
安　徽	－0.27426	－0.12725	－0.05511	0.38454	－0.10769	－1.38979	0.5078	0.8325	－0.09223	15
湖　南	－0.24222	－0.34893	－0.15278	0.1879	－0.83395	－0.5346	0.51726	1.14002	－0.1071	16

续表

地区	F1	F2	F3	F4	F5	F6	F7	F8	综合	排名
河　北	0. 19995	-1. 06064	-1. 07324	-0. 40068	0. 86751	0. 28236	-0. 80619	0. 4	-0. 15561	17
陕　西	-0. 97743	0. 15986	0. 07466	-0. 52121	0. 13353	0. 14296	1. 07868	0. 65827	-0. 16893	18
湖　北	-0. 23514	-0. 33805	-0. 4418	-0. 21399	-0. 07139	0. 5142	0. 15663	-0. 69731	-0. 17885	19
黑龙江	-1. 41372	0. 40819	-0. 54619	-0. 12781	0. 05511	1. 34273	1. 63495	0. 33378	-0. 18779	20
甘　肃	-0. 73403	0. 16423	-0. 39607	0. 65224	0. 58332	1. 14833	-1. 55584	-0. 35276	-0. 1898	21
山　西	-0. 82921	-0. 20882	-0. 00892	-0. 77037	0. 60327	-0. 33449	-0. 53755	2. 1261	-0. 21594	22
江　西	-0. 43599	-0. 54603	0. 03674	-0. 91484	0. 22614	-0. 18565	0. 01786	-0. 51501	-0. 31283	23
内蒙古	-0. 40501	-0. 24081	-0. 33538	-0. 67348	0. 34055	-0. 78612	-0. 87967	-0. 09937	-0. 34101	24
宁　夏	-0. 42269	0. 45659	-0. 20125	0. 2145	-1. 19746	1. 46467	-3. 81775	-0. 49706	-0. 35008	25
云　南	-0. 52638	-0. 34316	-0. 4589	-0. 25789	0. 77183	-1. 22904	0. 02357	-1. 35107	-0. 39356	26
新　疆	-1. 57348	0. 14696	-1. 39484	0. 51186	-0. 46562	1. 28132	1. 27022	-0. 2334	-0. 40165	27
广　西	-0. 09536	-0. 74634	-0. 175	-0. 66627	-2. 7861	-0. 80425	0. 0308	-0. 79495	-0. 52181	28
贵　州	-0. 7222	0. 90521	-0. 27608	-1. 12264	0. 24799	-3. 1622	-0. 76081	-0. 87244	-0. 52964	29
青　海	—	—	—	—	—	—	—	—	—	—
西　藏	—	—	—	—	—	—	—	—	—	—

区。这些地区很多都是因为地处偏僻地理条件不佳等客观因素导致制造业发展先天不足，因此要想提高制造业“新型化”程度，应该着重在科技创新、环境保护方面做文章。

3.3.3 制造业产业发展的总体评价

中国制造业各产业的发展程度评价，我们同样是从经济创造能力、科技创新能力和环境资源保护能力三个方面展开，然后用“新型化程度”来进行各产业发展程度的综合评价。

(1) 经济创造能力

通过对制造业各产业经济创造能力的6个指标进行主成分分析，得出3个主成分：第一主成分主要代表产业的效率和效益；第二主成分主要代表该产业在制造业中的比重，属于规模性指标；第三主成分主要代表产业的外向型程度与产业增长，然后对各个产业经济创造能力的综合汇总进行排序，结果见表3-8。

表3-8　2006年中国制造业各产业经济创造能力综合评价

产业	F1	F2	F3	综合	排名
烟草制品业	4.55668	-0.49391	-1.41418	1.601013	1
有色金属冶炼及压延加工业	0.97	-0.11217	4.13742	1.260615	2
黑色金属冶炼及压延加工业	0.75002	1.64055	-0.18289	0.858596	3
非金属矿物制品业	0.11931	1.02946	0.61893	0.532188	4
纺织业	-0.18685	1.74351	-0.30066	0.445019	5
化学原料及化学制品制造业	0.12283	1.30884	-0.31132	0.435374	6
通用设备制造业	0.03906	0.8981	0.26369	0.377446	7
电气机械及器材制造业	-0.15885	1.19247	0.16877	0.368104	8
农副食品加工业	0.20003	0.3483	0.1583	0.24171	9
交通运输设备制造业	-0.3372	1.16214	-0.06826	0.227827	10
专用设备制造业	-0.04042	-0.03905	1.12659	0.202517	11
通信计算机及其他电子设备制造业	-0.97061	2.1555	-1.13908	0.055958	12
金属制品业	-0.16054	-0.02522	0.49335	0.021272	13
木材加工及竹藤棕草制品业	0.12627	-0.97043	1.03572	-0.05719	14
石油加工及炼焦	0.40662	-0.43901	-0.61255	-0.0923	15
服装及其他纤维制品制造业	-0.58636	0.24704	-0.0075	-0.18308	16
塑料制品业	-0.45873	-0.36615	0.33247	-0.2629	17
医药制造业	0.00996	-0.48325	-0.68026	-0.30093	18

续表

产业	F1	F2	F3	综合	排名
饮料制造业	0.06048	-0.76645	-0.41242	-0.31859	19
食品制造业	-0.20268	-0.64982	-0.20242	-0.35447	20
造纸及纸制品业	-0.30171	-0.62624	-0.54619	-0.46271	21
化学纤维制造业	-0.25702	-1.13923	-0.06467	-0.51664	22
皮革毛皮羽绒及其制品业	-0.62008	-0.39038	-0.57065	-0.53181	23
仪器仪表及文化办公用机械制造业	-0.70125	-0.96074	0.09996	-0.6229	24
印刷业记录媒介的复制业	-0.31872	-1.08518	-0.53639	-0.62422	25
家具制品业	-0.60503	-1.12185	0.13008	-0.6278	26
橡胶制品业	-0.42851	-1.00695	-0.66804	-0.67471	27
文教体育用品制造业	-1.0267	-1.04989	-0.8478	-0.9974	28

分析发现：

其一，经济创造能力排名前六位中依然是资源加工制造业产业为主，有四位属于资源加工类产业，轻纺制造业类产业两位；前十位中主要是资源加工与轻纺制造业类产业。与《中国制造业发展研究报告2007》中的排名相比，由于在经济发展过程中对资源需求还在加强，资源加工类产业的经济创造能力也得以持续提升加强。

其二，外向型程度方面，按高、较高、中等、较低、低五类划分，第一类（外向型程度高）：通信计算机及其他电子设备制造业；第二类（外向型程度较高）：文教体育用品制造业、仪器仪表及文化办公用机械制造业、皮革毛皮羽绒及其制品业、家具制品业、服装及其他纤维制品制造业、交通运输设备制造业；第三类（外向型程度中等）：塑料制品业、食品制造业、橡胶制品业、饮料制造业、电气机械及器材制造业、造纸及纸制品业、金属制品业、印刷业记录媒介的复制业；第四类（外向型程度较低）：化学纤维制造业、化学原料及化学制品制造业、专用设备制造业、农副食品加工业、医药制造业、通用设备制造业、纺织业、木材加工及竹藤棕草制品业；第五类（外向型程度低）：非金属矿物制品业、有色金属冶炼及压延加工业、石油加工及炼焦、黑色金属冶炼及压延加工业、烟草制品业。

其三，从盈利能力看，依然是烟草行业盈利能力远远高于其他行业；其次是有色、黑色金属冶炼及压延加工业、石油加工及炼焦、农副食品加工业、化学原料及化学制品制造业等产业；而化学纤维制造业、仪器仪表及文化办公用机械制造业、通信计算机及其他电子设备制造业的盈利能力在28个产业中最差。

其四，在产业规模和吸纳就业能力方面，与《中国制造业发展研究报告2007》中的排名相比，通信计算机及其他电子设备制造业、纺织业、黑色金属冶炼及压延加工业、化学原料及制品制造业、交通运输设备制造业仍然位列前六名之中，但非金属矿物制品业下降一位，电气机械及器材制造业进入前六。

（2）科技创新能力

制造业是建设创新型国家的物质基础，制造业的科技创新能力的强弱也就决定着创新型国家的建设发展程度。因此，了解制造业的科技创新能力现状，对促进制造业的集成创新和引进、消化、再吸收能力，实现中国制造业的开放式自主创新是非常重要的。

通过对制造业产业科技创新能力的7个指标进行主成分分析，得出4个主成分：第一主成分代表研发投入强度及研发人员的比重；第二主成分代表研发活跃程度及研发成果；第三主成分代表引进技术应用能力；第四主成分代表产业技术化、知识化的程度。根据上述7个指标得到各个产业科技创新能力，对于四个主成分综合汇总排序的结果如表3-9所示。

表3-9　2006年中国制造业各产业科技创新能力综合评价

产业	F1	F2	F3	F4	综合	排名
通信计算机及其他电子设备制造业	2.2477	0.7625	0.5527	-0.5968	1.371539	1
文教体育用品制造业	-0.5508	4.6762	-0.1233	-0.4348	0.953105	2
电气机械及器材制造业	1.4300	0.5205	0.2636	-0.2477	0.882427	3
交通运输设备制造业	2.0237	-0.2661	-0.3578	-0.4182	0.872197	4
医药制造业	1.2567	0.0054	-0.4038	2.3575	0.792997	5
化学纤维制造业	0.5494	-0.4021	1.2727	0.0782	0.340317	6
烟草制品业	0.4496	-0.2367	1.9601	-0.9122	0.337941	7
黑色金属冶炼及压延加工业	0.8752	-0.6242	0.6242	-0.2593	0.331242	8
通用设备制造业	0.7509	-0.3055	-0.6125	1.2711	0.328795	9
仪器仪表及文化办公用机械制造业	0.8503	0.2073	-0.9085	-1.0146	0.282934	10
有色金属冶炼及压延加工业	0.5447	-0.3746	0.3548	0.0126	0.220778	11
专用设备制造业	0.8564	-0.3397	-1.2055	-0.2049	0.167536	12
化学原料及化学制品制造业	0.1139	-0.4241	0.2597	0.5342	0.021329	13
木材加工及竹藤棕草制品业	-0.6411	0.4045	-0.1183	2.8304	0.016714	14
饮料制造业	-0.4178	0.0420	1.6042	-0.0597	0.001996	15
橡胶制品业	-0.3665	-0.5685	1.5023	-0.3669	-0.17988	16
食品制造业	-0.5691	0.1992	-0.5313	0.8805	-0.22653	17
服装及其他纤维制品制造业	-1.0312	-0.4276	0.8119	1.6123	-0.39595	18
家具制品业	-1.1289	0.5407	0.0045	0.1301	-0.41289	19

续表

产业	F1	F2	F3	F4	综合	排名
金属制品业	-0.8806	0.1496	-0.1930	-0.6111	-0.4845	20
非金属矿物制品业	-0.8000	-0.0645	-0.5357	-0.0768	-0.50034	21
石油加工及炼焦	0.1176	-0.6189	-3.0536	-0.8307	-0.57871	22
皮革毛皮羽绒及其制品业	-0.9275	-0.4724	-0.5376	0.4201	-0.63439	23
造纸及纸制品业	-0.8850	-0.7689	0.7750	-0.9502	-0.64356	24
塑料制品业	-1.1511	-0.0747	0.3580	-1.1750	-0.66138	25
纺织业	-0.6705	-0.4409	-0.8091	-1.1694	-0.66871	26
印刷业记录媒介的复制业	-0.9840	-0.5580	-0.6483	-0.2860	-0.76248	27
农副食品加工业	-1.0619	-0.5405	-0.3054	-0.5125	-0.7725	28

分析发现：

其一，从科技创新能力的总体情况来看，与《中国制造业发展研究报告2007》中的排名相比，28个产业的排名出现了一些变化，其中通信计算机及其他电子设备制造业从2005年的第3名上升到2006年第1名，文教体育用品制造业依然保持2005年的领先地位。

其二，在科研投入强度方面，机械电子制造业产业类仍保持了强劲的科技投入力度，前八位中占了六位，在轻纺制造业产业中位于领先的依然为烟草制品业与饮料制造业，按大类区分，科研投入强度具有机械电子制造业 > 资源加工工业 > 轻纺制造业的特征。

其三，在引进技术消化吸收程度方面，按消化吸收程度高、较高、中等、较低、低五级划分，各产业划分为五类：第一类（消化吸收程度高）：木材加工及竹藤棕草制品业、医药制造业、服装及其他纤维制品制造业、通用设备制造业；第二类（消化吸收程度较高）：食品制造业、化学原料及化学制品制造业、皮革毛皮羽绒及其制品业、家具制品业；第三类（消化吸收程度中等）：化学纤维制造业、有色金属冶炼及压延加工业、饮料制造业、非金属矿物制品业、专用设备制造业、电气机械及器材制造业、黑色金属冶炼及压延加工业、印刷业记录媒介的复制业、橡胶制品业；第四类（消化吸收程度较低）：交通运输设备制造业、文教体育用品制造业、农副食品加工业、通信计算机及其他电子设备制造业、金属制品业、石油加工及炼焦、烟草制品业、造纸及纸制品业；第五类（消化吸收程度低）：仪器仪表及文化办公用机械制造业、纺织业、塑料制品业。分析表明，总体上各产业对于引进技术的配套消化吸收投入虽然有所增长，但依然普遍不足。

其四，固定资产软化率是产业技术投资与固定资产投资的比重，反映了产业

"软化"的程度。按高、较高、中等、较低、低五级划分，各产业可以分为五类：第一类（固定资产软化率高）：通信计算机及其他电子设备制造业、电气机械及器材制造业；第二类（固定资产软化率较高）：交通运输设备制造业、烟草制品业、仪器仪表及文化办公用机械制造业、化学纤维制造业、黑色金属冶炼及压延加工业、有色金属冶炼及压延加工业、医药制造业；第三类（固定资产软化率中等）：通用设备制造业、橡胶制品业、专用设备制造业、饮料制造业、化学原料及化学制品制造业；造纸及纸制品业、纺织业；第四类（固定资产软化率较低）：文教体育用品制造业、塑料制品业、金属制品业、服装及其他纤维制品制造业、皮革毛皮羽绒及其制品业、非金属矿物制品业、食品制造业；第五类（固定资产软化率低）：农副食品加工业、印刷业记录媒介的复制业、木材加工及竹藤棕草制品业、家具制品业、石油加工及炼焦。

（3）环境资源保护能力

对制造业产业环境资源保护能力的8个指标进行主成分分析，得出6个主成分：第一主成分主要代表单位产值废气排放和能源消耗水平；第二主成分主要代表工业废水排放达标程度，即废水处理能力；第三主成分代表固体废弃物处理能力；第四主成分代表废气排放达标程度；第五主成分代表废水处理能力；第六主成分代表单位产值固体废弃物产生水平与三废综合利用能力。根据上述8个指标得到各个样本产业环境资源保护能力，对于6个主成分进行综合汇总排序，其结果如表3-10所示。

表3-10　2006年中国制造业各产业环境资源保护能力综合评价

产业	F1	F2	F3	F4	F5	综合	排名
文教体育用品制造业	0.85093	0.50609	-0.33425	-0.39087	2.43747	0.677608	1
通信计算机及其他电子设备制造业	0.6318	0.27728	0.49422	0.47117	0.28933	0.491689	2
有色金属冶炼及压延加工业	-0.3638	0.3523	4.66093	-1.01758	0.91041	0.489172	3
交通运输设备制造业	0.56719	0.29408	-0.27887	0.69261	0.83936	0.46255	4

续表

产业	F1	F2	F3	F4	F5	综合	排名
电气机械及器材制造业	0.60918	0.28881	0.15133	0.66867	0.16663	0.44864	5
橡胶制品业	0.37948	0.1737	-0.53012	1.21364	1.18494	0.43791	6
仪器仪表及文化办公用机械制造业	0.53592	0.06738	0.09768	1.40217	-0.26381	0.414317	7
专用设备制造业	0.45885	0.25183	0.03475	0.86515	0.13349	0.381449	8
服装及其他纤维制品制造业	0.56363	0.21877	-0.30577	0.73046	0.29092	0.380597	9
家具制品业	0.46399	0.35516	-0.46629	0.40683	-0.2759	0.222658	10
医药制造业	0.39529	-0.12444	-0.31072	0.38716	0.2771	0.202037	11
金属制品业	0.31403	0.22885	-0.12801	0.27198	-0.38133	0.148372	12
烟草制品业	0.51204	0.60698	-0.02636	-1.47497	-0.24183	0.100684	13
纺织业	0.40112	-0.27974	-0.28171	-0.2004	0.12098	0.086476	14
通用设备制造业	0.17544	0.3918	-0.0517	0.38514	-0.99069	0.060262	15
化学纤维制造业	0.04843	-0.58811	-0.58604	0.56275	0.93773	0.041858	16
木材加工及竹藤棕草制品业	0.19814	0.33264	-0.50587	-0.35754	-0.20894	0.002947	17
食品制造业	0.3622	0.00535	-0.60488	-1.10744	0.45878	-0.00321	18
印刷业记录媒介的复制业	0.25857	0.2898	0.05222	0.11352	-1.81368	-0.04532	19
皮革毛皮羽绒及其制品业	0.25918	-0.03521	0.83022	0.29843	-2.74212	-0.089	20
农副食品加工业	0.32565	0.27897	-0.79624	-2.3759	0.29367	-0.18749	21
塑料制品业	0.17428	0.48008	-0.23194	-0.85402	-1.89494	-0.22668	22
石油加工及炼焦	-0.82677	-0.18111	0.09581	1.38396	-0.54423	-0.27516	23
饮料制造业	-0.01241	0.0009	-0.70224	-2.35233	0.09265	-0.39423	24

续表

产业	F1	F2	F3	F4	F5	综合	排名
化学原料及化学制品制造业	-0.806	-0.47145	0.20468	-0.18357	0.14957	-0.41604	25
黑色金属冶炼及压延加工业	-2.11652	0.51733	0.38047	1.14427	0.73248	-0.5721	26
造纸及纸制品业	-0.25537	-4.86488	0.12424	-0.2521	-0.00286	-0.9211	27
非金属矿物制品业	-4.10447	0.62685	-0.98556	-0.43118	0.04483	-1.91889	28

从数据可见，制造业各产业的环境资源保护均呈现出污染排放总量上升、单位产值污染排放下降的趋势；这与中国制造业迅速发展同时加大环保投入的现状一致。环境资源保护能力排名前十位中，资源加工工业占了两位，机械电子制造业占五位，轻纺制造业占三位。按类划分，轻纺制造业环境资源保护能力最强，机械电子制造业次之，资源加工工业的环境资源保护能力最弱。

（4）新型化程度评价

综合前面评价制造业产业经济创造能力、科技创新能力和环境资源保护能力的全部 20 个指标进行主成分处理，得到 9 个主成分：第一、第三和第六主成分主要代表经济创造能力；第三、第四和第九主成分主要代表科技创新能力；第二、第五、第七和第八主成分主要反映了环境资源保护能力。对制造业各产业的“新型化”程度作综合评价，从而整体把握中国制造业发展的产业特征。根据上述 20 个指标，可以得到制造业各产业“新型化”程度的九个主成分综合汇总排序结果，如表 3-11 所示。

根据上述综合得分排名，可以发现：在“新型化”方面，机械电子类相对于轻纺、资源加工占有明显优势。综合得分前十名中，机械电子类占有六位，轻纺、资源加工类各两位；而轻纺类烟草加工业则由 2005 年第 2 位上升到 2006 年的第 1 位，通信计算机及其他电子设备制造业则由 2005 年的第 8 位上升到第 2 位，上升幅度较大。

表 3－11　2006 年中国制造业各产业“新型化”程度的综合评价

产业	F1	F2	F3	F4	F5	F6	F7	F8	F9	综合	排名
烟草制品业	0.454	0.682	4.631	-0.097	-0.779	-0.577	0.422	0.738	0.367	0.7622	1
通信计算机及其他电子设备制造业	0.844	1.824	-0.680	0.638	-0.119	2.138	0.060	0.886	1.168	0.6880	2
电气机械及器材制造业	0.638	1.192	-0.256	0.228	0.052	1.034	0.307	0.184	0.109	0.4574	3
交通运输设备制造业	0.544	1.743	-0.543	-0.263	-0.086	0.738	0.210	0.329	-0.203	0.3898	4
文教体育用品制造业	0.204	-0.277	-0.156	4.747	-0.166	-0.562	-0.151	0.367	-0.380	0.3722	5
有色金属冶炼及压延加工业	-0.557	0.497	0.529	-0.105	4.836	-0.492	-0.187	-0.003	-0.199	0.3602	6
仪器仪表及文化办公用机械制造业	0.580	0.578	-1.010	-0.078	0.095	-1.157	0.887	1.406	-0.009	0.2222	7
专用设备制造业	0.444	0.521	-0.462	-0.455	0.518	-0.305	0.511	0.105	-1.187	0.1391	8
通用设备制造业	0.514	0.145	0.039	-0.506	-0.107	1.108	0.344	-1.266	-0.593	0.1263	9
塑料制品业	0.611	-1.427	-0.095	-0.497	0.233	0.190	0.528	1.361	0.954	0.0486	10
金属制品业	0.315	-0.771	-0.206	0.024	0.171	0.053	0.462	0.561	-0.215	0.0304	11
家具制品业	0.411	-0.892	-0.573	0.351	-0.085	-0.941	0.781	0.100	0.523	-0.0150	12
服装及其他纤维制品制造业	0.409	-0.431	-0.659	-0.372	-0.210	0.222	0.515	-1.527	0.973	-0.0552	13
皮革毛皮羽绒及其制品业	0.871	-1.494	-0.281	-0.789	0.018	0.361	0.453	0.153	0.387	-0.0653	14

续表

产业	F1	F2	F3	F4	F5	F6	F7	F8	F9	综合	排名
纺织业	0. 416	-0. 788	-0. 086	-0. 245	-0. 319	2. 026	-0. 529	0. 682	-1. 021	-0. 0657	15
医药制造业	0. 360	1. 027	0. 072	0. 000	-0. 700	-0. 488	-0. 424	-2. 347	-0. 838	-0. 0748	16
饮料制造业	0. 050	-0. 311	0. 673	0. 035	-0. 103	-0. 291	-0. 842	-0. 084	1. 861	-0. 0749	17
橡胶制品业	-0. 139	0. 871	-0. 784	-0. 605	-0. 765	-1. 829	0. 613	0. 331	0. 925	-0. 0767	18
黑色金属冶炼及压延加工业	-2. 253	1. 440	0. 239	-0. 351	-0. 417	0. 522	0. 595	0. 009	-0. 353	-0. 0830	19
农副食品加工业	0. 407	-1. 279	0. 611	-0. 261	0. 200	0. 956	-0. 680	0. 125	-0. 048	-0. 1200	20
食品制造业	0. 345	-0. 748	0. 110	0. 392	-0. 087	-0. 108	-0. 468	-0. 941	-0. 068	-0. 1560	21
印刷业记录媒介的复制业	0. 585	-1. 225	-0. 165	-0. 836	-0. 354	-0. 689	0. 583	0. 568	-0. 321	-0. 1587	22
木材加工及竹藤棕草制品业	0. 213	-0. 783	0. 173	0. 254	0. 204	-0. 564	0. 212	-2. 801	-0. 050	-0. 1662	23
化学纤维制造业	-0. 328	1. 261	-0. 635	-0. 570	-0. 471	-1. 802	-0. 299	-0. 113	0. 897	-0. 1889	24
化学原料及化学制品制造业	-0. 748	0. 245	0. 207	-0. 128	-0. 181	1. 205	-0. 854	-0. 714	-0. 303	-0. 2118	25
石油加工及炼焦	-0. 747	-0. 321	-0. 014	-0. 340	-0. 679	-0. 796	0. 265	0. 933	-3. 584	-0. 3880	26
非金属矿物制品业	-3. 879	-1. 125	-0. 190	0. 310	-0. 344	0. 753	1. 040	0. 118	1. 054	-0. 6238	27
造纸及纸制品业	-0. 563	-0. 153	-0. 491	-0. 481	-0. 353	-0. 705	-4. 353	0. 841	0. 154	-1. 0725	28

3.4 中国制造业发展的特征分析

20 世纪 90 年代以来，在新型工业化的指导思想和世界产业转移的背景下，中国制造业获得了迅速的发展，其中已经有 80 多种产品的产量跃居世界首位，制造业的出口创造了 3/4 的外汇收入，增加值占 GDP 的比重达 40% 左右，制造业吸收了一半的城市就业人口、一半的农村剩余劳动力，对其他产业的带动作用明显，已经成为中国国民经济的重要支柱和基础。根据国际上对工业化发展阶段的划分标准，2005 年中国三次产业的比重为 13∶46∶41，处于农业比重将减少到 10%、服务业比重不断增加的阶段，这标志中国已经进入了工业化的中期，这一时期制造业总的发展特征就是结构调整优化和产业高度化，在制造业的经济总量提高的基础上，同时会受到科技创新能力和环境污染等“瓶颈”问题，也就是从粗放型向集约型转变的过程。中国制造业发展的总体特征为总量在不断提升，目前产量已居世界第四位，但效益和效率比较低，制造业产品附加值低，科技创新能力较弱，资源利用效率和环境保护能力有待提高。根据中国新型工业化的要求，下面将从区域、产业以及企业三个层次来分析中国制造业的发展特征。图 3－1概括性的描述了中国制造业五十年发展的各个阶段的特征。

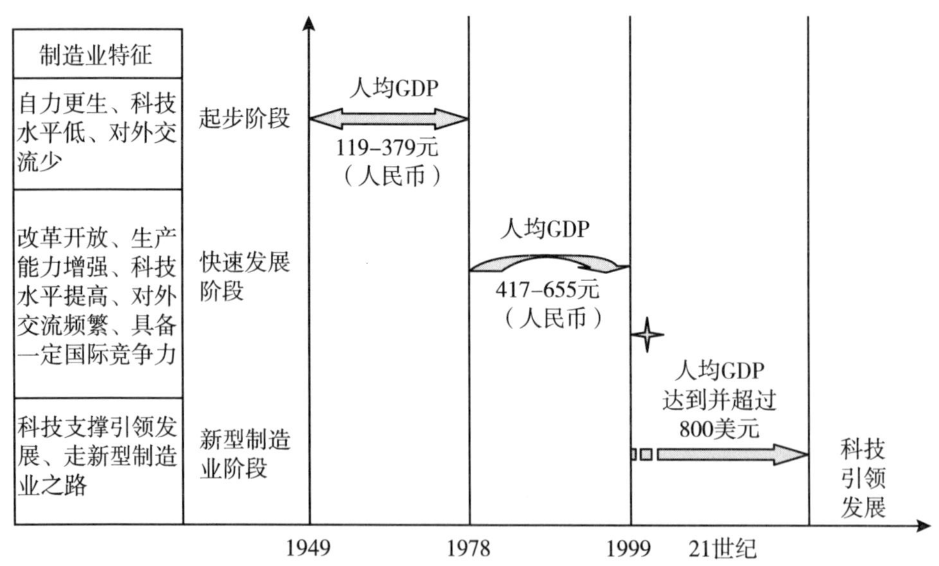

图 3－1　中国制造业五十年发展的阶段特征

3.4.1 制造业发展的区域特征分析

伴随中国工业化、城市化和市场化进程的加快，一批有影响的区域制造业基地正在崛起或初见雏形，对中国制造业发展的推动作用尤为显著。同时，目前中国制造业发展呈现出明显的区域型特色。沿海开放政策，造就了东部地区制造业的聚集发展，拉开了中国制造走向世界的序幕。20 世纪 80 年代以香港为龙头、广东为腹地的珠三角制造业脱颖而出；90 年代以上海为中心、江浙为两翼的长三角快速崛起；21 世纪以来以北京为中心、天津滨海新区为依托的京津冀制造业渐成气候；同时，在中央政府的高度重视和支持下的东北装备制造业势头看好。二十多年的高速扩张，“中国制造”已经成为全球制造业重要组成部分，中国制造已经成为“质优价廉”的代名词。

然而，从国际比较上看，中国制造业与世界发达国家水平仍然存在一定差距；从国内看，中国制造业在产业和空间布局上存在着严重的不平衡。西部的落后、中部的塌陷，呈现“东强中西弱”的态势，制造业向东部地区聚集，东部地区又向三大经济区聚集，这既造成了中国区域经济发展的严重不均衡，导致了大量的经济和社会矛盾，同时也给中国制造业发展留下了梯度转移的空间。这种不平衡的发展可以从制造业的区域集中度反映出来，首先无论是从增加值的角度还是从就业人口的角度来看，居前 5 位的省份占全国的比例都在逐步提高，增加值从 1991 年的 41.31% 上升到 2004 年的 52.79%，就业人口从 1991 年的 39% 增加到 46.91%。其次，居前 5 位的省份变化趋势正逐步向中国东部三大都市圈转移，增加值居前 5 位的省份从 1991 年的江苏、上海、广东、辽宁、山东，到 2001 年变化为浙江、上海、山东、江苏、广东，到 2004 年其相对位次仍保持相对稳定，而这些省份都是组成长三角、珠三角都市圈的核心省区。这都说明中国的区域集中度正逐步提高，制造业向东部都市圈聚集的趋势非常明显。

因此，深入分析中国制造业发展的区域特征，对把握区域制造业发展的态势和规律，促进中国制造业的区域集聚和跨越发展具有重要意义。下面分别从经济创造能力、科技创新能力和环境资源保护能力这三个方面对中国制造业发展的区域特征分别进行分析。具体按照东部、中部、西部三大区域的制造业发展特征进行研究。东部包括广东、福建、浙江、上海、江苏、山东、河北、天津、北京、辽宁、海南等 11 个省、市；中部包括江西、湖南、湖北、河南、安徽、山西、吉林、黑龙江等 8 个省；西部包括陕西、甘肃、青海、宁夏、新疆、四川、重庆、云南、贵州、西藏、广西、内蒙古等 12 个省、市、自治区。

(1) 经济创造能力

从中国区域制造业的经济创造能力上看，明显呈现一种由东向西梯度递减的特征趋势。根据我们确定的区域制造业发展程度评价指标体系，通过聚类分析，将各地区制造业按照经济创造能力分为五类，可以直观的把握东、中、西三大区域制造业的经济创造能力。

由表3－12可以看出，就区域制造业的经济创造能力来说，中国制造业“东强西弱”的格局依旧十分明显。东部制造业省份经济创造能力明显强于中部和西部省份；中部省份略强于西部。除了海南省，东部所有省份的制造业经济创造能力均达到了中等以上；中部地区制造业经济创造能力基本处于中等或较弱水平；而西部省份制造业经济创造能力则全部处于较弱或弱。

表3－12　　2006年中国区域制造业经济创造能力分布情况

	东部地区	中部地区	西部地区
经济创造能力强	上海、江苏、广东、山东、天津、浙江		
经济创造能力较强	辽宁、河北、福建、北京	河南、安徽	
经济创造能力较弱	海南	湖北、吉林、湖南、江西、山西、黑龙江	四川、云南、重庆、内蒙古、甘肃、陕西、新疆、宁夏
经济创造能力弱			广西、青海、贵州、西藏

2006年制造业经济创造能力“十强”省份，除河南外，全部来自于东部，依次为：上海、江苏、广东、山东、浙江、天津、辽宁、北京、河南、河北。与2005年经济创造能力“十强”省份相比，除了个别省份位次发生变化外，总体变化不大，但可以看到一些变化：(1) 上海制造业实力的提升。在2004年、2005年制造业十大强省中，上海均位居第4位，而在2006年的评选中，上海跃居第1位。(2) 河南制造业实力的大幅提升。在2004年、2005年的排名中，河南分别位于第18位、第21位，而在2005年，河南首次进入十大强省，排名第9位。(3) 东部制造业强势地位不可撼动与西部地区的停滞不前。虽然河南取代安徽名列2006年中国制造业十大强省之列，但十大强省中9个来自东部，并且与之后省份的距离愈加明显，显示了东部制造业的强势地位不可撼动。2004年四川尚能排入中国制造业十大强省之列，2005年名次下滑到第11位，2006年进一步下滑到第13位。而在中国制造业强省排名的倒数10位中有8个属于西部地区，

显示西部地区的制造业与中部地区特别是东部地区有较大差距。因此，无论是从直接绝对数量上还是从相对比例上，中国的制造业经济创造能力都是一种“东部遥遥领先，中部西部相对落后”的格局。

（2）科技创新能力

通过对各地区制造业科技创新能力进行聚类分析，确定制造业科技竞争力强、科技创新能力较强、科技创新能力中等、科技创新能力较弱、科技创新能力弱的五类地区。研究发现，与经济创造能力略有不同的是，中国制造业的科技创新能力在东、中、西部的梯度特征更为明显。如表3－13所示。

表3－13　2006年中国区域制造业科技创新能力分布情况

	东部地区	中部地区	西部地区
科技创新能力强	广东、江苏、上海		
科技创新能力较强	山东、浙江、天津、辽宁、北京		重庆、四川
科技创新能力较弱	福建、河北	安徽、河南、吉林、湖北、湖南、江西、山西	陕西
科技创新能力弱	海南	黑龙江	贵州、广西、甘肃、宁夏、青海、内蒙古、云南、新疆、西藏

分析发现，在制造业科技创新能力“十强”省份中，东部省份具有明显优势，有8个省份位列“十强”，西部地区是四川和重庆。东部地区的广东省，制造业科技创新能力在全国处于领先地位，江苏、上海紧随其后。西部地区的四川和重庆异军突起，其制造业科技竞争力和西部其余省份相比具有明显的优势。

（3）环境资源保护能力

对各区域制造业环境资源保护能力进行聚类分析，确定五类地区。如表3－14所示。

表3－14　2006年中国区域制造业环境资源保护能力分布情况

	东部地区	中部地区	西部地区
环境资源保护能力强	上海		
环境资源保护能力较强	江苏、浙江、山东、北京、天津		

续表

	东部地区	中部地区	西部地区
环境资源保护能力较弱	广东、辽宁、福建、河北、海南	河南、湖北、黑龙江、吉林、安徽、江西	四川、云南、陕西、内蒙古、甘肃
环境资源保护能力弱		湖南、山西	新疆、贵州、重庆、宁夏、广西、青海

注：西藏未收集到相关数据，故未进行分析。

从分布情况上看，东部省份制造业环境资源保护能力要强于其他地区。长三角的上海制造业的环境资源保护能力最强，江苏、浙江也属于较强水平。中部和西部地区制造业环境资源保护能力则基本相当，大部分省份属于较弱，或弱水平。

结合制造业的经济创造能力，考察各个省份制造业的环境保护能力，我们发现，在经济创造能力领先的部分省份，环境保护能力也较强。说明东部在大力发展制造业的基础上，能通过调整产业结构、强化科技应用来提升环境资源保护能力。

综上分析，可以对东、中、西部共30个省、市、自治区制造业的经济创造能力、科技创新能力和环境资源保护能力进行综合分析，形成如图3－2所示的能力分布图。

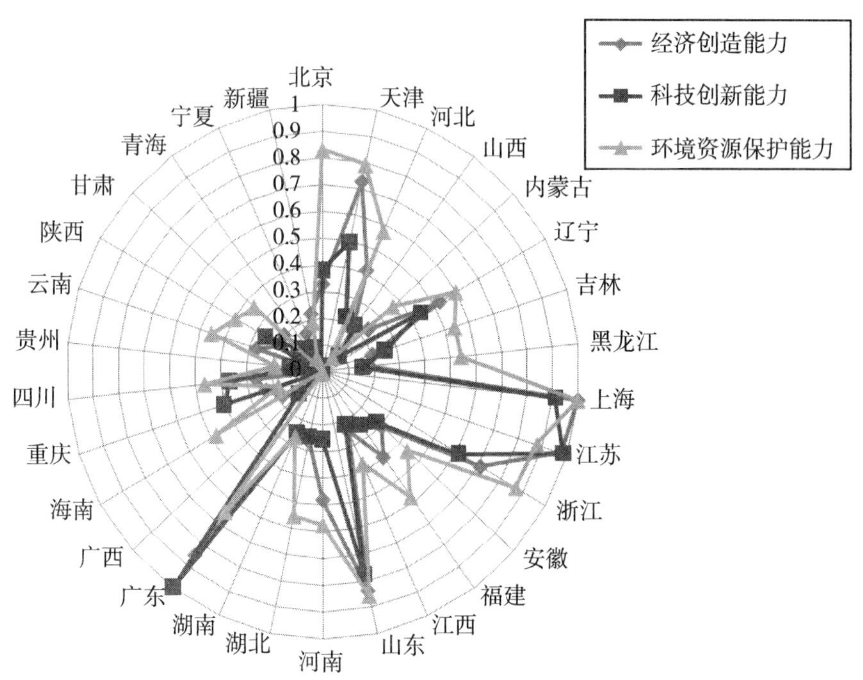

图3－2　各地区制造业三种能力轮盘图

然后，对图3－2的各个图形的相似性进行分类，可以分为7类区域：全面领先地区、缺项强势发展地区、经济缺项地区、环境资源优势发展地区、经济相对优势发展地区、科技相对优势发展地区和全面滞后地区。

Ⅰ类“全面领先地区”：上海、广东、江苏、山东，如图3－3所示。

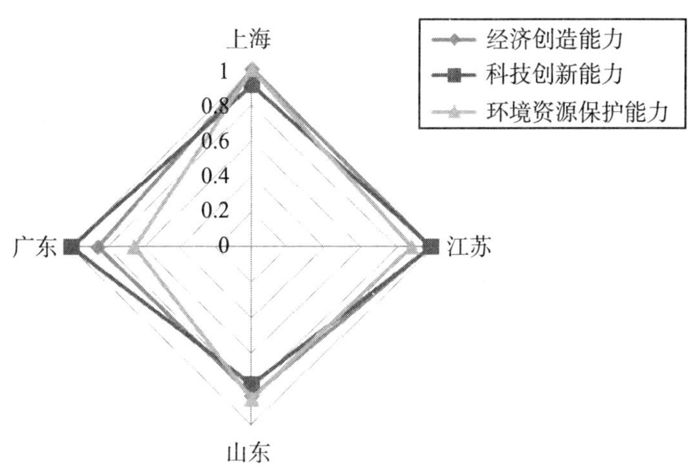

图3－3　Ⅰ类地区雷达图

这类地区制造业各项能力相对比较均衡，呈协调发展，各单项指标均名列全国前茅。上海各项能力指标均很靠前；江苏制造业的环境资源保护能力相对差一些，在进一步发展中需要重视环境资源保护方面的科技应用。山东各项能力均在全国前列，但科技创新能力相对于其经济创造能力和环境资源保护能力稍弱。广东经济和科技方面能力突出，环境资源保护能力虽然相对较弱，但仍然名列全国前列。

Ⅱ类“优势均衡发展地区”：浙江、天津、辽宁，如图3－4所示。

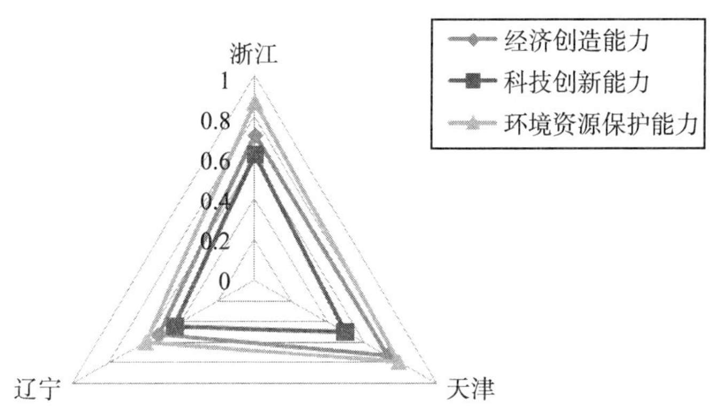

图3－4　Ⅱ类地区雷达图

这类地区制造业从经济创造能力、科技创新能力、环境资源保护能力这三方面看，也处于均衡发展态势，并且各项指标均位列全国前列。和“全面强势发展地区”地区相比，本类地区的发展模式是一致的，即也是走“全面均衡发展”

之路，重视制造业的全面均衡发展。

Ⅲ类“缺项优势发展地区”：北京、河北、河南、福建，如图3－5所示。

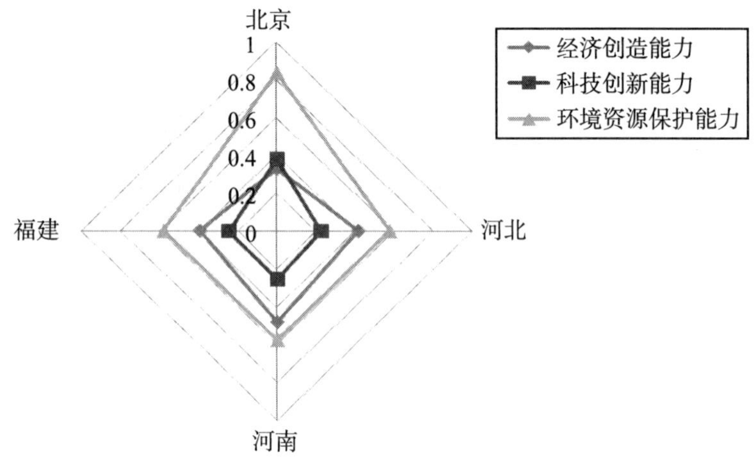

图3－5　Ⅲ类地区雷达图

这类地区制造业从经济创造能力、科技创新能力、环境资源保护能力这三方面看，均在其中的某些方面上具有明显的优势，但同时也存在着某些能力上的不足，可以说是优势与劣势均比较明显。北京制造业的发展在科技创新能力和环境资源保护能力上处于全国领先水平，但在经济创造能力上则处于相对滞后的局面。因此，在今后的发展中需要重视制造业经济创造能力的培养与提升。河北、河南、福建三省，其制造业的发展在经济创造能力和环境资源保护能力上均处于全国前列，但科技创新能力相对滞后。

Ⅳ类地区“均衡发展地区”：安徽、四川、湖南、江西、陕西，如图3－6所示。

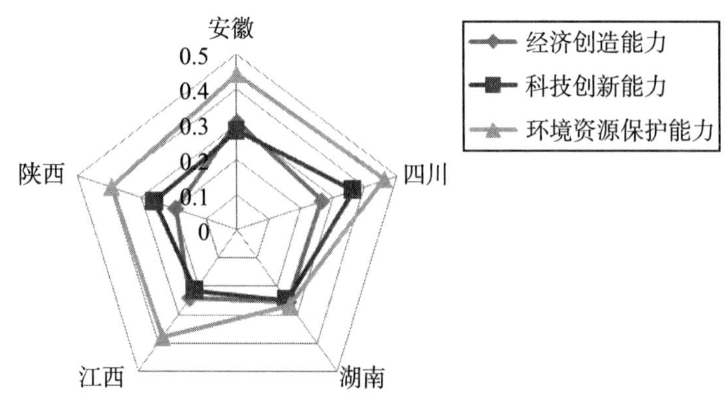

图3－6　Ⅳ类地区雷达图

这类地区的特点是有一定的经济创造能力、科技创新能力和环境资源保护能力，但是各项能力均不突出。

Ⅴ类地区“环境资源保护相对优势发展地区”：湖北、黑龙江、吉林、海南、云南，如图3-7所示。

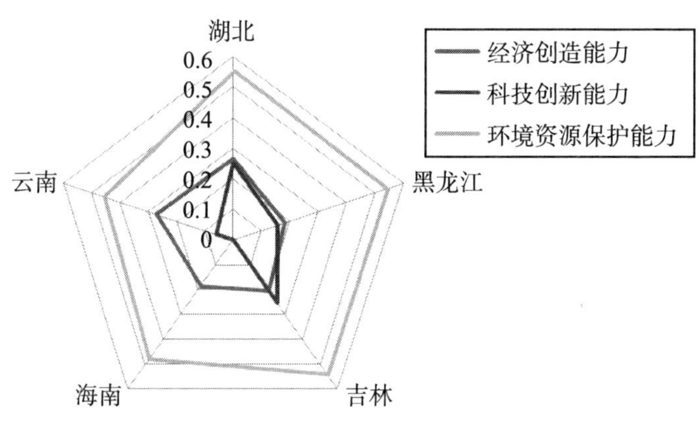

图3-7　Ⅴ类地区雷达图

这类地区的共同特征是制造业环境资源保护能力较强，但经济创造能力和科技创新能力偏弱，表明其环境资源保护较好是建立在制造业发展较慢的基础之上。在今后的发展中，这类地区需要注意提升制造业的经济创造能力和科技创新能力，但绝不能以牺牲已有的环境资源保护能力为代价。

Ⅵ类地区“缺项发展地区”：重庆、山西、内蒙古、新疆、甘肃，如图3-8所示。

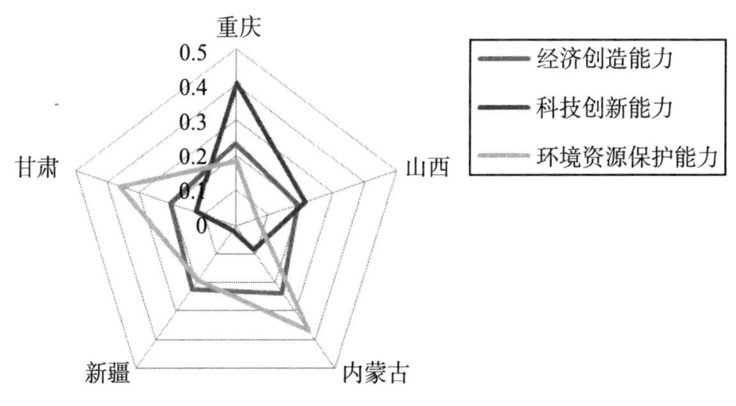

图3-8　Ⅵ类地区雷达图

这类地区的各项能力不均衡，存在某些能力的较大不足，进而制约了区域内制造业整体发展。例如，重庆市虽然科技创新能力单项位列全国第8位，但经济创造能力和环境资源保护能力则仅列第 19 位和第 26 位；山西省的经济创造能力和科技创新能力尚可，但环境资源保护能力名列全国 30 个地区的倒数第 4 位，严重影响了其制造业的发展水平和在全国制造业省份中的排名。

Ⅶ类地区“全面滞后地区”：广西、宁夏、青海、贵州，如图 3－9 所示。

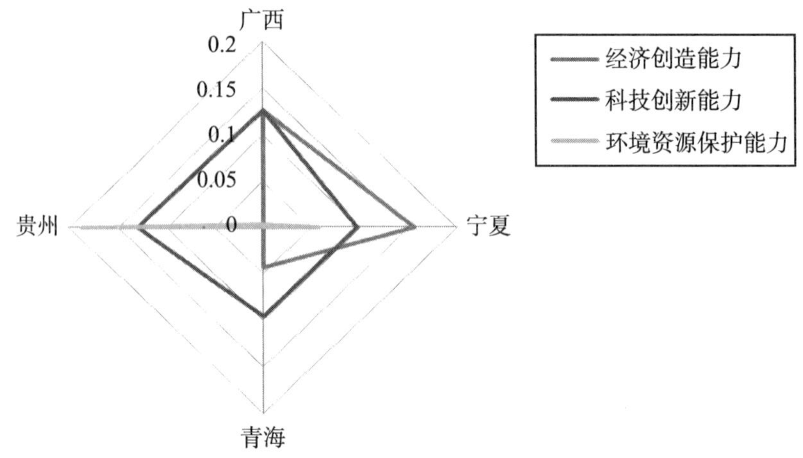

图 3－9　Ⅶ类地区雷达图

这类地区的特点是三项能力几乎都处于全国的最后，其制造业的发展是粗放型的，科技含量较低、资源消耗较大、环境污染严重，是急需全面提升制造业综合能力的重点区域。

综上所述，从区域经济地理角度看待中国制造业的发展，其最大特征便是区域发展的不平衡性。可见，建设制造业强国之路，成为世界制造业中心，不能一味地追求整体快速提高、行业齐头并进，我们更需要从区域着眼，由区域内的“部分强”带动并向“全部强”过渡。

3.4.2　制造业发展的产业特征分析

中国制造业产业的总体特征呈现：总量增加的速度较快，但效益提升的速度并不快，体现了增长的质量较低；产业结构不断优化，高新技术产业增长较快，传统产业仍然占较大比重；科技创新的投入在增加，同时存在着结构性矛盾；可持续发展能力提高较慢，产能消耗比较大。下面将从经济创造能力、科技创新能力和环境资源保护能力这三个方面对中国制造业发展的产业特征分别进行分析。

（1）经济创造能力

★ **总量规模**

2006年，中国制造业工业总产值达到274 151.6亿元，比2005年增长25.85%，产品销售收入达到270 048.5亿元，比2005年增长26.28%。从数量上看，2006年中国制造业继续保持了一个较快的增长速度。但是，制造业的增长质量并没有显著提高，从反映制造业增长质量的一个重要指标“制造业增加值率”来看，2006年中国制造业增加值率为0.264，与2005年的0.263基本相同（见表3－15）。

表3－15　　中国制造业增加值率变化情况（1993～2006年）

年份	1993	1994	1995	1996	1997	1998	1999	2000	2001	2002	2003	2005	2006
制造业增加值率	0.306	0.268	0.251	0.262	0.236	0.256	0.264	0.262	0.264	0.271	0.268	0.263	0.264

注：制造业增加值率＝制造业增加值/制造业总产值

资料来源：根据相关年份《中国统计年鉴》整理所得。

★ **进出口规模**

多年来，工业制成品的出口占出口总额的比例较高，2006年该值为94.54%，达到新高（见表3－16）。

表3－16　　中国工业制成品占出口总额的比例变化

年　份	1985	1990	1995	2000	2001	2002	2003	2004	2005	2006
历年工业制成品出口占中国出口总额比重（%）	49.4	74.4	85.6	89.8	90.1	91.2	92.1	93.2	93.6	94.54

资料来源：根据中国统计网（http：//www.stats.gov.cn）整理而得。

★ **就业规模**

2006年，制造业各行业从业人员共6 341.38万人，比2005年增长6.84%。近10年来制造业的就业人数有几次明显的涨落：由于产业结构调整等原因，制造业就业人数及所占比重从1995年到2000年呈不断下降趋势；2001年到2002年，制造业就业人数的绝对数和相对数回升到1998年的水平；但2004年到2005年间，制造业的就业人数又有较大幅度的减少。

★ **产业结构**

2006年制造业的利润总额为12 796.94亿元。其中，制造业各行业中利润最高的是黑色金属冶炼及压延加工业，其利润总额达到了 1 067.44 亿元，占制造业的 10.68%。创造利润较多的还有化学原料及化学制品制造业、电子及通信设备制造业、交通运输设备制造业、有色金属冶炼及压延加工业及电气机械及器材制造业。但是，在制造业 29 个行业中，石油加工及炼焦业的利润为负值，即石油加工及炼焦业是亏损的（见图 3－10）。

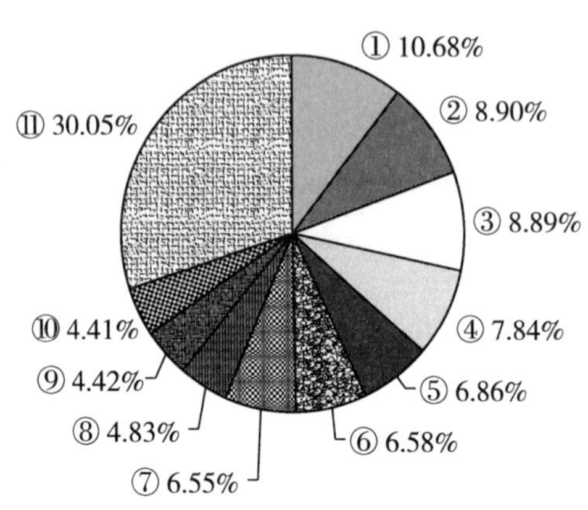

图 3－10　2006 年制造业利润总额的产业分布

资料来源：《中国统计年鉴（2008）》，中国统计出版社 2008 年版。

★ 就业结构

2006 年制造业的职工总人数[①]为 6 341.38 万人，其中吸纳就业最多的前五个产业为：纺织业、电子及通信设备制造业、非金属矿物制品业、电气机械及器材制造业和普通机械制造业。这其中，纺织业的职工人数最多，达到了 615.43 万人，占制造业总数的 9.70%。可见，劳动密集型产业，吸纳就业人员的功能对中国制造业发展有着不可替代的作用。

从制造业各产业的利润结构、就业结构等指标可以看出：中国制造业主要是以高能耗、高资源环境投入为代价的中低端产品制造为主，虽然高科技产业的地位在不断提升，但是还没有占据主要地位。因此，加快中国制造业的产业结构升级、用高新

① 《中国统计年鉴（2003）》定义职工为：在国有、城镇集体、联营、股份制、外商和港、澳、台投资、其他单位及其附属机构工作，并由其支付工资的各类人员。不包括下列人员：（1）乡镇企业就业人员；（2）私营企业就业人员；（3）城镇个体劳动者；（4）离休、退休、退职人员；（5）再就业的离、退休人员；（6）民办教师；（7）在城镇单位中工作的外方及港、澳、台人员；（8）其他按有关规定不列入职工统计范围的人员。

技术来改造和提升制造业，努力提高制造业产品档次、技术含量和附加值，促进制造业各产业的协同，全面提高制造业技术水平变得日益重要（见图3－11）。

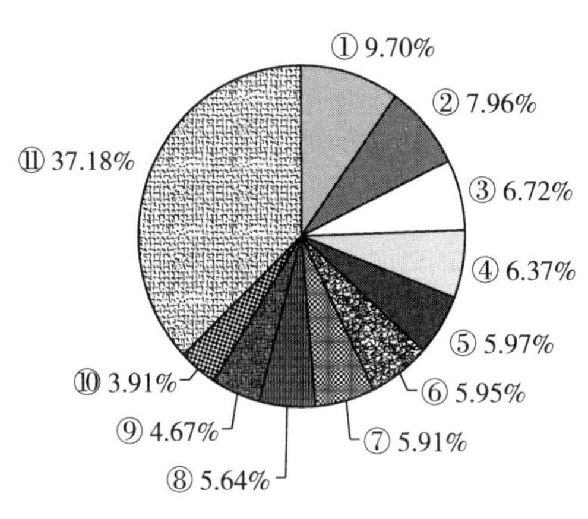

图3－11　2006年制造业分行业年均从业人数的产业分布

资料来源：《中国统计年鉴（2008）》，中国统计出版社2008年版。

（2）科技创新能力

制造业是建设创新型国家的物质基础，制造业的科技创新能力的强弱也就决定着创新型国家的建设发展程度的高低。了解制造业的科技创新能力现状，对促进制造业的集成创新和提高引进、消化、再吸收能力，实现中国制造业的开放式自主创新是非常重要的（见表3－17）。

★ **投入结构**

表3－17　　2006年中国制造业科技创新投入

指　标	2005年	2006年	增加
R&D活动经费支出（万元）	11 848 017	15 513 885	30.94%
R&D活动人员全时当量（人年）	543 012	621 993	14.54%

资料来源：根据《中国科技统计年鉴》2007年相关数据计算、整理得到。

2006年，制造业R&D活动经费支出为1 551.39亿元，比2005年增长30.94%。2006年制造业R&D活动人员全时当量为62.20万人年，比2005年增长14.54%。制造业科技创新的投入有明显增加。

从科技创新投入结构来看，2006年制造业的研发经费主要集中在电子及通信设备制造业、交通运输设备制造业、电气机械及器材制造业、黑色金属冶炼及压延制造业及普通机械制造业等几个产业。这五个产业的研发经费内部支出额占了制造业总额的64.77%，其中电子及通信设备制造业和交通运输设备制造业所占的比重分别为22.46%和14.44%。总的来说，研发经费的投入在产业间呈现出非常不平衡的局面（见图3-12）。

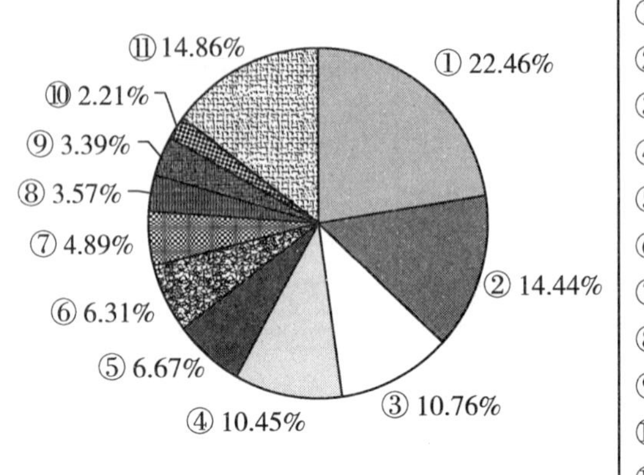

图3-12　2006年制造业科技创新产业投入结构

资料来源：《中国统计年鉴（2008）》，中国统计出版社2008年版。

★ **产出成果**

最近10年（见表3-18），中国制造业的重大科技成果从1996~2000年期间一直保持在5 000项/年以上，其中1997年达到6 500项，但2001~2002年间制造业的重大科技成果数量有明显下跌，每年不到4 000项。从2003年开始数量有所回升，2006年制造业的重大科技成果为6 164项，比2005年增长了约22%，增幅明显。

表3-18　　1996~2006年中国制造业重大科技成果　　单位：项

年　份	1996	1997	1998	1999	2000	2001	2002	2003	2004	2005	2006
应用技术成果数	5 727	6 500	5 530	5 467	5 334	3 997	3 786	4 795	4 143	5 054	6 164

资料来源：《中国科技统计年鉴》（2004、2005）。

中国制造业近些年来在科技创新上取得了一系列的成果，通过创新能力提高了中国制造业的总体规模和市场占有率。中国制造业的生产总量在世界生产总量中占有举足轻重的地位：一方面，信息产业的快速发展已经使中国成为世界信息产业大国，移动电话、DVD、彩电、程控交换机等电子元器件的产量均居世界第一；钢材、家电、水泥等制造业的发展也都形成庞大的规模。另一方面，据中国国家统计信息中心公布的资料显示，在世界信息能力总指数排序中，中国排在第27位，得分仅为6.17分，与美国的71.76分、日本的69.69分差得非常远，甚至还不如斯里兰卡[①]。对于钢材、家电、空调等产品的核心技术，中国需要大量的进口关键技术，例如中国推出的变频空调，几乎每家厂商都离不开日本公司的技术。同时，在数控技术、工业机器人、电子电力技术、汽车电子技术、复合加工技术、集成加工技术、敏捷制造技术等方面的开发利用上，中国与世界的差距还很大。

★ **产出结构**

2006 年制造业的科技创新产出，从总量指标看有较大发展，其中新开发产品项目数达到 98 040 项，比 2005 年增长了 25.33%。发明专利数为 25 298 项，比 2005 年增长了 36.93%（见表 3－19）。

表 3－19　　2006 年制造业大中型企业科技创新产出情况

科技创新产出指标	2005 年	2006 年	增长率
新开发产品项目数（项）	78 225	98 040	25.33%
发明专利数（项）	18 475	25 298	36.93%

资料来源：根据《中国统计年鉴》2007 年相关数据计算、整理得到。

企业的新产品开发数量，是衡量制造业科技创新产出的重要指标。2006 年，制造业新产品开发主要集中在电子及通信设备制造业、交通运输制造业、电气机械及器材制造业、普通机械制造业、化学原料及化学制品制造业，这五个产业开发的新产品占整个制造业的 62.15%。新产品开发数量位居前十位的产业，其新产品产出占了制造业总数的 84.15%，可见，新产品开发在产业间也不平衡，制造业科技创新的产出结构与投入结构基本一致（见图 3－13）。

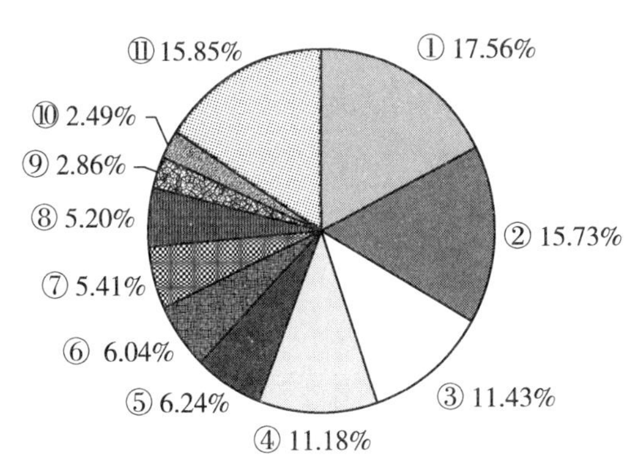

①电子及通信设备制造业
②交通运输设备制造业
③电气机械及器材制造业
④普通机械制造业
⑤化学原料及化学制品制造业
⑥纺织业
⑦专用设备制造业
⑧医药制造业
⑨黑色金属冶炼及压延加工业
⑩仪器仪表及文化、办公用机械制造
⑪其他

图 3－13　2006 年制造业科技创新产出规模结构

① 马月才：《中、美、日制造业发展比较研究》，载于《中国工业经济》，2003 年第 5 期，第 22～27 页。

新开发产品项目数可以从总量规模上反映中国制造业的科技创新产出情况，为了消除产业规模的影响，更加清晰的认识中国制造业各产业的产出能力，通过各产业的新产品销售收入占产品销售比重作柱状图来进行分析（见图3-14）。

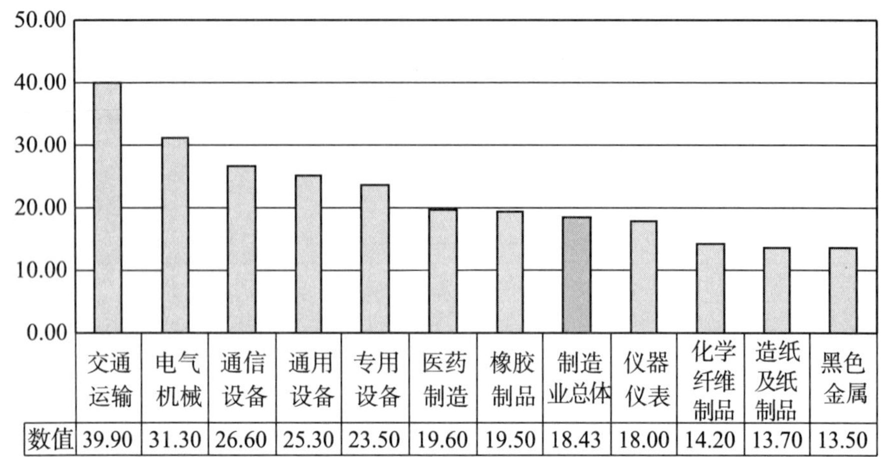

图3-14 2004年制造业科技创新产出效益结构

通过对比可以发现：制造业科技创新产出的相对数值分析结果与绝对数值之间还是存在着不小的差距：（1）交通运输、电气机械、通信设备、通用设备以及专用设备的新产品开发比重都比较高，远高于制造业的平均水平，这也说明了中国运输设备类制造业在不断的增强创新能力，有着较强的竞争力和可持续发展的潜力。（2）通过钢铁及纺织两个行业的对比，可以发现，传统产业在规模上有着很大的优势，但是在科技的创新能力上，还有着很大的缺口，应该加大创新投入力度，加强对传统产业的技术改造，提高传统产业的高科技含量，不断促进传统产业的产业结构升级，通过自主创新能力的增强来提升传统产业竞争力。

（3）环境资源保护能力

★ 能源消耗和环境影响总量

表3-20 制造业资源消耗和环境影响比重

能耗及环境指标	2005年数值	2006年数值	增加率
能源消耗总量（万吨标准煤）	127 683.89	143 001.12	12.00%
每万元产值能耗（吨标准煤）	0.59	0.52	-11.86%
工业废水排放总量（万吨）	1 650 267.00	1 666 209.00	0.97%
工业二氧化硫排放量（万吨）	743.26	753.40	1.36%
工业固体废弃物排放量（万吨）	607.00	391.96	-35.43%

资料来源：根据《中国统计年鉴（2007）》数据整理。

从表3－20可以看出，与2005年相比，2006年制造业消耗的能源以及对环境的影响仍然在加大。2006年制造业能源消耗总量达到143 001.12万吨标准煤，比2005年增长了12.00%。工业废水排放总量比2005年略有上升，上升了0.97%；工业二氧化硫的排放量比2005年也有少量上升，上升1.36%；但工业固体废弃物排放量比2005年有明显下降，下降了35.43%。

令人欣喜的是，制造业的能耗总量在不断提高的同时，能源使用效率有明显提高。2006年，制造业的每万元产值能耗为0.52吨标准煤，比2005年下降了11.86%，呈现出能源利用效率持续提高的趋势。

★ **能源消耗和环境影响程度**

根据统计数据，制造业各行业中能源消耗量最大的前五个行业为：黑色金属冶炼及压延加工业、化学原料及化学制品制造业、非金属矿物制品业、石油加工及炼焦业、有色金属冶炼及压延加工业，这五个行业占了制造业能源消耗总量的大部分，达到75.90%。消耗能源最少的五个行业为：家具制品业、文教体育用品制造业、仪器仪表及文化办公用机械制造业、烟草制品业和印刷业记录媒介复制业，只占制造业能源消耗总量的0.77%。因此制造业各行业对能源的消耗量是很不平衡的（见图3－15）。

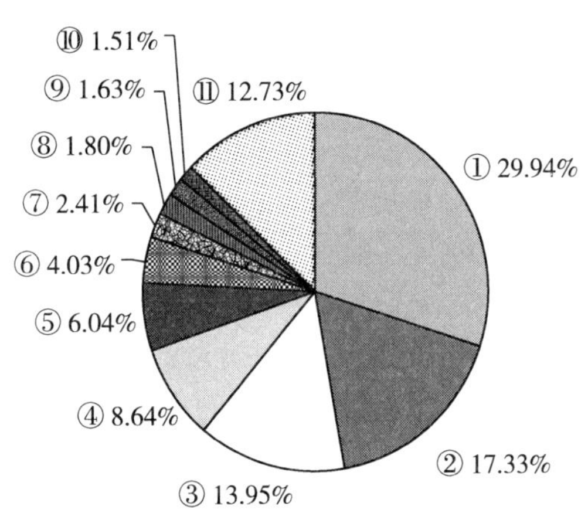

图3－15　2006年制造业能源消耗量的行业构成

资料来源：根据《中国统计年鉴（2007）》数据整理。

制造业主要产业能源使用效率。每万元产值能耗指标代表了各行业利用能源创造产值的效率。从该指标看，非金属矿物制品业的能源利用效率是最低的，该行业每创造万元产值约消耗标准煤1.70吨，此外，能源消耗总量最多的黑色金属冶炼及压延加工业、化学原料及制品制造业、石油加工及炼焦业、造纸及纸制品业以及有色金属冶炼及压延加工业是能源利用效率最低的五个行业。电子及通信设备制造业、仪器仪表及文化办公用机械制造业、烟草制品业、电气机械及器材制造业、家具制造业是能源利用效率最高的五个行业。制造业各行业的能源利用效率差距相当大，效率最低的非金属矿物制品业每万元产值消耗的标准煤是效率最高的通信计算机及其他电子设备制造业的34倍（见图3-16）。

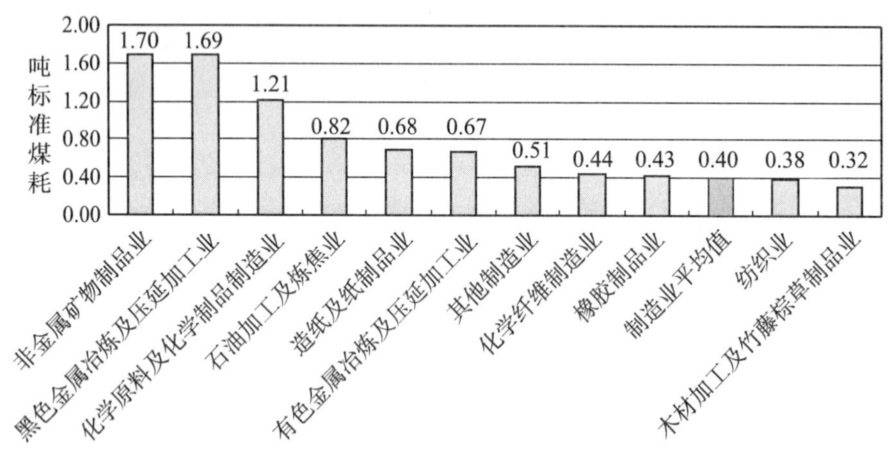

图3-16　每万元产值能耗最高的制造业行业

资料来源：根据《中国统计年鉴（2007）》数据整理。

制造业主要产业“三废”排放量。2006年，造纸及纸制品业、化学原料及化学制品制造业、纺织业、黑色金属冶炼及压延加工业、食品加工业是排放废水最多的五个行业，它们排放的废水总量占制造业废水排放总量的69.68%；而排放废水最少的五个行业是：文教体育用品制造业、家具制品业、印刷业记录媒介的复制业、烟草制造业及塑料制品业，仅占总量的0.55%。

二氧化硫排放集中在非金属矿物制品业、黑色金属冶炼及压延加工业、化学原料及制品制造业、有色金属冶炼及压延加工业、石油加工及炼焦业五个行业中，占制造业废气总排放量的77.41%。

固体废弃物排放状况很集中，排放量最大的五个行业为黑色金属冶炼及压延加工业、非金属矿物制品业、化学原料及制品制造业、有色金属冶炼及压延加工业、石油加工及炼焦业，占总排放量82.88%（见图3-17、图3-18）。

制造业主要产业“三废”利用率。与2003年的“三废”利用情况相比，2004年制造业“三废”的利用状况更接近于2002年的制造业“三废”利用特征。2004年三废综合利用产品产值主要集中在非金属矿物制品业、黑色金属冶炼及压延加工业和化学原料及制品制造业三个行业，占制造业总数的61%，2003年塑料制品业的三废综合利用产品产值占制造业总量的23%，而2004年又回落到占制造业总体的0.43%的水平。能源消耗大户及“三废”生产大户黑色金属冶炼及压延加工业的“三废”综合利用产品产值由2004年提升到第2位。对于能耗特别高的非金属以及黑色金属产业，应该在加强控制能耗的同时，大力的投入于对自身产生的污染的治理工作，以提高制造业总体的能源利用效率（见图3－19、图3－20）。

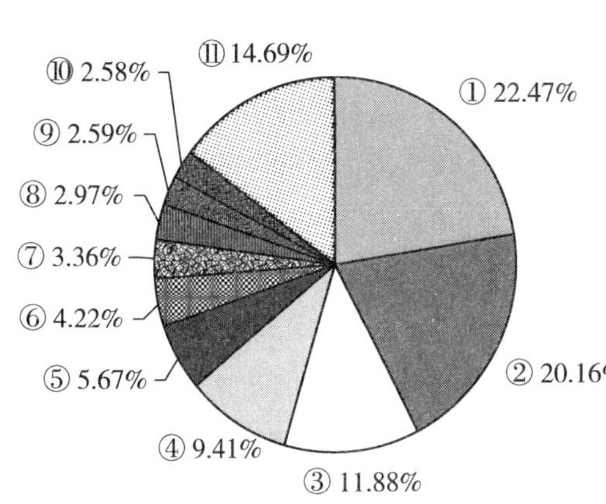

①造纸及纸制品业
②化学原料及化学制品制造业
③纺织业
④黑色金属冶炼及压延加工业
⑤食品加工业
⑥石油加工及炼焦业
⑦饮料制造业
⑧化学纤维制造业
⑨食品制造业
⑩非金属矿物制品业
⑪其他

图3－17　2006年制造业工业废水排放总量的行业构成

资料来源：根据《中国统计年鉴（2007）》数据计算、整理。

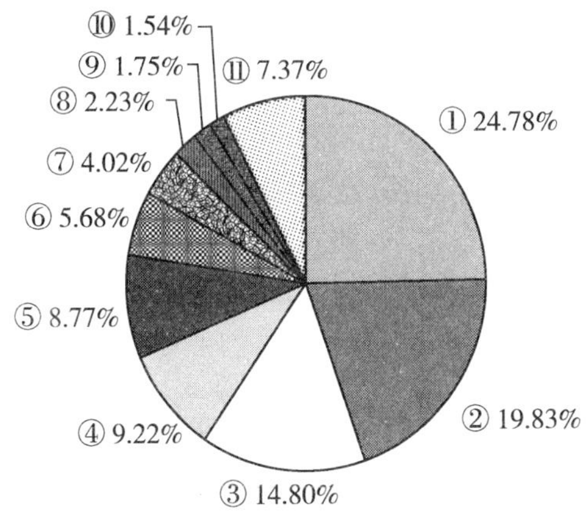

①非金属矿物制品业
②黑色金属冶炼及压延加工业
③化学原料及化学制品制造业
④有色金属冶炼及压延加工业
⑤石油加工及炼焦业
⑥造纸及纸制品业
⑦纺织业
⑧食品加工业
⑨化学纤维制造业
⑩饮料制造业
⑪其他

图3－18　2006年制造业废气排放总量的行业构成

资料来源：根据《中国统计年鉴（2007）》数据计算、整理。

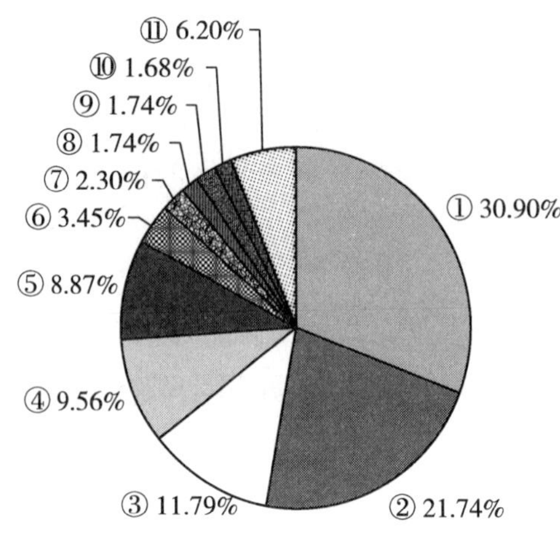

图 3－19　2006 年制造业工业固体废弃物排放量的行业构成

资料来源：根据《中国统计年鉴（2007）》数据计算、整理。

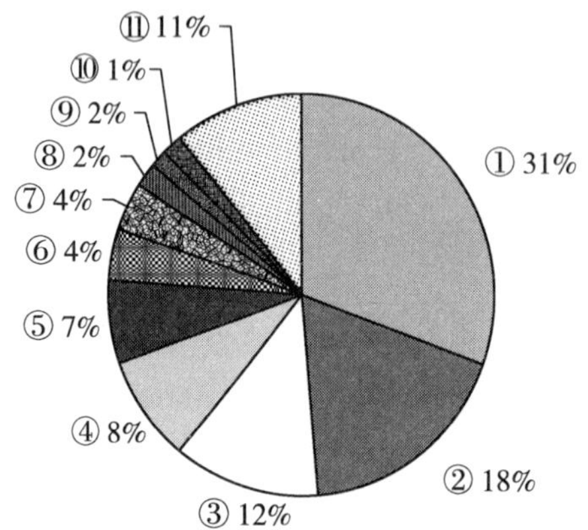

图 3－20　2004 年制造业分行业“三废”综合利用分布

资料来源：根据《中国统计年鉴（2005）》数据整理。

★ 能源节约与环境保护

通过对制造业经济发展和能源消耗的分析，可以发现，中国制造业的经济成果的取得是以大量的资源消耗为代价的。而要改变这种粗放式的规模扩张方式，促使中国制造业可持续发展，只有以各产业的科技进步和创新为动力，注重生产与生态的平衡，发展与环境的和谐，坚持制造业高效率、高技术、低消耗、广就业的发展目标（见图 3－21 ~ 图 3－23）。

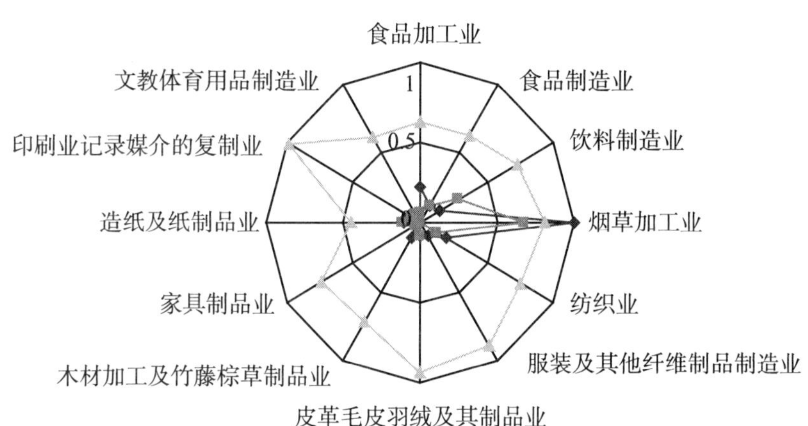

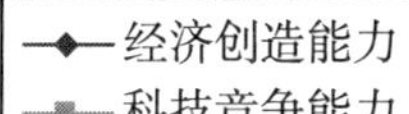

图 3－21　轻纺类制造业三种能力雷达图

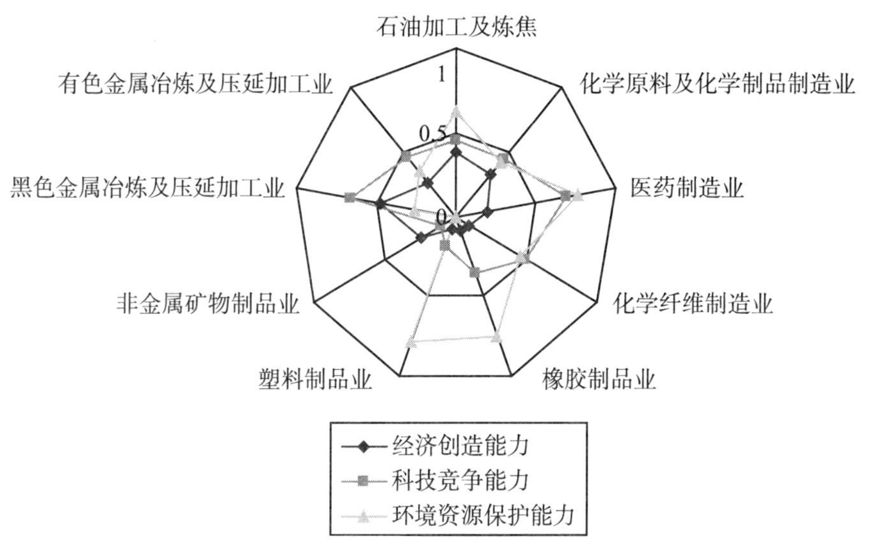

图 3－22　资源加工类制造业三种能力雷达图

根据前面对制造业产业经济创造能力、科技创新能力和环境资源保护能力三个维度的评价，按照三大类（轻纺制造业、资源加工工业、机械电子类制造业）划分，并对各产业三种能力的综合情况分别做雷达图，可以更直观地比较各产业的三种能力。

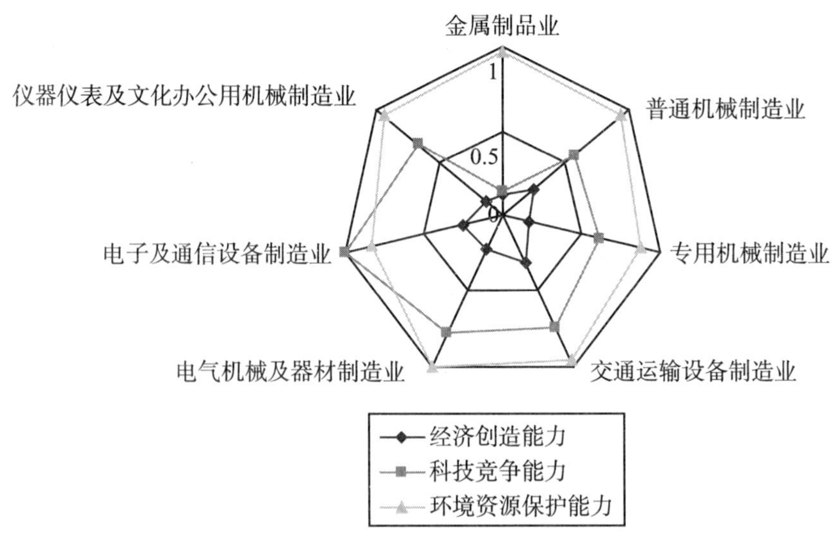

图 3-23 机械电子类制造业三种能力雷达图

从上述系列图表可以明显看出：机械电子类产业在三大类产业中经济创造能力最强，其余则比较接近，烟草加工业一支独秀，轻纺、资源加工、机械电子的科技创新能力依次提高，环境资源保护能力按机械电子类、轻纺类、资源加工类依次递减，但轻纺类产业差异较大，资源加工类普遍较差，机械电子类产业比较均衡，相对都较好。

3.4.3 制造业发展的企业特征分析

评价中国制造业发展的企业状况，我们主要从规模总量水平、经济贡献能力和自身成长能力三个方面展开。

样本范围取自中国制造业行业中，在深圳证券交易所或上海证券交易所公开上市的 A 股上市公司。选择 A 股，是因为本文主要是分析国内制造业企业的特征，而选择上市公司为研究对象，是因为其年报数据易获取，且公布的数据是按照国家有关法规、企业会计制度和相关规定处理和披露的，具有一定的可信性和可比性。此外，剔除所有 ST、PT 的上市公司，以保证研究结果的准确性。

此外，依照 2001 年中国证监会发布的《上市公司分类指引》，通信及相关设备制造业、计算机及相关设备制造业属于信息技术业，但根据国家统计部门对行业统计口径的调整意见，上述两个行业都属于制造业，因此本文将通信及相关设备制造业、计算机及相关设备制造业类上市公司归入制造业类上市公司。本文对制造业上市公司的分析，有关原始数据均来源于国内权威金融证券网站公布的上市公司各年年报，如金融界（www. jrj. com. cn）、巨潮资讯（www. cninfo. com. cn）和中证网（www. cs. com. cn）。

（1）总体发展特征

★ **规模总量水平**

从主营业务收入方面，2007 年中国制造业全部 820 家上市公司总规模达到 3. 43 万亿元，最大为 1 913 亿元，最小为 0. 07 亿元，平均规模为 41. 82 亿元，比上年增长 34. 90%。这说明 2007 年中国制造业企业的规模有了大幅度增长。

从地区分布来看，广东位列第一，其 90 家制造业上市公司的主营业务收入达到 14 798. 20 亿元；山东排第二，主营业务收入达到 2 140. 45 亿元；江苏位列第三，主营业务收入达到 2 139. 21 亿元。

从东中西部来看，东部 479 家制造业上市企业主营业务收入达到 24 378. 53 亿元，占全国 71. 10%。中部 190 家制造业上市企业主营业务收入达到 5 696. 63 亿元，占全国 16. 61%。西部 151 家制造业上市企业主营业务收入达到 4 214. 08 亿元，占全国 12. 29%。由此可以看出，东部地区上市企业规模总量最大，中部次之，西部最小。

从行业来看，金属非金属行业的规模最大，2007 年全行业 121 家上市企业主营业务收入达到 13 835. 57 亿元，占 40. 36%；机械设备仪表业第二，2007 年行业主营业务收入达到 9 212. 38 亿元，占 26. 88%；石油化学塑胶塑料业排第三，2007 年行业主营业务收入达到 3 460. 78 亿元，占 10. 10%；木材家具行业最小，2007 年主营业务收入只有 36. 01 亿元，仅占全部行业的 0. 11%。

★ **经济贡献能力**

从净利润来看，2007 年中国制造业 820 家上市企业净利润达到 1 918. 32 亿元，其中最高为 127. 18 亿元，最低为 -8. 11 亿元，平均每家企业净利润为 2. 34 亿元，比 2006 年增加 64. 79%。说明，2007 年比 2006 年，中国制造业企业的经济效益有了大幅度提高。

从各省市区来看，净利润指标上海位列第一，2007 年净利润达到 280. 42 亿元，占全国 14. 91%；广东第二，2007 年净利润达到 189. 85 亿元，占 10. 09%；北京第三，制造业企业的净利润达到 165. 39 亿元，占全国 8. 79%。

从东中西部比较来看，2007 年东部地区制造业上市企业净利润总和达到 1 138. 95 亿元，占全国 60. 56%，中部地区达到 459. 05 亿元，占全国 24. 41%，西部地区达到 282. 81 亿元，占全国 15. 03%。

从行业比较来看，金属非金属行业净利润最高，达到 891. 22 亿元，占全部制造行业的49.27%；机械设备仪表行业第二，达到414.99亿元，占全部行业的22.94%；石油化学塑胶塑料行业第三，达到187.11亿元，占全部行业的10.34%；木材家具行业最低，只有4.29亿元，仅占全部行业的0.24%；其他制造业、电子制造业和计算机制造业都比较低，其行业净利润总额都低于全部行业的1%。

★ **发展成长能力**

从制造业上市公司成长速度的企业整体分布情况来看，大多数企业都是以比较平稳的速度成长的，有超过4/5的企业成长率在0～100%之间，只有极少数的企业（4家）以超过100%的速度成长，这说明中国制造业企业已经处于一个平稳发展的时期。

从行业分布来看，共涉及机械、设备、仪表，电子，木材、家具，纺织、服装、皮毛，信息技术业，金属、非金属，医药、生物制品，石油、化学、塑胶、塑料，食品、饮料，造纸、印刷，其他制造业等11个行业。其中，机械、设备、仪表业入选企业最多，为12家，占所有入围50家企业的24%；电子业次之，入选企业为8家，比例为16%；石油、化学、塑料、塑胶业有7家企业入选，比例为14%，医药、生物制品业与纺织、服装、皮毛业各有5家企业入选，比例为10%。这五个行业入选企业数占所有入围50家企业的74%，集中度比较高。

从区域分布来看，中国制造业企业正增长率的省份分布排名依次为浙江省、广东省、江苏省、山东省，四个省所占比例达到38.83%，高于2006年的37.42%。而地处东部地区的天津市则连续两年仅排名第29位，处于东部的末尾，远远落后于北京市和上海市，而且落后于重庆市。中部地区湖北省、安徽省和河南省均有较多企业入选，这些省份在中部地区经济较为活跃。西部地区除四川省及云南省分别有12家和9家企业入选外，其他省份均排名靠后，其中青海省与西藏2007年没有企业入选正增长排名。

（2）规模最大的50家制造业企业

企业规模及其结构是否合理，是关系到国民经济发展全局的重要战略问题，对企业规模进行分析是研究各个行业以及制造业现状、竞争力和发展趋势的重要途径。当前中国企业的平均规模比发达国家小得多，规模组织程度较低，若以国际通行的标准看，达到合理规模的很少。

我们根据在深圳证券交易所或上海证券交易所公开上市的制造业A股上市公司2007年年报数据，以主营业务收入为指标排序，得到中国制造业820家上市公司的规模排名，其中前50强排行如表3－21所示。

表 3-21　　2007 年中国制造业上市公司规模 50 强排名

序号	证券代码	证券简称	行业	所属地
1	600019	宝钢股份	金属、非金属	上海
2	600005	武钢股份	金属、非金属	湖北
3	601600	中国铝业	金属、非金属	北京
4	000898	鞍钢股份	金属、非金属	辽宁
5	600104	上海汽车	机械、设备、仪表	上海
6	600808	马钢股份	金属、非金属	安徽
7	600688	S 上石化	石油、化学、塑胶、塑料	上海
8	000825	太钢不锈	金属、非金属	山西
9	600418	江淮汽车	机械、设备、仪表	安徽
10	600010	包钢股份	金属、非金属	内蒙古
11	000039	中集集团	金属、非金属	广东
12	600362	江西铜业	金属、非金属	江西
13	000761	本钢板材	金属、非金属	辽宁
14	600812	华北制药	医药、生物制品	河北
15	000932	华菱管线	金属、非金属	湖南
16	000709	唐钢股份	金属、非金属	河北
17	600001	邯郸钢铁	金属、非金属	河北
18	600320	振华港机	机械、设备、仪表	上海
19	000629	攀钢钢钒	金属、非金属	四川
20	000063	中兴通讯	通信及相关设备制造业	广东
21	000959	首钢股份	金属、非金属	北京
22	600871	S 仪化	石油、化学、塑胶、塑料	江苏
23	600177	雅戈尔	纺织、服装、皮毛	浙江
24	000100	TCL 集团	电子	广东
25	600839	四川长虹	电子	四川
26	000878	云南铜业	金属、非金属	云南
27	600569	安阳钢铁	金属、非金属	河南
28	600260	凯乐科技	石油、化学、塑胶、塑料	湖北
29	000630	铜陵有色	金属、非金属	安徽
30	000651	格力电器	机械、设备、仪表	广东
31	600022	济南钢铁	金属、非金属	山东
32	000488	晨鸣纸业	造纸、印刷	山东
33	600102	莱钢股份	金属、非金属	山东
34	000527	美的电器	机械、设备、仪表	广东
35	600585	海螺水泥	金属、非金属	安徽
36	600150	中国船舶	机械、设备、仪表	上海

续表

序号	证券代码	证券简称	行业	所属地
37	000725	京东方	电子	北京
38	000858	五粮液	食品、饮料	四川
39	000625	长安汽车	机械、设备、仪表	重庆
40	000338	潍柴动力	机械、设备、仪表	山东
41	000717	韶钢松山	金属、非金属	广东
42	000923	S宣工	机械、设备、仪表	河北
43	000521	美菱电器	机械、设备、仪表	安徽
44	600875	东方电气	机械、设备、仪表	四川
45	600006	东风汽车	机械、设备、仪表	湖北
46	601003	柳钢股份	金属、非金属	广西
47	000800	一汽轿车	机械、设备、仪表	吉林
48	600307	酒钢宏兴	金属、非金属	甘肃
49	600282	南钢股份	金属、非金属	江苏
50	600222	太龙药业	医药、生物制品	河南

2007年，中国制造业全部820家上市公司平均规模为49.15亿元，比2006年的30.84亿元有较大幅度的增加，标准差为249.14亿元，中位数为17.34亿元，平均数远远高于中位数，可见，全部820家上市公司的规模是向前集中的。而标准离差率（标准离差/期望值）为2.26，说明上市公司规模差异很大。

★ **820家企业的规模结构**

中国国家统计部门以销售收入和资产总额两个指标为标准，将工业企业划分为特大型（50亿元以上）、大型（5亿元以上）、中型（5 000万元以上）和小型（5 000万元以下）四种类型。规模以上的分界线为500万元。对中国制造业全部820家上市公司规模统计，如表3-22所示。

表3-22　2006~2007年820家中国制造业上市公司企业规模比较（总资产）

	企业数		所占比例（%）		规模（亿元）		所占比例（%）	
	2006年	2007年	2006年	2007年	2006年	2007年	2006年	2007年
特大型	103	138	13.77	16.83	14 471.6	28 448.96	56.38	70.48
大型	594	613	79.41	74.76	11 011.11	11 653.84	42.89	28.87
中型	51	69	6.82	8.41	187.55	261.17	0.73	0.65
小型	0	0	0.00	0.00	0	0	0.00	0.00
总计	748	820	100.00	100.00	25 670.26	40 363.97	100.00	100.00
规模以上	748	820	100.00	100.00	25 670.26	40 363.97	100.00	100.00

统计发现，中国制造业上市公司的总趋势是规模扩大的，规模以上企业达到百分之百。特大型企业明显增多，增长比例达到3.1个百分点，总体资产规模也增长了14个百分点。特大型企业的规模超过总规模的2/3，达到70.48%。中型企业从数量和规模上都有所增加，中型企业增加18家，小型企业1家都没有。2007年中型企业的平均规模为3.785亿元，比2006年的3.68亿元略高，说明中型企业稍有所增长。对于大型企业，企业数目比上年要多，可能原因是作为数据来源的上市公司在资本市场上发生变化，但2006年的大型企业平均规模为18.54亿元，2007年达到19.01亿元，说明大型企业仍处于发展之中。

★ **50强企业的规模结构**

2007年，前50强企业的销售额总额为18 138.00亿元，比2006年增长55.05%，占整个制造业上市公司总销售额的52.92%。销售额的平均规模为344.94亿元，中位数为270.47亿元，标准差为344.94亿元。对于总资产，2007年为21 098.71亿元，占整个制造业上市公司总资产的52.74%，增长了10.63%。总股本占整个制造业的比例最低，也达到了38.42%。总资产的平均数为216.19亿元，中位数为144.66亿元，标准差为241.61亿元。这两个指标的平均数都远大于中位数，表明规模是向前列的大企业集中的。销售额的标准差率为0.95，总资产的标准率差为2.21，略有提高，说明前50强存在一定的规模差异，但相比较总体的集中趋势而言，前50家企业的规模向前集中趋势不及总体强烈，但差异趋势是增大的。

50强企业中，规模最大的仍是上海宝山钢铁公司，其主营业务收入为1 912.73亿元，占50强销售总额的10.55%，与同期相比增长了21.22%；其总资产为1 883.36亿元，占50强总资产的8.92%，与同期相比增长了24.68%，其主营业务收入是位居第二位的武汉钢铁股份有限公司的3.53倍。

★ **820家企业的行业分布结构**

对制造业的12个行业进行分析后发现，各个行业在制造业中的分布并不均匀，这与国家政策和国内外行业发展环境有关。为把握制造业的行业结构特征和发展趋势，应该了解不同行业的企业规模总量、比重、行业集中度，下面对820家企业的行业分布进行分析。各行业的分布如表3-23所示。

从表3-23可以看出，820家企业数量比较集中的是机械、石化、金属（钢铁）等传统行业，这3个行业的企业数共计470家，占据总数的57.32%，其销售额达到了26 508.74亿元，占总额的77.30%。新增的82家企业，22家为机械、设备、仪表行业，4家造纸印刷企业，4家医药生物制药企业，3家通信及相关设备制造企业，4家食品饮料企业，4家纺织服装皮毛企业，13家电子企业，11家为石油、化学、橡胶、塑料行业，4家其他制造业企业，13家为金属非金属行业。特别是机械、设备、仪表行业，其企业数达到了206家，占820家企业的25.12%；销售额共计9 212.38亿元，占销售总额的26.86%。石化行业2007年的总体规模与上年同期比较，略有上升，企业数量、规模总量方面都高于上年水平。金属非金属行业的规模和平均规模都位居首位，其平均规模与上年相比，增长了42.36%。

表3－23　　820家制造业上市公司的行业分布

行业	企业数	所占比例（%）	累计比例（%）	规模（亿元）	所占比例（%）	累计比例（%）	平均规模（亿元）
机械设备仪表	206	25.12	25.12	9 212.38	26.86	26.86	44.72
石油化学橡胶塑料	143	17.44	42.56	3 460.78	10.09	36.95	24.20
金属非金属	121	14.76	57.32	13 835.58	40.33	77.28	114.34
医药生物制品	84	10.24	67.56	1 506.77	4.39	81.67	18.15
纺织服装皮毛	59	7.20	74.76	951.95	2.78	84.45	16.13
食品饮料	58	7.07	81.83	1 458.31	4.25	88.70	25.58
电子	61	7.43	89.26	1 552.61	4.52	93.22	25.45
通信及相关设备	31	3.78	93.04	862.66	2.51	95.73	27.83
造纸印刷	25	3.05	96.09	570.56	1.66	97.39	22.82
其他制造业	21	2.56	98.65	540.45	1.58	98.97	25.74
计算机制造业	8	0.98	99.63	314.48	0.92	99.89	39.31
木材、家具	3	0.37	100	36.01	0.11	100	12.00
合计	820	100	—	34 302.54	100	—	41.93

注：这里的规模是指主营业务收入。

★ **50强企业的行业分布结构**

表3－24　　规模50强行业分布状况

行业	企业数	所占比例（%）	累计比例（%）	规模（亿元）	所占比例（%）	累计比例（%）	平均规模（亿元）
金属非金属	25	50.0	50.0	10 896.91	60.08	60.08	435.87
机械设备仪表	13	26.0	76.0	5 085.76	28.04	88.12	391.21
食品饮料	1	2.0	78.0	73.29	0.4	88.52	73.29
电子	3	6.0	84.0	730.30	4.03	92.55	243.43
通信及相关设备	1	2.0	86.0	347.77	1.91	94.46	347.77
石油化学橡胶塑料	3	6.0	92.0	737.24	4.06	98.52	245.75
医药生物制品	2	4.0	96.0	44.75	0.25	98.77	22.37

续表

行业	企业数	所占比例（%）	累计比例（%）	规模（亿元）	所占比例（%）	累计比例（%）	平均规模（亿元）
纺织服装皮毛	1	2.0	98.0	70.34	0.39	99.16	70.34
造纸印刷	1	2.0	100.0	151.65	0.84	100.00	151.65
合计	50	100	—	18 138.01	100.00	—	—

从表3-24可以看出，50强企业分布在制造业的9个行业：金属非金属业、机械设备仪表业、食品饮料业、电子业、通信及相关设备制造业、石油化学橡胶塑料业、医药生物制品业、纺织服装皮毛业、造纸印刷业，其中纺织服装皮毛业是新进入50强的行业。50强中，企业数量较为集中的是金属、机械、石化等行业，这3个行业进入50强的企业数量达到41家，占据了82%。其中金属非金属业的企业有25家，占50强的50%，销售额共计10 896.91亿元，占50强总销售额的60.08%。50强中有13家为机械设备仪表业，在前十位中有2家，是位于第5名的上海汽车和第9位的江淮汽车。十强中的另外1家属于石化行业。50强企业的行业分布没有上年集中，但传统行业仍然占据了绝大份额，金属业的平均规模是50强中规模最小的医药生物制品业平均规模的19.48倍。

★ **省、自治区、直辖市分布状况**

表3-25　　制造业820家上市公司的省市区分布

序号	省市区	企业数	所占比例（%）	累计企业数	规模（亿元）	所占比例（%）	累计规模（亿元）	平均规模（亿元）
1	广东	90	10.98	90	4 120.03	12.01	4 120.03	45.78
2	江苏	74	9.02	164	1 597.39	4.66	5 717.42	21.59
3	浙江	80	9.76	244	1 516.31	4.42	7 233.73	18.95
4	上海	60	7.32	304	5 122.46	14.93	12 356.19	85.37
5	山东	55	6.71	359	2 561.71	7.47	14 917.90	46.58
6	安徽	39	4.76	398	3 002.84	8.75	17 920.74	77.00
7	北京	37	4.51	435	2 118.06	6.17	20 038.80	57.24
8	湖北	36	4.39	471	1 096.31	3.20	21 135.11	30.45
9	四川	31	3.78	502	1 143.03	3.33	22 278.14	36.87
10	河南	27	3.29	529	1 034.56	3.02	23 312.70	38.32
11	福建	26	3.17	555	672.54	1.96	23 985.24	25.87
12	湖南	26	3.17	581	996.11	2.90	24 981.35	38.31
13	河北	23	2.80	604	1 806.11	5.27	26 787.46	78.53

续表

序号	省市区	企业数	所占比例（%）	累计企业数	规模（亿元）	所占比例（%）	累计规模（亿元）	平均规模（亿元）
14	辽宁	22	2.68	626	1 538.64	4.49	28 326.10	69.94
15	江西	19	2.32	645	876.42	2.55	29 202.52	46.13
16	吉林	17	2.07	662	278.58	0.81	29 481.10	16.39
17	重庆	15	1.83	677	487.93	1.42	29 969.03	32.53
18	云南	14	1.71	691	717.31	2.09	30 686.34	51.24
19	内蒙古	14	1.71	705	645.36	1.88	31 331.70	46.10
20	新疆	14	1.71	719	369.74	1.08	31 701.44	26.41
21	山西	13	1.59	732	1 089.62	3.18	32 791.06	83.82
22	贵州	13	1.59	745	215.03	0.63	33 006.09	16.54
23	黑龙江	13	1.59	758	239.63	0.70	33 245.72	18.43
24	广西	13	1.59	771	403.40	1.18	33 649.12	31.03
25	陕西	11	1.34	782	106.47	0.31	33 755.59	9.68
26	甘肃	11	1.34	793	275.49	0.80	34 031.08	25.04
27	宁夏	8	0.96	801	54.42	0.16	34 085.50	6.80
28	天津	8	0.96	809	134.01	0.39	34 219.51	16.75
29	青海	4	0.49	813	44.25	0.13	34 263.76	11.06
30	海南	4	0.49	817	21.65	0.06	34 285.41	5.41
31	西藏	3	0.37	820	17.13	0.05	34 302.54	5.71
合计		820	100.00	—	34 302.54	100.00	—	41.83

表3-25是按照各省市区上市公司数量由多到少进行的排序，同时对其规模进行统计，可反映中国制造业在区域分布上的如下特点：（1）位于企业数前5位的仍是广东、江苏、浙江、上海、山东五个省市。广东和江苏分列第一位、第二位，分别占制造业上市公司总数的10.98%和9.02%。位居公司数量第4位的上海市，其规模总量位居第一位，占总规模的14.93%，其规模总量是位居第2位的江苏省规模总量的3倍多。上海的平均规模为85.37亿元，比制造业的平均规模41.83亿元高出一倍多。这充分显示了上海制造业的实力及其在中国制造业中的地位。（2）中国东部地区聚集了制造业的多数上市公司，并且制造业规模也主要聚集在这些地区。按上市公司数量排名位于前5位的省市（广东、江苏、浙江、上海和山东）都位于东部地区，它们的上市公司总数为359家，占制造业上市公司总数的43.79%，规模总量为14 917.90亿元，占制造业上市公司总规模的43.49%，接近一半。前7个省市（广东、江苏、浙江、上海、山东、安徽和北京）的企业数超过了总量的一半。这7个省市中，除了安徽属于中部外，

其他省市都在东部，中国制造业在地域分布上的偏差依旧鲜明。这与中国的对外开放政策有关，东部，尤其是沿海地区，无论是在运输成本还是政策体制、社会资本上都具有内陆地区无与伦比的优势，近些年来，制造业一直都在向外贸成本较低的东部沿海集中，广东、浙江、江苏、山东等省已经建立了一批新的制造业中心。(3) 各省份差距较大。

分别对31个省市区的企业数量、规模量和平均规模进行统计，可以得到中国制造业区域分布（各省、自治区、直辖市）的统计特征，如表3－26所示：

表3－26　　制造业820家上市公司的省市区分布统计特征

	企业数	规模量（亿元）	平均规模（亿元）
合计	820	34 302.54	41.83
平均值	26.45	1 106.53	36.12
标准差	22.88	1 218.50	23.68
标准离差率	0.87	1.10	0.66

从表3－26可以看出，31个省市区在上市公司数量和平均规模这两个指标上差别不大，标准离差率分别为0.87和0.66，比上年的0.8和0.55相比，略有提高。在规模方面，离差率比上年的1.09略有提高，为1.10，表明各地区差异较大。不过，2006年各省市区企业平均规模指标的标准差是14.55，2007年为23.68，说明还是有一定差距的。

表3－27　　规模50强企业省市区分布统计特征

序号	省市区	企业数	所占比例（%）	累计企业数	规模（亿元）	所占比例（%）	累计规模（亿元）	平均规模（亿元）
1	广东	6	12.00	6	2 088.68	11.52	2 088.68	348.11
2	上海	5	10.00	11	3 896.43	21.48	5 985.11	779.29
3	安徽	5	10.00	16	2 527.91	13.94	8 513.02	505.58
4	四川	4	8.00	20	764.60	4.22	9 277.62	191.15
5	河北	4	8.00	24	1 267.01	6.99	10 544.63	316.75
6	山东	4	8.00	28	1 109.65	6.12	11 654.28	277.41
7	北京	3	6.00	31	1 144.23	6.31	12 798.51	381.41
8	湖北	3	6.00	34	686.96	3.79	13 485.47	228.99
9	江苏	2	4.00	36	391.80	2.16	13 877.27	195.90
10	辽宁	2	4.00	38	966.46	5.33	14 843.73	483.23
11	河南	2	4.00	40	260.43	1.44	15 104.16	130.22
12	甘肃	1	2.00	41	223.19	1.23	15 327.35	223.19

续表

序号	省市区	企业数	所占比例(%)	累计企业数	规模(亿元)	所占比例(%)	累计规模(亿元)	平均规模(亿元)
13	内蒙古	1	2.00	42	267.73	1.48	15 595.08	267.73
14	湖南	1	2.00	43	438.44	2.42	16 033.52	438.44
15	江西	1	2.00	44	414.07	2.28	16 447.59	414.07
16	吉林	1	2.00	45	126.32	0.70	16 573.91	126.32
17	重庆	1	2.00	46	131.10	0.72	16 705.01	131.10
18	云南	1	2.00	47	344.56	1.90	17 049.57	344.56
19	山西	1	2.00	48	811.05	4.47	17 860.62	811.05
20	浙江	1	2.00	49	70.34	0.39	17 930.96	70.34
21	广西	1	2.00	50	207.06	1.14	18 138.02	207.06
合计		50	100.00		18 138.02	100.00		362.76

从表3－27可知，制造业的50强分布在21个省市区，与上年持平，增加了广西，去掉了黑龙江。中国制造业上市公司规模最大的50家企业主要分布在东部，位居前2位的广东和上海两个省市都属于东部地区，它们的上市公司数为11家，占总数的22%，规模则占总量的33.00%。上海位居第2名，但制造业规模在50强中全面领先，总规模3 896.43亿元，占总规模的21.48%。

★ **东部、中部和西部分布状况**

表3－28　　　820家企业的东中西部分布

区域	企业数	所占比例（%）	总规模（亿元）	所占比例	平均规模（亿元）
东部	479	58.42	19 662.01	57.32	41.05
中部	190	23.17	7 170.12	20.90	37.74
西部	151	18.41	7 470.41	21.78	49.47
合计	820	100.00	34 302.54	100.00	

从表3－28可知，东部在企业数量、总规模和平均规模等主要指标上都遥遥领先于中部和西部。东部地区的企业数量占总数的58.42%，上升了近2个百分点；规模则占57.32%，下降了5.68个百分点。而中部和西部的企业数量所占比例虽然有所减少，但企业规模所占比重是上升的，平均规模也有大幅度提高。中部地区规模上升了30.54%，西部地区规模扩大了19.1%。在平均规模方面，中西部地区发展明显，中部地区的平均规模由2005年的20.87亿元增长到37.74亿元，增幅为80.83%。西部地区的平均规模由22.74亿元增长到49.47亿元，增幅为117.55%。西部地区的平均规模甚至高于东部地区的平均规模。这都说

明西部地区企业发展速度上升，规模扩张速度加大。

东部、中部和西部行业分布也有着明显的差异。大多数行业都集中在东部地区，其中，计算机制造业和通信及相关设备业在东部地区最为集中，分别达到87.50%和80.65%，而这两个行业在西部地区总共只有2家，在中部地区也只有5家，这是因为东部地区经济发达，有着适合这类新兴行业发展的环境。中部地区的制造业企业所属行业占各个行业的比例相对均匀，没有特别集中的行业。而西部地区属于食品饮料行业的企业占整个行业的39.66%，因为西部地区的地理环境十分适合各种农作物以及食物原料的生长。总体来说，东部地区利用能源的行业和电子、通信设备业的比重较高；中部地区的交通运输设备制造业以及能源采集业比较集中；西部地区的行业以资源指向型比重最高。

东、中、西部地区的50强企业数量及规模从东向西呈梯形递减排布。从数量上看，东部在50强中占有27家，达总数的54%，超过一半，规模为10 934.58亿元，占60.29%；中部14家，占28%，规模为5 265.17亿元，占29.02%；西部9家，占18%，规模为1 938.25亿元，占10.69%。与上年同期相比，东部地区50强企业少了2家，而中部地区多了2家。在总规模上，东、中、西部的增长速度分别为46.52%、95.97%、25.11%，见表3-29。

表3-29　　50强企业的东、中、西部分布

区域	企业数	所占比例（%）	总规模（亿元）	所占比例（%）	平均规模（亿元）
东部	27	54.00	10 934.58	60.29	404.98
中部	14	28.00	5 265.17	29.02	376.08
西部	9	18.00	1 938.25	10.69	215.36
合计	50	100.00	18 138.00	100.00	

★ **历史比较分析**

如表3-30所示通过对2002~2007年期间的50强上市公司有关指标的归纳，可以在一定程度上把握中国制造业上市公司的发展轨迹。

表3-30　　2002~2007年50强企业规模变化　　单位：亿元

		2002年	2003年	2004年	2005年	2006年	2007年	年均
50强总规模	规模	4 016.02	5 704.77	8 236.86	10 336.02	11 698.59	18 138.00	32.52%
	增长率	14.90%	42.10%	44.39%	25.48%	13.18%	55.04%	
最大规模	规模	338.77	444.6	586.38	1 266.08	1 577.91	1 912.73	40.16%
	增长率	16.10%	31.20%	31.89%	115.91%	24.63%	21.22%	

续表

		2002年	2003年	2004年	2005年	2006年	2007年	年均
最小规模	规模	41.51	58.19	74.91	90.5	59.76	3.71	-2.47%
	增长率	23.20%	40.20%	28.73%	20.81%	-33.97%	-93.79%	
50强平均规模	规模	80.32	114.1	164.74	206.72	233.97	362.76	32.23%
	增长率	13.20%	42.10%	44.38%	25.48%	13.18%	55.05%	
50强总规模占当年总规模的比重		43.90%	43.50%	46.90%	51.00%	50.18%	52.88%	48.06%

表3-30显示，在2002年到2007年六年间，制造业上市公司50强在总规模、最大规模、最小规模、平均规模等指标上都保持了持续稳定地增长。这里要注意的是，2007年50强是用主成分分析法得到，与以往的按主营业务收入排名不同，上市公司的规模不仅受主营业务收入的影响，还受到资产规模和股本规模的作用。所以，这里的50强最小规模较低。50强占总规模的比重是不断增长的，表明制造业的发展速度稳定，规模集中度略有分散。

（3）效益最优的50家制造业企业

对企业来说，经济效益是企业一切经济活动的根本出发点，提高经济效益有利于增强企业的竞争力。企业的经济效益是指企业的生产总值同生产成本之间的比例关系，是衡量一切经济活动的最终的综合指标。提高企业的经济效益，就是指降低企业的生产成本，以较小的资源消耗，生产出最多的适合市场需要的商品和劳务。

★ **总体分析**

根据上市公司2007年年报数据，以净利润为指标排序，得到中国制造业820家上市公司的效益排名，其中前50强排名情况如表3-31所示。

表3-31　　2007年中国制造业企业效益50强排名　　单位：万元

排名	证券代码	证券简称	行业	上市时间	所属地	净利润
1	600019	宝钢股份	金属非金属	2002-12-12	上海	1 271 833.45
2	601600	中国铝业	金属非金属	2007-04-30	北京	1 022 505.80
3	000898	鞍钢股份	金属非金属	1997-12-25	辽宁	752 500.00
4	600005	武钢股份	金属非金属	1999-08-03	湖北	651 871.76
5	600104	上海汽车	机械设备仪表	1997-11-25	上海	463 468.05
6	000825	太钢不锈	金属非金属	1998-10-21	山西	424 860.59
7	600362	江西铜业	金属非金属	2002-01-11	江西	413 273.46
8	000039	中集集团	金属非金属	1994-04-08	广东	316 537.30

续表

排名	证券代码	证券简称	行业	上市时间	所属地	净利润
9	600150	中国船舶	机械设备仪表	1998-05-20	上海	291 766.25
10	600519	贵州茅台	食品饮料	2001-08-27	贵州	283 083.16
11	600585	海螺水泥	金属非金属	2002-02-07	安徽	249 421.86
12	600177	雅戈尔	纺织服装皮毛	1998-11-19	浙江	247 571.00
13	600808	马钢股份	金属非金属	1994-01-06	安徽	247 538.22
14	000709	唐钢股份	金属非金属	1997-04-16	河北	214 494.38
15	000338	潍柴动力	机械设备仪表	2007-04-30	山东	201 940.89
16	600320	振华港机	机械设备仪表	1997-08-05	上海	200 457.28
17	000623	吉林敖东	医药生物制品	1996-10-28	吉林	199 225.98
18	600875	东方电气	机械设备仪表	1995-10-10	四川	198 985.60
19	600010	包钢股份	金属非金属	2001-03-09	内蒙古	174 645.17
20	000761	本钢板材	金属非金属	1998-01-15	辽宁	169 895.00
21	000932	华菱管线	金属非金属	1999-08-03	湖南	161 242.18
22	600031	三一重工	机械设备仪表	2003-07-03	湖南	160 616.00
23	600688	S上石化	石油化学塑胶塑料	1993-11-08	上海	159 211.00
24	600309	烟台万华	石油化学塑胶塑料	2001-01-05	山东	148 134.18
25	600022	济南钢铁	金属非金属	2004-06-29	山东	138 531.38
26	000157	中联重科	机械设备仪表	2000-10-12	湖南	133 358.64
27	000651	格力电器	机械设备仪表	1996-11-18	广东	126 976.00
28	000063	中兴通讯	通信及相关设备	1997-11-18	广东	125 215.80
29	000060	中金岭南	金属非金属	1997-01-23	广东	120 454.12
30	000527	美的电器	机械设备仪表	1993-11-12	广东	119 346.68
31	600219	南山铝业	金属非金属	1999-12-23	山东	114 898.91
32	600102	莱钢股份	金属非金属	1997-08-28	山东	113 953.57
33	600569	安阳钢铁	金属非金属	2001-08-20	河南	109 052.79
34	600282	南钢股份	金属非金属	2000-09-19	江苏	103 085.29
35	601003	柳钢股份	金属非金属	2007-02-27	广西	99 882.02
36	000792	盐湖钾肥	石油化学塑胶塑料	1997-09-04	青海	99 029.29
37	000488	晨鸣纸业	造纸印刷	2000-11-20	山东	96 763.62
38	600001	邯郸钢铁	金属非金属	1998-01-22	河北	96 186.56
39	000629	攀钢钢钒	金属非金属	1996-11-15	四川	95 093.03
40	600685	广船国际	机械设备仪表	1993-10-28	广东	94 065.68
41	000878	云南铜业	金属非金属	1998-06-02	云南	92 181.79
42	600660	福耀玻璃	金属非金属	1993-06-10	福建	91 721.06
43	600432	吉恩镍业	金属非金属	2003-09-05	吉林	85 962.70
44	000630	铜陵有色	金属非金属	1996-11-20	安徽	83 703.73
45	000717	韶钢松山	金属非金属	1997-05-08	广东	82 737.83

续表

排名	证券代码	证券简称	行业	上市时间	所属地	净利润
46	000568	泸州老窖	食品饮料	1994－05－09	四川	77 336.71
47	600307	酒钢宏兴	金属非金属	2000－12－20	甘肃	77 128.47
48	000550	江铃汽车	机械设备仪表	1993－12－01	江西	75 915.80
49	600380	健康元	医药生物制品	2001－06－08	广东	72 507.25
50	000951	中国重汽	机械设备仪表	1999－11－25	山东	71 748.48

表3－32反映了2002～2007年中国制造业上市公司按行业划分的比例情况，从中可以看到，六年间12个行业的制造业企业在整个制造业中所占的比重变化不大。机械、设备、仪表，金属、非金属，石油、化学、塑胶、塑料，三大传统行业共占据了50%以上比重。

表3－32　2002～2007年各行业制造业企业数占所有企业数比重　单位：%

行业	2002年	2003年	2004年	2005年	2006年	2007年
电子	4.84	5.10	5.12	5.29	6.27	7.44
纺织、服装、皮毛	7.19	7.45	7.62	7.81	7.55	7.20
机械、设备、仪表	26.14	25.75	25.95	26.44	24.58	25.12
计算机制造业	1.24	1.18	1.19	1.20	1.02	0.98
金属、非金属	15.91	15.82	15.12	14.90	15.49	14.76
木材、家具	0.28	0.26	0.36	0.36	0.38	0.37
其他制造业	2.07	1.96	2.02	1.80	2.56	2.56
石油、化学、塑胶、塑料	18.26	18.43	18.21	17.91	17.54	17.44
食品、饮料	7.33	7.32	7.02	7.09	6.66	7.07
通信及相关设备制造业	3.46	3.40	3.33	3.13	3.84	3.78
医药生物制药	10.24	10.20	10.83	10.82	11.01	10.24
造纸、印刷	3.04	3.14	3.21	3.25	3.07	3.05
总　计	100.00	100.00	100.00	100.00	100.00	100.00

通过分析可以看到：（1）净利润有所提高。2007年制造业上市公司效益50强企业的净利润总和为11 221 915.73万元，比2006年的8 099 309.88万元提高了38.55%。（2）榜单变化不大，保留企业较多。2007年制造业上市公司效益50强企业中，保留了原来的宝钢股份、鞍钢股份、武钢股份、中集集团等37家企业，新增加了中国铝业、中国船舶、潍柴动力、南山铝业等13家企业。特别是中国铝业，属2007年新上市企业，首次进榜即排名前列，发展势头强劲，新进入企业以金属非金属、机械类居多，相应地也有多家企业退出榜单。医药企业类有2家企业上榜，吉林敖东、健康元替代了上一年度的S哈药，纺织服装类有雅

戈尔1家上榜，且与2006年相比进步显著。

★ 行业分布

从表3-33可以看出，2002年至2007年期间，效益50强企业数量较为集中的是金属、机械、石化等传统行业，2002年34家，2003年41家，2004年更是达到了49家，2005年41家，2006年为42家，2007年则为38家，由此可以看出，三大行业始终占据了绝对比重。

表3-33 2002~2007年制造业企业效益50强分行业企业数量 单位：家

行业	2002年	2003年	2004年	2005年	2006年	2007年
电子	1	2	0	2	0	0
纺织、服装、皮毛	1	1	0	2	1	1
机械、设备、仪表	10	11	2	11	11	12
计算机制造业	0	0	0	0	0	0
金属、非金属	22	26	11	23	26	23
木材、家具	0	0	0	0	0	0
其他制造业	1	0	0	0	0	0
石油、化学、塑胶、塑料	2	4	36	7	5	3
食品、饮料	6	3	0	2	4	2
通信及相关设备制造业	3	1	1	1	1	1
医药生物制药	2	1	0	1	1	2
造纸、印刷	2	1	0	1	1	1
总　　计	50	50	50	50	50	50

2002年制造业企业入选效益50强的企业数量，主要集中在金属非金属行业、机械设备仪表行业和石油化学塑胶塑料行业这三大行业，这三大行业入选企业数量占50强的比例分别为44%、20%和12%。2007年制造业企业入选效益50强的企业数量，同样主要是集中在上述三大行业，这三大行业入选企业数量占50强的比例分别为52%、27%和7%，其中金属非金属行业比重占绝对优势。石油化学塑胶塑料行业在经历了2004年的飞跃后，近年来呈持续下降态势，2007年度3家企业进榜。

2002年到2007年制造业企业净利润主要集中于金属非金属行业、机械设备仪表行业和石油化学塑胶塑料行业，2002年这三大行业占有比重70%，2003年的比重为80%，2004年高达95.9%，2005年比重92.47%，2006年为84%，2007年为86%，发展呈上升趋势。2007年，这三大行业净利润总额达到14 946 517.89万元，与2002年三大行业净利润总额2 177 626.03万元相比，提高了686.37%。其中，金属非金属业在制造业中净利润占的比例较大，近三年来均占50%左右的贡献率，2007年达到47.46%。从总体上看，机械设备仪表业和石油化学塑胶塑料业的净利润历年来的贡献率均在10%左右，特别是2004年石油、化学、塑胶、塑料行业的企业效益明显提高，净利润贡献率达到64.24%。2005年、2006年回落，达到12%和7%左右。

★ **区域分布**

从表3-34的数据可以看到，2002~2007年进榜企业数排名前7位的省市分别是上海、广东、山东、四川、安徽、河北、辽宁，企业数量之和占50强总数的55%。

表3-34　　2002~2007年50强企业数量分布　　单位：家

省市区	2002年	2003年	2004年	2005年	2006年	2007年	总计
安徽	2	2	3	3	3	3	16
北京	3	2	2	1	2	1	11
福建	1	1	0	0	1	1	4
甘肃	1	1	0	1	1	1	5
广东	6	4	3	6	5	8	32
广西	0	0	1	0	1	1	3
贵州	1	1	0	1	1	1	5
海南	0	0	0	0	0	0	0
河北	3	3	2	3	3	2	16
河南	2	1	1	1	2	1	8
黑龙江	1	1	0	1	1	0	4
湖北	2	2	5	1	1	1	12
湖南	1	2	1	1	3	3	11
吉林	1	2	2	0	0	2	7
江苏	3	2	4	2	0	1	12
江西	1	2	1	2	2	2	10
辽宁	3	3	3	2	2	2	15
内蒙古	1	1	0	2	1	1	6
宁夏	0	0	0	0	0	0	0
青海	0	0	1	1	1	1	4
山东	5	5	4	5	5	7	31
山西	1	1	3	1	1	1	8
陕西	0	0	0	0	0	0	0
上海	6	7	6	5	5	5	34
四川	2	2	4	5	5	3	21
天津	0	1	0	0	0	0	1
西藏	0	0	0	0	0	0	0

续表

省市区	2002 年	2003 年	2004 年	2005 年	2006 年	2007 年	总计
新疆	0	1	0	0	0	0	1
云南	0	0	1	2	2	1	6
浙江	3	2	2	4	1	1	13
重庆	1	1	1	0	1	0	4
合计	50	50	50	50	50	50	300

从表 3－35、表 3－36 可以看出，东部地区制造业企业入选效益 50 强的企业数占有绝对优势，但略呈下降趋势，2002 年为 33 家企业，到 2007 年入选企业数下降到 29 家。而中部地区入选效益 50 强的企业数稳步上升，2002 年为 11 家企业，到 2007 年达到 14 家。西部地区入选效益 50 强的企业增幅有所波动，由 2002 年的 6 家一度增长到 2006 年的 13 家，与中部地区持平，2007 年又回落为 7 家。

表 3－35　　三大经济区域效益 50 强企业数量表

三大区域	2002 年	2003 年	2004 年	2005 年	2006 年	2007 年
东部	33	30	26	28	24	29
中部	11	13	16	12	13	14
西部	6	7	8	10	13	7
合计	50	50	50	50	50	50

表 3－36　　2002～2007 年东中西部地区 50 强企业净利润总额比例表

单位：%

三大区域	2002 年	2003 年	2004 年	2005 年	2006 年	2007 年
东部	70.75	64.95	62.89	65.20	63.11	63.52
中部	17.51	23.19	26.48	13.59	23.96	28.25
西部	11.73	11.86	10.63	21.21	12.93	8.22
合计	100.00	100.00	100.00	100.00	100.00	100.00

（4）成长最快的 50 家制造业企业

★ **总体分析**

根据上市公司 2008 年公布的 2007 年年报所披露的数据，运用代表上市公司连续三年平均增长速度的成长率进行排序，得到结果见表 3－37。

表3－37　　最具成长性50家企业表

证券代码	证券简称	行业	省市区	总得分	排名
002046	轴研科技	机械、设备、仪表	河南	0.9786	1
600875	东方电机	机械、设备、仪表	四川	0.9691	2
002049	晶源电子	电子	河北	0.7914	3
002050	三花股份	机械、设备、仪表	浙江	0.7500	4
002043	兔宝宝	木材、家具	浙江	0.7429	5
000810	华润锦华	纺织、服装、皮毛	四川	0.7088	6
600077	国能集团	信息技术业	辽宁	0.4919	7
600829	三精制药	医药	黑龙江	0.4372	8
002127	新民科技	纺织、服装、皮毛	江苏	0.4130	9
002107	沃华医药	医药、生物制品	山东	0.3849	10
000822	山东海化	石油、化学、塑胶、塑料	山东	0.3730	11
600600	青岛啤酒	食品、饮料	山东	0.3717	12
600487	亨通光电	信息技术业	江苏	0.3579	13
002025	航天电器	电子	贵州	0.3458	14
600418	江淮汽车	机械、设备、仪表	安徽	0.3406	15
002055	得润电子	电子	广东	0.3342	16
600612	第一铅笔	其他制造业	上海	0.3244	17
002056	横店东磁	电子	浙江	0.3159	18
600869	三普药业	医药、生物制品	青海	0.3107	19
002061	江山化工	石油、化学、塑胶、塑料	浙江	0.3104	20
002113	天润发展	石油、化学、塑胶、塑料	湖南	0.3082	21
600573	惠泉啤酒	食品、饮料	福建	0.3036	22
002076	雪莱特	电子	广东	0.3025	23
002085	万丰奥威	机械、设备、仪表	浙江	0.3000	24
000523	广州浪奇	石油、化学、塑胶、塑料	广东	0.2967	25
600232	金鹰股份	纺织、服装、皮毛	浙江	0.2953	26
600550	天威保变	机械、设备、仪表	河北	0.2934	27
002079	苏州固锝	电子	江苏	0.2913	28
000410	沈阳机床	机械、设备、仪表	辽宁	0.2908	29
600993	马应龙	医药、生物制品	湖北	0.2866	30
000619	海螺型材	石油、化学、塑胶、塑料	安徽	0.2824	31
002119	康强电子	电子	浙江	0.2809	32
600255	鑫科材料	其他制造业	安徽	0.2790	33
600584	长电科技	电子	江苏	0.2770	34
002084	海鸥卫浴	金属、非金属	广东	0.2667	35
601002	晋亿实业	机械、设备、仪表	浙江	0.2624	36
600566	洪城股份	机械、设备、仪表	湖北	0.2620	37

续表

证券代码	证券简称	行业	省市区	总得分	排名
000530	大冷股份	机械、设备、仪表	辽宁	0.2620	38
000737	南风化工	石油、化学、塑胶、塑料	山西	0.2611	39
600268	国电南自	机械、设备、仪表	江苏	0.2611	40
600129	太极集团	医药、生物制品	重庆	0.2586	41
600439	瑞贝卡	纺织、服装、皮毛	河南	0.2532	42
002122	天马股份	机械、设备、仪表	浙江	0.2514	43
002087	新野纺织	纺织、服装、皮毛	河南	0.2476	44
600132	重庆啤酒	食品、饮料	重庆	0.2475	45
600019	宝钢股份	金属、非金属	上海	0.2461	46
002105	信隆实业	造纸、印刷	广东	0.2439	47
600458	时代新材	石油、化学、塑胶、塑料	湖南	0.2432	48
000591	桐君阁	医药、生物制品	重庆	0.2398	49
002067	景兴纸业	造纸、印刷	浙江	0.2381	50

★ 行业分布

从中国制造业企业成长最快50家的行业分布来看，共涉及机械、设备、仪表，电子，木材、家具，纺织、服装、皮毛，信息技术业，金属、非金属，医药、生物制品，石油、化学、塑胶、塑料，食品、饮料，造纸、印刷，其他制造业等11个行业。其中，机械、设备、仪表业入选企业最多，为12家，占所有入围50家企业的24%；电子业次之，入选企业为8家，比例为16%；石油、化学、塑料、塑胶业有7家企业入选，比例为14%，医药、生物制品业与纺织、服装、皮毛业各有5家企业入选，比例为10%。这五个行业入选企业数占所有入围50家企业的74%，集中度比较高。

★ 区域分布

制造业发展区域集聚化现象不断加剧，从表3－38可以看出，处于正增长状态的企业超过半数聚集在中国东部地带，中部和西部所占比例差不多。相对于2006年，东部和西部制造业正增长企业所占比例进一步提高，而中部制造业正增长企业所占比例有所下降。另外，与2006年相比，呈正增长的企业数目由481家减至358家，这与2007年国内通货膨胀、原材料价格上涨、人力成本提高、人民币升值等因素有重要关系，制造业企业利润趋薄，面临较大的经营压力。

表3－38　　制造业企业正增长的三大地带分布

区域	2007年（个数）	2007年（百分比）	2006年（个数）	2006年（百分比）
东部	206	57.54%	268	55.72%
中部	98	15.08%	116	24.12%
西部	54	27.37%	97	20.17%
合计	358	100%	481	100.00%

表3－39显示了中国制造业正增长企业的分布状况，从排名看，2007年与2006年前四位的省份相同，依次为浙江省、广东省、江苏省、山东省。但2007年这四个省所占比例达到38.83%，高于2006年的37.42%。而地处东部地区的天津市则连续两年仅排名第29位，处于东部的末尾，远远落后于北京市和上海市，而且落后于重庆市。中部地区湖北省、安徽省和河南省均有较多企业入选，这些省份在中部地区经济中较为活跃。西部地区除四川省及云南省分别有12家和9家企业入选，其他省份均排名靠后，其中青海省与西藏2007年没有企业入选正增长排名。

表3－39　　处于正增长的全部制造业企业的分布

序号	所属地	2007年（个数）	2007年比例	2006年（个数）	2006年比例	上年排名
1	浙江	39	10.89%	57	11.85%	1
2	广东	35	9.78%	46	9.56%	2
3	江苏	34	9.50%	40	8.32%	3
4	山东	31	8.66%	37	7.69%	4
5	湖北	20	5.59%	28	5.82%	5
6	安徽	18	5.03%	26	5.41%	6
7	上海	16	4.47%	23	4.78%	7
8	北京	16	4.47%	18	3.74%	9
9	河南	15	4.19%	18	3.74%	10
10	福建	13	3.63%	16	3.33%	11
11	辽宁	13	3.63%	13	2.70%	14
12	四川	12	3.35%	20	4.16%	8
13	河北	11	3.07%	13	2.70%	13
14	云南	9	2.51%	11	2.29%	15
15	山西	9	2.51%	8	1.66%	20
16	湖南	8	2.23%	14	2.91%	12
17	贵州	8	2.23%	10	2.08%	17
18	重庆	6	1.68%	9	1.87%	18

续表

序号	所属地	2007 年（个数）	2007 年比例	2006 年（个数）	2006 年比例	上年排名
19	江西	6	1.68%	11	2.29%	16
20	广西	6	1.68%	7	1.46%	22
21	青海	5	1.40%	4	0.83%	29
22	宁夏	4	1.12%	7	1.46%	21
23	陕西	4	1.12%	7	1.46%	24
24	黑龙江	4	1.12%	6	1.25%	25
25	内蒙古	4	1.12%	6	1.25%	26
26	新疆	3	0.84%	8	1.66%	19
27	甘肃	3	0.84%	7	1.46%	23
28	吉林	3	0.84%	5	1.04%	27
29	天津	3	0.84%	4	0.83%	28
30	海南			1	0.21%	30
31	西藏			1	0.21%	31

从成长最快50家制造业企业所属经济带来看（表3-40），2007年东部地带为31家，较2006年少1家，比重达到62%；中部地带入选企业数为12家，较2006年增长3家，所占比重为24%，而中西部地带入选50家的企业较2006年增加1家。从三大地带入选企业的行业分布来看，东部地带的企业主要在机械、设备、仪表，电子业及通信业具有明显优势；而中西部地带入选企业的行业分布则相对分散。

表3-40　　成长最快50家制造业企业地带分布

区域	2007 年（个数）	2007 年	2006 年（个数）	2006 年
东部	31	62.00%	32	64%
中部	12	24.00%	9	18%
西部	7	14.00%	9	18%
合计	50	100.00%	50	100%

从成长最快50家制造业企业的分布状况看，50家企业分布在31个省、自治区、直辖市的18个省市区，有13个省市区的企业没能进入50家成长最快企业。从排名来看，前三位的浙江、广东、江苏入选企业数达到20个，所占比例高达40%，这也显示了东部地区的制造业企业成长性较好。

在前10名省市里，西部地区只有重庆市进入前10名，有3家企业进入50强；而在没有一家企业进入50强的13个省份里，来自西部的高达7个，这一现象充分说明了西部地带制造业企业的弱势地位，尤其是在成长性方面。见表3－41。

表3－41　　　　成长最快50家制造业企业分布

序号	所属地	2007年个数	2007年比例（%）
1	浙江	10	20.00
2	广东	5	10.00
3	江苏	5	10.00
4	山东	3	6.00
5	辽宁	3	6.00
6	河南	3	6.00
7	安徽	3	6.00
8	重庆	3	6.00
9	上海	2	4.00
10	河北	2	4.00
11	湖北	2	4.00
12	湖南	2	4.00
13	四川	2	4.00
14	贵州	1	2.00
15	青海	1	2.00
16	山西	1	2.00
17	福建	1	2.00
18	黑龙江	1	2.00
19	北京、天津、海南、西藏、陕西、甘肃、江西、新疆、宁夏、吉林、内蒙古、广西、云南	0	0

★ **历史比较分析**

根据连续两年中国制造业成长最快50家企业的相关数据，我们可以对它们的整体排名和变动情况进行初步分析。见表3－42。

表3－42　2007年和2006年中国制造业成长最快50家企业比较

排名	2007年成长最快50家企业			2006年成长最快50家企业		
	证券代码	证券简称	所属地	证券代码	证券简称	所属地
1	002046	轴研科技	河南	600786	东方锅炉	四川
2	600875	东方电机	四川	600521	华海药业	浙江
3	002049	晶源电子	河北	002046	轴研科技	河南
4	002050	三花股份	浙江	002050	三花股份	浙江
5	002043	兔宝宝	浙江	600855	航天长峰	北京

续表

排名	2007年成长最快50家企业			2006年成长最快50家企业		
	证券代码	证券简称	所属地	证券代码	证券简称	所属地
6	000810	华润锦华	四川	002047	成霖股份	广东
7	600077	国能集团	辽宁	002043	兔宝宝	浙江
8	600829	三精制药	黑龙江	600475	华光股份	江苏
9	002127	新民科技	江苏	002048	宁波华翔	浙江
10	002107	沃华医药	山东	002049	晶源电子	河北
11	000822	山东海化	山东	002045	广州国光	广东
12	600600	青岛啤酒	山东	002028	思源电气	上海
13	600487	亨通光电	江苏	600005	武钢股份	湖北
14	002025	航天电器	贵州	600963	岳阳纸业	湖南
15	600418	江淮汽车	安徽	600423	柳化股份	广西
16	002055	得润电子	广东	600019	宝钢股份	上海
17	600612	第一铅笔	上海	002025	航天电器	贵州
18	002056	横店东磁	浙江	600538	北海国发	广西
19	600869	三普药业	青海	000059	辽通化工	辽宁
20	002061	江山化工	浙江	000960	锡业股份	云南
21	002113	天润发展	湖南	002006	精工科技	浙江
22	600573	惠泉啤酒	福建	600432	吉恩镍业	吉林
23	002076	雪莱特	广东	600418	江淮汽车	安徽
24	002085	万丰奥威	浙江	600408	安泰集团	山西
25	000523	广州浪奇	广东	600309	烟台万华	山东
26	600232	金鹰股份	浙江	600352	浙江龙盛	浙江
27	600550	天威保变	河北	600875	东方电机	四川
28	002079	苏州固锝	江苏	002021	中捷股份	浙江
29	000410	沈阳机床	辽宁	600436	片仔癀	福建
30	600993	马应龙	湖北	002027	七喜控股	广东
31	000619	海螺型材	安徽	600439	瑞贝卡	河南
32	002119	康强电子	浙江	002042	飞亚股份	安徽
33	600255	鑫科材料	安徽	002038	双鹭药业	北京
34	600584	长电科技	江苏	002019	鑫富药业	浙江
35	002084	海鸥卫浴	广东	600527	江南高纤	江苏
36	601002	晋亿实业	浙江	600370	三房巷	江苏
37	600566	洪城股份	湖北	600460	士兰微	浙江
38	000530	大冷股份	辽宁	600584	长电科技	江苏
39	000737	南风化工	山西	600660	福耀玻璃	福建
40	600268	国电南自	江苏	002018	华星化工	安徽
41	600129	太极集团	重庆	002008	大族激光	广东

续表

排名	2007年成长最快50家企业			2006年成长最快50家企业		
	证券代码	证券简称	所属地	证券代码	证券简称	所属地
42	600439	瑞贝卡	河南	600114	宁波东睦	浙江
43	002122	天马股份	浙江	600459	贵研铂业	云南
44	002087	新野纺织	河南	600409	三友化工	河北
45	600132	重庆啤酒	重庆	600686	金龙汽车	福建
46	600019	宝钢股份	上海	600143	金发科技	广东
47	002105	信隆实业	广东	600449	赛马实业	宁夏
48	600458	时代新材	湖南	600966	博汇纸业	山东
49	000591	桐君阁	重庆	002032	苏泊尔	浙江
50	002067	景兴纸业	浙江	600472	包头铝业	内蒙古

从表3－42可以看出，在排名前10位的企业中，和2006年相比，位于中西部地区的企业数有所增加。2006年，前10位中有2家来中西部地区，2007年，前10位中有4家位于中西部地区，第一位轴研科技来自中部的河南省，第二位东方电机来自西部四川省。

从2007年和2006年入选最具成长性50强企业的变化来看，有80%的50强企业发生变化，表明企业成长过程有较大的波动性。而仅有10家企业连续两年均进入排行，分别是排名2007年前5位的轴研科技、东方电机、晶源电子、三花股份、兔宝宝，以及航天电器、江淮汽车、长电科技、瑞贝卡、宝钢股份，说明这些企业具有较强的连续成长性。

（5）最受尊敬的30家制造业企业

根据新型制造业的特征及内涵，从经济、科技、社会、资源四个方面设计了一套指标体系，来评价当今制造业真正最受尊敬的企业。具体如下：按照以上原则共有10个二级指标入选：规模、品牌、潜力、创新能力、技术成果、社会贡献率、社会责任、人力资源、管理资源以及资源使用效率。其中规模指标下又有整体规模、销售规模、获利规模三个三级指标；品牌指标下又有品牌势力、产品形象两个三级指标；社会责任指标下又有责任意识、社会评价、环境质量三个三级指标。依据上述十项指标分别给制造业入选企业排名，如表3－43所示。

表 3 - 43　　2007 年中国最受尊敬 30 家企业排名

企业名称（证券简称）	排名	企业名称（证券简称）	排名
宝钢股份	1	鄂尔多斯	16
青岛海尔	2	新兴铸管	17
一汽轿车	3	经纬纺机	18
五粮液	4	张裕 A	19
格力电器	5	太钢不锈	20
海螺水泥	6	江西铜业	21
青岛啤酒	7	燕京啤酒	22
中兴通讯	8	华北制药	23
双汇发展	9	S 上石化	24
维科精华	10	晨鸣纸业	25
美的电器	11	方正科技	26
邯郸钢铁	12	中集集团	27
四川长虹	13	伊利实业	28
中国铝业	14	中联重科	29
雅戈尔	15	同仁堂	30

★ 行业分析

30 家最受尊敬的制造业企业，分别属于以下九大门类，如图 3 - 24 所示。

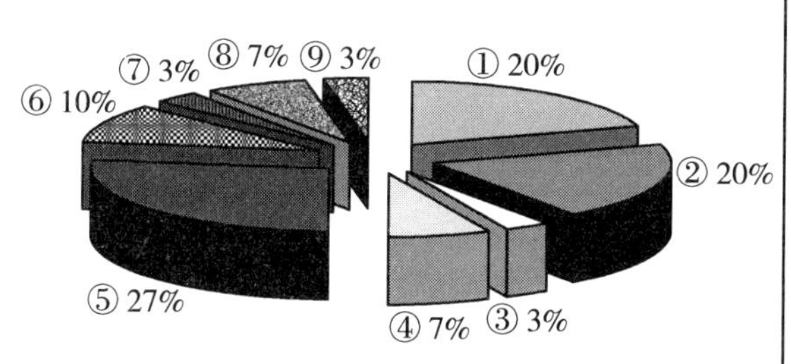

图 3 - 24　中国最受尊敬制造企业行业分布

从图 3 - 24 可知，金属、非金属制造业企业达到了 8 家，所占比重最大，其次为机械、设备、仪表和食品、饮料两个门类最受尊敬的企业比重最大，各自占了 6 家。在历年受尊重企业的评选中，食品、饮料两个制造业门类一直占有最高的比重，究其原因，一方面此类产品属于全民消费品，知名度较高；另一方面，由于企业形象对其产品影响力巨大，企业具有提升自身企业形象的强大动力，因而在社会责任感、品牌诚信度方面着力打造。同时我们也能得出，食品、饮料制造业的市场竞争是非常激烈的，企业只有不断创新发展，积极维护其产品品牌形象，才能在竞争中立于不败之地。金属、非金属制造业企业比上年增加了5家，与国际金属市场的发展有关。信息技术产业制造业，医药、生物制品制造业两个行业各有2家企业入选，比上年分别减少1家；纺织、服装、皮毛制造业行业入选3家，比上年增加1家；电子，石油、化学、塑胶、塑料制造业各有一家，这与石化产业的整合有关。造纸印刷制造业企业首次入选30家最受尊敬的制造业企业。

★ **区域分析**

由图3－25可知：30家最受尊敬的制造企业分布在全国31个省市自治区的14个省市自治区中，其中北京有5家入选企业，名列第一；其次是广东和山东的企业数分别达到4家；河北有3家企业入围；浙江、上海、四川、内蒙古各有两家；河南、湖南、江西、吉林、山西、安徽分别有一家企业入选。北京的5家企业涉及高科技领域、金属制造领域、食品和医药行业，反映了北京市大型企业全面发展的态势。广东省的4家企业基本都是涉及高科技领域的大型制造产业，反映了广东省在计算机、机械设备及金属制品制造业产业上的高端优势明显。山东省的4家企业主要涉及食品与高科技大型制造产业，反映了山东省在食品与高科技大型制造产业具有持续竞争优势；另外在轻工业行业中山东省首次有一家企业入选，反映了产业协调发展的趋势。河北省的3家企业主要涉及制药与金属行业，优势突出。上海的入选企业则基本是超大规模的国有企业，涵盖了钢铁和石油制造业板块。内蒙古作为中国经济相对不发达地区，此次却有两家企业入选，并且这两家企业已经连续入围最受尊敬制造业企业，企业成长经验值得借鉴。

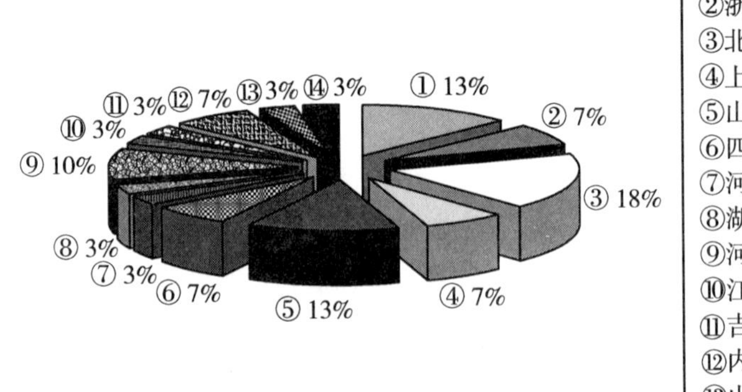

图3－25　中国最受尊敬制造企业区域分布

应该看到的是，作为中国制造业大省的江苏，此次却没有一家企业入围，而另一个制造业大省浙江，也只有两家企业入选。不难看出，江苏的制造业综合实力虽然名列前茅，但缺乏具有相当知名度的超大型企业。

3.5 中国成为世界制造业中心前景研究

学者们对于中国目前是不是世界制造业中心，会不会成为世界制造业中心这两个问题的意见比较一致，即中国目前还不是世界制造业中心，但是中国制造业在世界范围内的崛起，已经是一个不争的事实，中国制造业的发展速度和前景使中国成为下一个世界制造业中心成为可能。

3.5.1 中国制造业发展的成就与问题

制造业作为国民经济的重要组成部分，在中国经济发展过程中起到举足轻重的作用。经过30年的改革开放和工业化的迅猛发展，中国制造业在国际分工中已经争取到一定的地位，在今后相当长时期内，制造业仍是中国经济增长的主要支柱。

(1) 取得的成就

改革开放三十年来，中国制造业的发展取得了举世瞩目的成就，作为国民经济的主体和支柱性产业，制造业为今后中国国民经济的发展奠定了坚实的基础。

制造业的发展使中国的国际贸易规模扩大了约22倍，世界排名从改革开放之初的第32位上升到2007年底的第2位；年均利用外商直接投资从20世纪80年代初的不到20亿美元，上升到现在的400亿美元左右；1993~2005年，中国一直是仅次于美国的世界第二大外商投资东道国，至今累计吸引外商直接投资达3 500亿美元。2006年，中国已经取代美国成为世界第一大外商投资东道国。中国经济国际化程度的大大提高，有力地促进了国内产业结构升级，提高了国民经济运行效率。

目前中国已形成了长三角、珠三角、京津冀三大都市圈的制造业区域集聚态势。各地均利用自己的比较优势发展特色制造业，长三角地区作为中国吸纳世界制造业转移的重要基地，形成了以电子信息、生物医药为核心的高新技术群；在精品钢材、造船、汽车、成套装备、石油化工及精细化工、现代纺织、家用电器等领域形成世界级的制造业中心。长三角地区是国内最主要的集成电路（IC）

基地，聚集了全国近1/2的IC设计企业和制造企业以及4/5的封装测试企业。中国十大IC芯片生产基地中，有8家聚集在这一地区。在上海周边，形成了完整的IT制造业带，上海至苏州一线已经成为全球知名的电子产品制造业基地。珠三角处于沿海对外开放前沿，离香港金融中心很近，优越的地理位置为珠江三角洲与海外联系提供了十分便利的条件，形成了以高新技术产业和加工业为主的制造业。京津冀都市圈制造业起步早、发展较快、门类齐全，依托北京丰富的人力资源优势，逐步形成了以高新技术产业为核心的制造业。东北制造业基地包括黑龙江、吉林和辽宁三省，历史上一直是国家重要的装备制造业基地。

目前，中国经济正在大规模、全方位地融入世界经济，特别是中国制造业已经成为世界分工体系中的重要组成部分。可以说，中国是有史以来，在工业化进程仍然处于（人均）低收入状态时，开放速度最快、领域最广、开放政策最彻底的一个大国。进入21世纪，中国经济以非常快的速度融入世界经济，特别是中国制造业正在越来越深刻、越来越广泛地融入国际分工体系之中，中国市场成为国际市场的组成部分。而且同大多数发展中国家不同，中国经济高度融入世界经济并没有成为依附“中心”国家即发达国家的“外围”或者“边缘”国家，而是具有很强的主动性。

中国众多的人口同时也是一个巨大的消费市场。中国的基础设施建设，城市化过程和国土整治的巨大工作量，更是一个庞大的投资市场。随着中国工业化的推进和人均国民收入水平的提高，中国将成为一个促进各伙伴国共同发展的巨大市场。总之，中国工业的快速增长不仅创造供给同时也创造需求。中国贡献给世界的不仅是“制造业中心”，而且是一个巨大的“市场需求中心”，也就是中国不仅是“世界工厂”，也是“世界市场”。中国不仅从供应方推进世界经济发展，而且也从需求方拉动世界经济发展。

（2）存在的问题

尽管中国具有成为世界制造业中心的潜力和能力，但应该清醒地看到，无论是综合国力还是制造业本身的综合素质和竞争能力，特别是创新性的制造能力上，中国的制造业还存在许多问题。

技术创新能力相对较弱。这是制约中国制造业发展的最大“瓶颈”。其一，从反映产业核心竞争力的高新技术发展看，中国目前处于起步阶段，技术基础薄弱。高新技术产业增加值占GDP的比重仅为4%，远低于发达国家和新兴工业化国家水平；R&D经费投入低，技术创新能力不高。其二，中国还没有形成自主知识产权的技术体系，对发达国家技术上有很高的依赖度，产品设计、关键零部件、工艺装备主要依赖进口。其三，中国高新技术人才短缺。中国的高级技工只占技工总数的3.5%，与发达国家40%的比例相差甚远，技术工人素质不高导致中国企业产品平均合格率只有70%，不良产品每年损失达2 000亿元。随着制造业国际化竞争的加剧，提供具有创新性和自主知识产权的产品是制造企业参与国际市场竞争的基本形式，新产品开发能力就是企业的核心竞争能力，中国企业的新产品开发能力远远不能满足市场的需要，新产品开发设计周期较长，产品技术创新能力薄弱①。

产品结构不合理，劳动生产率较低。虽然中国不少工业品产量在世界名列前茅，但是产品结构不合理，产品差别化不足、技术含量不高、附加值较低，不少高技术产品及部分高附加值产品仍需进口。中国的制造业更多地处于一个世界制造业加工厂车间的位置。中国的制造业在国民经济中占的比重较高，而服务业的比重较低，不仅与发达国家无法相比，而且相对于发展中国家的平均水平，还有一定的差距。并且，根据发展中国家的"出口阶梯"论断，中国总体上还处于委托加工的低级阶段。一些学者根据出口的国内增值部分高低、与国内经济联系程度及生产的难易程度，将发展中国家的出口分为5个发展阶段：初级产品出口；面向出口的加工、组装；零部件供给的分包；国外品牌产品的生产与出口；自创品牌产品的生产与出口。中国加工贸易出口占55%左右，外资企业出口占50%左右，许多大型出口企业主要是加工制造厂，是跨国公司生产链的低端环节。总体上，中国还处在第二三阶段。中国制造业的劳动生产率较低，总体水平停留在劳动密集型阶段。以汽车行业为例，2005年，中国汽车产量550万辆，从规模来看，中国汽车生产企业逼近最低经济规模，但是中国汽车行业的劳动生产率却仍然较低。2002年，东风汽车公司的劳动生产率为人均3辆，而1993年世界主要汽车公司人均产量就已达到如下数据：克莱斯勒24.75辆、福特18.33辆、通用10.38辆、丰田32.93辆。较低的生产率在很多领域抵消了中国汽车工业低廉劳动力的优势。2002年，中国制造业的劳动生产率为9 405.33美元/(人·年)，为1994年美国的5.8%，为1993年日本的5.4%。

资源利用率、制造业产品人均占有水平较低。尽管近些年国家强调技术创新，但技术对产出的贡献率仍很低。美国制造业在2000年人均产值为86 559美元，是中国的18.7倍；中国的能源利用率是32%，而发达国家是42%，工业污染排放量却是发达国家的10倍；同时，中国的产品的增值率比较低，为30%，而美国、德国和日本分别是48%、47%和41%。正是由于中国在劳动力成本、资源利用率、技术水平等方面存在的劣势导致中国同类产品生产成本高、价格

① 陈定方、尹念东：《中国制造业的基本现状及主要问题》，载于《黄石理工学院学报》，2006年第3期。

高，主要体现在化工、电子、汽车、钢铁、机械等资本和技术密集型制造业。这使得产品在市场上缺乏竞争力①。中国与美、日、德等国制造业的比较中，最明显的是在产品的人均占有水平上有很大的差距。日本把人均700千克钢产量作为"重工业化"完成的标志，美国人均钢材消费1吨以上持续了近30年，但是，2004年中国人均钢材产量只有185.6千克。2000年全球汽车生产能力为7 700万辆，而1996年美国平均1.8人就有1辆汽车，德国平均2.1人就有1辆汽车，日本平均2.9人就有1辆汽车。中国13亿人口，2005年汽车产量只有570万辆，其中轿车277万辆，轿车产量只占世界市场的2%左右。

企业规模小，国际竞争力不强。中国目前尚没有一大批制造业企业和众多产品在世界占有主导地位。中国加入WTO，国外一流跨国公司纷纷进驻中国，抢占中国市场，而中国自我成长的世界一流的跨国公司却很少。制造业是规模经济最显著的行业，但在中国制造业内至今未形成一批大型的行业代表性企业。制造业跨国公司的规模庞大，中国企业的规模实力与之相差甚远，即使是排名第一的中国石油天然气公司在全球500强的榜单上也仅排在第81位，营业收入换算后仅相当于同行埃克森美孚公司营业收入的21.17%。汽车行业销售额首位的上汽集团2005年的销售额为138.2亿美元，仅相当500强中的"通用汽车"销售额1 935.2亿美元的7.1%。中国造船行业年产船舶160万总吨，平均每个船厂产量0.69万总吨，约为日本船厂平均规模的三分之一；中国普通机床年产量约为58 000～60 000台，但是产量分布在90多家企业，平均每个企业只有650台左右，而日本"森精集团"一家就年产数控机床4 500台。根据中国商务部最新公布的2004年财富全球500家大公司的名单，中国企业榜上有名的共有16家，其中的大部分企业属于服务行业，属于真正制造业的只有2家②。

管理体制不完善。中国面临的局面与19世纪末的美国颇为相似，中国并没有足够的资本来支持目前这样迅猛的经济扩张，外资成为增长的关键因素，吸引足够的外资是中国成为世界制造业中心的一个必要条件。但资本只会往安全、可靠的地方流动，大量投资者都需要"公平的交易"。虽然经过了几个阶段的企业体制系统改革以及对WTO承诺的兑现，放松了外资运营的环境，很多企业已经可以自由地参与市场竞争，但仍然有不少企业存在产权不清晰，管理部门众多等问题，跨国公司有力量和中国政府讨价还价，捍卫自己的利益，但一般中小投资者远没有这样的能力和信心。因此，中国必须进一步深化改革，尽快完善相关法律体系，扩大开放程度，改进公平公开的信息披露制度，为中国制造业的发展创

---

① 郭强：《中国制造业的现状分析与发展对策》，载于《河南科技大学学报（社会科学版）》，2006年第4期。

② 齐晓申：《中国制造业现状及发展对策》，载于《全球科技经济瞭望》，2005年。

造有利的宏观环境。

综上所述，目前的中国制造业是大而不强，无论在技术水平、产品结构、资源利用率还是管理体制方面都与世界制造中心有相当大的差距，中国加工制造的主要形式，绝大部分都是核心技术及国际市场网络为外商或跨国公司所掌握，在国际分工中处于制造业增值链的低端。

3.5.2 中国成为世界制造业中心的标准

在探讨了世界制造业中心演化规律和世界制造业中心衡量标准后，我们提出了基于新型制造业理念的中国成为世界制造业中心的客观标准。

（1）成为世界制造业中心的基本条件

我们认为，成为世界制造业中心的基本条件是规模和质量。第一，成为世界制造业中心必须符合“量”的要求。一国要成为世界制造业中心，必须是该国的 GDP、制造业总产值、制造品出口额等方面占到世界总量的一定的份额。日本的历史经验数据也表明，其在 20 世纪 80 年代中期制造业生产总值已经达到世界总量的 10% 左右，半导体元器件、集成电路、汽车产业等工业制成品的出口比例也达到了 30% 以上。需要说明的是，量上的标准有两方面的含义。首先是一国的整体经济特别是制造业必须形成规模，在世界经济总量中要占到主要的份额；其次是该国工业制成品的出口额必须也要在世界工业制成品贸易中占到主要的份额。第二，成为世界制造业中心还必须符合“质”的要求。这包含两个方面的意思，一是该国必须拥有先进的生产技术，这个先进技术可以是本国的自主研究，也可以来自引进的国外技术，但是本国必须通过消化吸收，二次创新掌握核心技术，否则永远就是生产加工的集散地，或者是委托加工的世界车间。二是这些能够生产出具有国际竞争力产品的企业和产品品牌的所有权必须掌握在该国人民手中。19 世纪的英国、20 世纪的美国和日本成为世界制造中心，都离不开当年拥有的自主知识产权和品牌。因此，就中国制造业的实际情况来看，“质”的突破才是关键。

（2）成为世界制造业中心的主要内容

根据成为世界制造业中心“量和质”的要求，我们可以从产业规模标准（行业生产规模与新兴产业的市场份额标准），产业质量标准（技术标准、知识产权标准、世界经济主导产业标准），国际贸易标准（本国出口比重与全球交易比重）这三个方面来详细讨论中国成为世界制造业中心的标准内容。

产业规模标准。总量上的领先规模是指中国的工业产值、工业品出口值占世界总量份额要在世界处于领先地位，这个领先地位是由相对排名而非绝对指标确定的，包括产业上的领先和企业上的领先。产业上的领先地位是特指中国制造业的产业结构要由劳动密集型转向资本技术密集型，并且某些资本技术密集型产业拥有世界领先地位；企业上的领先地位是指中国一批自身掌握知识产权的制造业企业要在规模上达到一定程度，这个可以用世界制造500强企业的中国制造业企业个数以及中国制造企业拥有的世界知名品牌来衡量。此外，中国要成为世界制造业中心还需要增大新兴产业的市场份额。经济全球化下的世界制造业中心应当用代表当代科学技术发展方向、人类社会经济发展方向的新兴产业（或朝阳产业）的世界市场份额来衡量。一个国家或者地区要成为新的世界制造业中心，应当在主导当代技术经济发展方向的若干产业中占有领先优势。

产业质量标准。成为21世纪的世界制造业中心，必须要考虑全球化背景下世界制造业的新特点。在这个背景下世界制造业的国际分工格局不仅取决于一个国家由资源禀赋决定的初始比较优势，更依赖于由科学技术创新决定的后发比较优势和潜在比较优势。同时，还必须拥有自主知识产权，形成具有国际经济主导作用的产业，并占领较大份额的上游市场。

国际贸易标准。世界制造中心应当是一国在一段时期内成为全球市场最重要、最大的工业产品生产基地和产品出口基地。该国的工业生产在世界工业生产中要占很大比重，与其他国家相比具有明显的优势。世界制造业中心作为世界市场上重要工业品的生产供应基地，必然在世界市场上占有很大份额，它往往能直接影响甚至决定某些产品在整个世界市场上的供求关系和价格水平。

（3）中国距离世界制造业中心的标准差距

从整体规模以及产业和企业的发展状况上看，对比英美日成为世界工厂或世界制造业中心时的经济指标可以看出，中国制造业在总量上还存在着相当大的差距，虽然中国制造业在总体规模上位于世界第四位，但仅占世界制造业的5%左右，仅为日本的1/4、美国的1/5，中国制造业自身生产经营规模和其在世界市场上占的份额还比较小。

从产业结构上看，中国制造业处于世界分工体系的低端。中国的产品出口结构目前仍然是以劳动密集型产品为主，技术和资本密集型产业的发展还远远落后于英美日等制造业强国的平均水平。一般观点认为，中国劳动力成本比较低，劳动密集型工业产品在国际市场上具有比较优势，这也使得纺织业和作为劳动密集型组装工业的家电业在国际市场上具有一定的国际竞争力；与此同时，虽然资本密集型制造业中大型企业的比重较大，是中国的支柱产业，但是由于产业集中度低、技术水平落后等原因，其市场竞争力还远远低于劳动密集型产业；而技术密集型制造业在中国目前处于快速扩张期，但是从总体上看，附加值高的技术或者资金密集型产业的出口竞争力尚处于劣势。

从企业层面上看，在全球500家最大的工业企业中，美国占31%，日本占29%，而中国迄今还没有一家工业制造企业进入世界500强；中国最大的冰箱、洗衣机厂商的年生产规模才200万台左右，而惠尔浦的全球洗衣机产量在1999年就高达740万台，其在美国的一家全自动洗衣机生产厂一年的产量就是300万台。从国际市场上具有较强比较优势的服装产业来看，尽管国际市场上90%的服装是中国生产的，但是却没有世界知名的中国服装品牌，赚取的只是加工费。

中国制造业要实现成为世界制造中心的目标是一个动态的过程，需要逐步消除这些差距，确立中国的世界制造业中心的地位。具体而言，这个动态的过程可以分为三个阶段：(1)“低成本优势阶段”：利用资源或者劳动力成本的比较优势，以劳动力密集型加工工业为主，吸引直接投资，依靠其资本、技术、品牌以及销售渠道成为世界制造业体系价值链条上的一环。(2)“二元阶段”：国内制造企业在加工生产中形成熟练劳动力，资本市场更加规范，资源以及劳动力导向型国外直接投资增速放缓，投资重点由第一阶段的劳动密集型产业向资本技术密集型产业转移。(3)“技术创新优势阶段”：国内制造业自主创新能力加强，继续吸引外资的同时开始全球化战略，出现一批竞争力大幅提升的大企业，与跨国公司关联性加强；金融市场，宏观政策更加开放，外来投资重点由产业链中段向两头延伸。

从中国制造业的发展现状来看，还处于第一个阶段，在这个阶段利用本国在劳动力成本方面的巨大优势，通过进入跨国公司的国际分工体系而成为其委托加工的一环，是中国现阶段制造业发展的有效途径。成为具备低成本优势的世界制造中心之后，在向技术创新型世界制造中心发展的过程中，中国制造业将长期处于二元阶段。

综上所述，技术创新型世界制造业中心是中国制造业发展的长期目标，也只有达到技术创新优势阶段的中国才能真正被称为世界制造业中心。

3.5.3 中国成为世界制造业中心的路径

20世纪90年代以来，全球新一轮产业结构调整和国际产业转移正在如火如荼地展开。发达国家科技创新成果向制造业产业转移空前加快，经济增长方式从资本要素投入型向知识技术创新型转变。同时，跨国公司也不断调整发展战略，逐步从直接生产领域退出，将有关制造和生产加工向发展中国家转移，形成全球产业链、供应链和价值链。同时由于信息化浪潮带动制造业的高速发展，全球经济经历了回归制造业的一个阶段，这些为中国制造业的发展创造了一个有利的契机。虽然现在中国还不是“世界制造业中心”，但我们也要清醒地看到中国的优势，在新的国际分工体系中正确地为自己定好位，在全球化的趋势下，促进中国工业和制造业的快速发展，争取早日打造成为“世界制造业中心”。

目前，在国际环境的推动以及国内经济促进的双向作用下，中国已形成世界瞩目的若干重要的“产业聚集之地”。其中，有代表性的三大产业聚集地是：以劳动密集型零器件生产与组装等出口产业为主的珠江三角洲、以资本密集的高技术生产为重点的长江三角洲、多层次的产业结构并存的渤海湾经济区。伴随着中国经济的高速发展以及由沿海向中西部的战略推进，中国的这些产业聚集区将媲美世界著名的莱茵河产业带、密西西比河产业带、东京湾产业带等规模庞大的内河产业带。并且许多研究表明，中国经济的比较优势还是在制造业，巨大的本土市场容量，使制造业发展成为可能，而充裕、优质、廉价的劳动力资源更是制造业成长的保证。同时，WTO 后大量涌入的外商投资为中国制造业的发展创造了有利条件，为制造业的发展带来了必需的资金、技术、设备和成熟的管理经验①。以上种种迹象表明，中国具有成为世界制造业中心的综合优势和发展空间。中国正向世界制造业中心努力。那么在这种形势下，选择何种路径来发展中国制造业是最为合适的呢？

（1）发展道路选择

从制造业发展道路上看，是独立自主地发展制造业，还是融入全球制造业调整、重组的大潮，走接纳国际产业转移、合资或允许国外独立设厂的国际化之路，或是走国际化与独立自主相结合的道路，是首先要考虑的问题。

在经济全球化的大背景下，任何一个国家的制造业必须是开放式的，参与国际分工与重组，积极接纳其他国家部分制造业行业的转移；抓住世界产业分工转移和大调整的发展机遇，引入国外的先进技术和管理经验，实现结构跳跃和升级，加快发展。但是，也应该看到，中国是社会主义的主权国家，其工业化进程和国家统一的大业尚未完成，在一些关系国家经济安全和国防安全的产业领域，我们必须大力发展民族制造业，特别是关键性的装备制造业。因此，我们的结论是：中国制造业，特别是装备制造业，必须走国际化与自主发展相结合的道路。

① 齐晓申：《中国制造业现状及发展对策》，载于《全球科技经济瞭望》，2003 年。

（2）技术路线选择

从制造业发展的技术路线上看，是继续走全方位引进技术、跟踪之路，还是走自主创新之路，或是引进技术与自主创新相结合的道路，也是需要考虑的重点问题。

改革开放至今，中国制造业始终没有摆脱“引进消化型”的技术创新模式，即从发达国家引进技术设备，投产，形成生产能力。中国制造业大部分技术及关键设备依赖进口，但对引进技术的消化吸收重视不够，偏重于国产化率，忽视自主创新能力的形成和提高。绝大部分制造业企业技术开发能力和创新能力薄弱，缺乏技术创新的资金和优秀人才，原创性技术和产品甚少，如主要机械产品技术的57%及大多数电子信息设备的核心技术依靠国外引进。因而，制造业始终在“引进—落后—再引进”的怪圈中徘徊。突出的例子是化肥和乙烯设备，多次重复引进，耗汇甚巨，在世界各国中实属罕见。

在21世纪，中国制造业必须向“自主创新型”模式转变。经验告诉我们：战略技术、核心技术是引不进来的，只能立足于自主创新。如果认识不到转变的必要性，不努力改变这种状况，制造业的发展会越来越困难。这是因为：第一，引进技术本身不可能是最先进的，即使掌握了引进的全部技术，生产出满足市场需求的产品，没有自主知识产权，同样也不可能在国际市场上具备较强竞争力，一旦市场需求发生变化，就不得不进行新一轮的引进；第二，从应用技术的发展趋势看，技术的更新越来越快，产品寿命的周期越来越短，引进技术的产品可能尚未实现国产化，生产出的产品可能尚未投入市场，就已经落后了，需要用新的换代产品来取代，或市场需求发生了变化，导致引进技术的失效。

实施自主创新模式，走自主创新之路才是正确的选择。但是应该看到，从引进消化型模式到自主创新型模式，需要一定的条件，需要一个艰巨的转变过程。因此，在过渡期应该推行的是，引进消化与自主创新相结合的模式，并逐步向自主创新为主的模式转变，实施经济技术全面跃进的跨越式发展战略。

现在我们需要完善企业为主体的技术创新体系，构建有利于技术创新的环境。这方面的内容包括：1）建立和完善企业技术开发中心，增强转制进入企业的科研院所的创新能力，增加研究和开发投入，建立有效的人才激励机制，由企业牵头研究开发，以便贴近市场，建设以企业为主体的国家技术创新体系。2）建立以城市为依托，开放式的技术创新服务体系。在区域性中心城市和技术创新试点城市建立面向社会的技术创新服务中心，逐步形成全国性、网络式、开放式的技术服务体系，为企业，尤其是中小企业的技术创新提供全方位服务。3）建立以大型企业联合体和骨干转制科研机构为依托的行业技术开发基地。4）要建立以企业为中心，风险共担的产学研结合机制。

（3）市场开拓策略

目前，从中国制造业产品的国内市场看，普通产品供大于求，但又存在着结构性供不应求的局面，并且广大农村市场的潜力还很大。同时，中国的经济发展和产业升级，为装备制造业提供了巨大的市场需求。再有，世界对中国市场看好，是中国制造业引进外资和技术，开展对外合作的重要筹码。巨大的国内市场过去是、现在是，将来也必然是发展中国制造业的沃土。

因此，中国制造业必须要立足于国内市场，以保障内需为己任。政府要遵循和利用 WTO 的规则，适度调控市场，扶持制造业的发展。尤其对于具有巨大国内市场和竞争优势的产业，要更积极地实施“以我为主”的发展战略，如新型建材和农业机械产品、农产品加工设备等。由于受运输条件、生产成本和产品特殊要求的限制，国内企业同国外公司在国内市场的竞争中理应具有得天独厚的优势。当然，这些产业需要根据国内市场需求，借鉴国外先进技术成果，进行技术创新，提高产品的技术水平、质量和用户服务水平，降低成本，才能具有与国外产品相抗衡的实力。

在市场竞争上，中国制造业要由“两头在外”（研发、销售）的来料加工为主的经营模式转变为“研发—生产—营销—服务”一条龙的经营模式。大力加强研发和营销两个环节。企业要改变生产理念，考虑不同国家消费者的特点，紧贴市场变化，致力于设计和创造出属于自己的高科技、高质量的品牌。

在注重国内市场的同时，也要看重国际市场的力量。目前发达国家由于劳动成本不断上涨，不得不放弃大批传统产业。中国是最具承接国际制造业转移的吸纳力和优势的发展中国家之一，尤其是对于中国具有比较优势的劳动密集型制造业，要大胆实施“引进来”和“走出去”并举的发展战略，使之尽快成为具有国际竞争优势的全球产业。

对于具有比较优势的制造业，应实施“走出去”的战略，形成一批具有国际竞争力的全球产业，其中主要包括纺织服装业和家电业。劳动密集型并不等于技术含量低，纺织业要提高高档面料的水平，增加品牌效应；消费类电子产品要掌握核心技术。

加入 WTO，扩展国际市场以来，中国轻工业产品出口已率先受益，2002 年上半年中国轻工业产品出口总额达 402 亿美元，同比增长 13%，占全国出口总额近三成，取得了可喜的成果。这就是说，中国制造业市场开拓战略，总体上要以国内市场需求为主，同时千方百计开拓国际市场，并力求出口区域多元化。

（4）制造业空间布局

首先，要破除传统的地区分割、行业分割的体制，推进跨国、跨地区、跨行业的联合、兼并与重组。在现已形成雏形的若干地区，按照市场规律，促进其发展成为在国际上知名，且各具特色的制造业集中地，并通过这些集中地带动全国制造业的发展，形成网络化的区域产业结构。其次，要充分利用沿海城市的区位优势和工业发达国家产业调整和转移的机遇，吸引外商投资，或承接外商转包加工任务，形成一批技术先进、有一定规模、有特色的出口加工基地。

为了充分发挥制造业聚集效应，加快形成各具特色的制造业基地，地方政府要创造良好的吸引投资和人才的政策环境；做好周到服务，提高办事效率和办事质量。改变地方追求经济门类齐全的做法，支持地区之间优势重组与联合。形成以企业为主体，产学研结合，行业协会为中介，政府进行政策引导和宏观调节的经济运行新构架，加速科技成果转化，实现商品化、产业化，推动制造业发展跨上新台阶。

作为发展中国家，中国的工业化需要在全球化与本地化的张力之间寻求独立自主的发展道路。如果单纯依靠廉价的土地和劳动力资源，其经济是脆弱的，只有形成了相关生产活动的集聚，形成与本地的社会文化融合的产业集群，才能吸引资本、技术、劳动力等要素不断涌入并且植根于本地，提高学习和创新能力，促使地区经济快速发展。制造业向优势地区集中的趋势，一方面使中小企业内部通过专业化和分工的深化实现生产规模的扩大和生产成本的降低，另一方面使该地区的环境得以优化，吸引更多的上游企业和下游企业，形成良性循环。

同时要消除金融瓶颈，改善金融服务。20 世纪 80 年代阻碍中国制造业发展的主要是产业瓶颈，90 年代以来，金融业已成为产业重组、技术进步、企业竞争力提高的重大瓶颈，要加大金融改革力度，特别是通过引入民营金融、外资金融来完善对于制造业的服务。

中国劳动力资源丰富，劳动力成本低廉，大力发展制造业无疑对解决中国劳动力就业问题、提升经济发展水平具有重要的意义。但是应该认识到，发展制造业只是一个过程，我们的目标应该是取得更长远的竞争优势。在目前的条件下，我们需要将自己的优势加以利用，来创造更强的竞争能力。一方面积极创造条件，发展在技术开发、市场营销、物流服务方面的竞争力；另一方面进行生产制造与加工，在不同的地区实施不同的发展战略，这是顺应历史潮流，增强中国竞争力的有效路径。

综上可见，在中国现实的情况下，发展制造业是必要的，特别是在中、西部地区发展劳动密集型制造业，有利于利用中国现有的比较优势，取得贸易利益。但是，在经济全球化的条件下，国际分工格局发生了变化，国际竞争力的决定因素也不同于传统经济。因此，从长远来看，中国必须加快提升自己的产业结构和技术研发能力。为此，我们不仅要对中国的产业结构进行部署，充分利用东部和中、西部各自的优势，政府还必须采取一定的措施对中国核心技术的研发进行指导，选择并支持中国未来的支柱产业。在这一点上，我们可以借鉴韩国的做法，选择一些有前途的产业，在技术研发上由政府给予足够的支持，以促使中国自有知识产权的核心技术尽快形成，以核心技术的升级来带动产业结构的升级，把中国制造业的核心竞争力由“比较成本优势”转移到“技术优势”上来。

同时我们也应该客观地认识到，虽然现在中国还不是真正意义上的“世界制造业中心”，但中国已经具备了一系列世界制造业中心的潜力与优势。例如丰富而廉价的劳动力、广阔的国内市场规模、利用外资的巨大潜力以及稳定的政治经济环境和趋于完善的法律环境等，这些都是中国成为世界制造业中心得天独厚的有利条件。

只要中国抓住世界制造业转移和跨国公司高速加快调整的机遇，充分发挥好中国的比较优势，加快新型工业化建设，不断提高装备制造业水平，不断提升在国际分工中的产业层次；通过“走出去”，以及积极承接国外生产力的转移，延长产业链条，鼓励多种形式的技术合作，提高创新能力，充分发挥人力资源优势，劳动、知识密集型和资金、技术密集型产业并举等举措，中国就具备了成为世界制造业中心的潜力和能力，可望在世界制造业领域扮演更重要的角色。

即使中国在21世纪中叶国内生产总值有大幅提升，真正成为世界制造业中心，它同过去英国、美国、日本作为世界制造业中心也不是简单的重复。从这几个相继成为“世界制造业中心”的国家的情况看，后发国家并不是简单地重复先发国家的老路、重复先发国家已经发展的并在实际上拥有绝对优势的产业，而是根据自身优势发展、培植有竞争力的新兴产业。英国当时成为“世界制造业中心”的主导产业是纺织、钢铁、煤炭、交通运输设备（主要指轮船、火车）；美国则以钢铁、化工和电力三大产业开始其“世界制造业中心”的路程；日本利用其在半导体、微电子技术等方面的优势抢占“世界制造业中心”地位。而中国想要成为世界制造业中心，当务之急是加快中国新型工业化的建设，只有在一些新兴产业和领域开辟出自己独特的道路，通过在这些新领域培育和发展自己的核心竞争力才能朝世界制造业中心迈进。

3.6 本章小结

本章主要从世界制造业中心的理论内涵、世界制造业中心的演化规律、中国制造业发展的总体评价、中国制造业发展的特征分析以及中国成为世界制造业中心的前景等五个方面，系统探讨了世界制造业中心演化与中国制造业发展的问题。

（1）世界制造业中心的理论内涵

随着经济全球化的日益发展，“世界制造业中心”的内涵应有所拓展，再不能直接简单地等同于国家的经济地位和国际竞争力，而应该具备新兴产业的市场份额较大、市场级别的提升、拥有知识产权和规模制造企业的新内涵。

世界制造业中心的衡量标准应当为：工业生产技术先进，生产能力强；生产规模巨大，生产水平极高；世界市场份额大，在国际贸易中占主导地位；新产品开发能力和技术创新能力居于世界领先地位；以及发达的金融体系和稳定、民主的宏观环境等。

（2）世界制造业中心的演化规律

世界制造业中心的演化是世界经济发展的不同阶段具有的特征。历史上，世界制造业中心经历了三次演变，即英国——自由竞争时代的“世界制造业中心”；美国——自由竞争走向政府干预时代的“世界制造业中心”；日本——政府主导下的“世界制造业中心”。“世界制造业中心”的整个发展演化过程，也是世界各国经济由单一的市场主导走向市场主导、市场与政府并重、政府主导等多模式的过程。不同阶段的世界制造业中心具有不同的发展历程、特征、动因以及成就，但也有其发展的共同之处，一是工业品的生产大国和贸易大国；二是工业技术水平和技术创新的能力在世界范围内处于领先水平；三是资源比较优势，包括自然资源、人力资源、金融资本等成为世界制造业中心的基本要素；四是世界金融中心；五是开放的对外贸易环境；六是有效的政府政策。

世界制造业中心的形成，需要具备一定的软件环境和硬件支撑。其中软件环境包括政策环境、金融环境和科技环境，因为经济全球化下的世界制造业中心的形成更需要国家产业政策的支持和保护，需要金融业的高度发展作为支柱，为制造企业提供良好的融资渠道和外汇交易市场；世界制造业中心同时应当是世界的科技中心，以强大的科技创新能力为基础。硬件支撑，主要体现在制造业总规模要达到一定标准，并且支柱产业应处于当时世界的领先水平，在世界范围的产业结构中处于较高层次；制造业企业必须拥有自己的核心技术和自主知识产权；世界制造业中心还应当是出口基地，在世界市场占有很高的份额，且出口的产品中高技术含量大、附加值高。

世界制造业中心在演进过程中，包含着许多共同的条件与特征，这些特征构成了世界制造业中心演进的一般规律，即：世界制造业中心转移的动因是由技术进步和产业结构调整促成的；世界制造业中心转移的方向总是由发展速度最快的大国推动，世界制造业中心的转移是世界主要产品生产国和供应国的转换过程；世界制造业中心在各国的形成大都是沿着中心城市及其腹地经济展开的；成为世界制造业中心的国家，最关键的因素是技术创新和技术优势。

世界制造业中心的转移，在一定程度上是与世界经济中心的转移相一致的；在空间上呈现出由西向东、由欧洲向美洲、向亚太地区转移的趋势。

（3）中国制造业发展的总体评价

根据“新型制造业”的概念内涵，从经济创造能力、科技竞争能力、环境资源保护能力三个方面构建了评价指标体系，从而在时间上能够反映中国制造业“新型化”的发展速度和趋向，在空间上反映了中国制造业的整体布局和结构，在数量上反映了中国制造业的规模和效益，在层次上反映了中国制造业的功能和水平。

评价结果表明，中国区域制造业在经济创造能力上明显呈现一种由东向西梯度递减的特征趋势，“东部强中西部弱”的总体格局依然没有改变，制造业发展梯度差异明显，处于前十名的制造业省份（市）均为东部沿海地区；科技创新能力在东、中、西部的梯度特征更为明显，以东部沿海地区总体投入产出水平最高；虽然东部和西部制造业的环境资源保护能力强于中部地区，东部沿海地区的制造业环境资源保护状况得到了显著改善，但中西部地区伴随制造业发展规模的迅速扩大，对于环境资源的负面效应逐渐显现。综合对区域制造业经济创造能力、科技竞争能力、环境资源保护能力三个方面的评价，可以把握各地区制造业的实际发展水平和发展潜力。

（4）中国成为世界制造业中心的前景

中国具有成为世界制造业中心的综合优势和发展空间，中国正向世界制造业中心迈进，但由于区域发展不均衡、产业结构不尽合理、企业缺乏较强的技术创新能力、资源利用率较低、环境保护能力较弱等问题，中国与世界制造业中心的标准还有相当差距。因此，需要从量和质两个方面对中国制造业的发展进行有效引导和调节，从产业规模标准（行业生产规模与新兴产业的市场份额标准），产业质量标准（技术标准、知识产权标准、世界经济主导产业标准），国际贸易标准（本国出口比重与全球交易比重）等方面积极向世界制造业中心的客观标准努力。

中国制造业的发展，必须走国际化与自主发展相结合的道路；坚持自主创新或是引进技术与自主创新相结合的技术发展路线，提升技术研发能力；形成合理的制造业区域布局，充分发挥制造业聚集效应，加快形成各具特色的制造业基地，加快产业结构的优化调整；实施国内市场需求为主，同时努力开拓国际市场，力求出口区域多元化的市场开拓战略。

抓住世界制造业转移和跨国公司结构调整加快的机遇，充分发挥好中国的比较优势，加快新型制造业的发展，不断提高装备制造业水平，不断提升在国际分工中的产业层次，逐步从初级加工、OEM 向高技术加工、自主开发创新转化，积极延长产业链条，中国成为世界制造业中心的追求有望早日实现。

最后，需说明的是：本章所引用（包括图、表和正文）的数据，除标明出处的外，均来自《中国统计年鉴》和各省（市、自治区）统计年鉴，反映的是两年前的数据，即：2008 年的统计年鉴反映的是 2006 年底的数据。前一年的数据，引自全国和各省（市、自治区）的“国民经济和社会发展统计公告”。

3.7 参考文献

[1] William G. Shepherd, The Economics of Industrial Organization: Analysis, Markets, Policies, 4th edition [M]. Prentice-Hall, Inc. 1997. 21 – 31.

[2] Lynne Pepall, Daniel J. Richards, George Norman, Industrial Organization: Contemporary Theory and Practice, 2nd edition [M]. South-Western /Thomson Learning, 2002.

[3] 李廉水、杜占元：《中国制造业发展研究报告 2004》，科学出版社 2004 年版。

[4] 李廉水、杜占元：《中国制造业发展研究报告 2005》，科学出版社 2005 年版。

[5] 李廉水、杜占元：《中国制造业发展研究报告 2006》，科学出版社 2006 年版。

[6] 李廉水、杜占元：《中国制造业发展研究报告 2007》，科学出版社 2007 年版。

[7] G. 斯蒂格勒著，潘振民译：《产业组织和政府管制》，上海三联书店、上海人民出版社 1996 年版。

[8] 夏大慰：《产业经济学产业组织与公共政策：可竞争市场理论》，载于《外国经济与管理》，1999 年第 11 期，第 9 ~ 11 页。

[9] J. 泰勒尔著，张维迎（总译校）：《产业组织理论》，中国人民大学出版社 1997 年版，第 288 ~ 338 页。

[10] 马广奇：《产业经济学在西方的发展及其在中国的构建》，载于《外国经济与管理》，2000 年第 10 期，第 9 ~ 15 页。

[11] 王军：《现代产业组织理论述评》，载于《国外社会科学》，1997 年第 3 期，第 21 ~ 24 页。

[12] 夏大慰：《产业经济学产业组织与公共政策：新奥地利学派》，载于《外国经济与

管理》，1999 年第 10 期，第 26～29 页。

［13］王建优、董寒柏：《全球化前景中产业经济学发展的几点探讨》，载于《南京建筑工程学院学报（社会科学版）》，2000 年第 1 期，第 14～21 页。

［14］简新华：《产业经济学发展的几个基本理论问题》，载于《经济评论》，2000 年第 3 期，第 41～49 页。

［15］戴维·M·纽伯里著，何玉梅译：《网络型产业的重组与规制》，人民邮电出版社 2002 年版。

［16］荣朝和：《关于运输业规模经济和范围经济问题的探讨》，载于《中国铁道科学》，2001 年第 4 期，第 97～104 页。

［17］张昕竹等主编：《中国基础设施产业的规制改革与发展》，国家行政学院出版社 2002 年版。

［18］胡春燕：《利用外商直接投资优化中国产业结构分析》，载于《中国优秀博硕士论文库》，2002 年。

［19］江小涓：《中国出口增长与结构变化：外商投资企业的贡献》，载于《南开经济研究》，2002 年第 1 期。

［20］江小涓：《中国外资经济对增长、结构升级和竞争力的贡献》，载于《中国社会科学》，2002 年第 6 期。

［21］周起业：《区域经济学》，中国人民大学出版社 1997 年版。

［22］Hartley K.，洪墩谟译：《经济政策问题研究》，五南图书出版有限公司 1992 年版。

［23］霍落斯·钱纳里，朱东海、黄钟译：《结构变化与发展政策》，经济科学出版社 1991 年版。

［24］冈纳·缪尔达尔：《世界贫困的挑战——世界反贫困大纲》，北京经济学院出版社 1991 年版。

［25］李悦：《产业经济学》，中国人民大学出版社 1998 年版。

［26］厉以宁：《区域发展新思路》，经济日报出版社 1999 年版。

［27］魏后凯：《区域经济发展的新格局》，云南人民出版社 1995 年版。

［28］罗斯托：《从起飞进入持续增长的经济学》，四川人民出版社 1988 年版。

［29］佐贯利雄：《日本经济的结构分析》，辽宁人民出版社 1988 年版。

［30］杨治：《产业政策与结构优化》，新华出版社 1999 年版。

［31］郭克莎：《中国产业结构变动趋势及政策研究》，载于《管理世界》，1999 年第 5 期，第 34～38 页。

［32］周振华：《产业政策的经济理论系统分析》，中国人民大学出版社 1991 年版。

［33］王述英：《现代产业经济理论与政策》，山西经济出版社 1999 年版。

［34］谭崇台、郭熙保：《发展经济学》，上海人民出版社 1995 年版。

［35］泰勒尔：《产业组织理论》，中国人民大学出版社 1997 年版。

［36］斯蒂芬·马丁：《高级产业经济学》，上海财经大学出版社 2003 年版。

［37］苏东水：《产业经济学》，高等教育出版社 2002 年版。

［38］杨公朴、夏大慰：《现代产业经济学》，上海财经大学出版社 2002 年版。

[39] 舒基元：《对中国“世界制造中心”的一点冷思考》，载于《武汉市经济管理干部学院学报》，2004 年第 3 期。

[40] 李萍、罗宁：《“世界工厂”与中国制造业发展定位：理论分析与事实观察》，载于《社会科学研究》，2003 年第 4 期。

[41] 张为付：《世界产业转移与南京制造业发展》，载于《南京社会科学》，2003 年增刊。

[42] 卢文鹏、黄艳艳：《对中国成为世界制造业中心的思考》，载于《经济学家》，2003 年第 2 期。

[43] 张为付、张二震：《世界产业资本转移与“长三角”制造业的发展》，载于《上海经济研究》，2003 年。

[44] 杨斐然、唐芳：《世界制造业中心升级与中国制造业的定位》，载于《当代经济》，2003 年第 9 期。

[45] 李慧兰：《世界制造中心——经济全球化条件下中国参与国际分工的战略选择》，载于《经济师》，2003 年第 12 期。

[46] 成其谦：《世界制造中心辨析》，载于《中国工业经济》，2002 年第 4 期。

[47] 冯昭奎：《“世界工厂”变迁》，载于《世界经济与政治》，2002 年第 7 期，第 22 ~ 27 页。

[48] 沈立人：《制造业在中国的发展及其效应分析》，载于《上海学刊》，2002 年第 3 期。

[49] 张为付：《中国“世界制造业中心”问题研究综述》，载于《工业经济研究》，2006 年第 1 期。

[50] 张为付：《世界制造中心形成及变迁机理研究》，载于《世界经济与政治》，2004 年第 12 期。

[51] 刘冬梅、李京：《中国与“世界制造中心”的差距及潜力》，载于《科技情报开发与经济》，2004 年第 8 期。

[52] 陈文君、余家容：《中国离世界制造中心还有多远》，载于《商业研究》，2004 年第 6 期。

[53] 杨波、于晓晨：《从世界工厂的历史变迁看中国的差距》，载于《现代经济讨论》，2004 年第 12 期。

[54] 张明之：《区位竞争优势转移假说：世界工厂变迁与中国“世界工厂”成长》，载于《江海学刊》，2005 年第 6 期。

[55] 梅松：《世界制造业中心转移与中国成为世界工厂问题研究》，载于《华中科技大学学报》，2005 年第 3 期。

[56] 刘昌黎：《日本世界工厂的发展及其经验》，载于《日本学论坛》，2004 年第 12 期。

[57] 彭继民：《“世界工厂”——美日英三国的分析和启示》，载于《世界观察》，2005 年第 8 期。

[58] 陈玉：《中国成为 21 世纪世界制造业中心的策略研究》，载于《南京理工大学学报》，2004 年第 9 期。

[59] 陈志友：《世界制造业中心向中国转移：趋势、特征、条件》，载于《生产力研究》，2004 年第 6 期。

[60] 陈宝森：《变革中的美国制造业》，载于《世界经济与政治论坛》，2004 年第 2 期。

[61] 马月才：《中美日制造业发展比较研究》，载于《中国工业经济》，2003 年第 5 期。

[62] 于平：《经济全球化背景下的中国制造业中心地位的构想》，东北师范大学硕士学位论文，2003 年。

[63] 马月才：《中、美、日制造业发展比较研究——中国能成为世界工厂吗》，载于《中国工业经济》，2003 年第 5 期。

[64] 程洲阳：《中国世界制造业中心地位的确立——FDI 与外资政策的实证分析》，武汉理工大学硕士学位论文，2005 年。

[65] 田萍：《全球制造中心的对比分析及其对中国 FDI 政策选择的启示》，对外经济贸易大学硕士学位论文，2006 年。

[66] 于蕾、沈桂龙：《"世界制造中心" 与经济全球化下中国国际分工地位》，载于《世界经济研究》，2003 年第 3 期。

[67] 刘昌黎：《经济全球化新论》，载于《财经问题研究》，2003 年第 5 期。

[68] 王蕾：《在经济全球化背景下认识世界工厂》，载于《改革与理论》，2003 年第 5 期。

[69] 倪义芳、吴晓波：《世界制造业全球化的现状与趋势及中国的对策》，载于《中国软科学》，2004 年第 4 期。

[70] 张为付：《世界制造中心的时代内涵》，载于《经济研究参考》，2005 年第 15 期。

[71] 杜晓君：《制造业的国际转移规律和趋势》，载于《经济理论与经济管理》，2003 年第 6 期。

[72] 方甲：《产业结构问题研究》，中国人民大学出版社 1997 年版。

[73] 郑家亨：《走向世界制造业强国》，载于《中国国情国力》，2002 年第 11 期。

[74] 唐杰：《信息化时代全球制造业中心有何特点》，载于《经济日报》，2002 年第 7 期。

[75] 石东平、夏华龙：《国际产业转移与发展中国家产业升级》，载于《亚太经济》，2004 年第 3 期。

[76] 朱高峰：《全球化时代的中国制造》，社会科学文献出版社 2002 年版。

[77] 狄俊安：《制造业发展的规律及趋势初探》，载于《闽江学院学报》，2003 年第 12 期。

[78] 胡俊文：《点—片—面的产业集聚：中国制造向世界制造中心跨越的战略选择》，载于《亚太经济》，2004 年第 4 期。

[79] 金芳：《国际分工的深化趋势及其对中国国际分工地位的影响》，载于《世界经济研究》，2003 年第 3 期。

[80] 唐杰：《信息化时代全球制造业中心有何特点》，载于《经济日报》，2002 年第 7 期。

[81] 李洁：《世界制造业发展趋势和中国制造业发展对策》，载于《世界经济与政治论坛》，2004 年第 2 期。

[82] 杜晓君：《制造业变革和发展的国际经验及启示》，载于《科技进步与对策》，2002

年第 2 期。

[83] 郭重庆：《全球化与中国制造业》，载于《机械管理开发》，2002 年第 2 期。

[84] 陆燕荪：《中国制造业的现状与未来发展》，载于《经济研究参考》，2005 年第 1 期。

[85] 陈定方、尹念东：《中国制造业的基本现状及主要问题》，载于《黄石理工学院学报》，2006 年第 3 期。

[86] 齐晓申：《中国制造业现状及发展对策》，载于《全球科技经济瞭望》，2003 年。

[87] 郭强：《中国制造业的现状分析与发展对策》，载于《河南科技大学学报（社会科学版）》，2006 年第 4 期。

[88] 胡正梁、王均文：《中国能否成为"全球制造业中心"》，载于《特别策划》，2005 年。

[89] 韩立金：《对中国成为世界制造业中心的一点思考》，载于《市场周刊·财经论坛》，2004 年第 7 期。

[90] 智晓伟：《中国"世界工厂"地位刍议》，载于《太原大学学报》，2005 年第 12 期。

[91] 童有好：《中国制造：亚洲复兴的希望——兼评"中国制造威胁论"》，载于《经济理论与经济管理》，2002 年第 10 期。

[92] 王静：《国际分工新体系下中国制造业的竞争力》，载于《全球科技经济瞭望》，2005 年第 7 期。

[93] 夏大慰：《产业经济学产业组织与公共政策：哈佛学派》，载于《外国经济与管理》，1999 年第 8 期，第 3 ~ 5 页。

[94] 夏大慰：《产业经济学产业组织与公共政策：芝加哥学派》，载于《外国经济与管理》，1999 年第 9 期，第 3 ~ 6 页。

[95] 苏东水主编：《产业经济学》，高等教育出版社 2000 年版，第 93 ~ 96 页。

[96] 吕政：《中国能成为世界工厂吗》，载于《中国工业经济》，2001 年第 11 期。

[97] 吴敬琏：《发展中国高新技术产业：制度重于技术》，中国发展出版社 2002 年版。

[98] 王志乐：《跨国公司在华发展新趋势》，新华出版社 2003 年版。

[99] 马建堂、杨正位：《中国离世界制造中心有多远?》，载于《时代经贸》2003 年第 2 期。

[100] 金碚、李钢、秦宇：《中国工业国际竞争力变化的新趋势》，载于中国社会科学院工业经济研究所《研究报告》，2002 年第 9 期。

[101] 张宏霖：《跨国公司理论与实证研究前沿》，《跨国经营：理论与战略分析》（张新民，张建平主编），对外经济贸易大学出版社 2003 年版。

[102] 丁文丽：《外商直接投资与中国出口总量及结构的相关关系分析》，载于《经济经纬》，2001 年第 2 期。

[103] 张昕、李廉水：《制造业聚集、知识溢出与区域创新绩效——以我国医药、电子及通讯设备制造业为例的实证研究》，载于《数量经济技术经济研究》，2007 年第 8 期，第 35 ~ 43、89 页。

[104] 李勃、邢华、李廉水：《跨国公司中心—外围结构的形成与效应研究》，载于《科研管理》，2007 年第 2 期，第 167 ~ 172 页。

[105] 张贤、李廉水、陈旭兵：《中国东部特大都市圈产业结构趋同的 FUZZY 分析》，载于《生产力研究》，2006 年第 12 期，第 180 ~ 183 页。

[106] 张昕、李廉水:《我国城市间制造业劳动生产率差异的解释》, 载于《中国软科学》, 2006 年第 9 期, 第 105 ~ 110 页。

[107] 李廉水、梁凯:《海峡两岸制造业企业发展的税收政策分析》, 载于《南京财经大学学报》, 2006 年第 5 期, 第 1 ~ 6 页。

[108] 吴玉乾、李廉水: 《制造业发展带动就业效应分析》, 载于《现代管理科学》, 2006 年第 3 期, 第 5 ~ 6 页。

[109] 李廉水、周彩红:《基于规模排名的上市制造业企业若干特征分析》, 载于《中国软科学》, 2005 年第 12 期, 第 133 ~ 139 页。

[110] 李廉水、周勇:《中国制造业"新型化"状况的实证分析——基于我国 30 个地区制造业评价研究》, 载于《管理世界》, 2005 年第 6 期, 第 76 ~ 81、88、172 页。

[111] 张昕、李廉水:《我国东部都市圈制造业空间聚集特征分析》, 载于《现代城市研究》, 2005 年第 10 期, 第 62 ~ 67 页。

[112] 蔚鹏、李廉水:《我国离散制造业发展的障碍与对策分析》, 载于《现代管理科学》, 2005 年第 9 期, 第 16 ~ 17 页。

第 4 章

特大都市圈与制造业的互动发展

20 世纪 60 年代以来，西方国家在经济增长，尤其是制造业发展过程中出现的环境污染、自然资源枯竭等现象引起了人们的普遍关注。1967 年，英国经济学家米夏普（E. J. Mishap）指出，社会继续追求经济增长，在社会福利方面将得不偿失，技术发明固然给人们提供较多的物质财富，但也会因颓废风险加大而增加他们的焦虑。1972 年，美国经济学家麦多斯（D. H. Meadows）等人在《增长的极限》一书中指出，由于粮食缺少、资源枯竭和环境污染等问题日益严重且相互反馈的结果，人口和工业生产的增长将于 2100 年到来之前完全停止，最后将出现“世界的末日”。为了避免这种灾难性情况的发生，从 1975 年起，要停止人口的增长，到 1990 年停止工业投资的增长，以达到全球性均衡。这一观点在当时的世界上引起了极大的震动，迫使人们开始考虑资源与环境问题。1983 年，联合国世界环境与发展委员会开始研究“没有极限”的可持续发展问题，1987 年提交了题为《我们共同的未来》的研究报告，着重指出了应当按生态系统的自然规律，循环使用自然资源，解决可持续发展问题。从 20 世纪 80 年代开始，由宏观层面的国家到微观层面的制造业企业，都在为实现生态平衡采取了一系列措施，“工业生态园区”便是这一理想的重要实践。德国、美国、日本、法国等发达国家及新加坡、韩国等新兴工业国家都制定了多部资源循环利用、发展循环经济的法律并建设工业生态园区；在理论研究方面，有学者认为通过污染防治提高资源利用率可以取得成本领先优势，或者通过绿色产品取得差异化优势从而获得高额的市场回报等［格拉德温（Gladwin，1993）；哈特（Hart，1995）；什里瓦斯塔瓦（Shrivastava，1995）；莱茵哈特（Reinhardt，1998）；卡拉森（Klassen）和麦克罗格林（Mclauhglin，1996）]，并进一步认为，企业环境绩效（例如，企业受到的环境奖励或惩罚）会影响投资人对企业未来经济绩效的预计，于是在有效市场中，股票价格将反映环境绩效的经济收益，他们通过实证分析发现企业环境绩效与财务绩效存在正相关关系；Porter 和 Van der Linde（1995）认为，适当的环境管制有利于促进企业积极创新并提高资源生产力，从而能够提高企业的生产效率和竞争力；蒂埃里（Thierry，1995）、弗莱施曼（Fleischmann，1997，2000）、基德（Guide，2003）以及克里克（Krikke，2001）等人通过闭环供应链系统来说明主动适应外界环境变化对企业盈利能力的影响。

国内有的学者（冯昭奎，2002；马月才，2003；魏后凯，2002；郑海涛、任若恩，2004）从比较中外制造业入手，在分析中国制造业的优势及劣势后，为中国制造业进一步发展提出自己的建议；有的学者（顾卫东，2003；王能民、陈菊红，2002；等等）结合某地区的实际情况为当地制造业发展献策；有的学者（张米尔、江诗松，2004；陈向东，2004；张宏性，2005；穆荣平、蔡长塔，2001；王新玲，2003；等等）针对某类（或某些）具体的行业展开分析；有的学者（周叔莲，2003；陈宪、黄建锋，2004；顾永红，2004；张华胜、薛澜，2003；等等）结合知识经济、新型工业化道路、服务化趋势等对制造业发展方向提出自己的看法。李京文、朱高峰、黄鲁成（2003）认为，制造业创新战略是中国制造业迎接压力与挑战的客观选择，提高自主创新能力、振兴中国的装备制造业迫在眉睫。

近年来，还有些学者针对中国制造业发展过程中日益显现的资源短缺、环境污染严重等问题提出了若干建议。曲如晓（2001）认为，环境技术创新有助于提高劳动生产率，率先在环境保护方面实行革新的企业必然会在国际市场上赢得竞争优势。傅京燕（2002）认为，环保产业有利于为中国出口贸易创造新的增长点。彭海珍、任荣明（2003）提出，应通过制定政策引导企业进行环境信息披露，以获得与发达国家企业在同一舞台上较量的环境竞争力。李廉水、杜占元（2004）结合中国的资源、能源及环境的承载能力和科学发展观，提出了“新型制造业”概念，从经济、科技、环境三个方面建立了评价制造业“新型化”发展程度的指标体系，探讨了制造业与都市圈互动发展的趋势。

4.1 都市圈与制造业互动发展的内涵

世界各大都市圈的发展经验表明，制造业集群是都市圈经济发展的基石，也是增强都市圈竞争力的基础。20 世纪，制造业给美国、日本和欧洲带来了巨大的经济发展和市场繁荣。改革开放以来，中国制造业发展迅速，其增加值在国内生产总值中的比重已经超过40%，中国财政收入的一半来自于制造业，制造业吸收了接近一半的城市就业人口，农村剩余劳动力转移也有将近一半流入了制造业，20世纪90年代以来，制造业的出口增长迅猛，创造了接近中国3/4的外汇收入，拉动了区域经济和国民经济的快速成长。

世界各国制造业发展经验表明，都市圈是制造业发展的平台和载体，无论是美、日、英、法等发达国家，还是包括中国在内的许多发展中国家，其制造业最发达的地区无不集中于各大都市圈之中。如美国的芝加哥都市圈、日本的东京都市圈、英国的伦敦都市圈、法国的巴黎都市圈等，以及中国的长三角、珠三角、京津冀都市圈，这些都市圈内的制造业无不在整个区域乃至国民经济中占据着举足轻重的作用。

4.1.1 都市圈与制造业互动发展的概念

历史经验表明：都市圈与制造业是一种共生共荣、互动发展的关系。这种互动关系既包含了都市圈对于制造业的促进作用，也包含了制造业对于都市圈的正向反作用，这种作用与反作用有其特殊的内涵、机制、效能和路径。

从词源上看，“互动”是指配合得当、相互推动的意思。从系统论的角度看，要素之间的互动是有机体得以存在与发展的根本原因，也是系统中正反馈与负反馈等规律的具体体现。从经济学的意义上说，经济发展过程是由相对独立、相互联系、相互促进和相互制约的经济要素在互动中实现的。可以说，没有互动，便没有发展。

“发展”，《辞海》中的定义是：“事物由小到大，由简到繁，由低级到高级，由旧质到新质的变化过程”。发展是指事物的运动和过程，从性质上讲，发展是一种前进运动，既由简单到复杂，由低级到高级的运动；从内容上讲，发展是新事物代替旧事物，是新陈代谢，除旧布新；从形式上讲，发展是量变到质变。发展不仅是运动，而且也是一个过程，即任何事物的发展都有一个产生、发展和灭亡的过程。发展从本质上讲，就是新事物代替旧事物。

综上所述，我们认为，所谓都市圈与制造业的互动发展，就是指在经济发展过程中，在保持制造业自身发展和推进都市圈建设的基础上，使制造业的发展与都市圈的进化过程二者之间在发展阶段、发展目标、发展政策和发展速度上有机配合，形成良性互动的合力关系，从而取得更好的经济发展绩效的过程。

4.1.2 制造业与都市圈互动发展的关系

都市圈与制造业的关系，从不同的角度研究有不同的表现形式。从演进次序与动力机制看，二者是互为因果互为动力的关系。制造业发展初期，制造业是因，都市圈是果；制造业的启动是经济发展的原始动力，都市圈发展水平的提高是经济发展的结果；制造业发展是都市圈的内容和动力，都市圈是制造业的空间载体。反过来，都市圈发展水平的提高，又成为牵动制造业发展不断深化的成因与动力。从发展进程看，二者可以分为同步、超前、滞后三种类型。[①] 虽然二者存在明显的相关关系，理论上应该是同步发展的，但实际上在不同的发展阶段，都市圈与制造业在经济发展当中的地位与作用是不同的，所以会出现阶段性的超前或者滞后的情况；此外，在不同的国家和地区，由于国家政策倾向，可能会引起都市圈与制造业的脱节。实际上，尽管都市圈与制造业的关系有不同的表现形式，但是最核心的是都市圈与制造业之间互为动力共同发展的关系。

都市圈为制造业集群发展提供了重要的集聚地。产业革命以来，都市圈一直发挥着推动经济和社会发展的重要作用，这是因为都市圈具有集聚功能，都市圈是经济活动的集聚地，都市圈是交通枢纽，国际性海港和航空港是其对外交通的主要方式。都市圈一般都有在本国居首位的港口，如纽约、伦敦、神户和横滨，都市圈通常还拥有该国或该地区主要的国际航空港，如芝加哥机场、伦敦的希思罗机场、东京的成田机场。这些便利的经济社会条件，直接为制造业的发展创造了空间。都市圈是先进制造业生产力的主要载体，都市圈是制造业先进生产力水平的代表，是区域经济增长的主要源泉。从全球看，目前世界上著名的都市圈都是经济发达的地区。如美国东北部都市圈和五大湖地区都市圈、日本关西地区都市圈、英国中部都市圈和德国中部都市圈等都是世界上经济最发达的地区。都市圈对提升一个国家和地区制造业的综合竞争力有着极其重要的意义。

世界各大都市圈的发展趋势表明，制造业是都市圈经济发展的动力。无论是19 世纪的英国，还是20 世纪初期的美国，或是20 世纪50 年代以后的日本，无一不是依靠制造业的崛起而促进都市圈的发展和国民经济的繁荣。20 世纪80 年代以来的中国，更是由于制造业的大发展才带来了经济的大繁荣、都市圈的快速拓展。从现在起到21 世纪中叶，中国将持续不断地推进工业化和城市化的进程，在这个进程中，农业的比重将逐年下降，农村就业人口会逐年降低，服务业的比重会逐步提高，但制造业将始终占据相当稳定的份额和重要地位，将仍是吸纳劳动力的主要

① 景普秋著：《中国工业化与城镇化互动发展研究》，经济科学出版社2003 年版。

渠道之一，都市圈的发展、城市化的进程还必须依靠制造业的发展提升而实现。

4.1.3 都市圈与制造业互动发展的模型

都市圈与制造业的互动发展包含了三层含义：首先，制造业内部的良性互动，即制造业自身能够按照工业化发展规律和产业自身特点，在产业间相互协调、健康有序地实现互动发展；其次，都市圈内部的良性互动，即要求都市圈内部各主体间按照经济发展规律、资源禀赋、人力状况等特点，可持续的互动发展；最后，都市圈与制造业的互动发展，要求制造业的发展与都市圈的进化过程二者之间在发展阶段、发展目标、发展政策和发展速度上保持协调、互相促进。

都市圈与制造业的互动发展，既包括都市圈与制造业各自在其系统内部，各个主体之间的互动与协调发展，也包括了都市圈与制造业各自作为主体，相互的影响和发展，形成两者在发展阶段、发展目标、发展速度上的协调与和谐，不相互冲突和相互抵触。这种协调并非在某个具体时点上的同步发展，甚至在某一具体时段上，可能是一种彼此间滞后发展的关系；但落实到各个发展阶段，从一个长时间的整体状态上看，制造业和都市圈的发展总是能够处于相近的发展水平，并呈螺旋上升的态势（见图4-1）。

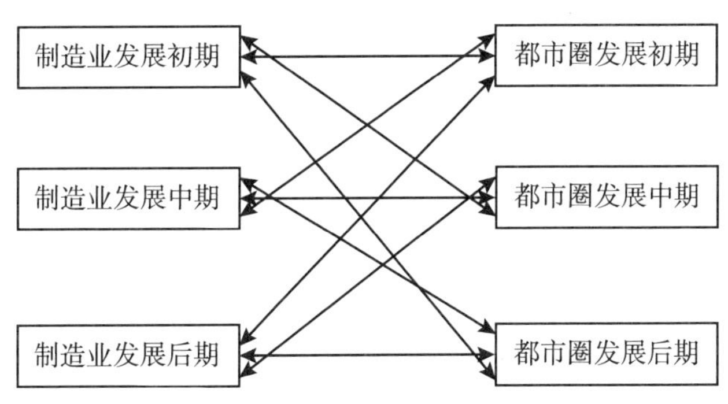

图4-1　都市圈与制造业互动模型

制造业和都市圈在发展阶段上协调，简单地说，就是制造业的发展不能超越都市圈的发展阶段而孤军深入，反过来，都市圈的发展阶段同样不能超越制造业的发展阶段，而要与制造业的发展阶段相适应。具体而言，如果把制造业发展和都市圈的形成分别划分为初期、中期和后期阶段的话，在所有可能的9种组合关系中，只有都市圈与制造业发展分别依次进入相同阶段的组合才表明它们在发展阶段上是协调的。

都市圈与制造业在发展目标、发展方式上的协调，就是在推进工业化和城市化进程中，工业化的发展目标、发展方式不能与城市化的发展目标、发展方式发生冲突，而要保持二者在发展目标、发展方式上的一致性。都市圈与制造业的发展速度协调，就是二者之间在发展速度上要保持一定的均衡。这种均衡不一定要求制造业上升一个百分点，都市圈也必须上升一个百分点，而是要求都市圈与制造业的发展上升速度二者之间的比值保持在一个合理的区间内。

4.2 特大都市圈与制造业互动发展的机理

一般来说，制造业和都市圈互动关系的内在机理，是制造业发展引起产业结构的迅速转变，并通过这种转变带动城市化进程。在这个过程中，表面上是农业人口向城市集聚导致城市化率提高，但实质上与城市化率上升联系密切的是农业就业向非农业就业这一就业结构的转变，正是因为就业结构的制造业和非农化直接带动了原来的农业人口向城市的迁移和集中。制造业过程中城市化率的上升，根本原因是非农产业的比重上升，其中建立在第二产业基础上的服务业的比重变化起了很大的作用。随着制造业演进到较高阶段，服务业比重上升对城市化进程具有重大影响的趋势愈加明显，制造业导致就业结构变化从而推进城市化进程的实质就更清晰的表现出来。城市与其赖以生存的周边地区之间的相互作用，表现在城市化的过程当中。[①] 从空间相互作用的观点来看，城市化就是城市通过与其周边地区的相互作用，使城市功能在社会生活中的作用不断加强，城市空间份额不断扩大的过程[②]。城市化导致城市空间扩大和城市对外辐射能力加强，同时也在一定程度上强化着城市与其周边地区之间的依存关系。当这种依存关系强大到一定程度时，城市与其周边地区就会形成为一个在经济、社会、生活等各方面都高度关联的整体，这时一个由中心城市及其周边地区组成的都市圈就形成了。当然，空间互相作用（集聚与扩散）的力量会继续推动都市圈空间形态演变和蔓延，都市圈的地域形态总是处于不断发展和演进过程中的。

4.2.1 都市圈与制造业互动发展机制

所谓“机制”，就是事物内在的联系和运行规律，是不以人的意志为转移的

① 李捷、王志宏：《工业化与城市化关系探讨》，载于《云南行政学院学报》，2003 年第 5 期，第 102～105 页。

② 胡序威等：《全国沿海城镇密集地区空间集聚与扩散研究》，科学出版社 2000 年版，第 85 页。

客观存在。都市圈与制造业互动发展机制，是研究都市圈与制造业互为动力共同发展的一种客观存在。

（1）都市圈与制造业互动发展的理论基础

都市圈与制造业的互动发展是区域社会经济发展的具体体现，是建设创新型国家，构建和谐社会的重要保障。从理论基础上看，都市圈与制造业的互动发展机理既有其哲学层面上的基础理论依据，也有经济学上的理论支撑。

都市圈与制造业的互动发展从哲学层面看，是一种相辅相成、相互促进的辩证关系：(1) 内容与形式的关系。内容与形式，在古老的对立观念中，其最重要的含义是某物被另一物所确定。在此情况下，决定性的因素是“形式”，“内容”则是被形式所确定。制造业的发展既要求依托共同的基础设施和公共设施，又要求生产上的专业化和协作，要求相关的生产和市场布局，以达到降低成本、提高效益、增强产业竞争力的目的。因此，制造业发展客观上要求制造业企业的集中，制造业人口的集中，制造业知识的集中。此外，制造业本身的发展，还将带来第三产业的聚集，并促使大量第一产业的劳动人口从事非农产业。这种产业自身的集中，以及由此带来的人口上的集中，其存在和发展的形式只能是城市，并逐步上升到由地理上相近城市所构成的都市圈。因为只有都市圈才具有聚集经济和聚集人口的能力和特征。所以，制造业的发展所带来的产业和人口上的变化，与都市圈存在的形式是相适应的。这种变化与形式相互适应的关系决定了都市圈与制造业互动发展的基本趋势。(2) 对立统一的关系。矛盾是事物自身包含的既对立又统一的关系，所谓对立，是指矛盾双方相互排斥、相互分离的趋势和属性。所谓统一是指矛盾双方相互吸引、相互联结的属性和趋势。矛盾双方相互依存，一方的存在以另一方的存在为前提；矛盾双方在一定条件下相互转化。对立统一规律揭示了普遍联系的根本内容和事物发展的内在动力；对立统一规律是贯穿于其他规律和范畴的中心线索。都市圈与制造业的发展是同一过程的两个方面。在实际的发展中，由于受到地域和资源的客观局限，受人力、物力、财力的限制，或者决策机制、利益机制的作用，制造业和都市圈的发展往往出现了两者之间互有超前或滞后的情况。但是这种情况又不会长久，通常形成一个都市圈与制造业互相促进、互相依存，不断弥合彼此之间差距的互动过程。在中国的具体实践中，既出现过个别地区片面强调制造业的发展，忽视区域内的配套建设和环境保护，结果把工业化发展与都市圈建设的矛盾推向极端的惨痛教训；同时，也有大力推进都市圈建设进程，进而使得区域整体经济效益逐步提高的优秀经验。(3) 运动与静止的关系。唯物辩证法认为，一切事物都是运动的，运动是绝对的，静止是相对的。发展是事物的一种运动状态，但又不是事物一般的运动状态，而是特指事物向前、向上的，由低级向高级进步的，不断推陈出新的运动状态。全面、协调、可持续的发展，就是事物发展的辩证运动过程。事物发展如此，都市圈与制造业的互动关系也是如此。都市圈与制造业之间的互动是一种全面的互动，包括制造业发展自身、都市圈发展自身，以及两者之间的互动。都市圈与制造业之间的互动是一种协调的互动，是都市圈与制造业在各自发展中，结合各自的特性与优势，互相促进发展的互动。都市圈与制造业之间的互动是一种可持续的互动，两者之间是一种持续的、螺旋上升的过程。从一段时间来看，都市圈与制造业之间总是处在一种相互影响，相互促进的关系之中。

都市圈与制造业的互动发展从经济理论层面来看，表现在下述三个方面（见图 4－2）。

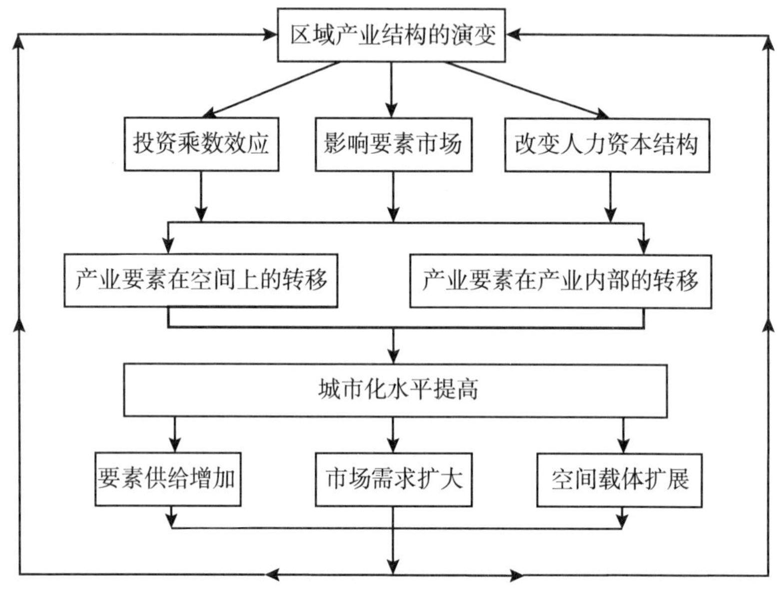

图 4－2　城市发展乘数效应影响

首先，是产业结构演变促进城市化发展。都市圈是城市化发展到一定阶段后所出现的一种城市组织体系。从产业经济学角度看，产业结构的转换是城市化进程的重要推动力量，城市化的过程是一个区域内产业结构不断由低级向高级演化、产业要素在空间聚集和转移的过程。（1）城市化发展：产业要素影响。一个城市的发展，其基础条件便是必须建立在土地、人力和资金等生产要素之上。城市化的本质便是随着城市内产业结构的优化和升级，从而实现生产要素在区域间的合理流动与配置的过程。市场是实现资源合理配置的最有效的机制。一方面，土地、劳动、资金等生产要素通过市场化从而得到合理有序的流动，进而使得城市化能随着产业的演进而正常地推进。另一方面，产业结构的演进可以通过影响要素在市场上的潜在回报率直接影响它们的投入方向，城市通过利用产业更替过程中置换出来的土地、资本、人力等要素，不断提升和拓展城市的功能，促进了城市化的发展。（2）城市化发展：人力结构影响。人力资本是一个历史的、社会的范畴，它的出现是和社会经济结构的变迁相对应的，是一种在以人为主导的经济形态中的新的资本形式。人力资本是影响城市发展的重要因素。城市的人力规模、人力结构、人力素质、人力资本投入以及供给关系直接影响城市的发展潜力和竞争力。产业结构的转换，促使各种经济要素在城市的聚集，这也包括作为主体的人能够为城市所接受，并且使人力资本不断的积累。从产业资本的构成来看，产业结构演变的过程其实就是一个从自然资本主导到金融资本主导再到人力资本主导的转变过程，产业结构的演变，势必要求教育得到广泛发展，这会极大地改善该区域吸收知识的能力，促使人力资本规模和结构的变化，从而促进城市化的发展。（3）城市化发展：乘数效应影响。产业结构的变化源于投资结构的变化，根据传统的经济学假设，理性的投资行为一般都倾向于获利相对较大的产业，而这些产业一般都是区域的主导产业或优势产业。[①] 按照产业关联理论，优势或主导产业的确立可以带来相关产业的联动发展，从而提高整个区域的国民收入水平，促进就业结构的变化，这就为农村人口向城市的转移开辟了产业上的空间。同时，农村人口大量转移到城市中，城市规模逐渐扩大，也只是完成了城市化的初级阶段，即城市外延的扩大；城市化还将在城市产业结构优化的带动下，逐渐提升自身功能，优化就业结构，不断提高居民的生活质量，即向内涵化迈进。因而产业结构的不断演化升级将带动城市化发展由低级阶段走向更高级的阶段。产业结构能通过影响要素市场，人力资本结构的变化及产业的关联效应等机制，促使产业要素在产业部门内部和空间上的转移与聚集，实现了资源的优化和合理配置。产业内部的要素转移使城市化的动力结构经历由自然资本主导到金融资本主导再到人力资本主导的阶段性变化；空间上的转移使城市空间结构由最初的均衡布局发展到集中，再由集中向更高级别的有序合理布局发展，最终达到城乡一体化的最终目标。总之产业结构的演变，导致产业要素在空间和各产业间的转移，必然会引起不同发展阶段的城市化动力机制发生变化，不断推动区域城市化由低级阶段向高级阶段推进。

其次，是城市化发展促进产业结构升级。引起产业结构演变的因素很多，广义上看，自然资源禀赋、人口、技术、资金、环境、政策等因素都直接或间接地会对区内产业结构产生重大影响。然而在这些因素中，其根本与核心因素是技术的进步和人力资本的积累。它们通过影响供需结构及变化来发生作用。因此，作

① 赵敬民：《泰安市产业结构演变与城市化互动发展研究》，山东师范大学硕士学位论文，2006 年。

为产业要素聚集的城市化过程，主要是通过影响要素的供给和需求的变动来影响产业升级和演替。（1）产业结构升级：要素支持。自然资源禀赋、劳动力、资金、技术、基础设施是影响产业结构演变的重要的生产要素。城市发展的早期，城市规模较小、经济发展水平低，加工产业发展处于萌芽时期，资金积累不足和技术水平较低。此时，城市功能不全，只能为劳动密集型的产业提供少量技术劳动力和大量非技术劳动力，且这种人力上的支持会随着时间和空间的变化而不断更迭。城市发展的中期，随着市场化的发展，城市发展加快，集聚效益和规模效益得到显著提高，通过内部发展和对外贸易交流，城市内的资金、技术、劳动力等生产要素都有了大量的积累，城市的功能相对完善，能够为产业结构的演变提供较为充裕的劳动力资源和资金支持，进而也使得产业结构的演变向资金密集型的重化工业转变成为可能。城市化发展的后期，城市已成为科技、信息的集散地和人才的聚居地，科技水平的发展，使以服务、金融、贸易、通讯为主的新兴第三产业得到较快增长。此外，这一阶段，城市化的发展为产业结构的有序演变提供了基础设施。这些基础设施包括交通运输、邮电通讯、能源供应、城市基础设施等诸多方面，其中尤其是城市化中后期交通、通讯等网络建设使区域产业结构的演变向更高层次发展，使区域产业关联度提高，区域分工更为合理，从而实现区域经济一体化。（2）产业结构升级：需求拉动。城市需求总量和需求结构的变化既会引起相应产业部门的扩张或缩小，也会引起新的产业部门诞生和旧部门的衰落。从总量上看，城市化所带来的人口数量的增加和居民收入水平的提高必然会导致消费需求的增加，进而促进产业的变动。从结构上看，个人消费结构、中间需求和最终需求的比例，消费和投资的比例等变化也会促使社会产业结构的相应变动。随着城市化的发展，收入水平的提高，个人消费需求结构、消费规模都随之改变。一方面由于农业人口不断地向城镇转移，非农业人口总量增加，引致需求市场规模的扩大，促进了区域需求总量增长，为区域产业结构的有序演变提供了良好的市场条件。另一方面，随着城市化的发展和区域产业结构的演变，人均收入水平提高，个人消费结构由满足衣、食、住等生活必需品的温饱需要，转向对劳务服务方面的多元化多层次的需求。个人消费结构的高度化将刺激企业提高技术，开发新产品，为企业增加技术投入提供推动力，这又进一步推动了区域产业结构的技术升级。城市人口增加，加大了对生产生活所必需的住宅、供电、供水、公路铁路、通讯等一系列城市基础服务设施的需求。为满足这些需求，促进城市发展，大量的公用设施亟待兴建，对相关产业发展有明显的拉动作用，并间接带动其上下游产业发展。城市化的持续推进将为基础设施产业提供持续扩张的市场，成为产业结构升级的有力助推器。（3）产业结构升级：空间载体。城市化对区域产业结构演变的载体作用，主要表现在为产业结构的演变提供了地域空间。一方面，由于影响区域产业结构演变的物质和非物质生产要素都要落实在一定地域上，加之集聚效益和规模效益的存在，使城市成为这些要素在区域中的最重要空间载体。另一方面，城市化的发展，规模和集聚效益的增大，又会进一步促进这些要素向城市的流动、转移和集聚，为产业的升级提供更好的空间支持。如果没有产业空间载体的变换，就不可能有产业结构的全局高度化，城市化是产业空间实现的主要形式。总之，没有城市化或城市化的滞后，就没有或缺乏产业演变所需的生产或非生产要素的集聚，无论是主导产业的更替还是相关产业的发展都不可能获得必要的资源和有助于实现规模经济的市场牵引，也不能提供产业发展和积聚的空间载体，必然使产业发展失去空间依托，制约产业结构调整和升级的步伐。相反，城市化适度超前于产业结构的演变，能够为产业结构调整提供一定规模的市场需求，即充分的要素供给，完善的基础设施，配套的生产与生活性服务等，这样会更有利于产业结构的提升和转换（见图4－3）。

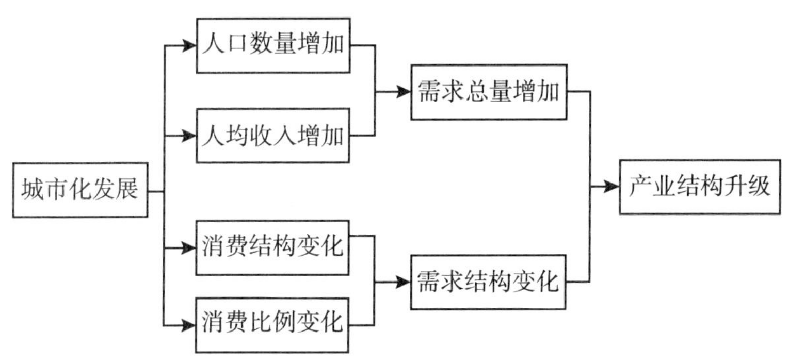

图4－3　城市发展中的产业结构需求拉动

最后，是区域产业结构与城市化的互动发展。区域产业结构的演变与城市化的进程并非独立的两个过程，两者互动是区域经济和社会发展过程中出现的必然现象。区域产业的演变与城市化存在着内在的联系。城市化是经济和社会发展走向现代化进程中的客观规律，也是结构优化与升级在地域空间上的一种必然反映。城市化是推进经济结构调整的重要力量，必须响应产业结构的调整与有序转化。城市化的发展带动了区域产业结构的演变，区域产业结构的优化、调整和升级推动了城市化进程。“区域产业结构的有序演变引起了城市化动力机制、城市化模式、城市化地域形态的变化，进而推动了城市化进程”。从两者互动进程而言，大致可分为三个阶段：（1）农业为主。农业为主阶段（前工业化阶段）。该阶段的产业结构处于发展过程中的“一、三、二”或“一、二、三”型阶段。农业在国民经济中占有绝对的地位。农业产值和比重极大，而商业和手工业次于农业。该阶段由于生产力水平低下，没有现代科学技术的带动，有限的资金和大量劳动力等生产要素主要投入到农业方面，农产品剩余量很少，人均收入仅能维持生存，生产要素向城市的转移很少。（2）工业化。工业化带动了产业结构调整，加快了城市化发展的步伐。这个过程又分三个阶段。工业化初期阶段。产业革命初期的产业结构仍处于“一、二、三”次产业有序演变过程中，农业开始让位于工业。产业结构中，第一产业所占比重很大，第二产业所占比重次之，服务业还很不发达。产业结构仍以传统产业为主，在工业结构中，主导产业为纺织业，并且劳动力在工业资源结构中居于突出地位。工业化的中期阶段。产业结构的演变处于“二、一、三”向“二、三、一”次产业的有序演变过程。此阶段工业化已实现且经济高速增长，第二产业产值在 GDP 中所占的比重最大；生产要素由劳动密集型向资金和技术密集型转变，工业重心由基础工业向高度加工工业转变。工业化的后期阶段。该阶段产业结构处于“三、二、一”次产业有序演变过程中。产业结构中第三产业所占比重最大，处于主导地位；第二产业内部的资本密集型产业逐渐下降，知识密集型产业比重迅速上升；二元经济结构基本消失，全社会恩格尔系数明显下降到一个较低水平。随着科技的发展，生产率的大幅度提高，劳动力大量转向第三产业，特别是现代服务业。（3）后工业化。产业结构的类型为“三、二、一”型。以现代服务业为主的第三产业占绝对优势，城市布局均衡，城乡一体化实现，城市发展趋于稳定，城市化率一般在 80% 左右（见表 4－1）。

表 4－1　　　　都市圈与产业的互动发展

发展阶段	产业结构类型	产业结构特点	城市空间结构和功能	经济空间相互作用	城市化率
前工业化时期	“一、二、三” “一、三、二”	传统农业为主	规模小、功能低的小城镇，均衡布局，多为消费型城市	小范围经济活动封闭循环	<3%
工业化时期	“一、二、三” “二、一、三” “二、三、一”	农业开始让位于工业，轻纺和消费品在第二产业比重较大，资金密集型重工业加速发展	区域增长极形成，城镇体系初步建立，多为生产性城市功能	向中心城市的聚集为主	30% ~ 70%
	“三、二、一”	第二产业进入高加工化和高技术化，技术密集型产业比重增加	比较合理的城镇等级体系形成，消费型为主	以中心城市向外围扩散为主	
后工业化时期	“三、二、一”	信息产业为主	形成城市群和城市连绵带，均匀网络布局，具有现代服务功能	空间结构均衡，相互作用持续、均匀、稳定	>80%

（2）制造业促进都市圈发展的作用机制

钱纳里等人认为，“在处于持续均衡的经济中，都市圈可能是一系列事态发展的结果：开始是出现需求和贸易上的变化，这种变化导致制造业，并引起劳动力从农村向城市的不断流动。”[①] 显然，钱纳里等人认为，是制造业为主的工业化发展导致了都市圈，并认为制造业是通过引起劳动力从农村向城市的不断流动来实现都市圈的。

随着制造业过程的推进，人均收入水平提高，第一产业在总产值和劳动力就业构成中的份额会显著下降，第二产业和第三产业的产值份额和就业构成份额都会增加。并且，结构转变最值得注意的特征，是国民生产总值中第二产业所占份额的上升，以及农业所占份额的相应下降。伴随着产值结构的变化，是资源（资本、劳动力、原料等）从农业向工业的转移。当劳动力完成从农业向工业的转移的同时，就业结构也必然发生变化，即第一产业的就业份额不断下降，第二产业的就业份额不断上升，这同时也是劳动力完成从农村向城市的地域转移的过程，随着农村人口不断向城市地区集中和集聚，都市圈发展过程就不断进行，这一过程一直要持续到全社会100%的人口都能享受到城市文明时为止。由此可见，制造业对都市圈发展的促进作用是通过产业结构和就业结构的变化来实现的，并且是就业结构的制造业发展和非农化直接带动了人口向城市的迁移和集中。因此，在制造业过程中，就业结构的转变与都市圈成长规模的上升联系更加紧密。

发达国家和发展中国家的发展经历都表明，产业结构变革是都市圈发展的主线之一，都市圈发展过程就是产业结构不断由低级向高级演进的伴生发展过程。那么，产业结构的非农化为何导致劳动力和人口的都市化？这是因为农业区别于非农产业的最大特点是农业因依附于土地而分散经营，近现代工业的特点是使用机器大工业的大规模的集中生产，产业革命必然导致生产规模的扩大和生产的集中或集聚，从而导致就业结构的空间转移和集中。城市的主要特点是集中，集中能够产生规模效益。都市圈正好适应了制造业的要求，能够产生集聚效益和规模效益，第三产业也只有在第二产业及人口集中到一定规模后才满足了它成规模发展的“门槛条件”。各国经济发展史业已表明，都市圈是制造业发展进程中必然伴生的社会现象，都市圈发展速度与水平和制造业发展速度及进程密切相关。

从制造业发展的理论和实践的角度审视都市圈，可以得出两个基本结论：其

---

① Chenery, H. B., and M. Syrquin. Patterns of Development, 1950 - 1970. London: Oxford University Press, 1975.

一是，都市圈发展道路的探讨，还应该清醒地认识制造业的发展，在提高制造业发展水平的基础上发展都市圈，因为城市形成和发展的机制是制造业的推动，由此，对发展中国家和地区都市圈的评价，不能就城市论城市，而要从这个国家和地区的制造业发展的高度评价都市圈；其二是，都市圈演进的本质过程是就业结构的城市化，由此，对发展中国家和地区未来时期都市圈发展的分析，关键要从产业和就业两方面培育城市的强质性功能，形成“产业－就业”拉动型的都市圈路径。中国是个发展中大国，制造业发展的任务并没有完成，对中国都市圈发展状况的评价和21世纪初期都市圈发展道路的探讨，应该清醒地认识制造业，在提高制造业水平的基础上发展都市圈。

（3）都市圈是制造业发展的重要载体

从都市圈的生成机制和发展演变的过程看，都市圈与经济发展的密切相关性，归根结底取决于一个国家和地区的制造业发展水平和经济结构程度。都市圈取决于制造业发展，制造业决定了都市圈，这是一条客观规律。工业革命以来的世界经济发展史表明，都市圈与制造业有着内在的联系；对于发展中国家和地区来说，即使是在知识经济因素迅速增长的新时代，都市圈与制造业的这种内在联系也不会改变。城市经济的本质特征在于它的空间聚集性，马克思和恩格斯认为，“城市本身表明了人口、生产工具、资本、享乐和需求的集中；而在乡村里所看到的却是完全相反的情况：孤立与分散。”① 马克思和恩格斯在这里十分明确地指明了城市区别于农村的根本特征。生产规模的扩大，可以给生产企业带来内部的聚集效益，资本、技术、人口、生产资料等要素以及企业本身向城市的集中，则可以给它们带来外部的聚集效益。可见，都市圈是通过城市的聚集经济效益来促进制造业发展的。

都市圈首先是一个经济现象，它是经济结构转变、非农产业和经济组织选择优势区位、经济活动在空间不均衡分布的结果。产业间的比较利益诱导生产要素在不同区域、不同经济实体间流动以实现其最佳配置效率。因此，考察都市圈对制造业发展的促进作用可从以下角度考察：

第一，集聚经济。城市的主要特征是集中，经济的集中本身能产生更高的效率。

集聚经济理论以制造业为时代背景，强调企业之间建立在垂直一体化基础上的物质联系，集聚的主要目的是为了节约运输成本、取得外部规模经济。企业规模的大小往往受到市场规模、运输便利、基础设施、信息传播、原料和熟练劳动

① 《马克思恩格斯全集》（第3卷），人民出版社1972年版。

力和技术人才的可获得性、金融业的发达程度等因素的影响。企业在空间上的集中能够提供更广阔的产品销售市场，更便利的交通运输条件，更好的水、电等基础设施，更发达的金融系统，更畅达的信息渠道和专业化劳动市场等，这些有利的外部环境使企业扩大规模的成本大大降低，从而能获得更大规模经济效益。同类生产企业或同类经济活动企业在同一地区的聚集形成行业规模：多个行业的企业在空间上的集中促进行业外部规模的扩大。总之，规模经济的发生主要是由于生产在空间上的集中，可以共享市场、道路、水电、教育科研信息和多样化的劳动力市场等，从而带来成本节约。

一般而言，聚集经济与城市发展效益之间存在"倒 U"字形关系，城市在发展的初级阶段呈现聚集经济，发展到一定阶段后就呈现聚集不经济，由此引出城市最佳规模问题的研究。中国学者王小鲁，构建了二次函数对中国 660 个城市的规模收益和政府居民成本作了分析，结果表明市区人口约在 100 万～400 万人的规模区间，城市净规模收益足够大。[①] 这一区间涵盖了中国的特大城市和超大城市。

聚集经济是分层次的，各层次的聚集经济不仅有着共同的要求，还有着不同的要求。[②]

第一个层次是企业内部聚集经济，是指企业在原有基础上扩大其产量规模（单纯的规模经济），或者在原有基础上增加产品种类（范围经济）所带来的长期平均成本的下降。在企业内部，当产品的产量超过一定规模之后，其产品的平均成本便迅速降低，由此形成内部规模经济。当然，无论是产量的增加还是产品种类的增加，都必须以广阔的市场需求为基础。企业内部规模经济的产生归功于不可分割的投入，一些大规模的制造业，如钢铁、汽车等，企业的建立必须达到一定的规模才具有经济效益，这样的组建常常会产生"公司镇"（company town）。[③]

第二个层次是企业外部、产业内部的聚集经济，被称为"区位经济"（localization economics），主要指同一产业（行业）的企业或一组密切相关的产业，由于聚集在一个特定地区，通过产业功能联系所获得的外部经济。定域化经济又可分为两种类型，一种是工业集群型经济。对于某一特定工业部门来说，一种生产活动一旦定位于一个有利的区位或地区后，如果这个工业部门的产品的需求充分的话，就可能或是吸引其他相关部门聚集到这里，或是原有部门的生产规模进一步扩大，在这种情况下，都会因产业的功能联系而带来平均成本的节约。定域化

① 王小鲁：《都市圈与经济增长》，载于《经济社会体制比较》，2002 年第 2 期。

② 冯云廷著：《城市聚集经济》，东北财经大学出版社 2001 年版。

③ Paul Cheshire and Edwins. Mills. Applied Urban Economics（Handbook of Regional and Urban Ecomomics, Volume 3）, North-Holland, 1999.

经济不仅存在于制造业，在零售业也很普遍，被称为购物外在经济（shopping economics）。[①] 这种聚集经济引起交易公司的聚集，从而导致以市场为基础的聚集体的形成，便于消费者的比较与选择，由此可降低消费者的搜寻成本。显然，这个层次的聚集经济对单个企业而言是一种外部经济，是企业之间相互影响的结果，而不是企业内部的力量决定的。

第三个层次是由多个行业（产业）向城市地区集中形成的聚集经济，也可称作“都市圈经济”（urbanization economics），[②] 这主要是由于产业间存在外部经济，一个产业的发展通过其前向和后向联系，可能对多个产业降低成本做出贡献。它既可以是上面所说的一个行业的地区集中化，进而带动其他行业发展来实现，也可以通过多个相互关联的产业同时平衡发展来实现。另外，有些产业彼此之间不一定有直接的功能联系，但却存在着非功能的空间联系，它们仍然可以从相互的聚集中获得经济利益。

都市圈经济与定域化经济有两点区别。首先，都市圈经济是由整个城市而不是由某一产业部门引起的。其次，都市圈经济将给城市所有企业带来好处，而不仅仅是某一产业部门中的企业。对于微观聚集主体—企业而言，这一层次的经济也是一种外部经济，是由产业之间的相互影响决定的。这在一些中心城市表现得尤为突出，比如，大城市常常有一些商务服务的公共服务中心，如金融、保险、会计、咨询、医疗、环境保护等，这些服务可以同时为多个行业所用，并且企业内部经济性也比较明显。只有当城市的规模达到一定程度后，对服务的需求才会上升，这些服务的质量才能更高或价格更低，从而有益于该城市的多个行业。这是都市圈经济的突出表现。

上述三个层次的聚集经济也是实际中最重要的三种聚集经济。这三者之间的关系是：城市聚集经济不仅取决于城市产业聚集经济，还取决于微观层次上的聚集—企业的规模经济。企业规模经济的外在化与城市外部经济的内在化是个交互影响作用的过程。当然，从企业和产业聚集经济转变为城市聚集经济，需要借助于一定的物质载体——城市公共设施和公共产业的长足发展。总之，不同层次的聚集经济构成一个聚集经济体系，各个层次的聚集经济需要相互配合、协调发展。相对于单个层次聚集经济的发展来讲，不同层次聚集经济的相互配合和协调发展是聚集经济发展的高级阶段。

第二，经济结构转换。刘易斯根据二元经济结构模型提出，发展中国家的经济结构可划分为两大部门：现代部门与传统部门。传统农业部门存在着大量低收

---

① Bains, J. S. economies of Scale, Concentration, and Conditions of Entry in Twenty manufacturing Industries. American Economic Review 44, 1954.

② Edwin S. Mills, Bruce W. Hamilton. Urban Economics. Scott, Foresman and Company, 1989.

人的劳动力，劳动力供给具有完全的弹性，所以，工业部门可以获得无限供给的劳动力而只支付与传统农业维持生存相应的工资。现代工业部门通过资本扩张源源不断地吸收农村劳动力，从而实现人口的都市圈。

二元经济结构理论随后得到拉尼斯、费景汉及乔根森等人的深化与发展。美国经济学家托达罗于20世纪60年代进一步提出了关于城乡人口转移的新模式，他认为农民的城市迁移是“经济人”的理性决策，就业概率和预期收入差异在人们的迁移决策中起到重要作用。二元经济结构理论的出发点在于研究制造业发展过程中的劳动供给，以及保证和协调制造业与劳动供给的关系，二元经济结构理论从结构转换的角度说明了制造业与城市发展如何互动。

第三，循环累积效应。制造业和都市圈是一个相互促进、相互加强的过程。由于某种原因，某一地区发展起来了，它将会通过一个循环累积过程而不断扩大。当新的工业在某一地区建立起来时，该地区就业增加，总人口增加，对消费品和服务的需求扩大，从而刺激消费品工业和服务业的发展和市场的繁荣；进而又带来相关产业的发展；该地区经济的发展使得地方税收收入增加，从而有能力修建较好的公共基础设施，发展文化教育事业，开展科技研究与开发；不断完善的基础设施和日益提高的科技教育水平，优越的生活环境，又吸引着更多的工业家和创业者到此投资办企业，促进了这一地区的进一步发展。如此一波又一波的发展，形成了一系列的发展循环。工业部门与城市规模也就在这个循环累积过程中不断扩大，这种循环不仅具有累积效应，而且常常带来加速度，使增长速度不断加快（见图4－4）。

制造业带来的人口、产业与经济组织向城市集中，带动了都市圈的发展，使得二者的发展具有明显的正相关性。据测算，发达国家1820～1950年间，都市圈与制造业的相关系数达到了＋0.997，而美国在1790～1950年的160年间，都市圈率与制造业率几乎就是两条平行的曲线。

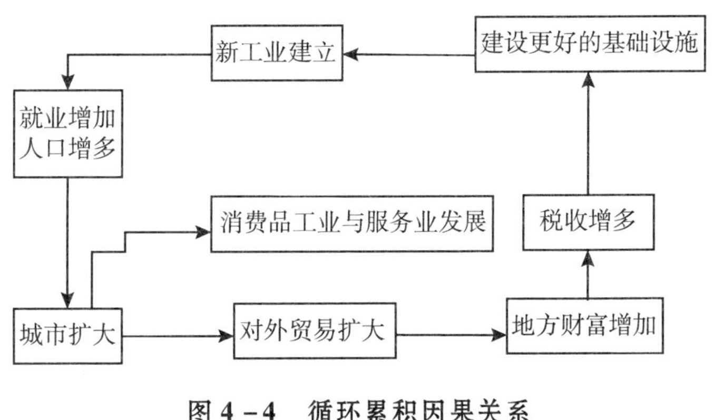

图4－4　循环累积因果关系

在世界都市圈发展的实践中，一般是都市圈超前于制造业进程。钱纳里对1950～1970年世界发展情况的研究显示了这一现象（见表4－2）。制造业占国内生产净值（DNP）比重和城市人口占总人口比重大体是在1∶1.7，即制造业水平每提高1个百分点，都市圈水平应相应的提高1.7个百分点。

表4－2　发展模型的都市圈水平与制造业水平（1950～1970年）

人均国内生产净值（$）	城市人口占总人口比重（%）	制造业占国民生产总值比重（%）
小于100	12.8	12.5
200	22.0	14.9
300	43.9	25.1
400	49.0	27.6
500	52.7	29.4
800	60.1	33.1
1 000	63.4	34.7
大于1 000	65.8	37.9

资料来源：钱纳里等：《发展型式：1950～1970》，经济科学出版社1988年版。

第四，非均衡增长效应。佩鲁的“增长极”理论认为，主导部门和有创新能力的企业在某些地区或大城市的聚集发展形成的经济活动中心，使人口、资本、生产、技术、贸易等高度聚集，产生“都市圈趋向”或形成“经济区域”。区域经济的发展是由“增长极”（城市）来启动的；弗里德曼把“增长极”模式与各种空间系统发展相融合，认为经济活动的空间组织中，通常具有强烈的极化效应与扩散效应，在极化效应的作用下大量的生产要素流向利润回报率高的产业和地区；产业的空间关联性使生产要素从城市流向周边地区形成扩散效应。中心区的形成来自极化作用，扩散效应和产业关联效应带动了边缘区的经济发展。

4.2.2　都市圈与制造业互动发展行为

都市圈与制造业互动发展行为，是其发展机制的具体展现。在中国，最为主要的则是东部三大都市圈与制造业的互动发展行为，因此，我们可以通过考察这三大都市圈与制造业的互动行为，来探讨其互动发展。

（1）中国都市圈与制造业互动发展历程

在20世纪80年代之前，中国是计划经济为主导进行经济建设，同一区域的各城市间缺乏相互联系，基本处于独立发展状态，没有形成协调发展态势。而在改革开放之后，中国经济社会得到了全面发展。伴随着城市化进程，制造业的快速发展成为中国的发展特色，在经济发展水平较高的地区出现了大量城镇密集区和以区域中心城市为核心的大都市圈，即以北京、天津为核心的京津冀都市圈，以上海为核心的长江三角洲都市圈，以广州、深圳为核心的珠江三角洲都市圈。三大都市圈已成为中国最具活力的经济区域，并日益成为中国经济增长的主要推动力。

从总量上看，东部三大都市圈已成为中国最重要的制造业基地。截至2003年，三大都市圈制造业已占有全国制造业市场的69.52%，占全国制造业工业总产值（当年价）的69.08%、利润总额的73.33%、工业增加值的64.55%。东部都市圈在取得这么好的产出效益的同时，只占用了全国制造业生产要素中制造业就业人口的56.4%和资产的59.6%。这表明东部都市圈作为全国最重要的制造业基地不仅在规模上地位显赫，而且产出效率远远高于全国平均水平，引领着中国先进制造业的发展方向。

（2）东部三大都市圈中心城市发展分析

从区位条件来看，在中国三大都市圈域中心城市中，上海市最为优越，不仅濒临东海，而且位于中国长江入海口，通过长江这一“黄金水道”，可以沟通180万平方公里，人口3.5亿，资源丰富的长江流域，具有极为广阔而发达的腹地和市场。2000年，上海市人口密度为2 098人/平方公里，占长三角都市圈域6.3%的面积却聚集了区域人口的17.75%，遥遥领先于其他各市。北京作为中国的首都，其政治、经济、科技文化的综合实力和区位优势毋庸置疑。其次是广州、深圳和天津三市。广州和深圳两市位于珠江出海口，面向中国南海，同时又紧靠香港和澳门，独特的区位条件为两市成为珠三角都市圈域中心城市奠定了基础。2000年广州市的人口密度为1 491/平方公里，居各市中第二位。天津市位于渤海之滨，与日本、韩国隔海相望，是中国华北地区最重要的港口城市。此外南京、杭州、苏州、宁波等也由于其特有的区位优势和综合实力而成为各自区域重要的增长极。

经济实力是一个综合指标，具体可通过国内生产总值、财政收入、产业结构、经济国际化水平等来考察，尤其是经济国际化水平更能反映出中心城市的“极化”能力。参照2000年各中心城市的相应指标，上海市在国内生产总值、财政收入、实际利用外资及经营性外资银行数四项指标居各市之首，2000 年在上海的经营性外资银行总数达 54 家。同时，上海的 GDP 总量、财政收入、出口总额和吸引外资额分别占都市圈域总量的 29.65%、62.68%、40.13%、42.30%，远远高于本都市圈的次中心城市南京和杭州两市，圈域增长极的地位突出。北京的国内生产总值、财政收入总量居各市第二位，且北京的产业结构比较优化，第三产业占国内生产总值的比重和金融保险业占国内生产总值的比重居各市之首，分别为 58.31% 和 15.3%。但在京津冀都市圈内，北京市除财政收入占圈域比重较高于天津市之外，在 GDP 总量和吸引外资所占圈域比例与天津市相差不多，而天津的出口额要高出北京许多。深圳市在出口额、高新技术产业占工业总产值的比重和人均国内生产总值居各市之首，外资银行数也居各市第二，有 27 家。同时深圳的出口额占珠三角都市圈域比重要高于广州市，在 GDP 总量、财政收入及吸引外资方面，深圳与广州两市则平分秋色。广州的国内生产总值、出口额位居各市第三位，实际利用外资额和第三产业占国内生产总值比重居各市第二位。

经济实力是中心城市产生扩散作用的基础。厉以宁等将人口、人均收入、工业产值、技术存量、技术创新速度、市场信息集散速度、资本的充裕程度及人才的数量和质量等作为影响中心城市辐射力的经济因素。据 2000 年各市统计指标，上海市在人口、GDP 总量、财政收入、实际利用外资、经营性外资银行数、货运量、年末互联网用户数、邮电业务总量 8 项指标中居各市之首，经济实力最强。2000 年上海的各项指标在圈域相应指标中所占比重也比其他各市高。

创新功能是中心城市实现可持续发展、保持及强化其圈域中心地位的核心所在，同时创新功能也是一个城市信息、知识和人才密集程度的标志。中心城市创新能力的大小可以从创新水平和创新潜力两个维度进行考察。目前，依照国家相关统计标准，对城市创新水平的衡定可以通过当年该市的专利申请数、科技进步对经济增长贡献率、科技成果应用率等指标。而对中心城市的创新潜力则可以通过高等院校数、图书馆数、科技投入占 GDP 比重、互联网用户数、普通高校正高级人数等指标来衡量。2000 年上海的专利申请共计 11 318 项，居各市之首，北京市为 10 344 项，居第二位，其他城市依次为：广州为 4 493 项，天津为 2 787 项，深圳为 608 项，南京为 135 项等。而在创新潜力方面，北京市在科技投入、普通高校数量、普通高校正高级人数三项指标上居各市之首，创新潜能最大。而上海市在国际互联网用户数、公共图书馆数量两项指标上居各市之首，同时在普通高校数量和科技投入、普通高校正高级人数三项指标位居第二位，上海的创新潜力居各市第二。其余各市创新潜能的排序依次为广州、天津、深圳、南京和杭州（见表 4－3）。

表 4-3　　三大都市圈圈域的主要城市及其中心城市

都市圈＼城市	主要城市	中心城市	次级中心城市
长江三角洲都市圈	上海、南京、杭州、宁波、苏州、无锡、常州、镇江、南通、扬州、泰州和浙江省的湖州、嘉兴、绍兴、舟山 15 个城市	上海	南京、杭州
珠江三角洲都市圈	广州、深圳、珠海、佛山、江门、东莞、中山、肇庆市区、惠州市区、惠阳县、惠东县、博罗县、高要市、四会市 14 个市县	广州	深圳
京津冀都市圈	北京、天津、唐山、保定、廊坊、秦皇岛、张家口、沧州等 10 市	北京	天津

注：圈域中心城市的确定主要按照定性与定量结合原则、功能原则和结构原则，结合都市圈中心城市的综合概况、经济实力、产业结构、经济国际化、交通及信息化水平和科技创新等指标。

（3）东部三大都市圈制造业产业比较分析

表 4-4　　三大都市圈制造业产业特色

地　区	制造业专业化产业部门
京津冀都市圈	食品加工业、石油加工业、化学原料及其制品业、非金属矿物制品业、黑色冶金业、金属制品业、普通机械制造业、专业设备制造业
长江三角洲都市圈	纺织业、服装业、化学原料及其制品业、化纤制造业、塑料制品业、金属制品业、普通机械制造业、专用设备制造业、交通设备制造业，电气机械制造业、电子工业
珠江三角洲都市圈	服装业、金属制品业、电气机械制造业、电子工业
北京市	食品制造业、饮料制造业、石油加工业、黑色冶金业、交通设备制造业、电子工业
天津市	食品制造业、服装业、石油加工业、化学原料及其制品业、金属制品业、交通设备制造业、电子工业
河北省	造纸业、化学原料及其制品业、医药制造业、非金属矿物制品业、黑色冶金业、金属制品业、专用设备制造业
上海市	服装业、化纤制造业、黑色冶金业、金属制品业、普通机械制造业、专业设备制造业、交通设备制造业、电气机械制造业、电子工业、仪器仪表业
江苏省	纺织业、服装业、化学原料及其制品业、化纤制造业、塑料制品业、金属制品业、普通机械制造业、专业设备制造业、电气机械制造业
浙江省	纺织业、服装业、皮革制品业、塑料制品业、普通机械制造业、电气机械制造业

从表4－4可以看到，京、津两市的制造业以技术密集型工业和轻型深加工产业为主，沪、粤两省市的制造业主要集中于技术密集型产业部门，河北省的制造业以重化工业和轻型初加工产业为主，江苏省的制造业以技术密集型工业和轻型加工业为主导，浙江省的制造业主要为轻型加工工业。

（4）东部三大都市圈制造业集聚定量分析

考虑到资料的权威性，我们以上海、江苏、浙江代表长江三角洲，以广东代表珠江三角洲，对京津冀都市圈从更宽泛的角度，即以北京、天津、河北代表京津冀都市圈。

东部都市圈聚集了以市场占有率计的全国制造业的68.54%，是中国制造业的最重要聚集地。其中京津冀都市圈集中了23.86%，长江三角洲集中了29.55%，珠江三角洲集中了15.13%。从产业的角度来看，聚集程度在80%以上的有五个行业，占统计样本的25%。按高低顺序排列分别是电子及通讯设备制造业，聚集度为86.40%；金属制品业聚集度为84.86%；仪器仪表及文化办公机械制造业聚集度为84.52%；电气机械及器材制造业聚集度为83.21%，纺织业为80.59%。聚集程度在70%～80%之间的是化学纤维制造业75.29%，机械制造业72.35%，造纸及纸制品业71.14%，专用设备制造业71.12%，化学原料及化学制品制造业70.08%。此外有6类产业聚集度在60%～70%之间，分别是石油加工及炼焦业64.84%，食品制造业63.37%，黑色金属冶炼及压延加工业62.41%，医药制造业61.94%，非金属矿物制品业61.71%，食品加工业60.47%。只有四类产业的聚集度在60%以下：分别是饮料制造业55.72%，交通运输设备制造业54.10%，有色金属冶炼及压延加工业49.30%和烟草加工业31.10%。

在三大都市圈中，京津冀都市圈在食品加工业、食品制造业、饮料制造业、石油加工及炼焦业、医药制造业、非金属矿物制品业、黑色金属冶炼及压延加工业的聚集度上居第一位，其中食品加工业、食品制造业、石油加工及炼焦业、黑色金属冶炼及压延加工业聚集度呈显著优势。长江三角洲都市圈在烟草加工业、纺织业、造纸及纸制品业、化学原料及化学制品制造业、化学纤维制造业、金属制品业、普通机械制造业、专用设备制造业、交通运输设备制造、电气机械及器材制造的聚集度上居三大都市圈之首。其中在纺织业、化学纤维制造业、金属制品业、普通机械制造、专用设备制造、交通运输设备制造上居绝对优势。珠江三角洲则在电子及通讯设备制造、仪器仪表及文化办公机械制造业上居明显优势。

在制造业向都市圈聚集的过程中，三大都市圈形成了各自的优势产业。京津冀都市圈具有优势的行业主要是石油加工及炼焦业、食品加工业、黑色金属冶炼及压延加工业和造纸及纸制品业。长江三角洲都市圈在纺织业、普通机械制造业和化学纤维制造业具有突出优势。珠江三角洲的电子及通讯设备制造业和仪器仪表及文化办公机械制造业聚集程度很高。

从三大都市圈制造业主要指标看：三大都市圈制造业的工业总产值、制造业就业人口、企业单位数、资产合计、工业增加值、利润总额上的经济指标在全国所占比重，依次为69.08%、56.4%、62.8%、59.6%、64.55%、73.55%。以上海为中心的长江三角洲都市圈制造业的主要经济指标，除了就业人口比重略低于京津冀都市圈1.36个百分点外，其余5项指标所占比重均为最高，特别是利润总额尤为突出，分别是京津冀都市圈和珠江三角洲的1.59倍和3.51倍，地位显赫。2002年长三角制造业的工业总产值、就业人口、企业单位数、资产合计、工业增加值、利润总额占全国制造业的比重分别为29.64%、22.83%、30.02%、25.87%、27.16%、36.79%，居国内领先地位。

以北京、天津为中心的京津冀都市圈，制造业主要经济指标在全国所占的比重，除就业人口高于长三角1.36个百分点外，其余指标均次于长江三角洲，居第二位。2002年，京津冀都市圈制造业在工业总产值、制造业就业人口、企业单位数、资产合计、工业增加值、利润总额上的经济指标在全国制造业中所占比重分别为24.98%、24.19%、21.62%、25.34%、24.28%、23.13%。

以广州、深圳为中心的珠江三角洲，制造业主要经济指标在全国所占的比重在三大都市圈中均处于第三位，这应当是与其面积小直接相关。

从全球范围来看，中国制造业增加值占世界制造业增加值的比重呈现20多年持续增加的趋势，1980年中国制造业增加值占世界制造业增加值的比重为1.4%，2002年这一比重已达6.84%。按照这样的增长速度，到2015年这一比重可达到10.37%，中国将初步成为“世界工厂”。从国内情况来看，作为三大都市圈的制造业市场占有率在全国的比重逐年增加，1980年占57.32%，1997年占61.67%，2002年占到68.54%。表明从全国范围内来看，制造业向东部都市圈聚集的趋势一直在延续。但具体到各个都市圈情况略有不同，长江三角洲和珠江三角洲都市圈以市场占有率计的地区集中度逐年增加，其中长江三角洲1980年占26.41%、1999年占29.13%、2001年占30.23%，珠江三角洲的增长趋势更为明显，1980年的市场占有率为4.39%、1999年为12.35%、2001年为15.37%。京津冀都市圈制造业的市场占有率：1980年为28.52%，1999年下降到24.09%，2001年为24.41%。表明京津冀都市圈制造业集中度总体趋势在下降，中国制造业的中心向长三角和珠三角的聚集趋势更为明显。

在制造业向东部都市圈聚集的同时，都市圈内部出现了制造业的某些行业从中心城市向周围地区扩散的现象。我们以长江三角洲都市圈的情况来说明这一现象。从全国范围内来看长三角制造业地区集中度不断增加的同时，上海的地区集中度有不断下降的趋势，这说明在都市圈内部，可能由于中心城市地价和商务成本上涨、人力资本价格上升、交通拥挤等导致制造业企业的成本增加，中心城市的制造业出现向周边次级城市扩散的趋势。

受所处的工业化不同阶段的制约，各都市圈内部不同规模的城市之间，制造业的区域集中度具有明显的层次性。我们仍以长江三角洲都市圈的数据来说明这一问题。如表 4－5 所示，长江三角洲都市圈制造业区域集中度大体上可以分成五个层次：第一层是上海，主要制造业中，除了纺织业分布比苏州略少一点以外，其他各个行业在上海的集中度都要远远大于其他地区。尤其是交通运输设备业、黑色金属冶炼及压延业、金属制品业、电气机械及器材制造业、电子及通讯设备制造业五大行业，行业的地区集中度都在 35% 以上。第二层包括苏州、无锡、南京、杭州、宁波等五个地区，十大主要行业中的多数行业在这五个地区也有较多分布，尤其是苏州和无锡，大多数行业的区域集中程度仅次于上海。第三层包括南通、泰州和常州等三个地区，在两三个主要行业中占有较多的比例，形成了比较明显的地区发展特色。第四层包括绍兴、嘉兴、扬州、镇江等四个地区，仅仅在某一个行业中具有一定的影响。第五层包括湖州和舟山，工业基础比较薄弱，属于整个长江三角洲地区的工业化边缘地带。

表 4－5　　长江三角洲的主要工业行业及其主要地区分布　　单位：%

排序	行业	占全区工业比重	占全国同行业比重	主要地区分布
1	纺织业	15.7	50.12	苏州（23.49），上海（22.67），无锡（17.62），绍兴（13.25），南通（12.02），宁波（8.87）
2	交通运输设备业	7.5	28.84	上海（56.6），南京（12.7），无锡（6.2），扬州（5.4），杭州（3.6），苏州（3.3）
3	电气机械及器材制造业	7.4	36.37	上海（36.2），苏州（10.2），无锡（9.2），泰州（7.8），杭州（9.7），宁波（5.7）
4	化学原料及制品制造业	7.3	34.16	上海（31.4），南京（15.5），苏州（10.8），无锡（10.5），杭州（9.7），宁波（5.7）
5	电子及通讯设备制造业	6.4	27.12	上海（36.1），苏州（15.2），南京（12.7），无锡（9.8），杭州（9.7），宁波（5.7）

续表

排序	行业	占全区工业比重	占全国同行业比重	主要地区分布
6	普通机械制造业	6.3	48.46	上海（34.4），无锡（12.3），常州（9.5），苏州（8.4），泰州（6.7），杭州（4.6）
7	黑色金属冶炼及压延业	5.9	23.28	上海（59.7），苏州（10.6），无锡（10.4），南京（5.4），杭州（4.7），常州（2.3）
8	服装及其他纤维品制造业	4.8	39.6	上海（30.7），苏州（11.8），无锡（9.5），宁波（9.5），南通（6.7），嘉兴（6.5）
9	金属制品业	4.3	38.97	上海（41.3），无锡（9.1），苏州（8.4），南通（5.7），宁波（5.3），镇江（5.4）
10	非金属矿物制品业	3.7	21.96	上海（23.7），无锡（11.6），苏州（11.3），南京（8.6），杭州（7.0），南通（6.4）

注：本表数据均为产值比率，主要地区分布栏中（ ）为该地区该行业产值占全区同行业产值的比重；数据根据15个市统计年鉴整理。

4.2.3 都市圈与制造业互动发展动力

发达的制造业集群和先进的制造技术，已经成为衡量一个城市或国家综合实力的重要标志，成为城市或国家在日趋激烈的国际竞争中获胜的关键因素。制造业是解决就业矛盾和提高就业水平的重要领域，从全球角度看，制造业集群不仅仍然保持着巨大的吸收劳动力的能力，而且随着生产效率的提高，对劳动者素质的要求也越来越高。制造业对国民经济其他部门具有很强的联系带动作用，这种带动作用主要是通过后向联系实现的。如汽车工业对钢铁、有色金属、橡胶、塑料等原材料工业，对铸、锻、热、焊等设备制造业，对机械、电子、轻工等配套产品和零部件等均会产生巨大的需求，从而形成很大的后向联系的作用。制造业还是区域科技创新的基础，是高新技术发展的载体和动力。

制造业是都市圈发展的动力，提升了都市圈经济竞争力。世界各大都市圈发展趋势表明，制造业是都市圈经济发展的基石，也是增强都市圈竞争力的基础，同时也是国家经济发展的基石，国家竞争力的基础。都市圈作为城市化发展到一定阶段后所出现的一种城市组织体系，对一个国家或地区的经济和社会发展起着重要作用，往往全球最主要的都市圈也是经济最发达、最活跃的地区。中国三大都市圈，制造业对其生产总值的直接贡献始终超过20%，拉动了经济快速增长。

（1）制造业的进步推动都市圈的发展

制造业的发展贯穿了都市圈形成发展的全过程，其中制造业技术的进步对都市圈发展的推动起着关键性作用。通过工业革命实现制造业的机械化，奠定了都市圈中心城市的地位；制造业新型交通工具的应用实现了中心城市制造业向周边城市的扩散，在完善制造业产业链的过程中推动了都市圈的全面发展；制造业电子控制、柔性制造的出现，实现了都市圈产业层次的全面提升。

工业革命发生最显著革新的领域是制造业。新的铁制而不是木制的机器被用来生产大部分商品。由能工巧匠从事的手工生产被机器生产所取代，机器生产使用可替换零件、专业分工和由蒸汽发动的机器。单个工人的生产量提高，生产中的规模经济增长。制造业的技术革新导致了大工业城市的发展。大批量生产降低了工业品的相对成本，集中了生产和就业。此外，许多新的生产过程必然导致聚集经济（经济地方化和经济城市化），增强城市的区位优势。

约1930年左右，制造业中使用了卡车作为城市间运输工具。卡车的改进使长途运输成为可能，城市间高速公路系统方便了城市间卡车的行驶。卡车开始与火车及轮船进行城市间运输的竞争。随着卡车的胜出，制造业摆脱了对市中心港口和铁路的依赖，并搬迁到离高速公路更近的地点。由于和城郊区位相关的运输费用降低，制造业搬迁到距市郊工人更近的地点。汽车也帮助制造业实现了郊区化，在汽车城市，雇员可以从家中开车到城郊地区的任何地点。汽车使中心地区市内电车站点的联系更松散，使拥有专业劳动力的企业城郊化。

制造业都市圈内扩散的另一个因素是，从19世纪的传统多层大楼转移到单层车间。为开发新的生产技术（流水线生产和材料处理设备，如叉式汽车），厂商建造了单层车间。由于土地消费增加，把企业迁往城郊（低消费、低工资）的力量比把企业迁往中心城市（更低的运输费用）的力量更大，许多制造业厂商迁往城郊。

越来越重要的空中运输是制造业在都市圈内的另一个原因。用飞机运输大量产品的企业，纷纷涌向机场。对某一些类型的企业，城郊飞机场已代替了旧的出口中心（铁路终点或港口设施）作为定位点。许多现代城市在城郊飞机场附近有成群的就业大军。

（2）制造业在都市圈中的重要地位

当代经济最发达的国家，是制造业最发达的国家。美国强大的基础是因为美国有建立在先进科学技术基础上的强大的制造业，日本和德国在第二次世界大战以后迅速崛起并成为经济强国，是因为这两个国家建立了具有很强竞争力的技术密集型的工业制造业体系，并大规模出口附加价值高的制造业产品，在国际经济分工中形成了具有竞争优势的贸易条件。其实，世界各国都非常重视制造业的发展，1997 年，美国制定了《下一代制造业行动框架》；日本政府在 1990 年制定了《日本制造业变更的方针》，并强调说明“如不能维持制造业的发展条件，日本将是没有前途的。”

制造业是都市圈经济竞争力的基础。世界大都市圈发展趋势表明，制造业是都市圈经济发展的基石，也是增强都市圈竞争力的基础，同时也是国家经济发展的基石、国家竞争力的基础。在过去的 20 世纪中，是制造业给美国、日本和欧洲带来了巨大的经济发展和市场繁荣。分析目前美国的产业结构，尽管服务业对国民经济贡献的比例很高，但制造业对国民生产总值的直接贡献始终超过 20%，拉动经济增长率 40%。日本政府也认为，“日本的高速经济增长是以制造业为核心进行的，而它的成功又建立在它强大的国际竞争力基础上。”在中国，制造业增加值在国内生产总值中所占的比重一直维持在 40% 以上，中国财政收入的一半来自于制造业；制造业吸收了接近一半的城市就业人口，农村剩余劳动力转移也有将近一半流入了制造业；20 世纪 90 年代以来，制造业的出口一直维持在 80% 以上，创造了接近四分之三的外汇收入。对中国三大都市圈来说，制造业对都市圈的生产总值的直接贡献始终超过 20%，拉动了经济快速增长。

大力发展制造业是解决就业的重要渠道。世界经济发展的历史表明，第三产业将会吸纳越来越多的劳动力，但是制造业仍然是解决就业矛盾的一个重要渠道，而且制造业的发展水平直接关系到第三产业的发展。对 59 个城市职业供求状况所做的一项调查显示：商业、制造业和社会服务业三大行业的用人需求约占总需求的 64%，已成为目前国内劳动力市场吸纳劳动者就业的主体行业，从行业看，商业、制造业和社会服务业分别占到总需求的 30%、19%、15%。制造业对就业的贡献有两个方面：一是制造业自身创造的就业机会；二是制造业的发展促进服务业的增长，从而增加第三产业的就业机会。改革开放以来，中国制造业的快速发展创造了大量就业机会，从 1978 年到 1995 年，制造业从业人员增加了 4 400 多万人。从中国的现实看，凡是城市化程度高、制造业发达的地区，也是吸引和吸纳劳动力最多的地区。如珠江三角洲的东莞市，本地户籍人口仅 150 多万，而吸纳的外地劳动力达 500 多万。长三角的苏南地区，许多市镇的外来人口也超过了本地人口。据国家有关部门的统计，中国经济最发达的长三角、珠三角和京津冀地区也是中国最大的人口流入地。目前中国最大的问题是人口众多，就业压力大，最突出的问题是如何通过减少农村人口，使农民收入水平稳步提高。现实的解决途径是在工业化的过程中推进城市化，通过城市化转移和吸纳农村剩余劳动力。在这一进程中，制造业将始终扮演着重要角色。中国在工业化促进城市化，城市化带动工业化的进程中，必将伴随大量劳动力向城市集聚。目前，国际产业向中国转移的趋势为中国经济发展，同时也是为城市化发展提供了千载难逢的机遇，因为制造业发展可以带动服务业，以及与之相关的多种产业发展，吸纳大量劳动力，可以为解决中国的就业提供大量机会。

制造业集群可实现资源的集约使用。中国大城市边缘区是城市化扩散和乡村城市化交互作用最强烈的地带，是人口、资金、技术、产品等交流最频繁的地带。各种经济社会的高强度空间活动不可避免地造成了土地利用秩序的混乱，耕地大量被侵占，撂荒与半撂荒现象突出，生态建设用地大量被挤占。同时，乡村地区土地浪费比较严重。在中国的都市圈（带）中，普遍存在乡村土地浪费的现象，如乡镇企业布局分散，占用了大量土地；小城镇发展规模不大、乡村居住用地占用土地太多、太分散，土地利用率不高。而制造业集群的发展使得土地资源的利用率得以提升，并合理分配资源，形成合理社会分工，提升区域产业结构效益、资源配置效益、规模效益，增强都市圈内的经济联系。同时，制造业集聚可解决日益突出的区域生态环境问题。在都市圈（带）中，突出的环境问题是大城市因人口过密而造成人居环境质量下降和乡村地区因分散的工业化和城市化而造成的环境污染。生态环境问题已跨越了城市行政区，具有区域性质。其产生原因大致有以下几方面：第一，地方政府和公民的环境意识不强，对各种公害“习以为常”，没有拿出实际行动解决生态环境问题，只顾眼前经济利益，这是一个思想认识问题；第二，财力有限，拿不出足够的治理环境污染和生态建设的经费，这是一个客观原因；第三，地方政府各自为政，在解决区域生态环境问题上难以采取协调行动，这是一个管理体制问题。例如，中国太湖周围几个大城市的环境保护问题，过去都是采取自我发展、自我处理的方式，城市之间、城乡之间不协调，没有统一的流域规划，发展重化工业不考虑河流的上、下游水系，不考虑上、下风方向问题，造成整个太湖流域各城市间相互污染。

制造业集群使得重大基础设施建设增强了相互协调性。都市圈在空间上是一个连续分布的整体，要求基础设施具有连续性和完整性，产业具有互补性，资源利用和环境保护具有协调性。但是行政体制的地域分割使城市的发展各自为政，地域上相连的城市各自发展自己的基础设施，造成重复建设和投资浪费；城市之间相互包围，使被包围城市缺少发展空间；市县之间由于后者经济实力的加强，行政上存在明显的分离趋势，市与辖县的关系日益成为竞争关系。所以产业、资金、技术、人口的高度集聚能够打破原有的恶性竞争关系，形成良性的竞合关系，加速都市圈内各要素的平衡发展。

（3）制造业影响都市圈发展的路径分析

纵观世界都市圈的发展历程，其经济增长主要是依靠工业发展，特别是制造业的发展。工业中采掘业由于受资源的限制，增长是受到限制的，因此制造业在相当长时期内是都市圈经济增长的主要支柱。制造业的发展，可以为人民提供各种生活用品，提供工业、农业所需要的生产资料，服务业的各种手段，基础设施所需要的各种装备，国防所需的各种武器，科技发展的各种仪器设备，以及保证人民健康所需的各种医疗仪器和药品，精神文明建设所需的物质条件等。制造业可以为高新技术的发展提供物质条件，信息技术、生物技术、纳米技术的发展均离不开制造业的支撑。

制造业影响都市圈社会需求发展。人们的消费需求是呈阶梯式的，社会需求受社会生产力发展水平和人们支付能力的制约。在都市圈发展的过程中，传统农产品的需求已经趋于饱和；服务等方面的需求规模在较大程度上还受到人们收入水平的限制；工业制成品的需求则有较大的增长空间。制造业是一个产品不断创新、分工不断细化的部门，它不断地推出人们所愿意支付的新兴产品，这些产品具有较高的需求收入弹性。机织布、机制呢绒、罐头和饼干等在工业化初期都曾表现为新兴产品；后来是自行车、手表、缝纫机；再后来是家用电器、家用轿车、计算机和移动电话等。随着生产力发展水平的不断提高，都市圈不仅需要有新的消费品制造业，而且需要有新的原材料制造业和装备制造业。在都市圈发展的过程中，交通、电力、供水、供气等其他工业部门的需求也在增长，但是这种增长在很大程度上要受到制造业发展程度的制约。

制造业影响都市圈生产社会化发展。都市圈社会需求的不断发展使制造业的生产规模越来越大；企业内部的劳动分工越来越复杂；企业间的再生产联系也越来越发达。现代的汽车、飞机、船舶、计算机等产品的生产往往有数千家企业提供原材料、零部件和半成品，它们的制成品则行销于世界的很多地方。这些企业的内部都有复杂的机器设备、工艺流程和劳动分工。一般来说，先进的科学技术、机器设备，以及管理思想、管理手段和企业制度等，都是在制造业企业中首先发展起来的，然后再运用于其他部门。其他国民经济部门社会化程度的提高都有赖于制造业提供高效率的装备。因此，制造业是都市圈工业化时期资源利用效率最高的部门。制造业企业常常具有很高的劳动生产率和资本收益率，尤其是在那些新兴的制造业部门更是如此。

制造业影响都市圈社会稳定和经济增长。从传统社会到现代社会，必须实现农村劳动力向现代部门的大量转移。制造业的高需求和高扩张能力使之成为工业化时期农村剩余劳动力的主要出路。这些部门较高的技术水平、管理水平和资源利用效率等优势，决定了其从业人员较高的收入水平。他们的购买活动会引发其他行业从业人员收入的增长。结果，整个社会的收入水平就会得到提高。从而，社会的积累能力和发展能力也就会得到提高。西蒙·库兹涅茨曾选择59个典型国家工业化中期的资料进行考察，结果发现这些国家人均国民生产总值从300美元上升到1 000美元的过程中，第二产业从业人员的比重上升了375%，明显超过其他产业从业人员比重上升的幅度。钱纳里的分析表明，世界各国在工业化前中期人均国民生产总值从140美元提高到2 100美元的过程中，第二产业在其中的贡献上升了21个百分点，远远超过其他产业贡献的上升程度。众所周知，制造业是第二产业的主体。所谓第二产业的从业人员和贡献主要也就是制造业的从业人员和贡献。

制造业影响都市圈产业关联发展。制造业能够为其他产业提供高效率的装备，特别是现代的机器体系、控制设备、机器人和生产线等，促进其现代化水平的提高。制造业的发展及其从业人员收入的增长可以大幅度地提高对其他产业的需求，其中包括对农业、基础工业和第三产业的需求。而且，制造业可以形成较长的产业链条。一种新兴制造业部门的发展会带动很多相关制造业的发展，从而对其他产业部门产生较大的带动作用。库兹涅茨依据多国资料计算了不同产业的部门反应弹性，用以表现这些产业发展对整个国民经济的影响。结果表明，在人均国民生产总值300~1 000美元的发展阶段，第一、第二、第三产业的部门反应弹性值分别为0.3、1.36和0.98。这就是说，第二产业在国民经济中的作用明显大于其他产业。在整个制造业中，装备制造业的带动作用最强。1997年我国40个产业部门的影响力系数，即某一个部门增加一个单位最终产品时对其他部门所产生的需求波及程度。结果表明，电子及通讯设备、金属制品、交通设备和仪器仪表等制造业部门的指标值都大于1，并在国民经济各部门中名列前茅。

4.2.4 都市圈与制造业互动发展评价

评价都市圈与制造业互动发展程度，需要建立一套指标体系。但是其指标体系仍处于探索阶段，需要不断的研究和修正。在此，我们探讨性地提出都市圈与制造业互动发展的指标，进而在此基础上，对都市圈与制造业互动发展进行评价分析。

(1) 都市圈与制造业互动发展评价体系的提出

都市圈问题与制造业问题均是目前研究的热点问题。对于两者的评价也受到越来越多的中外学者的关注。对于都市圈空间成长过程的研究，比较有代表性的观点是耶兹的五个阶段论，他从典型研究的角度将城镇群体地区的空间演化划分为重商主义时期城市、传统工业城市时期、大城市时期、郊区化成长时期和银河状大城市时期。周一星①、姚士谋②、张伟③也提出了自己的评价标准。而对于制造业评价的研究，比较有代表性的是由李廉水④提出的从经济创造能力、科技创新能力、环境保护能力三维角度研究中国制造业。

通过研究都市圈与制造业的互动关系发现，对这一问题的研究缺乏明确的评价标准。在借鉴了相关评价体系的基础上，并按照指标对于评价对象的概括性、统计数据的可得性和持续性、国际国内可比性、动态静态相结合的原则，构建中国都市圈与制造业互动发展评价指标体系。基于对都市圈与制造业互动发展过程的分析，从科技、社会、经济三个方面初步选取了47个指标，并采用专家咨询法和相关分析法，对这些指标进行了筛选，去除了三类指标：（1）相关系数较大的指标，指标重复会对结果产生放大效应；（2）主观成分过强的指标，过于主观的指标影响了评价结果的稳定性；（3）直接量化比较困难的定性指标，通过转化可用量化指标代替。最后确立了包含17个指标的中国都市圈与制造业互动发展评价指标体系（见表4－6）。

表4－6　　中国都市圈与制造业互动发展评价指标体系

类　别	指　标	计算方法
经济	工业总产值占全国比重	（工业总产值/全国工业总产值）×100%
	中心城市经济集中度	（中心城市 GDP/都市圈 GDP）×100%
	制造业利润占全国比重	（制造业利润/全国利润）×100%
	制造业市场占有率	制造业市场占有率
	出口总额占全国比重	（都市圈出口额/全国总出口额）×100%
	利用外资占全国比重	（都市圈利用外资总额/全国总额）×100%
	人均 GDP（元）	都市圈 GDP/都市圈人口
	第三产业比重	（第三产业增加值/都市圈增加值）×100%
社会	面积占全国比重	（面积/全国面积）×100%
	人口占总人口比重	（人口/全国人口）×100%
	中心城市人口集中度	（中心城市人口/都市圈人口）×100%
	制造业就业人口占全国比重	（制造业就业人口/全国制造业总就业人口）×100%
	都市圈人口密度	都市圈人口密度
	人均可支配收入（元）	人均可支配收入

① Zhou Yixing. Definition of urban place and statistical standards of urban population in China：problem and solution［J］. Asian Geography，1988.

② 姚士谋：《全国的城市群》，中国科学技术大学出版社1992年版。

③ 张伟：《都市圈的概念、特征及其规划探讨》，载于《城市规划》，2003年第6期，第47页。

④ 李廉水、杜占元：《中国制造业发展研究报告2005》，科学出版社2005年版，第18页。

续表

类　别	指　标	计算方法
科技	研发人员集中度	（中心城市研发人员/都市圈研发人员）×100%
	研发经费方集中度	（中心城市研发经费/都市圈研发经费）×100%
	研究型大学占全国比重	（研究型大学数/全国总数）×100%

（2）都市圈与制造业互动发展评价体系的阶段划分

在中国都市圈与制造业互动发展评价指标体系的基础上，结合国外都市圈与制造业互动发展历程与中国现状，将其划分为四个阶段：雏形期、规模聚集期、效益提升期、中心发散期。雏形期，都市圈中心城市得到一定发展，具有较强的制造业基础，但中心城市对周边区域的影响力较弱，且综合能力不具有绝对优势。规模聚集期，都市圈中心城市制造业实力显著增强，特别是对都市圈中各种资源产生了集聚效应，中心城市制造业规模迅速扩大，都市圈实现规模与效益的同步提高。效益提升期，都市圈制造业在经历规模扩张后，出现了规模不经济现象，制造业开始注重通过提高资源利用、提高技术水平实现效益的提升，中心城市的制造业规模保持稳定。中心发散期，中心城市制造业规模开始下降，都市圈内制造业产业布局出现重组，中心城市第三产业得到全面发展，转向为都市圈中制造业发展提供技术、资金、人才、物流的支持。为了能够衡量中国都市圈与制造业互动发展的实际阶段情况，给出了评价指标体系标度，如表4－7所示。

表4－7　　中国都市圈与制造业互动发展阶段评价标度表　　单位：%

指标＼阶段	雏形期	规模聚集期	效益提升期	中心发散期
工业总产值占全国比重	5～10	10～20	20～35	>25
中心城市经济集中度	5～10	10～20	20～30	>20
制造业利润占全国比重	10～15	15～25	25～40	>30
制造业市场占有率	5～10	10～25	25～35	>25
出口总额占全国比重	5～10	10～25	25～40	>30
利用外资占全国比重	10～20	20～40	40～50	>25
人均GDP（元）	5 000～10 000	10 000～20 000	20 000～40 000	>40 000
第三产业比重	15～25	25～40	40～55	>55
面积占全国比重	0.5～1	1～3	3～4	4
人口占总人口比重	1～3	3～5	5～10	>10
中心城市人口集中度	5～8	8～15	15～25	>20
制造业就业人口占全国比重	5～10	10～25	25～30	>25
都市圈人口密度	100～200	200～600	600～1 000	>1 000

续表

指标 \ 阶段	雏形期	规模聚集期	效益提升期	中心发散期
人均可支配收入（元）	3 000～5 000	5 000～10 000	10 000～20 000	>20 000
研发人员集中度	5～10	10～20	20～35	>30
研发经费方集中度	5～10	10～20	20～45	>35
研究型大学占全国比重	5～10	10～15	15～25	>20

（3）中国都市圈与制造业互动发展实证分析：长三角为例

长江三角洲都市圈是以上海为龙头、由浙江（杭州、宁波、湖州、嘉兴、绍兴、舟山六市）和江苏（南京、镇江、扬州、泰州、常州、无锡、苏州、南通八市）两省14个城市所组成的城市带。改革开放后，长江三角洲地区区域经济发展的奇迹，成为中国经济区域中增长最快、投资环境最佳的两大区域。20世纪90年代，随着浦东的开发、上海的发展，带动了长江三角洲都市圈经济的飞速发展。

根据2003年的数据，以上海为龙头的长三角都市圈，土地仅占全国1%、人口只占全国6.46%，但是却创造出了占全国1/5强的工业总产值、18%的GDP、34.7%的外贸出口，人均GDP相当于全国平均水平的3倍，而它的制造业奇迹，更是包括：集中全国22%的制造业总量（按增加值计）、37%的出口总量和31%的外资企业产出总量，工业化水平居全国领先地位。长三角都市圈的综合竞争力位居前列，据2004年《中国城市竞争力报告》显示，在中国城市综合竞争力排名中，居于前10位的城市中长三角地区占6个（上海、苏州、杭州、宁波、南京、温州）①。

结合中国都市圈与制造业互动发展评价指标体系，依据权威数据，对长江三角洲都市圈与制造业互动发展情况进行实证分析（见表4-8）。研究发现，长三角都市圈的各项经济与科技指标均已达到甚至超过了都市圈与制造业互动发展效益提升阶段的标准；而在社会指标中，仅有面积占全国比重一项未能达到标准。究其原因，是由于长三角地区具有良好的自然环境，一直就是人口稠密地区，且都市圈中特大型、大型、中型城市密度极高。从制造业集聚的角度来分析，在长三角都市圈制造业的集聚已经达到了相当高的程度，并获得了中国最高的制造业效益，可见面积指标的不足恰恰说明该都市圈已经进入了效益提升阶段。因此，研究认为，基于长江三角洲都市圈经济总量所占全国比重不断增加、经济发展速

① 张晋：《中国城市竞争力报告：50个城市分项竞争力排名》［EB/OL］，中国网．2004.05.11. http：//econo2my. enorth. com. cn/system/2004/05/11/000781192. shtml。

度明显高于其他区域，并且区域内部经济增长速度趋于均衡，产业分工逐渐成熟合理，苏州、无锡和宁波等地迅速崛起的现状，该区域已完成了制造业的规模聚集，进入了都市圈与制造业互动发展的效益提升阶段的前期，未来将会在目前的聚集态势下实现制造业效益的进一步提升。

表 4-8　　长江三角洲都市圈与制造业互动发展指标评价表　　单位：%

类　别	指　标	长江三角洲都市圈	效益提升期
经济	工业总产值占全国比重	29.6	20~35
	中心城市经济集中度	27.1	20~30
	制造业利润占全国比重	36.8	25~40
	制造业市场占有率	30.4	25~35
	出口总额占全国比重	34.7	25~40
	利用外资占全国比重	48.0	40~50
	人均 GDP（元/人）	23 244	20 000~40 000
	第三产业比重	42.3	40~55
社会	面积占全国比重	1.0	3~4
	人口占总人口比重	6.46	5~10
	中心城市人口集中度	16.4	15~25
	制造业就业人口占全国比重	22.8	25~30
	都市圈人口密度（人/平方公里）	821	600~1 000
	人均可支配收入（元）	11 650	10 000~20 000
科技	研发人员集中度	34.9	20~35
	研发经费方集中度	41.4	20~45
	研究型大学占全国比重	27.0	15~25

资料来源：(1) 人口数据采用2000年"五普"资料。(2) GDP采用2003年数据，参见《中国统计年鉴（2004）》。(3) 工业部分数据采用2003年数据，参见《工业经济年鉴（2004）》。(4) 大学情况根据教育部公布的有关数据统计整理。

研究表明，中国东部三大都市圈（长三角、珠三角、京津冀）分别处于都市圈与制造业互动发展的效益提升阶段前期、规模聚集阶段后期与规模聚集阶段中期。现阶段东部都市圈发展态势良好，已成为中国经济发展的主要驱动力。

4.3　特大都市圈与制造业互动发展的举措

中国制造业区域分布的主要特点就是制造业逐渐向长三角、珠三角、京津冀三大都市圈集聚，其制造业产值占全国制造业总产值的半壁江山。三大都市圈制造业的成长壮大是推动中国制造业持续发展的强大引擎，而大中型制造业企业又是三大都市圈制造业的生力军，因此，研究中国都市圈与制造业的互动趋势对于整个中国经济发展具有决定性的意义。

4.3.1 基于科学发展观的互动发展

发展是贯穿都市圈与制造业互动的主题，离开发展，互动也就失去了意义。以人为本、全面协调可持续发展的科学发展观，是在准确把握世界发展趋势、认真总结中国发展经验、深入分析中国发展阶段性特征的基础上提出的重大战略思想，是指导发展的世界观和方法论的集中体现，是引领时代前进的旗帜。因此，全面树立和落实科学发展观，进一步调整都市圈的经济结构和制造业的增长方式，是实现都市圈与制造业良性互动的根本途径。

(1) 科学发展观要求都市圈与制造业互动发展

科学发展观的实质就在于要实现经济社会更快更好的发展。今后的 10 年，对中国的都市圈与制造业来说，是一个大有作为的重要战略机遇期，必须更好地把握和运用现代化建设规律，以科学发展观为指导，辩证地认识和处理都市圈与制造业互动中与发展相联系的各方面重大关系，才能紧紧抓住和充分用好战略机遇期，顺利实现既定的战略目标。

科学发展观的根本着眼点，就在于用新的发展思路实现更快更好的发展。随着都市圈的日益扩大和制造业的迅猛推进，二者面临的社会利益主体更多，领域更广，利益关系也更复杂。科学发展观对都市圈与制造业的互动也提出了新的要求，主要有这样几个方面：一是坚持以经济建设为中心，抓住国际制造业转移的机遇加快世界制造业中心建设，保持都市圈经济较快的发展速度。在优化结构、提高质量和效益的基础上，转变经济增长方式，调整经济结构，实现速度、结构、质量、效益的统一。二是坚持都市圈内的城乡协调发展，站在都市圈经济社会发展全局的高度研究和解决“三农”问题，实行以城带乡、以工促农、城乡互动、协调发展。三是坚持区域协调发展，继续发挥都市圈范围内各个地区的优势和积极性，以制造业的产业链条为纽带，形成都市圈内各地区优势互补、相互促进、共同发展的新格局。四是坚持可持续发展，高度重视资源和生态环境问题，增强可持续发展的能力。统筹人与自然和谐发展，处理好经济建设、人口增长与资源利用、生态环境保护的关系，推动整个都市圈走上生产发展、生活富裕、生态良好的文明发展道路。五是坚持以人为本，把人的利益作为都市圈与制造业互动发展的出发点和落脚点，一切为了人民，一切依靠人民，不断满足人们的多方面需求和实现人的全面发展。

(2) 发展新型制造业互动发展的重要体现

新型制造业强调的是"科学发展",不单纯在经济角度强调发展,更强调在发展过程中依托科技创新、重视生态建设和环境保护,强调正确处理好产业发展、创新驱动、资源节约和环境保护的和谐。以新型制造业为载体,都市圈与制造业开创了互动发展的新局面,要切实把贯彻科学发展观落到实处。

都市圈与制造业的互动发展,正以建设新型制造业为契机,逐步确立以下四个新理念:一是以人为本、二是围绕创新、三是环境友好、四是和谐互动。新型制造业与传统的制造业相比,在生产方式上,由单一产品的大规模、标准化生产,转变为可根据社会需求小批量、多品种生产,具有更强的灵活性和适应性;在增长方式上,更注重依靠科技进步,减少能源消耗和环境污染、提高经济效益、使产业和产品的科技含量更高,人力资源优势得到充分发挥;在发展观上,着眼于未来,更注重信息化程度、无形资产的比重、技术创新的能力,更重视节约型、集约化和可持续发展。

也就是说,都市圈与制造业的互动以人的发展作为出发点和落脚点,以科技进步和创新为动力,注重区域经济竞争力的提高和劳动者素质的提升;强调生产制造与区域生态平衡,发展与环境的和谐,坚持高效益、高技术、低消耗、广就业的发展价值取向,突出资源节约、面向未来和可持续发展。

以人为本是指新型制造业坚持以多数人为本,以人的生存权、工作权、发展权、享受权为本。互动讲究以人为本,就是要使都市圈内制造业发展过程中的参与者都能享受到发展带来的利益,就是要实现经济与社会的同步发展,实现人的全面发展。

围绕创新是指新型制造业应顺应知识经济时代要求,大力推动自主创新,把都市圈与制造业的发展通过互动整合逐步转移到以知识创新和技术创新为基础的轨道上来,改变以往都市圈区域发展主要依靠资本、劳动力和物质资源投入带动的制造业增长方式,持续提高制造业的创新能力和都市圈的竞争能力。

环境友好是指新型制造业重视节约资源和环境保护,强调制造业发展与都市圈环境的友好关系。都市圈的成熟促进新型制造业的发展,从而在生产制造过程中减少环境污染、节约能源和资源,尽可能降低危险废弃物对都市圈环境和人类的危害。实现环境友好,就是倡导资源节约型的、符合可持续发展的、循环型的都市圈 - 制造业一体化发展道路。

和谐互动是指新型制造业应充分考虑都市圈与制造业区域发展不平衡、制造业发展与资源利用的不协调、制造业发展与环境保护的尖锐矛盾,走协调发展、和谐发展的道路。同时，都市圈与制造业的互动发展还必须面向未来，要正确处理好当前与长远的关系，必须按照科学发展观的要求，从前瞻性、战略性和全局性的角度放眼未来，稳步推进都市圈与制造业的持续发展。

以长三角都市圈为例，其都市圈与制造业的互动就充分体现了围绕创新的价值理念新取向。长三角都市圈要建成具有自主创新能力的世界制造业基地，遵循的发展思路之一就是坚持走科技创新支撑和引领发展的道路，坚持推进原始创新、模仿创新和引进消化创新，积极发展高新技术产业，尽快形成支柱产业、基础产业、新兴产业和都市型产业协调发展的新型产业体系，最终使长三角都市圈成为全国制造业 5 大运行中心，即：科研开发运行中心、品牌运营中心、行业活动中心、资本运作中心和外资进入全国的中转中心。同时，还要把长三角都市圈建设成拥有自我创新能力、自主知识产权、独立品牌和销售渠道的全球化的制造业基地。

新型制造业依靠科技创新、降低能源消耗、减少环境污染、增加就业、提高经济效益、提升竞争能力，从而更好地保持了都市圈与制造业又好又快的发展势头，推动了经济社会发展真正转入科学发展的轨道。

(3) 都市圈与制造业互动发展的模式拓展

作为承接国际制造业转移的中国都市圈，其与制造业的互动关系有着鲜明的特点。从互动领域角度来看，比原有的领域做了新的拓展。

第一，互动需求与动力来源由单一转向多元。都市圈与制造业互动的本质特征是需求与动力来源的多元，即由单一需求及来源转向多种需求及来源。都市圈与制造业互动的需求与动力由主要来源于或依托于工业化进程转向由工业化、城市化、信息化、网络化共同驱动。

第二，互动功能的区分及交叉、融合同步并进。与都市圈的功能由积聚、扩散延伸拓展至创新、服务相一致，制造业的功能同样由生产制造、劳动力雇用向新型化制造和制造服务一体化的功能多样化方向发展。尽管各系统的社会分工有质的区别，但其功能的拓展轨迹与方向有很大的相似性，其互相交叉、融合的部分正在迅速扩大。

第三，互动主体由单纯转向多样化和多边化。所谓多样化就是互动主体由原来比较单纯转向多重主体、多组主体，由单纯城市政府规划部门、制造产业之间的互动合作，转向都市圈内城市各部门与经济系统、科研机构的多重合作与互动，主体的多样化甚至还包括与都市圈、制造业系统机构相关联、不相关联的主体，如大学、科研院所、企业、政府组织、非政府组织、消费者，呈现出多维主体的发展格局。而互动的关系，也由原来的双边趋向多边。即一个主体同时与多个主体之间有着互动的需求、利益和关系，多个主体之间同样存在互动的需求、利益和关系。

第四，互动价值和利益趋向双赢或多赢。都市圈与制造业的互动正转向非零和领域，即互动利益和价值取向为多赢，这也是互动的利益和需求基础。通过互动，提升都市圈与制造业在新形势下的存在价值，扩大和增加边际效益和溢出效益，体现了互动主体谋求发展的内在驱动力。都市圈与制造业的互动方式由垂直、线性转向横向、随机。都市圈与制造业长期形成的系统运作方式是垂直的或线性的，即分工成上中下游或因果逻辑式运作。而两者将来的互动发展趋势，却是横向的、随机的。在各个横断层面上或各个过程环节上均存在互动的可能和机会。

（4）都市圈与制造业互动发展模式的选择

新型制造业是在科学发展观的统领下，都市圈与制造业互动发展的必然选择，代表着都市圈与制造业互动发展的方向，呈现出三大发展趋势：信息化、融合化和生态化。

首先，新型制造业呈现信息化趋势。表现为都市圈的信息产业与制造业的渗透和结合越来越紧密，制造业信息化的趋势越来越明显。信息化成为中国新型制造业实现跨越发展的重要机遇。新型制造业能够集成电子信息、自动控制、现代管理与生产制造等多项先进技术，能够同时调控物流、资金流、信息流，能够促进产品设计创新、企业管理模式创新和企业间协作关系创新等，从而减少资源消耗和环境污染，提高产品质量和劳动生产率，大幅度地增强制造业的竞争力。以信息化带动工业化，是新型制造业发展的主导方向，以信息技术再造传统制造业，是新型制造业发展的重要环节。现实已经表明，计算机辅助设计与制造、计算机集成制造系统、工业机器人、柔性制造系统、数控技术、网络企业资源计划系统等，已成为变革生产工具、革新生产要素和大幅度提高劳动生产率的强大手段。

其次，融合化是都市圈与制造业互动发展的又一趋势。融合化是指都市圈与制造业之间不同行业、不同地区相互渗透、相互交叉，最终融为一体，逐步形成新的经济系统的动态发展过程。高新技术的发展是都市圈与制造业融合的强大助推器，1 +1 >2 的生产效率和经济效益是都市圈和制造业融合的高能发动机。以信息技术为核心的新技术革命，正以前所未有的力度冲击全球社会经济发展，以始料未及的速度重塑人们的生活方式，给世界带来一个全新的信息时代，而都市圈与制造业在变动中都必然会进行适应性的调整，战略性的整合。都市圈与制造业融合就是在这样的背景下伴随着新科技革命的步伐向我们走来的。都市圈与制造业的融合表现为两者间的渗透发展，你中有我，我中有你，彼此界限趋于模糊，都市圈与制造业中心不断重叠。

目前看来，都市圈与制造业融合的主要方式有三种：一是高新技术的渗透融合，即都市圈的各类"中心"利用高新技术及其相关行业向制造业渗透、融合，并形成新的产业。如电子网络技术向运输业渗透而产生的物流等新兴产业；高新技术向汽车制造业的渗透将产生光机电一体化的新产业等等。二是产业间的延伸融合，即通过都市圈服务业与新型制造业间的功能互补和延伸实现融合，这类融合通过赋予原有产业新的附加功能和更强的竞争力，形成融合型的产业新体系。如第三产业中相关的服务业正加速向制造业的生产前期研究、生产中期设计和生产后期的信息反馈过程开展全方位的渗透，金融、法律、管理、培训、研发、设计、客户服务、技术创新、储存、运输、批发、广告等服务在制造业中的比重和作用日趋加大，相互之间融合成不分彼此的新型产业体系。三是彼此重组融合，即都市圈与制造业相关联的部分通过融合提高竞争力，适应市场新需要。如通过都市圈建立的虚拟供应链把上、中、下游相关联的制造业联系在一起，与一般的产业纵向一体化不同的是，这种融合最终产生了新的产业形态，其过程既包括制造业的技术创新，又包括都市圈的体制和制度创新。

都市圈与制造业的融合是社会生产力进步和制造产业结构高度化的必然趋势，两者间的关联性和对效益最大化的追求是彼此融合发展的内在动力，而技术创新和技术融合则是当今都市圈与制造业融合发展的催化剂。

最后，生态化是21世纪国际社会发展的新趋势，也是都市圈与制造业互动发展，实现良性循环的高级形态。所谓生态化是指依据自然生态的有机循环原理建立发展模式，在都市圈与制造业之间形成类似于自然生态链的关系，从而达到充分利用资源、减少废物产生、物质循环利用、消除环境破坏，达到提高经济发展规模和质量的目的。20世纪90年代，随着可持续发展战略在世界范围内的普遍实施，产生的生态化发展开始在发达国家渐成潮流，也影响到了中国制造业发展的战略选择和都市圈的建设布局，因此，生态化的概念将始终是贯穿互动模式的主线。都市圈内生态城市的建设需要绿色制造业的发展，新型制造业的发展也需要生态都市圈的支撑。都市圈与制造业互动的生态化具有全新的意义，循环型、群落性、增殖性是其区别于传统生态环境保护的显著特征。

（5）和谐社会的都市圈与制造业良性互动

和谐社会要求都市圈与制造业的互动发展必须要做到以下几点：以人的发展作为出发点和落脚点；以科技进步和创新为动力，注重劳动者素质和能力的提高；强调生产和生态的平衡，发展与环境的和谐，坚持高效率、高技术、低消耗、广就业的发展价值取向。换言之，和谐社会推动都市圈与制造业的互动，走资源节约、面向未来的、可持续发展的“良性互动”道路。

都市圈与制造业的互动发展逐步确立的新价值理念与和谐社会具有内在的共同特征。第一，主体上的重合性。都市圈与制造业互动中“以人为本”的思想体现了和谐社会中“人与人之间关系的和谐”以及“人的内在精神上的和谐”。都市圈与制造业的互动，强调“以人为本”，注重企业文化、城市文明。公共信息和独特知识的获得与应用以及在获取信息和综合知识的基础上的创新能力，都是依靠人来完成的。因此，人的能力的提高就成为提升都市圈、制造业企业核心竞争能力的关键所在。优秀的企业文化和城市文明，对都市圈以及制造业企业的持续、稳定、健康发展起着重大的推动作用。无论是在企业管理中，还是在城市文明上，不仅重视物质管理，而且更重视对人的管理，它着眼于建立一个大家共同遵从的价值标准、道德规范和行为准则，尊重人，关心人，以凝聚力量来推动发展。而构建社会主义和谐社会的工作重心就是实现人与人之间的和谐。因此，必须坚持以人为本。第二，内容上的统一性。都市圈与制造业互动中“环境友好”的思想体现了和谐社会中“人与自然的和谐”。传统制造模式是一个开环系统，物料流以产品设计为起点，以产品报废为终点，是一种依赖大量消耗资源和破坏环境为代价的工业发展模式。据统计，制造业每年约产生55亿吨无害废物和7亿吨的有害废物，其污染物排放量占总量的70%以上。而传统的环境治理方法是末端治理，并没有从根本上解决环境污染问题。随着科技的发展，产品更新换代加快，产品的有效使用寿命越来越短，这些都将导致资源消耗和废弃物的处置问题变得日益严重。新型制造业强调环境友好，倡导绿色制造，力求使产品从设计、制造、包装、运输、使用到报废处理的整个生命周期中，对环境的影响最小，资源利用最优。这充分体现了“人与自然的和谐”理念。第三，目的上的一致性。都市圈与制造业互动中的“科技创新、面向未来”的思想体现了和谐社会中“社会内部环境的和谐”。“社会内部环境的和谐”包括社会政治、经济、思想文化发展之间的平衡与内部子系统的协调。其中，经济和谐是整个社会和谐的基础，没有经济和谐就没有经济效率，整个社会的运转也就失去了必要的物质支撑。所以，构建和谐社会的一个主要目的就是提高整个社会的经济水平。都市圈与制造业互动中强调“科技创新、面向未来”，要求推进信息化来提升制造业企业的经济效益，推动城市化的进程。

构建和谐社会和都市圈与制造业的良性互动是有机统一的。都市圈与制造业的良性互动可以促进生产力的发展，发展生产力能够不断增强和谐社会建设的物质基础。而和谐社会的建设又可以为都市圈与制造业的良性互动创造有利的社会条件。因此，和谐社会和都市圈与制造业的互动是相辅相成的，和谐社会建设会促使都市圈与制造业的进一步互动。构建和谐社会，必须通过发展生产力来不断增强物质基础。城市化是经济持续发展的动力源，制造业是经济高速增长的发动机，都市圈与制造业不仅是国民经济的物资基础和产业主体，它们之间的互动也是构建和谐社会的重要载体。都市圈与制造业互动产生的新型制造业，更是在实现和谐社会的过程中承担着历史重担。社会内部环境的和谐，包括社会政治、经济、思想文化发展之间的平衡与内部子系统的协调。体现到制造业上则是行业内部结构要合理，不同产业，不同企业间要相互协调共同发展。体现到都市圈上则是实现区域内统筹城乡，努力实现经济社会又好又快协调发展。

4.3.2 基于创新型国家的互动发展

随着第十个五年计划的胜利完成，中国已站在一个新的历史起点上。新的起点，意味着中国发展正面临着更加辉煌的未来，也意味着中国已进入必须更多地依靠科技进步和自主创新推动发展的历史阶段。因此，建设创新型国家，是时代赋予中国都市圈与制造业互动发展的神圣使命。

（1）建设创新型国家是中国的战略选择

中国地大物博、人口众多，但很多资源储备有限，尤其是人均资源占有量更是远落后于发达国家水平，多数低于世界平均水平。显然，中国不可能选择资源型发展道路，也不可能走依附型发展道路，我们只能走建设创新型国家的发展道路。我们必须推动经济增长方式尽快从要素驱动型向创新驱动型转变，依靠自主创新来支撑和引领经济社会的持续协调发展。

全面建设小康社会的目标，决定了中国必须走创新型国家的发展道路。满足全面建设小康社会的要求，意味着中国必须保持从改革开放以来到2020年的连续40年7%以上的高速经济增长，这将是世界经济史上前所未有的。如果中国科技创新能力没有根本提高，科技进步贡献率仍保持目前的水平，要实现翻两番的目标，就要求投资率达到52%的特高水平，这是不可能做到的；即使投资率可以保持近年40%左右的高水平，科技进步贡献率也必须达到60%，即在目前水平上提高20个百分点，才能实现建设小康社会所要求的经济增长目标。

解决人口众多和资源、环境瓶颈制约问题，决定了必须走创新型国家的发展道路。中国人口众多，要在较短时间内满足庞大劳动力就业、城市人口迅速膨胀、社会老龄化、公共卫生与健康等一系列重大需求。中国人均能源、水资源等重要资源占有量严重不足，生态环境脆弱，面临着日益严峻和紧迫的重大瓶颈约束。据统计，中国人均能源资源占有量不到世界平均水平的一半，石油仅为

1/10，水资源仅为1/4。2004年，由于中国对铁矿石需求的急剧增加，国际市场价格上涨了71.5%；由于国际原油价格屡创新高，中国平均每吨原油进口价格比上年上涨58.9美元，全年多支付外汇达70多亿美元。与此同时，中国的资源利用效率不高。目前，中国能源利用率为33%，每创造1美元国民生产总值，消耗的煤、电等能源是世界平均值的3~4倍、美国的4.3倍、德国和法国的7.7倍、日本的11.5倍。传统的"高投入、高消耗、高污染、低效率"的路子已经难以为继。世界各国经验表明，依靠科学技术是解决这些瓶颈约束的根本途径。我们必须在发展路径方面做出抉择，必须在发展思路方面进行重大调整。

保障国防安全和经济安全，必须走创新型国家的发展道路。在全球化进程中，中国面临日益复杂的国际环境和许多新的问题。实践表明，在涉及国防安全和经济安全的关键领域，不掌握更多的核心技术，不具备强大的自主创新能力，就很难在世界竞争格局中把握机遇，甚至有可能丧失维护国家安全的战略主动权。

实际上，中国已经具备建设创新型国家的基础和能力。中国科技人力资源总量已达3 200万人，研发人员总数达105万人年，分别居世界第一位和第二位。中国已经建立了大多数国家不具备的比较完整的学科布局，已经具备了一定的自主创新能力，而且，中国独特的传统文化优势，重视教育、辩证思维、集体主义精神和丰厚的传统文化积累，也为建设创新型国家奠定了坚实的基础。

(2) 新型制造业是创新型国家的产业基础

在未来相当长的一段时间里，中国经济快速增长很大程度上依赖于制造业的发展。改革开放以来，由于受到土地资源和农业比较效益的约束，中国每年农业增长比经济整体增长率低5~6个百分点，农业要有很大增长已不太可能。第三产业虽然增长较快，但20世纪90年代以来，由于中国城市化进程滞后以及经济发展阶段等因素制约，仅靠第三产业拉动国民经济发展较为困难，国民经济增长还必须靠第二产业拉动。制造业是第二产业的主体，因此，中国经济增长在现阶段只能依靠制造业的发展带动，在今后相当长的时间里，制造业作为国民经济高速增长的"发动机"，仍将是中国经济的主要增长点。

从科技创新和知识经济角度看，制造业是技术载体和转化媒介。21世纪的前沿科学，如生命科学、信息科学、材料科学、环境科学等要实现重大突破，必须依赖制造业的进步。在国际政治领域，具有先进制造业的国家可以在国际关系中占据有利地位；在军事领域，制造业是先进武器的提供者。先进武器不仅可以保证国家在战争中获胜，在和平时期也是对敌对势力的威慑，是处理国际事务的重要筹码。因此，从国家经济安全的角度看，制造业是维护"国家利益"的物质基础。

从国际经验来看，制造业高度发展的国家通常是发达国家，制造业不发达的国家通常是欠发达国家，创新型国家通常具有科技创新能力强和装备制造业发达的特征，新型制造业是创新型国家的产业基础。在经济全球化的过程中，发达国家把一些产品的中间生产过程转移到发展中国家，充分利用其廉价劳动力，但仍强有力地控制着产品的研发、设计、工艺和市场，发达国家从未放弃制造业，始终把其作为立国强国之本，如美国、日本、德国等国家的制造业是世界上最发达和最先进的，科技创新能力也是最强的。在制造业发展过程中，美、日、德等国家均以装备制造业作为主要支柱，大力鼓励科技创新，重点发展具有自主知识产权的制造业，通常在2~3个主导制造领域形成了明显的比较优势和竞争优势。发达国家普遍重视原创性技术，注重不断地产业和产品的更新换代，采取品牌与技术双控制的发展模式。简言之，制造业始终是一个国家生产能力和国民经济的基础和支柱，经济增长和综合国力的增强在很大程度上有赖于制造业的发展。建设创新型国家，必须以具有强大科技创新能力的制造业，即新型制造业作为产业基础。

（3）新型制造业是创新支撑的都市圈发展动力

“新型制造业”依靠科技创新支撑和引领发展：（1）都市圈与制造业的互动发展逐步转移到以知识创新和技术创新为基础的轨道上来，改变了以往主要依靠资本、劳动力和物质资源投入带动的制造业增长方式；（2）都市圈与制造业的互动强调通过科技创新提高装备制造业水平和促进产品更新换代，通过科技创新提高资源和能源利用效率和效益，进而提高经济效益；（3）都市圈与制造业的互动倡导由要素驱动向创新驱动发展转变，强调发挥知识和技术创新的优势促进产业发展，如通信设备、计算机及其他电子设备制造业、医药制造业等就是知识密集、技术密集、人才密集的产业，只能主要依靠科技创新驱动发展；（4）都市圈与制造业的互动重视资源节约和环境友好，钢铁产业、汽车产业、石化产业和纺织业等传统制造业，面对日益激烈的竞争态势必须运用科技创新成果改造传统工艺、设备、技术和方法，不断提升经济效益，走新型制造业发展道路。

至今为止，中国制造业在国际市场上的比较优势，主要在劳动密集型产业以及产品价格方面，但这一优势有快速减退之忧。中国制造业的发展遇到了国内外的严峻挑战：一是中国东部制造业聚集的沿海地区，劳动力价格、地价、房价急剧拔高，使制造业的综合商务成本迅速上升，同时，产业在向内地转移过程中，受到劳动力素质、政府管理水平和商业环境等因素制约，中国制造业的劳动力质高价廉的优势正逐步减弱。二是制造业中技术含量低的劳动密集型产品需求已趋饱和，许多国家为保护本国相关制造业产业，纷纷制订贸易保护政策，仅靠低价格竞争很容易遭遇反倾销报复。中国制造业的多数产品属于缺少自主知识产权、技术含量低、对外部市场依赖大的低端产品，很容易遭遇所谓反倾销打击。2005年以来国际范围内，尤其是美国和欧盟对中国纺织品的发难就是典型例证。三是全方位对外开放使中国与全球经济的联系日益紧密，同时也意味着随着中国的发展，与其他国家发生利益冲突与对抗的可能性也不断增大。这些冲突和对抗目前主要表现在贸易领域，但我们不能不看到，随着中国融入世界的步伐加快，贸易摩擦、经济摩擦和政治争端的出现频率将会越来越高。

总体上看，中国制造业技术创新能力薄弱，大部分设计和制造技术依靠从国外引进，原创性产品和技术极少。制造业多数领域的产品和技术水平与国外先进国家相比有10~20年的差距。究其原因，主要是国家技术创新体系尚未成形。一是企业尚未成为真正的技术创新主体，绝大多数企业科技投入不足。目前发达国家的技术创新活动主体是企业，研发投入一般占到企业销售收入的3%~5%，一些高新技术企业研发人员占到职工总数的30%~40%，如韩国的三星集团，2002年研发投入达38亿美元，研发人员达到一万多人，而中国绝大多数企业远未达到这一水平。二是经过多年的科技体制改革，与制造业相关的科研院所除极少数进入企业外，绝大部分转制成为科技型企业。改制后的科研院所在面向经济主战场方面发挥了作用，但对行业技术水平的提升作用并不显著，资源未得到充分利用。三是缺乏一支精干、相对稳定的从事产业共性技术的研究开发队伍。中国制造业企业规模普遍偏小，尚未形成能与国外大型跨国企业相抗衡的企业群，企业没有能力从事产业基础性、共性等竞争前技术的研究开发。四是科技中介服务体系尚不健全，服务能力不强，有的中介组织名不符实，难以满足市场经济发展的需要。因此，促进“中国制造”向“中国创造”发展，关键是大力加强科技创新，把中国制造业真正转换到依靠科技创新支撑和引领发展的轨道上来。

（4）都市圈与制造业互动推进创新型国家建设

推进创新型国家建设，必须遵循“自主创新、重点跨越、支撑发展、引领未来”的国家中长期科学和技术发展规划确立的指导方针，鼓励科技创新，推进产学研合作，大力提升制造业的自主创新能力。

都市圈与制造业的互动强调自主创新。制造业是国民经济的重要组成部分。然而，中国制造业的自主创新能力很弱，研发投入严重不足，整体装备水平比发达国家落后20年到30年。传统的制造业发展方式已经难以为继，必须在与都市圈的互动发展中以科技创新为支撑，建设新型制造业，大力提升自主创新能力。

新型制造业提升自主创新能力，应当高度重视运用高新技术支撑和引领制造业发展。重点应当放在通信设备、计算机及其他电子设备制造业、生物医药制造业等高技术密集的产业。新型制造业提升自主创新能力，必须重视运用高新技术提升传统制造业的技术层次和水平。重点应当放在纺织制造业、钢铁制造业、石油化工制造业、通用机械制造业等产业，运用科技创新成果改造传统工艺、设备、技术和方法，实现效益提升、资源节约和环境友好的科学发展，把传统制造业发展转化为新型制造业。新型制造业提升自主创新能力，必须以培养和提升广大科技人员和劳动者的创新技能为出发点和落脚点。重点应当放在培养和使用更多的研究开发人才，激励广大职工的创新和创造精神，充分发挥科技创新支撑和引领发展的作用。

以都市圈与制造业的互动实现跨越发展。建设创新型国家，需要都市圈与制造业的互动来实现跨越式发展。我们认为，顺应都市圈与制造业发展的三大趋势，是实现跨越式发展的重点和方向。顺应都市圈与制造业互动的信息化趋势，推进新型制造业跨越式发展。多年以来，中国制造业一直是纺织、冶金、化工、建材、煤炭及食品等传统行业所主导，特别是经过20世纪80年代和90年代的发展，这些行业都不同程度地出现了产能和产品过剩，导致企业间过度竞争、产品价格下降，经济效益不断下滑的局面，国家不得不采取措施，大力压缩和淘汰不良生产能力。20世纪90年代以来信息产业的迅速崛起，不仅打破了传统的制造业产业的生产格局，同时也为其他行业和领域提供了先进的技术装备，促进了制造业整体结构的优化升级。信息化对制造业的渗透趋势，表现在制造业越来越多地采用先进生产模式、先进制造系统、先进制造技术和先进组织管理方式。新型制造业的信息化趋势，表现在制造业能够集成电子信息、自动控制、现代管理与生产制造等多项先进技术，能够同时调控物流、资金流、信息流，能够促进产品设计创新、企业管理模式创新和企业间协作关系创新等，从而减少资源消耗和环境污染，提高产品质量和劳动生产率，大幅度地增强制造业的竞争力。以信息化带动工业化，是新型制造业发展的主导方向，以信息技术再造传统制造业，是新型制造业发展的重要环节。现实已经表明，计算机辅助设计与制造、计算机集成制造系统、工业机器人、柔性制造系统、数控技术、网络企业资源计划系统等，已成为变革生产工具、革新生产要素和大幅度提高劳动生产率的强大手段。顺应都市圈与制造业互动的模块化趋势，推进新型制造业跨越式发展。新型制造业的模块化趋势，表现为将制造流程按照价值高低分解为不同的价值模块，核心企业保留核心价值模块，外围企业承接其他价值模块，形成一体化的制造组织体系，共同完成制造过程。新型制造业通过模块化有助于提高产业绩效。通过模块化的分工协作，制造企业可以围绕核心能力进行开放式、专业化生产经营，有利于彼此在模块化优势环节上展开合作，从而取得产业整体收益的最大化。新型制造业模块化趋势要求高度重视标准化工作。制造企业从标新立异、生产互不兼容的产品转变为生产具有广泛适用性的零部件或通用性的标准产品，关键在于大家遵循共同的制造标准，分工协作，从而实现批量化生产，降低制造成本。在新型制造业中，产业的主导者将是那些控制标准的厂商。新型制造业的模块化趋势要求建立标准化组织，促进模块研发环境的健全，推动模块的重用与整合，尽量削减模块交易的各种成本，建立各种类型的相互合作模式。顺应都市圈与制造业互动的绿色化趋势，推进新型制造业跨越式发展。绿色制造要求在整个制造业产品生命周期中，包括从设计、制造、包装、运输、使用到报废处理的全过程中，降低对环境的负面影响和提高资源使用效率，从而实现经济与自然的和谐发展。绿色制造，通常包括充分考虑环境要素的绿色设计、绿色工艺规划、清洁生产、绿色包装等组成部分，绿色设计通常又包括面向环境的产品方案设计、可拆卸设计、可回收性设计等内容。新型制造业就是集成考虑经济、科技和环境要求的制造业，发展新型制造业必然要求大力发展“绿色制造”。显然，发展绿色制造，是推进制造业改变制造模式，引导产业新型化的发展方向，促进新型制造业跨越式发展的重要路径。

都市圈与制造业的互动引领未来。在以资本和资源作为生产财富主要手段的工业经济向以知识和信息作为生产财富主要手段的知识经济过渡时期，都市圈与制造业的互动不但具有工业经济时代的特征，也必然具有知识经济时代的特征。都市圈与制造业的互动不但强调资本和资源的作用，更强调知识创造和知识应用。都市圈与制造业的互动不但重视经济发展程度，更重视科技创新和持续发展。都市圈与制造业的互动必须以减少资源消耗和保护环境为着眼点，客观上必须遵循知识经济的规则，主要依靠知识的生产和应用推动发展，突出以最新知识和技术创新来组合劳动资料、劳动对象和劳动者，充分体现新的发展理念。都市圈与制造业的互动强调知识传播和知识管理，注重借助于信息化手段，通过知识传播、知识学习和知识管理，使得外部知识内部化、内部知识个体化、个体知识组织化、组织知识外部化，从而通过知识创新、知识传播、知识学习和知识应用不断推动制造业知识更新和科技创新能力提高和竞争能力提升。都市圈与制造业的互动以知识和信息的生产、分配和使用为基础，以科技创新为发展动力，运用科技的力量来支撑和引领都市圈与制造业的健康发展，显然，新型制造业符合创新型国家建设的要求，而且是创新型国家建设的基础力量和主体力量，科技创新引领着中国都市圈与制造业的发展方向，也支撑和引领着创新型国家建设的重点和方向。

4.3.3 基于经济全球化的互动发展

经济全球化时代，大都市圈已经成为各国参与国际竞争的基本地理单元，并且对于所在国而言具有促进国家经济增长的引擎地位，而大都市圈的核心城市则是启动引擎的关键所在。在经济全球化和信息技术高速发展的时代背景下，都市圈中心城市的集聚内容和模式发生了深刻的变化，因而研究在经济全球化背景下都市圈与制造业的互动发展就很有意义。

都市圈与制造业的互动发展，关键在于技术，而在新形势下，则表现为对信息技术的利用，在社会化大生产的基础上，实现产业结构升级、空间重组和都市圈功能的优化。在信息技术和交通技术的支撑下，经济活动在更大空间范围内重新整合，使都市圈中不同规模的城市各得其所，在分工和产业体系中承担着不同的任务和角色，协调运转，促进中国第一次现代化和第二次现代化任务的有机结合和阶段重叠式发展，走出一条具有中国特色的都市圈发展道路。因此推动都市圈与制造业的互动发展要从以下几方面着手。

（1）提高城市信息化水平

作为现代科技革命的新成果，信息技术已经深入生活的各个角落，由于信息传递不再受空间距离和自然条件的限制，高速度、自动化的信息传输使得各类服务（包括政府服务、社会服务和生活服务）可以直接延伸到社会最小细胞——家庭，从而使得人们的工作场所与生活居住地融为一体成为可能；使得各类生产要素的远距离高度整合变为了现实；使得城市建设和管理的方式、方法发生了巨大变化。今天的城市化在后发建设的基础上，完全有可能在低发展水平的基点上，利用先进技术，实现都市圈建设的跨越式发展。

在建设和管理好真实城市的同时，要下大力量建设数字化都市圈。数字都市圈是对真实都市圈的社会经济文化及其相关现象的数字化重现和认识。要在城市规划、建设、运营管理以及城市生产与生活中充分利用数字化信息处理技术和网络通信技术，将都市圈的各种数字信息及各种信息资源加以整合并充分利用，将数字技术、信息技术、网络技术、多媒体技术渗透到城市生产生活的各个方面。使都市圈规划手段全面革新，都市圈管理手段现代化，都市圈建设智能化，都市圈指挥网络化，促进都市圈中人流、物流、资金流、信息流、交通流的通畅协调，使大多数管理者隐藏在计算机背后，变“人治”为“法治”，变“控制”为主为“服务”为主，树立廉洁、高效、诚信、决策正确的政府新形象。当前，要集中力量发展政府上网、企业上网和家庭上网，组织好重点领域信息资源的开发利用，鼓励发展各类公共数据库，建设一批信息化重大工程，积极发展电子商务、远程教育、远程医疗及各种面向社会的信息服务。

（2）夯实都市圈的产业载体

都市圈的推进最终是需要产业的拉动。没有产业支撑的都市圈徒然在城市聚集着大量的无业人口，造成“过度城市化”，既无助于真正的都市圈发展水平的提高，还有可能造成社会的震荡。因此，制定合适的产业政策，有序吸纳农业释放出来的富余劳动力，是宏观政策制定者必须考虑的因素。

以信息技术为代表的高科技的发展是新型制造业的显著特征，作为产业发展的一般规律，产业技术含量越高，所吸纳的劳动力越少，同时对就业人员素质要求较高。中国都市圈的最大的难题是，一方面，巨大的低素质和低劳动技能的劳动人口要求发展劳动密集型产业；另一方面，新科技革命背景下，要参与世界经济的竞争和实现与发达经济国家的平等对话，必须发展高科技产业。劳动密集型产业是吸收剩余劳动力的基本途径；高科技是参与世界竞争的基本工具，是实现现代化的基本途径。

实现高科技产业与劳动密集型产业的双赢就要形成“组合套餐”，构建整体经济竞争力。以信息产业为代表的高科技产业本身也有劳动密集型的环节；同时从中国整个产业的状况来讲，信息产业的发展提升了中国产业链的价值延伸度，产生了新的就业需求及派生需求。劳动密集型行业集中在加工制造的环节，可以充分利用大量廉价的人力资源，吸收农村富余劳动力和城市下岗职工。要破除劳动密集型行业产品质量低下的观念，劳动密集产业也有高科技高知识含量的科研环节。从某种意义上讲，技术与知识密集型还是劳动密集型在现代已不足以成为区分一个产业的标志，而只是某一个生产环节的特征。总之，融合式发展已经成为现代产业发展的一个重要特征。

（3）推动制造业的结构优化

作为一种都市经济的发展规律，大都市圈的中心城市都要经历制造业中心向服务业中心转变的过程。对于处于工业化阶段后期的以上海为代表的中国大都市圈中心城市来说，无论是就目前产业竞争力的比较优势而言，还是从都市圈其他城市对中心城市转型的迫切而巨大的需求来看，已经到了正视城市转型的关键时刻，必须集中力量抓住内外环境给予的历史机遇，大力推动知识性服务业的发展，并加快制造业结构和布局的调整，顺应部分制造业从城市中心逐渐分散出去的规律，而不是无谓地通过地方保护，设置障碍，阻碍这个过程的发生。在顺应中心城市极化模式转变方面，制造业方面的调整有四条经验值得借鉴：

其一，制造业企业产业链分离：生产环节分散化、总部经济聚集化。历史上，纽约与东京在转型过程中的经济衰败程度有很大的区别，其原因很大程度上源于制造业总部的撤离与否。纽约制造业的衰败不仅因为工厂的倒闭和撤离，还因为制造业总部的撤离。在 1965 年，纽约的公司总部达 128 个，到 1976 年只有 84 个，1986 年更是减少到 53 个（Drennan，1997）。东京的制造业则采取了生产产业链的分离分布，尽管在这个过程中也出现了工厂的大面积分散与转移，但是企业的总部和研发创新部门大多还是留在城市中心，从而使制造业的管理功能、创新功能保持了在中心城市的集聚状态。这一方面从某种程度上减轻了中心城市制造业的失业压力；另一方面企业总部的聚集有利于加速知识型服务业的集聚和发展，促进新的工作机会的产生。

其二，制造业结构调整：发展新型制造业，转换经济增长模式。从以生产重、厚、长、大的重型化的硬件产品为中心向以高效、智能化的知识和信息服务活动为主的软件化经济结构过渡。事实上，像上海、北京这样的中心城市，在某些高新技术产业上，在区域范围内表现出强烈的竞争优势，因而把产业重心从重化工业转向那些对制造成本低敏感度的高新技术产业，是这些中心城市的方向。因为，不仅现代知识服务业与高新技术产业之间有着极为密切的技术经济联系，而且高技术企业的创立和成长，都不能在空间距离上离开大城市过远。高技术企业所需要的投资环境，如融资环境、法律和知识产权服务、企业技术开发和管理服务、人力资源服务等，都需要中心大都市就近供应。

其三，重视都市型制造业发展：鼓励创意型、设计型制造业集群发展。纽约、东京等城市都保留有以中小企业为主，从事创意型、设计型制造业的集群组织，这些中小企业集群生产小批量、非标准化的产品，对市场、潮流具有灵敏的应对性，符合中心都市的生产特性，而且从事的产业一般是劳动密集型，在吸收城市居民就业方面发挥着重要的作用。这些小集群虽然每个企业的规模不大，但集聚在一起，形成联系紧密、专业化程度高的网络组织，具有强大的生命力和竞争力。

其四，都市圈空间拓展：带动产业集聚和布局优化。中心城市的产业基础和市场基础不是建立在本城的容量之上的，其产业的服务对象是整个都市圈乃至更大区域，因而中心城市转型过程中至少应该考虑以大都市圈范围为其产业布局的空间基础。在新兴主导产业的选择和聚焦过程中，考察的市场基础也应该至少放大到大都市圈范围。从某种意义上讲，正是大都市圈范围的需求为中心城市知识服务业的高速发展提供了市场基础。因此，无论是制造业的布局还是知识服务业的发展，都应该放眼整个都市圈，着眼于成本最低化，着眼于产业聚集效应的形成。

（4）大力发展知识服务业

"生产性"服务业与"以人为本"知识服务业并重发展。在以往的实践中，中国大都市在知识服务业的发展中往往只重视生产性服务业，而忽视了为人服务的知识性服务业的重要性。在服务业的发展规划中，往往把金融、物流、贸易等"生产性"服务业发展问题放在重要的战略位置，而对健康产业、教育培训等直接服务于人的知识服务业缺乏足够的重视。而从纽约、东京等大都市的实践看，以健康、教育培训为代表的知识服务业，在都市经济中的作用和贡献是非常突出的，甚至已经成为新的都市支柱产业。中国都市圈中心城市本身的医疗资源、教育资源等，在都市圈范围内具有明显的比较优势，具有巨大的产业发展的空间和潜力，因而大力发展"以人为本"的知识服务业是改善中国都市圈中心城市的知识服务业结构，壮大知识服务业规模，加强中心城市在整个都市圈社会生活中的服务功能的重要举措。从另一层面看，加快发展这些与人民生活质量、生命质量紧密相关的知识服务业，也是中心城市在倡导都市圈域的和谐社会中发挥主导作用，提高都市圈效率的重要途径。

加大政策扶持力度创造知识服务业发展的良好环境。国外不少知识服务业部门的成长和发展，都受惠于政府的扶持政策和良好的政策环境。比如美国为鼓励咨询业的发展制定了许多投入政策、信贷政策和税收减免政策。目前中国的知识服务业才刚刚起步，起点低，规模小，在与国外同类企业的竞争中处于弱势，更需要政府部门在产业发展环境、财税政策方面的倾斜与扶持。特别是中国加入WTO，对服务业的保护期即将结束，因而扶植本土企业，加速其成长，能为更好地迎接国际竞争的直接挑战做好准备。

（5）提高都市圈行政管理效率

政府应成立专门的都市圈管理机构，切实做好都市圈发展过程中的农村人口的有序转移和服务引导工作。由各个部门的领导人作为协调联系人，集中解决农民落户城市所遇到的一系列制度障碍。在房地产开发中，为了保护土地有序开发和房地产市场的健康发展，避免盲目性和资源浪费，主管部门成立了全国性的房地产预警机制。要加紧研究流动人口的流向和流量对城市布局的影响，合理引导人口流动的政策措施，研究产业结构调整对就业的影响，制定保障流动人口合法权益方面的政策，以加强社会结构大变迁的宏观管理，从而保持社会的稳定。为此，城市的城市化管理机构应该和农村地方政府的管理部门合作和沟通，发布信息促进农民的有序转移。

（6）优化都市圈的体系规划

多元化的都市圈是适应中国多层次的经济形态和多梯度的生产力发展水平，结合中国具体国情做出的现实选择。在制造业发展推动下，全国经济日益连成一个有机整体，作为经济发展的物质载体，都市圈也相应地包含了范围不等的城市网络。

由于功能不同，都市圈中大中小城市和城镇各有其发展的具体条件和发展空间。中心城市大多数是直辖市、省会城市以及发达的沿海城市，本身具有雄厚的产业实力和科技、人才、资本优势，城市基础设施建设已经初具现代化水平，在区域内发挥着经济发展的火车头作用，对优质的生产要素具有天然的吸引力，并且经济影响力辐射范围也很广。在城市规模等级体系中，中心城市就像一个天然的领导者，中型城市好似中坚分子，小城市和城镇就像普通的民众，扎根在底层。中心城市能产生巨大的外部经济效益，在人力资源、配套服务、各种信息交流以及分担城市固定费用方面产生“聚集效应”和“规模效益”，中心城市的主要任务是紧跟世界经济的最新水平，走城市现代化道路。在中国城市建设中，应选择几个具有国际影响和发展潜力的中心城市，如香港、上海、北京等，建设成国际性大都市，尽快将其纳入世界城市网络体系，提高国家竞争力，占据现代化发展的战略制高点；强化辐射力和扩散效应带动次级城市的联动发展，带动国内城市水平的渐次提高。

中等城市在全国城市中占大多数，多为行政区域地区一级所在地，既可发挥城市的聚集经济效益，又可避免中心城市的过度拥挤所带来的弊端，因而具有较大的发展潜力。中等城市要大力发展现代工业、现代服务业，强化经济集聚功能，把星罗棋布分散的小城市和小城镇凝聚成一个系统整体。

在都市圈规划和建设方面，科学的都市圈规划应合理布局城市的各功能区、都市圈交通、商业、住宅、公用事业用地。加快公共交通的发展，尤其是轻轨、地铁等环保型的交通方式；提高城市绿化率，加强楼侧、楼顶的立体绿化，营造宜人的居住环境；房地产开发应使城市的环境美观、环境保护和居民生活水平及质量与之同步发展。

21 世纪，都市圈不再是一般意义上的生产中心、工作中心和居住中心，而是一个以人为中心，以服务人为最高准则，人与自然和谐协调、完美融合，并能满足各类人群的发展愿望，为人们的生活、工作、学习和交往等提供最舒适、最方便、最可靠、最安全的服务场所。

4.4 特大都市圈与制造业互动发展的案例——长三角

在中国参与全球制造业生产体系布局调整的过程中，以上海为龙头的长三角都市圈凭借得天独厚的区位条件、发达的交通网络、良好的社会发展环境、不断领先的制度创新以及多元文化交汇融合的人文资源等区域优势，成为国际产业资本在更大的规模、更高的技术层次上向中国推进时的首选地区，而制造业则是国际产业资本转移的重要领域。以跨国公司为主体的国际产业资本在长三角大量聚集，一方面使长三角制造业随着跨国公司的产业链条参与到国际分工体系中，并在劳动密集型产业和高技术产业中的劳动密集型环节形成自己的独特优势。另一方面，制造业的快速发展也使长三角成为全国经济增长最快、发展程度最高的区域之一，同时也使得打造世界制造业基地成为长三角的一个重要战略目标。在21世纪初，江苏、浙江、上海分别提出沿江开发战略、杭州湾产业带建设和郊区工业发展战略，希望借此加快构筑各自的国际制造业生产基地的进程。但我们也注意到，相对于发达国家在国际分工体系中的地位来说，长三角的许多制造业企业由于缺乏核心制造技术和设计技术，不得不在国际分工体系中充当“长工”，在价值链的低端技术部门充当“全世界的转包合同商”。所以，鉴于制造业对长三角的重要意义和它目前所处的国际分工地位、产业结构、经济效益及竞争力现状，推动长三角制造业进一步发展迫在眉睫。长三角制造业必须尽快适应国际分工格局的变化，充分利用新型国际分工格局带来的契机，提高核心零部件的本土化生产水平和企业自生能力及产业配套性，并适时由全球价值链中游的生产环节向上游的研发设计环节、下游的品牌销售环节扩展，推动制造业技术进步，并对制造业进行协调整合及区际分工，力求形成一种齿轮互动的关联局面，通过制造业的竞争、合作与空间转移，促进专业化市场和地方产业集群更深地嵌入全球价值链，逐步提升在国际分工中的地位与加工增值能力，争取在国际产业价值链条的高端或重要环节占据一席之地，从而带动整个长三角制造业结构的优化和国际竞争力的提升。

4.4.1 长三角都市圈制造业发展特色分析

制造业发展就是通过生产要素的调整，来促进产业技术能力、管理能力、行销能力不断提高的过程，其基本趋向是：劳动密集型制造业的发展形成了对机器设备等重化工业的需求，促成了一国中间产品和资本品工业的建立，随着制造业技术和市场竞争力的提高，市场需求上升推动制造业产业结构向附加值更高的技术密集、资本密集和知识密集型产业转变（殷醒民，1999）。一般来说，制造业的发展要经历四个阶段：

一是初级阶段，制造业内部结构以轻工业等劳动密集型产业为主导。资本和技术等生产要素的稀缺性，使得早期的工业化进程受到很大限制，世界各国经济发展的历程表明，工业化过程都是从资本投入少、技术要求不很高的轻工业开始的。

二是重化工业化阶段。随着工业化的发展，制造业结构从以轻工业为中心向以重工业为中心推进，这种现象通常称为重化工业化。日本的重化工业在整个工业生产中的比重即从1955年的51%提高到1965年的64%以上，1975年更进一步提高到75%。前联邦德国重化工业部门（包括采矿业）在整个制造业和采矿业的比重由1950年的56.4%上升到1981年的73.80%，这是制造业结构转变的基本趋势。德国经济学家霍夫曼在对近20个国家的制造业时间序列数据进行分析的基础上，认为随着工业化的升级，消费品工业（轻工业）的比重逐步下降，而资本品工业（重化工业）的份额则逐步上升，二者的净产值之比即霍夫曼比值是逐步下降的。

三是高加工度化阶段。所谓"高加工度化"是指，无论轻工业还是重工业，都会由原材料工业为重心的结构向以加工、组装工业为重心的结构发展。"高加工度化"这一工业结构演化的规律是由日本经济学家筱原三代平发现的。在这个阶段中，加工组装工业的发展大大超过原材料工业的发展速度，工业化的重心由以原材料工业为代表的重化工业过程逐步转向以高技术、新产品不断涌现为特征的深加工工业化过程。高加工度化阶段既是重化工业过程的深化，又是重化工业化和技术集约化演进的关键阶段（王岳平，2000）。现有文献对加工高度化的测度方法主要有两种，一是通过对一些部门下游行业与上游行业的比率进行粗略估算，如筱原三代平（1987）通过比较纺织与服装、服饰业，木材与木器、家具业，钢铁、有色冶金与各种机械工业，发现从1955~1975年之间，后一类工业的发展速度是前一类工业的2~4倍多，从而得出日本工业在这一时期的高加工度化趋势。王岳平（2000）也用相似的方法测度了中国1995~1997年工业产业加工高度化的趋势，得出中国产业发展不足的结论。二是直接用高加工度系数即加工制造业与原材料工业的比值来衡量，其中加工制造业包括以工业品为原料的轻加工业和重加工业。郭克莎（1991）用高加工度系数测度了中国工业的加工高度化。

四是技术集约化阶段。随着工业结构的中心由轻工业到重工业，从原材料工业向组装工业的转移，工业的生产要素结构的中心也分别由劳动力到资金，再到技术的相应转移（即生产要素密集度转化规律）；要顺利完成工业化过程，需要从第一产业中释放劳动力进入轻工业部门，需要积累足够的资金支持重工业的发展，需要开发和获得先进技术，促使工业结构的高加工度化。

需要说明的是，在经济全球化条件下，由于受需求的多层次性、供给的多样性以及分工细化等多种因素的综合影响，一国制造业的发展路径并不必然沿着轻工业化阶段、重化工业化阶段、高加工度化阶段和技术集约化阶段依次演进，而有可能同时出现几个趋势。这也就是说，重化工业比例的提高、加工的深化以及技术密集型产业的发展作为一国制造业的升级的具体体现，可以并存。

当前，长三角制造业各行业的产值结构、劳动力投入及出口结构的变化同时反映出长三角制造业已经进入以装备制造业为核心的重化工业化阶段，并且与日本等国重化工业时期的产业结构相比，长三角最大的不同在于，重化工业得到加快发展的同时，电子通信设备制造业等技术密集型产业得到了更快的发展，带有明显的、新技术条件下的时代特征，有一定的跨越式发展性质。这一制造业结构演化轨迹和发展层次既是长三角经济发展阶段、需求结构、供给结构的直接反映，也是长三角参与国际分工的直接结果。

从经济发展阶段上看，长三角经过 20 多年的快速发展，已经完成了工业化早期的结构转换，进入工业化中后期发展阶段。这个阶段意味着在国民经济摆脱农业制约、实现由轻工业中心向以重化工业中心转变的基础上，加工工业部门的比重不断增大，产品深度加工链条不断延长。同时，相对于劳动力投入，资金和技术进步成为产业发展与升级的关键。长三角制造业的结构与其所处的经济发展阶段是相适应的。

从需求结构看，2004 年，长三角人均 GDP 为 4 025.47 美元，其中上海为 6 682.17 美元，江苏为 2 501.57 美元，浙江为 2 892.66 美元。随着收入水平的提高和恩格尔系数的下降，人们对住宅、通讯、汽车等耐用消费品的需求不断扩大，用于重化工业产品的支出在收入中所占比重不断增加，于是汽车、电子通信设备等成为高增长产业，并由此带动了钢铁、机械、化工等提供中间产品的行业快速发展。所以，当居民消费结构从追求吃、穿升级为住、行时，制造业产业结构也要从轻工业化阶段向重化工业化阶段发展。

从供给结构看，长三角飞速发展的经济、良好的人居环境、开放的对外政策等使得本区域成为众多的高层次人才、大量的外商直接投资和实力雄厚的大型跨国公司的聚集地，再加上越来越重视科研成果转化和与地方经济发展互动的高校和科研院所，使长三角制造业不仅能够获得重化工业化发展过程中所需的大量资金投入，而且能够得到促进加工程度不断提高的技术支持，从而使长三角制造业的结构演化同时呈现出重化工业化、高加工度化及技术集约化的趋势。

从国际分工因素看，随着国际分工体系的深化和国际制造业向长三角地区的转移，长三角制造业企业积极加入跨国公司的全球产业链条，共享大型跨国公司快速发展的市场机会，并保持与国际制造业的整体联系，引进发展较高技术水平。在与国外企业进行合资合作经营或形成产业配套的过程中，制造业企业的技术装备水平不断提高，制造业结构中技术密集型产业的比重不断增加，产业层次不断升级。

制造业结构演化主要表现为具体行业的此消彼长，因此，分析长三角制造业各部门的产值变化、劳动力就业比例变化及出口结构变化，可以得出制造业结构演化的轨迹和发展趋势。

在进行部门分析时，参照国家统计局对相关指标的解释及国际产业分类方法，把制造业各部门分为两大类：

第一类是轻制造业，主要提供生活消费品和制作手工工具的制造业。如果按其所使用的原料不同，可分为：（1）直接或间接以农产品为基本原料的轻制造业，主要包括食品加工业、食品制造业、饮料制造业、烟草加工业、纺织业、服装及纤维制品制造业、皮革毛皮羽绒及制品业、木材加工及竹藤棕草制品业、造纸及纸制品业、印刷业及记录媒介的复制业等。（2）以非农产品为原料的轻制造业，包括家具制造业、文体用品制造业、医药制造业、化学纤维制造业。

第二类是重制造业，指为国民经济各部门提供物质技术基础的主要生产资料的制造业。如按其生产性质和产品用途，可以分为：（1）原材料重制造业，指向国民经济各部门提供基本材料、动力和燃料的制造业。主要包括石油加工及炼焦业、非金属矿物制品业、黑色金属冶炼及压延加工业、有色金属冶炼及压延加工业。（2）重加工制造业，是指对工业原材料进行再加工的制造业。包括化学原料及制品制造业、橡胶制品业、塑料制品业、金属制品业、普通机械制造业、专用设备制造业、交通运输设备制造业、电气机械及器材制造业、电子及通信设备制造业、仪器仪表及办公用机械制造业。重加工制造业和以非农产品为原料的轻制造业一起与原材料重制造业构成直接的投入产出关系。

（1）产值结构分析

制造业各行业的产值比重变动可以直观地反映出制造业内部结构调整的一般趋势，通过观察各行业在不同时期的增减变动，可以发现其中的发展行业和衰退行业，进而推断出制造业所处的发展阶段及未来的调整方向。对长三角制造业的产值结构分析结果显示，当前长三角制造业呈现如下趋势：

第一，重化工业趋势。2000～2004年，长三角重工业占全部工业总产值的比重从2000年的54.95%提高到2004年的64.58%（见表4－9，图4－5），5年提高了近10个百分点，其平均环比发展速度达30.22%，比工业环比增速26.03%高出4.19个百分点。其中，上海从62.19%升至72.95%，江苏从56.78%升至66.80%，而浙江的重工业比重相对较低，但仍在波动中上升，特别是2004年首次超过轻工业达到54.00%。与此对应，同期长三角轻工业比例则出现了持续下降。从目前发达国家重化工业比率一般都在60%～65%的水平看，长三角重化工业维持在60%以上的空间运行，初步表明长三角制造业已经进入重化工业化阶段。而且从轻重工业的霍夫曼比率的变化趋势看（见图4－6），长三角从2000年的0.81降到2004年的0.56，虽然2003年该比率略有反弹，升至0.64，但整体上还是趋于下降的。所以，长三角目前走势符合重化工业比重不断上升、霍夫曼比率不断下降的重化工业化规律。虽然，长三角重工业比例略低于全国重工业比例，但是二者的差距2004年已缩小为1.95%，这与该区域轻工业比较发达的技术传统密不可分，同时也意味着，随着居民消费结构的升级、技术进步以及国际制造业的转移，该区域的重工业还有较大的增长空间，其重化工业化水平还会有一定程度的提高。

表4-9　　2000~2004年长三角及全国轻重工业比例　　单位：%

年份	重工业					轻工业				
	江苏	浙江	上海	长三角	全国	江苏	浙江	上海	长三角	全国
2000	56.78	45.88	62.19	54.95	60.20	43.22	54.12	37.81	45.05	39.80
2001	57.43	44.54	64.54	55.50	60.57	42.57	55.46	35.46	44.50	39.43
2002	57.80	50.00	66.11	57.97	60.86	42.20	50.00	33.89	42.03	39.14
2003	63.68	48.27	72.13	61.36	64.51	36.32	51.73	27.87	38.64	35.49
2004	66.80	54.00	72.95	64.58	66.53	33.20	46.00	27.05	35.42	33.47

注：本表根据《中国统计年鉴》（2002~2006）计算汇总。

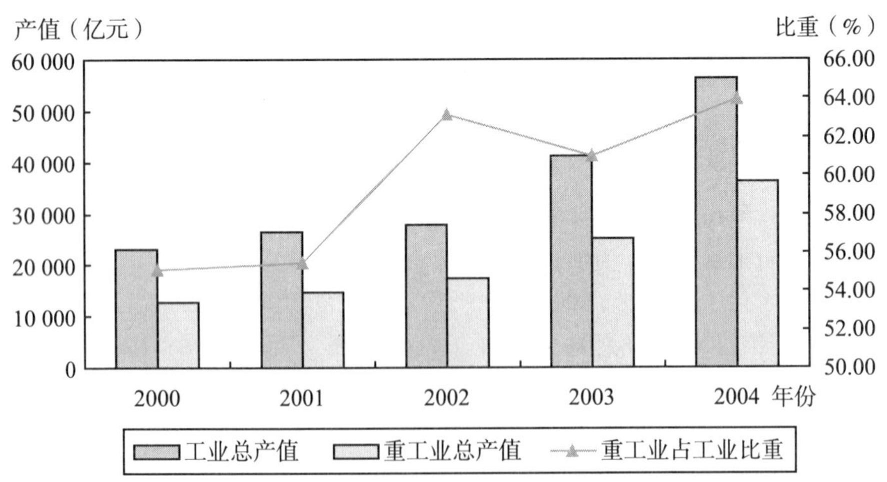

图4-5　2000~2004年长三角工业及重工业总产值

资料来源：同表4-9。

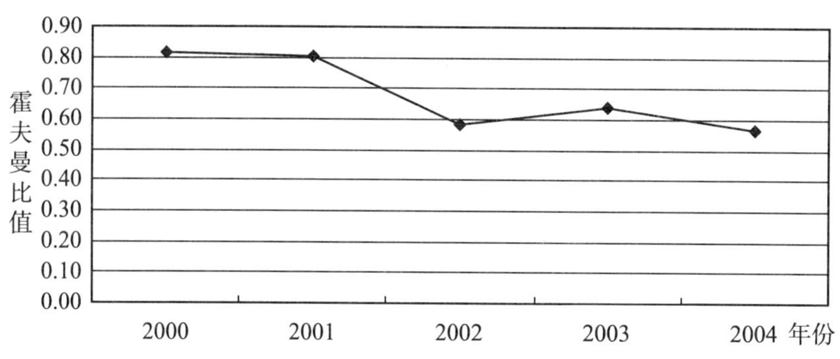

图 4－6　2000～2004 年长三角霍夫曼比值趋势线

资料来源：同表 4－9。

如果剔除采矿业及水、电、煤气的生产供应业，具体考察制造业内部的行业结构，则能更清楚地看出长三角制造业的重化工业化的发展趋向。1995 年、2000 年、2004 年三个时间段，长三角重制造业的产值比重分别为 63.35%、65.96% 和 70.98%（见表 4－10），其增长来源于中间产品中的石油加工及炼焦业、黑色金属冶炼及压延加工业、有色金属冶炼及压延加工业及塑料制造业，资本品中的金属制品业、普通机械制造业、电气机械及器材制造业、电子及通信设备制造业，仪器仪表及文化、办公用机械制造业，这 9 个行业的增长率为 12.5%，特别是技术密集度比较高的电子及通信设备制造业，占长三角制造业总产值的比重从 1995 的 4.73% 升至 2000 年的 9.04%，2004 年又进一步升高到 14.56%，10 年间持续增长了 9.83 个百分点。说明中间产品投入量的增加和技术进步是长三角制造业结构升级、趋向重化工业化的重要推动力量。

表 4－10　　1995～2004 年长三角制造业各部门产值结构变动

单位：亿元，%

制造业部门	1995 年		2000 年		2004 年		10 年内增或减
	产值	比重	产值	比重	产值	比重	
食品加工业	454.07	3.37	625.62	2.79	1 099.58	2.05	－1.32
食品制造业	217.67	1.61	295.03	1.32	499.4	0.93	－0.68
饮料制造业	186.94	1.39	332.63	1.49	472.22	0.88	－0.51
烟草加工业	78.94	0.59	187.99	0.84	518.72	0.97	0.38
纺织业	1 926.43	14.28	2 368.82	10.58	5 037.94	9.38	－4.90
服装及其他纤维制品制造业	607.02	4.50	1 060.22	4.73	1 736.71	3.23	－1.27
皮革、毛皮、羽绒及其制品业	267.18	1.98	425.73	1.90	1 075.01	2.00	0.02

续表

制造业部门	1995 年		2000 年		2004 年		10 年内增或减
	产值	比重	产值	比重	产值	比重	
木材加工及竹、藤、棕、草制品业	80.17	0.59	236.58	1.06	418.63	0.78	0.19
造纸及纸制品业	177.51	1.32	432.14	1.93	867.88	1.62	0.30
印刷业、记录媒介的复制业	91.52	0.68	166.85	0.75	327.53	0.61	-0.07
农产品为原料的轻制造业	**4 087.45**	**30.31**	**6 131.61**	**27.38**	**12 053.62**	**22.44**	**-7.87**
文教体育用品制造业	138.37	1.02	258.26	1.15	506.77	0.94	-0.08
家具制造业	45.49	0.34	94.83	0.42	312.48	0.58	0.24
医药制造业	235.18	1.74	442.09	1.97	854.59	1.59	-0.15
化学纤维制造业	436.67	3.24	696.3	3.11	1 411.98	2.63	-0.61
非农产品为原料的轻制造业	**855.71**	**6.34**	**1 491.48**	**6.66**	**3 085.82**	**5.74**	**-0.60**
石油加工及炼焦业	295.86	2.19	704.31	3.15	1 610.19	3.00	0.81
非金属矿物制品业	641.10	4.75	752.89	3.36	1 515.69	2.82	-1.93
黑色金属冶炼及压延加工业	883.33	6.55	1 176.26	5.25	3 707.19	6.90	0.35
有色金属冶炼及压延加工业	293.58	2.18	460.85	2.06	1 322.58	2.46	0.28
原材料重制造业	**2 113.87**	**15.67**	**3 094.31**	**13.82**	**8 155.65**	**15.18**	**-0.49**
化学原料及化学制品制造业	1 066.61	7.91	1 858.75	8.30	3 995.18	7.44	-0.47
橡胶制品业	167.88	1.24	224.05	1.00	493.33	0.92	-0.32
塑料制品业	357.33	2.65	672.85	3.00	1 493.56	2.78	0.13
金属制品业	541.02	4.01	971.35	4.34	2 173.97	4.05	0.04
普通机械制造业	887.41	6.58	1 434.64	6.41	3 857.04	7.18	0.60
专用设备制造业	537.09	3.98	711.9	3.18	1 396.44	2.60	-1.38
交通运输设备制造业	948.99	7.03	1 602.9	7.16	3 629.87	6.76	-0.27
电气机械及器材制造业	942.33	6.98	1 722.74	7.69	3 889.91	7.24	0.26
电子及通信设备制造业	638.33	4.73	2 023.96	9.04	7 822.06	14.56	9.83
仪器仪表及文化、办公用机械制造业	159.18	1.18	326.44	1.46	739.78	1.38	0.20
其他制造业	188.54	1.39	124.72	0.56	488.29	0.91	-0.48
重加工制造业	**6 434.71**	**47.68**	**11 674.3**	**52.14**	**29 979.43**	**55.80**	**8.12**
制造业总计	**13 491.74**	**100.00**	**22 456.77**	**100.00**	**53 274.52**	**100.00**	

资料来源：根据 **2001~2005** 年的苏、沪、浙统计年鉴。

第二，高加工度化趋势。从表 4 - 10 列出的产值结构看，长三角制造业高加工度化趋势明显。无论是从整体还是各行业的情况来看，产出结构的变动趋势与制造业高加工度化的内在要求基本一致。从整体上看，1995 ~ 2004 年，长三角的原材料重制造业和以农产品为原料的轻制造业在全部制造业中所占份额显著下降，分别从 1995 年的 15.67%、30.31% 降至 2004 年的 15.18%、22.44%，而同期重加工制造业的比例则持续上升，从 47.68% 升至 55.80%，增长了 8.12 个百分点。从各部门在整个制造业中所占比重的变化趋势来看，长三角制造业内部行业的增长格局是：重加工制造业 > 原材料重制造业 > 以非农产品为原料的轻制造业 > 以农产品为原料的轻制造业。进一步分析各行业产值比重变化，可以看出带动长三角制造业向高加工度化方向升级的优势产业，它们分别是：以农产品为原料的轻制造业中的烟草加工业，皮革、毛皮、羽绒及其制品业，木材加工及竹、藤、棕、草制品业，造纸及纸制品业；以非农产品为原料的轻制造业中的家具制造业；原材料重制造业中的石油加工及炼焦业，黑色金属冶炼及压延加工业，有色金属冶炼及压延加工业及塑料制造业；重加工制造业中的金属制品业、普通机械制造业、电气机械及器材制造业、电子及通信设备制造业、仪器仪表及文化、办公用机械制造业。

长三角制造业的高加工度化趋势还可以直接从其高加工度化系数体现出来（见表 4 - 11）。2004 年，长三角制造业的高加工度化系数为 4.05，比 1995 年系数高出 0.67。分地区来看，江苏、浙江、上海的高加工度化系数分别从 3.66 升至 3.86、从 3.62 升至 4.47、从 2.77 到 3.98，其中浙江的高加工度化程度在两省一市中最高，系数在 2002 年曾高达 5.33，江苏的最高值为 2002 年的 4.34，上海的最高值为 2003 年的 4.18。因此，虽然长三角制造业的高加工度化系数年度之间有所波动，但整体趋势是上升的，说明该区域制造业升级过程中的高加工度化发展趋向。

表 4 - 11　　1995 ~ 2004 年长三角制造业高加工度系数

年份	江苏	浙江	上海	长三角
1995	3.66	3.62	2.77	3.38
2000	4.38	4.57	4.03	4.31
2001	4.17	4.82	3.63	4.13
2002	4.43	5.33	3.93	4.47
2003	4.34	5.32	4.18	4.52
2004	3.86	4.47	3.98	4.05

注：高加工度系数 = 加工制造业/原材料工业，其中加工制造业包括以工业品为原料的轻加工业和重加工业。

资料来源：根据年鉴数据计算。

因此，从产值结构、高加工度化系数的变动状况可以看出，长三角制造业在发展过程中，其结构出现了由原料型向加工型的转变，表明了该区域制造业结构的高加工度化趋势。

第三，技术集约化趋势。从不同年份占制造业总产值比重最高的前10个部门（表4－12）的变化可以看出，1995～2004年，纺织业在长三角制造业总产值中的比重不断下降，并从第一大产业降为第二大产业；电子及通信设备制造业的比重不断上升，从1995年的4.73%升至2004年的14.56%，并在2004年代替纺织业成为第一大产业；石油加工及炼焦业代替非金属矿物制品业进入前10大产业部门；其余7个产业部门的排序及产值比重变化不大。10年间制造业部门结构的比重次序变化说明，长三角制造业中的技术密集型产业、资金密集型产业的地位不断上升，劳动密集型部门的地位不断下降，在技术进步和技术升级的推动下，技术集约化已成为长三角制造业发展的重要趋向。

表4－12　　不同年份占制造业总产值比重最高的前10个部门

1995年	比重（%）	2000年	比重（%）	2004年	比重（%）
纺织业	14.28	纺织业	10.58	电子及通信设备制造业	14.56
化学原料及化学制品制造业	7.91	电子及通信设备制造业	9.04	纺织业	9.38
交通运输设备制造业	7.03	化学原料及化学制品制造业	8.30	化学原料及化学制品制造业	7.44
电气机械及器材制造业	6.98	电气机械及器材制造业	7.69	电气机械及器材制造业	7.24
普通机械制造业	6.58	交通运输设备制造业	7.16	普通机械制造业	7.18
黑色金属冶炼及压延加工业	6.55	普通机械制造业	6.41	黑色金属冶炼及压延加工业	6.90
非金属矿物制品业	4.75	黑色金属冶炼及压延加工业	5.25	交通运输设备制造业	6.76
电子及通信设备制造业	4.73	服装及其他纤维制品制造业	4.73	金属制品业	4.05
服装及其他纤维制品制造业	4.50	金属制品业	4.34	服装及其他纤维制品制造业	3.23
金属制品业	4.01	非金属矿物制品业	3.36	石油加工及炼焦业	3.00
小计	67.32		66.87		69.73

资料来源：根据苏、浙、沪统计年鉴整理计算。

（2）劳动力投入结构分析

制造业结构的变化必然影响其内部劳动力的流动方向，就业结构也是反映一个国家经济发展阶段的重要标志。因此，考察制造业部门劳动力的比例变动情况也可以了解制造业结构的变动趋势。表 4 - 13 是 1995 ~ 2004 年长三角制造业内部各行业劳动力就业人数的变动情况表，从中可以大致看出 10 年间劳动力流动状况：

表 4 - 13　　1995 ~ 2004 年长三角制造业各部门劳动力投入结构变动

制造业部门	江苏			浙江			上海			长三角		
	1995年	2000年	2004年	1995年	2000年	2004年	1995年	2000年	2004年	1995年	2000年	2004年
食品加工业	2.79	2.78	1.72	2.16	1.81	1.26	1.54	1.33	0.95	2.16	1.97	1.31
食品制造业	1.58	1.21	0.98	1.86	1.66	0.92	3.68	2.25	2.11	2.37	1.71	1.34
饮料制造业	1.21	1.40	0.92	1.97	1.48	0.67	0.58	0.68	0.66	1.25	1.19	0.75
烟草加工业	0.08	0.14	0.14	0.12	0.11	0.05	0.44	0.29	0.18	0.21	0.18	0.12
纺织业	18.31	17.30	16.39	20.48	17.30	17.21	13.64	8.10	6.74	17.48	14.23	13.45
服装及其他纤维制品制造业	4.71	6.08	8.17	6.16	9.47	8.61	5.80	8.33	9.49	5.56	7.96	8.76
皮革、毛皮、羽绒及其制品业	1.61	1.80	2.41	2.87	4.15	6.64	1.75	1.95	2.40	2.08	2.63	3.82
木材加工及竹、藤、棕、草制品业	0.66	1.28	1.37	0.93	1.07	1.29	0.65	1.14	0.96	0.75	1.16	1.21
造纸及纸制品业	1.50	1.56	1.43	2.16	2.52	2.16	1.71	1.41	1.23	1.79	1.83	1.61
印刷业、记录媒介的复制	1.30	0.96	0.68	1.19	0.79	0.94	1.59	1.95	1.60	1.36	1.23	1.07
农产品为原料的轻制造业	**33.75**	**34.51**	**34.20**	**39.90**	**40.36**	**39.76**	**31.38**	**27.43**	**26.33**	**35.01**	**34.10**	**33.43**
家具制造业	0.46	0.32	0.48	0.54	0.51	1.45	1.86	0.85	1.31	0.95	0.56	1.08
文教体育用品制造业	1.33	1.64	1.95	1.22	1.80	2.09	2.07	2.67	3.14	1.54	2.04	2.39
医药制造业	1.34	1.67	1.48	1.38	1.99	1.30	1.30	1.97	2.07	1.34	1.88	1.62
化学纤维制造业	1.34	1.63	1.59	1.58	1.46	1.33	2.14	1.50	0.49	1.69	1.53	1.14
非农产品为原料的轻制造业	**4.47**	**5.26**	**5.49**	**4.72**	**5.75**	**6.18**	**7.37**	**6.99**	**7.00**	**5.52**	**6.00**	**6.22**
石油加工及炼焦业	0.60	0.81	0.38	0.38	0.47	0.19	1.14	0.68	1.20	0.71	0.65	0.59
非金属矿物制品业	10.40	6.58	4.63	9.94	4.95	3.59	4.26	3.39	3.22	8.20	4.97	3.81
黑色金属冶炼及压延加工业	2.43	2.75	3.14	1.55	1.43	1.11	6.58	4.42	2.44	3.52	2.87	2.23
有色金属冶炼及压延加工业	1.09	1.09	1.02	1.41	1.00	1.12	1.23	1.19	1.15	1.24	1.09	1.10
原材料重制造业	**14.52**	**11.23**	**9.16**	**13.28**	**7.85**	**6.01**	**13.21**	**9.50**	**8.01**	**13.67**	**9.53**	**7.73**

续表

制造业部门	江苏			浙江			上海			长三角		
	1995年	2000年	2004年	1995年	2000年	2004年	1995年	2000年	2004年	1995年	2000年	2004年
化学原料及化学制品制造业	7.14	8.38	1.20	5.03	5.14	3.05	5.28	5.76	4.66	5.82	6.43	2.97
橡胶制品业	1.19	1.18	2.58	1.88	1.89	1.53	1.66	1.87	1.83	1.58	1.65	1.98
塑料制品业	2.37	2.31	6.46	4.33	4.25	4.10	1.95	3.61	4.08	2.88	3.39	4.88
金属制品业	4.41	4.26	4.65	4.45	5.06	4.66	5.25	7.11	5.95	4.70	5.48	5.09
普通机械制造业	8.87	9.42	8.52	7.48	8.42	9.41	6.17	8.20	9.44	7.51	8.68	9.12
专用设备制造业	5.62	5.07	4.09	4.17	3.43	2.58	1.72	5.15	4.31	3.84	4.55	3.66
交通运输设备制造业	4.53	5.00	4.98	4.68	4.78	5.48	13.07	7.48	7.97	7.43	5.75	6.14
电气机械及器材制造业	6.12	5.79	6.00	5.81	7.77	8.35	5.93	7.60	7.40	5.95	7.05	7.25
电子及通信设备制造业	3.84	4.72	10.09	2.66	3.64	3.54	2.51	5.48	10.05	3.00	4.61	7.89
仪器仪表及文化、办公用机械制造业	1.45	1.25	1.35	1.59	1.64	1.91	2.95	2.04	1.97	2.00	1.64	1.74
重加工制造业	**45.54**	**47.38**	**49.93**	**42.08**	**46.03**	**44.60**	**46.49**	**54.30**	**57.67**	**44.70**	**49.24**	**50.73**

资料来源：根据苏、浙、沪统计年鉴整理计算。

从 1995 ~2004 年长三角制造业各行业劳动力比重增减情况可以看出：

第一，劳动力正在由轻工业向重工业流动。1995 ~2004 年，长三角重制造业平均吸纳的劳动力比重从 58.37% 增长到 58.46%，而轻制造业则从 40.53% 降到 39.35%。重制造业中劳动力份额上升部门增加的劳动力比重为 10.59%，轻制造业为 6.66%。分地区来看：（1）上海重制造业吸纳的就业人数增加最多，从 1995 年占制造业总就业人数的 59.7% 升至 2004 年的 65.68%，相应地，轻制造业就业人数所占比重则从 38.75% 降到 33.33%。2004 年与 1995 年相比，重制造业中劳动力份额上升部门增加的劳动力比重为 17.93%，轻制造业为 6.57%，两者相差 11.36 个百分点。而且上海 6 个装备制造业中，就业比重上升的部门有 4 个，分别为普通机械制造业、专用设备制造业、电气机械及器材制造业和电子及通信设备制造业，四个部门增加的劳动力人数占制造业总就业人数的 14.87%。这再次印证了前文的分析，即上海以装备制造业为核心的重化工业化水平较高。（2）江苏重制造业吸纳的就业比重在 1995 年就达到 60.06%，2000 年小幅调整到 58.61%，2004 年又重新升至 59.09%。2004 年与 1995 年相比，重制造业中劳动力份额上升部门增加的劳动力比重为 12.42%，轻制造业为 6.71%，两者相差 5.71 个百分点。（3）虽然浙江重制造业就业比重从 1995 年的

55.36%降为2000年的53.88%，2004年又降为50.61%，呈现下降趋势，但仍超过轻制造业。2004年与1995年相比，重制造业中劳动力份额上升部门增加的劳动力比重为6.68%，轻制造业为5.91%。

第二，劳动力正在由原材料工业向加工组装工业流动。与1995年相比，2004年长三角以非农产品为原料的轻制造业和重加工制造业的劳动力比重分别提高了0.7和6.03个百分点，而以农产品为原料的轻制造业和原材料重制造业的劳动力比重则分别减少了1.58和5.94个百分点。其中，重加工制造业中橡胶制品业、塑料制品业、金属制品业、普通机械制造业、电气机械制造业和电子及通信设备制造业等6个部门的劳动力比重持续上升，增加的劳动力占制造业总就业人数的10.59%；以非农产品为原料的轻制造业中家具制造业、文教体育用品制造业和医药制造业等3个部门增加的劳动力比重为1.26个百分点；以农产品为原料的轻制造业中加工程度较深的服装及其他纤维制品制造业和皮革、毛皮、羽绒及其制品业的就业人数持续增加了4.94个百分点，而作为服装业原材料的纺织业就业人数则下降了4.03个百分点；原材料重制造业4个部门的劳动力都在持续下降。因此，1995～2004年，长三角制造业加工组装部门劳动力比重总体增加，而原材料部门的劳动力比重明显减少，劳动力从原材料部门不断向加工组装部门转移，这一事实揭示出长三角制造业发展过程中的高加工度化趋势。

第三，劳动力正在由劳动力密集型产业向技术密集型产业流动。1995～2004年，技术密集度较高的装备制造业吸纳的劳动力比重持续增加，特别是技术密集型产业的典型代表电子及通信设备制造业吸纳的劳动力在各行业中增幅最大，从3.00%升至7.89%，而纺织业等劳动密集型产业的劳动力比重则不断下降，且降幅较大。一般来说，发展劳动密集型产业需要增加更多的劳动力，而生产过程的自动化则使技术密集型产业的劳动力要素投入大大减少。所以根据长三角制造业发展过程中劳动密集型产业劳动力比重不断下降，而技术密集型产业劳动力比重上升的事实可以判断，在长三角制造业产业结构中，技术密集型产业的份额正在逐步提高，而劳动密集型产业的比重则在下降，长三角制造业正在向技术集约化方向发展。

因此，制造业结构的变化促使劳动力就业结构发生相应的变化，从劳动密集型逐渐向技术含量更高的制造业部门转移。

（3）产品出口结构分析

一国出口商品结构是制造业体系的反映，其变动反映了制造业内部结构变动的趋势。如果制造业出现重化工业化、高加工度化、技术集约化的趋势，其出口结构中重化工业产品、深加工产品及技术含量高的产品就会相应增加。因此，分析出口商品结构的变化，是了解长三角制造业的发展演化轨迹及变动趋势的重要途径。

20 世纪 90 年代末期特别是进入新世纪以来，长三角出口规模越来越大，占全国出口商品总额的比重逐年增加，而且在出口商品结构中，加工程度较深的工业制成品已经成为出口商品中的绝对主体（见表 4 - 14、图 4 - 7）。1998 年至 2004 年，初级产品的比重从 6.73% 降到 3.07%，工业制成品则从 93.27% 上升到 96.93%，平均环比增长速度为 33.08%，比初级产品的平均环比增速高出 16.99 个百分点。其中，江苏工业制成品金额和比重在两省一市中都最高，2004 年为 861.11 亿美元，占出口总额的 98.42%；浙江工业制成品金额和比重在两省一市中最低，2004 年为 549.40 亿美元，占出口商品总额的 94.48%；上海工业制成品出口的金额和比重在两省一市居中，2004 年出口 713.82 亿美元，占出口商品总额的 97.09%。

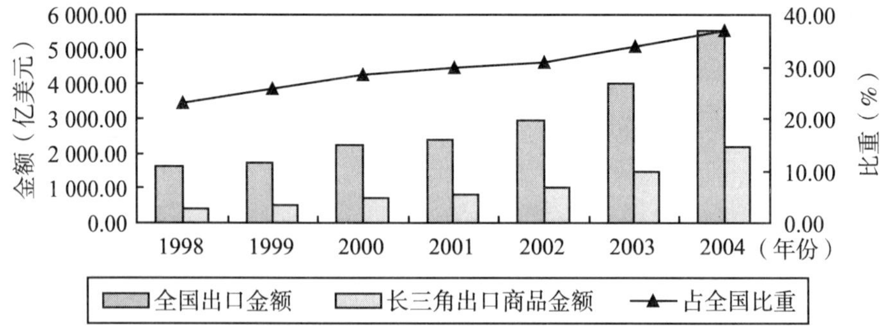

图 4 - 7　1998 ~ 2004 年长三角出口商品总额及占全国比重

在江苏工业制成品出口结构中，重化工业产品（化学成品及有关产品与机械及运输设备两项之和）出口增长非常快，在 1998 年仅为 63.26 亿美元，占工业制成品出口总额的 42.34%，到 2004 年则分别为 528.80 亿美元和 61.41%，年均增长 43.56%。与此同时，轻工业产品出口比重则从 1998 年的 57.66% 降为 2004 年的 38.59%。这说明江苏重化工业化的制造业结构已经完全在制成品的出口结构上体现了出来。在工业制成品的各项出口产品中，机械及运输设备是唯一一项持续增长的产品类别，从 1998 年的 49.36 亿美元激增到 2004 年的 483.11 亿美元，年均增长 47.47%，制成品出口比重从 33.03% 升至 56.10%，占出口总额的比重从 31.54% 升至 55.21%（见表 4 - 15、图 4 - 8）。机械及运输设备的技术含量高，生产“迂回”，其出口增长既是制造业技术进步、加工深化的重要标志，也是装备制造业国际竞争力正在不断提高的直接表现。

表 4 - 14　　1998 ~ 2004 年长三角出口商品结构　　单位：亿美元，%

	初级产品								工业制成品							
	江苏		浙江		上海		长三角		江苏		浙江		上海		长三角	
年份	金额	比例	金额	比例	金额	比例	金额	比例	金额	比例	金额	比例	金额	比例	金额	比例
1998	7.09	4.53	13.52	12.44	7.99	5.01	28.60	6.73	149.42	95.47	95.14	87.56	151.57	94.99	396.13	93.27
1999	7.57	4.13	14.68	11.40	7.63	4.06	29.88	5.98	175.53	95.87	114.04	88.60	180.23	95.94	469.80	94.02
2000	8.40	3.26	19.55	10.06	8.52	3.36	36.47	5.17	249.30	96.74	174.87	89.94	245.02	96.64	669.19	94.83
2001	9.41	3.26	19.32	8.41	7.82	2.83	36.55	4.60	279.36	96.74	210.45	91.59	268.46	97.17	758.27	95.40
2002	9.65	2.51	20.54	6.98	9.26	2.89	39.45	3.95	375.16	97.49	273.57	93.02	311.29	97.11	960.02	96.05
2003	11.36	1.92	24.5	5.89	12.32	2.54	48.18	3.23	580.04	98.08	391.45	94.11	472.5	97.46	1 443.99	96.77
2004	13.86	1.58	32.07	5.52	21.38	2.91	67.31	3.07	861.11	98.42	549.40	94.48	713.82	97.09	2 124.33	96.93

资料来源：根据相关年份苏、浙、沪统计年鉴数据整理计算。

表 4－15　　1998～2004 年江苏工业制成品出口结构

项　　目	1998 年	1999 年	2000 年	2001 年	2002 年	2003 年	2004 年
化学成品及有关产品	9.31	8.86	7.77	7.44	6.66	5.57	5.31
按原料分类的制成品	21.34	20.58	19.68	19.02	17.60	15.17	15.23
机械及运输设备	33.03	34.69	38.89	42.50	48.90	54.81	56.10
杂项制品	36.32	35.87	33.66	31.03	26.84	24.45	23.36

资料来源：根据相关年份江苏统计年鉴数据整理计算。

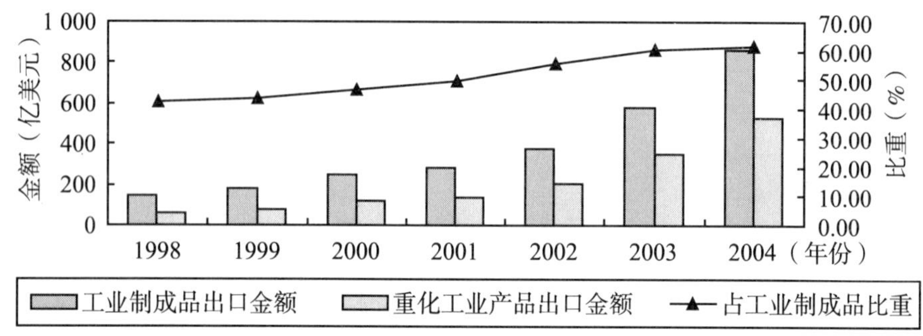

图 4－8　1998～2004 年江苏重化工业产品出口金额及比重

上海工业制成品的出口结构变动趋势与江苏相类似（见表 4－16、图 4－9）。重化工业产品与轻工业产品出口变动趋势相同，其中重化工业产品出口呈增长之势，从 1998 年的 60.91 亿美元增长到 2004 年的 449.83 亿美元，占工业制成品出口总额的比重从 40.18% 升至 63.02%，年均增长 41.16%；轻工业产品出口比重则从 1998 年的 59.82% 降为 2004 年的 36.98%。这同样体现了上海比江苏更高水平的重化工业化制造业结构。在上海工业制成品的各项出口产品中，机械及运输设备也是持续的大幅度增长，从 1998 年的 51.01 亿美元提高到 2004 年的 421.31 亿美元，年均增长 43.96%，制成品出口比重从 33.65% 升至 59.92%，占出口总额的比重从 8.02% 增长到 57.31%。这也说明上海的出口贸易结构已经由轻纺工业为主转向以加工度更高的技术密集型产品为主。

表 4－16　　1998～2004 年上海工业制成品出口结构

项　　目	1998 年	1999 年	2000 年	2001 年	2002 年	2003 年	2004 年
化学成品及有关产品	6.53	5.46	5.03	4.97	5.25	4.34	4.00
按原料分类的制成品	20.68	18.76	18.74	16.97	17.01	14.45	14.28
机械及运输设备	33.65	38.83	41.44	44.83	45.57	54.33	59.02
杂项制品	39.14	36.95	34.70	33.17	32.08	26.79	22.61

资料来源：根据相关年份上海统计年鉴数据整理计算。

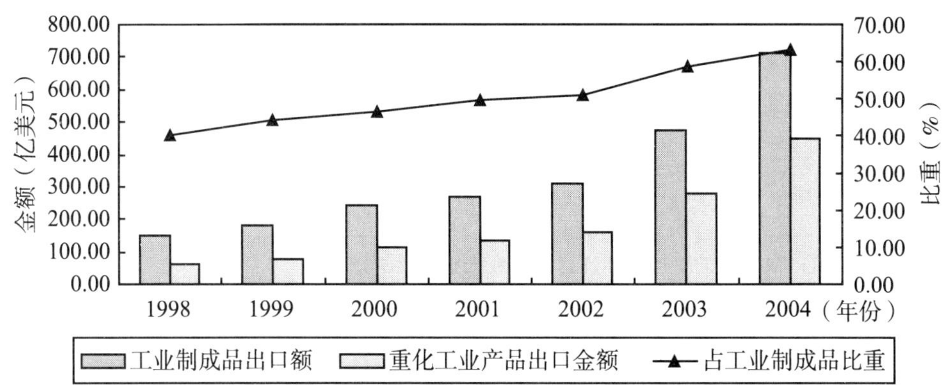

图 4-9　1998～2004 年上海重化工业产品出口金额及比重

在浙江的出口商品总额中（由于浙江缺少出口商品分类数据，这里通过机电产品的比重变化进行粗略分析），技术密集度高的机电产品所占比重逐年增加，从 1997 年的 25.48 亿美元、占工业制成品总额 25.20% 升至 2004 年的 217.02 亿美元、37.32%，年均增长 29.20%，机电产品出口比重增加反映出浙江制造业的技术集约化发展趋势（见表 4-17）。

表 4-17　　1997～2004 年浙江机电产品出口变动

项　目	1997 年	1998 年	1999 年	2000 年	2001 年	2002 年	2003 年	2004 年
出口商品总值（亿美元）	101.11	108.66	128.71	194.43	229.77	294.11	415.95	581.46
机电产品（亿美元）	25.48	28.69	36.11	59.63	72.59	96.84	143.20	217.02
机电产品占比（%）	25.20	26.40	28.05	30.67	31.59	32.93	34.43	37.32

资料来源：根据相关年份浙江统计年鉴数据整理计算。

通过对长三角出口商品结构中工业制成品与初级产品的比较以及工业制成品内部结构的分析，可以得出几点结论：（1）以工业制成品为主的出口结构，反映出长三角制造业产业链延长，生产更加“迂回”，出现高加工度化趋势。（2）以重化工业产品为主的制成品出口结构体现出长三角正处于重化工业化阶段。（3）机械及运输设备出口的迅猛增长和在出口总额中主导地位的确立，说明长三角制造业体系的高度化演化轨迹与发展走向。

（4）长三角制造业经济效益分析

随着工业化进程的发展，已经成为长三角制造业主力的资金、技术密集型的制造业经济效益水平将直接影响着长三角制造业的整体效益水平。下面将利用主成分分析方法实证检验劳动密集型制造业和资金技术密集型制造业的效益水平，以此判断该区域制造业结构转型是否能带来制造业经济效益的提高。

★**指标选取**

经济效益是多种因素共同作用的结果，我们选取了以下10个与产业经济效益紧密相关的、能从统计年鉴上直接或通过计算得到的统计指标进行综合评价：产值利税率（x[，1]）、销售利税率（x[，2]）、工业增加值率（x[，3]）、总资产贡献率（x[，4]）、资产负债率（x[，5]）、流动资产周转次数（x[，6]）、成本费用利润率（x[，7]）、全员劳动生产率（x[，8]）、产销率（x[，9]）和市场占有率（x[，10]）。

其中：

①产值利税率（Ratio of Profits and Taxes to Gross Industrial Output Value），该指标反映工业总产值的效益水平，其计算公式为：

产值利税率(%)=利税总额/工业总产值×100%

②销售利税率（Ratio of Profits and Taxes to Sales），该指标反映产业销售收入的获利能力，是体现产业经济效益的重要指标。其计算公式为：

销售利税率(%)=利税总额/产业销售收入×100%

③工业增加值率（Ratio of Value Added to Gross Industrial Output Value），指在一定时期内工业增加值占同期工业总产值的比重，反映降低中间消耗的经济效益。计算公式为：

工业增加值率(%)=工业增加值(现价)/工业总产值×100%

④总资产贡献率（Ratio of Total Assets to Industrial Output Value），反映企业全部资产的获利能力，是企业经营业绩和管理水平的集中体现，是评价和考核企业盈利能力的核心指标。计算公式为：

总资产贡献率(%)=利润总额+税金总额+利息支出/平均资金总额×100%

其中，税金总额为产品销售税金及附加与应交增值税之和；平均资产总额为期初期末资产之和的算术平均值。

⑤资产负债率（Assets-Liability Ratio），该指标既反映企业经营风险的大小，也反映企业利用债权人提供的资金从事经营活动的能力。计算公式为：

资产负债率(%)=负债总额/资产总额×100%

⑥流动资产周转次数（Number of Times of Annual of Turnover Circulating Funds），指一定时期内流动资产完成的周转次数，反映投入工业企业流动资金的周转速度。计算公式为：

流动资产周转次数=产品销售收入/全部流动资产平均余额

⑦成本费用利润率（Ratio of Profits to Industrial），反映企业投入的生产成本

及费用的经济效益，同时也反映企业降低成本所取得的经济效益。计算公式为：

成本费用利润(%) = 利润总额/成本费用总额 ×100%

其中，成本费用总额为产品销售成本、销售费用、管理费用、财务费用之和。

⑧全员劳动生产率（Overall Labor Productivity），该指标反映企业的生产效率和劳动投入的经济效益。计算公式为：

全员劳动生产率(元/人) = 工业增加值/全部从业人员平均人数

⑨产销率（Proportion of Products Sold），该指标反映工业产品已实现销售的程度，是分析工业产销衔接情况、研究工业产品满足社会需求的指标。计算公式为：

产品销售率(%) = 工业销售产值/工业总产值(现价) ×100%

⑩市场占有率（Share of Market），该指标反映了区域产业在全国同产业中的地位，体现了区域产业的市场扩张能力。一般来说，较高的市场占有率与良好的经济效益相对应。计算公式为：

市场占有率(%) = 区域产业产品销售收入/全国相应产业产品销售收入 ×100%

★**数据收集与处理**

根据2006年江苏、上海与浙江统计年鉴的相关数据，整理计算了2005年30个制造业行业上述10个指标的具体数值（见表4-18），长三角的数值为两省一市各具体行业的算术平均数。

由于全员劳动生产率与其他指标具有不同的量纲，在分析时无疑会夸大该指标的作用，从而影响结果的准确性，因此，在进行主成分分析之前，首先应对整理计算出来的长三角数据进行无量纲化处理。然后将无量纲化数据输入SPSS11.5软件运算，得到各指标的特征根及其方差贡献率。由于前3个主成分的累积方差贡献率已达92.88%，因此，用前3个主成分的变化基本可以代表10个原始变量的变化，其反映长三角制造业经济效益的可靠性达92.88%（见表4-19）。

第一个主成分F[，1]在产值利税率、销售利税率、工业增加值率、总资产贡献率、资产负债率、成本费用利润率、全员劳动生产率和产品销售率中承担较大载荷，它集中反映了制造业的利润创造能力，因此可界定为利润创造因子。

第二个主成分F[，2]在流动资产周转次数上具有较大载荷，可将其界定为资产管理因子。

第三个主成分F[，3]在市场占有率上具有较大的载荷量，可将其界定为市场拓展因子。

利用主成分分值表可以得到长三角制造业经济效益的综合得分排序结果，如表4-20所示：

表 4－18　　长三角制造业经济效益指标　　单位：%

	产值利税率	销售利税率	工业增加值率	总资产贡献率	资产负债率	流动资产周转次数（次）	成本费用利润率	全员劳动生产率（元/人）	产销率	市场占有率
农副食品加工业	3.54	3.56	19.22	6.51	63.96	2.57	2.75	122 233.76	98.27	3.97
食品制造业	9.29	8.89	25.76	9.76	56.71	1.53	6.58	89 086.08	98.27	5.53
饮料制造业	14.76	13.54	33.06	18.04	56.64	2.08	9.05	170 759.01	99.53	6.54
烟草加工业	83.48	80.75	85.68	79.91	11.83	1.23	135.93	3 179 257.20	101.72	6.26
纺织业	6.21	6.27	23.38	8.15	60.33	1.98	4.83	58 915.45	98.25	16.77
纺织服装、鞋、帽制造业	7.46	7.62	26.55	12.48	57.24	2.15	6.61	44 443.96	97.87	16.08
皮革毛皮羽绒及制品业	7.40	7.64	23.52	13.44	63.66	2.24	6.15	45 012.88	98.93	11.58
木材加工及竹藤棕草制品业	7.62	7.81	22.65	11.85	56.74	2.24	6.52	63 288.77	97.64	10.59
家具制造业	7.08	7.23	23.21	10.34	61.17	1.94	6.72	59 597.70	98.25	10.45
造纸及纸制品业	6.92	7.22	23.31	6.40	63.64	1.51	5.40	101 349.36	97.97	8.59
印刷业、记录媒介的复制业	12.58	12.84	29.50	11.57	52.25	1.42	10.61	77 130.78	98.20	9.39
文教体育用品制造业	5.79	5.96	23.13	9.89	56.27	2.29	5.03	44 046.20	97.66	14.15
石油加工及炼焦业	7.48	7.38	13.59	23.77	44.18	5.70	4.91	537 735.14	100.16	6.01
化学原料及制品制造业	8.81	8.76	23.17	11.81	56.14	2.05	7.36	183 551.75	98.17	11.22
医药制造业	14.45	14.47	30.38	15.39	51.35	1.51	12.31	139 520.67	95.75	9.08
化学纤维制造业	4.61	4.78	21.75	5.67	53.93	2.42	3.03	159 967.45	97.40	23.09
橡胶制品业	7.79	7.88	24.06	8.92	57.48	1.81	6.54	69 458.32	98.43	9.69
塑料制品业	7.26	7.41	23.57	9.17	55.87	1.82	6.21	78 394.22	98.06	12.67
非金属矿物制品业	8.44	8.61	25.66	7.87	60.46	1.47	6.51	88 725.43	97.73	6.70

续表

	产值利税率	销售利税率	工业增加值率	总资产贡献率	资产负债率	流动资产周转次数（次）	成本费用利润率	全员劳动生产率(元/人)	产销率	市场占有率
黑色金属冶炼及压延加工业	9.83	9.25	22.21	11.16	56.17	2.02	7.45	370 803.18	97.91	7.91
有色金属冶炼及压延加工业	5.38	5.42	16.70	12.75	61.35	2.94	4.32	161 502.02	98.50	7.72
金属制品业	7.93	8.07	23.16	11.75	58.16	1.89	6.95	79 391.64	98.28	13.16
通用设备制造业	9.77	9.96	25.23	12.35	60.62	1.62	8.92	96 164.36	98.16	15.35
专用设备制造业	9.82	10.04	26.30	11.26	59.18	1.46	8.92	86 410.38	96.96	9.65
交通运输设备制造业	9.17	8.88	23.64	9.89	59.25	1.52	6.75	124 588.06	97.72	8.78
电气机械及器材制造业	8.47	8.62	23.41	11.85	57.85	1.71	7.66	104 192.30	98.04	11.89
通信设备、计算机及其他电子设备制造业	3.57	3.52	20.31	5.48	63.77	2.00	3.29	155 816.36	98.93	12.25
仪器仪表及文化办公用机械制造业	9.02	8.98	25.23	13.08	55.46	1.87	8.53	104 519.59	99.09	12.74
工艺品及其他制造业	8.51	7.98	25.21	12.52	55.83	2.18	6.40	57 806.13	98.97	10.35
废弃资源和废旧材料回收加工业	4.01	4.00	22.02	9.00	72.79	2.65	2.91	244 597.84	92.84	16.56

资料来源：根据 2005 年江苏、浙江、上海统计年鉴整理计算。

表 4－19　　旋转后的因子载荷矩阵（a）　　单位：%

	主成分		
	1	2	3
产值利税率	0.991	－0.118	－0.038
销售利税率	0.990	－0.122	－0.032
工业增加值率	0.955	－0.268	0.021
总资产贡献率	0.983	0.097	－0.049
资产负债率	－0.930	－0.166	0.075
流动资产周转次数（次）	－0.156	0.961	－0.035
成本费用率	0.990	－0.097	0.002
全员劳动生产率（元/人）	0.976	0.063	0.003
产销率	0.540	0.320	－0.492
市场占有率	－0.219	0.019	0.925

提取方法：主成分分析。旋转法：按卡塞尔标准化准则进行方差最大旋转。旋转在 4 次迭代后收敛。

表 4－20　　主成分分值及经济效益综合评价表

	F[，1]	F[，2]	F[，3]	综合得分
烟草制品业	5.20	－0.32	0.12	3.93
石油加工、炼焦及核燃料加工业	0.25	4.57	－0.98	0.75
化学纤维制造业	－0.13	0.87	2.81	0.29
纺织服装、鞋、帽制造业	－0.08	0.25	1.16	0.08
饮料制造业	0.18	－0.05	－1.24	0.01
仪器仪表及文化、办公用机械制造业	－0.02	0.05	0.09	0.00
通用设备制造业	－0.09	－0.35	0.85	－0.04
文教体育用品制造业	－0.21	0.34	0.77	－0.04
纺织业	－0.23	0.12	1.13	－0.05
医药制造业	0.10	－1.04	0.23	－0.06
化学原料及化学制品制造业	－0.10	0.06	0.02	－0.07
工艺品及其他制造业	－0.10	0.25	－0.37	－0.07
金属制品业	－0.15	－0.05	0.36	－0.09
印刷业、记录媒介的复制业	0.06	－0.76	－0.42	－0.11
木材加工及木、竹、藤、棕、草制品业	－0.20	0.14	0.02	－0.13
塑料制品业	－0.18	－0.17	0.29	－0.13
皮革、毛皮、羽毛（绒）及其制品业	－0.22	0.26	－0.13	－0.15
电气机械及器材制造业	－0.15	－0.33	0.13	－0.15
黑色金属冶炼及压延加工业	－0.11	－0.11	－0.60	－0.16
有色金属冶炼及压延加工业	－0.35	0.95	－0.78	－0.20

续表

	F[, 1]	F[, 2]	F[, 3]	综合得分
废弃资源和废旧材料回收加工业	-0.61	-0.17	2.57	-0.25
橡胶制品业	-0.22	-0.29	-0.46	-0.25
家具制造业	-0.27	-0.18	-0.24	-0.26
专用设备制造业	-0.19	-0.95	-0.10	-0.29
通信设备、计算机及其他电子设备制造业	-0.42	0.07	-0.09	-0.32
交通运输设备制造业	-0.24	-0.77	-0.50	-0.34
食品制造业	-0.22	-0.80	-1.34	-0.41
非金属矿物制品业	-0.31	-0.98	-0.98	-0.47
造纸及纸制品业	-0.40	-0.84	-0.67	-0.49
农副食品加工业	-0.56	0.24	-1.65	-0.55

注：表中有不少制造业的评价得分为负数，这并不表明这些行业的经济效益为负数，而是表明这些行业的经济效益在制造业平均水平之下。

由表4-20可以看出：

第一，长三角制造业的经济效益总体欠佳。从利润创造因子看，长三角共有5个行业的利润创造能力高于平均水平，占16.67%；从资产管理因子看，共有13个行业的资产管理能力高于平均水平，占43.33%；从市场拓展因子看，共有14个行业的市场占有率高于平均水平，占46.7%；从经济效益的综合评价看，共有6个制造业的经济效益高于制造业平均水平，占20.00%。因此，无论是用各分指标来衡量还是用综合评价指标来测度，除烟草加工业外，长三角制造业的经济效益都不是很高。

第二，轻制造业的经济效益优于重制造业。长三角制造业经济效益最好的十大行业依次为：烟草制品业，石油加工、炼焦及核燃料加工业，化学纤维制造业，纺织服装、鞋、帽制造业，饮料制造业，仪器仪表及文化、办公用机械制造业，通用设备制造业，文教体育用品制造业，纺织业和医药制造业，除了石油加工、炼焦及核燃料加工业，仪器仪表及文化、办公用机械制造业，通用设备制造业属于重制造业外，其余7个行业都是轻制造业，而且轻制造业又包揽了前5名中的4名，资金、技术含量较高的重制造业无论是名次还是从进入前5名或前10名的数量来看，都落后或少于轻制造业。轻、重制造业在分指标中的分布也具有类似的特征。这说明长三角轻制造业的经济效益总体上要好于重制造业。

第三，装备制造业的经济效益有待进一步提高。从综合得分的排序情况看，仪器仪表及文化、办公用机械制造业，通用设备制造业，电气机械及器材制造业，专用设备制造业，通信设备、计算机及其他电子设备制造业，交通运输设备制造业等6大装备制造业分别排在第6、第7、第18、第24、第25和第26位，没有一个行业进入前5名。装备制造业在三个分指标的排名情况也不理想：在利润创造能力方面，既没有一个行业的得分超过平均水平，也没有一个行业进入前5名，在30个行业的排序中分别位居第6、第8、第13、第16、第23和第28位；在资产管理方面，6大行业分别排在第11、第13、第22、第23、第25和第28位，虽然有通用设备制造业，电气机械及器材制造业和仪器仪表及文化、办公用机械制造业两个行业的得分在平均水平之上，但名次仍然未进入前10名；在市场拓展能力方面，6大行业分别排在第5、第10、第12、第15、第16和第22位，其中通用设备制造业、电气机械及器材制造业，仪器仪表及文化、办公用机械制造业的得分大于零，优于平均水平。这与装备制造业的作用和地位极不相称，因此，提高装备制造业的经济效益迫在眉睫。

第四，加工度较高的制造业行业经济效益表现一般。从利润创造能力最强的前10位行业来看，加工度较高的行业有4个，而加工度相对较低的行业有6个；在前5位行业中，低加工度行业有4个，而高加工行业仅有1个；在资产管理方面，高加工度行业分别有3个和2个进入前10强和前5强，明显少于低加工度行业的数量；在市场拓展能力方面，高加工度行业进入前10强与前5强行业的数量刚好与资产管理能力相反，高加工度行业明显优于低加工度行业；在综合效益评价中，二者在前10强中的行业数量旗鼓相当，但在前5强中，高加工行业仅有1个进入前5名，而低加工度行业则有4个进入前5名。因此，综合起来看，高加工度行业的经济效益总体上略逊于低加工度行业。

第五，资金、技术密集型行业的经济效益水平低于劳动密集型制造业。如果把轻制造业中的医药制造业和重制造业看做是资金、技术密集型产业的话，那么从要素密集度来看，在进入经济效益综合排名前10强的行业中，除了石油加工、炼焦及燃料加工业，仪器仪表及文化、办公用机械制造业，通用设备制造业和医药制造业属于资金、技术密集型产业外，其他6个行业都是劳动密集型产业，而在综合经济效益较好的前5个行业中，则只有石油加工、炼焦及燃料加工业一个资金、技术密集型产业进入；在利润创造能力、资产管理能力及市场拓展能力三个分指标中，资金、技术密集型产业不仅进入前10强或前5强行业的数量较少，而且排名也较靠后。如果从10个原始指标的平均水平来看，17个资金、技术密集型产业除了在流动资产周转次数上稍有优势外，在其他的9项指标上则无一例外地低于劳动密集型产业。

因此，从总体上看，虽然长三角制造业已经进入重化工业化阶段，产业结构也完成了由低加工度化向高加工度化、由劳动密集型产业占优势向资金、技术密集型产业占优势的转化，但资金、技术密集型制造业的经济效益却没有相应提高，2005年其经济效益仍落后于劳动密集型制造业。因此，随着国际分工格局的日益深化，长三角制造业要想改变目前在全球价值链分工体系中的位置，实现向“微笑曲线”两端的攀升，提高制造业的附加值，就必须着力改善资金、技术密集型制造业的效益状况，推动制造业持续发展。

4.4.2 长三角都市圈制造业在国际分工中的地位

改革开放特别是20世纪90年代以来，长三角制造业通过参与产业间、产业内及产品内的国际分工逐渐嵌入到跨国公司的全球生产体系；作为全球价值链外包体系中的承包者，长三角制造业企业通过与跨国公司之间的代工关系，不但在高新技术产业而且在具有传统比较优势的劳动密集型产业中从事加工资本环节的分工。面对国际分工的新型化趋势带来的机遇和挑战，以垂直分工形式嵌入全球价值链低端环节的长三角制造业要想持续快速发展就必须谋求升级。

（1）长三角制造业嵌入国际分工的历程回顾

早在明清时期，长三角地区就有着较为发达的商品经济，当时的重要农产品（粮食和棉花）和手工业品（棉织品）的商品化程度非常高，并且远销其他地区甚至国际市场。1843年上海开埠后，随着国际资本主义的侵入，长三角的对外贸易额大幅上升，上海则成为东亚最大的工业和金融贸易中心。20世纪50年代至70年代，中国全面推行计划经济，长三角非公有制工业几乎完全消失，国有工业比重一度高达90%左右，这一时期，上海虽然仍是全国最大的经济中心，但其国际性金融贸易中心（交易中心）的地位完全丧失，而退化为全国工业中心（生产中心）。

改革开放后，长三角重新崛起，其制造业也随着该地区外向型经济的发展而逐渐嵌入全球经济循环中，具体过程可以分为三个阶段：

1979～1990年为起步阶段。1979年全国人大颁布《中华人民共和国中外合资经营企业法》，从而揭开了中国经济积极参与国际循环的序幕。在此期间，中国对外开放的重心在南方沿海地区，深圳、珠海、汕头和厦门四个经济特区成为中国对外开放的桥头堡。1984～1985年，国务院先后决定进一步开放连云港、南通、上海、温州等14个沿海港口城市，将长江三角洲、珠江三角洲和闽南三角洲开辟为沿海经济开放区，对上述地区在利用外资方面实行优惠政策，同时采取完善立法、扩大地方外商投资审批权限等一系列措施，有力地推动了长三角地区外向型经济的发展。1986年10月，国务院颁布《关于鼓励外商投资的规定》及若干实施办法。1987年12月国家有关部门制定了《指导外商投资方向的有关规定》。上述措施对完善外商企业的经营条件、优化外商投资结构产生了积极影响，对促进长三角制造业与国际生产体系的融合过程具有重要作用。但由于这一时期中国对外开放的前沿阵地在东南沿海地区，特别是珠江三角洲地区，所以长三角外向型经济发展相对滞后，长三角制造业融入国际生产体系的进程也较为缓慢。

1991～2000 年为快速发展阶段。1990 年中央决定开发和开放上海浦东新区，从而使长三角的外向型经济发展进入新阶段，上海成为跨国公司地区总部的聚集地，而苏州、无锡则分别成为台资、日资企业的聚集地。到 2000 年，长三角进出口商品总额达到 725.7 亿美元，比 1992 年增长 307%。外商投资企业年末登记数为 4.4 万户，比 1992 年增长 276.7%；外资企业投资额达到 2 028.5 亿美元，比 1992 年增长 9 倍多。当年外商直接投资额达 112 亿美元，比 1991 年增长 25 倍。虽然经济增长速度非常快，吸引的外资也较多，但这一时期长三角的外向型经济仍然落后于珠三角，国际贸易依存度和国际投资开放度相对较低。同时，随着跨国公司的大量进入和国际制造业向中国东南沿海的转移，长三角制造业中的大部分都被纳入跨国公司全球分工体系，但这种以加工贸易形式为主的垂直分工一般扩散的只是以劳动密集型为主的加工组装工序，不包含起关键作用的创新性技术，跨国公司对作为核心技术的技术开发、产品设计及主要工艺装备、关键零部件的生产仍然加以垄断（见表 4－21）。

表 4－21　　2000 年长三角的外贸依存度和国际投资开放度

项　目	江　苏	浙　江	上　海	长三角	珠三角	全　国
GDP（亿美元）	1 036.76	729.17	549.76	2 315.69	1 167.16	8 629.61
外贸进出口额（亿美元）	456.38	278.33	547.10	1 281.80	1 701.00	4 742.90
外贸依存度（%）	44.02	38.17	99.52	55.6	145.6	44
实际利用外资（亿美元）	64.3	16.1	31.6	112.0	128.3	407.2
国际投资开放度（%）	6.20	2.21	5.75	4.84	10.99	4.72

资料来源：根据 2001 年江、浙、沪及全国统计年鉴相关数据整理计算。

2001 年以来为全面融合阶段。进入新世纪后，随着实力的增强和区域内部的产业整合，长三角制造业不仅在劳动密集型产业，而且在资本密集型产业、技术密集型产业的加工制造环节形成了竞争优势，从而拉开了与跨国公司的全球生产体系全面融合的序幕。这一时期，中国仍然是吸纳外商直接投资最多的发展中国家，在 2003 年甚至超过美国成为全球吸纳外商直接投资最多的国家，而长三角在 2001 年也超过珠三角，成为国内吸纳外商直接投资最多的区域。2004 年，长三角的国际投资开放度虽然仍低于珠三角，但分省市来看，江苏、上海的国际投资开放度都高于广东（见表 4 - 22）。虽然长三角的外贸进出口总额出口增长很快，但外贸依存度仍小于珠三角。此外，由于长三角在研究开发、技术创新、人员素质等方面比珠三角有优势，因此长三角嵌入全球价值链的层次和承接国际制造业的档次要高于珠三角。例如，外商直接投资进行区位选择时，可能把皮革制造业安排在珠三角，而把 IT 制造业安排在长三角，显然前者是劳动密集型产业中的劳动密集型环节，而后者是技术密集型产业中的劳动密集型环节，前者在价值链上的位置要低于后者。

表 4 - 22　　2004 年长三角外向度国内比较

项　目	江　苏	浙　江	上　海	长三角	珠三角	全　国
GDP（亿美元）	1 874. 20	1 358. 38	900. 14	4 132. 71	1 937. 83	16 537. 29
外贸进出口额（亿美元）	1 708. 57	852. 13	1 600. 26	4 160. 96	3 571. 29	11 545. 50
外贸依存度（%）	91. 16	62. 73	177. 78	100. 68	184. 29	69. 81
实际利用外资（亿美元）	121. 4	66. 8	65. 4	253. 6	128. 99	606. 3
国际投资开放度（%）	6. 48	4. 92	7. 27	6. 14	6. 66	3. 67

资料来源：根据 2005 年江、浙、沪及全国统计年鉴整理计算。

（2）长三角制造业参与国际分工的形式

长三角制造业主要以垂直分工的方式进入国际分工体系，并同时参与产业间、产业内和产品内的国际分工，具体表现为：第一，参与产业间的垂直分工。在国际市场上，长三角制造业的比较优势主要体现在劳动密集型产业上，而资本密集型产业和技术密集型产业的竞争力较低，因此，基于产业间的垂直分工形态是长三角制造业参与国际分工的方式之一。第二，参与产业内的垂直分工。指对同一产业内技术密集程度较高的产品与较低的产品进行国际分工，长三角根据自己的资源禀赋特点，在技术密集程度较低的产品领域拥有竞争优势。如在钢铁产业内，一方面，中国的钢铁产量连续几年保持世界第一，长三角钢材产量占全国总产量的 20. 8%，每年向包括发达国家在内的许多国家出口中等档次的钢材；另一方面，包括长三角在内的钢铁企业又要从发达国家进口高档次钢材；第三，参与产品内的垂直分工。指对同一产品的生产过程中技术密集程度较高的工序与较低的工序之间的国际分工。随着国际分工的深化，建立在全球价值链理论基础上的外包战略使跨国公司为了增强核心竞争力，将企业资源和目标集中于高附加值的产品研发设计、技术装备、关键零部件等核心业务或重要工序，而将劳动密集的部分非核心业务或工序（涉及信息资源、业务流程、人力资源管理、供应链等）全部或部分转为外部供应（李雷鸣等，2004）。根据外包体系中供应商的技术水平和产品附加值的不同，长三角制造业企业在制造业产品内纵向国际分工序列中，主要以 OEM（Original Equipment Manufacture，通称代工或贴牌生产）的形式参与到国际分工体系中。

（3）长三角制造业在新型国际分工中的地位

在整个全球价值链中，根据所处环节和获得附加值的大小，可以把企业主体分为两类：一类是居于核心环节与主导地位的领导厂商（往往是跨国公司），主要从事网络价值链内的战略制定、组织领导、管理控制等重要工作，对链中的其他企业起着绝对的影响与控制作用，是价值链的发起者、组织者、驱动者和治理者，能够获取较多的利润份额；另一类是处于从属地位的当地供应商，主要从事链中非战略环节的活动，如加工、装配等，尤其是劳动密集型特征的组装环节，只能获得较小份额的价值增值。从嵌入国际分工体系的方式可以看出，长三角制造业在全球价值链中处于从属地位，其比较优势主要体现在劳动密集型的加工组装环节上，获得的附加值较低。

在近几年增长速度最快且 2004 年已经成长为长三角第一大产业的电子及通信设备制造业中，长三角明显处于下游和产业链低端，核心和高端产品依赖进口，其优势主要集中在消费电子、计算机、通信以及电子元器件的加工组装及配套环节，加工方式主要是贴牌生产（OEM），通过直接引进国外先进技术、关键电子设备和现代化生产线进行生产，而且多为低端产品，技术含量不高。在关键元器件、基础软件、集成电路和高性能服务器、路由器方面主要依赖进口。当前，全世界的电子行业大致分三个层次：第一层次是美国，它们生产的是高附加值的芯片和软件，微软和英特尔公司垄断全世界大部分的软件和芯片市场，它们在整个全世界电子行业所获取的利润至少要占 60% 左右；第二层次是日本和韩国，主要生产电脑和一些电子器件中关键性的元器件，它们的利润要占 30% 左右；而长三角的电子产业基本处于整个电子产业链分工中的第三层次，只是进行组装和贴牌，赚取不到 10% 的利润。如 2004 年长三角电子产业实现利润 810.57 亿元，销售利润率仅为 5.22%，而同期微软获利达 80 亿美元，凭借其在操作系统上的垄断地位，产品利润率达到 35%。

（4）基于国际分工的长三角制造业定位分析

以 OEM 为特征的经济成长模式，尽管使长三角在承接国际产业转移过程中提高了制造业生产能力，带动了产业结构升级，加快了中国技术进步的步伐，并由此促进了该区域出口竞争力的提升和出口结构的升级优化。但长三角所承接的产业基本上是劳动密集型产业或资金、技术密集产业的劳动密集加工环节，大量技术含量高的部分并没有随之转移过来。在全球生产体系中，一旦把自己的优势长期锁定在劳动密集型的产业或环节，不谋求产业升级，那么在日益细化的新型国际分工中，长三角将有被边缘化的危险。因此，面对新型国际分工带来的机遇和挑战，在正确把握和清晰认识长三角制造业在新型国际分工格局中的地位及其参与国际分工的方式基础上，推动长三角制造业产业升级，实现在全球生产体系中的价值链攀升迫在眉睫。

第一，追求产业升级是长三角承接技术含量高的产业、产品或生产环节的需要。当前，长三角制造业已经进入重化工业化阶段，承接的除了劳动密集型产业外，还有部分资本、技术密集型产业中的劳动密集型环节，但却没有能力承接技术含量更高的产业、产品或工序。进入21世纪，世界各国都卷入了新一轮的世界经济结构大调整，发达国家正从资本密集型产业向高科技、知识密集型产业转移，而新兴工业化国家和地区都在以技术提高原有的劳动密集型产品的竞争能力基础上，向更高级的产业结构迈进，因此，面临国际分工重新洗牌的绝好机遇，长三角要想向国际先进制造业基地的远景迈进，首先必须推动自身的产业升级。

第二，追求产业升级是长三角制造业可持续发展的需要。由于长三角矿产资源有限、环境承载力弱，为了促进经济增长方式的集约化和保证本区域的可持续发展，长三角一方面需要增加污染小、经济附加值较高的电子及通信设备制造业、专用设备制造业、交通运输设备制造业等装备制造业的比重；另一方面，从参与国际分工和产业互动关系的角度看，长三角也应加快承接技术含量较高的产业或环节。

第三，追求产业升级是长三角制造业保持和增强竞争优势的需要。当前，长三角制造业的竞争优势主要体现在劳动密集型的产业或环节上，但劳动力密集型产业进入壁垒低，随着越来越多的发展中国家或地区具有和长三角一样的低成本优势，也成为国际市场上传统制成品特别是劳动密集型最终消费品的供给者时，长三角制造业的优势很容易失去。因此，依靠产业升级、改变基本依靠劳动力低成本优势参与国际分工地位，大力提升制造业的技术含量与层次乃长三角制造业的当务之急。

第四，追求产业升级是提高长三角社会福利水平的需要。不可否认，长三角凭借劳动力比较优势参与国际分工取得了巨大的成就。但是，较低层次的国际分工地位，获得的利润自然较低，从而使得人们的工资水平和福利水平提高的速度也相对较慢。因此，从提高人们收入水平、增强社会福利角度看，推动长三角制造业产业升级、改善国际分工地位也是必需的和迫在眉睫的。

4.4.3 长三角都市圈制造业的竞争力分析

区域产业竞争力的强弱直接影响区域产业结构优化与升级，表现为：其一，一个地区的产业竞争力越强，意味着该地区的产业设置、布局与资源禀赋相适应，即产业结构较为合理，这不仅有利于地区比较优势的发挥和竞争优势的形成，而且面对市场需求的变化，就越能表现出较强的结构转换能力和适应能力，并使得产业结构更加合理；二是地区产业竞争力越强，越有利于地区工业在发展过程中工业发展层次（包括技术层次）的不断提高，有利于产业价值链中龙头企业的培育，有利于产业在全球价值链中位置的不断攀升和在国际分工体系中竞争力的增强。因此，区域产业竞争力既是产业发展的结果，同时也是推动产业升级和提高国际分工、实现价值链攀升的原因。

20 世纪 90 年代特别是进入新世纪以来，长三角制造业逐渐成为引领全国制造业发展的重要力量，产业竞争力较强。但在国际市场上，长三角制造业的竞争优势仅仅体现在纺织、服装等劳动密集型产业上，化工、机械及交通运输设备等资本技术密集型产业的竞争力较弱。面对国际分工的日益细化和价值链分工方式在全球的铺开，增强竞争力便成为新型国际分工格局下长三角制造业发展的一个重要目标和动力。

（1）苏浙沪制造业竞争力比较

上海、江苏、浙江两省一市的制造业尽管发展都很快，但由于初始基础和发展阶段存在差异，选择的发展路径与模式也不尽相同，由此便导致制造业产业结构和竞争力各有特色。下面用偏离—份额分析法对长三角内部两省一市的制造业竞争力进行分析比较。

★数学模型的建立

偏离—份额分析法（Shift-Share Analysis，简称 SS 分析法）由美国经济学家丹尼尔·B·克雷默于 1942 年提出，后经 E. S. 邓恩和埃德加·胡佛的完善以及在应用中的进一步发展，成为现在普遍采用的形式。偏离—份额分析法从产业结构因素和竞争力因素两方面解释区域经济增长速度的差距。与其他方法相比，该方法能比较准确地确定区域内各部门或产业的发展状况与全局相关部门或产业相比竞争力的大小，具有较强的综合性和动态性。

偏离—份额分析法是把区域经济的变化看做为一个动态的过程，以其所在大区域或整个国家的经济发展为参照系，将区域自身经济总量在某一时期的变动分解为三个分量，即增长分量（the national growth effect）、产业结构分量（the industrial mix effect）和竞争力分量（the shift share effect），以此说明区域经济发展和衰退的原因，评价区域经济结构优劣和自身竞争力的强弱，找出区域具有相对竞争力的部门。如果一个地区各产业的增长速度与全国同一产业增长速度完全相同，即排除掉由于各地区同一产业竞争力（或生产率）不同造成的增长速度上的差异，那么地区经济增长速度与全国经济增长速度的差异则是由结构因素所形成的。如果一个地区的产业结构与全国完全相同，那么地区经济增长速度与全国经济增长速度的差异只能由地区竞争力来解释。因此，偏离—份额分析法既是一种能说明地区经济增长的决定因素，即结构因素与竞争力因素所起的作用程度的计算方法，同时又是进行地区间经济增长的结构决定因素差异的比较方法。

在分析长三角制造业产业竞争力时可以设立以下偏离—份额分析模型：

假设 $F_k(T)$ 表示 T 时期长三角 k 产业的产值，则：

$$F_k(T) = \sum_{i}^{n} F_{ik}(T) \tag{1}$$

其中，$F_{ik}(T)$ 表示 T 时期 i 地区 k 产业的产值，$i=1$、2、3，分别表示江苏、上海与浙江，k 代表除工艺品及其他制造业、废弃资源和废旧材料回收加工业之外的 28 个制造业行业。

若用 $F(T)$ 表示 T 时期长三角所有产业的总产值，则 $F(T)=\sum_{k}^{n} F_k(T)$，其中 $T=t_0$ 为基期，$T=t$ 为报告期。

根据偏离—份额分析法，可以将 i 地区 k 产业在报告期内的增长额（G_{ik}）分离出增长分量（N_{ik}）、结构分量（P_{ik}）和竞争力分量（D_{ik}）：

$$\begin{aligned} G_{ik} &= \Delta F_{ik} \\ &= F_{ik}(t) - F_{ik}(t_0) \\ &= F_{ik}(t_0)\left[\frac{F(t)}{F(t_0)} - 1\right] + F_{ik}(t_0)\left[\frac{F_k(t)}{F_k(t_0)} - \frac{F(t)}{F(t_0)}\right] + \\ &\quad F_{ik}(t_0)\left[\frac{F_{ik}(t)}{F_{ik}(t_0)} - \frac{F_k(t)}{F_k(t_0)}\right] \\ &= N_{ik} + P_{ik} + D_{ik} \end{aligned} \tag{2}$$

ΔF_{ik}为 i 地区 k 产业计划期内产值的增加额，$F_{ik}(t_0)$ 为 i 地区 k 产业的基期产值，$F_{ik}(t)$ 为 i 地区 k 产业的报告期产值。根据上述模型，i 地区 k 产业产值的增加额由三部分构成。

①$N_{ik}=F_{ik}(t_0)\left[\frac{F(t)}{F(t_0)}-1\right]$为增长分量，即 i 地区 k 产业按长三角总产值的速度而应有的增长额。其中$\frac{F(t)}{F(t_0)}-1$ 为长三角总产值的增长率。

②$P_{ik}=F_{ik}(t_0)\left[\frac{F_k(t)}{F_k(t_0)}-\frac{F(t)}{F(t_0)}\right]$为产业结构分量，即 i 地区 k 产业产值增长偏离长三角 i 产业平均增长的部分，它的增长是由于 i 地区 k 产业相对于长三角总产值的增长差异引起的，它反映了 i 地区 k 产业以长三角为标准产业结构的优劣程度。其中，$\frac{F_k(t)}{F_k(t_0)}-\frac{F(t)}{F(t_0)}$表示长三角第 k 产业产值增长率和长三角总产值的增长率的差异，它对于所有的地区都是不变的，只取决于 F_{ik}的结构。

③$D_{ik}=F_{ik}(t_0)\left[\frac{F_{ik}(t)}{F_{ik}(t_0)}-\frac{F_k(t)}{F_k(t_0)}\right]$为 i 地区 k 产业增长额分解的剩余部分，即扣除长三角经济增长和部门结构变动因素之后的增长额。由于剩余成分的正负和大小体现该部门在长三角同行业中的相对增长水平，因而也被称作竞争分量，它反映区位条件或地区竞争力对地区经济增长的作用。利用竞争分量即可以判断地区 i 区域产业在长三角同行业所占有的竞争地位，又可以了解在长三角经济增长中各产业部门的相对扩张和收缩发生在哪些地区。其中，$\frac{F_{ik}(t)}{F_{ik}(t_0)}-\frac{F_k(t)}{F_k(t_0)}$表示 i 地区 k 产业产值的增长率与长三角 k 产业产值的增长率与长三角 k 产业产值增长率的差值。当$\frac{F_{ik}(t)}{F_{ik}(t_0)}-\frac{F_k(t)}{F_k(t_0)}>0$ 时，i 地区 k 产业的发展状况取决于基期的实力；当$\frac{F_{ik}(t)}{F_{ik}(t_0)}-\frac{F_k(t)}{F_k(t_0)}<0$ 时，$F_{ik}(t_0)$越大，i 地区 k 产业竞争能力越处于劣势。其中 $P_{ik}+D_{ik}$为 i 地区 k 产业与长三角的总偏离量。

将（2）式两端同时除以 $F_{ik}(t_0)$，便得到了以增长率形式表示的 i 地区 k 产业偏离份额方程。

相应地，i 地区的经济增长额（G_i）也分为增长分量（N_i）、产业结构分量（P_i）和竞争力分量（D），即：

①增长分量

$$N_i=\sum_k N_{ik}=\sum_k F_{ik}(t_0)\left[\frac{F(t)}{F(t_0)}-1\right]$$

N_i 表示 i 地区制造业按整个研究区域即长三角制造业增长速度而应有的增长份额。

②产业结构分量

$$P_i=\sum_k P_{ik}=\sum_k F_{ik}(t_0)\left[\frac{F_k(t)}{F_k(t_0)}-\frac{F(t)}{F(t_0)}\right]$$

P_i 表示 i 地区制造业结构的优劣程度，如果 i 地区以快速增长型产业为主，则 $P>0$；反之，$P<0$。

③竞争力分量

$$D_i = \sum_k D_{ik} = \sum_k F_{ik}(t_0)\left[\frac{F_{ik}(t)}{F_{ik}(t_0)} - \frac{F_k(t)}{F_k(t_0)}\right]$$

D_i 表示 i 地区制造业在长三角两省一市中的地位和竞争力大小。显然，当 i 地区的多数产业都具有竞争力时，则 $D>0$；反之，$D<0$。

★数据收集与处理

运用偏离—份额分析法，将 2000 年（基期）和 2004 年（报告期）江苏、上海和浙江两省一市制造业总产值代入上述模型，可以编制出三地的制造业总产值偏离—份额分析表（见表 4-23），并与 2002 年洪银兴等人的研究结果进行对比分析（见表 4-24）。

表 4-23　　长三角制造业总产值偏离—份额分析表

区域	2000 年总产值（亿元）	2004 年总产值（亿元）	计划期区域增长总量（G）	长三角增长分量（N）	产业结构分量（P）	竞争力分量（D）	总偏离量（P+D）
江苏	9 830.95	23 443.12	13 612.17	13 474.36	-1.83	139.64	137.81
浙江	6 160.47	16 868.34	10 707.87	8 443.58	-706.32	2 970.61	2 264.29
上海	6 275.56	12 474.77	6 199.21	8 601.32	708.14	-3 110.25	-2 402.11

资料来源：根据 2001 年、2005 年三省市统计年鉴整理计算。

表 4-24　　长三角工业总产值偏离—份额分析表

区域	1995 年总产值（亿元）	2002 年总产值（亿元）	计划期区域增长总量（G）	长三角增长分量（N）	产业结构分量（P）	竞争力分量（D）	总偏离量（P+D）
江苏	6 982.46	10 452.87	3 470.41	3 630.61	-100.30	-61.37	-161.66
浙江	4 353.83	6 603.65	2 249.82	2 216.89	-146.14	144.93	-1.21
上海	3 957.43	6 204.52	2 247.09	2 057.87	272.77	-108.12	164.65

资料来源：洪银兴等《长江三角洲地区经济发展的模式和机制》，清华大学出版社 2003 年版，第 215 页。

从表 4-23、表 4-24 可以看出：（1）2004 年浙江制造业竞争力延续了 2000 年的强劲增长势头，竞争力因素对制造业总产值的贡献达 2 970.61 亿元，远远高于长三角平均水平，结果使得总偏离量不仅扭转 2000 年的负值局面，而且达到 2 264.29 亿元，并成为长三角的最高水平。但与此同时，浙江制造业产业结构劣势拉动制造业下降量也高达 706.32 亿元，结构不合理成为浙江制造业进一步发展的重要制约因素。（2）上海的情况则刚好相反，虽然其制造业结构优势带来的增量高达 708.14 亿元，在长三角排第一，但制造业竞争力劣势却拉动经济下降 2 402.11 亿元，结果导致其总偏离量在两省一市中从 2000 年的最高变成 2004 年的最低，代替 2000 年的江苏成为三地中的最弱者，制造业发展前景不容乐观。（3）江苏无论是增长总量还是增长分量都排在首位，而且与 2000 年相比，江苏制造业产业结构、竞争力都有较大改善。产业结构分量从 -100.30 亿元提高到 -1.83 亿元，竞争力分量从 -61.37 亿元提高到 139.64 亿元，虽然产业结构依然没有“扭亏为盈”，但竞争力的大幅度提升使得总偏离量从 2000 年三地中的最低提升为 137.81 亿元，略高于长三角平均水平。

★结果分析

为了更直观地比较长三角两省一市的制造业增长速度与竞争力水平，我们把江苏、浙江和上海制造业 28 个行业的增长分量、产业结构分量、竞争力分量、总偏离量分别在图中标出（见图 4-10、图 4-11、图 4-12、图 4-13）。

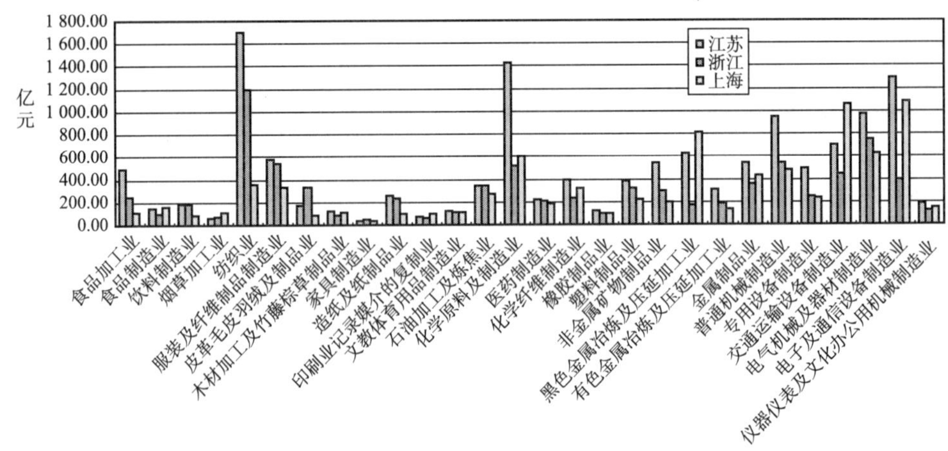

图 4-10　江苏、浙江、上海制造业增长分量

从增长分量看，江苏有 19 个行业的增长分量居两省一市之首，特别是化学原料及制造业、食品加工业的增长份额分别高出排在第二的上海、浙江一倍多。上海有 5 个行业的增长分量排第一，它们分别是交通运输设备制造业、黑色金属冶炼及压延加工业、印刷业及记录媒介的复制业、烟草加工业和食品制造业，这几个行业分别是上海建设先进制造基地的战略重点。浙江有 4 个行业的增长分量排第一，分别为：石油加工及炼焦业、饮料制造业、皮革毛皮羽绒及制品业和家具制造业。

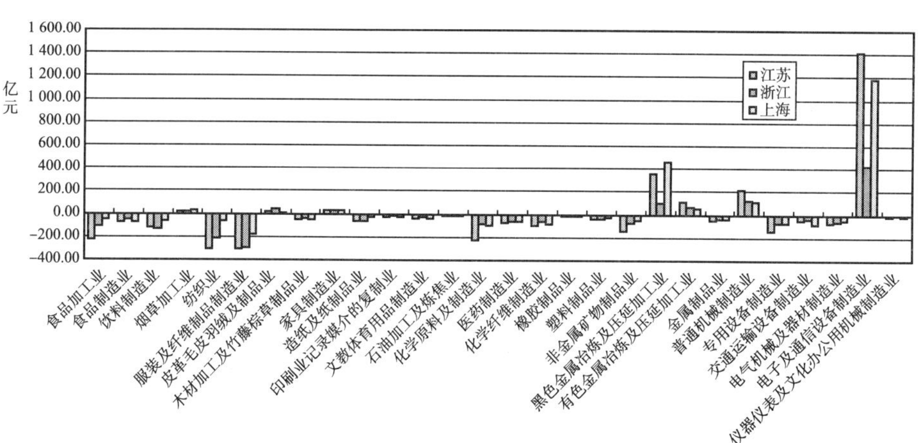

图 4-11　江苏、浙江、上海制造业产业结构分量

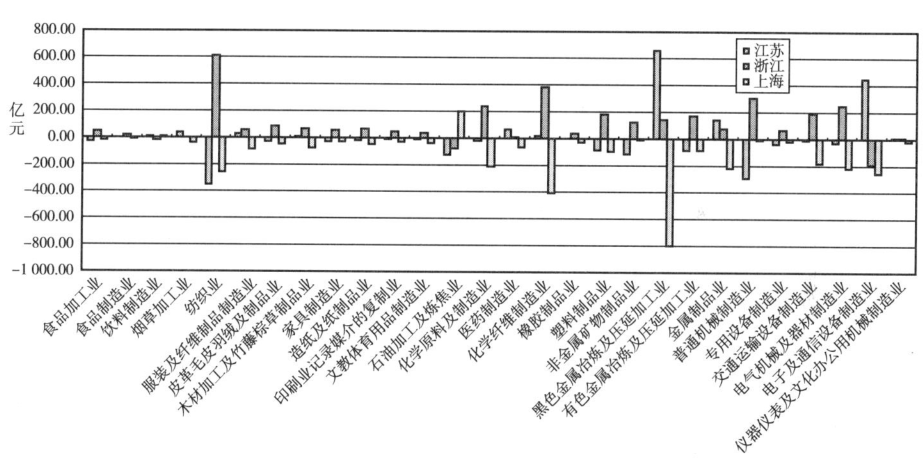

图 4-12　江苏、浙江、上海制造业竞争力分量

由于三地的产业结构增长率即$\frac{F_k(t)}{F_k(t_0)}-\frac{F(t)}{F(t_0)}$一样，所以三地产业结构分量的比较实际上取决于 $F_{ik}(t_0)$ 的大小。从图 4-12 可以看出，在产业结构分量为正数的 7 个制造业行业中，江苏在电子及通信设备制造业、普通机械制造业和有色金属冶炼及压延加工业中有结构优势，上海在黑色金属冶炼及压延加工业、烟草加工业中有优势，浙江在皮革毛皮羽绒及制品业和家具制造业中有微弱优势。在产业结构分量为负数的 21 个行业中，江苏制造业的基数 $F_{ik}(t_0)$ 大，导致其 P_{ik}负的也多，不过由于江苏的电子及通信设备制造业的发展特别突出，2000 年其产值占长三角该行业的 46.75%，2004 年占长三角该行业的 52.48%，并且其竞争力分量也高达 448.23 亿元，所以从总体上来看，江苏制造业结构不断优化，高度化趋势明显。上海的电子及通信设备制造业和黑色金属冶炼及压延加工业的产业结构分量分别高达 1 184.68 亿元和 462.08 亿元，而且纺织业、化学纤维制造业等传统产业的比重又不断下降，如纺织业从 2000 年占上海制造业总产值的 10.86% 下降到 2004 年的 5.71%，同期，化学纤维制造业从 33.85% 下降到 4.07%，因此，上海制造业位居长三角产业价值链的高端，层次相对较高。浙江制造业以传统产业为主，而且近年来又不断承接上海转移出来的劳动密集型制造业，纺织业、化学纤维制造业等传统产业的比重不断上升，如纺织业占长三角的比重从 2000 年的 36.88% 上升到 2004 年的 49.03%，化学纤维制造业从 24.48% 上升到 51.77%，从而使得浙江制造业结构升级的动力不足，其制造业产品层次相对较低。

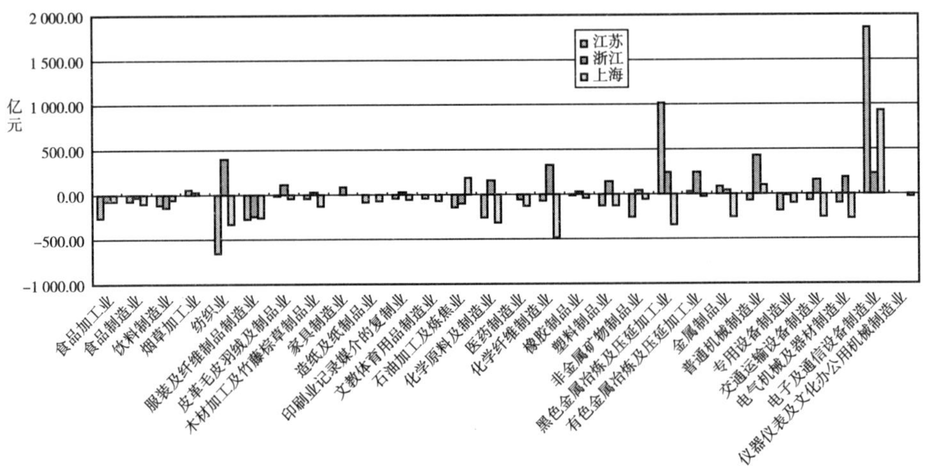

图 4-13　江苏、浙江、上海制造业总偏离量

从制造业竞争力分量图可以看出，第一，浙江在 28 个制造业行业中的 21 个（比重为 75%）都具有竞争优势，这 21 个竞争力分量为正值的行业在总产值中累计所占的比例高达 90.59%，可见浙江整体产业竞争力较强，特别是在纺织业、化学纤维制造业、普通机械制造业等传统制造业领域的竞争力特别强。第二，江苏在 10 个竞争力分量为正值的行业中，有 6 个行业的竞争力较强，它们分别是饮料制造业、烟草加工业、医药制造业、黑色金属冶炼及压延加工业、金属制品业和电子及通信设备制造业，这 6 个行业占江苏制造业总产值的比重为 34.08%，说明江苏制造业竞争力在长三角有一定的优势，特别是电子及通信设备制造业，由于在该行业引进的外资比较多，并在苏州、无锡等地形成了电子信息产业集群，在沿沪宁线形成了一条以微电子、软件、移动通信及网络设备制造业为主的产业带，从而使江苏在该行业的竞争力非常强，有多种产品产量在国内甚至世界上都位居第一。此外，江苏黑色金属冶炼及压延加工业的竞争力分量也高达 656.81 亿元，这与江苏实施沿江开发战略后加强重化工业的发展密不可分。第三，上海仅在石油加工及炼焦业具有竞争优势，并且有 26 个行业的竞争力分量都为负值，即使在具有明显结构优势的电子及通信设备制造业、黑色金属冶炼及压延加工业等行业，其竞争力也非常弱，两者的竞争力分量分别仅有 -256.55 亿元和 -801.52 亿元，可见上海整体产业竞争力较差（见表 4-25）。

表 4-25　不同范围标准的制造业偏离—份额因素分类

特征	制造业行业		
	江苏	浙江	上海
$P_{ik}>0$ $D_{ik}>0$	电子及通信设备制造业、黑色金属冶炼及压延加工业、烟草加工业	普通机械制造业、皮革毛皮羽绒及制品业、黑色金属冶炼及压延加工业、有色金属冶炼及压延加工业、家具制造业、烟草加工业	
$P_{ik}>0$ $D_{ik}<0$	普通机械制造业、有色金属冶炼及压延加工业、皮革毛皮羽绒及制品业、家具制造业	电子及通信设备制造业	电子及通信设备制造业、普通机械制造业、皮革毛皮羽绒及制品业、黑色金属冶炼及压延加工业、有色金属冶炼及压延加工业、家具制造业、烟草加工业
$P_{ik}<0$ $D_{ik}>0$	金属制品业、服装及纤维制造业、医药制造业、仪器仪表及文化办公用机械制造业	金属制品业、服装及纤维制造业、医药制造业、仪器仪表及文化办公用机械制造业、纺织业、化学原料及制造业、电气机械及器材制造业、交通运输设备制造业、非金属矿物制品业、专用设备制造业、食品加工业、塑料制品业、造纸及纸制品业、橡胶制品业、文教体育用品制造业、食品制造业、木材加工及竹藤棕草、印刷业及记录媒介的复制业	石油加工及炼焦业、饮料制造业

续表

特征	制造业行业		
	江苏	浙江	上海
$P_{ik}<0$ $D_{ik}<0$	纺织业、化学原料及制造业、电气机械及器材制造业、交通运输设备制造业、非金属矿物制品业、专用设备制造业、食品加工业、塑料制品业、石油加工及炼焦业、造纸及纸制品业、饮料制造业、橡胶制品业、文教体育用品制造业、食品制造业、木材加工及竹藤棕草制品业、印刷业及记录媒介的复制业	石油加工及炼焦业、饮料制造业	金属制品业、服装及纤维制造业、医药制造业、仪器仪表及文化办公用机械制造业、纺织业、化学原料及制造业、电气机械及器材制造业、交通运输设备制造业、非金属矿物制品业、专用设备制造业、食品加工业、塑料制品业、造纸及纸制品业、橡胶制品业、文教体育用品制造业、食品制造业、木材加工及竹藤棕草制品业、印刷业及记录媒介的复制业

可以看出，第一，江苏有四个行业的增长速度高于长三角平均水平，并且由于电子及通信设备制造业、黑色金属冶炼及压延加工业、烟草加工业的产业结构分量和竞争力分量都为正值，所以这 3 个行业增长最快，发展水平最高。第二，浙江有 21 个行业的总偏离量都大于零，其中又有 16 个行业的增速快于江苏和上海，有 6 个行业的产业结构分量和竞争力分量都为正值，可见，虽然浙江制造业传统产业比重过大，产业结构不甚合理，但由于产业总体上竞争力较强，从而使浙江制造业依然表现出强劲的增长势头，发展潜力大，成长性好。第三，上海有四个行业的总偏离量大于零，其中石油加工及炼焦业发展水平高于江苏和浙江，不仅没有一个行业的产业结构分量和竞争力分量同时为正值，而且有 21 个行业的总偏离量为负值，说明上海制造业产业结构上的优势还不足以弥补竞争力方面的劣势。它如果想保持制造业的主导产业地位，并与服务业一起推动上海经济快速增长，就必须进一步推动产业升级以提高制造业竞争力。

（2）长三角制造业国内竞争力分析

以都市圈为基本单位的区域竞争愈演愈烈，在国内，发展水平相对较高的长三角、珠三角、京津冀是这场角逐的主要参与者，为了能承接到更多的产业资本，它们之间展开了全方位的竞争。分析长三角制造业国内竞争力状况，明确长三角制造业的比较优势与劣势，找到“木桶”中的短板，有助于推动长三角制造业在新型国际分工格局下进一步发展（见表4－26）。

表4－26　2000～2004年三大区域制造业总产值偏离—份额分析表

区域	2000年总产值（亿元）	2004年总产值（亿元）	计划期区域增长总量（G_i）	全国增长分量（N_i）	产业结构分量（P_i）	竞争力分量（D_i）	总偏离量（P_i+D_i）
长三角	22 266.98	52 786.23	30 519.25	29 978.04	－374.44	915.56	541.13
珠三角	11 765.41	24 675.58	12 910.17	15 839.77	755.01	－3 684.65	－2 929.64
京津冀	4 902.4	9 476.15	4 573.75	6 618.24	808.29	－2 834.66	－2 026.37

资料来源：根据2000年、2005年上海、浙江、江苏、北京、天津、广东统计年鉴和《2005年中国经济贸易年鉴》整理计算。

在东部三大都市圈中，长三角制造业增长总量、全国增长分量、竞争力分量及总偏离量都遥遥领先于其他两个区域，其中竞争力优势带动制造业总产值增长915.56亿元，但与此同时，产业结构却是制约长三角制造业持续增长的“软肋”，其劣势引起的下降量达374.44亿元。珠三角和京津冀在2000～2004年制造业总产值的增长量主要是由全国增长分量推动的，虽然它们的结构优势相当明显，分别带来755.01亿元和808.29亿元的增长量，但竞争力劣势却也给两区域制造业造成高达3 684.65亿元和2 834.66亿元的下降量。因此，从整体上看，长三角制造业在国内的竞争力较强。

为了进一步了解长三角、珠三角和京津冀的制造业结构及各行业的具体竞争力状况，表4－27列出了三大区域制造业总产值比重前10位行业的偏离—份额分析表。

表4－27　2004年三大区域制造业总产值比重前10位行业偏离—份额分析表

行　业	2004年产值（亿元）	比重（%）	增长分量（N_{ik}）	产业结构分量（P_{ik}）	竞争力分量（D_{ik}）	总偏离量（$P_{ik}+D_{ik}$）
长三角	**37 460.06**	**70.97**	**20 092.12**	**1 494.94**	**949.02**	**2 443.94**
电子及通信设备制造业	7 822.06	14.82	2 724.86	1 218.93	1 854.31	3 073.23
纺织业	5 037.94	9.54	3 189.14	－794.15	274.12	－520.03
化学原料及制造业	3 995.18	7.57	2 502.44	－173.38	－192.63	－366.01
电气机械及器材制造业	3 889.91	7.37	2 319.33	－39.30	－112.86	－152.16
普通机械制造业	3 857.04	7.31	1 931.46	647.33	－156.39	490.94

续表

行业	2004 年产值（亿元）	比重（%）	增长分量（N_{ik}）	产业结构分量（P_{ik}）	竞争力分量（D_{ik}）	总偏离量（$P_{ik}+D_{ik}$）
黑色金属冶炼及压延加工业	3 707.19	7.02	1 583.60	1 452.41	-505.08	947.33
交通运输设备制造业	3 629.87	6.88	2 157.98	360.92	-491.94	-131.02
金属制品业	2 173.97	4.12	1 307.73	-306.39	201.28	-105.11
服装及纤维制品制造业	1 736.71	3.29	1 427.37	-638.36	-112.53	-750.89
石油加工及炼焦业	1 610.19	3.05	948.21	-233.07	190.74	-42.34
珠三角	**18 263.06**	**74.01**	**11 910.67**	**1 275.27**	**-3 769.87**	**-2 494.6**
电子及通信设备制造业	7 465.91	30.26	4 699.64	2 102.32	-2 826.84	-724.52
电气机械及器材制造业	2 687.18	10.89	1 841.9	-31.21	-491.64	-522.85
化学原料及制造业	1 394.43	5.65	754.6	-52.28	131.61	79.33
交通运输设备制造业	1 189.84	4.82	629.68	105.31	-12.86	92.45
金属制品业	1 138.03	4.61	799.8	-187.39	-68.45	-255.84
塑料制品业	945.44	3.83	700.86	-73.13	-202.87	-276.00
纺织业	915.78	3.71	642.41	-159.97	-43.83	-203.81
非金属矿物制品业	873.74	3.54	676.52	-163.93	-141.35	-305.28
服装及纤维制品制造业	851.85	3.45	731.86	-327.31	-96.32	-423.62
仪器仪表及文化办公用机械制造业	800.86	3.25	433.4	62.86	-17.32	45.54
京津冀	**7 597.88**	**80.18**	**4 899.93**	**1 166.25**	**-2 107.82**	**-941.61**
电子及通信设备制造业	2 476.83	26.14	1 937.42	866.68	-1 766.34	-899.66
黑色金属冶炼及压延加工业	1 144.93	12.08	517.65	474.77	-231.99	242.77
交通运输设备制造业	1 130.16	11.93	363.34	60.77	436.18	496.94
化学原料及制造业	751.57	7.93	452.48	-31.35	-5.65	-37.00
石油加工及炼焦业	506.07	5.34	533.83	-131.22	-293.06	-424.28
电气机械及器材制造业	440.62	4.65	302.92	-5.13	-82.16	-87.30
普通机械制造业	333.24	3.52	174.16	58.37	-28.65	29.72
金属制品业	314.63	3.32	247.77	-58.05	-59.13	-117.18
医药制造业	252.32	2.66	161.14	-63.05	34.54	-28.51
专用设备制造业	247.51	2.61	209.22	-5.54	-111.56	-117.11

资料来源：根据 2000 年、2005 年上海、浙江、江苏、北京、天津、广东统计年鉴和《2005 年中国经济贸易年鉴》整理计算。

从表 4－27 可以看出，在制造业总产值比重前 10 位的行业中，长三角表现出极大的优势，增长分量、产业结构分量、竞争力分量和总偏离量不仅都为正值，而且分别都大于珠三角和京津冀的相应指标，其中电子及通信设备制造业、普通机械制造业、黑色金属冶炼及压延加工业、交通运输设备制造业4个行业的产业结构优势分别带动相应行业增长1 218.93亿元、647.33亿元、1 452.41亿元和360.92亿元，电子及通信设备制造业、纺织业、金属制品业和石油加工及炼焦业等4个行业的竞争力优势分别给相应行业带来1 854.3亿元、274.12亿元、201.28亿元和190.74亿元的增长量。对照表4-27，可以得出长三角制造业产业结构劣势主要是由占总产值比重为29.03%的其余21个行业造成的。相比较而言，珠三角、京津冀的制造业竞争力整体上较弱，特别是珠三角，在制造业总产值比重前10位的行业中，有3个行业的结构分量为正值，但仅有1个行业的竞争力分量为正值，而且由产业结构优势带动的1 275.27亿元增长量不抵竞争力劣势引起的3 769.87亿元下降量，导致这10个行业的总偏离量为-2 494.6亿元；京津冀有4个行业的产业结构分量为正值，2个行业的竞争力分量为正值，产业结构优势带动的增长量为1 166.25亿元，竞争力劣势引起的下降量为-2 107.82亿元，总偏离量为-941.61亿元。

对比三大区域制造业总产值比重前10位行业的具体分布及排序，可以清楚地看到京津冀行业的结构层次较高，前10位行业除了金属制品业属于劳动密集型产业外，其余9个行业都是资本、技术密集型产业，而且前3位行业的结构分量都为正值，前4位行业的结构分量为1 370.87亿元；珠三角的结构层次又较长三角略高，前4位行业属于技术密集型或资本—技术、劳动—技术密集型产业，这4个行业的结构分量为2 124.14亿元，其中有2个行业的结构分量为正值，2个为负值；长三角前4位行业的结构分量为212.1亿元，其中有3个行业的结构分量都为负值，特别是属于劳动密集型行业的纺织业，既是长三角的第二大行业，也是产业结构分量最小的行业，它和服装及纤维制品制造业、金属制品业及化学纤维制造业等行业的共同作用使得长三角制造业产业结构分量为负值。因此，虽然与2000年相比，长三角制造业中的第一大产业已经由纺织业替换成电子及通信设备制造业，产业结构高度化趋势明显，但由于纺织业、服装及纤维制品制造业等传统产业仍占很大比重，从而使得长三角制造业结构与珠三角相比仍有差距。

综上所述，作为中国重要的制造业基地，长三角制造业具有较强的竞争力，但由于劳动密集型产业比重仍然较大，产业结构层次在三大区域中最低，成为长三角制造业的“软肋”和进一步发展的障碍，如果其产业结构能够合理调整，则还能释放出374.45亿元的增长量。因此，为了推动长三角制造业持续快速发展，应该提高资金、技术密集型产业的比重，进一步优化产业结构。

(3) 长三角制造业国际竞争力分析

在现有国际分工格局下，产业国际竞争力直接决定了区域在全球价值链中的位置和承接产业的类型。分析长三角制造业国际竞争力，有助于理解长三角制造业在国际分工中的地位，明确长三角制造业进一步发展的“瓶颈”和发现推动长三角制造业快速发展的机会。

由于贸易竞争力是产业国际竞争力的主要表现形式，而反映贸易竞争力的指标就是贸易竞争力指数，再加上贸易竞争力的数据采集相对容易，因此，我们选择贸易竞争力指数作为评价长三角制造业国际竞争力的指标。

贸易竞争力指数（Trade Competition，TC）等于一国某地区 i 产业的进出口贸易差额与该产业进出口贸易总额之比，用公式表示为：

$$TC = (X_i - M_i) / (X_i + M_i)$$

式中，X_i、M_i 分别表示 i 产业的出口额和进口额。TC 在 1 和 -1 之间波动，$TC > 0$，表示产品或产业具有较强的贸易或出口竞争力，数值越大，优势越明显；$TC < 0$ 则表示产品或产业的贸易或出口竞争力较弱。

根据长三角 1998～2005 年的工业制成品进出口数据，得到其 TC 指数（见表 4－28）。

表 4－28　　1998～2005 年长三角工业制成品的贸易竞争力指数

年份	江苏		浙江		上海		长三角	
	TC	ΔTC	TC	ΔTC	TC	ΔTC	TC	ΔTC
1998	0.2254	—	0.5221	0.0420	0.0649	—	0.2122	—
1999	0.2286	0.0032	0.4777	-0.0444	0.0196	-0.0453	0.1840	-0.0283
2000	0.1769	-0.0517	0.4667	-0.0110	-0.0273	-0.0469	0.1480	-0.0360
2001	0.1710	-0.0059	0.4493	-0.0174	-0.0490	-0.0217	0.1384	-0.0096
2002	0.1357	-0.0353	0.4532	0.0039	-0.4532	-0.0337	0.1190	-0.0194
2003	0.0741	-0.0616	0.4029	-0.0503	-0.1009	-0.0182	0.0740	-0.0450
2004	0.0648	-0.0093	0.4299	0.0269	-0.0454	0.0555	0.0946	0.0207
2005	0.1207	0.0559	0.4302	0.0003	0.0149	0.0603	0.1886	0.0940

资料来源：根据江、浙、沪相关年份统计年鉴计算。

表 4－28 说明，从总体上看，长三角制造业的贸易竞争力指数大于 0，显示出较强的国际竞争力，不过，需要引起注意的是，这种优势有弱化的倾向，表现为贸易竞争力指数从 1998 年的 0.2122 连续降到 2003 年的 0.0740。结合同期在长三角的出口商品结构中，劳动密集型产品的比重不断下降，而技术密集型产品比重不断增加的趋势，说明长三角制造业竞争优势的取得主要依赖于拥有丰富而廉价的劳动力资源，其竞争优势主要体现在劳动密集型产业上。同时，由于技术落后、自主创新能力弱，长三角在技术密集型制造业领域的国际竞争力较弱，经济发展所需要的大量化工产品和机械设备不得不从国外进口，由此导致长三角制

造业的国际竞争力随着出口结构中技术密集型产业的比重上升而下降。所以，在日益深化的新型国际分工格局中，那种单纯依靠劳动成本优势获取竞争优势的制造业发展战略已经受到了严峻挑战，发展的空间越来越小，长三角制造业要想获得并保持较强的国际竞争力，提高在国际产业价值链中的位置，就必须提高产品的技术含量，走自主创新之路。浙江、上海、江苏制造业的国际竞争力变动趋势也与它们各自的出口结构构成变化密切相关。与技术含量较高的机电产品在上海、江苏、浙江的出口商品结构中比重依次递减相反，上海、江苏、浙江制造业的国际竞争力依次增强：浙江制造业国际竞争力相当强，贸易竞争力指数超过0.4，这与浙江制造业较强的国内竞争力相一致；上海制造业竞争力最弱，进入新世纪以来其贸易竞争力指数一直小于0；江苏制造业的贸易竞争力指数大于0，也显示出较强的国际竞争力。

4.4.4 长三角都市圈走向世界制造业中心的路径

随着经济全球化进程的加快和信息技术的发展，以跨国公司为重要载体的全球资源配置格局把越来越多的国家和地区纳入发达国家主导的、以产业价值链的纵向分工为主要形式的国际分工体系。这种新型分工体系一方面使发达国家的跨国公司能够把价值链中的每个环节放到最具比较优势、最易取得竞争优势的区域，并通过控制技术和市场获取高额利润；另一方面为在某些方面具有比较优势的发展中国家和地区提供了加入世界经济大循环的途径和机会，并通过为跨国公司代工赚取附加值较低的加工组装环节的利润。源于20世纪80年代初经济开放及市场化制度改革的两大契机，长三角逐步发展成为中国最具增长潜力、竞争力以及经济实力的地区之一，同时凭借相对发达的市场体系、雄厚的制造业基础以及价廉质高的劳动力资源等比较优势，成功承接发达国家转移过来的劳动、资本、技术密集型产业中的劳动密集型环节，并在纺织、服装等劳动密集型产业上形成较强的国际竞争力。面对新型国际分工给长三角制造业带来的影响和升级压力，面对经济效益转型滞后于产业结构转型的事实，面对国内竞争力较强、国际竞争力较弱，劳动密集型产业竞争力较强、资金技术密集型产业竞争力较弱的尴尬，推动长三角制造业进一步发展显得尤为迫切。

（1）长三角制造业发展的形势分析

在具有形式多样、主体多元、边界细分等特征的新型国际分工格局下，处于全球价值链低端、从事非核心的加工装配环节、获取微薄加工费的长三角制造业无论是为了加强对国际产业转移的承接能力，还是为了建成先进制造业基地，或者为了增强区域核心竞争力，都必须推动制造业迅速发展。

第一，国际产业资本正加紧向包括中国在内的发展中国家转移。进入21世纪，世界各国都卷入了新一轮的世界经济结构大调整，发达国家为了进一步占据知识技术密集型产业的制高点和利润最丰厚的全球价值链的两端，正在把非核心的、从属地位的资金技术密集型产业或环节向外转移，而新兴工业化国家和地区也在占据劳动密集型产业的核心环节后向更高级的产业结构迈进，国际产业资本转移的速度在加快，产业结构层次在提高。因此，面临国际分工重新洗牌的绝好机遇，长三角如果能够采取适当措施，必将会促进国际分工地位的提升、经济效益的改善、国际竞争力的增强、产业结构的优化。

第二，新型工业化道路要求制造业的发展也要新型化。党的十六大提出中国要走一条“科技含量高、经济效益好、资源消耗低、环境污染少、人力资源优势得到充分发挥”的新型工业化道路。这就要求作为工业化主体的制造业必须走“依靠科技创新、降低能源消耗、减少环境污染、增加就业、提高经济效益、提升竞争能力，能够实现可持续发展”的新型化路径。但当前，长三角制造业仍面临着研发投入少、技术创新能力较弱，资金技术密集型产业经济效益较低、竞争力不强、转型滞后，增长方式粗放、环境污染严重等诸多问题，与新型化目标相比仍有很大的差距。因此，从新型工业化的要求看，长三角制造业也要采取措施提高国际分工地位、改善经济效益、增强国际竞争力和优化产业结构。

第三，以都市圈为基本单位的区域竞争日益加剧。在经济全球化和区域经济一体化趋势下，资金、人才、技术、信息等生产要素一方面以空前的规模和速度在全球范围内流动与扩散，另一方面又选择合适的区域高度集聚。为了吸引更多的要素在本地区集中，以营造出具有强劲竞争力的区域性经济高地，长三角、珠三角、京津冀等都市圈之间竞争激烈。对三大都市圈制造业的比较分析显示，长三角制造业虽然有竞争优势的行业较多，整体竞争力较强，但产业结构却没有珠三角、京津冀合理，资源环境的保护能力也没有珠三角、京津冀高。因此，为了增强长三角的区域核心竞争力，巩固长三角制造业在全国的龙头地位，必须进一步推动长三角制造业又好又快地发展。

（2）长三角制造业发展的钻石模型分析

长三角制造业之所以国际分工地位较低、经济效益较差、竞争力较弱和产业结构不甚合理，基本上都可归因于资金技术密集型产业发展的不充分。因此，促进长三角制造业进一步发展的关键在于资金技术密集型产业。当前，从波特构筑的促进产业发展的钻石模型中的六大因素分析，长三角制造业已经具备了发展资金技术密集型产业、提升国际分工地位、改善经济效益、增强国际竞争力和优化

产业结构的条件

第一，从要素条件看，长三角高校云集，科研院所众多，人力资本总体质量正在不断提高，已经具备了发展资本、技术密集型制造业的条件，或者说，从生产可能性边界来看，长三角的生产可能性曲线可以更多地偏向资本与技术要素。

第二，从需求条件看，随着长三角人均可支配收入的提高和恩格尔系数的下降，居民的消费结构已经从追求吃、穿转向注重住、行，对通讯设备、电子产品、汽车等耐用消费品的需求不断增加，这必然拉动资本密集型产业、技术密集型产业的投资增加，从而带动资本、技术密集型产业迅速发展。

第三，从支持产业的表现看，装备制造业作为向国民经济各部门提供生产技术装备的战略性产业，既是技术密集型产业发展的核心，也是技术密集型产业发展的重要支撑。尽管目前长三角装备制造业的整体实力还比较弱，企业规模普遍较小，但其良好的发展势头却显示出巨大的增长潜力，从而为融入国际产业链条、共享大型跨国公司快速发展的市场机会、寻求提升设备制造技术水平、跨入高端设备市场作好了准备。

第四，从国内竞争情况看，随着发达国家和新兴工业化国家产业结构的调整，以及信息技术和模块化技术在制造业中的应用，跨国公司不但把低技术产业转移到长三角等地，而且把高技术产业中的部分环节也转移出来，因此长三角技术密集型产业在发展过程中不仅受到国内同行的竞争，而且也面临跨国公司的挤压。但是，激烈的市场竞争给长三角技术密集型产业的发展提供了最强有力的刺激，而获取高额附加值的愿望又给了企业加大研发投入力度、增强国际竞争力的动力。

第五，从政府因素看，江苏、浙江、上海三地政府都制定了一系列有利于资本、技术密集型产业发展的战略规划及政策措施，如江苏的沿江开发战略，上海的“173 计划”，浙江的杭州湾产业带建设规划，都把建设先进制造业基地作为制造业发展的目标，并在基础设施建设、市场环境整治、人力资源开发等方面为资本、技术密集型产业的发展创造条件。

第六，从面临的机遇看，国际产业资本在长三角的集聚，不仅让长三角制造业嵌入了跨国公司主导的全球价值链分工体系，而且随着承接产业技术含量的提高和吸纳的跨国公司总部及研发中心数量的增多，长三角资本、技术密集型产业获取先进技术、提高创新能力的途径会明显增加。

(3) 长三角制造业发展的战略举措建议

长三角制造业不仅具有发展的压力和动力，面临着发展的良好机遇，而且也已经具备了进一步发展的条件，如果采取适当的措施，必定能够健康、快速、持续地发展。

第一，练好内功，增强FDI正向溢出。对FDI的吸纳使长三角制造业在承接跨国公司产业转移的过程中规模不断扩大、经济效益不断改善、竞争力日益增强、结构趋于优化。但是，由于跨国公司进入长三角的一个主要目的是获取该区域在劳动力成本上的比较优势，因此，长三角在国际分工中从事的只是一般零部件加工及整件组装等生产环节的任务，而技术水平和附加价值较高的研究开发、关键零部件制作及营销管理等环节则仍由跨国公司控制。因此，为了推动长三角制造业进一步发展，一方面要加大对外商直接投资的承接力度，另一方面更为重要的是要不断提升承接产业的层次，加大FDI的正向溢出。

第二，扩大开放，积极开展对外贸易。随着长三角制造业与国际市场联系的加强和外贸依存度的不断提高，其快速发展不仅依赖于国内需求的拉动，而且也需要国外需求的拉动，不仅依赖于国内生产要素的支撑，同时也需要国外先进技术设备的支持。因此，为了推动长三角制造业的持续快速发展，必须进一步扩大开放，积极开发对外贸易，以充分利用国内、国外两个市场，国内、国外两种资源。

第三，加大投入，提高技术创新能力。制造业的发展离不开技术创新的推动作用，而当前制约长三角制造业进一步发展的“瓶颈”就是研发投入少、技术创新水平低。所以，采取有效措施提高制造业的创新能力是长三角成为先进制造业基地的关键，这需要：一是加大研发投入，逐步推动创新模式由技术引进型向自主创新型转变；二是加快培养具有创新意识和创新能力的人才队伍，增加人才投入；三是加大对机械及运输设备制造业等技术密集产业的支持，提高自主开发和技术创新能力，增强对关键设备的进口替代；四是优化区域科技资源配置，加快区域创新体系建设。

第四，优势互补，推动产业区域合作。区域合作在范围上的不断扩大和内容上的不断深化是经济发展的重要规律。从世界范围来看，无论是国家与国家之间，还是同一国家不同地区之间，都在展开着不同规模和层次的区域合作，长三角也不例外。地缘相近、人缘相亲、资源相似的要素禀赋结构，推进经济社会发展的共同愿望和应对经济全球化挑战的一致诉求等因素促使长三角近年来在区域交通建设、信息资源共享、基础设施联网、旅游资源整合、生态环境整治等政府主导的非竞争领域的合作逐步深入。进入新世纪，面对国际分工新型化的影响、国际产业转移的机遇和提高国际分工地位的压力，为增强制造业的国际竞争力，争取更多的国际产业分工利益，两省一市应该抓住全球产业结构大调整这一契机，利用国家“十一五”战略规划对长三角发展的支持，在充分发挥各自比较优势的基础上，加强分工协作，促进地区制造业一体化，实现市场相通、体制相融、资源共享、交通共连、人才互通、产业互补，以推动制造业不断升级和进一步快速发展。只有这样，长三角都市圈才可能发展成为国际级都市圈，中国制造业才可能具有强大的国际竞争力。

4.5 本章小结

世界大都市圈发展趋势表明，制造业集群是都市圈经济发展的动力，也是增强都市圈竞争力的基础，更是国家经济发展和竞争力的基础。在20世纪，制造业给美国、日本和欧洲带来了巨大的经济发展和市场繁荣。世界各发达国家，均拥有一个或数个都市圈作为其制造业发展的核心区域。不仅如此，随着制造业资源配置的全球化，世界各发达国家纷纷以区域联合协作来提升自己制造业的国际竞争力。都市圈以其明确的分工、高效率的资源配置、整体的综合实力而成为各国制造业参与国际竞争的主力舰队。在中国城市化进程中，一批都市圈正在崛起，其中尤以长三角、珠三角、京津冀三大都市密集区（不含港、澳地区）最为突出。这三大都市圈，人口占全国总人口不到1/3，面积只占全国的10%，而GDP却占全国的60%，外贸出口占全国的85%，直接利用外资占全国的80%以上，成为拉动中国经济增长的引擎、对外开放的前沿和应对经济全球化的主力军。都市圈的形成和发展，对于增加区域聚集能力，促进中国制造业发展，具有重大意义。随着世界范围内工业化与城市化的快速推进，以大城市为中心的都市圈制造业已经成为各国经济发展中的主流，从而引起各国理论界和政府的重视。

纵观世界都市圈的发展历程，其经济增长主要是依靠工业发展，特别是制造业的发展。制造业发展过程可以描述如下，技术进步引发了产业革命，产业革命的启动与完成导致了制造业的启动、发展和兴盛。产业革命是一场巨大的革命，从生产力到生产关系以至生产方式都起了根本性的变化，主要表现为机器代替人工，提高了劳动生产率；生产关系的变化主要表现为掌握了生产手段的产业资本家与劳动力可出卖的产业工人之间所发生的雇佣关系；生产方式由个体小生产转变为资本主义大生产，由工场手工业转为工厂制度，实行大规模的生产。生产规模的扩大一方面造成生产力的迅速发展，第二产业在国民生产总值中的比重和就业中的比重不断上升，并带动了第三产业的发展和就业比重的上升；另一方面也推动了人口和各种经济资源向第二和第三产业的转移和集中，第二和第三产业的集聚产生了大规模的城镇。产业结构的演进促进了经济的非农化，及制造业和服务业的发展，产业空间布局的转移导致了人口定居方式的聚居化、规模化和都市圈。而都市圈正好适应了制造业的要求，其集聚效益和规模效益降低了企业的各种成本，增加了企业的利润，使企业规模能够不断扩大，进而促进专业化分工的深化以及制造业的发展。第三产业也只有在第二产业及人口集中到一定规模后才满足了它成规模发展的“门槛条件”，城市从而成为非农产业的空间载体。总之，制造业（以及相应的服务与配套产业）的发展是都市圈的重要原因，反过来，都市圈又以其聚集经济效益促进了制造业的发展。在一定程度上，都市圈和制造业交织在一起所产生的相互促进作用，加速了制造业发展进程，同时也催化了都市圈的发展。

当今世界，真正具有竞争力的制造业已经不再是传统意义上的加工制造业，而是更多地直接依靠科技创新、降低能源消耗、减少环境污染、增加就业、提高经济效益、提升竞争能力，能够实现可持续发展的新型制造业，人力资本已成为制造业增长最重要的因素，信息和信息技术的运用成为制造业发展的基础。与传统的制造业相比，新型制造业的不同点主要体现在：在生产方式上，由单一产品的大规模、标准化生产，转变为可根据社会需求小批量、多品种生产，具有更强的灵活性和适应性；在增长方式上，更注重依靠科技进步，减少能源消耗和环境污染、提高经济效益、使产业和产品的科技含量更高，人力资源优势得到充分发挥；在发展观上，着眼于未来，更注重信息化程度、无形资产的比重、技术创新的能力，更重视节约型、集约化和可持续发展。

最后，需加以说明的是：本章所引用（包括图、表和正文）的数据，除标明出处的外，均来自《中国统计年鉴》和各省（市、自治区）统计年鉴，反映的是两年前的数据，即：2008 年的统计年鉴反映的是 2006 年底的数据。前一年的数据，引自全国和各省（市、自治区）的“国民经济和社会发展统计公告”。当年的数据（主要是企业），均来自上海证券交易所和深圳证券交易所当年 4 月底公布的上市公司的年报数据。

4.6 参考文献

[1] A. Anas, R. Arnott, K. A. *Small*, *Urban spatial structure*, *Journal of Economic Literature* 36 (1998), pp. 1426 – 1464.

[2] A. C. Cameron, F. A. G. Windmeijer, *R-Squared measures for count data regression models with applications to health-care utilization*, Journal of Business and Economic Statistics 14 (1996), pp. 209 – 220.

[3] A. C. Cameron, P. K. Trivedi, *Essentials of count data regression*, *in*: *B. H. Baltagi* (Ed.), A

Companion Guide to Theoretical Econometrics, Blackwell, Malden, MA, 2001, pp. 331 – 348.

[4] Abercrombie, P. and. Forshaw, J. H. (1943). *County of London Plan. Macmillan, London.*

[5] Abler, R., Adams, J., & Gould, P. (1972). *Spatial organization.* New York: Prentice Hall International Editions.

[6] Alison Todes. *Gender in metropolitan development strategies, The case of Durban.* Butterworth Heinemann. 0264 – 2751 (95) – 00071 – 2.

[7] Allan D. Wallis. Evolving Structures and Challenges of metropolitanregions [J]. National-Civic Review, 1994, Winter/Spring, 83 (1): pp. 40 – 53.

[8] Anas, Alex, Richard Arnott, and Kenneth A Small. *1998. Urban Spatial Structure*, Journal of Economic Literature 36 (3): pp. 1426 – 1464.

[9] Angotti, T. (1993) *Metropolis 2000: Planning, Poverty and Politics, Routledge*, New York.

[10] Bains, J. S. economies of Scale, Concentration, and Conditions of Entry in Twenty manufacturing Industries. American Economic Review 44, 1954.

[11] Castells, M., *The rise of the network society*, London: Blackwell, 1996.

[12] Castells, M., *The Information city*, London: Blackwell, 1989.

[13] Chandler, T. and Fox, G. (1974). *3000 Years of Urban Growth.* London, Academic Press.

[14] Chenery, H. B., and M. Syrquin. Patterns of Development, 1950 – 1970. London: Oxford University Press, 1975.

[15] Chenery, H. B. Patterns of Industrial Growth. American Economic Review 50 (September), 1960: pp. 624 – 678.

[16] *Chicago Metropolis 2020.* 2000. Getting to Work on Regional Issues: Progress Report and Action Plan (2000 Annual Report).

[17] Clark, D. (2003). Urban World/Global City. 2nd ed, Routledge, London and New York.

[18] Coakley, J. (1992). *London as an International Financial Centre. Global Finance and Urban Living: A Study of Metropolitan Change.* L. a. W. Budd, S. London, Routledge: pp. 52 – 72.

[19] Cohen, J., E. Decoster and M. Tabariés (2001). Paris-Urban Area, Technopolitan Spaces and Innovative Firms: The Dynamics of Innovation. In Simmie J (ed) Innovative Cities. Spon Press: London and New York, pp. 157 – 190.

[20] Colin Clark. The Conditions of Economic Progress. The Macmillan Press Ltd, London, 1940.

[21] Compstat (2003) *Historical Perspective*, New York City Police Department.

[22] Corfield, P. J. (1982). *The Impact of English Towns, 1700 – 1800.* London, Oxford University Press.

[23] Cybriwsky, Roman. "Shibuya Center, Tokyo." Geographical Review Vol. 78. 1 (1988): pp. 48 – 61.

[24] Cybriwsky, Roman. "Tokyo: The Changing Profile of an Urban Giant. Boston", MA:

G. K. Hall & Co. , 1991.

[25] D. Greene, *Recent trends in urban spatial structure*, Growth and Change 10 (1980), pp. 29 - 40.

[26] D. A. Griffith, *Modelling urban population density in a multi-centered city*, Journal of Urban Economics 9 (1981), pp. 298 - 310.

[27] D. P. McMillen, *Identifying subcenters using contiguity matrices*, Urban Studies 40 (2003), pp. 57 - 69.

[28] D. P. McMillen, J. F. McDonald, *Suburban subcenters and employment density in metropolitan Chicago*, Journal of Urban Economics 43 (1998), pp. 157 - 180.

[29] D. P. McMillen, *Nonparametric employment subcenter identification*, Journal of Urban Economics 50 (2001).

[30] Daniel P. McMillen and Stefani C. Smith. *The number of subcenters in large urban areas.* Journal of Urban Economics 53 (2003), pp. 321 - 338.

[31] David J. Teece. Economies of Scope and the Scope of the Enterprise. Journal of Economic Behavior and Organization 1. 1980.

[32] Dreif 1994. Ile-de-France 2015. Schema Directeur. Paris: Direction Regionale de l'Equipement d'île-de-France.

[33] DRI · WEFA. 2001. U. S. *Metro Economies: The Engine of American Growth-A Decade of Prosperity. Prepared for The United States Conference of Mayors.*

[34] Edwin S. Mills, Bruce W. Hamilton. Urban Economics. Scott, Foresman and Company, 1989.

[35] Gottmann J. Megalopolis, or the Urbanization of the Northeastern Seaboard [J]. Economic Geography, 1957, 33 (3) pp. 189 - 200.

[36] Herdert Giersch. Urban Agglomeration and Economic Growth. Newbury Park: Sage1996.

[37] Kuznets, S. Economic Growth of Nations: Total Output and Production Structure. Cambridge: Belknap Press of Harvard University Press, 1971.

[38] M. V. Posner. International Trade and Technical Change. Oxford Economic Papers. October 1961: pp. 323 - 341.

[39] Paul Cheshire and Edwins. Mills. Applied Urban Economics (Handbook of Regional and Urban Ecomomics, Volume 3), North-Holland, 1999.

[40] Zhou Yixing. Definition of urban place and statistical standards of urban population in China: problem and solution [J]. Asian Geography, 1988.

[41] [澳] 杨小凯、黄有光:《专业化与经济组织——一种新兴古典微观经济学框架》,经济科学出版社 1999 年版。

[42] [德] 阿尔弗雷德·韦伯著:《工业区位论》(中译本),商务印书馆 1997 年版。

[43] I. 迈尔斯:《人的发展与社会指标》,中国社会科学出版社 1995 年版。

[44] 阿瑟 . 奥沙利文:《城市经济学(第四版)》,中信出版社 2005 年版。

[45] 陈正良:《略论社会主义和谐社会的构建》,载于《理论探讨》,2005 年第 1 期,第

17～19 页。

[46] 冯云廷著:《城市聚集经济》，东北财经大学出版社 2001 年版。

[47] 高汝熹、阮红:《论中国的圈域经济》，载于《科技导报》，1990 年第 4 期。

[48] 辜胜阻、刘传江主编:《人口流动与农村城镇化战略》，华中理工大学出版社 2000 年版。

[49] 胡序威等:《全国沿海城镇密集地区空间集聚与扩散研究》，科学出版社 2000 年版，第 85 页。

[50] 景普秋著:《中国工业化与城镇化互动发展研究》，经济科学出版社 2003 年版。

[51] 景芝英、徐雪梅:《试论聚集经济的本质》，载于《财经问题研究》，1998 年第 11 期，第 11～13 页。

[52] 李捷、王志宏:《工业化与城市化关系探讨》，载于《云南行政学院学报》，2003 年第 5 期，第 102～105 页。

[53] 李廉水、杜占元:《中国制造业发展研究报告 2004》，科学出版社 2004 年版。

[54] 李廉水、杜占元:《中国制造业发展研究报告 2005》，科学出版社 2005 年版。

[55] 李廉水、杜占元:《中国制造业发展研究报告 2006》，科学出版社，2006 年版。

[56] 刘伟主笔:《工业化进程中的产业结构研究》，中国人民大学出版社 1995 年版。

[57] 罗慧、霍有光、胡彦华等:《可持续发展理论综述》，载于《西北农林科技大学学报（社会科学版）》，2004 年第 4 期，第 1 页。

[58]《马克思恩格斯全集》（第 2 卷），人民出版社 1965 年版。

[59]《马克思恩格斯全集》（第 3 卷），人民出版社 1972 年版。

[60] 皮尔斯．沃福德:《世界无末日——经济学：环境与可持续发展》，中国财政经济出版社 1996 年版。

[61] 钱纳里等:《制造业和经济增长的比较研究》，上海三联书店 1989 年版。

[62] 邱东、宋旭光:《可持续发展层次论》，载于《经济研究》，1999 年第 2 期，第 64～69 页。

[63] 沈立人:《为上海构造都市圈》，载于《财经研究》，1993 年第 2 期。

[64] 史清琪、赵经彻:《中国产业发展报告》，中国轻工业出版社 2001 年版。

[65] 汤敏、茅于轼主编:《现代经济学前沿问题》（第一集），商务印书馆 1989 年版。

[66] 涂人猛:《大城市圈及其范围研究》，载于《区域经济研究》，1993 年第 9 期。

[67] 王缉慈:《创新空间——企业集群与区域发展》，北京大学出版社 2001 年版。

[68] 王小鲁:《都市圈与经济增长》，载于《经济社会体制比较》，2002 年第 2 期。

[69] [美] 西蒙·库兹涅茨（Simon Kuznets）著，常勋等译:《各国的经济增长：总产值和生产结构》，商务印书馆 1999 年版。

[70] 许学强、朱剑如:《现代城市地理学》，中国建筑工业出版社 1988 年版。

[71] 许学强等:《珠江三角洲城市环境与城市发展》，中山大学出版社 1988 年版。

[72] 晏路明:《人类发展与生存环境》，中国环境科学出版社 2001 年版。

[73] 杨春:《珠江三角洲城市化模式的转变：从计划经济到世界市场经济》，台湾大学人口研究中心 1996 年版。

[74] 杨公朴：《工业结构》，中国财政经济出版社 1988 年版。

[75] 杨万钟主编：《经济地理学导论》，华东师范大学出版社 1992 年版。

[76] 杨文华：《可持续发展的制度经济学分析导论》，西南农业大学博士学位论文，1999 年。

[77] 杨吾扬：《区位论原理——产业、城市和区域的区位经济分析》，甘肃人民出版社 1989 年版。

[78] 杨冶：《产业经济学导论》，中国人民大学出版社 1985 年版。

[79] 姚士谋：《全国的城市群》，中国科学技术大学出版社 1992 年版。

[80] 叶文虎：《创建可持续发展的新文明——理论的思考》，北京大学出版社 1995 年版。

[81] 于洪俊、宁越敏：《城市地理概论》，安徽科学技术出版社 1983 年版。

[82] 张晋：《中国城市竞争力报告：50 个城市分项竞争力排名》[EB/OL]，中国网. 2004. 05. 11. http：//econo2my. enorth. com. cn/system/2004/05/11/000781192. shtml.

[83] 张京祥、邹军、吴启焰等：《论都市圈地域空间的组织》，载于《城市规划》，2001 年第 5 期，第 22 页。

[84] 张京祥：《城镇群体空间组合》，东南大学出版社 2000 年版。

[85] 张坤明：《可持续发展论》，中国环境科学出版社 1997 年版。

[86] 张培刚主编：《发展经济学教程》，经济科学出版社 2001 年版。

[87] 张伟：《都市圈的概念、特征及其规划探讨》，载于《城市规划》，2003 年第 6 期，第 47 页。

[88] 赵敬民：《泰安市产业结构演变与城市化互动发展研究》，山东师范大学硕士学位论文，2006 年。

[89] 赵伟等：《通向市场经济工业国之路——工业化比较研究》，西北工业大学出版社 1993 年版。

[90] 浙江省统计局：《2004 年浙江经济运行情况》。

[91]《中国工业经济统计年鉴》（1996～2003）中国统计出版社 2003 年版。

[92]《中国科技发展研究报告——中国制造与科技创新（2002）》，经济管理出版社 2003 年版。

[93]《中国统计年鉴》（2003、2004）。

[94] 周牧之：《鼎托起中国的大城市群》，世界知识出版社 2004 年版。

[95] 周文：《产业空间集聚机制理论的发展》，载于《经济科学》，1999 年第 6 期。

[96] 周一星著：《城市地理学》，商务印书馆 1995 年版。

[97] 朱文晖：《走向竞合——珠三角与长三角经济发展比较》，清华大学出版社 2003 年版。

[98]《珠江三角洲经济区统计资料》（1980～1994）。

[99] 卓勇良：《空间集中化战略》，社会科学文献出版社 2000 年版。

[100] 李廉水、谭智斌：《跨国公司对中国制造业发展的影响及对策研究》，载于《南京财经大学学报》，2005 年第 2 期，第 1～6 页。

[101] 李廉水、杜占元：《"新型制造业"的概念、内涵和意义》，载于《科学学研究》，

2005 年第 2 期，第 184 ~ 187 页。

［102］李廉水、周勇：《制造业技术创新能力评价与比较研究——以长三角为例》，载于《科学学与科学技术管理》，2005 年第 3 期，第 38 ~ 42 页。

［103］李廉水、周彩红：《长三角都市圈联动发展的路径选择》，载于《中国科技论坛》，2004 年第 6 期，第 74 ~ 78 页。

［104］周彩红、李廉水：《政策供给与我国中小高科技企业的发展》，载于《科学学与科学技术管理》，2004 年第 2 期，第 136 ~ 140 页。

［105］陈涛、李廉水：《德国高级蓝领培养与培训体系的经验分析》，载于《技术经济》，2005 年第 5 期，第 35 ~ 37 页。

［106］李廉水、郑伟：《海峡两岸制造业发展的金融环境分析》，载于《江海学刊》，2006 年第 2 期，第 74 ~ 79 页。

［107］康德才、李廉水、杜凯：《基于资源约束的中国制造业发展路径研究》，载于《江苏社会科学》，2006 年第 4 期，第 51 ~ 58 页。

［108］李廉水、孔善右：《长三角城市服务业竞争力测度及比较研究》，载于《东南大学学报（哲学社会科学版）》，2008 年第 4 期，第 68 ~ 71 页。

［109］周勇、李廉水：《“科技支撑和引领经济发展”的国际考察与概念解析》，载于《科技进步与对策》，2006 年第 6 期，第 5 ~ 9 页。

［110］李廉水、袁克珠：《长三角制造业区域一体化研究——基于制造业强省的比较分析》，载于《江海学刊》，2007 年第 1 期，第 81 ~ 87 页。

［111］李廉水、周彩红：《区域分工与中国制造业发展——基于长三角协整检验与脉冲响应函数的实证分析》，载于《管理世界》，2007 年第 10 期，第 64 ~ 74 页、第 172 页。

后 记

2003年，教育部为了进一步发展繁荣高校哲学社会科学，支持高等学校适应国家经济社会发展的需要，把握学科前沿，开展深入、系统的创新性研究，推出了涉及多个学科的40个“教育部哲学社会科学研究重大课题攻关项目”，进行公开招标，并且在招标条例中明确提倡学科交叉与渗透，鼓励跨学科、跨学校、跨部门和跨地区的联合攻关，要求积极开展实质性的国际学术合作与交流，力争取得具有重大学术价值和社会影响的标志性成果。我们的研究团队对此作出了积极响应，主动与美国乔治·梅森大学Roger R. Stough教授的研究团队、清华大学吴贵生教授的研究团队等科研合作伙伴联系，取得了他们的合作承诺。并在他们的协助下，推动了教育部哲学社会科学研究重大课题攻关项目“东部特大都市圈和世界制造业中心研究”（项目批准号：03JZD0014）的顺利进行。

自2003年12月以来，我们的研究团队围绕投标标书和合同要求，以东南大学和南京信息工程大学的科研团队为主，联合美国乔治·梅森大学、清华大学、南京财经大学等相关单位的科研团队，发挥各自所长，合作进行了一系列创造性科研活动，发表了50余篇学术论文，出版五部著作，培养了10余名博士研究生和硕士研究生，推进了国内外的科研合作与交流。系列成果已经产生了相当的社会影响，引起了各方的高度关注。其中，中期研究成果《中国制造业发展研究报告2004》和《都市圈发展——理论演化、国际经验、中国特色》，分别获得了第四届中国高校人文社会科学优秀成果三等奖、江苏省哲学社会科学优秀成果一等奖和二等奖；中国制造业发展系列研究报告引起了国家领导人和著名学者的好评，全国人大副委员长周光召院士为《中国制造业发展研究报告2004》写了序言，中国人民大学校长纪宝成教授为《中国制造业发展研究报告2005》写了序言，全国政协副主席宋健院士为《中国制造业发展研究报告2006》写了序言，清华大学校长顾秉林院士为《中国制造业发展研究报告2007》写了序言。在四篇序言中，可以看到国家领导人和著名学者对中国制造业发展的关切和厚望。正如他们在序言中所说：该报告已经成为“系统研究中国制造业发展状况的年度报告”、“汇集中国制造业发展数据的权威工具书”、“追踪国内外制造业研究动态的学术导读书”。

《中国特大都市圈与世界制造业中心研究》，是科研团队四年来在精心研究基础上形成的学术成果，其核心内容和特色主要在下述几个方面：(1) 提出了“新型制造业”概念，评价了中国制造业发展“新型化”程度，系统研究了中国制造业发展状况。针对中国制造业比较优势明显，总体规模大但外向依存度高，缺乏自主知识产权的核心技术，装备制造业落后，制造业发展所需的创新型高级人才奇缺，制造业带来的污染问题突出，不仅严重影响了中国制造业的升级换代和优化，而且也影响了中国制造业企业在世界制造业产业链和价值链中的位置，最终影响了中国分享世界制造业发展带来的巨额利润的状况，提出中国制造业必须走“新型制造业”道路，阐述了“新型制造业”的内涵就是科技创新支撑和引领经济创造、资源节约和环境友好。(2) 研究了全球特大都市圈的发展轨迹、发展经验，并进行了中外比较，发现国外特大都市圈的形成是个自然的经济发展伴随过程，是由中心城市的功能外溢而逐步形成的，政府在其中发挥的作用很小，而国内特大都市圈的形成与发展，与经济发展程度有直接关联，但与政府的强干预紧密相关，最终成果中比较了两种发展模式的利弊，提出了中国推进特大都市圈建设的具体建议。(3) 从经济、科技、环境三维集成的角度，客观评价了中国制造业发展的总体状况，预测了中国制造业发展的规模走势、环境污染控制前景、制造业可能容纳的就业人数，分析了中国制造业的区域发展不均衡状况及其协调发展的路径，探讨了制造业主要行业的经济创造能力、科技创新能力和环境保护能力，基于上市公司的数据分析了中国制造业企业的发展水平和能力，探讨了最受欢迎制造业企业的评价标准并进行了实证分析。(4) 研究了东部特大都市圈和世界制造业中心的关系，着重探讨了制造业、新型制造业和都市圈之间的相互作用机理和互动发展的关系，提出特大都市圈的发展必须以制造业发展为载体，通过制造业发展带动生产服务业发展，进而带动都市圈延伸扩展；提出了都市圈的发展可以进一步聚集制造业基地、促进制造业创新能力提升和附加值提高等论点和论据，进而研究了两者互动发展的理论基础、现实背景、约束条件和推进机制。

东部特大都市圈和世界制造业中心，本是两个不同系列的概念，然而，在中国以加工制造方式融入全球化，推动城市化的进程中，却成为了一个实实在在的研究课题。现在，中国东部沿海地区已经涌现出具有一定自主创新能力的长三角制造业都市圈、具有较强国际接轨能力的珠三角制造业都市圈、具有知识集成引导发展能力的京津冀制造业都市圈。中国东部特大都市圈能否成为世界制造业中心，取决于中国制造业的自主创新能力，取决于都市圈与制造业的良性互动发展。

本书写作过程中，在写作大纲确定后，邀请我指导的几位博士研究生参与研究、写作初稿和讨论，他们为本书的完成作出了杰出的贡献：张昕、臧志彭等为第1章提供了初稿；陈迪、曹鹏等为第2章提供了初稿；陈抗、张芊芊等为第3章提供了初稿；郑伟、刘俊、周彩红等为第4章提供了初稿；在几番修改过程中，已经毕业的周彩红博士花费了大量时间，对已经略显陈旧的许多资料数据进行了更新，对书稿结构进行了补充完善，并增加了有关长三角都市圈与制造业互动研究的新内容；包括清华大学、东南大学、南京信息工程大学的近六十位教师和博士研究生、硕士研究生参与了本课题学术研讨及《中国制造业发展研究报告》系列和《都市圈发展——理论演化、国际经验、中国特色》的研究与写作工作。在此，向所有参与研究和写作以及提供支持服务的博士研究生、硕士研究生和研究团队的朋友们表示衷心的感谢！向所有研究都市圈和制造业的国内外同行们、朋友们表示真诚的感谢！向经济科学出版社安远责任编辑等人的严谨工作和热情帮助表示崇高敬意和由衷感谢！

已出版书目

书　名	首席专家
《马克思主义基础理论若干重大问题研究》	陈先达
《网络思想政治教育研究》	张再兴
《高校思想政治理论课程建设研究》	顾海良
《马克思主义文艺理论中国化研究》	朱立元
《弘扬与培育民族精神研究》	杨叔子
《当代科学哲学的发展趋势》	郭贵春
《当代中国人精神生活研究》	童世骏
《面向知识表示与推理的自然语言逻辑》	鞠实儿
《中国大众媒介的传播效果与公信力研究》	喻国明
《楚地出土戰國簡册［十四種］》	陳　偉
《中国特大都市圈与世界制造业中心研究》	李廉水
《WTO主要成员贸易政策体系与对策研究》	张汉林
《全球经济调整中的中国经济增长与宏观调控体系研究》	黄　达
《中国产业竞争力研究》	赵彦云
《东北老工业基地资源型城市发展接续产业问题研究》	宋冬林
《中国民营经济制度创新与发展》	李维安
《东北老工业基地改造与振兴研究》	程　伟
《中国加入区域经济一体化研究》	黄卫平
《金融体制改革和货币问题研究》	王广谦
《中国市场经济发展研究》	刘　伟
《我国民法典体系问题研究》	王利明
《中国农村与农民问题前沿研究》	徐　勇
《城市化进程中的重大社会问题及其对策研究》	李　强
《中国公民人文素质研究》	石亚军
《生活质量的指标构建与现状评价》	周长城
《人文社会科学研究成果评价体系研究》	刘大椿
《教育投入、资源配置与人力资本收益》	闵维方
《创新人才与教育创新研究》	林崇德
《中国农村教育发展指标研究》	袁桂林
《高校招生考试制度改革研究》	刘海峰
《基础教育改革与中国教育学理论重建研究》	叶　澜
《处境不利儿童的心理发展现状与教育对策研究》	申继亮
《中国和平发展的国际环境分析》	叶自成
《现代中西高校公共艺术教育比较研究》	曾繁仁

即将出版书目

书　名	首席专家
《中国司法制度基础理论问题研究》	陈光中
《完善社会主义市场经济体制的理论研究》	刘　伟
《和谐社会构建背景下的社会保障制度研究》	邓大松
《社会主义道德体系及运行机制研究》	罗国杰
《中国青少年心理健康素质调查研究》	沈德立
《学无止境——构建学习型社会研究》	顾明远
《产权理论比较与中国产权制度改革》	黄少安
《中国水资源问题研究丛书》	伍新木
《中国法制现代化的理论与实践》	徐显明
《中国和平发展的重大国际法律问题研究》	曾令良
《知识产权制度的变革与发展研究》	吴汉东
《全国建设小康社会进程中的我国就业战略研究》	曾湘泉
《数字传播技术与媒体产业发展研究报告》	黄升民
《非传统安全与新时期中俄关系》	冯绍雷
《中国政治文明与宪政建设》	谢庆奎